Jochen Kade / Sigrid Nolda / Jörg Dinkelaker /
Matthias Herrle

Videographische Kursforschung

Empirie des Lehrens und Lernens Erwachsener

Verlag W. Kohlhammer

1. Auflage 2014

Alle Rechte vorbehalten
© W. Kohlhammer GmbH, Stuttgart
Gesamtherstellung: W. Kohlhammer GmbH, Stuttgart

Print:
ISBN 978-3-17-023929-6

E-Book-Formate:
pdf: ISBN 978-3-17-024111-4
epub: ISBN 978-3-17-024112-1
mobi: ISBN 978-3-17-024113-8

Inhaltsverzeichnis

Vorbemerkung

Im Jahr 1967 veröffentlichte Hans Tietgens den Band »Lernen mit Erwachsenen. Von den Arbeitsweisen der Erwachsenenbildung«, der sich – heute noch lesenswert – als Vorarbeit zu einer Konzeption der Erwachsenenbildung verstand, die sich anschickte, »eine systematische Durchdringung der Wirklichkeit vorzunehmen, aus der sich dann auch eine Theorie entwickeln lässt, die von praktischer Relevanz ist« (Tietgens 1967, S. 9). Seitdem hat die empirisch interessierte erziehungswissenschaftliche Erschließung des Lehrens und des Lernens Erwachsener, gerade auch des »alltägliche[n] Geschehen[s] in den Veranstaltungen der Erwachsenenbildung« (Tietgens/Weinberg 1971, S. 7), erhebliche Fortschritte gemacht (vgl. Schäffer/Dörner 2012). Dabei schlägt das Pendel der Disziplinentwicklung mal mehr zum Pol der Wissenschaftsorientierung, mal mehr zum Pol der Praxisorientierung aus.

Wenn wir jetzt unter dem programmatischen Titel »Kursforschung« videographische Studien zur Empirie des organisierten Lernens Erwachsener veröffentlichen, so stellen wir uns in diese mindestens bis auf Alfred Mann zurückgehende Traditionslinie, die die alltägliche Empirie des institutionell organisierten Lernens Erwachsener in den Mittelpunkt stellt, wie auch immer deren Gestalten sich geändert haben. Zugleich nehmen wir die Weiterentwicklung der Wissenschaft vom Lehren und Lernen Erwachsener auf. Sie stellt sich inzwischen in den Theorie- und Traditionskontext der Erziehungswissenschaft, entwickelt ihre Methoden in enger Beziehung zur (qualitativen) Sozialforschung und zieht, in Abhebung von Vorstellungen enger Verknüpfung von Theorie und Praxis, das Spannungsverhältnis von Theorie und Praxis stärker auseinander, im Interesse sowohl an der Verwissenschaftlichung der Zugangs zu den professionell betreuten Feldern des Lernens Erwachsener als auch im Interesse an der Steigerung von deren Professionalität (vgl. Kade/Nolda 2012a).

»Kursforschung« öffnet sich einerseits für das breite Feld des Lernens in Unterrichtssettings, sie hat ihren Fokus aber andererseits klar jenseits schulischen Unterrichts, eben in den variantenreichen Formen von Veranstaltungen der Erwachsenenbildung, denen – pars pro toto – mit der Chiffre »Kurs« eine Sammelbezeichnung gegeben wird.[1] Sie fokussiert dabei sowohl die Bedingungen,

---

1 Richtungsgebend ist in diesem Sinne das 1983 zuerst erschienene, von Kurt R. Müller herausgegebene »Handbuch für Dozentinnen und Kursleiter«. Unter dem Titel »Kurs- und Seminargestaltung« (vgl. Müller 2010 [1983]) werden darin didaktische Handlungsprobleme erfahrungs- und theoriebezogen erörtert. Vgl. auch Kade/Nolda 2014.

unter denen Lernen im alltäglichen Erwachsenenbildungsgeschehen stattfindet (vgl. Dinkelaker 2012a), als auch die Bedingungen des professionellen, auf dieses Lernen bezogenen pädagogischen Handelns bis hin zum »Classroom-Management jenseits der Schule« (vgl. Herrle 2013a).

Diese Studie wäre nicht möglich gewesen, ohne dass all die Personen, die entweder als Leiter(innen) oder Teilnehmer(innen) an Kursen der Erwachsenenbildung beteiligt waren, uns ihr Feld zugänglich gemacht hätten, für Zwecke videographischer Dokumentationen sowie für die Weiterentwicklung des wissenschaftlichen Wissens, der universitären Lehre und der professionellen Praxis. Ihnen allen gebührt daher zunächst und vor allem unser Dank.

Zu danken ist auch den Studierenden in den Seminaren zur Erwachsenenbildung an der Goethe-Universität Frankfurt/M. und der Technischen Universität Dortmund, mit denen wir seit 2003 kontinuierlich, auch über die Nutzung von Lernplattformen, unsere Ursprungsidee der Kursforschung entwickelt haben. Unser Dank gilt auch der großen Zahl von Mitarbeiterinnen und Mitarbeitern, die in den letzten 10 Jahren an dem Projekt »Bild und Wort: Erziehungswissenschaftliche Videographie – Kurs- und Interaktionsforschung« mitgearbeitet haben. Danken möchten wir auch Frau Eller und Frau Rösel für die technische Unterstützung unserer Arbeit. Und nicht zuletzt möchten wir Herrn Dr. Klaus-Peter Burkarth für das langjährige Engagement und das Vertrauen danken, ohne das es nicht zum Erscheinen dieser nicht nur gestalterisch, sondern auch technisch sehr aufwändigen Studie im Kohlhammer Verlag gekommen wäre.

Wir hoffen, dass uns mit diesem Band ein substantieller Beitrag zur Weiterentwicklung des erziehungswissenschaftlichen Zugangs zum Lernen Erwachsener, der videographischen Sozialforschung und der professionellen Praxis der Erwachsenenbildung gelungen ist.

Frankfurt am Main, Dortmund und Freiburg im Frühjahr 2014
Jochen Kade, Sigrid Nolda, Jörg Dinkelaker, Matthias Herrle

I Videographische Beobachtungen

Kursforschung und Videographie

Matthias Herrle/Jörg Dinkelaker/Sigrid Nolda/Jochen Kade

Kurse, also Veranstaltungen, in denen Erwachsene bewusst und unter Anleitung lernen (wollen oder sollen), sind das performative Zentrum der Erwachsenenbildung, Diesem Zentrum hat man sich bisher eher indirekt genähert: prospektiv, aus einer Sicht des Vorher bei der Analyse von Makro- und Mikroplanungen oder retrospektiv aus einer Sicht des Nachher im Kontext der Evaluationsforschung oder der Biographieforschung, die nach der individuell-subjektiven Bedeutung gefragt hat, die die Teilnahme an Kursen für die an ihnen interaktiv beteiligten Personen, Teilnehmer ebenso wie Kursleiter, gehabt hat[1]. Beide Zugänge können das Moment der Performativität des Kursgeschehens bereits vom Analysedesign her nicht erfassen.[2]

Die interaktive ›Aufführung‹ von Kursen, die Herstellung von Kurssituationen, ihre Aufrechterhaltung über eine gewisse (meist vorgegebene) Dauer und ihre Beendigung sind lange Zeit – wenn überhaupt – nur auf der Basis von Tonaufnahmen und damit unter Auslassung der nicht-verbalen, sichtbaren Anteile untersucht worden. Diese Fokussierung auf das Gesprochene, genauer: auf das über Tonaufnahmen Hörbare entspricht einer vielleicht gerade bei erwachsenen Teilnehmern nahe liegenden Vorstellung, dass Kursinteraktionen primär auf rein sprachliche und kognitive Vermittlungs- und Verständigungsprozesse ausgerichtet sind. Diese Vorstellung hat sich in verschiedener Hinsicht als problematisch erwiesen. So haben qualitative Analysen von Tontranskripten gezeigt, dass neben der – interaktiv-kommunikativen – Vermittlung von Wissen, Fähigkeiten, Fertigkeiten und Werten in Kursen auch andere Aspekte, wie z. B. die Selbstdarstellung der Beteiligten oder die Abgrenzung gegenüber der, ›Außenwelt‹ von Kursen, eine Rolle spielen (vgl. Nolda 1996). Auch der Aufweis einer hohen Bedeutsamkeit nonverbaler Momente, wie Mimik, Gestik, Blickkontakte, Körperhaltungen und Körperbewegungen, für Geschehen der Interaktion unter Anwesenden und damit auch für Kursgeschehen hat die Grenzen der Analysen von Kursinteraktionen deutlich gemacht, die allein auf der Datengrundlage von Tontranskripten basieren.[3] Wenn man hinzunimmt, dass auch Bewegungen im Raum, die Sitzverteilung, das Möbelarrangement, verwendete Dinge oder die Kleidung

---

1 Vgl. Benedetti/Kade 2012.
2 Zum Konzept der Performativität vgl. Fischer-Lichte/Wulf 2001.
3 Eine solche Hinwendung zum Nicht-Kognitiven und Nicht-Offiziellen entspricht der späten ›Entdeckung‹ der Emotionen in der Erwachsenenbildung (vgl. Arnold 2005, Gieseke 2007) bzw. der ›intimacy of adult learning‹ (vgl. Bélanger 2009).

der Beteiligten in Kursen von nicht zu leugnender Bedeutung sind, erscheinen Transkripte als defizitäre Repräsentationen, lediglich als Fragmente von Kurswirklichkeiten.

Zu Forschungszwecken angefertigte Videoaufnahmen geben ein Mittel zur Überwindung dieser Engführung an die Hand. Sie ermöglichen eine Erweiterung des Beobachtungsfokus von Kursanalysen. Zugleich tragen sie zur Vergegenwärtigung des Untersuchungsgegenstands bei.[4] Das Bild und besonders das bewegte Bild ist das präsentisch-vergegenwärtigende Medium par excellence (vgl. Großklaus 2004, S. 152). Es ist anders als die Schrift durch Konkretheit, Simultaneität und einen nicht zu eliminierenden Anteil an Nebensächlichem und/oder Nicht-Aufzuklärendem gekennzeichnet. Darüber hinaus ist es das Medium, das anders als Sprache und Schrift frei ist von der Restriktion des Prinzips der Sequentialität, das also nicht wie diese Gleichzeitigkeit unterbindet (vgl. Winkler 1997, S. 22).

Audiobasierte Analysen von Kursen der Erwachsenenbildung sind auf einzelne – hörbare – Interaktionen in einem zeitlich begrenzten, thematisch fokussierten, von einer pädagogischen Absicht getragenen Kurs gerichtet, nicht aber auf einen Kurs als solchen, d. h. auf eine organisierte Versammlung Erwachsener, die unter der Maßgabe zu lehren bzw. zu lernen gleichzeitig in einem mit Gegenständen versehenen Raum anwesend sind, dort bestimmte Positionen einnehmen und sich einander wahrnehmend miteinander interagieren. Die ›Kommunikation unter Anwesenden‹ (Kieserling 1999) ist aber in besonderer Weise auch durch visuelle Wahrnehmungsleistungen, Prozesse wechselseitiger Wahrnehmung bestimmt. Sie können mit sprachzentrierten, d. h. logozentrischen Analysen nicht ausreichend erfasst werden. Sie machen daher das Programm einer videobasierten Kursforschung (vgl. Nolda 2007) in hohem Maße plausibel.

Videoaufnahmen stellen indes keine Abbilder im Sinne einer Verdopplung von Realität dar. Sie vergegenwärtigen nur räumlich Entferntes und zeitlich Vergangenes (vgl. Krämer 1998). So können sie grundsätzlich keine dreidimensionalen (Erfahrungs-)Räume abbilden, sie können sie nur in zweidimensionale Abbildungen davon transformieren. Das Erfasste bleibt abhängig von den Positionen der aufnehmenden Kamera, damit auch von den Kameraschwenks, die im Laufe einer Aufnahmesequenz, geplant oder situativ bedingt, gemacht werden. Film- und Videoaufnahmen erfassen Sicht- und Hörbares, sie können also nicht – wie etwa Experteninterviews oder (thematisch fokussierte) biographische Interviews – Informationen über und Einblicke in die Intentionen, die Interessen und Orientierungen, die Befindlichkeiten der Beteiligten geben. Fokussiert wird nur das, was auf der Ebene der Kommunikation und des Verhaltens beobachtbar ist. Das Kursgeschehen, das im Bewusstsein der Beteiligten abläuft, bleibt notwendig verborgen.[5] Unsere Analysen machen allerdings deutlich, dass mit Hilfe von Videographien nicht nur Aspekte bisheriger Vorstellungen von

---

4   Zum – empirisch folgenreichen – Konzept der Präsenz aus geisteswissenschaftlicher Sicht vgl. Gumbrecht 2004.
5   Vgl. die systemtheoretische Unterscheidung zwischen sozialem und psychischem System, zwischen Kommunikation und Bewusstsein (vgl. Luhmann 1995, S. 38).

Kursen der Erwachsenenbildung konkretisiert, verändert und vielleicht auch verworfen werden können. Es kommen auch neue Aspekte in den Blick, die bisher für wissenschaftliche Beobachter, aber auch für Beobachter im Praxisfeld selber, nicht wahrnehmbar waren oder aber – z. B. wegen scheinbarer Belanglosigkeit oder Selbstverständlichkeit – nicht bewusst wahrgenommen wurden.

Dieser Band geht zurück auf ein exploratives Projekt zur erziehungswissenschaftlichen Videographie, das seit 2003 an den Universitäten Frankfurt und Dortmund durchgeführt worden ist.[6] Ziel des Projektes »Bild und Wort« (BIWO) war es, die in der Erwachsenenbildung/Weiterbildung (nur allzu) bekannte, aber als solche kaum erforschte Sozialform des Kurses mit Hilfe des in der Erziehungswissenschaft zunächst noch kaum entwickelten Erhebungs- und Auswertungsinstrumentariums der Videographie näher zu untersuchen. Die im Band zusammengeführten Studien geben einen – kondensierten – Überblick über Fragestellungen und verdichteten Einblick in Befunde dieses Projekts.

Den Band einleitend werden im Folgenden zunächst die unterschiedlichen Perspektiven aufgezeigt, aus denen heraus Kurse als spezifisch strukturierte Geschehenszusammenhänge im Rahmen videographischer Untersuchungen beobachtbar werden (1).

Vor diesem Hintergrund werden die bislang entwickelten empirischen Zugänge zum Kursgeschehen diskutiert und es werden die aktuellen Entwicklungen bei der videobasierten Erforschung von Interaktionszusammenhängen aufgezeigt. Vor diesem Hintergrund wird die im vorliegenden Band gewählten Vorgehensweisen vorgestellt und begründet (2).

Abschließend wird ein knapper Überblick über die einzelnen Beiträge zu diesem Band gegeben (3).

1 Perspektiven auf das Kursgeschehen

Kommunikations- und Interaktionsformen, in deren Zusammenhang Erwachsene lernen (vgl. als Überblick Kuper 2010), also Kurse, geraten dann in den Mittelpunkt des theoretischen und empirischen Interesses, wenn man Lernen nicht als eine Art konzentriertes individuelles Lauschen und mithin innerpsychisches Geschehen begreift, für das dann die Pädagogische Psychologie zuständig wäre, sondern aus erziehungswissenschaftlicher Sicht als ein von Lehraktivitäten strukturiertes soziales Ereignis, als pädagogisches Verhalten im Kontext sozialer Arrangements.[7]

---

6 »Bild und Wort: Erziehungswissenschaftliche Videographie – Kurs- und Interaktionsforschung« (BIWO); vgl. Kade/Nolda 2007a und http://www.uni-frankfurt.de/fb/fb04/forschung/biwo.html.

7 Vgl. in diesem Sinne Kade/Seitter 2007a und b sowie das dazu erschienene Themenheft »Umgang mit Wissen« der Zeitschrift für Erziehungswissenschaft (2007, H. 2)

15

Kurse sind – wie für die Schule der Unterricht – innerhalb der Weiterbildung eine nach wie vor gewichtige Form des Lernens Erwachsener, auch wenn die rasante globale Entwicklung medialer und massenmedialer Sozialformen nicht zu übersehen ist. Dabei darf man den Kursbegriff jedoch nicht zu eng fassen, in dem Sinne etwa, dass darunter nur die Lehr-Lernsettings verstanden werden, die sich selber als Kurse bezeichnen. Wenn die Interessen weniger auf Abgrenzung als auf die Beobachtung unterschiedlicher Gestalten von Veranstaltungen der Erwachsenenbildung und deren Zusammenhang gerichtet sind, wird man theoretisch – zumindest zunächst – mit einem weiten, gleichwohl Orientierung im Feld des Lernens Erwachsener ermöglichenden Kursbegriff arbeiten müssen, der Kurse als das performative Zentrum der Erwachsenenbildung/Weiterbildung konturiert.

Die Fokussierung auf Kurse ermöglicht einerseits eine dem Feld der Erwachsenenbildung angemessene Absetzung von der Lehr-Lernforschung, die gegenüber dieser speziellen Sozialform indifferent ist. Andererseits ermöglicht sie eine Abgrenzung von der vorzugsweise auf Schule bezogenen Unterrichtsforschung. Kursforschung kann somit einen wichtigen Beitrag zur Herausbildung einer eigenständigen Erwachsenenbildungsforschung leisten. Es verwundert deshalb, dass in dem allseits zitierten »Forschungsmemorandum für die Erwachsenen- und Weiterbildung« (Arnold u. a. 2000) der Begriff nicht fällt (und von Kursen nur im Zusammenhang mit deren Angebot unter der Überschrift »Bildungsplanung und Bildungsberatung« die Rede ist).

Kurse als Inbegriff des breiten Spektrums von organisationsgestützten Sozialformen des Lernens bzw. Wissenserwerbs Erwachsener lassen sich dabei in ihrer Komplexität erst im Wechsel und in der Zusammenschau unterschiedlicher perspektivischer Zugänge zum Kursgeschehen kennzeichnen:

Sie sind einerseits Orte der Wissensvermittlung und der Lernbegleitung (1.1). Sie sind andererseits Orte der pluralen je individuellen Aneignung von Wissen und des Erwerbs von Kompetenzen (1.2). Sie sind darüber hinaus Orte, in denen sich Dynamiken der interaktiven Verschränkung von Aktivitäten der Wissensvermittlung und Aktivitäten des Wissenserwerbs ausbilden (1.3). Kurse sind ein Gruppengeschehen (1.4) und sie sind dadurch gekennzeichnet, dass sich eine Vielzahl von Akteuren (je unterschiedlich) gestaltend auf dieses Geschehen beziehen (1.5).

1.1 Kurse als Orte der Wissensvermittlung und Lernbegleitung

Die Wissensvermittlung in Kursen findet in einem begrenzten Zeitraum und an eigenen, in der Regel institutionell eingebundenen Orten statt. Eine zentrale Aufgabe, die erwartungsgemäß in Kursen bearbeitet wird, ist zunächst der Wissenserwerb der Beteiligten, und – bezogen auf die Teilnehmer als Erlebens- und Handlungssubjekte ihrer Lebensführung außerhalb des Kurse – deren Bildung, Qualifikation bzw. – in heutiger Terminologie – ihre Kompetenz. Wissensvermittlung soll Wissenserwerb und weiter Bildung, die Formung des Individuum als Subjekt durch Lernen und Erfahrung, ermöglichen, d.h. wahrscheinlicher machen als in anderen, die Lebensführung prägenden sozialen Situationen, wie

Beruf, Alltag, Medien. Wissensvermittlung in Kursen ist insofern immer aneignungsorientierte Wissensvermittlung (vgl. Dinkelaker/Kade 2011).

Dass es zur Ermöglichung der Aneignung von Wissen einer Vermittlung von Wissen im Rahmen des Kursgeschehens bedarf, wird im Kontext der Diskussionen um die sogenannten neuen Lernkulturen (vgl. Heuer/Botzat/Meisel 2001 und kritisch Klingovsky 2009) in Frage gestellt. Gerade der Verzicht auf Wissensvermittlung wird hier als Bedingung der Möglichkeit des Wissenserwerbs gesehen. An die Stelle der Vermittlung treten dann andere Formen der intentionalen Herbeiführung von Lernen, wie etwa das Arrangieren, das Moderieren oder das Beraten (vgl. Völzke 2002). Das pädagogische Handeln, das sich für das Kursgeschehen als prägend erweist, erscheint dann nicht mehr als aneignungsorientierte Wissensvermittlung, sondern als eine den Umgang mit (Nicht-)Wissen reflektierende Lernbegleitung. In beiden Varianten der Beschreibung des Kursgeschehens aber werden Kurse als soziale Orte begriffen, die das auf die Aneignung von Wissen hin orientierte Handeln pädagogischer Akteure wahrscheinlicher machen. Dabei steht die normative Frage im Vordergrund, wie von Pädagogen in Kursen gehandelt werden sollte, damit in ihnen Wissenserwerb und darüber hinaus auch Bildung möglich wird.

1.2 Kurse als Orte individuell pluralen Wissenserwerbs

Die Grenze dieses Kursverständnisses ergibt sich aus seiner Engführung auf das Handeln von Kursleitern innerhalb von Kurssituationen. Aus dieser Sicht lässt sich der empirisch beobachtbare Wissenserwerb indes nur eingeschränkt begreifen; dies nicht nur wegen der prinzipiellen Kluft zwischen Vermittlung und Aneignung (vgl. Kade/Seitter 1999), sondern darüber hinaus, weil verschiedene Teilnehmende sich in ihren Aneignungsaktivitäten auf das selbe Vermittlungsgeschehen ganz unterschiedlich beziehen.

Wie sich Teilnehmer als differente Handlungs- und Erlebenssubjekte auf das Kursgeschehen und dabei unter anderem auch, aber eben nicht nur, auf das Handeln von Kursleitern beziehen, wie sie dabei ihre Beteiligung am Kurs ausgestalten und welche Gelegenheit zum Machen von Erfahrungen dabei für sie entstehen, diese Frage wurde bislang – nicht zuletzt aufgrund der durch die Erhebungsmedien bedingten Beschränkung der Beobachtungsmöglichkeiten – nur retrospektiv, nicht aber bezogen auf das in-situ-Geschehen selbst gestellt (vgl. Dinkelaker 2010a, b).

Fokussiert man in dieser Weise die pluralen Prozesse des Teilnehmens, die in den je individuellen Lebensläufen der Teilnehmenden begründet sind, so erscheinen Kurse als eine Möglichkeit und Ressource des Wissenserwerbs unter anderen. Unter den Bedingungen gestiegener allgemeiner sozio-kultureller und (massen-)medialer Zugänglichkeit können Erwachsene relevantes Wissen, wenn auch nicht über alles, so doch über fast alles in wie umfassender oder fragmentarisch-einseitiger Form auch immer, entweder auf eigene Initiative oder aufgrund gesicherter sozio-kultureller Einbettungen erwerben. In Abhebung davon sind Kurse institutionell oder individuell ausdifferenzierte soziale Orte bzw. Situationen im Einzugsbereich des Bildungs- und Erziehungssystems, an denen ein thematisch spezifizierter Wissenserwerb überzufällig, mit gesteigerter Wahrscheinlichkeit stattfindet bzw. erwartbar ist. Kurse sind insofern spezifische Aneignungsverhältnisse (vgl. Kade 1993).

Die Strukturierung des Wissenserwerbs wird in Kursen nicht allein durch direkte, verbal oder auch nonverbal (Mimik, Gestik, aber auch Präsenz der Person) artikulierte Mitteilungen von Kursleitern einerseits und indirekte, medial vorgenommene Wissenspräsentation andererseits geleistet. Beide sind mit jeweils unterschiedlichen Freiheitsgraden bei der Aneignung des vermittelten bzw. verbreiteten Wissens verknüpft. Strukturiert wird der Wissenserwerb auch durch die Fokussierung einer auf Wissenserwerb gerichteten Aufmerksamkeit der Teilnehmenden, also die Einschließung des Erwachsenen als Teilnehmer bzw. als Lernenden und die Ausschließung als geselligen, in der Arbeitswelt verhafteten, mit anderen Problemen beschäftigten Menschen (vgl. Herrle 2013b). Dies schließt jedoch nicht aus, dass Kurse wiederum auch mit Arbeit, Geselligkeit und Freizeitgestaltung verbunden sein können. Es gibt empirisch (und auch theoretisch) vielfältige Amalgamierungen von Kursen mit nicht auf Wissensvermittlung und Wissenserwerb gerichteten Settings (vgl. Harney 1997; Dinkelaker 2007; historisch Seitter 2007).

Zudem ist der Wissenserwerb in Kursen nicht ausschließlich auf die Wissensvermittlung durch den Kursleiter zentriert. Die Teilnehmenden gestalten ihren Wissenserwerb im Zuge der Teilnahme am Kurs immer auch selbst. Kurse sind Orte, an denen Erwachsene auch ihren eigenen (Nicht-)Wissenserwerb, etwa auch ex negativ als Wissensdemonstration (vgl. Nolda 1996) strukturieren, unabhängig vom oder nur in sehr lockerer Beziehung zum Wissen, das von Kursleitern vermittelt wird (zur Selbstorganisation des Lernens innerhalb von Kursen vgl. auch empirisch schon Kade 1985). Zu denken ist etwa an ein relativ abgekoppeltes Sich-Vertiefen in Unterlagen, an wechselseitige Aktivitäten der Wissensvermittlung zwischen den Teilnehmern, innerhalb von Teilnehmergruppen, oder an das Mitlernen mit anderen, wenn diese etwa eine Frage stellen oder eine Antwort geben. Und Kurse sind auch Orte, an denen vom Thema relativ abgekoppelte oder nur locker damit verbundene Erfahrungs- bzw. Sozialisationsprozesse stattfinden können. Insofern macht es Sinn, zwischen Selbstlernarchitekturen in Kursen zu unterscheiden, die das Resultat von Entscheidungen sind, die auf der Organisationsebene (von der Einrichtung, aber auch vom Kursleiter) bezogen auf den Erwerb von spezifischem Wissen getroffen wurden; und Selbstlernarchitekturen, die erst im Vollzug durch Aneignung konstituiert werden (vgl. Maier-Rainhard/Wrana 2008).

1.3 Kurse als Orte der interaktiven Verschränkung von Wissensvermittlung und Wissenserwerb

Eine einseitige Bestimmung von Kursen sowohl als Orte des Lehrens als auch als Orte des Lernens verfehlt die eigentümliche Dynamik, die das Kursgeschehen ausmacht. Diese ergibt sich erst daraus, dass das auf den Wissenserwerb bezogene pädagogische Handeln und die auf dieses pädagogische Handeln bezogenen Aktivitäten des Wissenserwerbs von Moment zu Moment neu wechselseitig aneinander orientiert sind. Diese Verschränkung basiert zum einen auf verbalen und nonverbalen Mitteilungen. Insofern sind Kurse eine Form pädagogischer Kommunikation (vgl. Kade/Seitter 2007a). Eine besondere Bedingung der Kommunikation in Kursen besteht zum anderen darin, dass die an der Kommunikation Beteiligten körperlich an einem bestimmten Ort anwesend sind. Über intentionale Mitteilungen hinaus sind an den Körpern der am Kursgeschehen Beteiligten Bezugnahmen auf das Geschehen beobachtbar, die nicht den Charakter von Mitteilungen haben. Während manche Gesten und Mimiken noch als Mitteilungen im Rahmen von Kommunikation fungieren können, werden Körperhaltungen, Blickrichtungen sowie Tätigkeiten in der Regel nicht als Mitteilungen wahrgenommen – ebenso wenig wie die Gestaltung der räumlichen Umgebung. Dennoch können sie sich als bedeutsam für die Gestaltung des pädagogischen Geschehens erweisen.

Die Gestaltung von Orten, an denen sich Menschen häufig treffen, ist meist bereits auf die Durchführung bestimmter Aktivitäten hin ausgerichtet. So weist etwa die Anwesenheit von Tafel, Overheadprojektor und einer Vielzahl von Tischen und Stühlen auf bestimmte Arten der Beschäftigung hin – im Unterschied zur Anwesenheit von Barhockern, einer Theke und einer Tanzfläche. Räume und die in ihnen vorhandenen Gegenstände fungieren als Kontextualisierungshinweise, die gegenüber den sich dort aufhaltenden Personen die Erwartung der Einnahme bestimmter Rollen und die Beschäftigung mit bestimmten Themen formulieren. Dennoch entscheidet erst die Art und Weise des Interagierens der Beteiligten darüber, welche Form sozialen Austauschs an diesem Ort realisiert und von welcher sich distanziert wird (vgl. auch Wittpoth 2010).

Um füreinander wahrnehmbar zu machen, welche Art sozialen Austauschs stattfinden soll, nutzen soziale Subjekte eine Vielzahl körpergebundener Artikulationsmodalitäten. Im Zusammenhang nonverbaler Koordination (vgl. Schmitt 2007) generieren sie ein Fundament zur Etablierung, Aufrechterhaltung und Veränderung unterrichtlicher Aktivitäten und Kooperationsverhältnisse (vgl. Herrle 2013a). Durch die Gestaltung ihres äußeren Erscheinungsbildes, die Verortung in bestimmten Bereichen des Raumes und die Ausrichtung ihrer Aufmerksamkeit auf spezifische Dinge und Personen in ihrer Umgebung wird die Erwartung zur Partizipation in einer bestimmten Rolle an einem bestimmten Geschehen zum Ausdruck gebracht (vgl. Kendon 1985). Insofern fungiert das wechselseitig wahrnehmbare körperliche Agieren der Beteiligten als »materielles Trägermedium« (Geser 1996) des Interaktionsgeschehens in Kursen.

1.4 Kurse als Gruppengeschehen

Ein wichtiges Kennzeichen des Lehrens und Lernens in Kursen ist die große Zahl der Personen, die daran beteiligt sind. Auch wenn die verbreitete Rede vom Kursleiter-Teilnehmer-Verhältnis Anderes suggeriert, die Kursgruppe – und gemeint ist damit die Gruppe der Teilnehmer im Unterschied zum Kurs als aus allen Beteiligten, den Kursleiter also eingeschlossen, gebildete Gruppe – ist jedoch keine Einheit, sondern eine Vielheit. Sie ist nicht eine unterschiedslose Masse von einzelnen Personen, sondern eine Diversität von Individuen, entspricht insofern dem, was in der Soziologie neuerdings als »Population« (vgl. Stichweh 2005a) bezeichnet wird. Zur näheren Kennzeichnung der sozialen Struktur der Kursgruppe (der Teilnehmer) und der mit ihr verbundenen Handlungsprobleme, insbesondere der Aufgaben für den Kursleiter, empfiehlt es sich daher, nicht von der Kategorie des Teilnehmers auszugehen, sondern von der Vielheit unterschiedlicher Individuen, die insofern in einen zunächst nur räumlich und zeitlich insofern konstituierten Kurs eingetreten sind, als damit ein (erster wahrnehmbarer) Unterschied zu sozialen Situationen markiert ist, die kein Kurs sind, sondern irgendeine anders definierte soziale Situation. Denn mit der Beschreibung einer Kursgruppe über die Kategorie des Teilnehmers ist schon bereits eine, aber eben nur eine Form der Integration verbunden. Eine soziale Strukturierung von Kursen, die über den Mechanismus der Selbstzurechnung zur Kategorie des Teilnehmers läuft, impliziert ein Modell von Individualität, das einerseits in Richtung auf Standardisierung und Angleichung läuft: Alle Beteiligten der Kursgruppe sind wesentlich Teilnehmer, an die im Kurs die gleichen Erwartungen gerichtet sind und denen die gleichen Handlungsmöglichkeiten zustehen. Andererseits kann das Wissen der Mitglieder der Kursgruppe um die normativen Vorgaben für ein an alle im Kurs gleichermaßen adressiertes wünschbares (individuelles) Verhalten aber auch in dem Sinne genutzt werden, dass man individuell dafür optiert, sich von den anderen Teilnehmern zu unterscheiden und abzusetzen, insofern als also gerade eine differente soziale Struktur hervorgebracht wird.

Das Gegenmodell zu diesem kategorienbezogenen Modell der sozialen Strukturierung ist das der sozialen Form Netzwerk.[8] Netzwerke bauen sich auf Individuen auf, die es dann miteinander verknüpft. Im Lichte dieses Sozialmodells gelten sie als Knotenpunkte, durch deren Verknüpfung die Sozialstruktur der Kursgruppe hervorgebracht wird. Der Kurs stellt sich in seinem Interaktionsverlauf wesentlich als Ansammlung von Individualitäten dar, die zwar auch vielfältig miteinander in Kontakt, Austausch, Kommunikation treten, aber immer gewissermaßen nach der Seite ihrer Individualität und damit ihre Differenz zu anderen Individualitäten. Einheit stellt sich auf der Ebene von Interaktion höchstens insofern innerhalb des Kurses dar, als alle als Individualitäten gleich sind, etwa wenn sie jeweils für sich an einem Werkstück arbeiten.

Vom Kursleiter kann die Kursgruppe nicht als dauerhaft stabil strukturierte Gruppe von gleichermaßen Teilnehmenden umstandslos vorausgesetzt werden. Denn im Verlauf von Kursen ergeben sich immer wieder von neuem durch ein auf jeweils einzelne Teilnehmer bezogenes Handeln Differenzen zwischen den Teilnehmern. Mit dem Einschluss einzelner Teilnehmer in die Interaktion mit sich schließen Kursleiter andere aus dieser Interaktion aus, machen sie gewissermaßen zum Publikum. Kursleiterhandeln basiert daher auf unterschiedlichen Integra-

---

8 Zu einem antikategorialen Imperativ der Netzwerktheorie vgl. Wellmann 1988.

tionsniveaus der am Kurs beteiligten Personen, insbesondere der Teilnehmer und arbeitet mit solchen Differenzierungen. Jedes Handeln von einer der an einem Kurs beteiligten Personen ist mit einer Fokussierung der Aufmerksamkeit auf eine andere Person, eine Sache oder ein Verhalten verbunden. Man macht dies oder jenes, und alles andere, das im Kurs noch getan werden könnte, eventuell auch erwartet werden könnte, eben nicht. Jedes Handeln in einem Kurs findet vor einem durch die Kursform begrenzten und zugleich eröffneten Möglichkeitshorizont von anderem Handeln statt.

1.5   Gestaltung durch plurale Akteure

Trotz aller Rhetorik des Lebenslangen Lernens ist von der Unwahrscheinlichkeit von Kursen als dauerhaft stabilen Orten des auf Wissensvermittlung bezogenen Wissenserwerbs auszugehen. Zu viele soziale und individuelle Aspekte der Kurssituation insgesamt sind nicht ein für allemal auf Lehren und Lernen, auf Wissensvermittlung und Wissenserwerb hin strukturiert oder auch strukturierbar – ein Umstand, der dann zu den bekannten Störungen führt bzw. zu dem, was als solche wahrgenommen wird (vgl. Kade 1985). Empirisch sind Kurse voller Mehrdeutigkeiten, eben voller Kontingenzen. Es ist daher zu fragen, wie Kurse als Orte der Wissensvermittlung und des Wissenserwerbs für alle Beteiligten an der Kursgruppe in wie auch immer unterschiedlicher Weise etabliert und dauerhaft realisiert werden; also nicht nur einigermaßen berechtigt erwartet werden können von denen, die daran teilnehmen.

Generell kann die Strukturierung von Kursen als Orten der Wissensvermittlung und des geregelten, zu jedem Zeitpunkt von allen erwartbaren Wissenserwerbs in zwei Formen geschehen. Zum einen als mit der Wissensvermittlung immer mitlaufende, eher unsichtbare Strukturierungsleistung und zum anderen als ein von der Kernaufgabe der Wissensvermittlung abgehobener, mit dem Einsatz besonderer Aufmerksamkeit und Energie verbundener und in der Regel dann auch sozial wahrnehmbarer Strukturierungsakt. Beide Strukturierungsmodalitäten kombinieren einmalige Handlungsakte als Antworten auf Ereignisse, die sich aus der Dynamik der Interaktion ergeben, mit planmäßigen, iterativ und rekursiv-dauerhaften Entscheidungen, die für die Strukturierung des Wissenserwerbs bedeutsam sind bzw. sich im Nachhinein als solche erweisen.

Zunächst ist es die Aufgabe der Einrichtung, in deren Zusammenhang Kurse angeboten werden und stattfinden, für die Herstellung der Voraussetzungen für Wissensvermittlung und Wissenserwerb zu sorgen. In Abhebung von der Ebene der Interaktion, auf der der Kurs stattfindet, handelt es sich dabei um die Ebene der Organisation. Auf ihr werden Entscheidungen getroffen oder auch nicht getroffen, die den Kurs gestalten, bevor er selber stattfindet.[9] Die Entscheidungen, die auf der Organisationsebene sowohl nach pädagogischen, auf die Ermöglichung des Wissenserwerbs, als auch nach politischen, auf die Unterstützung durch die Kommunalpolitik, oder auch nach ökonomischen, auf die interne Kos-

---

9 Vgl. zu dieser Unterscheidung bereits Schäffter 1981.

21

tenbilanz gerichteten Kriterien getroffen werden, haben auf der Ebene des Kurses den Charakter von Gegebenheiten. Sie können dort leitenden Handlungsstrategien entgegenkommen, sich diesen gegenüber auch als kontingent, störend bemerkbar machen. Weil kontingente Gegebenheiten sich nicht nur organisatorischem Handeln oder Unterlassen verdanken, sondern auch und in erhöhtem Maße gesellschaftlichen oder auch individuell biographischen Einflüssen, die innerhalb des Kurses auf der Interaktionsebene nicht vorab gründlich bedacht bzw. kontrolliert werden können, hängt die Qualität der Wissensvermittlung und des Wissenserwerb in hohem Maße davon ab, inwieweit es gelingt, sichtbar werdende, sich im Verlauf geltend machende kontingente Ereignisse bezogen auf den Wissenserwerb zur Strukturbildung zu nutzen (vgl. Herzog 2002).

Aus einer handlungstheoretischen, letztlich an einem interaktionsbezogenem Professionsverständnis orientierten Perspektive wird man sich vor allem an der für den Kurs als soziale Realität grundlegenden, meist rollenmäßig verfestigten sozialen Unterscheidung zwischen Kursleiter und Teilnehmern orientieren. Zunächst also kommen die Kursleiter, Dozenten, Trainer etc. als diejenigen Akteure in den Blick, die insbesondere für die Etablierung des Kurses als Ort des Wissenserwerbs verantwortlich sind. Sie sind dafür verantwortlich, dass in einem Kurs Wissen, und zwar spezifisches Wissen erworben werden kann, und zwar in einer effektiven Weise; begrenzt verbunden mit dem Erleben von Geselligkeit, aber auch mit Selbstdarstellung, beispielsweise Wissensdemonstration (vgl. Nolda 1996; Kade/Seitter 2007a, b; Dinkelaker 2007). Dabei kann das auf die Bedingungen des Wissenserwerbs bezogene Aufgabenspektrum der Leitungsrolle unterschiedlich weit ausgestaltet sein. So können sich die Aufgaben von Kursleitern auf das Aufschließen und das Abschließen des Kursraumes oder auch auf die Ausgabe einer Teilnehmerliste beschränken. Von Kursleitern kann aber auch erwartet werden, dass sie sich um die (technische) Vorbereitung eines geeigneten Kursraumes kümmern. Und insbesondere kann erwartet werden, dass sie den Verlauf des Kurses inhaltlich, sozial und zeitlich umfassend strukturieren.

Die rollenmäßig verfestigte Unterscheidung zwischen (bezahltem) Kursleiter und (bezahlenden) Teilnehmern schließt indes nicht aus, dass sich innerhalb von Kursinteraktionen auch die Teilnehmer an der Gestaltung von Kursen als Ort des Wissenserwerbs beteiligen, ja, sich dafür vielleicht sogar als verantwortlich begreifen. Abhängig von der jeweiligen Kurskultur reicht das Spektrum der Mitwirkung derjenigen Handlungsakteure, die primär und formell vor allem Teilnehmer sind, die etwas lernen wollen oder dürfen, von der ausschließlichen Verpflichtung auf die Aufgabe des Lernens bis zur inhalts-, sozial-, zeit- und raumbezogenen Mitgestaltung des Kursgeschehens. Publikumsrollen gehören nicht zum offiziellen Rollenset von Kursen, sie können jedoch (informell) sowohl von Teilnehmern als auch vom Kursleiter temporär oder kontinuierlich wahrgenommen werden. Über die Räumlichkeiten, die Sitzordnung, die Zeit, zu der Kurse stattfinden und ihre Dauer, die Teilnehmer, damit die Kursgruppe, wird in der Regel nicht innerhalb des Kurs von den Beteiligten entschieden, sondern vorab von den für das Stattfinden eines Kurses verantwortlichen Institution. Dort getroffene Entscheidungen können auf ein handelndes Gestalten hinauslaufen, das sich an (erwachsenen-)pädagogischen, institutionellen, politischen, ökonomischen Präferenzen orientiert, sie können aber auch ein Hinnehmen der – z. B. räumlichen – Gegebenheiten zur Folge haben.

2 Videographie als Mittel der Erforschung von Kursen

Das komplexe Zusammenspiel dieser in unterschiedlichen Perspektiven sichtbar werdenden Dimensionen des Kursgeschehens wird in seinem Zusammenhang empirisch erst zugänglich und analysierbar, seitdem die Erhebung nicht nur auf Interviews, Beschreibungen Teilnehmender Beobachtung und Audio-Mitschnitte angewiesen ist, sondern auch die Erhebungs- und Auswertungsmöglichkeiten erziehungswissenschaftlicher Videographie nutzen kann. Der Gewinn, den die Videographie für die Kursforschung bedeutet und deren im BIWO-Projekt entwickeltes Instrumentarium soll im Folgenden näher erläutert werden.

2.1 Entwicklung der Kursforschung

Die Anfänge der Erforschung von Kursen der Erwachsenenbildung reichen bis in die 1920er Jahre zurück. Der Freizeitpädagoge Fritz Klatt unternahm in seinem Volkshochschul- und Freizeitheim Prerow ausgiebige zeittheoretische Studien, um die gruppendynamischen Verlaufskurven innerhalb seiner Kurse zu bestimmen und sein didaktisches Angebot entsprechend zu variieren (vgl. Seitter 2007, S. 124 f.). Und der Erwachsenenbildner Alfred Mann bemühte sich an der Volkshochschule Breslau, über die wortgetreue Protokollierung von Unterrichtssequenzen und die Veröffentlichung dieser Protokolle die Dynamik des Volkshochschulunterrichts zu rekonstruieren. Während Klatt – wie an anderer Stelle auch Eduard Weitsch – Beobachtungstechniken nutzte, die an seine Person gebunden waren, stellte der von Alfred Mann unternommene Versuch der Protokollierung eine Frühform qualitativer Lehr-Lernforschung dar; und zwar ein Versuch, der personenunabhängig – auf Textbasis – einen Pool an Daten und eine »(jederzeit analysierbare) geronnene pädagogische Erfahrung von schier unübertrefflicher Lebensfülle [bereitstellen sollte], durch die die Erfahrung der erfahrensten Routiniers vielleicht ganz bedenklich ins Wackeln gebracht werden könnte« (Mann 1930, S. 65).

Der Gedanke, Kursforschung als einen eigenen Forschungstyp in Abhebung einerseits von der Unterrichtsforschung und andererseits von einer in den späten 1970er Jahren auf Erwachsene bezogenen Lehr-Lernforschung zu entwickeln, rückte jedoch erst Mitte der 1980er Jahre im Zusammenhang einer qualitativen Studie über die individuelle Aneignung von Volkshochschulkursen ins Blickfeld (vgl. Kade 1989). In dieser Studie wurden auf der Grundlage thematisch fokussierter biographischer Interviews die Bedeutungen rekonstruiert, die ein Kurs für die an ihm beteiligten Personen hat. Das Ergebnis ist die bekannte These von einer biographisch programmierten individuell-pluralen Aneignung von Kursangeboten. Kurse werden, der individuellen Pluralität der an ihnen beteiligten Personen entsprechend, somit nicht als etwas Homogenes erfahren. Bei Kursen handelt es sich – pointiert gesagt – also jeweils nicht um einen Kurs, sondern um zusammengesetzte soziale Realitäten, m.a.W. ein institutionell angebotener Kurs besteht aus so viel verschiedenen Kursen, wie Erwachsene an ihnen teilnehmen. Allerdings wurde in dieser Studie nicht nur – wenn dies auch im Vordergrund stand – die Pluralität von Kursen rekonstruiert. Identifiziert wurden auch Zonen der Gemeinsamkeit, geteilter Wirklichkeit und kollektiver Erfahrungen, die Kurse erst integrieren.

Mit dieser Studie kamen Kurse als ein fragiles, eher fragmentiertes denn als einheitliches Ganzes ins Blickfeld; mit Edgar Weick könnte man sagen, als »loosely coupled systems« (Weick 1976). Zugleich wurden auch die vom Datentyp gesetzten Grenzen der empirischen Rekonstruktion entsprechender Kursgestalten deutlich. Denn diese Analysen waren auf der Datenbasis von Interviews nur im Lichte biographischer Erzählungen, nicht jedoch auf der Ebene des tatsächlichen Kursgeschehens möglich. Dieses wurde erst durch Tonbandmitschnitte in einer Qualität zugänglich, die den Standards qualitativer Forschung angemessen war. Sigrid Nolda (vgl. Nolda 1996) hat auf dieser Grundlage Mitte der 1990er Jahre konversationsanalytisch die interaktiven Strategien und diskursiven Praktiken im Umgang mit Wissen in Kursen der sozio-kulturellen Erwachsenbildung untersucht.[10] Diese Strategien sind institutionell einerseits durch eine ausgeprägte Machtlosigkeit der Kursleiter gekennzeichnet, andererseits durch eine hohe Unverbindlichkeit der Teilnahme. Als Reaktion lassen sich in Kursen ein breites Spektrum von Praktiken indirekter Lenkung beobachten sowie verschiedene Formen der Inszenierung von Autonomie im Umgang mit Rollen und mit Wissen, und zwar sowohl bei Kursleitern als auch bei Teilnehmern. An die Stelle von Lehren und Lernen tritt verstärkt die Demonstration von Kompetenz.

So wichtig diese Studie für die Entwicklung der Kursforschung ist, was dort noch nicht ins Blickfeld gerückt wird, ist die Kursform selber, der Kurs als Kurs bzw. als Kontext der Interaktion. Kursforschung in diesem bestimmteren Sinne gewinnt ihr Profil erst im Zusammenhang der forcierten Entwicklung einer erziehungswissenschaftlichen Videographie. Erst der audio-visuelle empirische Zugang öffnet den Blick für die nicht-sprachliche Seite des Kursgeschehens, die Körperlichkeit der an Kursen Beteiligten, die räumliche Situierung von Interaktionsprozessen in Kursen und insbesondere für Kurse als aus individuell differenten Personen bestehende Gruppen. So erst wird der Kurs als eine Sozialform des Lernens Erwachsener rekonstruierbar.

Eine sozialwissenschaftliche Theorie des Kurses verlangt daher eine Beschreibung, die über die Konzepte Lehren und Lernen hinausgeht. Zunächst einmal sind am Verhalten der an Kursen Beteiligten unter Rückgriff auf den systemtheo-

---

10 Als weitere tonbandbasierte Studien zur Interaktion in Kursen sind Schalk 1975, zum Teil die Studie von Kejcz u. a. 1979 ff, Nolda 1990, Nittel 1993 sowie Schüssler 2000 zu nennen (vgl. Nolda 2010).

retischen präzisierten Interaktionsbegriff Kommunikationsaktivitäten einerseits und Wahrnehmungsaktivitäten andererseits zu unterscheiden. Kurse sind Sozialgestalten des Lernens Erwachsener, deren Strukturen und Verlaufsdynamik aus dem Zusammenspiel von Kommunikationsaktivitäten und Aktivitäten wechselseitiger Wahrnehmung heraus entstehen. Als soziales Geschehen kann man Kurse nur dann über die in ihnen verlaufenden Kommunikationsprozesse hinaus hinreichend komplex beschreiben, wenn man zugleich die Ebene der Wahrnehmung und des Wahrnehmbaren, insbesondere also Mimik, Gestik oder Körperhaltung, berücksichtigt. Man muss die Formen analysieren, in denen sich die je einzelnen Interaktionsereignisse auf die temporär nur als Wahrnehmungsakteure am Kursgeschehen beteiligten Personen beziehen und damit die einzelne Kommunikation in den Kurs als Ganzes integrieren. Ein höheres empirisches Auflösungsvermögen – das kann hier nur angedeutet werden – gewinnt man, wenn man am Verhalten der an Kursen beteiligten Personen – in der phänomenologischen Tradition Edmund Husserls – zwei miteinander verknüpfte und aufeinander angewiesene Aktivitäten unterscheidet: einerseits intentionale, auf einen Gegenstand gerichtete oder an Personen adressierte Aktivitäten, andererseits ein komplexes Gefüge attentionaler Aktivitäten der Wahrnehmung, die das intentionale Verhalten mit Aufmerksamkeitsleistungen unterschiedlichster Art durchsetzen und begleiten (vgl. Markowitz 1986).

Ein solches komplexeres Bild von Kursen als gruppenbezogenes, von einem Netz von Aufmerksamkeitsleistungen abhängiges Interaktionsgeschehen wird durch das Forschungskonzept der erziehungswissenschaftlichen Videographie methodisch kontrolliert zugänglich. Die Analyse von Kursen auf der Grundlage von Videodokumentationen verweist nachdrücklich darauf, dass die Kommunikation in Kursen immer auf die gesamte Kursgruppe bezogen ist, Kursinteraktionen somit immer in einem sozialen Kontext verlaufen, der die attentionalen Aktivitäten der Beteiligten in einer Weise strukturiert, wie sie die intendierten Lehr- und Lernaktivitäten brauchen. Die Sozialform Kurs erst gibt den Interaktionen ihre pädagogisch spezifische Form.

2.2 Verwendung von videotechnischen Daten in der Erwachsenenbildungsforschung

Elektronische Verfahren zur Aufnahme, Übertragung, Bearbeitung und Wiedergabe von bewegten Bildern und Tönen haben einen neuen Datentyp geschaffen, der von der Erwachsenenbildungsforschung bisher vor allem für drei Forschungstypen genutzt wird: die Analyse einer Pädagogik der Medien, die videobasierte Fallarbeit und die videographische Interaktionsforschung. Sie unterscheiden sich in den Kontexten der Erzeugung und Aufbereitung von Daten sowie in den jeweiligen Foki der Analyse.[11]

Analysen zur Pädagogik der Medien untersuchen Videos, die nicht eigens zu Forschungszwecken aufgenommen, sondern vielmehr im Kontext der

---

11 Vgl. zum Folgenden Herrle/Dinkelaker 2012.

Medienproduktion erzeugt wurden, um sie einem Publikum vorzuführen. Filme und Fernsehsendungen werden daraufhin analysiert, in welcher Weise sie durch pädagogische Formen geprägt sind. Hintergrund dieser Untersuchungen ist die These einer Entgrenzung des Pädagogischen über organisierte Bildungsveranstaltungen hinaus (vgl. Kade/Lüders/Hornstein 1991). Sie wird zum Anlass für eine empirische Zuwendung auch zu den Massenmedien als Momente des entgrenzten Lernens Erwachsener. Neben Büchern, Radiosendungen und Internetforen werden daher besonders Fernsehsendungen im Hinblick auf eine Pädagogik der Medien untersucht. Sie geraten als soziale Kontexte der Vermittlung und Aneignung von Wissen in den Blick, die »Orientierungen und Verbindlichkeiten durch die Bündelung und Fokussierung von Aufmerksamkeiten« (Nolda 2002, S. 160) schaffen. Vor diesem Hintergrund wurden Analysen beispielsweise zur Pädagogik von Talkshows (vgl. Seitter 1997, Kade 2000), von Fernseh-Kriminalserien (vgl. Kade 1997a) und von Kultursendungen (vgl. Nolda 2004) durchgeführt.[12]

Während in Untersuchungen zur Pädagogik der Medien Videos analysiert werden, die jenseits des Forschungszusammenhangs entstanden sind, werden sowohl in der videobasierten Fallarbeit als auch in der videographischen Interaktionsforschung Videos zu Forschungszwecken eigens erzeugt: Interaktionen im Bereich des Lernens Erwachsener wie Kurse oder Beratungssettings werden in beiden Ansätzen mit Videokameras aufgezeichnet. Die so erzeugten Daten werden jedoch unterschiedlich genutzt. In Studien zur videobasierten Fallarbeit werden Ausschnitte aus diesen Aufzeichnungen unter didaktischen Gesichtspunkten ausgewählt und aufbereitet. Nicht Forschende, sondern Lehrende in der Erwachsenenbildung analysieren die Videos, wobei nicht die einzelnen Analyseergebnisse von wissenschaftlichem Interesse sind, sondern der Kompetenzzuwachs, der sich für die Analysierenden durch ihre Beschäftigung mit den Videos ergibt. Der Datentyp Video ermöglicht es, einen gegenüber Beobachtungsprotokollen, Erzählungen oder Verbaltranskripten vergleichsweise leicht rezipierbaren und zugleich multimodalen Eindruck von den Szenen zu bekommen, die Gegenstand der Fallarbeit sein sollen (vgl. Digel/Goeze/Schrader 2012). In dem von Josef Schrader, Stefanie Hartz und Mitarbeitern durchgeführten Projekt »Förderung von Lehrerexpertise« werden solche Videodaten zudem auf einer benutzerfreundlichen Computeroberfläche mit Beteiligteninterviews und Kurztexten didaktischer Modelle verknüpft. Das wissenschaftliche Interesse besteht in der Frage, welchen Beitrag solche Angebote videobasierter, computergestützter Fallarbeit für die Professionalitätsentwicklung leisten können (vgl. Schrader/Hartz 2007 und Schrader/Hohmann/Hartz 2010). Eingesetzt werden videobasierte Fallanalysen auch in universitären Seminaren zum didaktischen Handeln in der Erwachsenenbildung (vgl. etwa Kade/Nolda 2007a).

Im Rahmen der Film- und Fernsehanalyse werden Angebote der Massenmedien auf die in ihnen wirksamen pädagogischen Strukturelemente hin befragt, im Rah-

---

12 Ein detaillierter Überblick über Resultate der erziehungswissenschaftlichen Film- und Fernsehanalyse findet sich in Nolda 2002, S. 158 ff.

men videobasierter Fortbildungen pädagogisch strukturierte Interaktionen aufgezeichnet und diese Aufzeichnungen selbst wiederum zu Fortbildungszwecken pädagogisch aufbereitet. Demgegenüber steht im Zentrum der Analyse von Studien zur videographischen Interaktionsforschung die systematische Rekonstruktion der (pädagogischen) Strukturierung des dokumentierten Geschehens selbst. In diesen In-situ-Untersuchungen geht es darum, das durch audiovisuelle Daten abgebildete Lehr-Lerngeschehen als solches in den Blick zu nehmen, um Strukturen und Dynamiken der Interaktion und des Handelns in diesen Settings beschreiben und erklären zu können. Während in Filmen und Fernsehsendungen nach universalisierten und entgrenzten Formen des Pädagogischen gesucht wird, wird in der videographischen Interaktionsforschung die Art und Weise der prekären Konstituierung des Pädagogischen innerhalb von Lehr-Lernsettings im Kern der organisierten Erwachsenenbildung in den Mittelpunkt gerückt. Das mit den Aufzeichnungen und Analysen verbundene Erkenntnisinteresse zielt darauf ab, Wissen über die unterschiedlichen Formen von Lehr-Lerninteraktionen zu generieren und Einblick in die Organisationsprinzipien zu gewinnen, welche die Vermittlung und Aneignung von Wissen und Können unter körperlich Anwesenden konstituieren. So vermittelt die Videographie insbesondere neue Einblicke in die raum-körperliche Verfasstheit von Lehr-Lernsituationen unter Erwachsenen, die zuvor auf der Basis von Audioaufzeichnungen oder Beobachtungsprotokollen weitgehend verborgen blieben (vgl. Nolda 2007, Kade/Nolda 2007b). Untersucht wurden etwa Koordinationsmuster in Anfangs- und Übergangsphasen (vgl. Herrle/Nolda 2010, Herrle 2013b), rhythmische Ordnungen in Kursen der Körperbildung (vgl. Dinkelaker/Herrle 2010), der Umgang mit der körperlichen Anwesenheit in Kursen (vgl. Dinkelaker 2010a) und die Bedeutung ihrer räumlichen Situierung (vgl. Nolda 2006).

In der folgenden Tabelle werden die unterschiedlichen Merkmale der drei Forschungsansätze zur Videoanalyse einander gegenübergestellt:

Tab. 1: Varianten der Videoanalyse in der Erwachsenenbildungsforschung

	Kontext der Datenerzeugung	Analysefokus
Pädagogik der Medien	Massenmedien	Pädagogische Strukturierung der medialen Videoproduktion und -aufbereitung
Videobasierte Fallarbeit	Wissenschaft und Profession	Kompetenzzuwachs durch die Analyse didaktisch aufbereiteter Videofälle
Videographische Interaktions- forschung	Wissenschaft	Strukturierung des auf Video dokumentierten (pädagogischen) Geschehens

Jeder dieser drei Ansätze steht vor anderen methodologischen Herausforderungen. So sind Analysen zur Pädagogik der Medien mit dem Problem konfrontiert, nur einen Teil des untersuchten Mediengeschehens betrachten zu können. Weder die Medienproduktion noch die Medienrezeption wird durch die untersuchten

Videos unmittelbar zugänglich. Lediglich das mediale Produkt liegt mit dem Video zur Analyse vor. Um dennoch verstehen zu können, wie durch das Produkt dessen Rezeption strukturiert wird, wird in den Analysen auf die Figur des impliziten Zuschauers rekurriert. Damit übernehmen die Autoren die in der Literaturwissenschaft entwickelte Figur des impliziten Lesers (vgl. Iser 1972) und entwickeln sie weiter (vgl. auch Hippel 2000, S. 66 ff). Bei diesem Verfahren wird gefragt, welche Rezeptionsweisen dem Zuschauenden durch das untersuchte Video nahegelegt werden, ohne dass Aussagen darüber gemacht werden müssten, wie die Rezipienten mit diesem Angebot tatsächlich umgehen. Andere zum Teil erst in jüngster Zeit entwickelte, stärker auf die formale Struktur der medialen Produkte abhebende Analysestrategien im Kontext der dokumentarischen Methode (vgl. Bohnsack 2009), der objektiven Hermeneutik (vgl. Lenssen/Aufenanger 1986, Englisch 1991, Krambrock 1996) und der Filmanalyse (vgl. etwa Nichols 1991) wurden in der Erwachsenenbildungswissenschaft dagegen bislang noch nicht systematisch eingesetzt.

In Studien zur videobasierten Fallarbeit wird der Kompetenzzuwachs gemessen, der entsteht, wenn Lehrende in der Erwachsenenbildung Videoanalysen durchführen. Methodologische Fragen betreffen hier nicht den Umgang mit Videodaten, sondern die Instrumente der Kompetenzmessung. Die Auswahl und Aufbereitung der zur Fortbildung verwendeten Videodaten geschieht dagegen vor dem Hintergrund didaktischer Anforderungen (vgl. Olleck/Digel/Hartz/Schrader 2008).

Bei Studien im Bereich videographischer Interaktionsforschung geht es darum, das audiovisuell dokumentierte Erwachsenenbildungsgeschehen methodisch kontrolliert zu analysieren. Im Vergleich zu Interaktionsanalysen auf der Grundlage anderer Erhebungsverfahren, wie der teilnehmenden Beobachtung oder dem Audiomitschnitt, gewinnt dabei das Problem der Überkomplexität der erhobenen Daten einen herausragenden Stellenwert. Schon an einem einzigen Moment der Aufnahme ist eine große Vielfalt an Ereignissen und Zuständen zu beobachten – vom gesprochenen Wort des Einen, über den Wechsel der Blickrichtung des Anderen bis hin zum Fußwippen des Dritten und den leeren Stuhlreihen, den Bildern an der Wand, den Schränken und der Farbe des Fußbodens. Eine Auswahl aus dieser Datenvielfalt wird unumgänglich. Die Begründung dieser Auswahl wird zum vordringlichen methodischen Problem. Diese Selektivität betrifft dabei nicht nur die Datenanalyse, sondern auch die Erhebung und Aufbereitung der Daten. Wie auf daraus resultierende methodologische Probleme reagiert wird, wird im Folgenden näher erläutert.

2.3 Verfahren der Kursvideographie

Seit dem Beginn des Projekts BIWO 2003 haben sich zahlreiche Veröffentlichungen mit dem Gebrauch und der Interpretation audiovisueller Daten in der sozial-, sprach-, kommunikations- und erziehungswissenschaftlichen Forschung beschäftigt. Dazu gehören die von Frederick Erickson vorgelegte Übersicht über Möglichkeiten der Analyse von Videodaten (Erickson 2006) und die vom Data

Research and Development Center der University of Chicago herausgegebenen »Guidelines for Video Research in Education« (Derry 2007), soziologische Vorschläge zur qualitativen Interaktionsanalyse (vgl. Knoblauch u.a. 2006, Kissmann 2007, Hindmarsh/Luff/Heath 2010) – u.a. als Spielart fokussierter Ethnographie (vgl. z.B. Knoblauch 2004, 2005) –, die von Ralph Bohnsack auf der Basis des von ihm vertretenen Ansatzes der dokumentarischen Methode entwickelte »Qualitative Bild- und Videointerpretation« (2009), der von Jo Reichertz und Carina J. Englert vorgeschlagene Ansatz zur hermeneutisch-wissenssoziologischen Fallanalyse (2011), die auf den Forschungsbereich der Sozialen Arbeit bezogene Ausführungen zur »Rekonstruktiven Videoanalyse« von Wolfram Fischer (2009), Studien zur multimodalen Gesprächsanalyse (vgl. z.B. Schmitt 2007 und 2009), darunter zur Analyse von Blicken, Gesten (vgl. Streeck 2009) und Zeigehandlungen (vgl. Kita 2003); die ethnographische Bildungs- (vgl. Heinzel u.a. 2010, Wulf u.a. 2011,) und Schulforschung (vgl. Wagner-Willi 2005 und Breidenstein 2006), darunter auch auf Unterrichtssituationen und Bildungsprozesse bezogene kamera-ethnographische Studien (vgl. z.B. Mohn 2007 und 2008), und nicht zuletzt die durch internationale Großprojekte bestimmte videobasierte Unterrichtsqualitätsforschung (vgl. z.B. Seidel 2003, Blömeke/Eichler/Müller 2003, Pauli/Reusser 2006, Janik/Seidel 2009), die mittlerweile auch hoch-inferente, auf die Tiefenstruktur des Unterrichts zielende Einschätzungen vornimmt (vgl. Klieme 2006, S.767) und sich zunehmend von der ursprünglichen Beschränkung auf mathematisch-naturwissenschaftlichen Unterricht löst.

Die Frage nach der adäquaten Interpretationsmethode von Videos bleibt aber nach wie vor nicht eindeutig beantwortet; eine spezifische Methodologie qualitativer erziehungswissenschaftlicher Videoforschung existiert (noch) nicht. Bestehende allgemeine Verfahren der interpretierenden Forschung wie die Objektive Hermeneutik, die Konversationsanalyse oder die Dokumentarische Methode sind vorzugsweise an Textmaterialien entwickelt und erprobt worden, die Anwendung auf spezielle Bild- bzw. Videodaten erfolgte nachträglich oder blieb marginal.[13] Von den genannten Methodologien lässt sich vor allem die Einstellung der ›angenommenen Naivität‹, die Beachtung von Sequentialität und die Relevanz von kontrastiven Vergleichen übernehmen.

Für die videobasierte Kursforschung gilt es vor allem, konstitutive Aspekte, die bei der Herstellung der Kursrealität mitwirken, unter dem Mikroskop bzw. in Zeitlupe zu betrachten. Zu diesem Zweck werden nicht-bearbeitete, zu wis-

---

13 Die Relevanz von Blickrichtungen für den Sprecherwechsel und die Konstruktion von Äußerungen für konversationsanalytische Studien konnten auf der Basis von Videos schon Goodwin (1979) und Psathas (1990) belegen, eine Anwendung der objektiven Hermeneutik auf Werbe- und private Erinnerungsbilder liegt beispielsweise vor in Ackermann (1994) und Haupert (1994), und Ralf Bohnsack hat nach der Bild- und Fotoanalyse (vgl. Bohnsack 2001) auch die Analyse von Videos (vgl. Bohnsack 2009, S.) als weiteres Anwendungsfeld der dokumentarischen Methode beansprucht. Das Vorgehen wird am Beispiel einer Fernsehsendung, also einer von den abbildenden Bildproduzenten durch Montage und Einstellung bestimmten Sorte von professionell erstellten Videos, vorgeführt.

senschaftlichen Zwecken angefertigte Aufnahmen verwendet, die weder um peinliche, langweilige oder angeblich unwichtige Passagen geschnitten, noch nachträglich mit gesprochenen oder als Schrifttafel eingeblendeten Kommentaren versehen sind. Sie sind auch nicht gestellt oder nachsynchronisiert. Absicht ist vielmehr, das Verhalten der Beteiligten in natürlichen Situationen zu dokumentieren, d.h. Interaktionen abzubilden, die so auch ohne Anwesenheit der Kamera abgelaufen wären.[14]

Neben der ablaufbezogenen Untersuchung von Kursstunden und der Rekonstruktion besonderer Phasen im Kursverlauf[15], können Gesichtspunkte wie die Rolle bestimmter Äußerungsdisplays (z.B. Blicke, Handbewegungen, etc.) für die Interaktionsorganisation, die Relation von verbaler zu nonverbaler Äußerungsebene[16], das Verhalten der Gesamtgruppe und die Differenzierung unterschiedlicher Teilgruppen und Zugehörigkeiten sowie der Umgang mit Gegenständen und Nutzungsmöglichkeiten des Raumes[17] mit hoher Detailschärfe untersucht werden.

Dabei gilt es, die im Forschungsprozess miteinander verschränkten Handlungslogiken der Datenerhebung, die Datenaufbereitung und die Datenanalyse analytisch voneinander zu unterscheiden (vgl. Dinkelaker i. d. Bd.).[18]

Zur Datenerhebung gehört es, vorab die Genehmigung sowohl zur Teilnahme an als auch zur audiovisuellen Aufzeichnung von entsprechenden Kursstunden sicherzustellen. Da es sich bei Kursen in der Erwachsenenbildung um nicht-öffentliche Situationen handelt, ist es notwendig, alle beteiligte Personen vor den Aufnahmen um Erlaubnis zu bitten und bei der Veröffentlichung von Bildern oder Videosequenzen die Identität der Personen unkenntlich zu machen – sofern diesbezüglich keine schriftliche Einwilligung erfolgt ist.

Um einen Einblick in die Wechselseitigkeit des interaktiven Geschehens zu bekommen, bietet es sich an, zwei Kameras zu verwenden. So kann eine auf dem Stativ montierte Kamera, an einem Ende des Raumes, auf die gesamte Teilnehmergruppe, die andere, am anderen Ende des Raumes, auf den Kursleiter/die

---

14 Dabei ist aber zu bedenken, dass auch Videos Realität transformieren und reduzieren. Das von der Kamera perspektivisch Erfasste ist abhängig von ihrer Aufstellung und Einstellung sowie von dem gewählten Ausschnitt. Auf unseren Videos konnten wir beobachten, dass die die Kamera Bedienenden vorzugsweise versuchten, die jeweils gerade Sprechenden oder Agierenden, also das ›offizielle Kursgeschehen‹ aufzunehmen. Diese Fokussierung stellt aber bereits eine Vorentscheidung über Relevanzen, also eine Interpretation, dar. Nebenhandlungen, die für die Teilnehmer eventuell genauso wichtig oder noch wichtiger waren, werden so ausgeblendet bzw. an den Rand gedrängt.

15 Zur Rekonstruktion von strukturellen Varianten der Herstellung des Interaktionsgeschehens in Übergangsphasen vgl. etwa Herrle 2013a, b sowie Herrle/Nolda 2011, Dinkelaker/Herrle 2007.

16 Zu visuellen Äußerungen als Kommentar und Irritation des verbalen Ausdrucks vgl. etwa Kade/Nolda 2007b.

17 Zu Formen pädagogischer Raumaneignung vgl. Nolda 2006 und Kraus 2010.

18 Zur ausführlichen Darstellung und Illustration dieser und weiterer Aspekte, die bei der Durchführung einer qualitativen Videostudie zu berücksichtigen sind, vgl. die Einführung von Dinkelaker/Herrle 2009.

Kursleiterin gerichtet werden.[19] Je nach Größe des Raumes ist es ratsam, zusätzliche Geräte zur Tonaufzeichnung einzusetzen.

Bei der Aufzeichnung ist neben der Kameraführung bzw. der Wahl des Bildausschnitts die Interaktion zwischen Kameramann und Feld zu berücksichtigen. So geben Reaktionen der im Feld anwesenden Personen auf die Beobachter bereits einen Aufschluss darüber, wie jene sich gegenüber dem Kameramann als Fremdem und als Vertreter des Wissenschaftssystems betrachtet sehen wollen. Videoaufnahmen können also ›Realität‹ in Echtzeit zwar in hoher Detailliertheit, aber nicht unmittelbar und ungefiltert einfangen. Dies ist schon allein deswegen nicht möglich, weil die Anwesenheit der Kamera und der Kameraleute im Raum die aufgenommene Kurssituation mit konstituiert. Statt zu versuchen, das Beobachter-Paradoxon (vgl. Labov 1972, S. 61) zu vermeiden, kann es daher nur darum gehen, die Störung durch Beobachter/Kameraleute möglichst gering zu halten und die Reaktionen von Aufgenommenen nicht auszublenden, sondern – reflexiv – als Datum zu berücksichtigen (vgl. Lomax/Casey 1998, Mohn 2006). Zu den materialtypischen Restriktionen gehört zudem das Problem der Anonymisierung und damit die Notwendigkeit, das Einverständnis der Beteiligten (›informed consent‹) einzuholen. Den Aufgenommenen ist zudem die Möglichkeit einzuräumen, auch nach einer Aufnahme ihre Zustimmung zu einer Weiterverbreitung oder Veröffentlichung zurückzuziehen (vgl. Yakura 2004). In einem Datenerhebungsprotokoll, das nach der Erhebung vervollständigt wird und Zusatzinformationen für die Analyse bereitstellt, können neben Kontextmaterialien zum Kurs (z. B. Institutionsflyer, Kursankündigungen, Lehrmaterialien), die Dokumentation der Kontaktherstellung, technische Besonderheiten und weiteren Absprachen, Irritationen und Besonderheiten fixiert werden.

Ein erster notwendiger Schritt bei der Aufbereitung der mit der Kamera erhobenen Daten für die Analyse ist das Überspielen des Materials von der Kamera bzw. vom Camcorder auf einen multimediafähigen Computer. Dabei sollten die Daten in einem möglichst vielfach kompatiblen, speicherplatzsparenden und zugleich ausreichend hochwertigen Format gespeichert werden. Je nach Anzahl der eingesetzten Kameras sind die einzelnen Aufzeichnungen bzw. erzeugten Dateien mit Hilfe eines Videobearbeitungsprogramms zu synchronisieren. Anschließend können sie als Gesamtdatei an einem fremdzugriffsgeschützten Ort abgelegt und auf portable Speichermedien, wie DVDs, kopiert werden und so, im Gegensatz zu analogen Medien, nahezu verlustfrei vervielfältigt und einem Kreis interessierter Forscher zugänglich gemacht werden.

Verbunden mit unterschiedlichen Formen der videobasierten Analyse von Interaktionszusammenhängen sind jeweils unterschiedliche Formen des Datenzugriffs – Anschauen in normaler, beschleunigter oder entschleunigter Geschwindigkeit mit oder ohne Ton – und der Datenaufbereitung. Während bei Tonbandmitschnitten die Datenaufbereitung in der Regel mit der Erstellung eines Worttranskripts in Schriftform identisch ist, bieten Videomaterialien eine große

---

19 Vgl. z. B. auch das Kameraskript der Unterrichtsqualitäts-Videostudien »Lehr-Lernprozesse im Physikunterricht« (Seidel/Dalehefte/Meyer 2001).

Vielfalt unterschiedlicher Aufbereitungsmöglichkeiten, die je nach eingesetztem Analyseverfahren und nach Bedarf – on demand – angewendet werden können.

Bei schriftlichen Darstellungen[20] kann man danach unterscheiden, ob sie sich auf den Ton- und/oder Bildkanal beziehen – auf die hörbare oder sichtbare Gestalt des Interaktionszusammenhangs. So bezieht sich das nach Maßgabe unterschiedlicher Transkriptionskonventionen (vgl. Dittmar 2004) fixierte Worttranskript zumeist lediglich auf den Tonkanal des Videos. Beim Bildtranskript wird sich meist auf bestimmte Äußerungsdisplays konzentriert (z. B. Gestik oder Mimik), die dann mit Hilfe von Beschreibungs- bzw. Codiersystemen verschriftet werden (vgl. z. B. Sager 2005). Beobachtungsprotokolle beziehen dagegen bei ihrer Anfertigung in der Regel sowohl die Tonebene als auch die Bildebene mit ein.

Zu den Möglichkeiten der bildlichen Darstellung bzw. der Darstellung dessen, was durch das Video der Beobachtung zugänglich wird, gehören Stills oder Stillfolgen einerseits und Skizzen andererseits. Stills bzw. Standbilder kann man am PC mit Hilfe eines »Screenshot« als Einzelbild speichern und so wiederholt zugänglich machen. Reiht man mehrere zeitlich aufeinanderfolgende Stills aneinander, so erhält man Stillfolgen, die über den visuellen Ablauf eines Geschehens informieren. Auf der Basis von Stills angefertigte abstrahierende Skizzen und Zeichnungen können den Raum, die in ihm vorhandenen Gegenstände und Personen sowie deren Positionierung und Anordnung – zu einem bestimmten Zeitpunkt – aus verschiedenen Perspektiven darstellen.[21]

Daneben sind aber auch Mischformen üblich, z. B. Stillfolgen in Verbindung mit Worttranskripten. Sie dokumentieren einerseits den Wortlaut dessen, was gesprochen wurde, und andererseits die Raum-Körper-Konstellationen, die sich im Ablauf des Interaktionsgeschehens gezeigt haben. In allen Fällen handelt es sich um Sichten ermöglichende und zugleich verfremdende Verfahren, die einerseits der Vermittlung, andererseits aber auch der Analyse dienen, die das weitgehend Vertraute als Fremdes betrachtet

Bei der qualitativen Analyse kursbezogener Interaktionszusammenhänge geht es im wesentlichen darum, Sinnstrukturen bzw. Strukturmuster des audiovisuell verfassten und räumlich situierten Interaktionszusammenhangs zu rekonstruieren. Ein zentraler Mechanismus bei der Herausbildung von Sinnstrukturen in Interaktionszusammenhängen ist das Aneinanderanschließen von Äußerungen, dem das für rekonstruktive Methoden zentrale Analyseprinzip der Sequentialität entspricht (vgl. etwa Deppermann 2001 bzw. Bergmann 1981, Wernet 2000 bzw. Oevermann 2000; vgl. allgemeiner Hitzler 2002 sowie Mruck 2000 und Flick/Kardoff/Steinke 2000). Bei der Betrachtung von Kursinteraktionen auf der

---

20 Vgl. dazu auch den Beitrag von Kade/Nolda ›Darstellungsprobleme‹ i. d. Bd.

21 Raumskizzen aus Vogelperspektive können beispielsweise bei der Beantwortung der Frage eingesetzt werden, welche pädagogische Nutzung der von Kursleitenden und am Kurs Teilnehmenden vorgefundene (in den seltensten Fällen selbst gewählte oder eingerichtete) Raum erfährt, wie sich also die – tendenziell statische, antizipatorische – lokale Vermittlung mit der – tendenziell prozessualen, präsentischen – Raumaneignung durch die Akteure verbindet (vgl. Nolda 2006).

Basis von Videodaten ist man indes damit konfrontiert, dass sich Äußerungen einzelner nicht nur sequentiell (sprachlich), sondern auch simultan (z. B. gestisch) vollziehen. Hinzu kommt, dass parallel dazu andere Personen im Kurs in ähnlicher Weise miteinander interagieren. Zur methodischen Bearbeitung des Problems der Verschränkung von Simultaneität und Sequentialität können verschiedene Verfahrensweisen eingesetzt werden (vgl. Herrle 2007, Dinkelaker/Herrle 2009). Hilfreich haben sich vier basale Verfahrensweisen erwiesen, um den Interaktionsprinzipien der Gleichzeitigkeit und Nachzeitigkeit von Äußerungen in Raum und Zeit Rechnung zu tragen: die Segmentierungsanalyse, die Konfigurationsanalyse, die Sequenzanalyse und die Konstellationsanalyse.

Segmentierungsanalyse

Mit dem Verfahren der Segmentierungsanalyse sucht man nach Gleichförmigkeiten und Wechseln im Interaktionsablauf, um eine Kursveranstaltung als Abfolge unterschiedlicher Segmente beschreiben zu können (vgl. Erickson 1992). Für die Grobgliederung eines Kurszusammenhangs bietet es sich an, das Video in beschleunigter Geschwindigkeit anzuschauen und auf Haltungs-/Positionsveränderungen anwesender Personen zu achten, die auf grundlegende Veränderungen im Interaktionsgeschehen hinweisen. Nach einer ersten Grobgliederung empfiehlt es sich, weiteren Besonderheiten nachzugehen, die die jeweiligen Segmente als eigenständige kennzeichnen. Schließlich sind Segmentgrenzen und Übergänge zu bestimmen: Verbale und Nonverbale Gliederungssignale können dabei als Grenzmarkierungen betrachtet werden.

Konfigurationsanalyse

Mit Hilfe von Konfigurationsanalysen wird die inhaltliche, soziale und zeitliche Bestimmung der aktuellen Interaktionssituation, die sich in der räumlichen Anordnung von Personen und Gegenständen abbildet, bestimmt. Da sich das Erscheinungsbild des Raumes von Moment zu Moment ändert, ist es entscheidend, zu welchem Zeitpunkt man das Video anhält, um die räumliche Konfiguration näher zu untersuchen. Hat man einen Zeitpunkt gewählt, geht es zunächst darum, sich anhand eines Stills zu vergegenwärtigen, was alles wo und wie sichtbar ist und eine Skizze anzufertigen, die einen Überblick über die aktuelle räumliche Situation verschafft. Um eine Konfigurationsanalyse auf der Basis der erstellten Stills und Skizzen durchzuführen, beobachtet man die Interaktionssituation unter Rückgriff auf die Gestaltung der Außengrenzen des Raumes, auf Positionen, Bewegungsmöglichkeiten und Ausrichtung anwesender Personen sowie auf Aufmerksamkeitszentren.

Sequenzanalyse

Bei der Sequenzanalyse geht es um die Frage, wie sich sinnstrukturierte Sequenzverläufe in der Abfolge aufeinander bezogener Äußerungen ausbilden. Um eine Sequenzanalyse durchführen zu können, ist es deshalb zunächst notwendig, Sequenzelemente als personenbezogene verbale und/oder nonverbale Äußerungseinheiten zu identifizieren.[22] In einem nächsten Schritt geht es um die Rekonstruktion unterschiedlicher Bedeutungsmöglichkeiten des einzelnen Elements und das gedankenexperimentelle Ausweisen entsprechender Anschlussoptionen, um dann an der nächsten Sequenzposition die Spezifik der Auswahl bestimmen zu können, vor deren Hintergrund wiederum die nächste Sequenzposition zu betrachten ist. Durch die schrittweise Betrachtung von Äußerung und Anschlussselektion kann der Aufbau von Strukturen auf unterschiedlichen Ebenen des Interaktionsgeschehens und zwischen unterschiedlichen Akteuren betrachtet werden. Auf welche Interaktionsachsen sich der Fokus des Forschers richtet, ist an sein jeweiliges Erkenntnisinteresse gebunden.

Konstellationsanalyse

Konstellationsanalysen richten sich ebenfalls auf die Untersuchung der räumlich-simultanen Dimension von Interaktionszusammenhängen. Sie gehen von einem einzelnen ausgewählten Element aus – z. B. der Gestik des Kursleiters – und fragen danach, welche Bedeutung diesem Element zum Zeitpunkt t_x im Kontext aller anderen sichtbaren Elemente zukommt und wie durch dieses besondere Element im Kontext aller übrigen Elemente die Interaktionssituation charakterisiert wird. Forschungspraktisch ist zunächst ein Konstellationselement zu einem bestimmten Zeitpunkt auszuwählen und dekontextualisiert zu betrachten – technisch lösbar durch das Generieren eines Stills und dem Ausschneiden des entsprechenden Elements mittels entsprechender Bildbearbeitungsprogramme. In einem zweiten Schritt geht es – ähnlich wie bei der Sequenzanalyse – um das Ausloten möglicher Sinnverweise durch gedankenexperimentelle Kontextvariation. Schließlich werden die imaginierten Kontexttypen schrittweise mit dem tatsächlichen durch die Anwesenheit bestimmter sicht- und hörbarer Phänomene bestimmten Kontext konfrontiert.

Tab. 2: Analysewerkzeuge

	Überblick über die Gesamtordnung	Rekonstruktion der Relationen zwischen einzelnen Interaktionselementen
Sequentielle Strukturen	Segmentierungsanalyse	Sequenzanalyse
Simultane Strukturen	Konfigurationsanalyse	Konstellationsanalyse

In der Forschungspraxis werden diese Grundformen meist miteinander kombiniert. Ein idealtypisches Vorgehen zur Strukturrekonstruktion von Kurs- bzw. Unterrichtsinteraktion würde – ausgehend von der gedankenexperimentellen

---

22 Zur Unterscheidung von Sequenzen auf der Ebene des körpersprachlichen Ausdrucks vgl. die Unterscheidung von Argument, Position und Präsentation nach Scheflen 1964.

Sensibilisierung für den je konkreten Untersuchungsgegenstand aufgrund des Datenerhebungsprotokolls und übriger Kontextmaterialien – zunächst mit einer Segmentierungsanalyse beginnen, um so einen Überblick über den zeitlichen Verlauf des Kurses herzustellen. Anschließend können die jeweiligen Segmente durch eine Gegenüberstellung ihrer räumlichen Gestalt näher bestimmt werden, wozu die Konfigurationsanalyse eingesetzt wird. Nach diesen ersten Sondierungen kann dann der forschende Blick auf einen bestimmten Ausschnitt des Interaktionsgeschehens gerichtet werden, um so – in mikroskopischer Einstellung – den Aufbau von Interaktionsstrukturen zu rekonstruieren. Dies wird durch die forschungspraktische Kombination von Sequenzanalyse und Konstellationsanalyse möglich. Aufgefundene Strukturmuster können schließlich fall-intern und fall-übergreifend miteinander minimal oder maximal – eventuell auch unter Berücksichtigung zusätzlicher Materialien[23] – kontrastiert werden (vgl. Strauss/Corbin 1996; Nolda 2000, S. 61 ff.), um die herausgestellten Befunde weiter zu differenzieren.

Interpretative videobasierte Kursforschung löst sich von Präferenzen, die die bisherige Lehr-Lern- bzw. die tonbasierte Interaktionsforschung beherrscht haben. Sie löst sich vom Primat der Rede, indem sie ebenso aufmerksam Blicke, Gestik, Mimik und Körperbewegungen verfolgt, vom Primat der Kursleiter-Teilnehmer-Dyade, indem sie Phänomene der non-verbalen Interaktion unter mehreren Beteiligten erfasst und auch die passiv Anwesenden wahrnimmt, vom Primat des Kognitiven, indem sie die ästhetische Dimension von Aussehen, Einrichtung und Gegenständen ernst nimmt. Sie ist radikal ›oberflächlich‹, d.h. sie schöpft das an der Oberfläche zu Sehende so weit wie möglich aus und interessiert sich mehr für performative und präsentische als für intentionale Momente in Kursen, die – jenseits von wechselnden Interaktionsdyaden – als Gruppe von Personen in ihrer räumlichen Situierung erkennbar werden.

Damit hebt sie sich von Interviews ab, die die Intentionen von Lehrenden und die nachträglichen und eventuell erwünschten Einschätzungen der Beteiligten wiedergeben, von Tontranskripten, die primär die verbale Interaktion erfassen und von Beobachtungsprotokollen, die entweder nach vorgegebenen Kategorien strukturiert kaum Platz für die Wahrnehmung ›neuer‹ Kategorien lassen, dabei aber keine exakten ›Messungen‹ (z.B. Dauer einer Störung oder Dauer der Sichtbarkeit einer Folie) erlauben oder dem Vorwurf der Subjektivität ausgesetzt sind.

Nach wie vor nicht befriedigend gelöst ist das Problem der Datenüberfülle. Es ist zu vermuten, dass die ›Lösung‹ nicht in einer Steigerung der methodischen Kontrolliertheit, sondern eher in der Ausschöpfung eines Zugangs liegt, der die Datenfülle nicht systematisch, sondern kreativ-aufspürend nutzt. Der Begriff Spur kann nämlich – wiewohl als Eigenschaft des Materials geltend – auch als Wahrnehmungs- und Analyseverfahren im Sinne eines Auffindens und Le-

---

23 Dabei bieten sich Kurskonzepte, -ankündigungen und -materialien ebenso an wie Berichte von und Interviews mit den Beteiligten. Schließlich bietet das Material mit der sogenannten Auto-Konfrontation bzw. dem stimulated recall selbst eine spezielle Möglichkeit, die bei entsprechender Fragestellung genutzt werden kann (vgl. Knoblauch 2006, S. 79).

sens von Spuren bestimmen werden (vgl. Ginzburg 1995, Krämer/Kogge/Grube 2007). Dieses explorativ-aufspürende Moment kennzeichnet auch die Arbeit in dem beschriebenen Projekt, in dessen Zusammenhang die nachfolgenden Beiträge entstanden sind. Sie bieten deshalb auch nicht abschließende Ergebnisse, sondern verstehen sich als mehr oder weniger tiefgehende exemplarische Sondierungen.

3   Überblick über die Beiträge

Die Beiträge des Bandes nehmen das Geschehen in Kursen jeweils unterschiedlich in den Blick. Entsprechend ihrer Fokussierungen sind sie in sechs Gruppen gebündelt. Welche Perspektive wir auf das Geschehen in Veranstaltungen der Erwachsenen-/Weiterbildung durch einen videographischen Zugang einnehmen und welche methodologischen und methodischen Entscheidungen damit einhergehen, wie die Akteure sich während der Erhebung videographischer Daten auf unsere Beobachtungstätigkeiten beziehen und welche Varianten der Datenaufbereitung wir ausgehend von dem videographisch erhobenen Rohmaterial zur Beantwortung verschiedener Fragestellungen gewählt haben, darüber wird in Teil I (Videographische Beobachtungen) berichtet. Der Einführung in die Beobachtungsperspektive gegenüber steht im Teil VI ihre Reflexion (Mediale Beobachtung medialer Beobachtung). Deutlich gemacht werden dort einerseits Unterschiede zwischen medial-inszeniertem und naturalistisch sich ereignendem Lehren und Lernen Erwachsener: Kurse in TV-Serien und alltäglich stattfindende Kurse, videographisch aufgezeichnet. Andererseits werden Analogien und Differenzen zwischen Bild und Text als Medien (erziehungs-)wissenschaftlicher Kommunikation diskutiert, eingebettet in eine Skizzierung historischer Entwicklungslinien zur Darstellung wissenschaftlicher Befunde. Zwischen diesen beiden rahmenden Teilen, in denen (meta-)theoretische, methodologische und methodische Aspekte videographischer Untersuchungen beleuchtet werden, stellen wir Analysen des Geschehens in Veranstaltungen der Erwachsenen-/Weiterbildung dar. Datengrundlage dafür ist ein Querschnitt aus verschiedenen Veranstaltungen in verschiedenen Institutionen der ex- und impliziten Erwachsenenbildung, die in den Jahren 1991 ff in den alten Ländern der Bundesrepublik stattgefunden haben[24]. Die 128 ein- und mehrperspektivischen Aufzeichnungen wurden nach den Prinzipien minimalen und maximalen Kontrastierens ausgewählt. Durch dieses Sample wurde gewährleistet, dass eine dem vielgestaltigen Feld des Lernens Er-

---

24 Das inzwischen quasi ›historische‹ Aufnahmen enthaltende Archiv verweist auf die Möglichkeit, Videographien auch zu Zwecken der Historiographie der Erwachsenenbildung einzusetzen. Anregungen dazu wären u. a. aus einem DFG-Projekt zu beziehen, das Video-Dokumentationen von DDR-Unterricht rekonstruiert (vgl. Meike/Schluß 2007).

wachsener gerecht werdende Vielfalt an Veranstaltungsformen und -inhalten, anbietende Organisationen und beteiligte Personengruppen einer Analyse zugänglich wird. [25]

In *Teil I*, zu dem auch der vorliegende einführende Beitrag zählt, werden grundlegende methodologische und gegenstandstheoretische Fragen erläutert (*Videographische Beobachtungen*). Während im vorliegenden Beitrag ein Überblick über diese Fragen und das Vorgehen im Rahmen des Projekts gegeben wurde, von dem der vorliegende Band berichtet, werden methodologische Probleme der Datengenerierung und -aufbereitung in jeweils eigenen Beiträgen eingehender behandelt. Mit Blick auf die *Reaktivitätsproblematik von Videographien* werden einerseits Möglichkeiten aufgezeigt, wie man offensichtliche Bezugnahmen der Kursleitenden auf die Aufnahmesituation interpretatorisch als durchaus aufschlussreiches Datum verwenden kann. Andererseits wird im Rahmen einer Einzelfallstudie der Versuch unternommen, mithilfe eines triangulativen Forschungsdesigns implizite Reaktanzeffekte aufzudecken, um das latente Problem der Reaktivität methodisch zu kontrollieren.

Im Beitrag zur *Datenaufbereitung* wird anhand der in den Beiträgen dieses Bandes realisierten Aufbereitungsstrategien erläutert, wie sich Datenerhebung und -analyse im Zuge der Aufbereitung von Videoaufnahmen zirkulär ineinander verschränken.

Die in *Teil II* versammelten Beiträge richten ihren Fokus zunächst auf die Gestaltung des Geschehens durch die räumliche Umgebung und den Gebrauch von Dingen (*Präsente Materialität*).

Kurse finden an unterschiedlichen Orten statt. Durch die Art und Weise ihrer räumlichen Gestaltung werden bereits Erwartungen zur Durchführung bestimmter Aktivitäten und Kooperationszusammenhänge generiert. Unter dem Titel *Raumgestalten* werden drei empirisch rekonstruierte Grundmuster räumlicher Anordnung beschrieben, die in unterschiedlichen Varianten das materielle Fundament für das Stattfinden von Lehr-Lernzusammenhängen unter (anwesenden) Erwachsenen kreieren. Indem sie gegenüber hereinkommenden Personen bereits implizit Vorschläge zur Positionierung und Aufmerksamkeitsausrichtung formulieren, machen sie die Herstellung spezifischer Sozialformen im Umgang mit bestimmten Themen antizipierbar – und erschweren die Realisierung anderer Formen des Miteinanders.

Den Logozentrismus bisheriger Modelle des Kursgeschehens macht besonders deutlich der fokussierte Blick auf die *Dinge* erkennbar, die in Kursen zum bedeutsamen Gegenstand werden. Ausgehend von Analysen des Umgangs mit einer getrockneten Lilienblüte in einem Kochkurs und mit einem Schleier in einem Tanzkurs werden im damit befassten Beitrag drei Funktionen herausgearbeitet, die den Dingen in der Erwachsenenbildung zukommen.

Auch aus Kursen sind *Tafeln*, in welcher Gestalt auch immer, nicht wegzudenken. Wohl am deutlichsten zeigt sich an ihnen, dass Lehr-Lerninteraktionen in

---

25 Die Fälle, auf die in den verschiedenen Beiträgen als Datengrundlage Bezug genommen wird, werden im Kapitel VII dargestellt.

Kursen immer auch das Potential des Visuellen nutzen. Der Beitrag stellt das inzwischen entwickelte breite Spektrum von Tafeln dar. Er erläutert drei zentrale Leistungen, die Tafeln für die Wahrnehmbarkeit von Wissen erbringen (Erweiterung, Permanenz, Selektivität). Im Mittelpunkt steht eine detaillierte Analyse der Bedeutungen, die die Tafel im Zeitverlauf eines Kurses hat.

Die in Unterrichtsräumen aufgestellten Medien, gerade auch die sogeannnten neuen wie elektronische Rechner mit ihren Peripherien, werden aber nicht in jeder Lehr-Lern-Situation und nicht in jedem Kurs genutzt. *Medien als ›Möbel‹* stehen dann auch im wörtlichen Sinne am Rande oder behindern sogar die Interaktion.

Darauf, wie die Körperlichkeit der Beteiligten sich gestaltend auf das Lehr-Lerngeschehen auswirkt, beziehen sich die Beiträge im *Teil III* des Bandes (*Beteiligte Körper*)

Dass die am Geschehen Beteiligten körperlich anwesend sind, gehört zu den Grundmerkmalen von Kursen. Die anwesenden *Körper* befinden sich an bestimmten Stellen *im Raum*, sind in spezifischen Arten und Weisen aneinander ausgerichtet und in ihren Aktivitäten aufeinander abgestimmt. Diese Konfigurationen der Kopräsenz folgen spezifischen wiederkehrenden Mustern. Kursleitenden kommt die Aufgabe zu, den Kursbeteiligten Anhaltspunkte bei der Koordination ihres Anwesend-Seins zu geben. Dabei können sie auf unterschiedliche Register der Einflussnahme zurückgreifen.

Die Körper der in Kursen Anwesenden sind nicht nur Medien des Lernens, sie werden darüber hinaus auch zu Akteuren des Lernens, sofern Bewegungen und Haltungen erlernt und eingeübt werden. Im Beitrag mit dem Titel *Körperbildung* wird gezeigt, wie in der Verknüpfung dreier Interaktionsformen, dem Einüben, dem Üben und dem Ausüben, das Lernen der Körper gezielt zum Gegenstand des Kursgeschehens wird.

Wie Veranstaltungsteilnehmende und -leitende mit der Komplexität umgehen, die daraus resultiert, dass im Zeitverlauf nicht nur zwei, sondern eine Vielzahl an Personen wechselseitig füreinander wahrnehmbar sind und ihr Agieren aufeinander abstimmen müssen, soll ein Kurs als kollektives Geschehen zumindest vordergründig inszeniert werden, darauf wird in *Teil IV* unter der Überschrift *Dynamische Gruppen* eingegangen.

Zunächst werden unter dem beinahe trivialen Titel *Erwachsene in (Kurs-) Gruppen* die Bedeutungen analysiert, die auf Lehren und Lernen bezogene differente Formen der Gruppeninteraktion haben können. Den Ausgangspunkt bilden Überlegungen zum Spannungsverhältnis von Individualitätsdarstellung und sozialer Anerkennung in Gruppen. Vor diesem Hintergrund wird am Fall eines Yoga-Kurses der Wandel der Gruppengestalt im Kursverlauf unter dem Aspekt der jeweils spezifischen Aktivitäten der Kursleiterin und der Teilnehmer rekonstruiert. Damit kommt ein breites Spektrum von Bildungserfahrungen in den Blick, das insbesondere an die Gruppenförmigkeit von Kursen gebunden ist.

Dass die Lerngruppen in Kursen heterogen zusammengesetzt sind, ist in Kursen der Erwachsenenbildung eine als solche wenig beachtete Selbstverständlichkeit. Wie es den an einem Trommelkurs Beteiligten gelingt, mit der Heterogenität von Lernbedarfen individualisierend umzugehen, ohne den gemeinsamen Gruppenfokus aufzulösen, wird im Beitrag *Binnendifferenzierung des Kursgeschehens* herausgearbeitet.

Das Beschaffen von Informationen darüber, was in der Umgebung gerade geschieht – und künftig erwartbar geschehen wird –, ist besonders relevant in Kontexten, in denen eine Pluralität sich kontingent verhaltender Personen anwesend und füreinander wechselseitig wahrnehmbar ist. Im Beitrag *Orientierung und Partizipation* werden Methoden illustriert, die sowohl von Lehrpersonen als auch von den Lernenden aufgeführt werden, um eine individuelle Beteiligung an sozialen Aktivitäten – wie etwa einer Reanimationsübung oder einer Unterhaltung über das Fernsehprogramm – zu ermöglichen, fortzusetzen oder zu vermeiden.

Retrospektiv betrachtet, erscheint das Geschehen in Kursen als Aneinanderreihung von Zeiträumen, in denen sich Lehrpersonen und Lernende fortgesetzt mit etwas Bestimmten in bestimmter Weise beschäftigen. Um die Herstellung kollektiver pädagogischer Engagements (wie etwa Vorträge, Diskussionsrunden oder Tanzübungen) zu ermöglichen, ist es notwendig, auf das vielfältige Agieren von Personen in der Umgebung so einzuwirken, dass sich entsprechende Kooperationsformen verstetigen können. Anhand von Befunden einer mikroethnographischen Studie werden im Beitrag *Formen des Einwirkens* strukturelle Varianten illustriert, in denen Lehrpersonen, wie aber auch Lernende, ihr Agieren in Übergängen koordinieren, indem sie in unterschiedlicher Weise Gestaltungsvorherrschaft beanspruchen und Folgebereitschaft einfordern – und somit spezifische Varianten im Umgang mit Problemen der Klassen- bzw. Kursführung realisieren.

Auch wenn in der Literatur zur Erwachsenenbildung Aufmerksamkeit Lehrender und Lernender kaum explizit angesprochen wird, ist der Umgang mit Aufmerksamkeit doch ein latentes Thema, vor allem was die Abgrenzung der Erwachsenenbildung gegenüber der Schule angeht. Auf der Grundlage von Mikroanalysen von Aufmerksamkeitsverläufen werden im Beitrag *Aufmerksamkeitskoordination* die Ordnungen des Umgangs mit Aufmerksamkeit in Kursen vorgestellt, die von den am Geschehen Beteiligten – Lehrenden und Lernenden – gemeinsam etabliert und prozessiert werden.

Die Mehrdeutigkeit des Interaktionsgeschehens, die nicht nur daraus resultiert, dass eine Vielzahl verschiedener Personen anwesend ist, die bestimmte Äußerungen in verschiedener Weise auffassen können, sondern auch daraus, dass die Beteiligten eine Vielfalt an Äußerungsressourcen nutzen, was die Mehrdeutigkeit von Äußerungen in face-to-face Interaktionen sowohl potenzieren aber auch einschränken kann, steht in *Teil V* im Mittelpunkt (*Mehrdeutige Interaktionen*).

Zunächst werden an einem Beispiel aus einem Kurs »Deutsch als Fremdsprache« non-verbale und verbale Strategien der Produktion von *Verdoppelung und Doppeldeutigkeit* dargestellt, mit deren Hilfe die Beteiligten (Lehrende und Lernende) potentielle Konflikte andeuten, aber auch vermeiden.

Ein weiterer Aspekt der Mehrdeutigkeit ergibt sich aus der Differenz zwischen dem offiziellen *Vorderbühnen-* und dem inoffiziellen *Hinterbühnengeschehen* in Kursen – eine Trennung, die nicht nur von den Lernenden, sondern auch von Lehrenden genutzt werden kann.

Nonverbales spielt aber auch in der offiziellen Kursinteraktion eine große Rolle – auch und gerade im Fremdsprachenunterricht, wo es bei der Kernaktivität des Korrigierens in Form von *Inaudible Hints* eingesetzt wird.

Mehrdeutigkeiten im Interaktionsgeschehen resultieren schließlich auch daraus, dass Beteiligte ihr Agieren an unterschiedlichen situativen Rahmungen orientieren, um sich einem lebensweltlich-kulturell eingebetteten Gegenstand als Lerngegenstand zuzuwenden. Auf welches Repertoire von den Akteuren in Kursen zum Erlernen von Körperbewegungen zurückgegriffen wird und wie durch die selektive Realisierung dieses Repertoires im Interaktionsprozess ein komplexes, polyrhythmisches Geflecht emergiert, wird im Beitrag *Rhythmen und Modulationen* illustriert.

In *Teil VI (Beobachtungen medialer Beobachtung)* wird der Rahmen der Videographie zunächst überschritten, indem auf Darstellungen von Sehgewohnheiten (re-)produzierenden *Kursen in Kurs-Fernsehserien* eingegangen wird und diese mit den wissenschaftlichen Videographien kontrastiert werden.

Der ein Zitat von Andy Warhol als Titel nutzende, abschließende Beitrag »*I never read, I just look at pictures*« erläutert vor dem Hintergrund der vorangehenden Beiträge in einem eher grundsätzlichen Zugang Probleme und Möglichkeiten der Darstellung videographischer Forschung im Kontext wissenschaftlicher Kommunikation, die sich aus dem Spannungsverhältnis der Darstellungsmedien Bild und Wort/Text ergeben. Überlegungen zur Zukunft des Schreibens unter den Bedingungen der unhintergehbaren Rückkehr des Bildes in die kulturelle Kommunikation schließen den Beitrag ab.

Das im Laufe des Projekts entstandene Archiv von Veranstaltungsverläufen ist Gegenstand des den Band abschließenden *Teil VII (Die Ordnung der Kurse)*. Unter der Überschrift *Kursarchiv in Bildern* sind alle 128 im Projektverlauf erhobenen Veranstaltungen in alphabetischer Reihenfolge aufgeführt. Einen momenthaften Einblick in das jeweils dokumentierte Geschehen geben Standbilder. Vor diesem Hintergrund wird im Beitrag *Von der Sammlung zum Sampling* die Frage diskutiert, wie sich dem im Korpus explorativ erschlossenen Feld »Kurse der Erwachsenenbildung« eine Ordnung abgewinnen lässt. Der Prozess der sukzessiven Entstehung des Archivs wird reflektiert. Unterschiedliche Kriterien des Ordnens der entstandenen Sammlung werden diskutiert. Exemplarisch wird gezeigt, wie verschiedene Beiträge des Bandes den erhobenen Korpus in einem je anderen Struktur erscheinen lassen und wie dies unterschiedlichen Strategien des Samplings nach sich zieht. Der Beitrag und damit auch der Band enden mit einem experimentellen Ausblick auf potentielle zukünftige Zugriffe auf das Archiv.

Die Reaktivitätsproblematik von Videographien

Christian Dreischenkämper/Tim Stanik

1 Einleitung

Interaktionsanalysen auf der Basis von Videographien stehen neben den methodologischen und methodischen Herausforderungen, der Vielschichtigkeit der Daten gerecht zu werden, vor dem prinzipiellen Problem der Güte ihrer Datengrundlage. Auch wenn das erhobene Videomaterial unter der Prämisse zur Forschung verwendet wird, »das Verhalten der Beteiligten in natürlichen Situationen zu dokumentieren [...], die auch ohne die Anwesenheit der Kamera abgelaufen wären« (Kade/Nolda 2007a, S. 106), sind Videographien ein prinzipiell reaktives Datenerhebungsverfahren (vgl. Campell u. a. 1975, S. 29). Reaktivität in Forschungen berührt das Gütekriterium der Validität der zugrunde gelegten Daten bzw. der hieraus entwickelten Erkenntnisse. Auch wenn sich in der qualitativen Sozialforschung bislang keine einheitlichen Gütekriterien herausbilden konnten und einige Vertreter Gütekriterien der quantitativ arbeitenden Forschung für das qualitative Forschungsparadigma ablehnen (vgl. Steinke 2003, S. 320), sollte das empirische Datenmaterial zumindest eine Gültigkeit für das zu untersuchende Phänomen aufweisen. Interaktionsanalysen, die mit Videographien arbeiten, haben sich also der Frage zu stellen, inwieweit die zugrunde gelegten Daten reale Abbildungen der Kurspraxis (Fakten) oder Kunstprodukte (Artefakte) der Forschung sind (vgl. Steinke 1999, S. 22). Die ernsthafte methodologische Frage der Reaktanz (vgl. Schnettler/Knoblauch 2009, S. 277) wird bei der Datensorte Video dadurch zugespitzt, dass anders als etwa bei ethnographischen Feldbeobachtungen, in denen Reaktivität nur indirekt im Forschungsprozess sichtbar wird und einen vom Feldforscher zu reflektierenden Aspekt darstellt, hier auf den Aufnahmen konserviert wird. Diese Fixierung bietet jedoch zugleich die Möglichkeit, sich dem latenten Problem der Reaktanz nicht nur reflexiv, sondern auch datengestützt zu nähern. Schon bei oberflächiger Betrachtung der Videographien des BIWO-Korpus werden explizite Bezugnahmen sowohl der Kursleitenden als auch der Teilnehmenden auf die Datenerhebungssituation offensichtlich. Diese direkten Bezugnahmen zeigen sich vereinzelt auch zu späteren Zeitpunkten in den Kursverläufen, so dass die Feststellung aus anderen Untersuchungen bzw. der daraus entwickelten Hypothese, dass sich die Akteure an die Aufzeichnungssituation gewöhnen und der Einfluss der Datenerhebung zu vernachlässigen sei (ebd.), durch das Material nicht bestätigt werden kann. Im vorliegenden Beitrag sollen daher zunächst aus dem BIWO-Korpus zwei explizite Reaktivitätseffekte skizziert werden.

Neben den offensichtlichen und im Videomaterial dokumentierten, expliziten Einflüssen der Datenerhebung besteht aber auch die Möglichkeit, dass für den Forschenden oder den Interpreten der Videos nicht offensichtliche Reaktanzen die Kurssituation verändern. Um diese impliziten Reaktanzen zu rekonstruieren, bedarf es eines triangulativen Forschungsdesigns (vgl. Flick 2008), das sowohl Vergleiche von aufgezeichneten und nicht-aufgezeichneten Sitzungen desselben Kurses erlaubt, als auch – im Sinne einer kommunikativen Validierung – die Sichtweisen der beteiligten Akteure berücksichtigt.[1]

2 Reaktivität und Bedingungsvariablen im Rahmen von Videographien

Vor der ethischen Prämisse, dass die Akteure von ihrer Beteiligung an einer Untersuchungssituation wissen, sind solche offenen Erhebungen prinzipiell mit dem Problem einer Datenverzerrung konfrontiert (Hartmann 1991, S. 23 f.). Im Kontext der videographischen Kursforschung werden die Beteiligten einerseits um ihr Einverständnis der Aufzeichnung gebeten und andererseits sind die Kameras als Forschungsobjekte den Teilnehmern zu jederzeit sichtbar.

Die Verzerrungen und Störungen, die sich aus solchen offenen Datenerhebungen ergeben, werden unter die Sammelbegriffe der Reaktanz oder der Reaktivität subsumiert. Campell war einer der ersten Forscher, der sich der Reaktivitätsproblematik in den Sozialwissenschaftlichen angenommen hat. Er stellt fest, dass offene Messungen einen Einfluss auf das interessierte Phänomen haben und somit das verändern, was sie versuchen zu messen: «A reactive measure is one which modifies the phenomenon under study, which changes the very thing that one is trying to measure» (Campell 1957, S. 298 f.). Bei Reaktivitäten in der Sozialforschung handelt es sich um Verhaltensmodifikationen der Akteure als Reaktion auf den Erhebungszusammenhang. Campell spricht hier auch vom »Versuchskaninchen-Gefühl« (»Guinea pig«) (ebd. S. 308). Reaktivitätseffekte sind auf unterschiedliche Ursachen zurückzuführen und können aus unterschiedlichen Motivationen heraus erfolgen. Eine einheitliche Systematisierung der zugrunde liegenden Bedingungsvariabeln konnte nicht erreicht werden und erscheint auch nicht sinnvoll: »Die Strukturierung [...] ist teilweise von den spezifischen Konzeptualisierungen der Autoren abhängig, so daß eine einheitliche Gliederung bzw. Kategorisierung kaum möglich erscheint« (Bungard 1984, S. 30).

---

1 Die folgenden Ausführungen basieren im Wesentlichen auf der Diplomarbeit von Christian Dreischenkämper (2009).

Für die vorliegende Studie soll Reaktivität anhand dreier – hier analytisch getrennter – Bedingungsvariablen bzw. Reaktivitätsquellen aufgeschlüsselt werden. Dies sind die Anwesenheit der Kameras, die der Feldforscher und dadurch bedingt das jeweils bewusst und unbewusst modifizierte Verhalten der Kursbeteiligten.

Einerseits sind die Forscher, die Kameramänner zu nennen, die als fremde Personen in ein Feld eindringen und sich dabei als Persönlichkeiten mit ihren spezifischen Eigenschaften und Verhaltensweisen vor den Teilnehmenden darstellen und mit diesen interagieren (vgl. Weidmann 1974, S. 12). Hieraus können sich folgende Reaktivitätseffekte ergeben:

- Kommunikationen zwischen Forschendem und Untersuchungspersonen
- Leistungssteigerungen in Beobachtungssituationen (sogenannter Hawthorne Effekt)[2]
- der Versuchsleitererwartungseffekt[3].

Durch das Erkennen der Situation als Untersuchungssituation haben die Kursbeteiligten die Möglichkeit, ihr Verhalten bewusst oder unbewusst zu modifizieren. Die Probanden der videobasierten Kursforschung, die an einer beobachteten Seminareinheit teilnehmen, sind sich aufgrund der Feldforscher bzw. der Kameras der Beobachtungssituation in der Regel bewusst (»Versuchskaninchen«). Die Intensität des Gefühls, beobachtet zu werden, kann allerdings im zeitlichen Verlauf variieren. Es kann dauerhaft präsent sein, nach einiger Zeit vergessen werden oder auch über den gesamten zeitlichen Verlauf nahezu unbemerkt stattfinden (vgl. Weidmann 1974, S. 12). Einige Personen werden sich durch die entgegengebrachte Aufmerksamkeit geschmeichelt fühlen, wieder andere gestört. Weidmann weist in diesem Zusammenhang auch darauf hin, dass sich die Beobachteten verstellen, einige Anwesende sogar Theater spielen könnten (ebd.). Zur Bedingungsvariable Untersuchungsteilnehmende lassen sich insbesondere folgende Aspekte herausstellen:

---

2 Bei den Hawthorne-Experimenten handelt es sich um eine Studie der Betriebspsychologie und -soziologie die in den 1920er Jahren von Elton Mayo und Kollegen an der »General electric company« in Hawthorne, Illinois durchgeführt wurden (vgl. Fuchs-Heinritz u. a. 1994, S. 269). Hier wurden unterschiedliche Experimente mit variierenden Arbeitsbedingungen durchgeführt, um so verschiedene Möglichkeiten zur Produktivitätssteigerung zu testen (vgl. Jacobson/Rosenthal 1971, S. 203 ff) Es zeigte sich, dass wenn die Versuchsgruppe ein besonderes Interesse ihrer Vorgesetzten erhielt, deren Arbeitsmotivation gefördert wurde.
3 Den Versuchsleitererwartungseffekt (auch Pygmalion- oder Rosenthaleffekt genannt) definieren Jacobson und Rosenthal wie folgt: »Die Menschen tun häufiger das, was man von ihnen erwartet als das Gegenteil. Ein großer Teil unseres Verhaltens wird bestimmt durch von vielen Menschen geteilte Normen oder Erwartungen, die Voraussagen ermöglichen, wie ein Mensch sich in einer bestimmten Situation verhalten wird, selbst wenn wir diese Menschen nie getroffen haben und wenig darüber wissen, wie er sich von anderen Menschen unterscheidet« (Jacobsen/Rosenthal 1971, S. 3)

- Ängste und Sorgen, die zu einer Zurückhaltung führen
- Selbstinszenierungen der Akteure
- Teilnehmer-Motivationen: »Good subject« vs. »negativistic subject« (vgl. Bungard 1984, S. 124).

Im Zusammenhang der Reaktivität ist insbesondere das Phänomen der »sozialen Erwünschtheit« als eine mögliche Störquelle zu nennen. Sozial erwünschtes Verhalten wird in der quantitativen Forschung i.d.R. im Zusammenhang mit »systematischen Fehlern« thematisiert. Daneben lässt sich soziale Erwünschtheit auch unabhängig von konkreten Datenerhebungsverfahren unter einer sozial konstruktivistischen Perspektive fassen: »Sozial erwünscht sind solche Merkmale von Personen, die den innerhalb einer Gesellschaft jeweils üblichen oder vorherrschenden allgemeinen sozialen Vorstellungen darüber, was gut oder richtig ist, entsprechen« (Hartmann 1991, S. 45). »Sozial erwünscht« ist ein von der Gesellschaft ausgehandeltes, tradiertes, allgemeinverbindliches und normativ gefordertes Verhalten, das vom Akteur übernommen werden kann oder auch nicht. Inwieweit sozial gewünscht gehandelt wird, hängt von den gesellschaftlichen oder gruppenrelevanten Sanktionsformen für deren Missachtung ab. Im Hinblick auf die Videographien ist jedoch wichtig zu betonen, dass soziale Erwünschtheit nicht per se eine Verzerrung der Daten darstellt. Sozial erwünschtes Verhalten kann zwar aufgrund der Beobachtungssituation hervorgerufen werden, aber auch aufgrund der Befürchtung vor Sanktionen der Kursbeteiligten. So wäre es möglich, dass soziale Erwünschtheit sich in Videographien so darstellt, sich eben so zu verhalten wie sonst im Kurs auch.

3 Explizite Reaktanzen in Bezug auf die Thematisierung von Lerngegenständen

Wie schon angesprochen, werden im Datenkorpus unterschiedliche Effekte sichtbar, die sich eindeutig auf die Aufnahmesituation zurückführen lassen. So wird der Raum teilweise durch die Positionierung der Kameras verändert, der Forscher interagiert mit den Kursakteuren, was teilweise den Kursbeginn verzögert. Außerdem schauen Teilnehmer (TN) immer wieder direkt in die Kamera und dem Interpret wird so deutlich, dass diesen die Kamera bewusst ist. Während diese Effekte als kleine Veränderungen zu bewerten sind, werden im BIWO-Korpus auch vereinzelt Reaktanzen hinsichtlich des Kursthemas und deren didaktische Gestaltung deutlich. Diese Phänomene haben insofern eine andere Qualität, als dass sie offensichtlich die Interaktionen der Kursleitenden und Teilnehmer beeinflussen. Ausgangspunkt sind hierbei immer die Kursleiter (KL), die die Aufnahmesituation und die Anwesenheit der Kameras instrumentalisieren, um Lerngegenstände zu erschließen oder diese zu veranschaulichen. Nachfolgend sollen diese Effekte anhand von zwei Szenen exemplarisch beschrieben werden.

3.1 Durch die Aufnahmesituation erschlossener Lerngegenstand

KL: Roswitha kommt noch . hat sich nicht
Angst vor der Kamera .. also wenn man ein
Schauspieler ist . dann .. äh hat man
Lampenfieber ... kennen Sie gar nicht
[...] Lampenfieber ... Angst vor der Kamera

Abb. 1

In einem Kurs »Deutsch als Fremdsprache« nimmt der Kursleiter zu Beginn der Unterrichtseinheit zweimal explizit Bezug auf die Kamerasituation. Zunächst fragt er die Teilnehmenden, ob sie »Lampenfieber« haben. Anschließend stellt er nach einer Anmerkung einer Teilnehmerin fest, dass eine weitere Teilnehmerin noch käme, sie »keine Angst vor der Kamera« habe. Er schreibt daraufhin »das Lampenfieber«, die Erklärung »Angst vor der Kamera« an die Tafel und bittet die Teilnehmer, »Lampenfieber« in ihren Wörterbüchern nachzuschlagen. Diese kurze Sequenz lässt zwei Interpretationen zu. Zum einen nimmt der Kursleiter auf die Aufnahmesituation Bezug, um mögliche Ängste bei den Teilnehmern anzusprechen. Dies erscheint notwendig, da die Kursteilnehmer zwar über die Aufnahme informiert wurden und ihre Zustimmung gegeben haben, sie aber vor dem Hintergrund nicht vorhandener Deutschkenntnisse, vielleicht nicht wussten, womit sie einverstanden waren. Lampenfieber wird hier in Bezug auf die Aufnahmesituation als »Angst vor der Kamera« von Schauspielern erklärt. Andere Facetten von Lampenfieber wie zum Beispiel die Nervosität eines Redners oder eine Musikers vor einem Live-Auftritt auch ohne eine filmische Aufzeichnung werden nicht angesprochen. So wird Lampenfieber und seine Semantik auf die Aufnahmesituation des Kurses reduziert.

Zum anderen wird das Wort »Lampenfieber« in den Wortschatz der Teilnehmer eingeführt. Der Kursleiter fragt nicht direkt nach möglichen Ängsten oder Vorbehalten der Kursteilnehmenden, sondern verwendet die spezifisch deutsche Metapher des Lampenfiebers[4]. Der Begriff wird durch die Anschrift an die Tafel zu einem expliziter Lerngegenstand. Diese Interpretation wird dadurch gestützt, dass der Kursleiter den bestimmten Artikel »das« voranstellt und auch die Erklä-

---

4 So wird im Englischen nicht von »lamp fever«, sondern von »stage fright« gesprochen.

rung für die Metaphern schriftlich festhält. Einige Teilnehmer notieren sich daraufhin den Begriff bzw. folgen der Anweisung, »Lampenfieber« im Wörterbuch nachzuschlagen. Der Hinweis, »Lampenfieber« im Wörterbuch nachzuschlagen, kann als didaktisches Mittel gedeutet werden, das Wörterbuch eigenständig zur Erschließung unbekannter, nicht alltäglicher Begriffe zu verwenden.

Insgesamt wird hier ein lebensweltlicher, situationsbezogener Begriff, der sich alleine aus der Aufnahmesituation ergibt, durch den Kursleiter in einen Lerngegenstand transformiert.

3.2 Durch die Aufnahmesituation veranschaulichter Lerngegenstand

KL: Sie sehen ich hab die passende
Schutzkleider an . die Handschuhe an . so
wie Sie das auch alle haben . das können
Sie bitte wegschneiden gell .
TN: [Lachen]

Abb. 2

In einem Fleischermeisterkurs trennt der Kursleiter einen Schweinekopf von einem hängenden Schwein ab und kommentiert dies damit, dass er dabei die vorgeschriebene Schutzkleidung trägt, was offensichtlich nicht der Fall ist. Daraufhin folgt ein expliziter Bezug auf die Kamerasituation und eine Anweisung an die Kameramänner, diese Sequenz rauszuschneiden.

Der Kursleiter verdeutlicht vor dem Hintergrund der Aufzeichnung, dass seine exemplarische Zerlegung nicht den Sicherheitsvorschriften am Arbeitsplatz eine Fleischers entspricht. Dass es sich hierbei keinesfalls um einen zu vernachlässigen Aspekt handelt, wird durch die Bitte des Rausschnitts – zwar ironisch, aber dennoch explizit – hervorgehoben. Zugleich wird jedoch auch in Bezug auf mögliche Reaktanzen deutlich, dass der Kursleiter sich nicht von Aufnahmesituation beeinflussen lässt. So wäre es ja durchaus erwartbar gewesen, dass er in der aufgenommen Sitzung vorschriftskonform die Zerlegung durchführt. Die Aufnahmesituation ermöglicht es ihm, die fehlende Schutzkleidung explizit zu thematisieren, sich und sein KL-Handeln gerade vor dem Hintergrund der Aufzeichnung als authentisch zu inszenieren sowie einen Scherz einfließen zu lassen.

Die Aufzeichnungssituation wird hier im Gegensatz zum vorherigen Bespiel dazu verwendet, einen kursrelevanten Lerngegenstand (Arbeitsschutz) in einer unterhaltsamen, ironisierenden Form zu veranschaulichen.

4 Implizite Reaktanzen: Ein Fallbeispiel

4.1 Fragestellung und methodisches Vorgehen

Entsprechend der Kritik von Bungard (1980)[5] werden in der nachfolgenden Einzelfallstudie nicht neue Störfaktoren aufgedeckt, sondern die konkreten Auswirkungen der Reaktivität und deren Bedingungsvariablen sollen in einem konkreten Einzelfall untersucht werden. Hierbei sind die beiden folgenden Fragestellungen leitend:

- Welche Erscheinungsformen der Reaktivität können im Entstehungszusammenhang der Aufnahme und im Video nachgewiesen werden?
- Wie »authentisch« bildet das Video die Kursrealität im Vergleich zu einer nicht gefilmten Sitzung ab?

Zur Bearbeitung der Fragestellungen wurde ein methodentriangulierendes Verfahren (vgl. Flick 1995) gewählt, das eine Kontrastierung von Kursbeobachtungen einer nicht videographierten Sitzung (Beobachtungsprotokoll, Skizzen) und der Videographien (Transkriptionen, Still-Images, Protokolle) bestand. Ergänzt wurden diese Daten durch einen (halb-)standardisierten Fragebogen, den sowohl die Teilnehmer als auch Kursleiterin bearbeitet haben. Diese verschiedenen Daten wurden erhoben, da ein einzelnes Verfahren (etwa nur die Kursaufzeichnung) das Phänomen Reaktivität nur aus einer Perspektive selektiv betrachtet und nur hierüber explizite Reaktanzen rekonstruiert werden können. Insgesamt muss bei diesem Forschungsdesign festgehalten werden, dass diese Zugangsweise sich der Reaktanzproblematik auch nur nähert. So sind sowohl die nicht-teilnehmende Beobachtung als auch die Fragebogenerhebung wiederum potenziell reaktive Verfahren. Auch können die möglichen Differenzen zwischen dem Vi-

---

5 »Die Artefaktforschung beschäftigte sich vorzugsweise mit der Identifizierung immer neuer Störfaktoren und legte zu wenig Wert auf die exemplarische Darstellung der konkreten Auswirkungen anhand entsprechend geplanter Metaexperimente« (Bungard 1980, S. 19). Auch stellt er fest, dass sich die Befunde der Artefaktforschung oft widersprächen. Er kritisiert weiter, dass die Zusammenhänge der unterschiedlichen Artefaktquelle nur in Einzelfällen herausgestellt wurden und gibt zu bedenken, dass die Artefaktforscher ihren Erhebungsverfahren eine hohe Validität unterstellen und dabei ignorieren, dass es sich dabei auch um reaktive Erhebungsmethoden bedienen (vgl. ebd, S. 14).

deoprotokoll und Beobachtung nicht kausal auf die Videographie zurückgeführt werden.

4.2 Der Fall: Englischkurs

Der untersuchte Kurs ist ein Englischfortgeschrittenenkurs einer mittelstädtischen Volkshochschule. Der Abendkurs findet einmal in der Woche in einem städtischen Berufkolleg statt und umfasst zwölf Termine mit insgesamt 24 Unterrichtsstunden pro Semester. Bei dem Kursraum handelt es sich um einen Klassenraum eines Berufskollegs, der an eine gewöhnliche Schulklasse erinnert. Die lehrerzentrierte Tischordnung wird jeweils vor Beginn des Kurses von den Teilnehmern in eine Hufeisenform gebracht.

Am Tag der Aufzeichnung waren von den zwölf Teilnehmenden zehn anwesend. Von den zehn Teilnehmenden sind acht weiblich und zwei männlich Das Altersspektrum der Teilnehmenden erstreckt sich von 20 bis 70 Jahren (im Durchschnitt: 55 Jahre). Bis auf eine junge Teilnehmerin besuchen die Teilnehmer den Kurs schon seit zehn Semestern. Die Kursleiterin ist 52 Jahre alt und im Hauptberuf Realschullehrerin. Sie leitete den Kurs zum Zeitpunkt der Untersuchung seit sechs Semestern.

Der Kurs wurde ausgewählt, da aufgrund der langen Kurshistorie angenommen werden konnte, dass es sich hierbei um eine etablierte »Kursgemeinschaft« mit institutionalisierten Ritualen handelt, in denen Verhaltensänderungen von den Teilnehmern bemerkt werden und die durch eine nicht-teilnehmende Beobachtung nicht so leicht irritiert werden.

4.2.1 Raumarrangement und Sitzordnung

Im Vergleich der beiden Sitzungen fällt zunächst auf, dass für die Aufnahme vorne ein und hinten im Raum vier Tische aufgestellt wurden, um die Kameras darauf positionieren zu können. Des Weiteren sind bei der aufgezeichneten Sitzung vier bzw. bei der beobachteten Sitzung fünf Tische gegenüber der Kursleiterin aufgestellt. Außerdem steht bei der gefilmten Sitzung ein weiterer Tisch vor dem Tisch des Kursleiters, der aber nicht genutzt wurde.

Das Raumarrangement ist also für den Tag der Videographie leicht modifiziert worden. Auffällig ist, dass neben den Tischen für die Kameras zwei zusätzliche Tische im Raum sind, die aber nicht verwendet werden. Die Kursleiterin schiebt zu Beginn beider Sitzungen ihren Tisch mit ähnlichen Kommentaren näher an die Teilnehmenden. Während sie ihr Handeln bei der beobachteten Sitzung auf Deutsch (»So . ein bisschen näher ran«) kommentiert, äußert sie dies bei der Videographie auf Englisch («Too far away from you, I think«). Möglicherweise will sich die Kursleiterin bei der Aufnahmesituation als Englisch sprechende Lehrende inszenieren.

Die Teilnehmer nehmen bei beiden Sitzungen identische Plätze ein. TNm1, TNw1 und TNw2 bilden eine Gruppe vor einer Seitentafel, TNm2 und TNw8

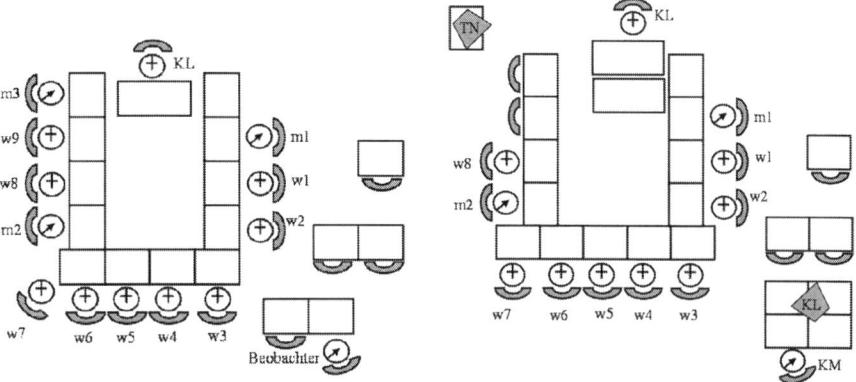

Abb. 3: Sitzordnung (Beobachtung)   **Abb. 4:** Sitzordnung (Videoaufnahme)

sitzen an einer Fensterfront nebeneinander. TNw3 bis TNw6 bilden eine Einheit vor einer Schrankreihe und TNw7 sitzt neben dieser Gruppe. Es lässt sich folgern, dass sich im Laufe des Kurses eine feste Sitzordnung etabliert hat, die wegen der Aufnahme nicht verändert wird.

Während TNw7 bei der beobachteten Sitzung im 45° Winkel zu den Teilnehmenden TNw6 TNm2 und somit leicht abseits saß, sitzt sie während der Videographie in einer Reihe am Tisch mit den anderen Teilnehmern. Nicht nur aufgrund der leichten Abseitspositionierung von TNw7 in der beobachteten Sitzung erweckte sie den Eindruck, eine Einzelgängerin zu sein. Sie betrat und verließ den Raum bei beiden Sitzungen allein und es konnten keine informellen Gespräche zwischen ihr und den anderen Teilnehmenden beobachtet werden. Möglicherweise setzt sich TNw7 zur Aufzeichnung bewusst näher an die Gruppe, um nicht als Außenseiterin auf dem Video identifiziert zu werden. Folgt man dieser Interpretation, könnte es sich hierbei um ein sozial erwünschtes Verhalten handeln.

Von der Fenstergruppe fehlen am Tag der Aufnahme TNm3 und TNw9. Auffällig ist, dass zwei Personen nicht anwesend sind, die nebeneinander sitzen. Dies legt die Vermutung nahe, dass beide als »Tandem« der Aufzeichnung fern bleiben. Im Beobachtungsprotokoll wurde festgehalten, dass TNm3 schon in der vorherigen Sitzung – ohne die Nennung von Gründen – angekündigt hatte, in dieser Sitzung zu fehlen. Die Kursleiterin nimmt hierauf Bezug (»Hermann should be with us again next time«), wohingegen das Fehlen von TNw9 nicht von ihr thematisiert wird.

Auf den Fragebogen Item, ob die Teilnehmer annehmen, dass Personen aufgrund der Videographie gefehlt hätten, verneinen dies sechs Personen, zwei geben an, dies nicht beurteilen zu können und jeweils eine Person macht keine Angabe bzw. stimmte diesem Item zu. Es lässt sich vermuten, dass die Person, die diesem Item zugestimmt hat, von TNm3 oder von TNw9 wusste, dass sie die Aufzeichnungssituation bewusst gemieden haben.

Insgesamt lässt sich für das Raumarrangement und die Sitzordnung konstatieren, dass die Videographie – abgesehen von TNw7 – keinen direkten Einfluss hatte. Auch das Fehlen der beiden Teilnehmer stellt keine für die Analyse des Videos relevante Verzerrung dar, da diese auch in anderen Sitzungen fehlen könnten und sie bei der beobachteten Sitzung keine besonders herausgehobene Rollen (Co-Kursleiter, besonders aktive oder passive Teilnehmende) einnahmen.

4.2.2 Raumaneignung und Methodeneinsatz

Vergleicht man die Raumaneignung der Teilnehmenden (hier grau hinterlegt) der beiden Sitzungen, fällt auf, dass in der beobachteten Sitzung (▶ Abb. 5) eine nahezu flächendeckende Raumnutzung der Teilnehmer festzustellen war.

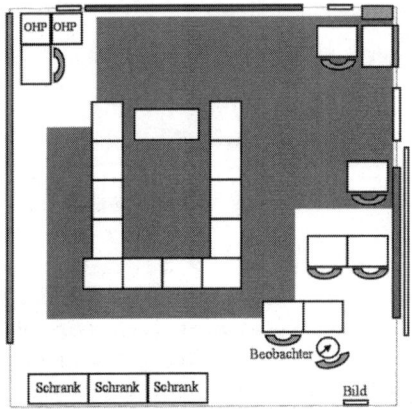

Abb. 5: Raumaneignung (Beobachtung)

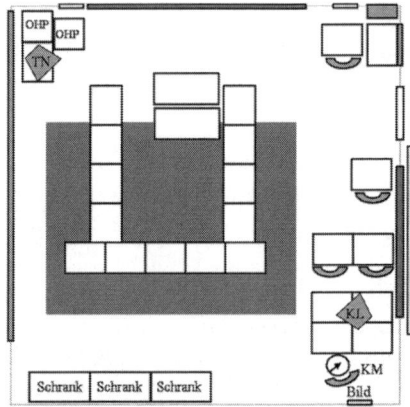

Abb. 6: Raumaneignung (Videographie)

So wurden auch die Kursleiterzone von den Teilnehmenden betreten und auch Flächen außerhalb des Hufeisens genutzt. In der videographierten Sitzung (▶ Abb. 6) hingegen, bewegen sich die Teilnehmenden ausschließlich in ihrer Zone. Es kann nicht eindeutig bestimmt werden, ob sich die unterschiedliche Raumaneignung auf die Videographie zurückführen lässt. Möglich wäre, dass die Aufnahmesituation dazu führte, dass die Teilnehmenden eher in ihrer Zone verblieben sind, um nicht von der KL-Kamera erfasst zu werden. Gegen diese Interpretation lässt sich ein Ergebnis aus der Fragebogenerhebung anführen. Dem Item »der Standort der Kamera hat den Kursablauf nicht behindert« stimmen sechs der befragten Personen »voll« bzw. »voll und ganz« zu, während zwei in mittlere Ausprägung und zwei weitere nicht zustimmten.

Eine mögliche Erklärung für die verschiedene Raumnutzung liegt in den didaktischen Übungen der Kursleiterin. Die Übungen weisen in beiden Sitzungen zwar deutliche Parallelen auf, dennoch unterscheiden sich die Übungen in einigen Aspekten. In beiden Sitzungen werden fünf Übungen eingesetzt, in denen die Teilnehmer miteinander diskutieren, Sachverhalte auf Englisch darstellen und ihre Lesekompetenzen erweitern sollen. Die Kursleiterin scheint bewusst unterschiedliche Sozialformen einzusetzen, indem sie Gruppenarbeiten durchführen lässt, Interaktion der Teilnehmenden untereinander anstößt und Lehrgespräche führt. Alle Übungen haben offensichtlich das Ziel, die Kommunikation der Teilnehmer anzuregen.

Die Arbeitsgruppen werden viermal von der Kursleiterin eingeteilt und jeweils einmal wird ein Spiel zur Gruppenbildung durchgeführt. Während der Übungsphasen geht die Kursleiterin zu den Gruppen und gibt Hilfestellungen. Die Übungen werden im Anschluss im Plenum reflektiert.

Im Vergleich der Sitzungen fällt auf, dass bei der beobachteten Sitzung raumintensive Gruppenübungen (Kugellager, Museumsgang), während bei der aufgezeichneten Sitzung eher nicht so raumintensive Methoden eingesetzt werden. Die Übungen bei der beobachteten Sitzung sind nicht nur raumintensiver, sondern scheinen auch etwas komplexer in der Erklärung und Vorbereitung (Umbaumaßnahmen) sowie der Umsetzung zu sein. Vor diesem Hintergrund ist es erstaunlich, dass in der gefilmten Sitzung es – trotz weniger komplexer Übungen – mehr Verständnisprobleme bei den Teilnehmenden auftreten. Dies verwundert auch vor dem Hintergrund, dass viele der Übungen der videographierten Sitzung bereits bekannt sind, worauf die Kursleiterin bei der Erklärung mehrfach hinweist.

Denkbar wäre, dass die Kursleiterin sich bei der gefilmten Sitzung unverständlicher ausdrückt, die Teilnehmenden nicht so aufmerksam sind oder mehr Nachfragen stellen, um nichts falsch zu machen. Es liegt die Vermutung nahe, dass die Kursleiterin bei der Videographie bewusst Übungen ausgewählt hat, die den Teilnehmenden bekannt sind und von denen sie einen reibungslosen Ablauf erwartet. Auch wäre es möglich, dass sie durch die weniger raumintensiven Übungen den Kurs disziplinieren will. Diese Interpretation wird insofern gestützt, da die Kursleiterin auf die Fragen, ob sie die Methoden bewusst für die Videographie ausgewählt hat, dem Item mit einer mittleren Ausprägung zustimmt. Hieraus lässt sich schließen, dass die Videographie zwar keinen großen, aber einen Einfluss auf die Methodenwahl der Kursleiterin hatte.

Vergleicht man die weiteren Ergebnisse der Fragebogenerhebung wird deutlich, dass sich mehr Personen bei der aufgenommenen als bei der beobachteten Sitzung beobachtet gefühlt haben.

Auf der Basis der beobachteten Sitzung wurden auch Items gebildet, die erfassen sollten, ob die Aufzeichnungssituation einen Einfluss auf die Interaktionen hatte. Hierbei wurde jeweils um eine Selbst- und Fremdeinschätzung gebeten. Im Hinblick auf die Beteiligung am Unterricht werden sowohl von den Teilnehmern als auch von Kursleiterin keine Veränderungen wahrgenommen. Nur eine Person gibt an, sich weniger am Kurs beteiligt zu haben. Insgesamt verdeutlichen die Antworten, dass die Teilnehmenden die videographierte Kurssitzung als vergleichbar zu anderen Sitzungen einschätzen. So wird der Item »Der ganze Kurs war anders als sonst« einstimmig verneint.

4.2.3 Der Abbau als potenziell reaktive Kurs-Phase

Aus den bisherigen Ergebnissen kann geschlossen werden, dass die Aufnahmesituationen keinen oder einen zu vernachlässigen Einfluss auf den hier untersuchten Kurs hatte. Lediglich bei der Raumaneigung in Bezug auf die eingesetzten Übungen der Kursleiterin wurden Reaktanzen deutlich. Wir wollen abschließend den Blick noch einmal auf eine kleine, leicht zu übersehende Szene werfen, in der sich möglicherweise eine Verhaltensänderung einer Teilnehmerin bei der videographierten Sitzung dokumentiert. Dies nicht, um den hier betriebenen Aufwand zu rechtfertigen, sondern um nochmals zu unterstreichen, dass sich der Interpret von Videodaten stets der Möglichkeit von erhebungsbedingten Verzerrungen bewusst sein sollte.

Im Beobachtungsprotokoll wurde festgehalten, dass vier Teilnehmer den Auf- und Abbau (wie selbstverständlich) übernommen haben. Sie waren in beiden Sitzungen die ersten Teilnehmenden, die vor Beginn des Kurses den Raum betreten haben und nach Beendigung des Kurses länger geblieben sind. Dies lässt darauf schließen, dass diese Gruppe immer für den Umbau des Kursraumes zuständig ist. Alle anderen Teilnehmer beteiligten sich sowohl bei der beobachteten Sitzung als auch bei der gefilmten Sitzung – bis auf eine Ausnahme – nicht an den Umbaumaßnahmen. Die meisten Teilnehmer erscheinen in beiden Sitzungen erst, nachdem der Kursraum her gerichtet war, und verließen nach Kursende umgehend den Raum.

In beiden Sitzungen betrat auch TNw7 nach der Aufbauphase den Kursraum, auch bei dem Abbau in der beobachteten Sitzung beteiligte sie sich nicht. Die Abbildungen zeigen die Umbaumaßnahmen nach Kursende der aufgenommenen Sitzung (▶ Abb. 7–10). TNw7 hat bereits ihre Jacke angezogen, in ihrer rechten Hand hält sie einen Schlüssel, in der anderen Hand trägt sie ihre Tasche. Sie scheint den Kursraum – wie üblich – umgehend nach Kursende verlassen zu wollen, während drei Teilnehmer mit dem Umbau beschäftigt sind und eine weitere Gruppe sich unterhält. Bevor sie den Raum verlässt, geht sie auf einen Stuhl zu, der vor ihr steht (▶ Abb. 7). Es lässt sich folgern, dass sie sich heute an den Umbaumaßnahmen beteiligen möchte. Ihr Problem ist offenbar, dass sie nicht weiß, wohin sie den Stuhl rücken soll. Sie schaut sich mehrmals im direkten Umfeld des Stuhls um, offenbar um einen Platz für den Stuhl zu finden. Ihre nach unten hängenden Schultern bekräftigen den Eindruck, dass sie sich unschlüssig ist.

Sie scheint keinen geeigneten Platz zu finden und beobachtet anschließend, wie die anderen Teilnehmer vorgehen (▶ Abb. 8). Möglicherweise sucht sie hier nach

Abb. 7: 01:39:15   **Abb. 8:** 01:39:16

Abb. 9: 01:39:25   **Abb. 10:** 01:39:29

Orientierung oder erhofft sich Anweisungen vom ›Abbauteam‹.[6] TNw7 scheint zu bemerken, dass sie hier nicht helfen kann und beginnt sich weiter umzusehen. Auch mit einem Blick in die hinteren Teile des Raumes scheint sie offenbar keine Möglichkeit zu finden, um die Abbauarbeiten unterstützen zu können.

Abbildung 9 zeigt, wie TNw7 nun doch den Raum verlassen will. Sie scheint entschieden zu haben, nicht beim Abbau gebraucht zu werden. Statt aber den Raum zu verlassen, stoppt sie und schaut für einen kurzen Moment in die Kamera. Es lässt sich schließen, dass sie sich der Aufnahmesituation nun bewusst wird. Sie blickt nun wieder zu dem Stuhl, während sie weiter in Richtung Ausgang geht. In Abbildung 10 ergreift sie den Stuhl und stellt ihn vorne an einen Tisch. Im Anschluss verlässt sie kommentarlos und ohne einen weiteren Blick in die Kamera den Raum.

Dieser Versuch einer »alibihaften« Beteiligung an den Umbaumaßnahmen lässt sich vor dem Hintergrund der Aufnahmesituation als Adaption sozial erwünschten Verhaltens bezeichnen.

5 Fazit

Mit der vorliegenden Untersuchung sollte der Versuch unternommen werden, sich den durch videographische Aufzeichnung möglicherweise hervorgerufenen Verhaltensänderungen der Kursbeteiligten empirisch zu nähern. Die exemplarische Analyse der zwei Sequenzen aus dem BIWO-Korpus verdeutlicht, dass Kursleitende die Aufnahmesituation didaktisch nutzen, um Lerngegenstände zu erschließen oder zu veranschaulichen. Die Aufzeichnungssituation und die damit verbundenen expliziten Bezugnahmen der Kursleiter sollten unseres Erachtens nicht einfach stillschweigend übergangen, sondern können gerade als aufschluss-

---

6 Das bewegte Bildmaterial des Videos zeigt hierzu, dass sie mit ihrem Kopf eine runde Bewegung macht, welche auf dem Still durch einen gedrehten Pfeil angedeutet wird.

reiches Material verwendet werden, um den spontanen und dabei professionellen Umgang der Lehrenden mit Umwelteinflüssen in ihren Kursen zu rekonstruieren.

Im Rahmen der durchgeführten Einzelfallstudie zeigt sich, dass die Kursteilnehmenden aufgrund der Aufnahmesituation ihr Verhalten nur punktuell verändern. Das Raumarrangement und die Sitzordnung der Teilnehmer werden nicht beeinflusst[7].

Auch die Beteiligung am Kurs und das übrige Verhalten der Teilnehmer werden aufgrund der Videographie nicht verzerrt. Es lässt sich die These aufstellen, dass gerade in Kursen, in denen schon über einen langen Zeitraum zusammen gelernt wird, eingespielte Routinen nicht von der Aufzeichnung beeinflusst werden. Lediglich im Hinblick auf das methodische Vorgehen der Kursleiterin und der daraus resultierenden Raumaneignung der Teilnehmer konnten Verzerrungen rekonstruiert werden. Dieses Verhalten lässt sich auf der anderen Seite jedoch auch als professioneller Umgang der Kursleiterin verstehen, die im Rahmen ihrer Bedingungsanalyse das methodische und didaktische Vorgehen vor dem Hintergrund der Aufzeichnung alternativ plant. Im Rahmen von Kursaufzeichnungen scheint es daher wichtig zu sein, insbesondere den Lehrenden deutlich zu machen, dass sie ihre methodischen und didaktischen Planungen nicht an der Aufnahmesituation ausrichten sollen.

Durch die exemplarische Beschreibung des sozial erwünschten Verhaltens der Teilnehmerin in der Abbauphase wird jedoch auch deutlich, dass reaktive Verhaltensweisen prinzipiell immer und zu jedem Zeitpunkt in aufgenommenen Kursen zu Tage treten können. Auch wenn das Video die Kursrealität in unserem Fallbeispiel authentisch widerspiegelt, sollten sich dies die Interpreten der Videos von Kursen der Erwachsenenbildung stets bewusst sein.

Im Rahmen von videobasierter Kursforschung empfiehlt es sich, sich die Tatsache zu Nutze zu machen, dass Kurse in der Erwachsenen-/Weiterbildung meistens mehrere Sitzungen umfassen. So scheint es uns empfehlenswert, zumindest eine Sitzung zu beobachten. Zum einen gewöhnen sich die Kursbeteiligten daran, dass eine fremde Person anwesend ist, und zum anderen können durch eine Kontrastierung implizite Reaktanzen feststellt bzw. ausgeschlossen werden.

In kritischer Reflexion des Designs der Fallstudie scheinen uns anstatt des hier verwendeten Fragebogens andere Formen der Datengewinnung wie zum Beispiel stimulated-recall Interviews mit den Kursbeteiligten sinnvoller. So ist es im Rahmen von stimulated recall Interviews möglich, Hinweise auf mögliche Verzerrungen direkt am Videoprotokoll zu erhalten.

Unabhängig vom methodischen Vorgehen könnte ein kontrollierter Umgang mit dem latenten Phänomen der Reaktanz von videographischen Daten dazu beitragen, die teilweise unbegründete Voreingenommenheit gegenüber dem Datentyp Videoprotokoll empirisch zu entkräften.

---

7 Zur Positionierung der Kameras kann festgestellt werden, dass anscheinend keine Rolle spielt, ob die Kamera manuell bedient oder auf einem Stativ befestigt werden. Die für die Teilnehmenden »sichtbarere« Kamera wurde von ihnen nämlich als minimal störender als die bemannte bewertet.

Datenaufbereitung
Verschränkung von Erhebung
und Analyse im Forschungsprozess

Jörg Dinkelaker

Sofern sie überhaupt erwähnt wird, wird die Datenaufbereitung in Überblickswerken zur qualitativen Forschung als Phase zwischen der Datenerhebung und der Datenanalyse angesiedelt. So schreibt etwa Uwe Flick (noch ungebrochen im logozentrischen Paradigma): »Zwischen der Aufzeichung der Daten und ihrer Interpretation steht als notwendiger Zwischenschritt ihre Verschriftung« (Flick 1995, S. 161), entsprechend der Vorstellung, dass im Rahmen der Erhebung Daten erzeugt und im Rahmen ihrer Analyse die in den Daten erkennbaren Eigenschaften des untersuchten Gegenstands rekonstruiert werden. Die Aufbereitung erscheint als ein zwar nicht trivialer, aber dennoch in seinem Kern technischer Vorgang der Überführung der Ausgangsdaten in analysierbare Datendokumentationen (▶ **Abb. 1**) (auch noch Dinkelaker/Herrle 2009). Zwar werden am Rande Hinweise gegeben, dass die Abfolge von Phasen im Forschungsprozess in der Forschungspraxis häufig nicht dieser klaren Ordnung folgt, sondern dass vielmehr ein zirkulärer oder auch oszillierender Wechsel zwischen den einzelnen Forschungsphasen zu beobachten ist, diese Hinweise führen allerdings nicht zu einer veränderten Modellierung des Phasenablaufs.

Im folgenden Beitrag wird die Datenaufbereitung dagegen vor dem Hintergrund der Erfahrungen im Projekt »Bild und Wort« als ein Moment der zirkulären Verschränkung von Datenerhebung und Datenanalyse beschrieben (▶ **Abb. 2**). Eine solche Betrachtungsweise drängt sich insbesondere im Umgang mit Videoaufnahmen auf, wie im Folgenden noch zu zeigen sein wird.

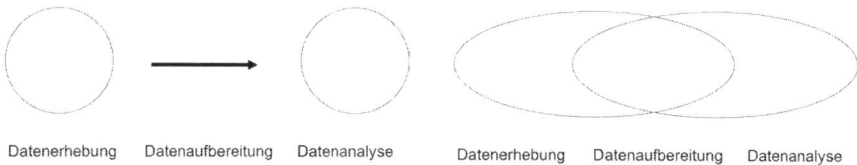

Datenerhebung   Datenaufbereitung   Datenanalyse   Datenerhebung   Datenaufbereitung   Datenanalyse

Abb. 1: Datenaufbereitung als technischer Zwischenschritt

Abb. 2: Datenaufbereitung als Verschränkung von Erhebung und Analyse

Zunächst wird im Weiteren erläutert, inwiefern erst im Moment der Datenaufbereitung Daten im engeren Sinne erzeugt werden und erst damit der Prozess der Datenerhebung zu seinem Abschluss kommt (1).

Im Anschluss daran werden die unterschiedlichen Formen der Erzeugung von Daten auf der Grundlage von Videoaufnahmen vorgestellt, die im Rahmen des

Projekts »Bild und Wort« eingesetzt wurden. Zu diesem Zweck werden Beispiele aus den Beiträgen des vorliegenden Bandes herangezogen und diskutiert (2). Abschließend wird vor diesem Hintergrund erläutert, warum bereits im Moment der Datenaufbereitung die Analyse des untersuchten Gegenstands ihren Anfang nimmt (3).

1   Datenaufbereitung als Datengewinnung

Die gängige Rede vom Video als Datentyp verdeckt, dass es sich streng genommen bei Videoaufnahmen noch gar nicht um wissenschaftliche Daten handelt. »The videotape itself is not data. It is a resource for data construction, an information source containing potential data out of which actual data must be defined and searched for« (Erickson 2006, S. 572). Erst wenn in der Vielfalt dessen, was in einer Videoaufnahme zu hören und zu sehen ist, etwas Bestimmtes als Ereignis oder Zustand identifiziert und dokumentiert ist, kann es als ein Datum in die Analyse einfließen.

Dies gilt nicht nur für Videos, sondern auch beispielsweise für Tonbandmitschnitte. Auch aus diesen werden analysierbare Daten erst im Moment der Transkription erzeugt. Dies geschieht in der Regel durch die Transformation des Hörbaren in eine Abfolge von geschriebenen Wörtern und ggf. weitere Informationen enthaltenden Zeichen. Zwar gibt es eine ausgiebige Diskussion dazu, wie diese Transformation unterschiedlich realisiert werden kann und wie je unterschiedlich der untersuchte Gegenstand beobachtbar wird, je nachdem, welchen Regeln die Transkription folgt (Dittmar 2009), doch dass die Daten im Moment der Aufbererreitung überhaupt erst als solche gewonnen werden, wird in diesem Zusammenhang nicht betont. Dass sich eine solche Beobachtungsweise offenbar erst im Umgang mit Videodaten durchsetzt, ist damit zu erklären, dass die Selektivität, die im Rahmen der Datenaufbereitung notwendig realisiert werden muss, bei der Aufbereitung von Videoaufnahmen bei weitem größer ist. Gilt es bei Transkriptionen von Audioaufnahmen »lediglich« zu entscheiden, ob nur der Wortlaut des Gesprochenen in seiner Abfolge oder auch der Verlauf von Stimmlage und Lautstärke, ob nur die Worte oder auch die Pausen zwischen und die Geräusche neben ihnen als Datum zur Dokumentation gebracht werden sollen, ist bei Videodaten darüber hinaus aus dem vielfältigen sichtbaren Geschehen herauszugreifen, was als für die Analyse des Gegenstands relevant zu erachten sein wird.

Schon die Vielfalt dessen, was auf einem Video in einem einzigen Moment gesehen und gehört werden kann, ist immens (▶ Abb. 3): wir sehen menschliche Körper in unterschiedlichen Haltungen. Sie befinden sich an unterschiedlichen Stellen im Raum. Manche bewegen sich zum ausgewählten Zeitpunkt, manche nicht. Einige bewegen ihre Gesichtsmuskeln, andere ihre Köpfe, wieder andere ihre Arme, Beine oder Füße, wieder andere verändern den Winkel ihres Hüftgelenks, manche führen auch mehrere Bewegungen gleichzeitig aus. Neben den so oder anders bekleideten Körpern in ihren Zuständen und Bewegungen sind aber auch Gegenstände zu sehen, z.B. Stühle, Lampen, Computermonitore oder Bilder an der Wand. Manche dieser nicht-belebten Objekte bewegen sich bzw. werden bewegt, manche verändern ihren Zustand nicht. Als selbstverständlich nehmen wir in der Regel großflächige Sichtbegrenzungen hin – wie z.B. Wände – und Brechungen des Lichts – wie z.B. durch Fenster. Auch hinter diesen Fenstern könnten weitere Gegenstände und Personen beobachtet werden, die sich bewegen oder nicht.

Abb. 3:
Vielfalt des Wahrnehmbaren

Die im Video beobachteten Zustände, Ereignisse und Verläufe sind nicht einfach da und so der Analyse verfügbar, sondern sie müssen erst als solche identifiziert und dokumentiert werden, um analysierbar zu werden. Dieser voraussetzungsreiche Vorgang realisiert sich im Prozess der Datenaufbereitung. Weil die Selektionen, die mit der Gewinnung von Daten aus einem Video verbunden sind, deutlich weitreichender sind, als dies bei Tonbandmitschnitten der Fall ist, tritt der Moment der Datenkonstruktion, der in der Datenaufbereitung steckt, hier klarer hervor. Prinzipiell gilt diese Beobachtung allerdings auch für andere Datentypen. So betont etwa Elinor Ochs: »The transcriptions are the researcher's data« (Ochs 1979, S. 44).

2 Formen der Datenaufbereitung

Je nachdem, in welcher Form anhand der Videoaufnahmen Daten gewonnen werden, kommt der über die Daten untersuchte Gegenstand anders in den Blick (Ochs 1979). Im Rahmen des hier vorliegenden Bandes wurden abhängig von den jeweils fokussierten Aspekten des Erwachsenenbildungsgeschehens je andere Verfahren der Datenaufbereitung genutzt. Sie greifen je unterschiedlich auf das Ausgangsmaterial Video zu und bringen es in unterschiedlichen Modalitäten zur Darstellung.

In Abbildung 4 sind die verwendeten Datendarstellungsmedien in ihrer Relation zum Ausgangsmaterial sortiert.

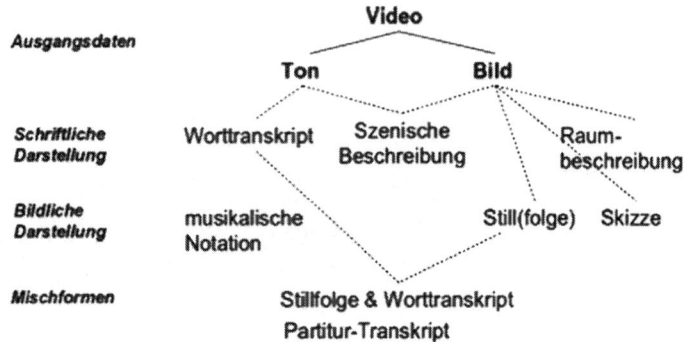

Abb. 4: Formen der Aufbereitung von Videodaten

Im Rahmen der Datenaufbereitung lässt sich eine Nähe zwischen dem Ausgangsmaterial Ton und dem Darstellungsmedium Schrift feststellen. Was im Video gesprochen wird, wird üblicherweise im Rahmen der Datenaufbereitung in eine Schriftform überführt. Eine solche Nähe ist dagegen bei Bildaufnahmen nicht zwingend gegeben. Was im Video gesehen werden kann, kann sowohl schriftlich als auch bildlich dargestellt werden. Orientiert am obigen Diagramm (▶ Abb. 4) werden zunächst schriftliche Aufbereitungsformen (2.1), dann bildliche Aufbereitungsformen (2.2) und schließlich Mischformen (2.3) näher erörtert.

2.1 Schriftliche Daten

Bei anhand von Videoaufnahmen gewonnenen schriftlichen Daten handelt es sich entweder um die Wiedergabe von im dokumentierten Geschehen wahrnehmbaren Worten – dies geschieht in der Form eines Transkripts – oder um vom Beobachter des Videos erzeugte verbale Beschreibungen des Geschehens. Im ersten Fall wird ein im Geschehen selbst verwendeter Wortlaut aufgegriffen und festgehalten. Im zweiten Fall wird etwas in Sprache gefasst, was im Geschehen selbst nicht bereits in Form von Sprache vorhanden ist.

Worttranskripte

Das Vorgehen der Verbaltranskription anhand von Videoaufnahmen unterscheidet sich nicht grundsätzlich vom Vorgehen bei der Transkription eines Tonbandmitschnitts. Werden mehrere Kameras oder zusätzliche Mikrofone eingesetzt, kommen allerdings Entscheidungen darüber hinzu, welche der vorhandenen Tonaufnahmen zur Verschriftlichung herangezogen werden sollen bzw. ob sich der Aufwand eines Abgleichs unterschiedlicher Tondokumente lohnt. Im hier dokumentierten Projekt wurden die Transkriptionen anhand lediglich eines der beiden Kameramikrofone erstellt.

Da mit dem Worttranskript aufgezeichnet wird, was im Geschehen gesprochen wird, werden in ihm verbale Formulierungen der am Geschehen Beteiligten der Analyse zugänglich. Dies ermöglicht es nicht nur, etwas über die Deutungen der Beteiligten zu erfahren, sondern es erlaubt auch – sofern die Beteiligten sich im Sprechen aufeinander beziehen – nachzuzeichnen, wie die Beteiligten die Äußerungen ihrer Gegenüber verstehen.

Das in Abbildung 5 dargestellt Worttranskript wird im Beitrag »Verdoppelung und Doppeldeutigkeit« (Nolda i. d. Bd.) genutzt, um das in einer Anfangssituation eines Kurses Gesprochene der Analyse zugänglich zu machen. Neben dem Wortlaut werden auch an entscheidenden Stellen Pausen, Lachen und Lautstärke dokumentiert.

Segment 1

1	T1: Jetzt voll&tut mir <u>leid</u>,
2	KL: Tut mir leid. kein Platz me:hr. Tschühüss ((lautes Lachen))
3	[6 Sek.Pause]
4	KL (leise) So. hier is noch Platz

Abb. 5: Verbaltranskript

Erst die Entscheidung, an dieser Stelle paraverbale Elemente mit in die Transkription aufzunehmen (hier das Lachen), erlaubt es anhand des Transkripts zu untersuchen, wie in dieser Sequenz Doppeldeutigkeit realisiert wird. Der Forscherin werden diese paraverbalen Aspekte bereits im Umgang mit dem Ausgangsmaterial Video aufgefallen sein, zum diskutierbaren Datum wurden sie im Moment ihrer (hier schriftlichen) Identifkation.

Worttranskripte spielen in den meisten in diesem Band versammelten Beiträgen eine zentrale Rolle. Mit wenigen, dann näher gekennzeichneten Ausnahmen orientierten sich die Transkripte verbalsprachlicher Daten an alltagssprachlichen Konventionen. Im Unterschied zu Analysen, die sich ausschließlich auf Tonbandaufnahmen stützen, wird das im Worttranskript zugängliche Gesprochene allerdings nicht nur an sich, sondern in Relation zu anderen nicht-verbalen Ereignissen betrachtet (vgl. Kade/Nolda 2007b). Daher werden solche Worttranskripte im vorliegenden Band durchgängig mit anderen Aufbereitungsformen kombiniert (vgl. 2.3).

Szenische Beschreibungen und Raumbeschreibungen

Auch nicht-verbale Ereignisse und Begebenheiten im auf Video dokumentierten Geschehen werden häufig in verbale Daten überführt. In Raumbeschreibungen beispielsweise werden diejenigen räumlich-materiell-körperlichen Aspekte eines Moments benannt und zueinander in Beziehung gesetzt, die als für das Geschehen bedeutsam erachtet werden. Da eine erschöpfende Darstellung aller in einem auf Video dokumentierten Momente, beobachtbaren Aspekte und Relationen wenn nicht gänzlich unmöglich, so doch zumindest nicht praktikabel ist, werden mit jeder Raumbeschreibung immer bestimmte Aspekte hervorgehoben, andere dagegen vernachlässigt. So wird die Fußhaltung des einen Teilnehmers nicht in die Beschreibung mit aufgenommen, seine Blickrichtung dagegen fließt mit ein. Die Kreide, die auf dem Ablagebrett der Tafel liegt, wird nicht erwähnt, der Kreide aber, die der Kursleiter gerade in der Hand hält, um etwas an die Tafel zu schreiben, wird in der Beschreibung Beachtung geschenkt. Um die Selektivität solcher Beschreibungen für Leser nachvollziehbar zu machen, werden in der Regel Raumbeschreibungen durch ein Standbild des Videos ergänzt (vgl. 2.3).

Die Raumbeschreibung in Abbildung 6 stammt aus dem Beitrag »Erwachsene in (Kurs)Gruppen« (Kade i. d. Bd.):

> Die Kursstunde findet am Abend von 20.00 Uhr bis 21.30 Uhr statt. Auf der Videodokumentation erkennt man, dass es sich bei dem für den Kurs genutzten Raum um einen nicht auf diesen hin eingerichteten Raum, möglicherweise um einen Schulraum, handelt. Für die Zwecke des Yoga-Kurses mussten die Tische und Stühle an einer Seite eng zusammengestellt werden. Sie werden als Ablage für die Kleidung der am Kurs beteiligten Personen genutzt. Dadurch ist an einer Seite ein länglicher Raum frei geworden, in dem die Teilnehmer in zwei, mit einem Abstand von etwas mehr als einem Meter gegenüber liegenden Reihen ihre Übungsmatten platzieren können. Am Kopfende dieser beiden Reihen hat die Kursleiterin ihren Platz. Nach außen ist der Raum durch einen gazeartigen Vorhang abgedunkelt. Er schließt den Blick auf die räumliche Umwelt nicht vollständig aus, macht sie nicht ganz unsichtbar, aber er lässt das, was außerhalb des Kursraums geschieht, nur schwach, schemenhaft durchscheinen, auch dann, wenn die untergehende Sonne oder die Lichter von Autoscheinwerfern zeitweise aufleuchten. Diese Abdimmung der Außenwelt schafft einen visuell porösen Innenraum, in den nur punktuell Ereignisse aus der Außenwelt hineinragen.

Abb. 6: Raumbeschreibung

Manche der Beobachtungen des Betrachters werden in dieser Beschreibung nur summarisch zusammengefasst »möglicherweise ein Schulraum«, andere Beobachtungen enthalten präzisere Benennungen von Gegenständen und ihren Relationen »[in] gegenüberliegenden Reihen ihre Übungsmatten [platziert]«. Erkennbar wird in dieser Beschreibung – dem analytischen Fokus des Beitrags entsprechend –, in welcher Form in diesem Kursraum eine Abgrenzung von innen und außen realisiert wurde und wie der so erzeugte Innenraum geordnet ist. Was damit nicht unmittelbar zusammenhängt, bleibt dagegen unerwähnt. Weder die Farbe des Bodens noch die Anzahl der Tische noch die Art und Weise, in der die Kleidung auf den beiseite gestellten Möbeln angeordnet ist, finden an dieser Stelle Erwähnung.

Nicht nur Konstellationen in einem bestimmten Moment, auch Ereignisverläufe werden beschrieben, um sie einer Analyse zugänglich zu machen. Was bezüglich der Beobachterselektivität bereits anhand der Raumbeschreibungen gesagt wurde, gilt noch in gesteigertem Maße für diese als »szenische Beschreibungen« (Idel/Rabenstein 2007) oder »narrative Vignetten« (Erickson 2006) bezeichneten Erzählungen. Welche Ereignisse für den Verlauf als bedeutsam hervorgehoben, welche dagegen als bedeutungslos vernachlässigt werden, ist entscheidend dafür, wie das Geschehen dem Beobachter zugänglich wird. Die erzählende Aufmerksamkeit wird auch hier kontrolliert durch das sich in der Analyse weiterentwickelnde Gegenstandsverständnis und die verfolgte Fragestellung. Die szenische Beschreibung in Abbildung 7 ist dem Beitrag »Reaktanz« (Dreischenkämper/Stanik i. d. Bd.) entnommen:

In einem Deutsch als Fremdsprache-Kurs nimmt der Kursleiter zu Beginn der Unterrichtseinheit zweimal explizit Bezug auf die Kamerasituation. Zunächst fragt er die Teilnehmenden, ob sie „Lampenfieber" hätten. Anschließend stellt er nach einer Anmerkung einer Teilnehmerin fest, dass eine weitere Teilnehmerin noch käme, sie keine Angst vor der Kamera habe. Er schreibt daraufhin „das Lampenfieber", die Erklärung „Angst vor der Kamera" an die Tafel und bittet die Teilnehmer „Lampenfieber" in ihren Wörterbüchern nachzuschlagen.

Abb. 7: Szenische Beschreibung

Weil in dem Teil des Beitrags, in dem diese Vignette diskutiert wird, explizite Bezugnahmen auf die Kamera im Mittelpunkt stehen und es der Kursleiter ist, der die Kamerasituation im beschriebenen Moment explizit anspricht, wird sein Verhalten in dieser Erzählung hervorgehoben, während weitestgehend unsichtbar bleibt, was die Teilnehmenden in diesem Moment tun.

Durch solche verbalisierenden Beschreibungen wird es möglich, ein nonverbales Geschehen als einen sinnhaft strukturierten Zusammenhang zur Darstellung zu bringen. Solche szenischen Beschreibungen tauchen deswegen sowohl im vorliegenden Band als auch in allen anderen videobasierten Projekten an charakteristischen Punkten notwendig auf. Szenische Beschreibungen finden dabei in unterschiedlicher Weise Verwendung. Kleine Beobachtungshinweise ergänzen Worttranskripte dort, wo dies für das Verständnis des Geschehens notwendig ist. Detaillierte Betrachtungen von Ereignisfolgen auf der Grundlage von Worttranskripten und Stillfolgen werden durch szenische Beschreibungen eingeleitet. Insbesondere dort, wo wenig gesprochen, aber viel getan wird, können Narrationen aber auch zum zentralen Material der Analyse werden.

In ihrer Form entsprechen solche Beschreibungen den narrativen Vignetten, wie sie auch in der ethnographischen Forschung anhand von Feldnotizen erzeugt werden. Ein wesentlicher Unterschied besteht allerdings in der Art und Weise der Gewinnung dieser Erzählungen. Sie müssen nicht ad hoc festgehalten und aus dem Gedächtnis vervollständigt werden, sondern können im wiederholten Betrachten des Videos Stück für Stück entstehen. Dies führt nicht nur zu einer größeren Vollständigkeit und Präzision der Ereignisfolge, die im Beobachtungsprotokoll festgehalten werden kann. Es erlaubt auch dem Protokollanten im Versuch der Verschriftlichung ein tieferes Verständnis der beobachteten Zusammenhänge zu erlangen, was sich wiederum in der Auswahl und Beschreibung der als geschehensrelevant erachteten Ereignisse niederschlägt. Diese spezifische Vorgehensweise im Umgang mit Videodaten habe ich an anderer Stelle als reversible Selektivität bezeichnet (Dinkelaker 2010a). Kriterien der Selektivität solcher Beschreibungen ergeben sich wie bereits erwähnt aus der Fragestellung und dem zugrundegelegten Gegenstandsverständnis. Sie können sich entsprechend im Verlauf der Analyse verändern, was dazu führt, dass Beschreibungen ergänzt oder weitergehend modizifiert werden. An dieser Stelle hat die Nutzung von Videodaten Vorteile gegenüber der teilnehmenden Beobachtung: da das Video wieder und wieder betrachtet werden kann, können am Video jederzeit neue Beobachtungen erzeugt und neue Beschreibungen angefertigt werden.

2.2 Bildförmige Daten

Durch Versprachlichung lassen sich visuell wahrnehmbare Zusammenhänge und Verläufe zwar in einer sinnhaften Ordnung darstellen; dass es sich bei dem Geschehen aber um eben ein nicht-sprachliches handelt, wird dadurch verdeckt. Greift man dagegen bei der Datenaufbereitung die Bildförmigkeit des Beobachteten auf, so lassen sich Informationen über den untersuchten Gegenstand gewinnen, die systematisch über das hinausgehen, was durch Sprache mitgeteilt werden kann. Während es mittlerweile eine ausgeprägte Wissenschaftstradition der Visualisierung von (insbesondere numerischen) Daten gibt (Cleveland 1993), steckt – abgesehen von einige wissenschaftlichen Nischen – der sozialwissenschaftliche Umgang mit von sich aus visuellen Daten noch in den Anfängen (Ball/Smith 1992, Ehrenspeck/Schäffer 2003, Marotzki 2006).

Visuelle Daten werden aus dem Video heraus entweder dadurch gewonnen, dass Momentaufnahmen aus dem Video extrahiert werden. Zudem werden mehrere solcher als Standbilder, *Stills* oder auch frame grabs bezeichneten photophotographieförmigen Bilder zu Bildfolgen zusammengestellt. Dadurch wird das im Video selbst in einem Moment oder in einer Abfolge von Momenten Sichtbare als Datum festgehalten.

Skizzen sind dagegen grafische Darstellungen von am Video Sichtbarem. In einem selektiven Zugriff auf das Ausgangsbild werden lediglich bestimmte Aspekte des Beobachtbaren hervorgehoben, andere dagegen weggelassen. Auch akkustische Phänomene können einer visuellen Darstellung bedürfen, wenn es beispielsweise um die Darstellung von Rhythmen oder Tonhöhen in *musikalischen Notationen geht.*

Stills und Stillfolgen

Keine verbale Beschreibung eines Bildes kann erschöpfend sein. Die Selektivität, die mit jeder Beschreibung verbunden ist, kann dem Leser einer Analyse zugänglich werden, wenn neben der Beschreibung auch das Beschriebene in Form eines Bildes dokumentiert ist. Es wird daher zusehends üblich, auch mit Bildern selbst zu arbeiten und mit ihnen Daten zu dokumentieren. Es wäre allerdings ein folgenreiches Missverständnis, Standbilder als nicht-selektive Abbildung des mit ihnen dokumentierten Geschehens zu begreifen. Zum einen sind Standbilder deswegen grundsätzlich nur ausschnitthaft, weil bereits die Videoaufnahme selektiv ist, auf deren Grundlage das Bild erzeugt wurde. Das Geschehen kommt lediglich aus einer ganz bestimmten Perspektive in den Blick und zudem kann nur der Teil des Geschehens eigefangen werden, die in Reichweite des Kameraobjektivs liegt, was sowohl von der Entfernung als auch vom Objektivwinkel abhängt. Eine weitere, die Aussagefähigkeit über das Geschehen extrem einschränkende Selektivität des Standbilds ergibt sich daraus, dass es lediglich in der Lage ist, einen kleinen Moment des Geschehens (je nach Aufnahmeprinzip zwischen 1/24 und 1/30 Sekunde) zu repräsentieren. Nur was genau in diesem Moment geschieht, wird durch das Standbild dokumentiert und damit aus dem Geschehen hervorgehoben. Schon was kurz zuvor und kurz nachher geschieht, wird dagegen vernachlässigt. Dies zeigt sich beispielsweise daran, dass Stills nur eingeschränkt dazu geeignet sind, Handgesten angemessen darzustellen. Denn diese sind in der Regel durch eine Bewegung gekennzeichnet (Sager 2005), die zudem bestimmte Qualitäten aufweist, wie langsam oder schnell, gleichmäßig oder stockend. Daten über Bewegungen und Bewegungsqualitäten sind daher durch einzelne Standbilder nicht zu gewinnen.

Das in Abbildung 8 abgebildete Still aus dem Beitrag »Reaktanz« (Dreischenkämper/Stanik i. d. Bd.) eignet sich zwar sehr gut dazu, zu zeigen, wie der Kursleiter das von ihm zu zerlegende Schwein greift. Wie er sich ihm aber genähert hat und in welch einer Bewegung er das Schwein in die hier abgebildete Position gebracht hat, bleibt unbeobachtet. Ebenso unbeobachtet bleibt, was die Teilnehmenden des Kurses machen, während der Kursleiter sich in dieser Form dem Schwein zuwendet.

Abb. 8:
Standbild

Im vorliegenden Band werden Standbilder insbesondere dazu eingesetzt, um bestimmte Konstellation erfahrbar zu machen, die im Umgang mit dem Videomaterial als für das Geschehen bedeutsam identifiziert werden konnten. Um darüber hinaus Verläufe und Bewegungen abzubilden, werden zudem Standbilder aneinandergereiht, die jeweils den Verlauf relevanter Momente des Geschehens dokumentieren. So wie die Darstellung des Verlaufs bei szenischen Beschreibungen zentral davon abhängt, was als relevant in die Beschreibung mit aufgenommen wird und was nicht, so können auch Stillfolgen sehr Unterschiedliches darstellen, je nachdem welche Momente des Geschehens als darstellenswürdig erachtet werden. So lässt sich anhand ein und derselben Situation eine ganz andere (Bilder-)Geschichte erzählen, je nachdem, ob die Blickrichtungswechsel des Kursleiters, des Teilnehmers in der ersten Reihe oder der Teilnehmerin hinten links als das Geschehen strukturierend betrachtet werden (Dinkelaker 2010 a, b).

Die in Abbildung 9 abgebildete Stillfolge im Beitrag zur Rhythmizität des Veranstaltungsgeschehens (Herrle/Dinkelaker i. d. Bd.) soll dokumentieren, dass Wiederholung ein zentrales Merkmal des »Übens« in Kursen darstellt. Zu diesem Zweck werden die das Tanzen der Gruppe anleitenden Bewegungen der Kursleiterin festgehalten.

Still:	1		2	3	4	5	6
Zeit (Sek.):	0	1	7	13	18	25	30

Abb. 9: Stillfolge

Wäre dagegen im Beitrag die Frage verfolgt worden, wie Teilnehmende je individuell unterschiedlich auf diese Anleitung der Kursleiterin reagieren, wären vor diesem Hintergrund andere Stillfolgen entstanden, in denen andere Momente des Geschehens abgebildet worden wären.

Skizzen

Skizzen werden im Rahmen der Videographie eingesetzt, um visuell wahrnehmbare Zusammenhänge grafisch darzustellen. Auch Skizzen sind mit einer spezifischen Selektivität verbunden. Eine Verwendung von Skizzen besteht beispielsweise darin, Gesten, Körperhaltungen und Konfigurationen zwischen unterschiedlichen Körpern erkennbar werden zu lassen, denn diese werden besonders anschaulich erfahrbar, wenn jeweils nur die Konturen hervorgehoben werden, alles andere aber herausgelassen wird. Ein weiterer Effekt von Skizzen in dieser Form besteht darin, dass mit ihnen zugleich eine Anonymisierung der abgebildeten Personen verbunden ist.

Abb. 10: Skizze einer Körperkonfiguration   **Abb. 11:** Ausgangsstandbild

Abbildung 10 zeigt eine solche Skizze, in der eine Körperkonfiguration dokumentiert ist (Dinkelaker i. d. Bd.). Abbildung 11 zeigt das Standbild, das das Ausgangsmaterial für die Skizze darstellt. Entsprechend dem Fokus des Beitrags auf den Umgang mit Dingen, im vorliegenden Fall mit der getrockneten Lilienblüte, die die Kursleiterin in der Hand hält, wurden lediglich die im Bild erkennbaren Konturen der Köper nachgezeichnet, Umrisse von Tisch und Stuhl, soweit sie für das Verständnis der Relationen zwischen den Körperpositionen der Beteiligten notwendig sind, sowie die fokussierte Lilienblüte selbst. Letztere wurde sogar, da nur schwer zu erkennen, besonders betont. Andere auf dem Bild ebenfalls erkennbare Dinge, etwa der Herd im Hintergrund der Kursleiterin oder die Wasserflasche links neben dem Teilnehmer, wurden in der Skizze weggelassen.

Nicht nur zur Darstellung solcher Körperkonfigurationen eignen sich Skizzen in besonderer Weise, auch die Ordnungen der Raumgestaltung können in Skizzen veranschaulicht werden.

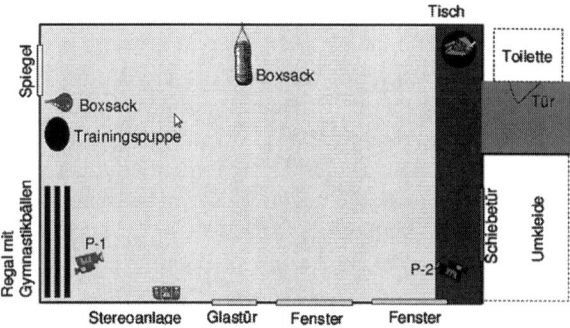

Abb. 12: Raumskizze

Diese Raumskizze (▶ **Abb. 12**) aus dem Beitrag »Raumgestalten« (Herrle i. d. Bd.) entspricht keiner der aufgenommenen Kamerabilder, sondern stellt eine schematische Rekonstruktion aus einer gedachten Vogelperspektive dar. Von den Positionen der im Raum anwesenden Personen wurde hier abstrahiert, sie wurden schlicht nicht eingezeichnet, was es ermöglicht, den Umgang der Anwesenden mit dem Raum in einem eigenen, an die Analyse der räumlichen Anordnung der Gegenstände anschließenden Schritt zu betrachten.

Musikalische Notation

Auch akkustische Ereignisse können einer graphischen Notation bedürfen, etwa dann, wenn sie in einem bestimmte Rhyhtmus auftreten oder wenn Tonhöhen eine Rolle spielen.

Abbildung 13 wird im Beitrag zum Umgang mit Heterogenität in einem Trommelkurs genutzt, um zu zeigen, wie sich der Trommelrhythmus der Kursgruppe von dem Trommelrhythmus unterscheidet, den der Kursleiter und ein Teilnehmer mit gesteigertem Orientierungsbedarf parallel zu diesem von der Gruppe gespielten Rhythmus verhält. Dieser Zusammenhang lässt sich sprachlich nur bis

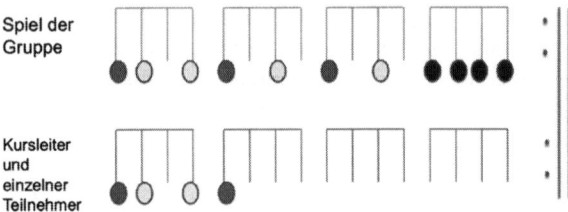

Abb. 13: Darstellung der rhythmischen Interaktion in einem Trommelkurs

zu einem gewissen Grad darstellen. Er wird als solcher aber erst in dieser grafischen Notation erfahrbar.

In gewissen Zusammenhängen kann es sogar sinnvoll werden, sprachliche Äußerungen in ihrer Rhythmizität zu notieren. Auch wenn diese Möglichkeit im Rahmen dieses Bandes nicht genutzt wurde, sei sie dennoch erwähnt, weil so betont werden kann, dass der schiere Wortlaut nur ein Aspekt des verbalen Ausdrucks darstellt. Auch Tonhöhenverläufe, Stimmqualitäten und Lautstärken können entscheidende Bedeutungen im Interaktionsgeschehen haben und damit auch im Geschehen von Veranstaltungen der Erwachsenenbildung. Der Erziehungswissenschaftler Frederick Erickson weist darauf hin, dass zudem die Rhythmizität des Sprechens eine zentrale Bedeutung für das Lehr-Lerngeschehen hat, weil sie es ist, in der sich die wechselseitige Aufmerksamkeit der Beteiligten füreinander überhaupt erst organisieren kann (Erickson 2009, Takada 2011).

Abb. 14: Musikalische Notation

Auch am Beispiel der musikalischen Notation von Gesprochenem zeigt sich, dass erst im Rahmen der Datenaufbereitung Daten über das beobachtete Geschehen entstehen: die Rhythmizität des Spechens wird als eine solche überhaupt erst analysierbar, wenn das Gehörte in rhythmische Daten überführt und entsprechend dargestellt wird.

2.3 Kombinationen

Da jede Form der Datengewinnung im Umgang mit Videoaufnahmen das Geschehen nur ausschnitthaft zugänglich machen kann, werden häufig mehrere Aufbereitungsformen ergänzend kombiniert. Diese Kombination bringt ein eigenes, neues Problem mit sich, nämlich das der Relationierung.

In den folgenden beiden Abbildungen wird dieses Problem der Relationierung jeweils unterschiedlich bearbeitet. Beide Male werden Worttranskript, verbale Beschreibungen und Still miteinander kombiniert.

In der Dokumentation aus dem Beitrag »Inaudible Hints« (Nolda i. d. Bd.) werden der Verlauf des Gesprochenen und der Verlauf der Mimik des Kursleitenden parallelisiert in zwei Spalten dargestelt (▶ **Abb. 15**). Die zeitliche Relation zwischen ihnen ist zentraler Gegenstand des Beitrags und steht daher auch im Mittelpunkt der Datendarstellung. Die Stills dagegen werden nicht unmittelbar in diese Ablaufdarstellung integriert. Sie sind unterhalb des Transkripts abgebildet und mit einem Hinweis darauf versehen, in welcher Zeile jeweils das verbale Geschehen zu finden ist, das durch die abgebildete Mimik begleitet wird.

Transkript 1

1	T1:	wohnte [wonnte]	a)	
2	KL:	wohnte'. wohnte konnte'	b)	macht ‚kritisches' Gesicht
3	T2:	gewohnt	c)→a)	
4	KL:	gewohnt konnte ich übrigens bei Peter'	b)	macht ‚kritisches' Gesicht
5	T3:	gewohnt gewohnt	c)→a)	
6	KL:		b)	macht ‚ablehnendes' Gesicht, wendet sich ab
7	T7:	wohnen..wohnen	c)	
8		(Pause 2 Sek.)		
9	KL:	wohnen wär hier richtig ne' ja jut wo:hnen.	d)	

Z.2   KL: wohnte konnte   Z.6   KL: -

Abb. 15: Kombination von Verbaltranskript, Kommentierung und Standbild

Um den Umgang mit einer Lilienblüte im Beitrag »Dinge des Lernens« (Dinkelaker i. d. Bd.) zu dokumentieren, wurden Beschreibung, Still und Worttranskript in einer erzählenden Form aneinandergereiht (▶ **Abb. 16**). Am Anfang steht eine Beschreibung des Geschehens, die dann durch das Still illustriert und präzisiert wird. Erst dann wird die das Geschehen begleitende verbale Äußerung dokumentiert. Diese Kombinationsweise entspricht dem im Beitrag realisierten Fokus auf den materiellen Gegenstand Blüte und seiner Bedeutung für das Interaktionsgeschehen, der das Sprechen über die Blume aus dem Zentrum der Betrachtung verdrängt.

Eine weitere Variante, die im Rahmen dieses Bandes nicht genutzte Kombination unterschiedlicher Datenmodalitäten, ist die Partiturtranskription. Mit ihr wird der Umstand in den Blick gerückt, dass die in Transkripten dargestellten Ereignisse nicht einfach nur aufeinanderfolgen, sondern dass sie dies in einer be-

Die Kursleiterin gibt dann die Blüte an die links neben ihr sitzende Teilnehmerin weiter (Abb. 3).

KI: Ääh schaut ganz lustig aus. Geb sie einmal rum.
Wir tun die jetzt ins Wasser.

Während die Kursleiterin von den auf dem Tisch verbliebenen Blüten 10 Stück abzählt und die erste Teilnehmerin beginnt, die Blüte zu begutachten, stellt der neben dieser Teilnehmerin sitzende Mann eine Frage an die Kursleiterin:

Abb. 3: "Geb sie einmal rum"

Abb. 16: Kombination von szenischer Beschreibung, Standbild und Verbaltranskript

stimmten Geschwindigkeit tun. Auch zeigt sich die Bedeutung von Ereignissen nicht nur darin, wie und wann sie auf andere folgen, sondern auch darin, was zeitgleich zu ihnen und was zeitgleich zu vorangehenden und nachfolgenden Ereignissen geschieht. In Partiturtranskriptionen wird dieser sequentiellen und simultanen Zeitlichkeit des Geschehens in besonderem Maße Rechnung getragen. Die dokumentierten Ereignisse werden an einer festen Zeitskala aufgetragen. Äußerungen in ausgewählten Modalitäten werden dokumentiert. In der hier als Beispiel dienenden Partitur, die anhand eines Kurses aus dem BIWO-Korpus erstellt wurde, wurde nicht nur der Wortlaut festgehalten. Es wurden auch Rhythmen und Tonhöhen musikalisch notiert (▶ Abb. 17). Darunter wurde die Gestik der Kursleiterin aufgetragen. In den Zeilen darüber sind die Blickrichtungswechsel der unterschiedlichen, an der untersuchten Anleitungssituation beteiligten Personen eingezeichnet.

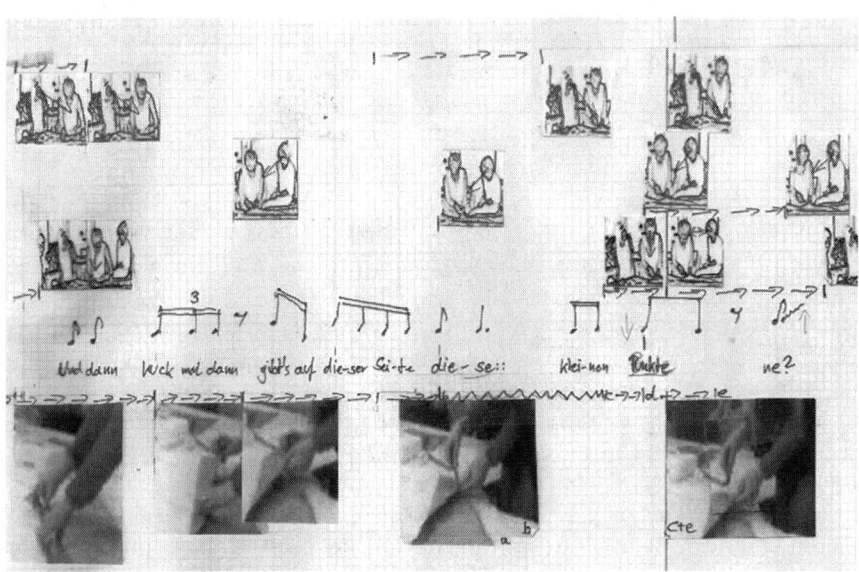

Abb. 17: Partiturtranskript

Mit solchen Partiturtranskripten lässt sich sehr genau dokumentieren, wie die unterschiedlichen Beteiligten in ihren verbalen und nonverbalen Äußerungen von Moment zu Moment aufeinander Bezug nehmen und wie die Personen jeweils ihre unterschiedlichen Äußerungsmodalitäten koordinieren. Es ist nicht nur interessant, was jemand sagt bzw. wohin er seinen Kopf dreht, sondern es ist darüber hinaus von Bedeutung, wann jemand etwas sagt und zu welchem Zeitpunkt er dabei seine Blickrichtung ändert. Da die am Geschehen Beteiligten von Moment zu Moment aufeinander reagieren, ist diese Frage nicht nur für einen einzelnen Zeitpunkt von Bedeutung, sondern ist in jedem Moment neu eine relevante Frage.

Da diese Form der Dokumentation zeitlicher Verschränkungen mit einem sehr hohen Arbeitsaufwand verbunden ist und zudem auch vergleichsweise aufwendig zu lesen ist, findet sie nur vor dem Hintergrund solcher Fragestellungen Anwendung, zu deren Beantwortung eine solche detaillierte Betrachtung der zeitlichen Abstimmung zwischen den Beteiligten notwendig ist (Scheflen 1973, Erickson/ Shultz 1982, Dinkelaker 2014).

3 Datenaufbereitung als Gegenstandsanalyse

Eine an systematischen Kritierien orientierte Datenaufbereitung, die sich etwa zum Ziel setzt, alle gesprochenen Worte ausnahmslos aufzuschreiben, die in einer ausgewählten Sequenz gesagt werden, oder alle Gesten einer bestimmten Person in einem bestimmten Zeitraum zu dokumentieren oder alle Wimpernschläge eines Teilnehmenden zu protokollieren, zwingt Forschende zu einer Fokussierung ihrer Aufmerksamkeit. In Rahmen solcher systematischen Beobachtungen kommt es – das berichten übereinstimmend alle diejenigen, die solche Formen der Datenaufbereitung durchführen – erwartbar zu Entdeckungen von bislang Unbeachtetem. Ein überhörtes Wort, eine übersehene Geste werden bedeutsam, weil sie nach den vor dem Hintergrund der Fragestellung entwickelten Regeln der Datenaufbereitung mit zu erfassen sind. Sorgfalt in dieser Phase der Datenaufbereitung ist damit nicht nur eine Frage der Reliabilität eines Transkripts. Sie ist auch selbst ein Erkenntnisinstrument.

Dies hängt damit zusammen, dass Aufbereitung nicht nur ein Moment der Erhebung von Daten ist, sondern zugleich auch bereits ein Moment der Gegenstandsanalyse. Im Rahmen der Datenaufbereitung werden im Umgang mit dem Ausgangsmaterial Video bestimmte Ereignisse und Zustände identifiziert und dokumentiert. Dadurch werden sie aus dem Strom des beobachtbaren Geschehens als etwas Bedeutsames hervorgehoben. Andere Aspekte des Geschehens werden dagegen nicht weiter beachtet. Die dokumentierten Ereignisse und Zustände werden zudem nicht nur als Einzeldaten festgehalten, sondern sie werden in einer bestimmten Art und Weise zu anderen Daten in Beziehung gesetzt. Das eine gesprochene Wort wird zwischen zwei anderen gesprochenen Worten verortet. Der

Blickrichtungswechsel wird als ein Blickrichtungswechsel einer bestimmten Person identifiziert, der einem weiteren Blickrichtungwechsel diese Person vorangeht und auf einen vorangegangenen Blickrichtungswechsel einer anderen Person folgt.

In den oben dargestellten Beispielen und in allen anderen Varianten der Datenaufbereitung werden in dieser Weise Elemente des Interaktionsgeschehens definiert und es wird danach gefragt, in welcher Relation sie zu anderen Elementen stehen. Dies ist bereits als solches ein analytisches Vorgehen. Die analytische Aufbereitung alleine kann in der Regel die an das Material herangebrachten Fragen noch nicht beantworten. Dazu sind weitere Analyseschritte notwendig, die sich nun nicht länger am Videomaterial, sondern an den im Rahmen der Aufbereitung erzeugten Daten orientieren.

In diesen Analysen kann sich dann wiederum zeigen, dass bestimmte, bedeutsame Aspekte des Geschehens in den erzeugten Daten nicht ausreichend klar dokumentiert sind. Dann wird es notwendig, erneut in die Datenaufbereitung einzusteigen und nun vor dem Hintergrund der durch die Analyse veränderten Perspektivik auf das Material neue Daten zu erzeugen.

Dies zeigt, dass was im Ausgangsmaterial als Datum Beachtung findet, unmittelbar verknüpft ist mit dem analytischen Zugang zum Gegenstand, also mit der Frage, die an den Gegenstand gestellt wird und mit den Unterstellungen, die die Eigenschaften des Gegenstands betreffen. Nur die solchermaßen formierte Aufmerksamkeit Forschender lässt das im Geschehen Beobachtete überhaupt erst zu etwas wissenschaftlich Bestimmtem und Relevantem und damit zu einem Datum werden. Nur die solchermaßen aufmerksame Beobachtung am Ausgangsmaterial ist dann auch offen für Irritationen, die sich daraus ergeben, dass das im Video dokumentierte Geschehen nicht den Vorstellungen entspricht, die an es herangetragen werden. Die Dokumentation solcher Irritationen zwingt nicht nur den Forscher zum genauen Schauen und Hören, sie erlaubt es auch, das Irritierende einer weiterführenden Analyse und einem größeren Publikum zugänglich und damit diskutierbar zu machen.

II Präsente Materialität

Raumgestalten

Matthias Herrle

1 Zur materiellen Fundierung pädagogischen Kooperierens

Lehr-Lerninteraktionen in Kursen der Erwachsenen-/Weiterbildung finden zu bestimmten Zeiten an bestimmten Orten statt, dessen Koordinaten zumeist schon vorab – etwa in Veranstaltungsankündigungen – bekannt gegeben werden. Wie diese Orte jeweils gestaltet sind, wie sie sich von ihrer Umgebung abgrenzen, welche Möglichkeiten des Aufenthalts und der Aufmerksamkeitsausrichtung sie bieten, erzeugt Erwartungen hinsichtlich des Geschehens, das an ihnen erwartbar stattfindet – bzw. nicht stattfindet. So evoziert etwa das in Abbildung 1[1] sichtbare Konstellationsmuster die Erwartung, dass dort ein auf Fleisch- und Wurstwaren bezogenes Verkaufsgespräch stattfindet. Demgegenüber erzeugt das in Abbildung 2[2] sichtbare Konstellationsmuster die Erwartung, dass nicht der An- und Verkauf von Bratwürsten, Schweinskopfsülze oder Leberwurst das Geschehen bestimmt, sondern die Vermittlung und Aneignung von Wissen über einen bestimmten Gegenstand – auf den durch die Raumgestaltung (noch) nicht explizit hingewiesen wird.

Abb. 1:
Fleischerei

Veranstaltungen des interaktionsförmigen Lernens Erwachsener finden an einer Vielzahl unterschiedlicher Orte statt (vgl. etwa Kade/Nittel 2010). Durch die

---

1 Aus: http://www.spanndecken-dezett.de/ladenbau.htm, Zugriff: 26.06.2010,
2 Aus: http://www.hakzwei.salzburg.at/?left=2&top=eins, Zugriff: 26.06.2010,

Art und Weise ihrer räumlichen Gestaltung wird bereits das Stattfinden eines bestimmten pädagogischen Geschehens präformiert: »Der pädagogische Raum und seine Einrichtung legen nicht nur bestimmte Vermittlungsformen nahe, sondern fordern auch zur Einnahme bestimmter unterrichts- bzw. kursbezogener Rollen auf« (Nolda 2006, S. 317). So erzeugt die jeweils spezifische Konstellation räumlicher Elemente Erwartungen darüber, in welchem (didaktischen) Modus sich wer mit welchem Lehr-Lerngegenstand befasst und welche Freiräume bestehen, sich individuell in dieses Geschehen einzupassen, davon abzuweichen oder es den eigenen Erwartungen entsprechend umzustrukturieren. Durch ihre Gestaltung spannen Räume Möglichkeitshorizonte für die Aufführung von Aktivitäten derjenigen Akteure auf, die sie betreten. Sie determinieren dabei allerdings nicht, welches Interaktionsgeschehen sich in ihnen verstetigt.[3] Dies kann letztlich einzig am Agieren der Personen abgelesen werden, die bestimmte Räume betreten haben und sich in ihnen in bestimmter Art und Weise verhalten.

> »Betritt ein Körper einen leeren Raum, gestalten sich Relationen und Spannungsfelder, indem er sich zu den Raumgrenzen positioniert. Größere und kleinere Abstände entstehen, vorn und hinten wird beschreibbar, Nähe und Distanz konstituieren sich. Vorhandener Raum und Körperraum entwickeln ein Beziehungsgeflecht, sie figurieren Beziehungen und konstituieren also Interaktion bzw. Kommunikation. Dieser Prozess gewinnt an Konturiertheit, sobald ein weiterer Körper hinzu kommt« (Heilmann 2005, S. 117 f.).

Abb. 2:
Klassenzimmer

Wie die Akteure den physischen Raum nutzen und sich so auf die durch ihn verkörperten Erwartungshaltungen beziehen, wird erkennbar, wirft man einen Blick darauf, welche wie beschaffenen Interaktionsräume die Beteiligten durch ihre Positionierung, Körperhaltung und Aufmerksamkeitsausrichtung konstruieren und dadurch die Herstellung bestimmter Aktivitäten und Kooperationsformen ermöglichen.

---

3 Zur Aneignung von Orten in Veranstaltungen der Erwachsenenbildung siehe Nolda 2006 sowie Kraus 2010.

»Es ist der Interaktionsraum, der die wechselseitige Verfügbarkeit der Beteiligten garantiert, sie den laufenden Aktivitäten anpasst und damit den Gesten, den Redebeiträgen, den Blicken einen Sinn verleiht, sie »accountable« macht, weil sie wechselseitig aufeinander ausgerichtet und angeordnet sind« (Mondada 2007, S. 88).

Die physikalische Raumgestaltung erhält ihre Bedeutung als Inskription von Verfügbarkeitserwartungen für die Herstellung spezifischer Aktivitäten bzw. Kooperationsformen. Darauf beziehen sich Kursleiter und Teilnehmende in Veranstaltungen der Erwachsenenbildung, indem sie sich diesen Erwartungen anpassen, den Raum entsprechend ihren eigenen Erwartungen umgestalten oder sich gänzlich von ihnen distanzieren.

»Kursleiter haben in aller Regel die Macht, den Bildungsraum in einem gewissen Ausmaß als Erfahrungs- und Handlungsraum für sich selbst und für die Teilnehmer zu strukturieren und zu definieren. [...] Teilnehmer definieren, strukturieren und konstituieren in ähnlicher Weise ihren Handlungsraum. [...] In dieser Weise machen die Teilnehmer aus dem physikalischen Raum einen **sozialen Raum.**« (Müller 1991, S. 11, Hervorhebung im Orig.)

2 Grundmuster pädagogischer Raumgestaltung

In Kursen der Erwachsenen-/Weiterbildung können unterschiedliche Muster beobachtet werden, in denen die Beteiligten ihre Körper dauerhaft positionieren und ausrichten. Sie konstituieren eine Vielzahl sozialer Beziehungen, in denen Inhalte aneignungsbezogen vermittelt werden.[4] Diese Pluralität kann auf ein Spektrum an Grundmustern sozialen Kooperierens zurückgeführt werden (vgl. Dinkelaker i. d. Bd.). In didaktischen Ratgebern werden sie unter Rubriken wie ›Lehrmethoden‹ oder ›Sozialformen‹ beschrieben (vgl. etwa Bonz 1999, S. 45 ff., Weidenmann 2006, S. 49 ff.).

Durch die räumliche Gestaltung des Ortes, an dem sich künftig ein soziales Kursgeschehen ereignet, werden diese Muster in unterschiedlicher Weise antizipiert. Ebenso wie die Vielfalt sozialer Kooperationsformen, in denen sich pädagogische Interaktionen realisieren, können die Muster räumlicher Gestaltung auf eine überschaubare Anzahl an Grundmustern zurückgeführt werden – so das Ergebnis einer vergleichenden Analyse der Fälle im Datenkorpus des Projekts BIWO (siehe Dinkelaker/Herrle/Kade/Nolda i. d. Bd.). In der didaktischen Literatur werden diese als Sitzordnungen thematisiert, die in Verbindung mit der Aufführung pädagogischer Kooperationsformen gebracht werden.[5] Sie erzeugen

---

4 Zur Differenzierung visueller, akustischer und haptischer Aspekte (klassen-)räumlicher Anordnungen in der Schule vgl. Breidenstein 2006, S. 39 ff.
5 Für den Schulunterricht vgl. etwa Meißner 1976, für die berufliche Bildung vgl. etwa Bonz 1999, S. 65 ff., für die Erwachsenen-/Weiterbildung im Allgemeinen vgl. etwa Knoll 1993, S. 89 ff.

Erwartungen darüber, ob und wie ein pädagogischer Innenraum von seiner Umgebung abgegrenzt wird (vgl. Kade 1992) und in welcher Weise sich die anwesenden Personen im Raum positionieren und ausrichten. Bestimmte Personen oder Dinge rücken damit erwartbar ins Zentrum der Aufmerksamkeit, andere werden in die Peripherie verfrachtet. Es werden unterschiedlich gestaltete Aufenthaltsbereiche (vgl. Goffman 1982. S. 54 ff.) präformiert, die eine je spezifische Adressatenkonstruktion projizieren.

Im Folgenden werden drei Grundmuster der Raumgestaltung dargestellt, deren Auftreten wiederholt in Veranstaltungen des Lernens Erwachsener beobachtet werden kann: konzentrische Räume (2.1), multizentrische Räume (2.2) und nicht-zentrierte Räume (2.3).[6] Sie konstituieren ein hintergründig wirksames, materielles Fundament für die Herstellung und Verstetigung pädagogischer Kooperationsformen im Interaktionsprozess. Merkmale, die ihre Differenz kennzeichnen, werden durch Varianten der Abgrenzung nach außen und der Bereichsdifferenzierung und Aufmerksamkeitspräformierung im Inneren gebildet (3.).[7]

2.1 Konzentrische Räume: Begrenzung von Verhaltensmöglichkeiten

Konzentrische Räume sind dadurch gekennzeichnet, dass die in ihnen vorfindbaren Positionierungsmöglichkeiten die kollektive Wahrnehmbarkeit eines Geschehens ermöglichen, das sich in einem bestimmten Raumbereich abspielt. Sie gestatten es einer Mehrzahl an Personen, dieses Geschehen simultan aus unterschiedlichen Distanzen wahrnehmen zu können. Umgekehrt ermöglichen sie es den Akteuren, die sich im räumlich präformierten Aufmerksamkeitszentrum aufhalten, etwas Bestimmtes zu zeigen. Konzentrische Räume begegnen uns im Alltag in unterschiedlichen sozialen Kontexten: Fußballspiele im Stadion, Rockkonzerte in Stadthallen, Theateraufführungen in Aulen, politische Debatten in Plenarsälen u.v.m. Eine historisch frühe Form dieser Konstellation ist das Amphitheater.

Auch Lehr-Lernveranstaltungen finden in konzentrischen Räumen statt. Sie weisen der Lehrperson die Rolle eines Zeigenden zu, auf den die Aufmerksamkeit der Lerner dauerhaft gerichtet ist. Der fokussierte Raumbereich, in dem sich der Lehrende erwartbar aufhält, wird zur Bühne, die meist mit einer Vielzahl an Requisiten ausgestattet ist (z.B. Tafeln, Projektionsflächen für Beamer oder Overheadprojektoren, Whiteboards, Karten). Sie fungieren erwartbar als Me-

---

6 Zur ausführlichen und differenzierenden Darstellung der Ermöglichung des pädagogischen Kursgeschehens im Medium der (konzentrischen, multizentrischen und nicht-zentrierten) Raumgestaltung siehe Herrle 2013b, S. 129–171.

7 Varianten, in denen sich Kursleiter und Teilnehmende in ihrem Agieren auf die Gestaltung des Raumes beziehen, untersuchen Sigrid Nolda (2006) und Katrin Kraus (2010).

dien, die zur Unterstützung der Vermittlung dessen eingesetzt werden, was es zu zeigen gilt.[8]

Den Lernenden gegenüber wird die Erwartung kommuniziert, dass sie eine Position in dem durch entsprechendes Mobiliar geschaffenen Auditorium einnehmen. Die dort befindlichen Sitzplätze sind zumeist mit einem Tisch oder einer ähnlichen Fläche ausgestattet, die es erlaubt, Gegenstände darauf zu platzieren, von denen erwartet wird, dass sie als Medien zur Unterstützung der Aneignung des Gezeigten fungieren – Notizblöcke, Stifte, Lehrbücher usw. Die Anwesenheit von Tischflächen im Auditorium unterscheidet beispielsweise konzentrische Räume als Orte, an denen das Stattfinden pädagogischer Interaktion erwartet wird, von konzentrischen Räumen als Orte, an denen erwartbar Fußballspiele ausgetragen oder Theaterstücke vorgetragen werden.

Die Verteilung von Sitzplätzen und Tischen trägt zur Binnendifferenzierung des Raumes bei, indem Bewegungsmöglichkeiten begrenzt und vordere, hintere, randständige und zentrale Positionen unterscheidbar gemacht werden. Die unterschiedlichen Positionen weisen jeweils bestimmte Distanzen zu den Raumgrenzen und zur Bühne auf und unterscheiden sich zudem darin, welche alternativen Positionierungsmöglichkeiten an die jeweilige Position angrenzen. Nebeneinander sitzende Personen können haptisch unmittelbar in das Territorium des Nachbarn eingreifen. Sie können visuell den Besitz des Nachbarn mustern und ihn (ohne die Aufmerksamkeit der übrigen Anwesenden zu absorbieren) ansprechen. Demgegenüber verlangt die Kontaktierung von Personen, die vor oder hinter dem jeweiligen Sitzplatz positioniert sind, dass die kontaktierende oder die kontaktierte Person ihre Aufmerksamkeit vom erwarteten Zentrum sichtbar abwendet. Positionen am Rand des präformierten Aufenthaltsraums der Lernenden ermöglichen es, sich in die Sitzordnung einzufügen und sie wieder zu verlassen, ohne die Blickrichtung der übrigen Anwesenden zu kreuzen. Positionen, die eine große Distanz zum Zentrum aufweisen, können das dort stattfindende Geschehen (in Abhängigkeit von der Raumgröße) oft nur unter visueller oder auditiver Beeinträchtigung wahrnehmen. Gleiches gilt für die Lehrpersonen, die sich im Zentrum aufhalten. Auch sie können das Geschehen, das sich in der letzten Reihe abspielt, oft nicht oder nur bruchstückhaft wahrnehmen. Demgegenüber sind Positionen, die sich in unmittelbarer Nachbarschaft zum Aufmerksamkeitszentrum befinden, für den Lehrenden weitaus leichter wahrnehmbar. Im Kontrast zur letzten Reihe bestehen dort allerdings auch weniger Spielräume zur Abweichung vom Lehr-Lerngeschehen, ohne dadurch das Agieren der Lehrperson zu irritieren und so die Fortsetzbarkeit des pädagogischen Geschehens aufs Spiel zu setzen.

---

8 Zur Funktion der Tafel im Kontext pädagogischer Veranstaltungen vgl. Kade i.d.Bd.; zur Nutzung von Blackboards in Vorlesungen des Mathematikstudium vgl. Greiffenhagen 2011; zur Funktion von Whiteboards als Kommunikationswerkzeug im Büro und im Schulunterricht im Vergleich zu herkömmlichen Tafeln vgl. Greiffenhagen 2000.

Konzentrische Lehr-Lernräume lokalisieren Wissen in einem bestimmten Teil des Raumes. Wer sich dort aufhält ist mit der Erwartung konfrontiert, dass ihm die Kompetenz zugeschrieben wird, über Wissen zu verfügen, und die Absicht, Wissen zu vermitteln. Den komplementär angeordneten Personen hingegen wird ein Wissensdefizit zugeschrieben, dessen Bearbeitung durch die Aneignung des im Zentrum vermittelten Wissens erwartet wird. Die pädagogische Interaktionen charakterisierende Asymmetrie (vgl. Luhmann 2002) spiegelt sich in dieser Art räumlicher Gestaltung am deutlichsten. An Lehrende wird hier die Erwartung herangetragen, kontinuierlich im Zentrum der Aufmerksamkeit einer Mehrzahl an Personen zu stehen und durch das eigene Agieren die Strukturierung des Geschehens zu determinieren. Komplementär wird an das Agieren von Lernenden die Erwartung gerichtet, ihre Wahrnehmung dauerhaft an dem Geschehen auszurichten, das im Zentrum durch die Lehrperson strukturiert wird. Durch die Art der in konzentrischen Räumen präformierten Aufmerksamkeitsverteilung werden so bereits Verfügbarkeitserwartungen formuliert, die spezifische Adressierungsprofile generieren.

Die konzentrische Gestaltung eines Ortes erzeugt die Erwartung, dass sich der Vollzug pädagogischer Interaktion in den Kooperationsformen »(Lehr-)Vortrag« oder »Lehrgespräch« konkretisiert (vgl. Bonz 1999, S. 67 ff.). Indem sich die Akteure durch ihr Verhalten den in der räumlichen Anordnung bestehenden Erwartungsstrukturen anpassen, spezifizieren sie ihre Disponibilität entsprechend einem Organisationsmuster pädagogischer Interaktion, das es ermöglicht, »[...] Wissensbestände in ihrem Zusammenhang darzustellen, über die ausschließlich der Lehrende verfügt, die aber den Lernenden bekannt gemacht werden sollen« (Dinkelaker 2010c, S. 192). In der entsprechenden sozialen Formation werden die Aktivitäten der Beteiligten so koordiniert, »[...] dass ausgedehnte Äußerungen der Lehrenden mit fortgesetzter, fokussierter Wahrnehmung dieser Äußerungen durch Lernende [...]« (a.a.O.) einher gehen. Die dementsprechende soziale Beziehung stattet den Lehrenden mit der Macht aus, die Situation durch sein Agieren zu dominieren und das Aktivitätsprofil der Teilnehmenden entsprechend der durch ihn vorgeschlagenen Strukturierung zu konditionieren.

Konzentrische Räume unterscheiden sich vor allem darin, inwiefern durch ihre Gestaltung Freiheitsgrade für die Fokussierung der Aufmerksamkeit beteiligter Akteure geschaffen bzw. limitiert werden. Merkmale, anhand derer Unterschiede zwischen Varianten konzentrischer Raumgestaltung identifiziert werden können, sind: (a) ob die vorgegebenen Positionierungsmöglichkeiten fest im Raum installiert sind oder verändert werden können, (b) welche Verbindungsmöglichkeiten und Barrieren durch die Anordnung von Gegenständen geschaffen werden sowie (c) welche Objekte im Zentrum des Raumes als Aufmerksamkeitsattraktoren fungieren. Um die Eigenheit dieses Gestaltungsmusters näher zu kennzeichnen, wird im Folgenden eine Grundform ihrer Realisierung – »Staffeln« – exemplarisch dargestellt.

Das Raumgestaltungsmuster »Staffeln« ist insbesondere in Universitäten anzutreffen. Es ist dadurch gekennzeichnet, dass bei ihm »Bühnen-« und »Zuschauerbereich« klar voneinander separiert sind und durch feste Verankerung von Sitzplätzen, Lautsprechern, Projektionsflächen, Beamern usw. wenig Spielraum für Umgestaltung besteht. Indem die Positionen, an denen der Aufenthalt der Lerner erwartet wird, meist bogenförmig und ansteigend angeordnet sind, wird es möglich, dass eine Vielzahl anwesender Personen ein Geschehen wahrnehmen kann, das sich im räumlich präformierten Aufmerksamkeitszentrum abspielt (▶ **Abb. 3**). In diesem Aspekt ähnelt das Muster einer anderen Grundform konzentrischer Raumgestaltung: »Reihen« (▶ **Abb. 4**).[9] Im Unterschied zur staffelförmigen Raumordnung sind jedoch die Positionierungsmöglichkeiten i.d.R. nicht fest installiert. Tische und Stühle können verschoben werden. Auch besteht zumeist eine größere Anzahl an Verbindungswegen, durch die man ungehindert von einer Position zu einer anderen Position gelangen kann.

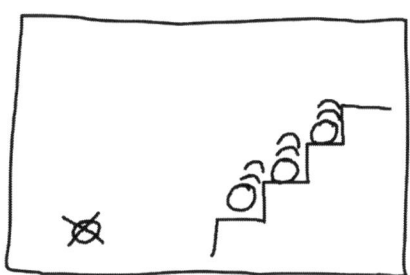 

Abb. 3: Staffeln   **Abb. 4:** Reihen

Abbildung 5 illustriert eine konkrete Variante des Gestaltungsmusters Staffeln.[10] Bei diesem Fall handelt es sich um eine Weiterbildung für Personen, die Führungspositionen in der Gebäudereinigung anstreben bzw. sich in diesem Bereich selbständig machen. Die Möglichkeit, die Aufmerksamkeit auf ein Geschehen außerhalb des Raumes zu lenken, wird hier durch vorgezogene Vorhänge herabgesetzt. Das Geschehen im Innenraum – und dort: auf der Bühne – wird dadurch als Aufmerksamkeitszentrum hervorgehoben.

Die als Vermittlungsbereich fungierende »Bühne« wird hier durch den halbkreisförmigen »Aneignungsbereich« eingekesselt (▶ **Abb. 5**). Am Rande des Vermittlungsbereiches befinden sich wiederum Stühle, die als veränderbare Verlängerung der Positionierungsvorgabe »Aneignungsbereich« betrachtet werden können. Durch sie wird der Bereich, in dem sich die Lehrperson bewegen kann, weiter eingegrenzt. Zwei unverstellte Türen grenzen den Bereich und zugleich

---

9 Zur vertiefenden Darstellung von Varianten des Musters »Staffeln« und zur differenzierenden Gegenüberstellung des Musters »Reihen« als weitere Variante konzentrischer Raumgestaltung, siehe Herrle 2013b, S. 132 ff.

10 Die aus der Vogelperspektive gezeichneten Raumskizzen vermitteln einen abstrahierenden Überblick über Grenzen nach außen und die Bereichsdifferenzierung im Inneren: über Positionierungs- und Ausrichtungsmöglichkeiten und -begrenzungen, damit einhergehende Distanzverhältnisse sowie präformierte Aufmerksamkeitszentren. Die Positionen der Kameras sind abgebildet und als P-1 (Perspektive-1 (KL)) bzw. P-2 (Perspektive-2 (TN)) gekennzeichnet.

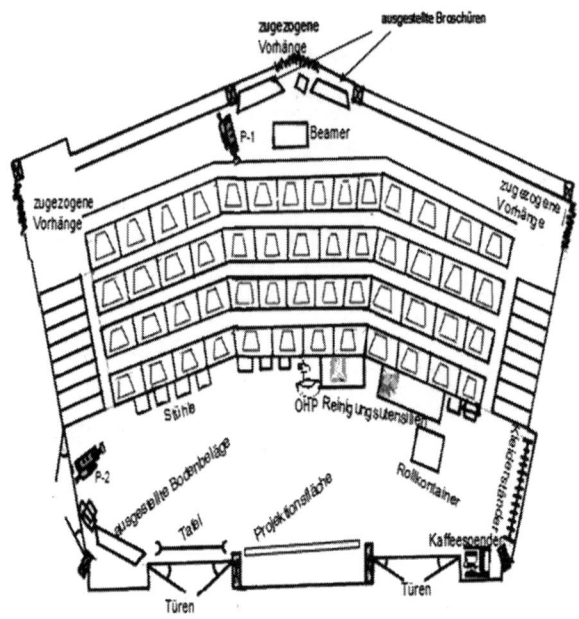

Abb. 5: Muster »Staffeln« am Beispiel einer Weiterbildung für Gebäudereiniger

auch den gesamten Raum von seiner Umgebung ab und ermöglichen der Lehrperson das Aufmerksamkeitszentrum zu verlassen. Lernende, die sich im »Aneignungsbereich« positionieren wollen, müssen den »Vermittlungsbereich« an seinem äußersten Rand kurz durchqueren. Ebenso, wenn sie sich einen Kaffee von dem im äußeren Bereich der Vermittlungszone befindlichen Kaffeespender holen möchten. Neben diversen, thematisch mit dem Lehrgeschehen assoziierten und auf Tischen deponierten Gegenständen (Reinigungsutensilien) befindet sich in diesem Bereich ein Overheadprojektor, mit dem ein Bild auf eine große Wandfläche projiziert werden kann. Rechts davon stehen eine frei bewegliche Wandtafel und ein Warenständer, auf dem verschiedene Bodenbeläge ausgelegt sind. So tummelt sich eine Vielzahl möglicher Aufmerksamkeitsattraktoren auf einem relativ kleinen, deutlich abgegrenzten Ort.

Betreten die Veranstaltungsbeteiligte diesen Raum, so werden ihnen unterschiedliche Möglichkeiten eröffnet, sich in ihrem Verhalten auf ihn zu beziehen. Entscheiden sie sich für eine Positionierung in dem durch die Einrichtung vorgegebenen Aufmerksamkeitszentrum, so erzeugen sie die Erwartung, künftig als kompetente Lehrperson die Vermittlung von Wissen und Können zu strukturieren. Entscheiden sie sich für eine Positionierung im Zuschauerbereich, so erzeugen sie die Erwartung, in Zukunft als wissens- und/oder könnensdefizitbehafteter Lerner ihre Aufmerksamkeit an dem durch die Positionsanordnung vorgegebenen Aufmerksamkeitszentrum auszurichten. Dabei müssen sie sich darüber hinaus für eine bestimmte Position im Aneignungsbereich entscheiden: nah oder fern vom Vermittlungszentrum, in der Mitte oder am Rande des Aneignungsbereichs. Die Person, die sich als Lehrkraft durch einen Aufenthalt im entsprechenden Raumbereich adressierbar macht, ist ebenso dazu aufgefordert, eine bestimmte Position in diesem Bereich einzunehmen. Diese Positionierungskoordinaten sind durch Nähe oder Ferne zu bestimmten Lernenden und zu unterschiedlichen Aufmerksamkeitsattraktoren gekennzeichnet. Von den dort anwesenden Personen kann erwartet werden, dass sie die Aufmerksamkeit der Lernenden zu Vermittlungszwecken auf bestimmte Gegenstände lenken, die in diesem Raumbereich wahrnehmbar sind, oder durch ihr verbales und körperliches Agieren jene Gegenstände »verkörpern«. Zudem kann erwartet werden, dass sie ihre eigene Aufmerksamkeit so auf die Lernenden verteilen, damit ein aneignungsbezogener Lehrvortrag zustande kommen kann, bei dem die einzelnen Lernenden als Gruppe adressiert werden.

Sowohl das Vorhandensein eines Overheadprojektors als auch die Anwesenheit von Tafel, Reinigungsutensilien und Bodenbelagsproben generieren in diesem Fall die Erwartung, dass im Folgenden das Thema Reinigung in einem pädagogischen Zuschnitt behandelt wird. Dagegen verweist der Kaffeespender im Vermittlungsbereich nicht notwendigerweise auf die Durchführung pädagogischer Interaktion, sondern (auch) auf andere Interaktionsrahmen – etwa gesellige Einverleibung von Genussmitteln.

Wirft man einen Blick auf die im Zentrum der Veranstaltung sich zunächst fortsetzende Gestaltung des Interaktionsgeschehens, so zeigt sich, wie die Akteure die durch die räumliche Gestaltung evozierten Möglichkeiten nutzen – bzw. nicht nutzen. Deutlich wird, welche präformativ vorgegebenen Strukturen durch das Verhalten der Akteure performativ realisiert werden und welche nicht.

Im hier exemplarisch dargestellten Fall haben sich die Lernenden allesamt in dem durch die Sitzplatzanordnung vorgegebenen Raumbereich positioniert (▶ Abb. 6). Die Mehrzahl der Teilnehmer hat sich im Zentrum der Sitzplatzanordnung vertikal verteilt. Die rechte und linke Flanke ist mit nur wenigen Akteuren besetzt. Kein Teilnehmer sitzt auf einem der Stühle im Vermittlungsbereich. Es können drei unterschiedliche Aufmerksamkeitsausrichtungen registriert

Abb. 6: Personenkonfiguration im Reinigungskurs

81

werden: manche blicken auf die vom Overheadprojektor angestrahlte Projektionsfläche im Vermittlungsbereich, andere schauen den Lehrenden an und manche wenden sich schreibend den vor ihnen auf den Tischen ausgebreiteten Unterlagen zu, auf dem auch Trinkflaschen deponiert wurden. Die Tafel, die Reinigungsutensilien, die Bodenbeläge sowie der Kaffeespender werden nicht dauerhaft beachtet. Der Lehrende steht zumeist neben dem Overheadprojektor gegenüber dem Raumbereich, in dem die meisten Teilnehmenden sitzen. Unter Nutzung des Overheadprojektors hält er einen Vortrag über Materialien für eine Grundreinigung. Dabei fragt er immer wieder den Kenntnisstand der Teilnehmenden ab, ohne jedoch ein Lehrgespräch zu vertiefen. Die Fragen erfüllen hier vielmehr die Funktion, Wissensdefizite zu markieren, um davon ausgehend den Vortrag fortzusetzen.

2.2 Multizentrische Räume: Erweiterung von Verhaltensmöglichkeiten

Kennzeichnend für multizentrische Räume ist, dass die in ihnen zu findenden Positionierungsmöglichkeiten die Aufmerksamkeit anwesender Akteure nicht bereits von vornherein auf nur einen Raumbereich konzentrieren, sondern auf unterschiedliche Orte im Raum verteilen. Diese Art der Raumgestaltung begegnet uns im Alltag in verschiedensten Zusammenhängen. So etwa in Fabrikhallen, bei Geburtstagspartys, in Großraumbüros oder im Casino. Durch die Vorgabe von Positionierungs- und Ausrichtungsgelegenheiten machen sie es erwartbar, dass Personen, die sich in ihnen aufhalten, ihre Aufmerksamkeit aneinander oder an im Raum verteilten Objekten ausrichten. Im ersten Fall adressieren sich die Akteure dabei als Zeigende bzw. als solche, die sich wahrnehmend auf etwas Gezeigtes beziehen. Im zweiten Fall machen sie sich als Personen wahrnehmbar, die sich jeweils mit einem bestimmten Gegenstand beschäftigen, ohne sich dabei in diesem Moment unmittelbar auf die übrigen Anwesenden zu beziehen.

Zwar sind multizentrische Räume gerade dadurch charakterisiert, dass ihre Gestaltung kein Aufmerksamkeitsmonopol erzeugt, an dem sich die Wahrnehmung der Mehrzahl der Anwesenden dauerhaft ausrichtet. Dennoch wird durch die Anwesenheit spezifischer Objekte an bestimmten Orten, an denen das Geschehen im gesamten Raum besonders gut überblickt werden kann, die Erwartung erzeugt, dass den Akteuren, die sich dort aufhalten, eine besondere Bedeutung für die Organisation der Wahrnehmungsverteilung der übrigen Anwesenden zukommt.

Auch pädagogische Veranstaltungen finden in multizentrischen Räumen statt. Im Unterschied zu konzentrischen Räumen wird dort die Realisierung der Rollendifferenz Lehrer/Lerner weniger durch die Ausrichtung von Positionierungsmöglichkeiten nahegelegt. Stattdessen kennzeichnet die Verortung von Medien, die zur Wissensvermittlung eingesetzt werden können, bestimmte Orte als Bereiche, von denen zu erwarten ist, dass sich dort Personen aufhalten,

denen eine besondere Verantwortung für die Strukturierung der Lehr-Lernveranstaltung zugeschrieben werden kann. Da die Aufmerksamkeit der Lernenden
nicht auf diesen Raumbereich präjustiert ist, wird der Lehrperson hier nicht die
Rolle eines kontinuierlich mit Aufmerksamkeit versorgten Zeigenden, sondern
die Rolle eines temporär Zeigenden und Wahrnehmungs- bzw. Erfahrungs-
prozesse Delegierenden oder Begleitenden zugewiesen. Während in konzentrischen Räumen durch die strikt komplementäre Aufmerksamkeitsverteilung eine
dichotome Lokalisierbarkeit von Wissen bzw. Nicht-Wissen erwartbar ist, be-
fördern multizentrische Räume eine Erweiterung dichotomisierender Wis-
sens- bzw. Kompetenzzuschreibung. So ist in der Positionierungs- und Ausrich-
tungsverteilung angelegt, dass nicht nur der Veranstaltungsleiter, sondern auch
Veranstaltungsteilnehmer temporär im Zentrum der Aufmerksamkeit stehen
und sich selbst als (potentiell) Wissende darstellen oder von anderen als solche
adressiert werden.

Multizentrische Räume wirken sich – wie jede Art der Raumgestaltung – präformativ auf die Darstellung von Verfügbarkeit derjenigen Akteure aus, die den
Raum betreten. Durch die Vorgabe von Positionierungs- und Ausrichtungsmöglichkeiten wird eine spezifische Art der Aufmerksamkeitsverteilung nahegelegt,
die spezifische Adressierbarkeitsprofile generiert. Lehrerseitige Bereitschaft zur
Wissensvermittlung heißt hier: Demonstration von Verantwortlichkeit für die
Herstellung und Aufrechterhaltung eines pädagogischen Rahmens, ohne dabei
das Agieren der Lernenden durch dauerhafte Aufmerksamkeitsabsorption zu determinieren. Neben der Spezifikation von Vermittlungsbereitschaft fordern multizentrisch gestaltete Räume die Lehrperson allerdings in gewissem Maße auch
dazu auf, Erreichbarkeit für die probeweise Aufführung von Wissen bzw. Können seitens der Lernenden zu demonstrieren. Umgekehrt werden die Lernenden
nicht lediglich zur Darstellung von Erreichbarkeit für Wissensvermittlung aufgefordert – d. h. in diesem Falle: die Ausrichtung der Aufmerksamkeit an dem Geschehen, das – durch die Lehrperson selbst dargestellt oder legitimiert – als Medium zur Vermittlung bzw. Aneignung von Wissen fungiert (dies können auch
Äußerungen von anderen Lernenden sein sowie die Beschäftigung mit Objekten). Darüber hinaus fordert die Raumgestaltung die Lernenden dazu auf, Bereitschaft zur probeweisen Darstellung von Wissen bzw. Können zu zeigen. Multizentrisch gestaltete Lehr-Lernräume präformieren somit den Wiedereintritt der
Differenz zwischen vermittlungs- und aneignungsbezogenen Aktivitäten sowohl
auf Seiten der Lernenden als auch auf Seiten der Lehrenden. Die für pädagogische Interaktion konstitutive Rollenasymmetrie, deren Erwartbarkeit in konzentrischen Räumen am stärksten ausgeprägt ist, erfährt somit eine tendenzielle Abschwächung.

Die multizentrische Gestaltung eines Ortes erzeugt die Erwartung, dass sich
der Vollzug pädagogischer Interaktion in den Kooperationsformen »Lehrgespräch« bzw. »Unterrichtsgespräch« (vgl. Bonz 1999, S. 65 ff.) oder »Übung«
konkretisiert. Indem sich die Akteure durch ihr Verhalten den in der räumlichen
Anordnung bestehenden Erwartungsstrukturen anpassen, spezifizieren sie ihre
Verfügbarkeit entsprechend einem Organisationsmuster pädagogischer Interaktion, das es den Beteiligten entweder ermöglicht, Erfahrungen auszutauschen und

geteiltes Wissen gemeinsam zu entwickeln oder unter Anleitung spezifische Fertigkeiten zu schulen (vgl. Dinkelaker 2010c, S. 192). In den entsprechenden sozialen Formationen werden die Aktivitäten der Beteiligten so koordiniert, dass die Lernenden entweder die Lehrperson, sich wechselseitig und/oder ein bestimmtes Objekt als Demonstrations- oder Übungsgegenstand wahrnehmen können.

Multizentrische Räume, deren Mobiliar in aller Regel nicht fest installiert ist und somit jederzeit umarrangiert werden kann, unterscheiden sich vor allem darin, welche Adressierbarkeitsdirektiven dadurch erzeugt werden, dass: (a) bestimmte Gegenstände an bestimmten Aufenthaltsorten im Raum verteilt sind und (b) die Aufmerksamkeit der Akteure durch Vorgabe von Positionierungs- und Ausrichtungsmöglichkeiten in bestimmter Weise auf Gegenstände und/oder Personen präjustiert wird. Eine im Folgenden illustrierte Grundform der Realisierung multizentrischer Raumgestaltung ist das Muster »Tischkreise«. Der einheitliche Aufmerksamkeitsfokus, der bei Varianten konzentrischer Raumgestaltung besteht, ist hier zu Gunsten einer Mehrzahl potentieller Aufmerksamkeitsattraktoren gewichen, die durch die Art und Weise der vorgegebenen Positionierungen nahegelegt werden (▶ **Abb. 7**). Wahrgenommen werden kann nicht nur das, was »vorne« im Aufenthaltsbereich der Lehrperson geschieht – sofern dieser Bereich überhaupt durch entsprechende Requisiten markiert ist. Auch das Agieren der Teilnehmenden gegenüber und nebenan kann von den vorgegebenen Positionen aus problemlos in den Aufmerksamkeitsfokus rücken. Das Muster »Tischgruppen« kann als weitere Grundform multizentrischer Raumgestaltung betrachtet werden (▶ **Abb. 8**). Indem die Beteiligten um einzelne Ti-

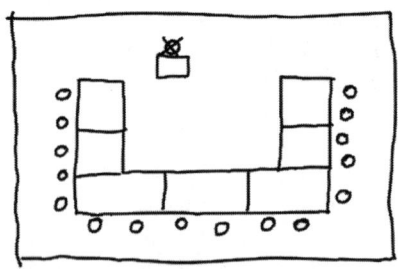

Abb. 7: Tischkreise

Abb. 8: Tischgruppen

sche im Raum verteilt sitzen, wird die Pluralisierung von Aufmerksamkeitsfoki der Anwesenden, die bereits im Gestaltungsmuster »Tischkreise« angelegt ist, noch gesteigert. So ist erwartbar, dass Personen, die um einen Tisch herum gruppiert sind, eine eigene »Fokus-Gruppe« bilden, konzentriert auf das dort stattfindende Geschehen und separiert vom Geschehen, das sich sonst im Raum abspielen mag.[11]

---

11 Zur vertiefenden Darstellung von Varianten des Musters »Tischkreis« und zur differenzierenden Gegenüberstellung des Musters »Tischgruppe(n)« siehe Herrle 2013b, S. 148 ff.

Beim Gestaltungsmusters »Tischkreise« sind die im Raum vorhandenen Tische so angeordnet, dass sich aus der Vogelperspektive eine rechteckige Gestalt abzeichnet, die von einem Kreis abstrahiert – angepasst an eine i.d.R. rechteckige Beschaffenheit von Raum und Tisch. Oft ist die kreisförmige Anordnung an einer Stelle unterbrochen, so dass sich eine Hufeisenform ergibt. Eine konkrete Variante dieses Musters zeigt Abbildung 9. Es handelt sich dabei um die Einrichtung eines Volkshochschulraumes, in dem ein Gesprächskreis für Seniorinnen stattfindet. Durch die Positionsverteilung wird den dort anwesenden Akteuren die Möglichkeit eröffnet, mit nur geringen Variationen in der Ausrichtung von Kopf und Oberkörper alle übrigen Positionen visuell wahrnehmen zu können – mit Begrenzungen im Hinblick auf Akteure, deren Position an der gleichen Tischreihe verortet ist. Eine gewisse wahrnehmungsbezogene Asymmetrie besteht allerdings zwischen den an den Einzeltischen befindlichen Plätzen an den Stirnseiten der Kreis- bzw. Rechteckform und den restlichen Positionierungsmöglichkeiten. Von dort aus können nahezu alle Positionen kontinuierlich beobachtet werden. Wirft man einen Blick auf die Verteilung wissensvermittlungsbezogener Medien im Raum, dann fällt auf, dass, im Unterschied zu anderen multizentrischen Räumen, keine der Stirnseiten mit Medien wie Tafel, Overheadprojektor, Beamer etc. versehen ist. Dennoch macht die herausgehobene Beobachterposition erwartbar, dass sich an diesem Ort Personen aufhalten, die als Lehrpersonen Verantwortung für die pädagogische Strukturierung des Geschehens übernehmen.

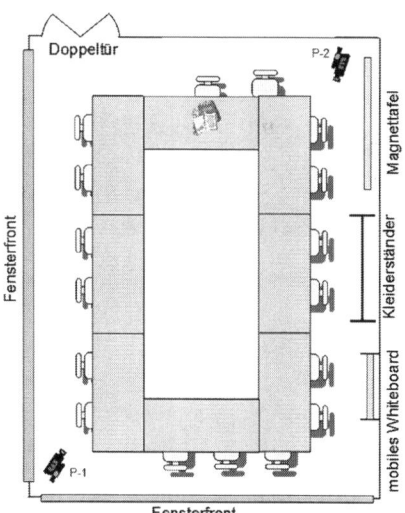

Abb. 9:
Muster »Tischkreise« am Beispiel eines
Gesprächskreises für Seniorinnen

Objekte zur Gestaltung von Vermittlungsprozessen sind zwar im Raum vorhanden (Whiteboard und Magnettafel), wurden aber an einer der Längsseiten im Rücken einer Vielzahl an Positionierungsmöglichkeiten deponiert, so dass ihr Gebrauch von dieser Position aus nicht zu erwarten ist. Die Abwesenheit Aufmerksamkeit absorbierender Vermittlungsmedien machen mitsamt der übrigen Positionierungsmöglichkeiten erwartbar, dass der sich in diesem Raum aufhaltende Lehrende das Interaktionsgeschehen moderiert, indem er es durch die Verteilung von Rederechten strukturiert, nicht aber notwendigerweise inhaltlich dominiert.

Die Positionen jenseits des Bereiches, in dem sich erwartbar die Lehrperson aufhält, werden als Bereiche präformiert, in dem sich die Personen aufhalten, die – komplementär – als Lernende am Geschehen partizipieren. Die mit der Anordnung einhergehende Aufmerksamkeitsausrichtung macht erwartbar, dass die sich dort befindenden Akteure sowohl den Lehrenden als auch sich gegenseitig als Personen adressieren, von denen erwartet werden kann, dass sie als (mehr oder weniger) Wissende am Prozess der Produktion von Wissen beteiligt sind. Die großen Tische, an denen sich die Sitzplätze befinden, schüren zudem die Erwartung, die Lernenden könnten sich individuell mit einem bestimmten Gegenstand – etwa der Lösung einer Textaufgabe oder der Anfertigung einer Strichzeichnung – beschäftigen und dabei gelegentlich Unterstützung von anderen Akteuren einfordern, die dann als Wissende und somit in gewisser Weise als Lehrende adressiert werden.

Abb. 10: Personenkonfiguration im Gesprächskreis für Seniorinnen

Im hier dargestellten Fall befinden sich keinerlei Dinge (vgl. Dinkelaker i. d. Bd.) auf den Tischen oder im Raum zwischen den Tischen, die als Vermittlungsgegenstände fungieren könnten. Erwartbar wird daher, dass sich die Akteure zur Aneignung von Wissen über ein vorgegebenes Thema miteinander, angeleitet durch die Lehrperson, unterhalten und dabei auch selbst Wissen (probeweise) darstellen.

Ein Vergleich zur Nutzung des Raumes im Zentrum der hier angeführten Veranstaltung zeigt, dass sich die Lehrperson tatsächlich an einer der beiden, für diese Rolle präformierten Positionen aufhält und ein Unterrichtsgespräch unter den gegenüber positionierten Lernenden moderiert. Die Tische dienen dabei als Ablagefläche für den Referenzgegenstand des Gesprächs – ein Zeitungsartikel – sowie für die Erstellung individueller Notizen (▶ **Abb. 10**).

2.3 Nicht-zentrierte Räume: Entgrenzung von Verhaltensmöglichkeiten

Sowohl konzentrische als auch multizentrische Räume sind dadurch charakterisiert, dass sie durch die Vorgabe von Positionierungsmöglichkeiten die Aufmerksamkeitsausrichtungen derjenigen Akteure präformieren, die diese Räume nutzen. Nicht-zentrierte Räume sind demgegenüber durch eine Ausweitung des Horizonts möglicher Positionierungen und Ausrichtungen bestimmt. In ihnen machen weder Tische noch Stühle erwartbar, dass sich die Anwesenden an bestimmten Koordinaten aufhalten, dass ihr Oberkörper in bestimmter Weise ausgerichtet ist und ihr Blick bestimmte Raumbereiche fokussiert. Im Unterschied zu konzentrischen Räumen, in denen das Mobiliar fest installiert ist, präformieren sie die Disponibilität der anwesenden Akteure in weitaus geringerem Maße.

Nicht-zentrierte Räume können danach unterschieden werden, ob durch ihre Gestaltung ein Innenraum erzeugt wird, der das dort stattfindende Geschehen durch das Vorhandensein wahrnehmungs-limitierender Barrieren wie Decken, Wände, Türen, Fenster u.ä. von dem Geschehen in der Umgebung abgrenzt, oder ob derartige gemeinschafts-generierende Abgrenzungen allein durch das Agieren der Beteiligten erzeugt werden müssen.

Im Alltag begegnen uns nicht-zentrierte Räume in einer Vielzahl unterschiedlicher Situationen: beim Spazierengehen im Wald, beim Schwimmen im Freibad, beim Besuch einer Ausstellung oder etwa beim Tanzen auf der Tanzfläche. Auch Lehr-Lernveranstaltungen finden in solchen Räumen statt. Sie unterscheiden sich äußerlich oftmals nicht oder nur in geringem Maße von den Räumen, in denen freizeit- oder berufsbezogenen Beschäftigungen nachgegangen wird. Einzig das in ihnen realisierte Interaktionsgeschehen macht einen Unterschied zwischen Spazierengehen und Walkingkurs, zwischen Plantschen und Schwimmkurs, zwischen individueller Begutachtung von Exponaten und Museumsführung und zwischen einem Flirt auf der Tanzfläche und Tanzunterricht.

Die Gestaltungsweise konzentrischer und multizentrischer Räume wird von den Anwesenden in der Regel als Indikator dafür betrachtet, dass in ihnen ein pädagogisches Geschehen stattfinden wird. Das Thema hingegen, das als Lehr-Lerngegenstand fungiert, ist der räumlichen Gestaltung oftmals noch nicht gleich anzusehen und wird erst durch gestaltendes Eingreifen der Beteiligten sichtbar gemacht. Dass sich in nicht-zentrierten Räumen das Agieren der Anwesenden an der Durchführung lehr-lernbezogener Aktivitäten ausrichtet, kann zwar als Möglichkeit nicht ausgeschlossen werden. Primär erwartbar wird allerdings eine Ausrichtung des Agierens an solchen Rahmen, deren Modulation erst das pädagogische Geschehen charakterisiert:[12] Während in nicht-zentrierten Räumen mit dem Problem umgegangen werden muss, sich dem lokal wahrnehmbaren Thema und seinen Attributen in pädagogischer Modulation zuzuwenden, muss

---

12 Zum Zusammenhang zwischen primären sozialen Rahmen und pädagogischen Modulationen vgl. Herrle/Dinkelaker i.d. Bd.

in zentrierten Räumen mit dem Problem umgegangen werden, den Gegenstand überhaupt erst wahrnehmbar zu machen, auf dessen pädagogische Behandlung die Gestaltung des Raumes bereits hinweist.

Welches Interaktionsgeschehen in nicht-zentrierten Räumen stattfindet, wird nicht durch die Präformation sozialer Konfigurationen, sondern durch den Aufforderungscharakter wahrnehmbarer Attribute derjenigen Kontexte evoziert, in denen etwas Gelerntes erwartbar zur Anwendung kommt: Schwimmen im Wasser, Tanzen auf dem Parkett, Kochen in der Großküche, Reifenwechseln in der Autowerkstatt usw. Korrespondierende pädagogische Kooperationsformen, bei denen es darum geht, die in diesen Kontexten aufgeführten Aktivitäten können zu lernen, können als Einüben, Üben und Ausüben beschrieben werden (vgl. Dinkelaker/Herrle/Kade i. d. Bd.). Erwartbar ist, dass die Beteiligten dabei ihre Körper so ausrichten, »dass Versuche der Aufgabenbearbeitung durch Lernende mit Demonstrationen und Beobachtungen der Lehrenden koordiniert werden« (Dinkelaker 2010, S. 192). Dass pädagogische Interaktionen in nicht-zentrierten Räumen als Übungen realisiert werden, ist allerdings nicht notwendigerweise der Fall. Insbesondere dann, wenn sich auf den symbolischen Gehalt von Objekten bezogen wird, die etwa als Repräsentanten historischer Begebenheiten (im Fall von Gedenkstätten, vgl. z. B. Meseth 2008) oder kultureller Differenzierungsleistungen (z. B. im Fall von Museen, vgl. z. B. Nettke 2010) betrachtet werden, ist die Vorherrschaft didaktischer Muster wie Vortrag und Lehrgespräch ebenso erwartbar.

Zwei Grundformen der Realisierung nicht-zentrierter Räume sind geschlossene Areale (▶ Abb. 11) und offene Areale (▶ Abb. 12). Sie unterscheiden sich vor allem in der (Nicht-)Gestaltung physischer Außengrenzen, die das Geschehen im Innenraum von der Umgebung separieren. Der Innenraum unterscheidet sich hinsichtlich der dort (nicht) vorhandenen Objekte, deren Konstellation gegenüber ihren Beobachtern die Konstruktion semantischer Horizonte ermöglicht. Näher betrachten möchte ich im Folgenden die weniger entgrenzte Form nicht-zentrierter Räume: geschlossene Areale.[13] Ihre Gestaltung schafft die Grundlage für die Realisierung einer Vielzahl an Kursen, in denen insbesondere (Körper-) Bewegungen und handwerkliche Tätigkeiten eingeübt und trainiert werden.

Raumgestaltungsmuster, die unter der Kategorie »geschlossene Areale« zusammengefasst werden können, sind dadurch charakterisiert, dass bauliche Maßnahmen, wie Decken und Wände, eine Grenze markieren, die einen Innenraum von einer Umgebung separieren. Personen, die sich außerhalb dieser Grenzen aufhalten, können nicht oder nur deutlich vermindert wahrnehmen, was sich im Innenraum abspielt. Umgekehrt werden all die Akteure, die sich im Innenraum aufhalten, von dem Geschehen außerhalb abgeschirmt. Geschlossene Areale limitieren die Wahrnehmbarkeit von Reizen aus der Umgebung in ihrem Inneren. Sie unterdrücken das Geräusch vorbeifahrender Kraftfahrzeuge, sie schützen vor

---

13 Zur differenzierenden Gegenüberstellung des Musters »offene Areale« siehe Herrle 2013b, S. 158 ff.

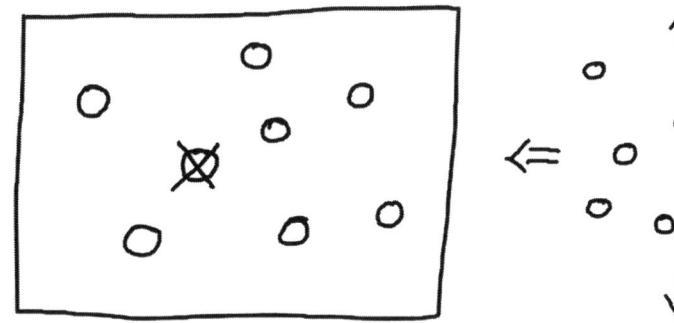

Abb. 11: Geschlossene Areale   **Abb. 12:** Offene Areale

witterungsbedingten Einflüssen wie Regen, Sturm und grellem Sonnenlicht, sie sperren den Geruch frisch gedüngter Felder aus und bewahren per Konvention das in ihnen stattfindende Geschehen vor Störungen, die durch das Verhalten von Personen verursacht werden können, die sich zufällig in der nahen Umgebung aufhalten.

> »The work walls do, they do in part because they are honoured or socially recognized as communication barriers, giving rise, among properly conducted members of the community, to the possibility of ›conventional situational closure‹ in the absence of actual physical closure« (Goffman 1966, S. 152).

Anwesenheit wird durch schmale Einfallstore wie Türen oder Fenster reguliert. Sie gestatten es, dass Personen einen Übergang von außen nach innen vollziehen. Indem ihr Agieren für die an diesem Ort anwesenden Personen wahrnehmbar wird, kann es sich als relevant für das Geschehen erweisen, das an diesem Ort stattfindet.

Je nachdem, wie geschlossene Areale eingerichtet und wie die Raumgrenzen beschaffen sind, werden unterschiedliche Handlungsaufforderungen generiert. Abbildung 13 zeigt eine von vielen Varianten der Herstellung geschlossener Areale am Beispiel eines Selbstverteidigungskurses. Der weitläufige Raum ist mit einer Decke, einem Boden und vier Außenwänden versehen. Zwei der vier Außenwände sind mit Pforten ausgestattet, die den durch sie abgegrenzten Innenraum nach außen in unterschiedlicher Weise öffnen. Während durch die geschlossenen Fenster das Geschehen in der Umgebung des Raumes visuell wahrgenommen werden und Licht ins Innere des Raumes gelangen kann, ermöglichen die Durchgänge, dass Personen den Raum betreten oder ihn verlassen können. Eine der beiden Durchgänge ist mit einer Schiebetür versehen. Er führt in einen kleineren angrenzenden Raum, der mit Stühlen, Bänken und Kleiderhaken ausgestattet ist. Der andere Durchgang mündet in einen schmalen Gang, der aus dem Gebäude hinaus führt. An ihm befinden sich wiederum mehrere Türen – eine davon führt zu einer Toilette.

Im Inneren des Raumes befinden sich keine Stühle und Tische, die hereinkommende Personen zur Positionierung und Einnahme einer spezifischen Aufmerksamkeitsausrichtung auffordern. Stattdessen ist der gesamte Raum mit hell-

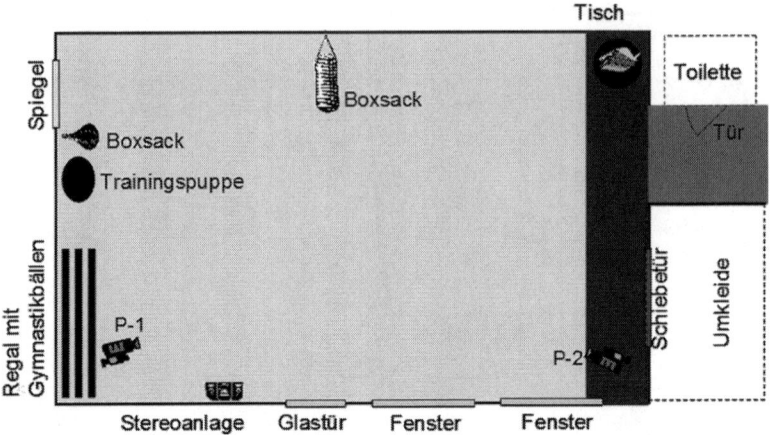

Abb. 13: Muster »geschlossene Areale« am Beispiel eines Selbstverteidigungskurses

grünen Matten ausgelegt. Sie ermöglichen nicht nur, dass sich die Akteure an verschiedenen Orten im Raum hinstellen oder ihn in beliebiger Richtung durchqueren. Sie ermöglichen ebenso, dass sich die Anwesenden niedersetzen oder gar -legen. Eine Differenz wird durch einen quer verlaufenden dunkel-grünen Teppich erzeugt, der sich an der mit Durchgängen versehenen Außenseite des Raumes befindet. Seine Farbe unterscheidet ihn ebenso wie seine Oberflächenbeschaffenheit von den ausgelegten Matten.

Die Objekte, die sich im Raum befinden, verweisen auf unterschiedliche Kontexte: Die Vielzahl an Gymnastikbällen, der Boxsack und die Trainingspuppe charakterisieren gemeinsam mit den hell-grünen Matten die Aktivität, deren Durchführung in diesem Raum erwartet werden kann, als körperliche Ertüchtigung. Der Freiraum im Zentrum des Raumes birgt in Zusammenhang mit den am Rande befindlichen, leicht zugänglichen Utensilien die Aufforderung, sich unter Nutzung dieser Gegenstände im Raum zu bewegen und dazu eine spezifische Kleidung anzulegen – darauf wird durch den Nebenraum hingewiesen, dessen Einrichtung erwartbar macht, dass in ihm Personen die Kleidung wechseln. Dabei spezifizieren die Boxsäcke und die Trainingspuppe die Art der Bewegung als simuliertes Kämpfen. Durch die Vielzahl der an den Wänden hängenden Dokumente, die z.T. mit asiatischen Schriftzeichen und Tempelbilder versehen sind, wird die Art der erwartbaren Aktivität weiter spezifiziert. Sie kontextualisieren die zu vollziehenden Körperbewegungen kulturell. Sie machen erwartbar, dass sich in der Durchführung kämpferischer Körperbewegungen einer bestimmten kulturellen »Bewegungsgrammatik« angeähnelt wird, nämlich einer asiatischen, genauer: einer koreanischen. Die Anwesenheit einer Stereoanlage erzeugt zudem die Erwartung, dass die Körperbewegungen sich an Vorgaben orientieren, die nicht dem Verhalten selbst entstammen, sondern einem externen Taktgeber – etwa Sprache oder Musik. Deutlich wird, dass es sich bei der erwartbaren Praxis nicht um die Aufführung einer realen Kampfsituation, sondern um die Simulation einer Kampfpraxis handelt. So entspricht die Einrichtung des Raumes weniger der eines Tempels oder eines Ringes, sondern der einer Turnhalle, die darauf ausgelegt ist, Teilaspekte eines Kampfes – z. B. das händische Einschlagen auf den Gegner – zu realisieren und die realen Folgen eines Kampfes – z. B. Verletzungen des Gegners aufgrund von Schlägen oder Stürzen – (zumindest teilweise) auszuklammern, indem Trainingspuppen bereitgestellt werden und der Boden mit Dämmmaterial ausgelegt ist. Zudem weist ein in der Ecke des Raumes stehender Gartentisch, auf dem sich verschiedene Dokumente befinden, daraufhin, dass bestimmte Aspekte des Geschehens schriftlich dokumentiert werden oder unter Orientierung an schriftlichen Vorgaben erfolgen.

Die Gestaltung des Raums fordert die hereinkommenden Akteure dazu auf, ihre Kleidung zu tauschen und fortan zur Simulation asiatischer Kampfkunstbewegungen disponibel zu sein: entweder als Gegner in einem Wettkampf, bei dem die Anwendung von Angriffs- und Verteidigungsstrategien darauf abzielen, sportliche Anerkennung zu erzielen, oder als Lehrer und Lerner in einem pädagogischen Zusammenhang, bei dem es darum geht, Angriffs- und Verteidigungsstrategien zu üben, um sie später einmal zu unterschiedlichen Zwecken anwenden zu können. Auf die letzte Situationsdeutung weisen auch die unterschiedlichen Gegenstände hin, deren Zweck darin besteht, die Voraussetzung zur korrekten Durchführung spezifischer Körperhaltungen und -bewegungen zu trainieren. Allerdings werden durch die Einrichtung des Raumes keine Orte als Bereiche präformiert, an denen erwartbar Wissens- oder Könnensdefizite lokalisiert werden können und komplementär dazu Bereiche, in denen Können zur Aufführung gebracht und Nicht-Können korrigiert wird. Jedoch machen manche Objekte (wie z. B. die Dokumente auf dem Gartentisch sowie die Stereoanlage) erwartbar, dass zu ihnen insbesondere die für die Durchführung der Veranstaltung verantwortliche Lehrperson Zugang hat und sich zeitweise dort aufhält, um das Lehr-Lerngeschehen zu dokumentieren bzw. durch die Vorgabe von Geräuschen (der Stereoanlage) zu rhythmisieren. Ebenso kann allerdings erwartet werden, dass sich die Lehrperson an einem der Gegenstände aufhält, um an ihnen etwas Bestimmtes zu demonstrieren, oder sich im Raum bewegt, um dadurch etwas Bestimmtes zu zeigen bzw. Körperbewegungen der Lernenden zu korrigieren.

Insofern als durch die Gestaltung des Raumes die Durchführung pädagogischer Interaktion in der Kooperationsform Üben erwartbar wird, fordert die Raumgestaltung künftige Lehrpersonen dazu auf, Vermittlungsbereitschaft zu zeigen, indem sie sich so im Raum positionieren, dass bestimmte Körperbewegungen und/oder -haltungen gegenüber den Lernenden demonstriert bzw. die probeweise Anwendung solcher Bewegungen evaluiert und ggf. korrigiert werden können. Künftige Lerner werden einerseits dazu aufgefordert, sich so im Raum zu positionieren und auszurichten, dass ihr Agieren als Demonstration von Erreichbarkeit für die Vermittlung unbekannter Körperhaltungen und -bewegungen dechiffriert werden kann, und andererseits sich so im Raum zu verorten, dass es möglich ist, ihr Agieren als Bereitschaft zu erkennen, bereits bekannte Körperhaltungen/-bewegungen probeweise anzuwenden.

Wirft man einen Blick auf das Geschehen im Zentrum des hier angeführten Beispiels, so zeigt sich, dass weder die Bälle und Boxsäcke am Rande des Raumes, noch die Stereoanlage oder der Tisch als Referenten gewählt wurden, an denen sich die Positionierung und Ausrichtung der Akteure dauerhaft orientiert. Stattdessen haben sich die Lernenden in einer ersten Phase so im Raum verteilt, dass sie die Lehrperson, die ihnen gegenüber steht, wahrnehmen können (▶ Abb. 14). Durch die Art und Weise ihres Agierens erzeugen sie eine konzentrische Ordnung, wie sie durch konzentrische Muster der Raumgestaltung nahegelegt wird (▶ Kap. 2.1). Dabei lenken sie ihre Aufmerksamkeit zwar zu Teilen auf den Lehrenden, zu anderen Teilen aber auf ihren eigenen Körper, mit dem sie die Bewegungen nachvollziehen bzw. üben, die der Lehrer ihnen zeigt. Zu einem späteren Zeitpunkt erzeugen die Akteure ein Konfigurationsmuster, das multizentrisch angelegt ist – ähnlich dem Prinzip der in Kapitel 2.2 präformierten Anordnungsweise. Die Lernenden üben paarweise bestimmte Bewegungsabläufe, der Lehrende wechselt zwischen den unterschiedlichen Gruppen korrigierend hin und her. Die gesteigerte Barrierefreiheit ermöglicht hier ein Wechseln zwischen unterschiedlichen, kontextgenerierenden Raum-Körper-Konfigurationen (vgl. Kendon 1985), ohne dass Möbel umgestellt werden müssten. Allerdings existieren auch nur wenige Anhaltspunkte für die Aufführung spezifischer sozialer Konfigurationen. Soll ein pädagogisches Geschehen als kollektives Geschehen realisiert werden, bei dem sich die Beteiligten kooperativ auf bestimmte Aspekte der jeweiligen Situation beziehen – etwa die Vorführung einer Übung durch den Kursleiter –, so werden sie mit der Anforderung konfrontiert, ihr Agieren so zu koordinieren, dass eine räumlich nicht präformierte Zentrierung ermöglicht werden kann. Dies bedarf der wechselseitigen Aktivitätsregulation der Beteiligten (vgl. Herrle i. d. Bd.).

Abb. 14: Personenkonfiguration im Selbstverteidigungskurs

3 Zusammenfassung und Übersicht

Lernen unter Anwesenden findet in einer bestimmten räumlichen Umgebung statt, in der sich die beteiligten Akteure aufhalten und sich füreinander dauerhaft wahrnehmbar machen. Die oben dargestellten strukturellen Varianten dieser Umgebungsgestaltung zeigen, dass durch je spezifische Anordnungsmuster Erwartungen darüber generiert werden, in welcher Weise sich lokal lehrend und lernend mit bestimmten Gegenständen befasst wird. Durch die jeweilige Relationierung von Raumelementen werden soziale Rahmen (vgl. Goffman 2000) projiziert, die künftige Aktivitäten der Anwesenden und spezifische (pädagogische) Kooperationsformen antizipierbar machen. Personen, die den Raum betreten, sind dazu aufgefordert, durch ihr (Inter-)Agieren solche handlungsspezifizierenden, strukturellen Vorgaben anzunehmen, sie zu verändern oder ihre Distanz zu ihnen deutlich zu machen.

Zusammenfassend wird im Folgenden ein Überblick über die hier berichteten Formen gegeben, durch die das Lehr-Lerngeschehen in der organisierten Erwachsenenbildung präformiert wird (▶ Tab. 1).[14] Sie unterscheiden sich nicht nur dadurch, dass in ihnen Raum- bzw. Wahrnehmungsgrenzen, Positionierungs- und Ausrichtungsmöglichkeiten in unterschiedlicher Weise angelegt sind. Durch sie werden darüber hinaus Erwartungen zur Lokalisierung von (Nicht-)Wissen sowie zur Konstruktion rollenspezifischer Aktivitätsmodi generiert. Auf ihrer Basis werden die Realisierung bestimmter Adressierbarkeitsdirektiven und Kooperationsformen unterrichtlichen Handelns erwartbar. Vor dem Hintergrund einer solchen raumsensiblen Betrachtung des Lehr-Lerngeschehens wird dann auch verständlich, weshalb es als problematisch erlebt werden könnte, Lehrvorträge in der U-Bahn zu halten oder Diskussionsrunden in Hörsälen zu etablieren. Insofern als durch die Gestaltung der räumlichen Umgebung die Realisierung spezifischer Varianten lehr-lernbezogenen Kooperierens begünstigt wird, kann »Raumgestalten« als eine Grundanforderung für das Agieren von Lehrpersonen betrachtet werden.

---

14 Zur Raumgestaltung und ihrer Wirkung in pädagogischen Kontexten vgl. auch Westphal 2007; eine Übersicht über Studien zur Gestaltung der klassenräumlichen Umgebung und ihren Zusammenhang mit dem Agieren von Schülern vermittelt Carol S. Weinstein (1979) aus einer Classroom Management-Perspektive. Zur Bedeutung der Raumgestaltung für das pädagogische Geschehen im Kindergarten vgl. etwa Kazemi-Veisari 1991 sowie Bauer 2009.

Tab. 1: Muster der Raumgestaltung

GESTALTUNGSMUSTER		Konzentrische Räume	Multizentrische Räume	Nicht-Zentrierte Räume
		Festlegung von Lehr-/Lernorten in pädagogisch strukturierter Umgebung bei relativer Offenheit thematischen Bezugs	*Entgrenzung von Lehr-/Lernorten in pädagogisch strukturierter Umgebung bei relativer Offenheit thematischen Bezugs*	*Diffundierung von Lehr-/Lernorten in natürlicher Umgebung bei relativer Festlegung thematischen Bezugs*
Abgrenzung nach Außen		Wahrnehmungsbarrieren mit niedriger Reiz-Durchlässigkeit	Wahrnehmungsbarrieren mit mittlerer Reizdurchlässigkeit	Wahrnehmungsbarrieren mit mittlerer bis hoher Reizdurchlässigkeit
Bereichsdifferenzierung im Inneren		komplementär-separiert	zirkulär-verbunden	insulär-unbestimmt
Aufmerksamkeitsausrichtung		zentriert	zerstreut	inzidentell
Lokalisierbarkeit von (Nicht-)Wissen/Können		bereichsgebunden	bereichsübergreifend	ungewiss
Antizipierte Aktivitätsformen	Künftige Lehrer	Präsentation von Wissen	Präsentation, Ratifikation und Korrektur von (Nicht-) Wissen bzw. (Nicht-) Können	Umgebungsinduziertes Agieren
	Künftige Lerner	Rezeption des Gezeigten	Rezeption des Gezeigten, probeweise Präsentation von Wissen bzw. Können	Umgebungsinduziertes Agieren
Adressierbarkeitsdirektiven	Künftige Lehrer	Autokratischer Protagonist	Demokratischer Experte	Situationssensitives Improvisationstalent
	Künftige Lerner	Unerfahrener Zuschauer	Erfahrener Novize	Situationsadaptiver Mitspieler
Antizipierte pädagogische Kooperationsformen		Vortrag, Lehrgespräch: Kennenlernen von etwas Neuem	Unterrichtsgespräch, Lehrgespräch oder Übung: Entwicklung von etwas Neuem, Kennenlernen von etwas Bekanntem	unbestimmt
Realisierungsvarianten des Gestaltungsmusters		*Staffeln, Reihen*	*Tisch-gruppe(n), Tischkreise (offen/geschlossen)*	*Offene Areale, Geschlossene Areale*

Dinge als Gegenstände des Lernens

Jörg Dinkelaker

In Veranstaltungen der Erwachsenenbildung beziehen sich die Beteiligten auf gemeinsame Gegenstände, wobei diese gemeinsame Befassung mit Gegenständen so ausgestaltet ist, dass es den Teilnehmenden möglich wird, dabei etwas zu lernen. Erstaunlich häufig sind diese im Veranstaltungsgeschehen fokussierten gemeinsamen Gegenstände anwesende, materielle Dinge. Der Gegenstand, dem sich die Beteiligten zuwenden und über den sie sich austauschen, ist in diesem Fall aufgrund seiner materiellen Präsenz nicht nur unmittelbar sinnlich wahrnehmbar, sondern auch im wörtlichen Sinne greif- und damit manipulierbar. Eine solche unmittelbare Zuwendung zu Dingen kommt in manchen Veranstaltungen nur vorübergehend vor. Teilweise sind aber auch ganze Kursverläufe dadurch geprägt, dass die Aufmerksamkeit der anwesenden Personen um solche materiell vorfindlichen Gegenstände kreist.

Die im Folgenden dargestellten Beobachtungen sind von der Frage geleitet, worin die spezifische Leistung dieser gemeinsamen Befassung mit anwesenden Dingen für das Lernen in der Erwachsenenbildung besteht[1]. Welche Bedeutungen Dingen in Veranstaltungen der Erwachsenenbildung zukommen, lässt sich nicht unabhängig von den konkreten Dingen beobachten und nicht unabhängig von den Situationen, in denen ihnen Bedeutung zugesprochen wird. Die in Abbildung 1 zusammengestellten Momentaufnahmen aus unterschiedlichen Veranstaltungen mögen einen ersten Eindruck von der Prägungskraft der Dinge im Lehr-Lerngeschehen vermitteln. Ob eine Reanimationspuppe (1a), Trommeln (1b), ein Schleier (1c), ein Metermaß (1d), ein Stück Stoff (1e), ein Pinsel (1f), ein halbes Schwein (1g) oder ein Paar Schuhe (1h) zum Mittelpunkt des Lehr-Lerngeschehens werden, wirkt sich in je spezifischer Weise darauf aus, was die Anwesenden tun und wie sie sich dabei aufeinander beziehen.

Erst im Hinblick auf die konkreten Bedingungen, in denen den konkreten Dingen im konkreten Geschehen eine konkrete Bedeutung zukommt, lässt sich die Frage nach den pädagogischen Leistungen der Dinge angemessen verfolgen. Der Beitrag nimmt daher seinen Ausgangspunkt in einem Einzelfall, einer Szene aus einem Kochkurs. Bei dem Ding, um das herum sich die hier exemplarisch näher beobachtete Szene entwickelt, handelt es sich um eine getrocknete Lilienblüte, die in einem Kochkurs mit dem Titel »Südostasiatische Leckerbissen« als Zutat Verwendung findet.

---

1 Empirische Analysen zur Lernbedeutsamkeit der Dinge sind bislang noch selten. Aktuelle Publikationen weisen allerdings auf ein gestiegenes Interesse an dieser Frage hin: zur biographischen Bedeutung von Dingen vgl. Nohl 2011. Zu Dingen im schulischen Unterricht vgl. Wiesemann 2004, Wiesemann/Lange 2014.

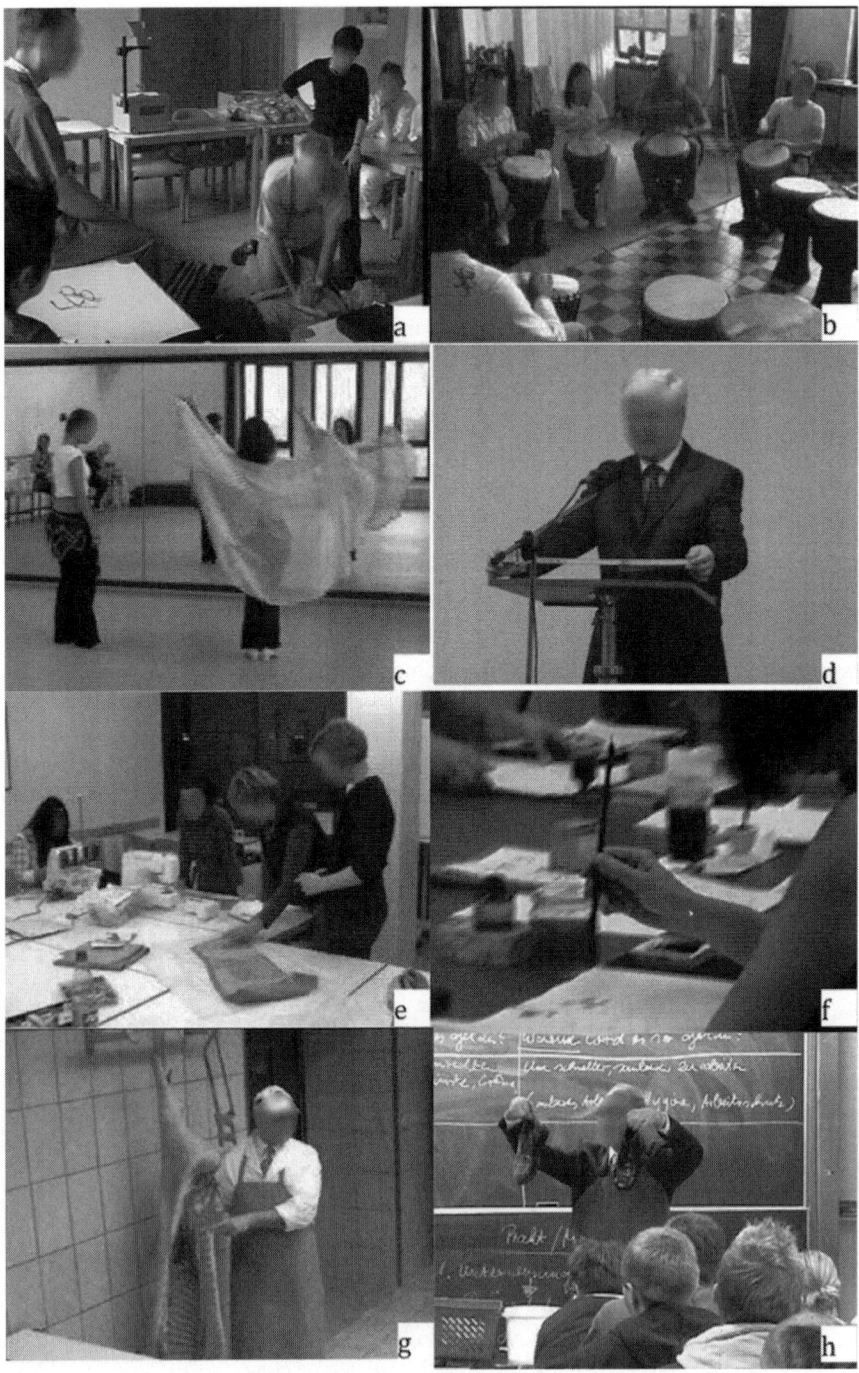

Abb. 1: Dinge als Lerngegenstände

Die Analyse der in der beobachteten Situation entstehenden dingbezogenen Lehr-Lernkonfiguration bringt drei Ordnungsdimensionen zum Vorschein, die sich am fokussierten materiellen Gegenstand auskristallisieren: eine Aufmerksamkeits-, eine Wissens- und eine Bewegungsordnung (1).

Im Überblick über weitere Kurse zeigt sich, dass sich in dieser exemplarischen Beobachtung drei allgemeine Funktionen der Dinge im Geschehen des Lernens unter Anwesenden niederschlagen: Attraktion, Anschauung und Übung (2).

In den Analysen wird eine Didaktik der Dinge erkennbar, die in Veranstaltungen der Erwachsenenbildung offensichtlich weit verbreitet ist. Im Rahmen der zunehmenden Medialisierung des Lernens Erwachsener gewinnt sie möglicherweise verstärkt an Bedeutung. Allerdings waren schon die Anfänge der Erwachsenenbildung geprägt durch die Organisation von Möglichkeiten, lernbedeutsame materielle Dinge aufzusuchen (3).

1 Die getrocknete Lilienblüte im Kurs »Südostasiatische Leckerbissen«

Der in den folgenden Beobachtungen im Zentrum stehende getrocknete Blütenstand einer Lilie wird zum Gegenstand eines Kochkurses mit dem Titel »Südostasiatische Leckerbissen«. Er ist ungefähr 10 Zentimeter lang und misst kaum einen halben Zentimeter im Durchmesser. Seine Farbe ist bräunlich-schwarz. Die Lilie wird vorübergehend zum Mittelpunkt des Kursgeschehens, weil sie Zutat eines Gerichts ist, das von den Beteiligten im Laufe des Tages gekocht werden wird.

Zu Beginn des Kurses versammeln sich die Beteiligten um einen Tisch, um zunächst gemeinsam die Rezepte durchzugehen, die die Zubereitung anleiten sollen. Der Reihe nach werden die einzelnen Zutaten besprochen. Zutaten, die den Teilnehmenden möglicherweise nicht bekannt sein könnten, werden von der Kursleiterin nicht nur erläutert, sie werden auch vorgezeigt und herumgereicht. Dies geschieht auch mit dem als »Lily-Blume« bezeichneten Ding, dessen Funktionen als organisierendes Element des Interaktionsgeschehens im Folgenden näher betrachtet werden.

> Die Lilienblüte liegt zunächst neben mehreren anderen Exemplaren ihrer Art auf dem Tisch vor der Kursleiterin. Als die Rede auf die Zutat »Lily-Blume« kommt, wird sie von der Kursleiterin als Anschauungsexemplar aus den anderen herausgenommen und emporgehalten. Da die Blume dünn und lang ist, greift die Kursleiterin sie mit spitzen Fingern. Auf ihr unscheinbares Aussehen und ihre geringe Größe reagiert die Kursleiterin, indem sie beim Vorführen die Blüte zwischen Daumen und Zeigefinger dreht und dabei ostentativ auf sie schaut (▶ **Abb. 2**). Dabei sagt sie:

> KL: So. Jetzt kommen wir zu Lily-Blumen. Lily-Blumen (TNX: Genau) sehen so aus. Lily-Blumen sind, Sie kennen Lilien. Lilien und bevor die aufgehen sind des ja so (.) lange Sch so. Das ist solch ein Blütenstand. Werden genommen. Ich weiß nicht, ob sie eine gesundheitliche Wirkung haben. Sie stehen im Rezept. Ich habe also bisher noch nicht herausgefunden, wofür sie gut sind.

Abb. 2:
»KL: … sehen so aus…«

Die Kursleiterin gibt dann die Blüte an die links neben ihr sitzende Teilnehmerin weiter (▶ Abb. 3).

Kl: Ääh schaut ganz lustig aus. Geb sie einmal rum. Wir tun die jetzt ins Wasser.

Während die Kursleiterin von den auf dem Tisch verbliebenen Blüten 10 Stück abzählt und die erste Teilnehmerin beginnt, die Blüte zu begutachten, stellt der neben dieser Teilnehmerin sitzende Mann eine Frage an die Kursleiterin:

Abb. 3:
»KL: Geb' sie einmal rum«

TN1: Des sind normale Lilien.
KL: Ja normale Lilien.
TN1: Bevor se aufgehn.
KL: Bevor se aufgehn.
TN1: Also die Schoten praktisch.
KL: Ja. So

Danach ergreift die Teilnehmerin das Wort, die die Blüte von der Kursleiterin bekommen hat, und sie immer noch in der Hand hält:

TN2: Ham dien Geschmack?
KL: Nein. Eigentlich nicht.

Unmittelbar im Anschluss daran führt die Teilnehmerin die Blüte an die Nase, um daran zu riechen (▶ Abb. 4).

Diese von der Teilnehmerin realisierte Begutachtungsprozedur wird im weiteren Verlauf des Geschehens mit einigen Variationen von allen weiteren Teilnehmenden wiederholt, während zugleich Fragen an die Kursleiterin gestellt und von ihr beantwortet werden. So entsteht eine komplexe Choreographie, in der sich die Wanderung der Blüte durch den Kreis der Teilnehmenden und das Gespräch über die Blüte parallel zueinander entfalten.

Abb. 4:
Teilnehmerin riecht an
der Blüte

Das Wandern der Blüte bindet die Teilnehmenden in einen eigentümlichen Bewegungsablauf ein: am Anfang jeder Begutachtung steht die einigermaßen umständlich Übernahme der Blüte vom Vorbegutachter. Sie bedarf einer sehr feinen Abstimmung zwischen den daran Beteiligten. Einige lassen sich die Blüte in die ausgestreckte offene Hand legen. Andere übernehmen sie gleich im Pinzettengriff. Daran schließt dann jeweils zunächst die visuelle Begutachtung der Blüte (zwischen den Fingern gehalten) und dann die Geruchsprüfung an. Zum Teil folgen weitere individuell unterschiedliche Formen der Befassung mit der Blüte. Ein Teilnehmer bricht beispielsweise ein Stück ab und führt es zum Mund. Abgeschlossen wird die je individuelle Blütenbetrachtung wiederum durch die Übergabe der Lilie an den nächsten Teilnehmenden. Abbildung 5 zeigt das Weiterreichen der Blüte von einem Teilnehmenden zum nächsten sowie in den Fällen, in denen es durch die Kamera eingefangen wurde, das Riechen der Teilnehmenden an der Blüte.

In diesem Geschehen zeigen sich drei Ordnungen der Aktivitätskoordination im Veranstaltungsgeschehen, die an der Lilienblüte auskristallisieren: eine Bewegungs-, eine Anschauungs- und eine Aufmerksamkeitsordnung.

Die Bewegungsordnung

Die Lilie bindet als herumgereichter Anschauungsgegenstand die Teilnehmenden in ein rhythmisches Bewegungsgeschehen mit wiederkehrenden Abläufen ein. Die Art und Weise, in der sich die Beteiligten ihr nähern, ist dabei durch die spezifischen Eigenschaften des Gegenstands geprägt. Die Blüte wird zwischen zwei Fingern weitergegeben, beim Betrachten hin- und hergewendet oder zwischen den Fingern gerollt und beim Riechen wie eine Zigarre unter der Nase hin und her bewegt. Die wiederholte Ähnlichkeit der Bewegungen der Beteiligten im Umgang mit der Lilie lässt sich aus den spezifischen Eigenschaften der Lilie heraus erklären, sie verweist allerdings auch auf einen mimetischen Prozess der Nachahmung (Gebauer/Wulff 1992). Die erste Teilnehmerin imitiert mit ihrer Art, die Lilie zu halten, die Kursleiterin. Alle weiteren Teilnehmenden imitieren in ihrer Art, die Lilie zu begutachten, die erste Teilnehmerin.

Abb. 5: Herumreichen und Riechen an der Blüte

Die Anschauungsordnung

Überlagert wird diese Bewegungsordnung des Begutachtungsgeschehens durch ein, im Rhythmus davon abweichendes, aber durchaus darauf abgestimmtes Gespräch. In diesem Gespräch erscheint die Kursleiterin als erfahrene Kennerin des Dings, die über das an ihm unmittelbar Wahrnehmbare hinaus Auskunft geben kann. Während die unmittelbare Wahrnehmung des Gegenstands alle Beteiligten – sukzessive im Herumgeben – auf einen vergleichbaren Erfahrungsstand bringt, lassen gerade vor diesem Hintergrund die Berichte der Kursleiterin über seine Herkunft und Verwendung umso überzeugender die Exklusivität ihrer Erfahrungen hervortreten. Da der Gegenstand, der den Teilnehmenden fremd, der Kursleiterin aber offensichtlich vertraut ist, unmittelbar greif-, sicht- und riechbar ist, wird im fragenden Gespräch das tatsächlich an ihm Wahrnehmbare und das von der Kursleiterin über ihn Gewusste eng miteinander verschränkt. Diese

Verschränkung von Wissen und Wahrnehmung macht den Anschauungscharakter des Geschehens aus. Anschauung realisiert sich dabei in zwei unterschiedlichen Relationen. Während die Kursleiterin über die Blüte spricht, hält sie sie und dreht sie für alle sichtbar zwischen den Fingern. Das, was über die Blüte gesagt wird, ist dabei nur locker geknüpft an das, was an der Blüte zu erkennen ist. Dem Ding sieht man seine Herkunft und Verwendung nicht an, über die die Kursleitern spricht. Indem die Kursleiterin die Blüte zeigt, während sie ihre Ausführungen macht, schreibt sie die von ihr gegebene Information als nicht wahrnehmbaren Deutungshorizont in den materiellen Gegenstand ein. In der zweiten Anschauungsrelation dient dagegen das am anwesenden Ding Wahrnehmbare als Moment der empirischen Überprüfung des von der Kursleiterin Gesagten. Indem die Teilnehmerin an der Blüte riecht, ergänzt sie die von der Kursleiterin gemachten Angaben über den Geschmack der Blüte durch das, was sie im Riechen an der Blüte über deren Geschmack erfahren kann. Den anderen Teilnehmern steht diese Möglichkeit der überprüfenden Anschauung noch nicht offen, sie haben allerdings die Aussicht auf ein Nachholen der Überprüfung zu einem späteren Zeitpunkt, wenn sie selbst die Blüte in der Hand halten werden. Das diesen beiden Anschauungsordnungen zugrundeliegende Spannungsverhältnis zwischen evident wahrnehmbaren und den Dingen zugeschriebenen Eigenschaften kennzeichnet den als Anschauung bezeichneten Umgang mit Wissen im dingbezogenen Lehr-Lernprozess.

Die Aufmerksamkeitsordnung

Im Herumreichen der Blüte und in dem es begleitenden Gespräch wird die (grundsätzlich selektive) Aufmerksamkeit der Beteiligten in einer ganz spezifischen Weise organisiert, wobei die Blüte als ein sich im Raum bewegender Attraktor der Aufmerksamkeit eine wesentliche Rolle spielt (auch Dinkelaker 2012b). An der kollektiven Aufmerksamkeit für die Blüte partizipiert zunächst die Kursleiterin als diejenige, die die Lilie in der Hand hält. In dem Moment, als die Blüte an die nächste Teilnehmerin weitergereicht wird, stellt sich die Frage, wohin sich die bislang zu einer kollektiven Aufmerksamkeit auf die Kursleiterin und die Lilie gebündelten Aufmerksamkeiten der einzelnen Beteiligten weiter bewegen werden. Der Teilnehmer, der als nächster mit Sprechen beginnt, beansprucht mit seiner Frage die Aufmerksamkeit der Anwesenden für sich. Er etabliert sich damit als ein mit der Lilienblüte konkurrierender Aufmerksamkeitsattraktor. Nur zeitweise und zudem nur partiell gelingt diese räumliche Lösung des kollektiven Aufmerksamkeitsfokus von der Blüte. Die Teilnehmerin, die die Blüte von der Kursleiterin bekommen hat, achtet weniger auf diesen Teilnehmer als vielmehr auf die Blüte, die sie nun in der Hand hält. Ihr fällt es zudem im weiteren nicht schwer, als nächste das Rederecht und damit die kollektive Aufmerksamkeit für sich zu gewinnen, wobei sie mit ihrem an ihre Fragen anschließenden ostentativen Riechen das Attraktionspotential der Blüte durchaus gekonnt in Szene setzt. Im weiteren Verlauf setzt sich diese doppelte Attraktionsordnung fort. Mit dem unter den Teilnehmenden weitergegebene materiellen Ding ist ein neben dem für Gespräche üblichen Aufmerksamkeitsfokus auf den Sprecher ein zweites mögliches Gravitationszentrum der Aufmerksamkeit etabliert, das nicht nur die individuelle Aufmerksamkeit jeweils derjenigen bindet, die eben dieses Ding in den Händen halten, sondern zudem auch das Potential hat, die kollektive Aufmerksamkeit auf sich zu ziehen.

2 Attraktion, Anschauung und Übung – pädagogische Funktionen der Dinge

Beobachtet man weitere Veranstaltungen der Erwachsenenbildung daraufhin, wie sich dort Aufmerksamkeits-, Anschauungs- und Bewegungsordnungen um Dinge herum ausbilden, so zeigen sich wiederkehrend drei lernbezogene Funktionen der Dinge. Diese Funktionen treten in unterschiedlichen Situationen unterschiedlich stark hervor:

Werden Dinge – von Kursleitenden oder von Teilnehmenden – zum Lerngegenstand erhoben, ziehen sie Aufmerksamkeit auf sich und organisieren damit die Wahrnehmung der Beteiligten sowohl als kollektives als auch als individuelles Geschehen. Darin realisiert sich ihre Attraktionsfunktion (2.1).

Wenn Dinge in den Fokus der gemeinsamen Aufmerksamkeit gerückt sind, werden sie zum Gegenstand einer gemeinsamen Befassung, die in der Regel in der Form eines Gesprächs organisiert ist. Im Wechselspiel von Sprache und Wahrnehmung entsteht eine Verschränkung von dargestelltem Wissen und evidenter Wahrnehmung. Darin besteht die Anschauungsfunktion der Dinge (2.2).

Der individuelle körperliche Umgang der Beteiligten mit dem Gegenstand veranlasst sie zu spezifischen Bewegungsweisen. Im oben vorgestellten Beispiel sind diese Bewegungen für das Lerngeschehen vordergründig ohne Bedeutung. In anderen Fällen werden aber eben diese durch die Gegenstände hervorgerufenen Bewegungsweisen zum Kern des Geschehens. Dann realisiert sich darin eine Übungsfunktion der Dinge (2.3).

Diese drei Funktionen werden im Folgenden anhand von Situationen aus unterschiedlichen Veranstaltungen der Erwachsenenbildung illustriert. Standbilder zu einigen der im Folgenden genannten Beispiele finden sich in der eingangs vorgestellten Bildersammlung (▶ Abb. 1).

2.1 Attraktion

Dinge ziehen im Lehr-Lerngeschehen Aufmerksamkeit auf sich, wenn sie als selten, kurios oder unbekannt erscheinen. Seltenheit, Kuriosität oder Unbekanntheit kommt den Dingen aber nicht als Eigenschaft an sich zu. Vielmehr werden die Dinge im Prozess ihrer Etablierung als Gegenstand gemeinsamer Aufmerksamkeit als solche seltene, kuriose oder unbekannte Dinge gekennzeichnet.

Seltene Dinge

Seltene Dinge ziehen Aufmerksamkeit auf sich, weil die Wahrscheinlichkeit gering ist, sie zu Gesicht zu bekommen. Zuwendung ergibt sich aus der Notwendigkeit, die nur vorübergehend gegebene Gelegenheit der Wahrnehmung zu nutzen.

In einem Kurs zum orientalischen Tanz entdeckt beispielsweise eine Teilnehmerin einen von der Kursleiterin mitgebrachten Schleier. Im Gespräch der Teilnehmerin mit der Kursleiterin zeigt sich, dass sie nicht weiß, wo sie außerhalb des Kurses einen solchen Schleier bekommen könnte. Die Teilnehmerin nutzt im Folgenden ausgiebig die Möglichkeit, die Besonderheiten dieses eigens für den orientalischen Tanz angefertigten Schleiers kennenzulernen (▶ Abb. 1c).

In einem Kurs zur Reanimation im Krankenhaus wird anhand einer Puppe geübt, die zu diesem Zweck hergestellt wird. Solche Puppen sind in der Regel nur im Rahmen solcher Kurse zugänglich. Der gesamte Kursablauf ist hier um das Ziel herum organisiert, jedem Einzelnen die Möglichkeit zu geben, sich mit dieser Puppe individuell zu befassen (▶ Abb. 1a).

Kuriose Dinge

Dinge, die den gewöhnlichen Erwartungen nicht entsprechen, erscheinen als kurios. So ist beispielsweise die Verwendung einer Blüte als Kochzutat eher unüblich, insbesondere wenn es sich um eine Blüte handelt, die ansonsten für ihre Schönheit und ihren Duft bekannt ist.

Die Kuriosität wird allerdings nicht zwingend den Dingen selbst zugeschrieben. Dinge werden vielmehr auch dann zu einem Kuriosum, wenn sie in einem Zusammenhang auftreten, in dem sie nicht erwartet werden. So inszeniert beispielsweise ein Kursleiter, der versucht, seinen Teilnehmenden den Kompetenzbegriff in der Ausbildereignungsverordnung zu erläutern, gezielt ein Paar schwarze Schuhe als eine den Seminarrahmen irritierende Attraktion, um das Interesse der Teilnehmenden zu wecken (▶ Abb. 1h).

Als einen einmaligen Aufmerksamkeitsimpuls setzt ein Redner in einer Predigtdienstschule ein Metermaß ein, um der Hauptaussage seiner ansonsten rein sprachlichen Ausführungen besondere Aufmerksamkeit zu verschaffen (▶ Abb. 1d).

Unbekannte Dinge

Seltene und kuriose Dinge sind in der Regel, wenn auch nicht zwingend, zudem unbekannt. Bei weitem nicht jedes unbekannte Ding, das in Veranstaltungen der Erwachsenenbildung zum Gegenstand wird, ist allerdings auch selten oder kurios. Erklärungen zu unbekannten Dingen oder von Unbekanntem an Dingen sind in vielen Veranstaltungen ein Hauptbestandteil des Geschehens.

So werden etwa in einem Kurs für Gebäuderreiniger unterschiedliche Wischutensilien und Bodenbeläge vorgestellt (ohne Abbildung). Ein anderer Kurs wird eigens angeboten, um die Käufer eines orthopädischen Trainingsschuhs mit den

Eigenschaften dieses Schuhs bekannt zu machen (ohne Abbildung). Auch der hier bereits thematisierte Kochkurs lebt in weiten Teilen davon, dass unbekannte Zutaten kennengelernt werden, und in einem Nähkurs wird im Nähen unerfahrenen Teilnehmerinnen der Umgang mit Nähutensilien näher gebracht (▶ Abb. 1e).

Häufig sind die Dinge, mit denen sich die Beteiligten in einem Kurs befassen, durchaus bekannt, in der Veranstaltung werden diese Dinge dann aber in einer Art und Weise zum Gegenstand der gemeinsamen Zuwendung, dass unbekannte Aspekte an ihnen hervorgehoben werden. Das eigentlich Bekannte wird zunächst fremd gemacht, wodurch die Möglichkeit geschaffen wird, es neu bzw. anders kennenzulernen.

In einem Kochkurs wird beispielsweise gezeigt, dass die Zellstruktur der Paprika eine spezifische Weise ihres Schneidens notwendig macht, will man Verdauungsbeschwerden verhindern (ohne Abbildung). Eine Kursstunde für Fleischergesellen hat einzig und allein die Gewichtrelationen zwischen Muskelfleisch, Fett, Sehnen, Schwarte und Knochen eines halben Schweines zum Gegenstand, was durch das Zerlegen des Schweins in diese Bestandteile und durch separates Wiegen dieser Bestandteile erfahrbar gemacht werden soll (▶ Abb. 1g). Die Gesellen haben alltäglichen Umgang mit Schweinefleisch, doch bezogen auf das behandelte Thema wird ihnen das eigentlich bekannte Ding »Schweinehälfte« fremd.

In einem Kurs zur Kalligraphie lernen die Teilnehmenden die Eigenschaften eines in spezifischer Weise geführten Pinsels kennen. Pinsel sind für die Teilnehmenden nichts Neues. Unbekannt sind aber ihre Eigenschaften, die bedeutsam werden, wenn Pinsel zur Kalligraphie verwendet werden (▶ Abb. 1f).

2.2 Anschauung

Anschauung kann über unterschiedliche Sinne vermittelt werden. Im Vordergrund steht in den beobachteten Veranstaltungen in der Regel das Sehen und Tasten. Eigenschaften der Dinge werden gelegentlich aber auch gerochen, geschmeckt und gehört.

Im Moment der Anschauung ist die sinnliche Wahrnehmung der Dinge in spezifischer Weise verknüpft mit der Darstellung von Wissen. Es lassen sich hier eine arbiträre, eine wahrnehmungsleitende und eine exemplarische Anschauung unterscheiden.

Arbiträre Anschauungen

Arbiträre Verknüpfungen ergeben sich, wenn das vermittelte Wissen keiner Wahrnehmung am Ding entspricht.

Im Kochkurs werden die Herkunft und die Verwendung der Lilie erläutert, ohne dass diese der Blüte anzusehen wären, während sie gezeigt wird (▶ Abb. 3).

Das Metermaß in der Predigtdienstschule dient lediglich dazu, das Thema des Maßstabs im Interaktionsgeschehen materiell zu verankern. Auf die konkreten Eigenschaften des zu diesem Zweck hervorgehobenen Dings wird aber im weiteren an keiner Stelle mehr eingegangen (▶ Abb. 1d).

Wahrnehmungsstrukturierende Anschauungen

Wahrnehmungsleitende Anschauung ergibt sich, wenn Wissen so dargestellt wird, dass die Aufmerksamkeit der Lernenden auf bestimmte wahrnehmbare Aspekte des gemeinsam fokussierten Dings hingeleitet wird.

In einem Trommelkurs werden Eigenschaften der Trommel anhand des Umgangs mit der Trommel verdeutlicht (▶ Abb. 1b).

Im Nähkurs werden Eigenschaften des Stoffs und der Nähutensilien gezeigt, indem mit ihnen hantiert und auf bestimmte Aspekte von ihnen hingewiesen wird (▶ Abb. 1e).

Die Eigenschaften eines Trainingsschuhs werden den Teilnehmenden in einem Einführungsseminar zur Nutzung dieses Schuhs erfahrbar gemacht. Sie werden dazu angeregt, sich in den Schuhen in einer spezifischen Art und Weise zu bewegen, und dann auf bestimmte Eigenschaften des Schuhs hingewiesen wird, die im Rahmen dieser Bewegung wahrnehmbar werden (Dinkelaker 2009).

Dingvermittelte Erfahrungen

Exemplarische Anschauungen bzw. dingvermittelte Erfahrungen realisieren sich, wenn anhand eines Dings ein Zusammenhang erfahrbar wird, der über das Ding hinaus von Bedeutung ist.

Die Reanimationspuppe ermöglicht es, Reanimationsabläufe zu simulieren und damit Vorgehensweisen nachzuvollziehen, die eigentlich nicht an Puppen, sondern an Menschen vollzogen werden (▶ Abb. 1a).

Anhand des Schleiers wird gezeigt, wie die Bewegungen beim Schleiertanz richtig zu vollziehen sind, wobei eigentlich nicht Eigenschaften des Schleiers, sondern der mit ihm zu vollziehenden Bewegungen veranschaulicht werden sollen (▶ Abb. 1c).

Die simulierte Situation des Schuhputzens steht im Kurs zur Ausbildereignungsverordnung exemplarisch für Vorgänge, die den Umgang mit Kompetenzen betreffen (▶ Abb. 1h).

2.3   Übung

Indem sich die Kursbeteiligten in Auseinandersetzung mit den Dingen bewegen, üben sie sich in diesen Bewegungen. Diese Übungsfunktion im Umgang mit den Dingen ist nicht immer ausgeprägt. Manche Formen des Umgangs mit Dingen bedürfen keiner Übung, wie zum Beispiel das Fassen und Begutachten einer getrockneten Lilienblüte. Andere Dinge sind dagegen ohne vorherige Übung überhaupt nicht ihnen angemessen zu bewegen.

Das Besondere am Üben mit den Dingen besteht darin, dass diese eine bestimmte Art und Weise des Bewegens voraussetzen. Im Üben mit den Gegenständen erfährt der Übende daher unmittelbare Rückmeldungen über die Art und Weise, in der er sich bewegt. Da dieser Übungsaspekt im bislang dargestellten Fall, dem Kochkurs, kaum eine Rolle gespielt hat, soll an dieser Stelle ein weiterer Fall kurz vorgestellt werden.

Der Schleier, dessen Bedeutung als Lerngegenstand im Folgenden im Zentrum stehen wird, ist ein rechteckiges Tuch aus einem leichten, durchsichtigen, violetten Stoff. Er ist mit einem goldenen Rand versäubert. Zwei der vier Ecken des Schleiers sind abgerundet. Das Tuch ist eigens angefertigt, um im sogenannten »Schleiertanz« die Bewegungen der Tänzerin zu unterstreichen.

Die Anwesenheit dieses Schleiers prägt wesentlich das Geschehen in den ersten Minuten eines Kurses zum orientalischen Tanz. Eine Teilnehmerin entdeckt, dass er am Rande des Kursraums auf der Heizung liegt (▶ Abb. 6a), nimmt ihn in die Hand und breitet ihn mit erhobenen Armen zum Begutachten aus (▶ Abb. 6b). Sie wirft ihn sich über die Schulter und betrachtet sich dann in der Spiegelwand (▶ Abb. 6c), die sich im Raum befindet. Dann schwenkt sie den Schleier in der Luft (▶ Abb. 6d).

Abb. 6: Entdeckung des Schleiers durch eine Teilnehmerin

Die Interaktion zwischen der Teilnehmerin und dem Schleier entwickelt sich hier in vier Schritten. In dem Moment, in dem die Teilnehmerin auf den Schleier aufmerksam wird, in dem also der Schleier aus der Versenkung seiner Nicht-Beachtung hervortritt, ist er nicht viel mehr als ein Etwas mit unbestimmten Eigenschaften, mit dem näher sich zu befassen für die Teilnehmerin allerdings lohnenswert scheint. Sobald er von der Teilnehmerin in die Hand genommen wird, bestimmen seine spezifischen Eigenschaften, allen voran seine Größe und die schwebende Art seines Fallens ganz wesentlich das weitere Geschehen. Schon seine Begutachtung setzt voraus, dass die Teilnehmerin ihn und damit auch sich selbst in einer bestimmten Weise bewegt. Um ihn in seiner Gänze betrachten zu können, muss sie ihre Arme ausbreiten und nach oben strecken (▶ **Abb. 6b**). Der Schleier ist in diesem Moment noch etwas, das die Teilnehmerin sich gegenüberstellt, etwas Fremdes, das eben dadurch wahrgenommen werden kann, dass es vom eigenen Körper weggehalten wird. Nach Abschluss dieser Sichtprüfung ändert sich das Verhältnis zwischen dem Schleier und der Teilnehmerin erneut. Indem sich die Teilnehmerin den Schleier über die Schultern wirft, wird er zu einem Accessoire, das ihr ein bestimmtes Aussehen verleiht (▶ **Abb. 6c**). Der Blick in den Spiegel macht für die Teilnehmerin wahrnehmbar, wie der Schleier an ihr und wie sie mit dem Schleier aussieht. Dass die Teilnehmerin vor dem Spiegel dann nicht sich, sondern den Schleier hin und herbewegt, rückt dessen Eigenschaften in den Mittelpunkt (**Abb. 6d**). Je nachdem, wie die Teilnehmerin den Schleier führt, schwebt er in anderen Formen durch den Raum. Seine Bewegungen werden damit zu einem Spiegel ihrer Hand- und Armbewegungen.

Diese Erfahrbarkeit der eigenen Bewegungen in der Reaktion des Dings, das bewegt wird, steht im Mittelpunkt des Geschehens, das sich in den nachfolgenden Minuten vor der Spiegelwand vollzieht. Die Teilnehmerin wird versuchen, mit dem Schleier zu tanzen, die Kursleiterin wird ihr vormachen, wie das geht und ihr zeigen, worauf dabei zu achten ist (▶ **Abb. 1c**). Die Teilnehmerin wird die Bewegungen üben, die ihr gezeigt worden sind, und wird die Kursleiterin mehrfach um weitere Erläuterungen bitten. Die Kursleiterin wird erneut vormachen und wird auch gemeinsam mit der Teilnehmerin Bewegungen ausführen. Die Bewegungen des Schleiers, der den Bewegungen der Hände der Teilnehmerin oder der Kursleiterin folgt, sind in diesem Geschehen zugleich Motivation, indem sie zu weiteren Tanzversuchen anregen, und Indikation, indem sie sichtbar werden lassen, inwiefern die Tanzbewegungen richtig ausgeführt wurden. Die Übungen mit dem Tuch enden, als die Kursleiterin ankündigt, dass nun mit dem gemeinsamen Üben aller Teilnehmerinnen begonnen wird. Die Teilnehmerin legt das Tuch zurück auf die Heizung und nimmt ihren Platz unter den anderen Teilnehmenden ein.

Der Anthropologe Tim Ingold beschreibt Üben als den unabschließbaren Prozess der Entwicklung der Fähigkeit, sorgfältiger und unmittelbarer die eigene Bewegung zu den Eigenschaften des Bewegten in Beziehung zu setzen. Es entsteht ein zunehmend virtuoses und erfahrungsgesättigtes Zusammenspiel von Bewegung, Wahrnehmung der Resultate und erneuter Bewegung. »The essence of dexterity lies not in bodily movements themselves, but in the responsiveness of these movements to surrounding conditions that are never the same from one moment to the next« (Ingold 2007, S. 353). Ohne das Ding, an dem geübt wird, kann daher Geschicklichkeit im Umgang mit dem Ding überhaupt nicht erlangt werden. Die immer wieder neu zu entdeckenden Eigenschaften des Dings zeigen sich den Lernenden erst im Umgang mit ihm.

Auch in anderen Veranstaltungen wird diese Übungsbedeutsamkeit der Dinge relevant. Im Reanimationskurs wird anhand der Reanimationspuppe geübt (▶ **Abb. 1a**). Im Trommelkurs sind die Trommeln der Gegenstand des Übens (▶ **Abb. 1b**). Im Kalligraphiekurs werden Pinsel, Tusche und Papier zu Übungsdingen (▶ **Abb. 1f**).

3 Didaktik der Dinge im Kontext des Lernens Erwachsener

Abb. 7: Zeigen in Johann Bernhard Basedows »Elementarwerk« und in einem Vorkurs für Meister im Fleischerhandwerk

Der in Abbildung 7 dargestellte Kupferstich illustriert den Unterricht im Naturalienkabinett in Johann Bernhard Basedows Realienbuch »Elementarwerk« aus dem Jahre 1774 (Basedow 1972). Das rechts abgebildete Standbild stammt aus einem Vorkurs für Meister im Fleischerhandwerk. Dass der dargestellte Kursleiter Basedows »Elementarwerk« gelesen hat, ist unwahrscheinlich. Zweifellos orientiert er sich aber am selben didaktischen Modell einer anschauungsorientierten Wissensvermittlung, in der der Zeigende den Lernenden anhand von Dingen Welt zugänglich macht. Der Lehrende tritt dabei als Vermittler zwischen die Lernenden und die Dinge. Das Wissen über die Dinge wird anhand der Dinge verständlich, indem gezeigt wird (Bohl 2000, S. 95 ff). Gefolgt wird dem Diesterwegschen Prinzip »von der Sache zum Zeichen, nicht umgekehrt« (Diesterweg 1850/1958, S. 134). Die im ausgehenden 18. Jahrhundert fortschrittliche Realiendidaktik ist mittlerweile zu einem pädagogischen Allgemeingut geworden. Dass sie auch in der Erwachsenenbildung in erheblichem Ausmaß ihre Realisierung findet, ist dennoch bemerkenswert, denn die Tradition der dingbezogenen Didaktik rekurriert durchgehend auf schulische Unterrichtssituationen, wenngleich einer ihrer ersten Vertreter, Johann Amos Comenius, auch ein Theoretiker des lebenslangen Lernens war[2].

Für die in den oben gezeigten Beispielen beobachtbare Selbstverständlichkeit des Dingbezugs im Lehr-Lerngeschehen der Erwachsenenbildung sind zwei unterschiedliche Erklärungen denkbar. Sie könnte entweder funktionalistisch dadurch erklärt werden, dass vor dem Hintergrund spezifischer Erfordernisse des

---

2 »Die Menschen müssen soviel wie möglich ihre Weisheit nicht aus Büchern schöpfen, sondern aus Himmel und Erde, aus Eichen und Buchen, das heißt sie müssen die Dinge selbst kennen und erforschen, und nicht nur fremde Beobachtungen und Zeugnisse darüber.« (Comenius 2007, S. 112)

Lehrens und Lernens im Erwachsenenalter ähnliche didaktische Formen emergieren, wie sie im schulischen Realienunterricht beschrieben und realisiert werden. Oder sie könnte historisch dadurch erklärt werden, dass die Erwachsenenbildung selbst eine ihrer Wurzeln eben in der dingbezogenen Bildung findet. Für beiden Erklärungen lassen sich Anhaltspunkte finden.

Auf die Frage, warum Attraktivität, Anschaulichkeit und Übungsbedeutsamkeit der Dinge in Veranstaltungen der Erwachsenenbildung offensichtlich eine beachtliche Rolle spielen, lässt sich funktionsanalytisch zunächst eine Entwicklung der inneren Differenzierung des Lernens Erwachsener postulieren. Mit der Etablierung der neuen Medien als zentrale Instanzen der Wissensvermittlung sind Wissensdarstellungen den Lernenden im Zugriff auf neue Medien schneller, umfangreicher und zielgenauer zugänglich als durch den Besuch einer Veranstaltung der Erwachsenenbildung (Nolda 2002). Der vergleichsweise aufwändige Besuch einer Veranstaltung lohnt sich daher erst dann, wenn mit ihm über die reine Wissensdarstellung hinaus ein Mehrwert zu erwarten ist. Ein solcher ist unter anderem in der Attraktivität, Anschaulichkeit und Übungsbedeutsamkeit der Dinge gegeben. Nur in Veranstaltungen unter Anwesenden werden seltene, kuriose und unbekannte Dinge unmittelbar zugänglich. Nur dort wird anhand dieser Dinge unter Anleitung von Experten das darauf bezogene Wissen anschaulich. Nur in solchen Veranstaltungen kann auch unter Anleitung der Umgang mit diesen Dingen geübt werden.

Über diesen internen Vorteil gegenüber anderen Formen des Lernens Erwachsener hinaus ermöglicht die Attraktivität, die Anschaulichkeit und die Übungsbedeutsamkeit der Dinge auch, dass sich das organisierte Lernen Erwachsener gegenüber anderen, nicht unmittelbar auf Lernen bezogenen Lebensvollzügen durchzusetzen vermag. Die Attraktivität seltener, kurioser oder unbekannter Dinge wird zum Teil sehr gezielt im Veranstaltungsmarketing eingesetzt, um die grundsätzlich knappe Aufmerksamkeit potentieller Adressaten für Veranstaltungen der Erwachsenenbildung zu gewinnen. Die Anschaulichkeit und Greifbarkeit der Dinge in Veranstaltungen der Erwachsenenbildung trifft auf einen durch die Durchsetzung der Massenmedien als zentrale Instanzen der Realitätsvermittlung entstandenen gesellschaftlichen Bedarf an Authentizität.

Neben diesen funktionalen Erklärungen für die Bedeutsamkeit der Dinge in der Erwachsenenbildung zeigt der historische Rückblick, dass die Attraktions- und Anschauungsfunktion der Dinge bereits in der Entstehung der modernen Erwachsenenbildung einer der Kristallisationspunkte war. Die Museumsbewegung des 19. Jahrhunderts machte die mit der Entstehung von Sammlungen kurioser und interessanter Dinge begonnene Verschränkung von Attraktion und Anschauung einem breiten Publikum zugänglich. »Die Eigenschaft der seltsamen, zur Entdeckung einladenden, die Aufmerksamkeit eines Betrachters erregenden Erscheinung ist ein wesentliches Element der Kunstkammern und der frühzeitlichen Naturalienkabinette« (Hoppe 1994, S. 244).

An Stelle der Attraktions- trat in der Entwicklung von Museen zunehmend die Anschauungsfunktion, ohne dass letztere die erstere je vollständig verdrängt hätte: »Die alten Kunst- und Wunderkammern mit ihrer Betonung von Merkwürdigem und Ungeheuerlichem werden schrittweise in Sammlungen neuer Prägung umgewandelt; nach dem Prinzip vom Staunen zum Wissen und Erkennen« (Waidacher 2005, S. 296).

In den oben dargestellten Szenen zeigt sich, dass nicht nur in Museen, sondern auch in anderen Einrichtungen der Erwachsenenbildung diese Praxis der Verknüpfung von Attraktion und Anschauung durch den Einsatz von Dingen bis heute weitergeführt wird.

Tafeln im Lehr-Lernprozess

Jochen Kade

1 Tafelvarianten

Unter Tafeln wurden ursprünglich Schreibtafeln verstanden. Noch im Griechen-land des vierten Jahrhunderts vor Christus war das Schreiben mit einem Grif-fel auf einer mit einer dünnen Wachsschicht überzogenen Tafel viel verbreiter-ter, vor allem im privaten Gebrauch, als das Schreiben mit Tinte auf einem Blatt von Papyrus. Die Nutzung von Tafeln, zunächst Schiefertafeln, in Lehr-Lern-kontexten und ihre Etablierung als pädagogische Standardausrüstung ist sehr viel späteren Datums. Aber sie hat immer noch teil an der ursprünglichen Funk-tion von Tafeln, nämlich durch die Materialisierung des zunächst nur innerli-chen Denkens dessen Übergang in die sozialen Praktiken des Verstehens zu er-möglichen. Historisch sind Tafeln Medien des Übergangs von der Sprachlichkeit zur Schriftlichkeit. Tafelanschriebe, Folien, die Aufforderung, etwas Bestimmtes mitzuschreiben, aber auch Arbeitsblätter stellen eine »Verfestigung der mündli-chen Repräsentation der Sache« dar (vgl. Kalthoff/Falkenberg 2008, S. 915 ff.). Mit ihnen wird eine bestimmte Sicht auf einen Gegenstand erzeugt, indem das zu wissende Wissen eine visuell spezifische Gestalt bekommt, insofern vereindeu-tigt wird und eine gewollte Aneignung, die als die richtige behauptet wird, fixiert wird, ohne dass dadurch die individuelle Autonomie von Teilnehmern an Kursen bei der Aneignung stillgestellt werden kann. Tafeln sind ein Medium der Wissens-darstellung und Wissensbearbeitung, das im Unterschied zum auf Mündlichkeit setzenden Unterrichts- und Kursgespräch ein Medium der »visuellen Darstellung [von Wissen] ist und damit von Schriftlichkeit« (ebd. S. 910).

Bis vor nicht allzu langer Zeit konnte man sich Unterrichtsräume ohne Tafel nicht vorstellen. Zunächst war das die fest an der Wand, an der Frontseite des Unterrichtsraums, in der bevorzugten Domäne des Lehrers installierte (schwarze oder später grüne) *Schiefertafel*, auf die mit weißer, aber auch farbiger Kreide ge-schrieben und die dann mit einem (nassen) Schwamm oder einem Lappen wieder abgewischt werden kann, der dabei in der Regel mehr oder weniger deutlich noch lesbare Spuren des Abgewischten hinterlässt. *Whiteboards* sind Tafeln mit email-lierter Oberfläche, auf die abwischbar mit Filzstiften geschrieben werden kann. Später kamen zu den wandmontierten Klapp- oder Pylonen(Kreide)Tafeln zum einen freistehende und fahrbare/mobile (Kreide-)Tafeln hinzu, zum anderen *Ma-gnettafeln*, an denen vorbereitete oder im (Unterrichts-)Verlauf erstellte Papiere leicht beweglich befestigt werden können. *Flipcharts* sind eine Variante der frei im Raum beweglichen/mobilen Kreide-Tafel. Ihre Schreiboberfläche ist Papier, auf das mit Filzschreibern unterschiedlicher Farbe geschrieben werden kann. An die Stelle des Abwischens des Geschriebenen wie im Falle der Kreidetafel und des Whiteboards tritt das Umschlagen eines großformatigen Schreibblocks. Anschriebe können dadurch nicht nur spurlos und schnell aus dem Blick der Lernenden genommen werden, sie können auch leicht für eine spätere Verwendung aufbewahrt werden. Das leichte Zusammenfalten von Flipcharts ermöglicht ihren problemlosen Transport von Ort zu Ort, und damit die Umwandlung von gebrauchsneutralen Räumen zu Lehr-Lern-Räumen. *Projektionswände* sind eine weitere Entwicklung der Tafel. Sie sind Tafeln, auf die nicht, jedenfalls nicht direkt, mit der Hand geschrieben wird, sondern unter Nutzung eines Overheadprojektors. Er wirft Worte und Bilder auf vorgefertigte oder im Moment der Projektion in einem Schreibprozess erzeugte Folien an eine eigene Projektionswand, als die alternativ auch eine leere und freie weiße Wand dienen kann. Neuere Entwicklungen gehen in Richtung auf interaktive, *lebendige Unterrichtstafeln*, deren Grundlage große Flachbildschirme sind, auf die mit E-Kreide in Verbindung mit einem Projektionssystem geschrieben wird.

Schultafeln

| Doppeltafel-anlagen | Drehgestell-tafel | Einflächenschiebe-tafel | Interaktive Tafeln | Klappschiebe-tafeln |

| Langwand-tafel | Projektions-wand | Pylonentafeln | Schultafel-Zubehör |

| Wandklapptafel | Whiteboards |

Abb. 1: Überblick des Schul- und Objektausstatters Fa. Widmann über Schultafeln (www.widmann.de/schultafeln/schultafeln.htm)

Aber trotz dieses inzwischen entwickelten breiten Sortiments fehlt die Schiefertafel, in welcher Form auch immer immer, ob allein oder mit anderen Tafeln zusammen, gegenwärtig (noch) in fast keinem Kursraum. Auch in medialen, nicht pädagogisch enggeführten Formaten des Internets wird die Tafel u. a. als leere Form zur Symbolisierung der sozialen Situation als Ort der Wissensvermittlung genutzt. So bildet eine unbeschriebene Tafel etwa den Hintergrund der One-Minute-Lesson, die von der Zeppelin University auf YouTube gestellt worden ist.

Die Tafel hat sich als eine Art Prototyp etabliert, an dem sich die wesentlichen Merkmale von (Schul-)Tafeln in Lehr-Lern-Veranstaltungen Erwachsener darstellen lassen. Als klassisches Medium der Darstellung von Wissen erfährt sie durch die Videographie neue Aufmerksamkeit. Tafeln dienen nicht nur generell zur Visualisierung von Gedachtem und Gesagtem, von Gedanken und Worten durch seine wahrnehmbare Verschriftlichung und auch durch seine Verbildlichung mit Hilfe von Zeichnungen, Grafiken etc. Sie ermöglichen auch die Re-Präsentation von Bildern in Lehr-Lernkontexten als Mittel der Vermittlung von (Welt-)Wissen. In dieser Hinsicht hatte die auf Verschriftlichung spezialisierte Schiefertafel immer schon, meist bunte Bildtafeln zur Ergänzung im Unterricht. Die neuen Formen von Schultafeln, wie Flip-Chart, Overhead-Projektionen, Folien, Beamer, elektronische Tafeln, ermöglichen die Verbindung von Verschriftlichung und Verbildlichung in einem Medium, sie können können aber offenbar die Schiefertafel nicht vollständig ersetzen.

Abb. 2:
»Kann man etwas Kompliziertes in einer Minute erklären?« (YouTube – 23.1.2012)

2 Leistungen von Tafeln

Ein Tafelanschrieb wird in gemeinhin von Kursleitern gemacht. Er kann aber auch – und dann meist auf Aufforderung von Kursleitern – von einzelnen Teilnehmern gemacht werden. Während Tafeln sich in der Regel in der unmittelbaren Reichweite des Kursleiters befinden oder in seinem, sich über den ganzen Kursraum hinweg erstreckenden Bewegungsraum, mangelt es Teilnehmern meist an einer solchen selbstverständlich leichten Zugänglichkeit zur und damit Nutzung der Tafel. Sie sitzen zu weit entfernt von der Tafel, verfügen im Falle einer Projektion mit einem Overheadprojektor nicht über dessen Folien und haben um ihren festen Sitzplatz herum nur einen eingeschränkten Bewegungsradius. Die Nutzung der Tafel durch die Teilnehmer setzt daher in der Regel eine Aufforderung des Kursleiters voraus.

Erweiterte Modalitäten der Wahrnehmbarkeit

Tafeln sind ein spezielles Medium der Darstellung von Wissen. Als dieses ermöglichen sie die Verschriftlichung und Visualisierung dessen, was (bereits) vom Kursleiter, aber auch von Teilnehmern gesagt worden ist. Ein Tafelanschrieb kann auch zeitgleich mit dem Aussprechen von Worten gemacht werden, er kann an die Stelle von Gesprochenem treten, das Sprechen ersetzen, und er kann diesem vorausgehen, so dass Äußerungen den Charakter öffentlichen Vor- oder Mitlesens bekommen.

Die pädagogische Leistung des Tafelanschriebs besteht in der damit verbundenen Modellierung der Wahrnehmung. Eine schriftliche Äußerung in Form eines Tafelanschriebs verändert gegenüber stimmlichen Äußerungen, etwa in Form von Worten eines Kursleiters, die *Modalität der Wahrnehmbarkeit.* An die Stelle auditiver Wahrnehmbarkeit oder ergänzend zu ihr tritt die visuelle Wahrnehmbarkeit. Als klassische pädagogische Funktion der Tafel gilt daher auch die auf visuelle Wahrnehmung hin angelegte Demonstration von als Bild oder als Wort symbolisierten Unterrichtsinhalten, damit die Erweiterung der Wahrnehmungskanäle. Zugleich ist mit dem Tafelanschrieb aber auch eine Ab- bzw. Auflösung oder Lockerung der festen Verknüpfung von Äußerungen mit der Person eines Kursleiters verbunden. Der Tafelanschrieb bedeutet somit eine Verschiebung der Aufmerksamkeit bzw. ihres Zentrums von der redenden Person eines Kursleiters hin zur gleichsam still sich visuell äußernden Tafel. Mit der Tafel etabliert sich in Lehr-Lerninteraktionen von Kursen zusätzlich zur personalen eine Form der medialen Vermittlung. Ein Tafelanschrieb zentriert die Aufmerksamkeit unabhängig von ihrer Zentrierung der Aufmerksamkeit durch personale Präsenz.

Verlängerte Dauer der Wahrnehmbarkeit

Tafelanschriebe nehmen auch Einfluss auf die *Zeitlichkeit der Wahrnehmung,* der Wahrnehmbarkeit. Das mit der Stimme in mündlicher Rede vermittelte Wissen verschwindet mit der Rede aus der Kursöffentlichkeit wieder. Es existiert damit nur noch in der Erinnerung der beteiligten Personen, damit als ein eventuell von ihnen angeeignetes Wissen weiter. Und wo dies nicht geschehen ist, ist es wieder ganz verschwunden. Ein Tafelanschrieb lässt demgegenüber die Zeit der Wahrnehmbarkeit länger andauern, gibt ihr eine, zumindest vorübergehende Dauer. Der Tafelanschrieb gibt dem visualisierten Wissen Präsenz, die auch nach der mündlichen Wissensdarstellung in der Rede noch individuelle Aneignung ermöglicht; und zwar solange, wie das auf die Tafel Geschriebene nicht wieder abgewischt wird. Ein solches Abwischen kann parallel, laufend mit dem Fortgang eines Kurses geschehen, aber auch erst nach dessen Beendigung. Tafelanschriebe können auch das Kursende überdauern und erst vor Beginn einer nächsten

Unterrichtsstunde vom Hausmeister, dem nunmehr verantwortlichen Kursleiter oder auch von einer anderen Person abgewischt werden (in der Grundschule gab es früher Schüler, die vom Lehrer zum Tafelabwischer ernannt wurden). Da ein Anschrieb an der Tafel solange bestehen bleibt, bis er abgewischt wird, kann er auch noch in einer späteren Unterrichtsstunde als nunmehr kontingenter Wissensrest bestehen bleiben. Dieser kann dann irritierend, ja, störend wirken, insofern die Aufmerksamkeit, vom Kursleiter unerkannt, ablenken. Er kann aber auch von diesem als willkommener Ansatzpunkt für die Erläuterung des aktuellen Unterrichtsthemas genutzt werden. Tafeln eröffnen über das Akustische hinaus einen weiteren, nunmehr optischen Unterrichtskanal. Sie können daher nicht nur zum Gelingen des Lernens beitragen, sondern durch ihre Dauerhaftigkeit auch den Fortgang des Wissenserwerbs beeinträchtigen. Entstanden in der Regel aus Aktivitäten von Lehrenden, können Tafelanschriebe eine Eigendynamik bekommen. Wenn sie über den aktuellen Kontext der Wissensvermittlung bestehen bleiben, werden sie gleichsam zu einem Bild; allerdings an einer exponierten Position im Unterrichtsraum, vorne und zurückverweisend auf eine frühere Nutzung. Tafelanschriebe haben einen anderen Zeitindex als das mündliche, immer gegenwartsgebundene Wort als Medium der Wissensvermittlung. Sie können in der Schule, aber auch der Erwachsenenbildung die Aufmerksamkeit von Schülern bzw. Teilnehmern auch dann faszinieren, wenn der Lehrer bzw. Kursleiter längst bei einem neuen Thema ist oder auch überhaupt räumlich entfernt sich aufhält.

Aus der Sicht von Teilnehmern kann die Zeit, die ein Anschrieb dauert, genutzt werden, um dem Angeschriebenen im Prozess seines Entstehens gedanklich zu folgen oder auch um es mitzuschreiben, damit aus dem öffentlichen Raum des Kurses in den privaten Raum individueller Aufzeichnungen transponiert werden, auf Notizzettel, in ein Heft oder in ein Notebook. Diese Zeit kann von Kursteilnehmern auch genutzt werden, um sich mit anderem als dem Lernthema zu beschäftigen, solange die Aufmerksamkeit von Kursleitern für die Teilnehmer durch den Akt des Anschreibens an die Tafel in Anspruch genommen ist. Sobald Äußerungen durch ihren Anschrieb an die Tafel eine vom Kursleiterhandeln unabhängige, den Moment überdauernde Existenz bekommen haben, gibt dies (einzelnen) Teilnehmern die Möglichkeit, sich, individuell noch einmal unterschieden, dem eigenen, in Differenz zu dem von Kursleiter vorgegebenen Lerntempo zu folgen und sich länger oder kürzer mit einer Sache zu beschäftigen, als dies die mündlichen Kursleiteraktivitäten vorgeben.

Selektivität der Wahrnehmbarkeit
Allein das Vorhandensein einer Tafel im Kursraum stellt die Möglichkeit dar, einen Unterschied zwischen mehr oder weniger relevanteren Inhalten zu markieren. Indem etwas an die Tafel geschrieben wird und darauf dann für eine mehr oder weniger lange Zeit steht, ihm also gegenüber der mündlichen Rede eine längere Präsenz in der Kommunikation gegeben wird, wird diesem entweder eine größere Lernbedeutsamkeit gegeben, verglichen mit den Äußerungen, die eine solche längere Präsenz nicht bekommen. Die Tafel betont die Relevanz des auf ihr festgehaltenen Wissens für diejenigen, deren Aufmerksamkeit

in Richtung auf die Position der Tafel strukturiert wird, u. a. durch die Ausstattung eines Kursraumes mit Mobiliar. Zugleich ermöglichen es Tafelanschriebe lernenden Personen, sich Äußerungen genauer zu merken und ihre Bedeutung besser zu verstehen. Die verlängerte Präsenz in der Unterrichtskommunikation, die auf der Tafel festgehaltenes Wissen gewinnt, ist ein (zeit)spezifischer Modus der Erzeugung von Redundanz. Diese Betonung der Bedeutung durch Beeinflussung der Dauer in der Kursöffentlichkeit muss sich nicht nur auf die Markierung von Lerninhalten beziehen. Sie kann auch dazu dienen, die Ablaufstruktur des Kursgeschehens sichtbar zu machen und im Verlauf des Kurses sichtbar zu halten.

Die Verschriftlichung von Wissen auf einer Tafel muss nicht nur auf Äußerungen von Kursleitern verweisen – auch wenn meist nur darauf das Augenmerk gerichtet wird –, sie kann auch auf Äußerungen von Teilnehmern Bezug nehmen. Und zwar mit dem Zweck, solche Äußerungen von einzelnen Teilnehmern für alle sichtbar zu fixieren und hervorzuheben, an denen das Unterrichtsgespräch in der Folge anknüpfen soll; etwa um mit allen Beteiligten zusammen aus einer Ideensammlung eine transparente Ordnung zu machen, aber auch um das Nichtwissen von Teilnehmern zu dokumentieren und anschließend für den ganzen Kurs sichtbar zu korrigieren.

Durch die permanente Sichtbarkeit von Anschrieben kann die Tafel als verdichtetes Kursprotokoll, als eine Art Merkheft, ja, als kursöffentliches Unterrichtsarchiv genutzt werden. Er bietet (insbesondere Kursleitern) die Möglichkeit, Äußerungen, insbesondere Fragen, die zu einem als unpassend erachteten Zeitpunkt gestellt worden sind, für ein Eingehen zu einem späteren Zeitpunkt festzuhalten, ohne dass eine solche Verschiebung einer ausführlicheren, damit zu viel Zeit in Anspruch nehmenden inhaltlichen Begründung bedürfte. Das Anschreiben kann dabei auch nur die Funktion haben, einen Teilnehmer durch Vertröstung auf einen unbestimmten späteren Zeitpunkt im Kurs soweit zufrieden zu stellen, dass er nicht auf der (sofortigen) Behandlung seiner Frage, seiner Äußerung insistiert. Die dauerhafte Präsenz der Äußerung einer Kursleiterin kann auch eine strukturelle, mit dem Thema nur locker verknüpfte Bedeutung des Kurses erkennbar werden lassen. So hat etwa die Kursleiterin in der letzten Vorweihnachtssitzung eines Kroatischkurses bei dessen Beginn, eventuell zur Erinnerung für die Teilnehmer, im weiteren Verlauf aber unkommentiert, auf dem Whiteboard hinter ihr geschrieben (▶ Abb. 3).

Der Anschrieb stützt die aus dem Worttranskript ableitbare These, dass in dem kleinen Kurs, in dem sich alle schon lange zu kennen scheinen, eine Verbindung von Unterricht und Geselligkeit herrscht.

Insgesamt wohnt dem Tafelanschrieb also eine komplexe mediale Dramaturgie inne. Sie geht aus von der Wissensdarstellung im einmaligen oder wiederholten Akt des Anschreibens von (aktuell oder permanent) relevantem Wissen, sie findet über den ganzen Kursverlauf hinweg in Verweisen des Kursleiters auf das, was auf der Tafel steht, ihre gedehntere Verlaufsform, und in der verweislosen Präsenz dessen, was auf der Tafel steht, schließlich seine gegenüber der mündlichen Kommunikation autonome Gestalt.

Abb. 3:
Weihnachtsessen
božićna večera

3   Die Tafel im Verlauf eines Kurses

Das Interaktionsgeschehen eines Kurses über »Jüdische Literatur des Expressionismus« an einer großstädtischen Volkshochschule beginnt – in einer Anfang der 1990er Jahre aufgezeichneten Kursdoppelstunde – damit, dass der Kursleiter das Thema dieser Stunde nennt, Döblins Erzählung »Mord an einer Butterblume«, und begleitend dazu den Namen des Autors mit Geburtsdatum und Geburtsort (10.8.1878 in Stettin) sowie Todesdatum und Ort, an dem er verstorben ist (26.6.1957 in LKH Emmendingen), an eine Tafel schreibt. Sie ist hinter dem auf einem Podest stehenden (Arbeits-)Tisch des Kursleiters an der Wand befestigt.

Indem dieser nicht nur mündlich, sondern mit einem Tafelanschrieb über die Geburts- und Sterbedaten von Alfred Döblin informiert, hebt der Kursleiter diese Informationen zunächst einmal gegenüber anderem hervor. Er markiert diese Daten für die Teilnehmer als (be-)merkenswert; möglicherweise mit der stillen Aufforderung verbunden, sich die Daten zu notieren. Zugleich werden die Teilnehmer unterstützt, sich die Daten zu merken, dadurch dass diese über den ganzen Verlauf der Kurssitzung hinweg auf der Tafel zu lesen sind. Mit dem Anschrieb an die Tafel macht sich der Kursleiter aber nicht nur deren Selektions- und Memory-Leistung zunutze. Durch die Möglichkeit, einen Tafelanschrieb für längere Zeit über die je aktuelle Gegenwart des Anschriebs hinaus an der Tafel für alle sichtbar zu halten, hat diese auch eine Zeitdimension. Der Kursleiter kann dies auch dazu nutzen, um neben dem je aktuellen Kursgeschehen mehr oder weniger deutlich auch auf eine noch ausstehende zukünftige Kursphase vorauszuweisen. Durch die Präsenz des Tafelanschriebs während der gesamten Kursstunde bekommen die an der Tafel fixierten Eckdaten des Lebenslaufs im Zusammenhang der Analyse der Erzählung darüber hinaus eine besondere Bedeutung. Diese kann im Fall dieses Kurses zum Zeitpunkt des Anschriebs allerdings nicht bereits ver-

117

standen werden kann. Der von der Tafel während der ganzen Kurssitzung nicht abgewischte Anschrieb kann indes die Frage evozieren, warum der Anschrieb nicht längst wieder abgewischt worden ist, nachdem jeder ihn hat lesen können und sich eventuell gemerkt hat. Die letzten Interaktionssequenzen der Kursdoppelstunde zeigen, dass sich dies nicht einer Nachlässigkeit oder einem fehlenden Sinn des Kursleiters für mögliche Konsequenzen überredundanter Informationen verdankt. Sie könnten die Aufmerksamkeit auf das aktuell Wichtige blockieren. Gegen Ende des Kurses kommt der Kursleiter noch einmal mit der Eröffnungsformulierung »Und dann müssen wir auch noch ein bisschen was über die Biographie erfahren« auf das Leben von Döblin zu sprechen.

Abb.4

Nach dem Tafelanschrieb – er bleibt während der gesamten Kurssitzung auf ihr erhalten und für alle Teilnehmer kontinuierlich sichtbar – beginnt der Kursleiter vor dem Hintergrund der Tafel die Eingangspassage aus Döblins Erzählung vorzulesen, in der die wesentlichen Charakteristika des Mannes vor dem eigentlichen ›Drama‹ beschrieben werden. Im Anschluss daran initiiert er auf diese Eingangspassage bezogen eine Art Unterrichtsgespräch. In ihm versucht er, die Teilnehmer, beginnend mit der Frage »Woll'n wir mal anschauen, was man hier an Informationen rausholen kann«, und dann durch weitere Fragen und Deutungen zu einem näheren Verständnis der Erzählung zu bringen; und zwar so, dass dieses als Resultat ihrer eigenen Interpretationen erscheint.

Abb.5: KL: Dick, korrekt gekleidet

118

Der Kursleiter nutzt die Tafel, um Bemerkenswertes, also das, was ihm, zum Teil bestätigt durch Teilnehmer, als wichtig für die Charakteristik des Mannes erscheint, an der Tafel festzuhalten (»dick korrekt gekleidet – Spazierstöckchen«). Dabei notiert er einerseits selektiv Äußerungen von Teilnehmern, ohne allerdings die Auswahl zu begründen. Die Tafel wird genutzt, um das aus der Sicht des Kursleiter als treffend, als gültig anerkannte Wissen dauerhaft im Kurs zu fixieren. Er hält sein Verständnis der Erzählung so fest, als handele es sich um eine bloß mitschreibende Protokollierung. Die Tafel wird als ein temporäres, für die Dauer der Kursstunde bestehendes Archiv der maßgeblichen Interpretationen genutzt. Diese können von den Teilnehmern, individuell plural, angeeignet werden. Der Tafelanschrieb fungiert damit als inhaltliche Aneignungsvorgabe des Kursleiters. Die Tafel erlaubt es, die Aneignung der Teilnehmer, die Pluralität, vielleicht sogar Beliebigkeit ihrer individuell eigensinnigen Aneignung zu begrenzen, ja, sie einander anzugleichen. Andererseits wählt der Kursleiter, die Interpretationen der Teilnehmer am Text mitverfolgend, aus dem Erzähltext – den er wiederholt von seinem Arbeitstisch in die Hand nimmt – nach eigenem Dafürhalten solche Formulierungen aus, die den Akteur so treffend charakterisieren, dass sie wert sind, an die Tafel geschrieben zu werden und dort dauerhaft zu stehen.

Abb. 6: KL: Der is wichtig, der Spazierstöckchen. Vielleicht noch die eh die Goldkette auf der schwarzen Weste

Ausgehend von dieser, an der Tafel festgehaltenen, mit der Kursgruppe geleisteten Erarbeitung der charakteristischen Merkmale des Mannes, von dem Döblin erzählt, kommt der Kursleiter noch einmal auf eine von ihm für besonders wichtig gehaltene Äußerung einer Teilnehmerin zurück. Nachdem er diese nicht mehr genau erinnert, bittet er die Teilnehmerin, sie zu wiederholen. Sie liest einen Satz aus der Erzählung vor und der Kursleiter schreibt ihn, sprachlich leicht verändert, auf seine Stichworte verdichtet, zusätzlich zum Bisherigen, noch auf die Tafel: »Schlenkern der Arme, Kampf, Abwehr«. Und dann hält er, nach einem kurzen Unterbrechen der Schreibbewegung, noch das Wort »Kindergesicht« an der Tafel fest. Außerdem untergliedert er die an die Tafel geschriebenen Charakteristika (1, 2, 3).

Man hört das Schreiben mit der Kreide an der Tafel. Das Videobild zeigt, wie ein Teilnehmer, der neben der gerade redenden, vom Kursleiter angesprochenen

Teilnehmerin sitzt, während des Anschreibens sehr konzentriert nach vorne auf die Tafel schaut, nicht zu der redenden Teilnehmerin. Nachdem der Kursleiter aufgehört hat zu schreiben, setzt er seine Lesebrille wieder auf und schaut in die Erzählung in dem vor ihm auf den Beinen liegenden Buch.

Abb. 7: KL: Sie ham gesacht, es gibt auch irgendwie nen Unterschied zwischen seiner körperlichen Erscheinung und dem, eh, wie er sich eh äußerlich, also über die Kleidung und eh diese Signale also darstellt. Können Sie das noch ma sagen, also ich habe das jetzt nicht ganz mehr im Kopf. TN: Also, es heißt, die Arme schlenkerten an den Schultern, die weißen Manschetten, halb (KL: Ja, genau) über die Hände fielen. Ich denke, als Zeichen von son en bisschen verkleidet sein, fast als da ist die Korrektheit wird gebrochen .... Und dann kommt noch hinzu, dass er sich wohl in dauerndem Kampf befindet so mit dem Äußeren ... Und dann natürlich kann man als Kontrast eigentlich zu diesem eh bürgerlich eh soignierten Herrn das ›ältliche Kindergesicht mit dem süßen Mündchen‹ ... könnte fast sagen, das is ein verkleidetes Kind.

Der Kursleiter setzt er sich wieder an seinen Tisch, nachdem er in Stichworten die äußere Erscheinung des Mannes aus der Erzählung an der Tafel festgehalten hat.

Abb. 8

Er beendet schließlich diese Kurssequenz mit einer längeren, über den Text hinausgehenden Ausführung. Dabei charakterisiert er, auf die Tafel mit den notierten Kennzeichen des Mannes schauend, diesen zuerst einmal, das Bisherige resümierend.

Abschließend deutet er ich ihn als einen spezifischen Typus des Bürgers, als »Inbegriff des kapitalistischen Eigentümers«. Dabei dreht er sich wiederholt vom Tisch weg zur Tafel, um auf die dort angeschriebenen Merkmale noch einmal Bezug zu nehmen. Währenddessen blicken die Teilnehmer nur teilweise auf ihn und das, was er gerade an die Tafel anschreibt. Größtenteils sind sie in die Erzählung in ihrem Buch vertieft. Sie suchen offenbar nach den vom Kursleiter zitierten Worten, um dem folgen zu können, was er erläuternd zur der jeweiligen Textpassage sagt.

Abb. 9:
KL: Also hier diesen Eindruck aus dem ersten ehm Satz, dass da irgendwas nicht stimmt, ehm, der wird eigentlich jetzt im weiteren Verlauf bestätigt und konkretisiert. Wenn man sich mal anschaut, die äußere, den äußeren Habitus, also dick, korrekt gekleidet Goldkette an der Uhr, Spazierstock ehm denken wir ihm noch einen schwarzen Hut aufm Kopf.

Abb. 10: KL: So als Innbild des kapitalistischen Eigentümers vorgestellt, weist auf etwas Passives, Kindliches, Undiszipliniertes, auf Unsicherheit, wie Sie gesagt haben

Im Folgenden wird vom Kursleiter zunächst nichts Neues an die Tafel geschrieben. Aber sie steht nicht nur, allgemein sichtbar, quasi still im Hintergrund, wenn er die Erzählung im Folgenden weiter interpretiert. Wiederholt verweist er auch auf das Geschriebene mit nach hinten gedrehtem Kopf, und zwar an von der Interaktionsdynamik her zentraleren Stellen. So zunächst, als der Kursleiter eine Reaktion der Hauptperson der Erzählung als »Schamreaktion« deutet.

Und dann in dem Moment, als er mit einem kurzen Fingerzeig auf die Stelle an der Tafel, an der die Kleidung in Stichworten charakterisiert wird, etwas über die Kleidung des Mannes sagt.

Der nächste Tafelanschrieb entsteht dann erst zehn Minuten später aus einer Diskussion von zwei Teilnehmern, die das »Mordlüstige« am Verhalten des Mannes zur Sprache bringt. Der Kursleiter kommentiert dies zunächst bestätigend und so ermunternd mit den Worten »Ja, also das kriegt jetzt ne ganz neue Dimension« (0:29:31). Während die Teilnehmer gemeinsam weiter die Erzählung interpretieren, nimmt der Kursleiter dann aus deren Deutung heraus das Stichwort »Moral« auf und schreibt es an die Tafel; in die obere rechte Ecke, in der noch etwas Platz ist.

121

Abb. 11:
KL: Aber hier ist die erste, ganze naive Schamreaktion, die, was werden die anderen sagen, wenn sie mich so sehen, wie Geschäftsfreunde.

Abb. 12:
Und hier ist er dann zum ersten Mal als ein Mann identifiziert, der tatsächlich eine Position innehat, die seiner Kleidung entspricht, also irgendwie so eben dieses Karikaturbild Kapitalist, das um 1900 eh so eh im Schwange ist.

Abb. 13:
TN: Is zwar auch so ne moralische Instanz da, die ganz stark in ihm arbeitet. Also dieses sich selbst als Mörder bezeichnen. Das tut er schon, und also eben getrieben, das ist … taucht auch auf einmal auf, das is ne ganz andere Moralebene als vorher, wo so geguckt wird, na, was sagt die Dame meines Herzens und meine Geschäftsfreunde

Während das Gespräch unter den Teilnehmer fortgeführt wird, setzt der Kursleiter sich wieder an seinen Tisch, sammelt sich einen Moment. Anschließend kommentiert er in evaluierender Absicht, vorbereitet durch seinen, mit dem Gespräch unter den Teilnehmern mitlaufenden Tafelanschrieb, die Deutungen der Teilnehmer. Nachdem er mit dieser Kommentierung zugleich direkt in das unabhängig vom ihm inzwischen laufende Teilnehmergespräch eingegriffen und dieses auf sich bezogen hat, führt der Kursleiter durch einen erneuten Tafelanschrieb, auch durch die dadurch verursachten Geräusche, einen neuen Aufmerksamkeitsfokus in die Kurskommunikation, gewissermaßen als seinen Vorschlag, vielleicht auch als Zumutung an die Teilnehmer, ein. Auf diesen, an der Tafel lesbaren thematischen Vorschlag können sich Teilnehmer beziehen, wenn sie das wollen – und einige konzentrieren ihre Aufmerksamkeit auch mehr auf den Anschrieb des Kursleiters als auf das intensive Gespräch der beiden, das Gespräch dominierenden nebeneinander sitzenden Teilnehmer. Aber die Teilnehmer können auch weiter miteinander reden, ohne dass dies mit dem Kursleiterhandeln kollidieren würde. Anders wird es, wenn der Kursleiter selber das Wort ergreift, zumal mit dem Gestus, dass er etwas Wichtiges, etwas Resümierendes zu sagen habe. Das ›stille‹ Ergreifen des Worts durch einen Tafelanschrieb ließen noch ein geradezu zwang- und konfliktloses Nebeneinander von Kursleiterhandeln und Teilnehmerhandeln zu. Die Worte, genauer wohl die Stimme des Kursleiters führt aber zur Unterbrechung und damit zunächst Beendigung des sich entwickelt habenden autonomen Teilnehmergesprächs. Mit einer laut und vernehmlich gemachten Äußerung etabliert sich der Kursleiter wieder nachdrücklich als Instanz, die das Kursgeschehen lenkt. Zunächst war die Unterbrechung eines autonomen Gesprächs unter den Teilnehmern nur erst schleichend verlaufen, kaum erkennbar, jedenfalls nicht in der Kursinteraktion manifest. Durch einen Tafelanschrieb hat der Kursleiter bereits, wenn auch noch relativ anspruchs- und drucklos, die Aufmerksamkeit der Teilnehmer wie auf sich bezogen, zumindest schon vom Gespräch unter den Teilnehmern abgelenkt. Eindringlicher geschieht der Anspruch auf Verschiebung des Aufmerksamkeitsfokus vom Teilnehmergespräch weg zur Kursleiter-Teilnehmerinteraktion hin, wenn der Kursleiter sich vernehmlich, nicht überhörbar, das Wort nimmt. Seine Stimme erweist sich in der Interaktionssituation als mächtiger als seine Schrift. Die Wirkung des akustischen Signals wird allerdings durch die des optischen Signals vorbereitet, vielleicht auch durch diesen Übergang sozial entschärft.

Abb. 14:
KL: Also, das ist glaube ich ne wichtige Beobachtung. Entschuldigung, Herr …

Auch wenn in der Folge weder vom Kursleiter noch von den Teilnehmern, höchstens bei einzelnen, und dann sehr beiläufig und nur temporär, direkt und damit erkennbar auf die Tafel Bezug genommen wird und auf das, was auf sie geschrieben worden ist, ist die Tafel mit den Anschrieben gleichwohl immer im Raum als schwache Strukturierung der Kursinteraktion präsent. Folgendes Standbild macht dies sichtbar (▶ Abb. 15).

Abb. 15

Präsent ist die Tafel mit dem, was auf ihr geschrieben steht, immer in dem Sinne, dass sie wahrnehmbar ist, und unspezifischer: dass sie wie Bilder an der Wand zum Raum gehört, diesen prägt, seine Atmosphäre bestimmt. Man braucht sich als Kontrast nur einen Raum ohne Tafelanschriebe vorstellen, mit einer leeren Wand hinter dem Kursleiter. Als Teil des Raums sind die Tafelanschriebe immer in einem Stand-by-modus gegenwärtig in der Kursinteraktion. Sie gehören zur stillen Umgebung des fortlaufenden Kursgeschehens, gewissermaßen zu dessen Haut. Sie stellen eine Art stilles, bildliches Rauschen dar, vor dessen Hintergrund das Kursgeschehen nur erst Kontur gewinnen kann. Tafelanschriebe haben insofern immer einen, wenn auch nur äußerst schwachen Einfluss auf das Kursgeschehen, einen Einfluss, der durchweg unterhalb einer Analyseschwelle liegt, die auf Beobachtungsdaten beruht. Gleichgültig gegen seinen Inhalt erinnert die Präsenz des in dieser Kurssitzung gemachten Tafelanschriebs daran, dass der Kurs ein Thema hat, was dieses Thema ist und dass seine Behandlung zu einem strukturierten Verständnis des Kurses führt. Jede aktuelle Kursgegenwart hat eine Vorgeschichte, einen kursspezifischen Zeitindex. Und jede aktuelle Kursgegenwart verweist durch die zukunftsbezogenen Dimensionen der Tafelanschriebe des Kursleiters auch auf zukünftige Kursgegenwarten, die von den Teilnehmern erwartet werden können, weil der Kursleiter sie mit seinen Anschrieben manifest werden lässt.

Im weiteren Kursverlauf wird längere Zeit nicht mehr direkt, weder vom Kursleiter, aber auch nicht von Teilnehmern auf die Tafel Bezug genommen, sie in irgendeiner Weise genutzt. Die den Inhalt vergegenwärtigende und interpretierende Kursinteraktion zwischen Teilnehmern und Kursleiter sowie unter den Teilnehmern verläuft vor allem unter Bezug auf das Buch, die Erzählung, die vorgelesen, aus der zitiert und die paraphrasiert wird. Nachdem etwa Zweidrittel der Kursdoppelstunde von 90 Minuten verstrichen ist (der Kursleiter hat vor sich eine Art Wecker, der ihm die Zeit präsent hält, und auch den Teilnehmer signalisiert, dass der Kursleiter den Zeitablauf des Kurses vor Augen hat, selbst wenn sie den Wecker nur von hinten sehen), schlägt der Kursleiter für den Rest der Erzählung ein etwas schnelleres Vorgehen vor: »Ich glaube, wir können jetzt ein bisschen schneller gehen, also Seite 11.« Er bittet einen Teilnehmer – von ihm namentlich angesprochen – den noch verbleibenden Rest der Erzählung zusammenzufassen. »Vielleicht kann man jetzt mal zusammenfassen. Das geht, glaub ich, relativ einfach die letzten Seiten noch mal kurz ne Zusammenfassung. Herr Brille, können Sie das machen?«

Der Teilnehmer macht dies. Zwischendrin greift der Kursleiter noch mal ein, weil etwas Wichtiges vergessen wurde. Nachdem er das Fehlende ergänzt hat, fordert er den Teilnehmer zur Fortsetzung des Vorlesens auf: »So, jetzt können Sie weitermachen«. Was der Teilnehmer dann auch tut. Ansetzend an einer etwas längeren Ausführung über die Erzählung, die die rechts neben ihm sitzende Teilnehmerin vorbringt, verdichtet der Teilnehmer Brille seine Sicht von dem Mann, der die Butterblume ›ermordet‹, schließlich zu einer eigenen »Lesart«. Er profiliert diese, indem er sie von der Lesart abhebt, die seiner Auffassung nach der Kursleiter hat. »Ich kann diese Lesart hier, die hier offenbar vorherrscht, nicht so für mich akzeptieren. Mir scheint das ein Spiegel zu sein eines Kranken, eines Einsamen, eines Verirrten, eines auch seelisch Verwirrten. Aber Sie (an den Kursleiter gerichtet) wollten diese Lesart nicht so gerne haben.«

Der Kursleiter antwortet nicht direkt auf den Teilnehmer, obwohl er von ihm direkt und ziemlich massiv angesprochen worden ist. Zunächst erläutert eine rechts neben Teilnehmer Brille sitzende Teilnehmerin ihre Deutung. Sie liest die Erzählung nicht als die eines einsamen und psychisch kranken Mannes, als Geschichte eines »Einzelfalls«, sondern als »Parabel« auf eine »marode bürgerliche Gesellschaftsordnung«. Der Kursleiter steht während dieser Erläuterung, die auf Passagen aus der Erzählung Bezug nimmt, auf und notiert auf den am oberen Rand der Tafel noch vorhandenen freien Platz die Stichworte »Zeichen von Schönheit« und darunter »und Schwäche«. Noch während der Ausführung der Teilnehmerin legt der Kursleiter wieder die Kreide unter die Tafel, säubert – mit Blick auf den Kurs, vielleicht zur Kamera hin, als ob er beobachtet würde – seine Hände und setzt sich zurück an seinen Tisch.

Der Kursleiter lässt das in der Folge entstehende Gespräch zwischen dieser Teilnehmerin, Frau Mitte, und einer anderen auf der Fensterseite, die sich vorher schon einmal geäußert hatte, zunächst weitgehend unbeeinflusst sich entwickeln. Außer einigen ›Ja's‹ und ›Mhms‹ sagt er nichts. Er vertraut gewissermaßen auf die strukturierende Wirkung seiner Tafelanschriebe. Er lässt während des Gesprächs der Teilnehmer den Anschrieb für sich sprechen, auch im Blick auf zukünftige Intervention von ihm, als eine erste Antwort auf die ihm gegenüber kontrovers vorgebrachte Lesart des Teilnehmers Brille. Eine gleichsam erste optische Antwort, die seine spätere direkte verbale Äußerung vorbereitet. Die Tafel bietet die Möglichkeit, das als Merkposten für später festzuhalten, aber zugleich mit Einfluss auf die Gegenwart des Kursgeschehens, was in das aktuelle Teilnehmergespräch nicht reinpasst, dieses nur stören, ja, wahrscheinlich zerstören würde. Man kann sagen, wie eine Vorgruppe im Rockkonzert den Auftritt der Hauptgruppe vorbereitet, so werden die Teilnehmer auf eine maßgebliche spätere Äußerung des Kursleiters eingestimmt. Indirekt aber macht der Kursleiter mit den an

Abb. 16: TN: Nicht so Symbol für Natur, Zerstörung von Natur, sondern von Schwäche, von Schwäche und dabei zugleich Schönheit

die Tafel geschriebenen Leitworten bereits deutlich, dass seine Sicht mehr der Teilnehmerin Frau Mitte und ihrer engagiert vorgetragenen Deutung nahe steht als der des Teilnehmers Brille; und dies mit Argumenten, die auf dem genauen Lesen des Erzähltextes basieren, wie die gemachten Tafelanschriebe dokumentieren sollen.

In die Ausführungen von Frau Mitte greift er erst dann ein, als Teilnehmer Brille dazu ansetzt, ihr gegenüber seine Deutung noch einmal zu begründen. Die Art der Intervention des Kursleiters wird in der Interaktionssituation dabei nicht inhaltlich begründet. Sie geschieht – mit dem Argument einer Verantwortung für den ganzen Kurs: Möglichst alle sollen sich an der Interpretation beteiligen – unter Bezug auf eine »Wortmeldung« einer weiteren Teilnehmerin. Ihr verschafft der Kursleiter mit seiner Intervention zunächst einmal einen Raum in der Kursinteraktion. Anknüpfend an deren nur knappe Ausführungen bringt der Kursleiter zur Sprache, dass er »eigentlich Frau Mitte in der Deutung der Geschichte zustimme«, nicht Herrn Brille.

Nach dieser Positionsbestimmung gibt der Kursleiter zur Sicherung des Ergebnisses der Kursstunde eine ausführlichere Gesamtdeutung der Erzählung. Dabei nimmt er wieder Bezug auf den Tafelanschrieb, zum Teil mit besonderer Fokussierung der Aufmerksamkeit durch kurzes Heben seines Zeigefingers, mit anschließender Zeigegeste auf die Tafel.

Zum Ende des Kurses ermöglichen es die Tafelanschriebe dem Kursleiter also nicht nur, den Bogen zum Kursanfang zu schlagen. Sein Tafelanschrieb, der sich im Wesentlichen auf die Eingangssequenzen der Erzählung bezog, hält bereits die grundlegenden Merkmale der zentralen Person der Erzählung fest. Auf dieser, nunmehr im Verlauf des Kurses kollektiv durch den quasi öffentlichen Tafelanschrieb, interaktiv gesicherten Analysegrundlage, gewissermaßen vor ihr als von allen immer wahrnehmbaren Hintergrund, können sich die Analysen der Erzählung in der Kursgruppe dann relativ frei, orientiert an den unterschiedlichen Sichtweisen und Kenntnissen der Teilnehmer, und dabei je individuell direkt in den Erzähltext als Deutungsgrundlage vertieft, bewegen, ohne dass das vom Kursleiter anvisierte Ergebnis der Kursstunde gefährdet wäre. Die im Verlauf des Kurses von dessen Leiter geleistete Strukturierung der Analysen vor allem durch direkte Interventionen wird somit abgesichert und ergänzt durch das eher auf Dauerhaftigkeit setzende, statische, immer gegenwärtige Tafelbild mit den grundlegenden Merkmalen der zentralen Person der Erzählung. Über den

Abb. 17: KL: Ich denke also, bei Döblin geht die ehm gesellschaftliche Charakterisierung sicher ins Äußerliche, wenn er diesen Mann also als doch so den exemplarischen Bürger in verschiedener Hinsicht so stark kennzeichnet, das er ihn sozusagen als Signal, als Typus erkennen kann am Anfang schon ...

Bezug auf den Tafelanschrieb kann vom Kursleiter zugleich die Triftigkeit der eigenen Abschlussdeutung der Erzählung demonstriert werden und zugleich die durch ihn geleistete Strukturierung der Interpretation im Verlauf der gesamten Kursstunde. Und dies auch gegen die vehement vorgetragene Deutung eines Teilnehmers, des Herrn Brille. Dieser verfügt allerdings nicht über einen Zugang zur Tafel als Interaktionsinstrument, als Medium kontinuierlicher argumentativer Präsenz. Insofern bleibt dieser Teilnehmer, der eine vor allem gegenüber dem Kursleiter alternative Deutung vorgebracht hat, am Ende trotz seiner längeren Wortbeiträge im Kurs schließlich sprachlos, gleichsam aus der abschließenden Kurskommunikation ausgeschlossen. Und dieses Sprachlosmachen geschieht vom Kursleiter unter Verweis auf Belege, auf die im Kursverlauf erarbeiteten, stichwortartig an der Tafel festgehaltenen Ergebnisse. Auf der Tafel kann der gesamte Kurs abgebildet werden, es kann somit als Ergebnis nach dem Ende des Kurses mit nach Hause genommen werden, eventuell schriftlich von den Teilnehmern festgehalten werden, indem sie es notieren, d.h. abschreiben. Und zwar nicht nur in Gestalt des vom Kursleiter am Ende des Kurses sanktionierten Fazits sondern auch und mehr, insofern die Tafelanschriebe den Weg zum Ergebnisses des Kurses, unter Bezog auf den Text der Erzählung, abbilden. Vor dem Hintergrund dieses Prozesses der Ergebnisgenerierung mit abschließender Ergebnissicherung gibt der Kursleiter dann zum Abschluss dieser Kurssitzung und zugleich als Ausblick auf die folgende an Hand des zur Interpretation genutzten Erzählbandes einen Ausblick auf die nächste Stunde, auf die Erzählung, die dann behandelt werden soll.

Abb. 18

4 Darstellungstheoretische Perspektiven der Tafelanalyse

Die vorgegangene videographische Analyse richtete den Fokus auf die Nutzung der Tafel als Medium visuell-schriftlicher Darstellung von Wissen. Sie sollte zeigen, wie die auf optische Wahrnehmbarkeit setzende schriftliche Darstellung von Wissen an einer Tafel mit dem auf akustische Wahrnehmbarkeit setzenden Gespräch im Verlauf einer Kurssitzung, und zwar durchaus variierend, ineinander greifen (können). Diese explorativ gemeinte Analyse wäre sicher weit überinterpretiert, wenn daraus bereits der Schluss gezogen würde, dass es eher die Schriftlichkeit als die Mündlichkeit ist, die Kursdynamiken strukturell prägt (vgl. auch Meseth/Proske/Radtke 2012). Es wäre zudem ein paradoxes Resultat der Videographie. Die Analyse kann jedoch als ein durchaus weiterführendes Argument dafür genommen werden, dass man Kursprozesse nur ausreichend beschreiben kann, wenn man stärker als bisher die Entwicklungsstrukturen in den Blick nimmt, die im Kursverlauf im *Medium der Schriftlichkeit* emergieren und dementsprechend die Tafel als Medium der Darstellung von für die Aneignung relevantem Wissen in Kursen zum Gegenstand der (videographischen) Analyse macht. Eine solche Akzentuierung verlangt die Relativierung einer ausschließlich »pragmatischen Perspektive auf Schriftlichkeit«. Der Fokus auf die Performativität verlangt vielmehr eine »darstellungstheoretische« Sicht auf Schrift, und damit auch auf die Tafel. Diese stellt mehr als ein Mittel der Kompensation von Mündlichkeit dar. In ihre Analyse sind vielmehr auch die »Effekte mit ein[zubeziehen], die durch die Realisierung der Schrift erzeugt werden«. Tafelanschriebe speichern nicht nur das soziale Geschehen im Kurs, sie machen es auch »verfügbar ..., indem sie es abtrennen, neu gliedern und zu etwas Besonderen« machen. »Die Architektur der Schrift [auch an der Tafel] .... bringt einen Zusammenhang zur Darstellung und konstituiert die Darstellung von Dingen [als Wissen], und zwar durch ein Zusammenspiel kognitiver Prozesse und der Erzeugung von Sichtbarkeit.« Wenn die Schrift eine »bestimmte Sicht auf Phänomene, Objekte und Ereignisse« erzeugt, dann folgt daraus, dass sie neben der mündlichen Konstitution ein »zentrales *kognitives Instrument* der Wissensbearbeitung« (Kalthoff/Falckenberg 2008, S.916 f.) in kurs- und unterrichtsförmigen Veranstaltungen ist.

Medien als Möbel

Sigrid Nolda

1 Die Sichtbarmachung des Materiellen

Die Flut von Veröffentlichungen zur Rolle der Neuen Medien für Lehr-Lernprozesse (institutionelle und außerinstitutionelle) konzentriert sich auf das Phänomen der – unsichtbaren – Medialität und ignoriert weitgehend das der – sichtbaren – Materialität (vgl. bezogen auf die Erwachsenenbildung von Hippel 2010).
Die Sichtbarkeit der ihrerseits potenzierte Möglichkeiten des Sehens bereitstellen-
den Apparate und das Raumvolumen, das sie einnehmen, verschwinden aus der
Wahrnehmung, bilden gewissermaßen ihren blinden Fleck.

Medien treten den Benutzern aber auch in nicht unerheblichem Maß als Apparate[1], Geräte, Maschinen, also in ihrer Materialität, entgegen. Sie bestimmen das
Arrangement von Tischen und Stühlen, also ›alten Medien‹[2] einerseits und Kör-
perpositionen/-haltungen andererseits und beeinflussen damit auch soziale Figu-
rationen. Moderne Medien vereinzeln die Nutzer in der aktuell-realen Situation
der Mediennutzung, um ihm durch die Mediennutzung eine den normalen Le-
bensraum übersteigende Kommunikation zu ermöglichen, (Auf der Straße und
im Zug starren die Passanten eher auf die Displays ihrer Handys als mit den sie
real umgebenden Personen in Kontakt zu treten.). In einem Unterrichtsraum mit
Personal Computern sind gewöhnlich die Oberkörper der sitzenden Lernenden
auf die vor ihnen platzierten Bildschirme gerichtet, und die hinter ihnen stehenden Lehrenden schauen ihnen über die Schulter. Unzählige solche Bilder finden
sich in Zeitungen, Werbeprospekten und im Internet. Was den euphemistisch
präsentierten Darstellungen aber ebenso fehlt wie den kritischen Analysen ist die
schlichte Beobachtung der durch die Medien-Möbel bewirkten Einengung der an
ihnen tätigen Menschen und die Behinderung von unmittelbaren Interaktionen
und Wahrnehmungen[3].

---

1 Vgl. den Titel von Bertolt Brechts viel diskutiertem Aufsatz »Der Rundfunk als Kommunikationsapparat« von 1932.
2 Dass nicht nur Tafel und Kreide zu den alten Unterrichtsmedien gehören, sondern auch
   Pulte und Bänke bzw. Tische und Stühle kann neueren kulturwissenschaftlichen Arbeiten entnommen werden, die im Anschluss an McLuhan Möbel generell als Medien sehen
   (vgl. Hackenschmidt/Engelhorn 2011).
3 So könnte man in einem von Schäffer (2009) überzeugend als Beispiel von Altersdiskri-
   minierung interpretierten Bild (a.a.O., S.102) auch körperliche Anpassungen an einen
   von Medienmöbeln beherrschten Raum studieren, in dem der Kursleiter sich zwischen

Die auf Mediennutzung gerichtete Forschung richtet ihre Interesse aber primär auf nicht-materielle Daten: So nutzt sie logfiles, die die Dauer von Nutzung und den Inhalt von Eingaben festhalten, oder befragt Nutzer nachträglich, also außerhalb der Nutzung der Geräte, nach ihren Präferenzen oder Problemen bei der Nutzung (vgl. z. B. Grotlüschen 2003). Der reale Umgang mit den Geräten wird eher selten beobachtet – eine bedeutende Ausnahme stellen die Arbeiten dar, die im Rahmen der work place studies entstanden sind (Knoblauch 2000, Luff/Hindmarsh/Heath 2000, Hornecker 2004).

Wenn im Folgenden von Neuen Medien als Möbeln die Rede ist, dann sind damit aber nicht Geräte gemeint, denen die Aufmerksamkeit der Menschen gewidmet sind, die sich mit ihnen im gleichen Raum aufhalten. Was auf den Kursvideos nämlich auch zu sehen ist, sind Apparate, die nicht genutzt werden, die aber dennoch den Raum zu einem nicht unerheblichen Maß füllen und den Aktionsrahmen der Beteiligten bestimmen. In Abhebung von Raumanalysen, die den gesamten Raum im Hinblick auf die Realisierung einer bestimmten Gestalt (vgl. Herrle in diesem Band) oder auf seine (erwachsenen-)pädagogische Aneignung durch die Beteiligten (vgl. Nolda 2006) untersuchen, werden im Folgenden nur Teile der Einrichtung fokussiert und im Hinblick auf ihre Nicht-Nutzung betrachtet. Anders als bei dem von Heath/Hindmarsh/Luff (2010) verfolgten Ansatz, nach dem die materielle Umgebung lediglich dann interessiert, wenn diese das Sprach-, Gesten- und Bewegungsverhalten der Interaktion unüberhör- und unübersehbar beeinflusst oder dieses sogar erst hervorruft (vgl. a.a.O., S. 92 f), wird es also nicht um einen solchen direkten Bezug zwischen den Interaktanten und ihrer Umgebung gehen.

Die Betrachtung orientiert sich vielmehr an einem Vorgehen, das Roland Barthes 1970 in einem Aufsatz für die ›Cahiers du cinéma‹ am Beispiel von Standbildern oder Stills (›photogrammes‹) aus künstlerischen Spielfilmen vorgeführt hat und das als Gesetz der Beachtung auch der unscheinbaren Dinge Einzug in bildwissenschaftliche Interpretationsverfahren – so auch in die erziehungswissenschaftliche Videographie (Dinkelaker/Herrle 2009, S. 67 f) – gefunden hat. Ausgangspunkt ist die Irritation durch Objekte, denen nicht (oder nicht gleich) eine relevante Information oder ein – symbolischer – Sinn zugeordnet werden kann. Interessant ist aber in dem hier gewählten Zusammenhang weniger die Entdeckung des ›stumpfen Sinns‹ (›le sens obtus‹), sondern die ihrer Genese: Barthes hat seine Beobachtung nämlich aus dem Standbild, dem ›artefact majeure‹ (Barthes 1994, S. 882), gewonnen und damit auch die Erkenntnismöglichkeiten der von der Realzeit unabhängigen, Beschleunigung und Verlangsamung systematisch nutzenden sozial- und erziehungswissenschaftliche Videoanalyse vorweggenommen.

Barthes geht so weit zu behaupten, dass sich das Filmische paradoxerweise nicht im bewegten Film, sondern im Fotogramm zeigt. Tatsächlich treten dort Dinge hervor, die normalerweise nicht wahrgenommen werden. Zu diesen Objekten gehören auch Medien(möbel), die als »unspektakuläres, undramatisches,

---

zwei Teilnehmer in der ersten Reihe zwängt und die Teilnehmer nur mit Mühe oder gar nicht andere Teilnehmer und den Kursleiter wahrnehmen können.

ja fast langweiliges Ausstattungselement«[4] wahrgenommen werden. Dazu kann
das halbverdeckte Klavier in der Ecke ebenso wie eine feste Overhead-Installa-
tion gehören, die nicht genutzt wird. Durch die Ausstattung mit für die Teilnehmer erreichbaren Medien hat sich die Situation aber verschärft: Das für Kursleiter reservierte Einzelmedium schränkt – wenn überhaupt – nur den Aktionsraum
des Kursleiters ein, die Ansammlung von mehreren elektronischen Rechnern in
einem Seminarraum wirkt sich auf den gesamten Raum und das Raumverhalten
der Kursgruppe insgesamt aus.

Wenn diese nun anders als auf den Werbefotos nicht benutzt werden, so liegt
darin im Sinne des Konzepts der (erwachsenen-)pädagogischen Raumaneignung
(vgl. Nolda 2006) ein Ignorieren der von der Einrichtung insinuierten Nutzungs-
möglichkeit vor, das nun seinerseits meist ignoriert wird. Erst der radikal ober-
flächliche Blick auf ›media as furniture‹[5] gibt darüber Aufschlüsse. Er wird erleichtert, wenn die von den Aufgenommenen ignorierten Medien zur Zeit des
Betrachtens veraltet sind und deshalb quasi als voluminöse – im Extrem unfrei-
willig komische[6] – Fremdkörper die Aufmerksamkeit erregen[7].

In jedem Fall gilt es, den ›natürlichen‹ Fokus von den abgebildeten Menschen auf
die oft teilverdeckten Einrichtungsgegenstände zu lenken[8]. Eine technische Hilfe
stellen digitale Bildbearbeitungsverfahren dar, die – wie bei der Dekontextuali-
sierung – Personen ›freistellen‹ und ›ausschneiden‹ und dann durch Invertierung
nur den die Personen umgebenden Raum und seine Einrichtung zeigen (▶ Abb. 1).

Abb. 1

---

4 So eine auf den Fernsehapparat bezogene Formulierung in Elsner/Müller 1988, S. 392.
5 Vgl. die Kritik an der – angeblich reduktionistischen – Sicht auf ›television as sound-and-
   image emitting furniture‹ in Morley 1992, S. 262.
6 Von einer solchen Komik sind – aus heutiger Sicht – etwa Aufnahmen, die Lehrende und
   Lernende in Sprachlaboren oder Computeranlagen aus den 1980er Jahren zeigen.
7 Diesen Verfremdungseffekt, wo das Allervertrauteste das Aussehen des Allerfremdesten
   annimmt, hat bereits Siegfried Kracauer am Beispiel des künstlerischen Films beschrieben (vgl. Kracauer 1973, S. 39). Die fotografische Wiedergabe enthüllt und verfremdet
   zugleich die Objekte, die beim Anschauen der bewegten Bilder wie im Alltag übersehen
   und für selbstverständlich gehalten werden.
8 Es kommt hier eine – vordergründig – akteursabgewandte Haltung zum Tragen, wie
   sie auch in der ethnographischen Schulforschung angelegt ist (vgl. Breidenstein 2006,
   S. 17 ff).

2   Rechner am Rande

Auf den im Projekt BIWO archivierten Videoaufnahmen ist zumindest gegenwärtig – nicht nur wegen der auf Interaktion bezogenen Zielsetzung des Projekts – der Typ der personalen, von Kopräsenz und wechselseitiger Wahrnehmbarkeit geprägten Vermittlung mit dem klassischen Medium der Wandtafel[9] vorherrschend. Daneben sind aber auch mit Rollen versehene Flipcharts, provisorisch oder verschiebbar auf Tischen abgestellte Overheadprojektoren sowie – seltener – elektronische Rechner mit ihren Peripherien (Eingabegeräte, Drucker, Scanner) aus verschiedene Computergenerationen zu sehen (▶ **Abb. 2**).

Häufig fällt das Vorhandensein digitaler Medien erst auf den zweiten Blick auf. Die in Abbildung 2 jeweils doppelperspektivisch abgebildeten Situationen aus einem Kurs sind durch die von Körperhaltung und Blickrichtung geprägte Hinwendung der sitzenden Kursteilnehmer zur stehenden Kursleiterin gekennzeichnet. Auffällig ist der zwischen den beiden Sitzreihen freigelassene leere Raum, der auf eine künftige kursbezogene Benutzung verweisen könnte. Die Hintergründe dagegen, nämlich eine Theke mit Bareinrichtungsgegenständen, die Kameramänner und ihre Kameras sowie eben Computermonitore, -tower und -tastaturen und ein Printer fallen zunächst nicht auf bzw. werden als optische Verunklarung der Lehr-Lern-Interaktion ignoriert. Eine ›professionelle‹ bildtechnische Bearbeitung würde diese Hintergründe entfernen oder (durch Weichzeichner) unauffälliger machen. Ein solcher fokussierender und abstrahierender Blick übersieht aber das, was – teilweise – auch für die Aufgenommenen selbst sichtbar ist und die Situation, in der sie sich befinden, mitbestimmt.

Richtet man den Blick unter Absehung des Aufmerksamkeitsfokus der Aufgenommenen (und Aufnehmenden) darauf, sieht man auf den Abbildungen einen Drucker (0) sowie klobige Monitor- und Rechnereinheiten (1-7), die aber offensichtlich nicht benutzt werden. Nur an jeweils zwei solcher Computerarbeitsplätze an der Wand- und an der Fensterseite (2, 6) sind Holzstühle direkt vor die Rechnereinheit gestellt, vor einem der Computer an der Fensterseite ist allerdings ein großer Tisch geschoben worden, der den Zugang unmöglich macht. Die Ausrichtung der Computer an der Fensterseite ist aus ergonomischen Gründen sogar falsch, da der solcherart am Computer Sitzende direkt ins (Tages-)Licht blicken müsste. Die Holzstühle sind überdies keine speziell für die Computerbedienung hergestellten Möbel und dürften deshalb eher unbequem sein. Auch die anderen, mit Chromlehnen versehenen Stühle im Raum sind keine Schreibtischstühle. Während die Rechner an der Wandseite auf Tischen platziert sind, befinden sich die Rechner an der Fensterseite auf Rollwagen[10]. Das spricht dafür, dass sie an dieser ungünstigen Stelle lediglich momentan untergebracht sind. Dieses Arrangement lässt darauf schließen, dass der Raum nicht primär der Computernutzung dient.

---

9   Vgl. den Beitrag zum Thema »Tafeln« von Kade in diesem Band.
10 Ein solcher – multifunktionaler – Rollwagen ist auch auf der computerfreien anderen Fensterseite zu sehen, wo er als Ablage zu dienen scheint.

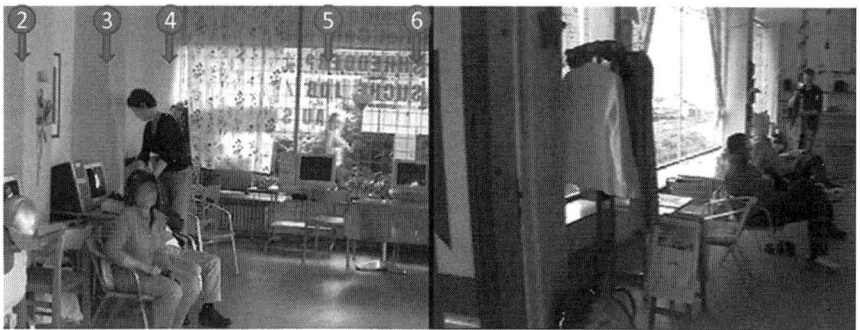

Raum zum Zeitpunkt t_1

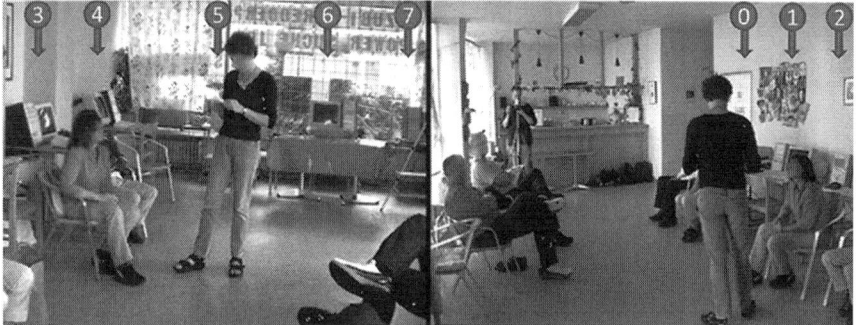

Raum zum Zeitpunkt t_2

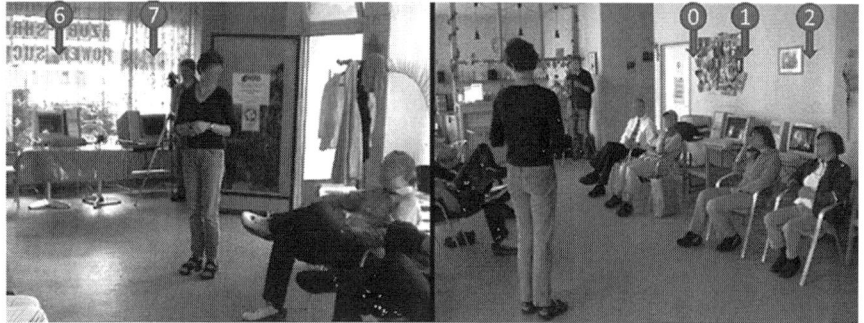

Raum zum Zeitpunkt t_3

Abb. 2

Für den aufgenommen Kurs scheint die Computernutzung keine Option, sondern eher eine Behinderung darzustellen: Die Kursleiterin findet kaum Patz, um neben einem Rechner (4) ihre Unterlagen abzulegen, ein Rucksack verstellt den Zugang zu dem Drucker (0), eine große Einkaufstüte den Weg zu einem PC-Arbeitsplatz (1). Ähnlich verhält es sich bei der Theke, deren Zugang durch die vor ihr liegenden Taschen/Rucksäcke verstellt ist. Außerdem deuten die Monitorflächen mit

133

den spiegelnden Lichtreflexen darauf hin, dass die Computer nicht angeschlossen, also nicht schnell zu bedienen sind.

Die nüchtern-spartanische Ausstattung lässt darauf schließen, dass die Geräte primär seriös (zu Arbeits- oder Lernzwecken) genutzt werden, die im Hintergrund sichtbare Theke legt dagegen eine genuss- bzw. freizeitorientierte Nutzung des Raums nahe. Beide vom Raum nahegelegten Nutzungsformen werden von den auf dem Standbild zu sehenden Beteiligten nicht realisiert. Das Lehr-Lern-Geschehen spielt sich vielmehr in Abgrenzung zum genussgeleiteten Freizeitbereich und mit dem Rücken zur medialen Möglichkeit der Wissensvermittlung und -aneignung, aber in deren materialen Präsenz ab. Bar und Computer bilden lediglich eine funktionslose Kulisse und werden weder thematisiert noch sorgsam behandelt. Nicht die geteilte Aufmerksamkeit der jeweils allein vor den Computern Sitzenden oder die lockere Geselligkeit, sondern die die Lerngruppe als Ganzes umfassende Aufmerksamkeitsrichtung bestimmt die bildlich erfasste Lehr-Lern-Situation.

Die Kursgruppe geht offensichtlich nicht den Beschäftigungen nach, für die der Kursraum (primär) eingerichtet ist und nimmt deshalb auch andere als die vorgesehenen Haltungen ein. Den Unterschied zwischen der von der Stellung der Computer an der Wandseite wahrscheinlich[11] vorgesehenen und der tatsächlichen Nutzung/Körperausrichtung, wie sie auf den zu Standbildern erfasst ist, zeigt die aus der Vogelperspektive erstellte Skizze in Abbildung 3.

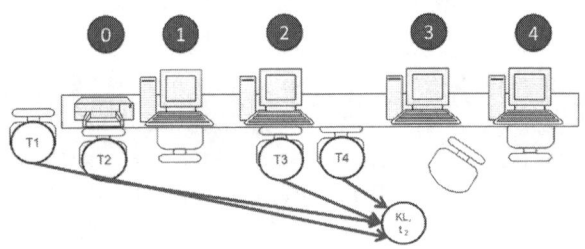

tatsächliche Raumnutzung (zum Zeitpunkt t_2)

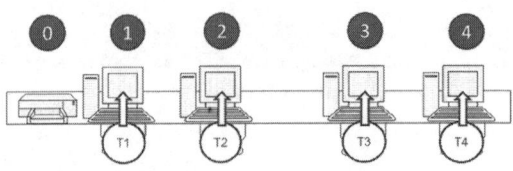

durch Medienmöbel vorgesehene Nutzung

Abb. 3

---

11 Denkbar wäre neben der selbstständigen Nutzung der Computer auch eine angeleitete Nutzung, bei der ein Dozent hinter den Teilnehmern steht und deren Vorgehen kommentiert.

Wie in der Erwachsenenbildung häufig üblich, war es offensichtlich nicht möglich, den Raum ausschließlich für die dokumentierte Veranstaltung herzurichten (also in diesem Fall die PC-Möbel zu entfernen) und damit mögliche Ablenkungsquellen zu eliminieren. Es wurde aber vielleicht von den Verantwortlichen auch nicht für wichtig gehalten[12]. Immerhin ist bei dieser Konstellation günstig, dass sich die einzelnen Rechner relativ leicht an den Rand des Raums räumen beziehungsweise sogar ganz verschieben lassen. Anders ist der Fall eines Kurses, der in einem sogenannten Medienraum stattfindet, der mit computerintegrierten Tischen ausgestattet ist.

3 Medien als Behinderung

Je stabiler die für elektronische Kommunikation vorgesehene Ausstattung ist, desto problematischer gestaltet sich der Wechsel vom computerbasierten zum personalen Lehren und Lernen (und umgekehrt). Auf Abbildung 4 aus der Anfangssitzung einer Veranstaltung zum Thema EDV ist ein Tisch zu sehen, in dem Monitore eingelassen sind, die aber von den am Tisch sitzenden Teilnehmern (hier und in der folgenden Abbildung geweisst) nicht genutzt werden. In der Einführungsphase stellt sich nämlich der Dozent erst einmal vor und erläutert sein Kurskonzept, das im weiteren Verlauf auch raumunabhängige Online-Phasen (im Sinne des blended learning) vorsieht. Ähnlich wie im ersten Beispiel wenden sich auch hier die Teilnehmer dem Dozenten zu, indem sie eine von dem Medientisch nicht primär vorgesehene Sitzhaltung einnehmen: Sie legen die Arme neben oder vor die Tastatur-Monitor-Mousepad-Einheit. Der Teilnehmer vorn im Bild hat einen Schreibblock so hingelegt, dass ein Teil über den Tisch-

Abb. 4

---

12 Die Okkasionalität der Erwachsenenbildung erweist sich deshalb nicht nur als Element des Angebots(vgl. Schrader 2011, S. 95 ff) und der Teilnahme (vgl. Kade/Nolda 2014), sondern auch als eines der unmittelbaren materiellen Durchführung.

rand ragt, die beiden Teilnehmerinnen im Hintergrund haben ihre Schreibunterlagen neben die aus Monitor und Tastatur bestehende Einheit platziert. Der das Arbeiten einer Gruppe an Computern erleichternde Tisch erweist sich so als Hindernis beim Einsatz von Zuhörhaltungen in face-to-face-Interaktionen[13]. Die dunklen Glasflächen der Monitore lassen vermuten, dass die Computer nicht angeschlossen sind und demnach auch nicht unmittelbar benutzt werden. Dass die Teilnehmer überhaupt traditionelle Blöcke, Schreibgeräte, Etuis und Terminplaner mitgebracht und ausgebreitet haben, lässt darauf schließen, dass sie gewöhnlich diese Gegenstände (und nicht etwa deren elektronische Pendants) benutzen.

Auf einem anderen Ausschnitt der Aufnahme (▶ Abb. 5) ist deutlicher zu erkennen, dass die in und auf dem Tisch sichtbaren Teile der Medienausstattung die Teilnehmer hindern, ihre Unterlagen direkt vor sich unterzubringen und in einer bequemen Weise zu schreiben und sie zur Einnahme von dieser Anlage ausweichenden Plätzen zwingt. Die vorne sitzende Teilnehmerin hat offensichtlich das störende Mousepad so weit wie möglich von der Tastatur entfernt platziert und nutzt den so entstandenen Zwischenraum. Der Stuhl ihrer Nebensitzerin steht nicht – wie vom Mobiliar vorgesehen – vor einem der eingelassene Monitore, sondern vor einer Stelle des Tisches, an der kein Monitor eingelassen ist und der so Platz zum handschriftlichen Schreiben und direkte Sicht auf den Kursleiter, aber sonst wenig Raum bietet und zudem Sicht und Zugriff auf den Monitor erschwert.

Abb. 5

Auch der Kursleiter scheint nicht darauf vorbereitet zu sein, mit den im Raum befindlichen Computern zu arbeiten: Er benutzt im Gegensatz zu den Teilnehmern ein – wahrscheinlich eigens mitgebrachtes – Notebook, das er für eine Beamer-Präsentation verwendet. Der Kursleiter bedient sich dementsprechend auch

---

13 Von den Herstellern wird diese Art der Computermöbel wegen der freien Sicht durch den Raum übrigens als ›kommunikationsförderlich‹ angepriesen.

der hinter ihm angebrachten Leinwand und nutzt damit zumindest einen Teil der Medieneinrichtung. So wie der Tisch die Zuhör- und Schreibaktivitäten der Teilnehmer behindert, so behindert er auch den Bewegungsraum des dozierenden Kursleiters. Verstärkt wird die Einschränkung durch einen (vermutlich zur Medienaufbewahrung dienenden) Schrank hinter ihm. Trotz der Nutzung der ausschnittweise zu sehenden Leinwand als Projektionsfläche nimmt er die stehende Haltung eines direkt mit Zuhörerin interagierenden Dozenten ein (▶ **Abb. 6**) und bedient sich der dabei typischen, seine Rede metaphorisch untermalenden Handbewegungen. Die Haltung der Teilnehmer (▶ **Abb. 4**) ist auch eher auf den Dozenten und nicht auf die Leinwand gerichtet. Die Beteiligten folgen demnach dem Muster eines Raums, in dem Reihen[14] hintereinander aufgestellt sind und die Aufmerksamkeit der dort Sitzenden auf den oder die frontal von ihnen Stehenden gerichtet ist.

Abb. 6

Im weiteren Verlauf der Sitzung werden die Teilnehmer aufgefordert, sich untereinander Fragen zur Person zu stellen und das vom jeweils anderen Erfahrene der Gruppe mitzuteilen. Dazu müssen sie sich teilweise über die Tischecken hinweg miteinander unterhalten und anschließend in dem engen Korridor zwischen Tisch und Leinwand das Erfragte vortragen. Als ›Hintergrund‹ dient dabei eine von den jeweils Befragten selbst angefertigte ›Porträt‹-Skizze, die – mit Hilfe eines Presenters – an die Leinwand projiziert wird. In einem für rechnergestützte und fernmediale Kommunikation dauerhaft ausgestatteten Raum werden so Formen der personalen und nahmedialen Vermittlung praktiziert, die sich – im wahrsten Sinn des Wortes – an dem materialisierten Konzept der vorgesehenen Verwendung stoßen.

Abbildung 7 stellt die vorgesehene Nutzung der in den Standbildern erfassten realen Nutzung gegenüber:

---

14 Vgl. den Beitrag von Herrle zum Thema »Raumgestalten« in diesem Band.

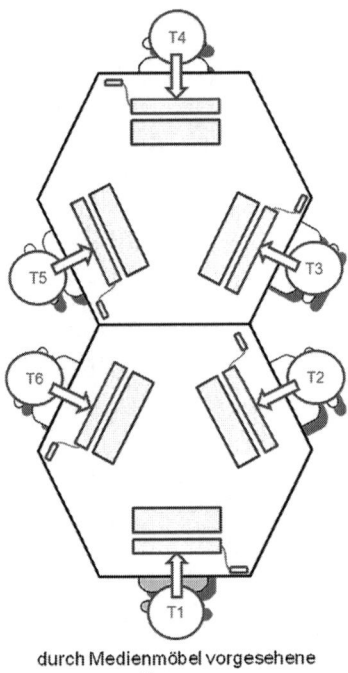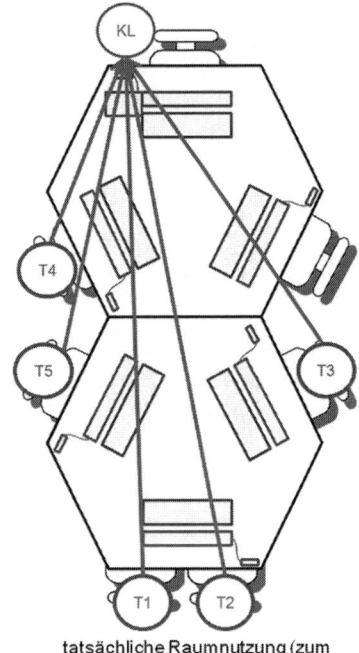

durch Medienmöbel vorgesehene
Nutzung

tatsächliche Raumnutzung (zum
Zeitpunkt t_1)

Abb. 7

Die hier mit Hilfe von Stills, Stillausschnitten und Raumskizzen dargestellten Nicht-Nutzungen von bereitgestellten Computern verweisen auf den gewöhnlich nicht thematisierten Aspekt von Medien als Einrichtungsgegenständen, als Möbel, die Räume beanspruchen, verengen und verstellen und die Beteiligten zu diversen Verrenkungen veranlassen. Sie stellen – vielleicht zeittypisch für eine Epoche, in der digitale Medien nicht miniaturisiert von jedermann in der Tasche transportiert werden konnten – die Materialität der sonst eher als immateriell wahrgenommenen Medien dar und erinnern damit an die die Wohnzimmer zustellenden und beherrschenden Fernsehtruhen der 1950er Jahre. Das mag nur dann eine rein historische Behandlung rechtfertigen, wenn man nicht annimmt, dass materiale, raumbeanspruchende und aktionsbestimmende Medien generell nicht nur – in der Literatur vielbesprochene – neue Informations- und Kommunikationsmöglichkeiten bieten, sondern zugleich auch Interaktionsmöglichkeiten einschränken.

Die beiden hier an Beispielen vorgestellten Formen der Nichtnutzung von Medien haben neben ihrer konkreten auch eine übertragene Bedeutung: Computermöbel stehen in vielen Unterrichtsräumen nicht nur wörtlich am Rande, Computer werden auch nicht in dem von einigen Bildungstheoretikern erhofften oder von Politik und Wirtschaft propagierten Maß genutzt. Die Probleme der Erwachsenenbildung wie Teilnehmerschwund, Lernverweigerung und Mangel an Inklusion dürften weder durch weitere Anschaffungen von elektronischen Rechnern noch durch die Ersetzung personaler durch mediale Vermittlung zuverlässig zu lösen sein. Medien stehen deshalb am Rande der nach wie stark an personaler Vermittlung ausgerichteten Erwachsenenbildung. Dass Medienmöbel verbale und vor allem non-verbale Interaktionen erschweren, ist eine Erfahrung, die bereits zu Zeiten der Sprachlabore (vgl. Jung 1978) gemacht wurde. Mit der Etablierung fernmedialer Lehr- und Lernformen und dem Primat schriftlicher (und bildlicher) Kommunikation ist der Wegfall der Komplexität von Interaktion unter Anwesenden verbunden, die auch durch den Wechsel von Präsenz- und Online-Phasen nur bedingt auszugleichen ist. Medien sind deshalb nicht nur im Sinne von McLuhan als menschliche Fähigkeiten potenzierende Extensionen (vgl. McLuhan 1964), sondern – ohne einem wohlfeilen ›media bashing‹ anheimzufallen – auch als Einschränkungen und Behinderungen zu sehen.

III Beteiligte Körper

Körper im Raum
Pädagogische Professionalität im Umgang mit Anwesenden

Jörg Dinkelaker

Während der pädagogisch-professionelle Umgang mit *Deutungen* in der Erwachsenenbildung gründliche wissenschaftliche Thematisierung und Reflexion erfahren hat (vgl. z. B. Koring 1987, Dewe 1988, Arnold/Siebert 2005, Kade/Seitter 2005), bleibt der Umgang mit *Körpern* in der Erwachsenenbildungspraxis wissenschaftlich weitestgehend unaufgeklärt. Bezogen auf andere Felder der Erziehung und Bildung werden dagegen pädagogische Situationen bereits als körpergebundene soziale Praxen beobachtet (vgl. Göhlich 2001, Wulf/Zirfas 2007, Rabenstein/Reh 2008, Alkemeyer u. a. 2009) und Lernen wird als körpergebundener Prozess dimensionalisiert (vgl. Gebauer/Wulf 1992, Brümmer 2009). Als vielversprechende Forschungsstrategie erweist sich in diesem Zusammenhang neben ethnographischen Beobachtungen die Videographie (für eine Übersicht vgl. Knoblauch u. a. 2006), die in den letzten Jahren zunehmend auch in der Erziehungswissenschaft zum Einsatz gebracht und weiterentwickelt wurde (vgl. Erickson 2006, Dinkelaker/Herrle 2009).

Die im Projekt »Bild und Wort. Erziehungswissenschaftliche Videographie: Kurs- und Interaktionsforschung« erhobenen Daten bieten eine vielfältige Grundlage für videographische Untersuchungen zum Umgang mit Körpern in der Erwachsenenbildung: zum Korpus gehören sowohl Veranstaltungen, in denen der Umgang mit Körpern im Vordergrund steht, weil neue Bewegungsabläufe oder Tätigkeiten erlernt werden sollen, als auch Veranstaltungen, in denen der Umgang mit Körpern nur am Rande eine Rolle zu spielen scheint, weil thematische Zusammenhänge erarbeitet oder politische oder kulturelle Fragen diskutiert werden sollen.

Nicht die explizit auf das Körperlernen abzielenden Momente des Erwachsenenbildungsgeschehens (Dinkelaker/Herrle/Kade i. d. B., Herrle/Dinkelaker i. d. B.), sondern gerade die als selbstverständlich hingenommene Körpergebundenheit jeder Veranstaltung des Lernens unter Anwesenden steht im Mittelpunkt der vorliegenden Beitrags.

Im Folgenden soll zunächst gezeigt werden, wie sich Kurse der Erwachsenenbildung in wiederkehrenden Mustern der Körperkoordination konstituieren, die spezifische Funktionen für das (immer auch körpergebundene) Lernen erfüllen. (►Kap. 1)

Veranstaltungsleitende greifen in diese lernbezogenen Muster der körperlichen Koordination gestaltend ein. Es lassen sich vier unterschiedliche Formen der Einflussnahme auf diese Koordinationsprozesse identifizieren. (►Kap. 2)

Diese Beobachtungen bilden den Horizont eines erweiterten Verständnisses pädagogischer Professionalität und der Prozesse, in denen sie sich entwickelt. (►Kap. 3)

1 Muster lernbezogener Körperkoordination

Ein konstitutives Merkmal von Veranstaltungen der Erwachsenenbildung besteht darin, dass Veranstaltungsleitende und Teilnehmende zur gleichen Zeit am gleichen Ort körperlich anwesend sind[1]. Ihre Körper sind allerdings nicht einfach nur da. Vielmehr folgen ihre Positionierung und Ausrichtung im Raum und ihr Auftreten spezifischen Mustern[2]. Auch außerhalb von Kursen werden Körper in spezifischen Ordnungen aufeinander bezogen: ob im Straßenverkehr, in Warteschlangen, im Gerichtssaal oder beim Einkaufen. Die Platzierung und Ausrichtung der Körper, ihre Bewegungen und die Formen ihres Ausdrucks werden aufeinander abgestimmt. Eine solche Koordination von Körpern ereignet sich in jedem Moment, in dem mindestens zwei Personen an einem Ort gleichzeitig anwesend sind und sich wechselseitig wahrnehmen (vgl. auch Kendon 1990a, Schmitt 2007).

In Kursen jedoch weisen die Muster der Körperkoordination spezifische Merkmale auf. Diese variieren zwar von Situation zu Situation und von Kurs zu Kurs, die beobachtbaren Konfigurationen der Positionierung, Ausrichtung und Bewegung der anwesenden Körper können aber dennoch auf ein überschaubares Repertoire von Grundmustern zurückgeführt werden. Diese im empirischen Vergleich unterschiedlicher Kurssituationen rekonstruierbaren Grundmuster sind in gewisser Weise wohlbekannt, auch wenn ihnen als solchen kaum Beachtung geschenkt wurde. Bekannt sind sie insofern, als dass sie als Begleiterscheinungen von Lehrmethoden bzw. von Sozialformen des Lernens thematisiert werden (vgl. beispielsweise Terhart 1989, Kuypers/Leydendecker 1982, Weidenmann 2006, Quilling/Nicolini 2007). Weitestgehend unbeachtet blieb dagegen, dass es sich bei diesen durchaus beschriebenen Körperformationen um Manifestationen performativer Ordnungen handelt, dass also die Sozialformen des Lernen nicht etwa lediglich bestimmte Körperformationen mit sich führen, sondern dass umgekehrt die Sozialformen Ordnungen körperliche Performativität sind.

Als **Vorträge** werden üblicherweise Konfigurationen der Kopräsenz bezeichnet, in denen die Beteiligten so platziert sind, dass alle Anwesenden eine als Vortragende herausgehobene Person und das von ihr Gezeigte gut wahrnehmen können. In der Regel *steht* der Vortragende, während die Zuhörenden *sitzen*. Die Körper der Zuhörenden sind parallel auf den Vortragenden ausgerichtet. Der Körper des Vortragenden ist den Zuhörenden zugewendet. Während die Vortragenden ihren Körper einsetzen, um etwas fortgesetzt und gut wahrnehmbar

---

1 Zur körperlichen Anwesenheit als konstitutivem Merkmal von Interaktionssituationen vgl. Kieserling 1999.

2 Auf die Bedeutung von Mustern weist Michael Göhlich im Rückgriff auf Gregory Bateson hin. Pädagogische Praxen sind geprägt durch »Muster, deren Wiedererkennbarkeit und Zuordenbarkeit diese Interaktionssysteme untereinander, aber auch die Praxis verschiedener (pädagogischer) Institutionen miteinander verbindet« (Göhlich 2001, S. 208).

Abb. 1 Vortrag

auszudrücken, reduzieren die Hörenden ihre körperlichen Aktivitäten und fokussieren - an ihrer Körperausrichtung und Blickrichtung erkennbar - die Äußerungen der Vortragenden, um wahrnehmen zu können, auf was er sie hinweist (▶ Abb. 1).

Abb. 2 Gespräch

Als **Gespräche** werden diejenigen Formen der Koordination von Körpern bezeichnet, in denen von allen Beteiligten erwartet wird, dass sie ihre Körper nutzen, um den anderen – allerdings nicht allen gleichzeitig, sondern geordnet nacheinander – etwas mitzuteilen. Wer sich wann zu welchem Thema äußert, muss daher zwischen den Beteiligten abgestimmt werden. Häufig übernehmen Veranstaltungsleitende eine herausgehobene Rolle bei der Bearbeitung dieser Abstimmungsaufgabe. Die Positionierung der Körper im Raum ähnelt in manchen Gesprächen der Positionierung, die auch in Vorträgen zu beobachten ist. Häufig verteilen sich die Beteiligten aber auch so im Raum und richten sich so aus, dass sie sich alle unkompliziert gegenseitig visuell wahrnehmen können (Kreis, Quadrat, Hufeisen) (▶ Abb. 2).

Als **Übungen** werden diejenigen Formen der Koordination von Körpern bezeichnet, die sich dadurch auszeichnen, dass eine Reihe von als unerfahren adressierten Personen sich mit ihren Körpern einem Übungsgegenstand zuwendet. Die

145

Abb. 3 Übung

Körper der Übenden werden daher so platziert, dass sie den Übungsgegenstand gut wahrnehmen und sich mit ihm auseinandersetzen können. Eine ebenfalls anwesende, die Übenden anleitende Person ist dagegen in ihrer Positionierung im Raum flexibel. In der Regel wechselt sie ihren Aufenthaltsort, während sie sich nacheinander unterschiedlichen Übenden zuwendet, um diese in ihren Übungen zu begleiten und zu unterstützen (▶ **Abb. 3**).

Damit kursförmige Interaktionen sich überhaupt ereignen können, müssen sich alle Beteiligten in ihrem Körperverhalten so koordinieren, dass ein solches kurstypisches Koordinationsmuster realisiert werden kann. Obwohl Veranstaltungen der Erwachsenenbildung also nur gelingen, wenn sich alle koordiniert entsprechend der sie konstituierenden Koordinationsmuster verhalten, wird dennoch den Veranstaltungsleitenden eine besondere Verantwortung für die Etablierung dieser Koordinationsmuster zugeschrieben.

Bevor ich mich der Frage zuwende, wie es Veranstaltungsleitenden gelingt, unter Mitwirkung der Teilnehmenden diese Fiktion eines kursleitergesteuerten Geschehens zur Realität werden zu lassen, möchte ich allerdings noch auf die Frage eingehen, warum gerade *diese* Muster der Körperkoordination zur Aufführung gebracht werden und nicht irgendwelche andere, wie etwas dasjenige, das in Abbildung 4 dargestellt ist.

Abb. 4 Party

Um diese Frage beantworten zu können, wird unterstellt, dass die in Kursen realisierten Muster deswegen wiederkehrend zum Einsatz kommen, weil sie die Bearbeitung spezifischer Probleme ermöglichen, die in Kursen erwartbar auftreten und dass diese Probleme mit dem in Veranstaltungen der Erwachsenenbildung verfolgten Motiv zusammenhängen, Lernen zu ermöglichen. Bei der Suche nach den spezifischen Funktionen der in Kursen realisierten Koordinationsmuster helfen Theorien, die die Körperlichkeit des Lernens zum Thema machen. Besonders aufschlussreich ist hier ein Rückgriff auf die Thematisierung des Körpers in der Phänomenologie: Eckart Liebau (2007) arbeitet eine Unterscheidung dreier Dimensionen der Leiblichkeit des Lernens heraus. Wir sind im Lernen an unseren Leib gebunden, weil wir mit ihm wahrnehmen, weil wir mit ihm gegenüber anderen auftreten und weil wir uns mit ihm bewegen:

- Je nachdem, was gelernt werden soll, werden in Lehr-Lernsituationen die Körper der Beteiligten so ausgerichtet, dass der Veranstaltungsleitende, die Mit-Teilnehmenden oder Symbolisierungen des Lerngegenstands ins Zentrum der Aufmerksamkeit und damit der gemeinsamen *Wahrnehmung* rücken können. Hier manifestiert sich die besondere Relevanz der Aufmerksamkeitssteuerung für pädagogische Situationen (vgl. Prange 2005, Dinkelaker i.d.Bd.).
- Das körperliche *Auftreten* Veranstaltungsleitender und Teilnehmender wird in Lehr-Lernsituationen so koordiniert, dass – abhängig vom verfolgten Lerngang – der wechselseitige Austausch von Erfahrungen, die Überprüfung und Demonstration des Wissens der Teilnehmenden oder eine störungsarme Darstellung von Wissenszusammenhängen der Teilnehmenden möglich wird. Im Umgang mit dieser körperlichen Dimension des Lernens tritt das Verhältnis von Kommunikation und Wissen in den Vordergrund (vgl. Dinkelaker 2008).
- Die Koordination der körperlichen *Bewegungen* der Beteiligten in Lehr-Lernsituationen ist davon abhängig, inwiefern das Vollziehen dieser Bewegungen für den verfolgten Lerngang eine notwendige Bedingung oder im Gegenteil eine Störung darstellt. Stören übermäßige Bewegungen das Lehr-Lern-Geschehen, werden sie unterlassen. Wird dagegen gerade das Einüben von Bewegungsabläufen angestrebt, so werden die Bewegungen der Beteiligten so koordiniert, dass eine Imitation der Bewegungen der Veranstaltungsleitenden durch die Teilnehmenden möglich wird und die Teilnehmenden Gelegenheit haben, sich wiederholt in den Bewegungsabläufen zu versuchen. An dieser Stelle zeigt sich die Bedeutung des Übens (vgl. Herrle/Dinkelaker i.d.Bd.) und des mimetischen Anähnlichens (vgl. Gebauer/Wulf 1992) für die Erwachsenenbildung.

Vor dem Hintergrund dieser drei Dimensionen der Leiblichkeit lassen sich den beobachtbaren Koordinationsmustern spezifische Funktionen zuschreiben.

Beim Koordinationsmuster »*Vortrag*« organisieren die Beteiligten ihre Körperaktivitäten so, dass ausgedehnte Äußerungen der Veranstaltungsleitenden mit fortgesetzter, fokussierter Wahrnehmung dieser Äußerungen durch Teilnehmende koordiniert werden. Dieses Muster wird daher etabliert, wenn es darum geht, Wissensbestände in ihrem Zusammenhang darzustellen, über die ausschließlich der Veranstaltungsleitende verfügt, die aber den Teilnehmenden bekannt gemacht werden sollen (vgl. Gage/Berliner 1986, Weidenmann 2006).

Im Muster »*Gespräch*« organisieren die Beteiligten ihre Körperaktivitäten so, dass sich koordiniert sowohl die Veranstaltungsleitenden als auch die Teilnehmenden ausdrücken und dabei wechselseitig wahrnehmen. Es wird daher etabliert, wenn es darum geht, Erfahrungen auszutauschen, geteiltes Wissen gemeinsam zu entwickeln oder den Beteiligten die Möglichkeit zu geben, sich in ihrem Wissen gegenseitig darzustellen (vgl. Prange 1983, Weidenmann 2006, Nolda 1996, Ludwig 2004).

Im Muster »*Übung*« organisieren die Beteiligten ihre Körperaktivitäten so, dass Versuche der Aufgabenbearbeitung durch Teilnehmende mit Demonstrationen und Beobachtungen der Veranstaltungsleitenden koordiniert werden. Es wird daher etabliert, wenn es darum geht, unter Anleitung spezifische Fertigkeiten zu entwickeln (vgl. Bollnow 1978, Odenbach 1981, Prange/Strobel-Eisele 2006).

Da jedes in Kursen etablierte Muster der Körperkoordination bestimmte Formen des Lernens ermöglicht, wiederum andere aber verhindert, kommen in unterschiedlichen Kursen unterschiedliche Muster der Körperkoordination zum Tragen und häufig werden im Verlauf einer Kursveranstaltung Koordinationsmuster gewechselt und auch miteinander vermischt. Kurse sind insofern von Veranstaltungsleitenden gesteuerte, komplexe Kompositionen von Mustern der Körperkoordination. Da jede und jeder Beteiligte aber nur Zugriff auf seinen eigenen Körper hat, stellt sich die Frage, wie es den am Geschehen Beteiligten gelingt, den Eindruck aufrechtzuerhalten, es sei der Kursleitende, der die Koordination der körperlichen Bezüge der Beteiligten auf das Geschehen maßgeblich bestimmt.

2 Einwirkungsstrategien von Veranstaltungsleitern

Ein wesentliches Moment des professionellen Handelns von Veranstaltungsleitenden besteht in der Etablierung, Aufrechterhaltung und Veränderung der lernbezogenen Muster der Körperkoordination, die Veranstaltungen der Erwachsenenbildung konstituieren. Will man diese Steuerung der Teilnehmendenkörper durch Veranstaltungsleitende nicht als quasi-magischen Vorgang mystifizieren oder von vornherein als Manipulationen verteufeln, gilt es die Verhaltensweisen aufzuklären, die es Veranstaltungsleitenden ermöglichen, auf die Koordinierungsaktivitäten der Teilnehmenden Einfluss zu nehmen. Zugleich sind die Umgangsweisen Teilnehmender mit diesen Einflussnahmen Veranstaltungsleitender zu beschreiben, die ihnen die Übernahme ihrer Koordinationsrolle ermöglichen.

Dann erst können die Einwirkungsstrategien Veranstaltungsleitender auch auf ihre lernförderlichen oder hemmenden Effekte hin befragt werden und es kann geklärt werden, an welcher Stelle Eingriffe welcher Art in die Individualität und Autonomie der Teilnehmenden mit diesen Strategien verbunden sind.

Drei Grundformen der Einflussnahme Veranstaltungsleitender auf das Koordinationsgeschehen konnten bislang mit Hilfe videographischer Untersuchungen voneinander unterschieden werden: das Arrangieren, das Verkörpern und das Dirigieren.

Beim *Arrangieren* verändern Veranstaltungsleitende die räumlichen Bedingungen des Geschehens, worauf wiederum die Teilnehmenden in ihren Körperaktivitäten reagieren.

Beim *Verkörpern* verdeutlichen Veranstaltungsleitende in ihrem Auftreten die Erwartung, dass gegenwärtig ein bestimmtes Muster der Körperkoordination das Geschehen bestimmt, woran sich dann wiederum Teilnehmende in ihren Aktivitäten orientieren.

Beim *Dirigieren* nutzen Veranstaltungsleitende explizite Mitteilungen, um Einfluss auf Koordinationsmuster zu nehmen. Sie informieren über Abläufe, geben Anweisungen und bewerten gegebenenfalls bereits realisierte Beteiligungsformen der Teilnehmenden.

Neben diesen drei Registern der Einwirkung ist eine vierte, sehr bedeutsame Form des Umgangs Veranstaltungsleitender mit Körperkoordination zu beobachten: das Sich-Einfügen. Beim *Sich-Einfügen* geben Veranstaltungsleitende ihren Anspruch auf Gestaltung der Situation auf und passen sich an ein *ohne* ihr Zutun entstandenes Muster der Koordination von Körpern an. In der Regel geschieht diese Anpassung nur vorübergehend, so lange, bis die Veranstaltungsleitenden dann wieder eine Gelegenheit ergreifen, um ein von ihnen angestrebtes Koordinationsmuster zu etablieren.

Im Folgenden werden diese vier Varianten des Umgangs mit der Koordinationsrolle von Veranstaltungsleitenden anhand von Beispielen erläutert. Diese Beispiele sind dem Geschehen in zwei Volkshochschulkursen entnommen: einem mehrwöchigen Kompaktkurs »Deutsch als Fremdsprache« und einem Abendkurs »Arabisch I«. In beiden Kursen versuchen die Veranstaltungsleitenden, die Teilnehmenden dazu zu bewegen, möglichst viel in der zu erlernenden Sprache zu sprechen, zu schreiben und zuzuhören, sich also in der Anwendung der Sprache zu üben.

Arrangieren

Dass sich die Teilnehmenden beim Sprechen einander und dem Veranstaltungsleitenden zuwenden, wird im Kurs »Deutsch als Fremdsprache« bereits allein durch eine spezifische Raumgestaltung erreicht. Wie üblich findet dabei der Kursleiter auch in diesem Kurs bereits eine bestimmte Raumgestaltung vor. Diese wird von ihm partiell verändert, während Teilnehmende bereits ihre Plätze einnehmen (▶Abb. 5):

Abb. 5 Arrangieren (vorher-nachher)

Der Veranstaltungsleitende und die Teilnehmenden treffen zeitgleich im Raum ein. Das vorgefundene Raumarrangement interpretieren die Teilnehmenden so, dass die bestuhlten Tische der Ort sind, an dem ihre Platzierung erwartet wird. Sie setzen sich dementsprechend um die Tische, lassen allerdings eine Seite unbesetzt: die Seite, an der eine Tafel aufgestellt ist, wohl in Erwartung dessen, dass sich dort der Veranstaltungsleitende aufhalten wird. Damit antizipieren sie ein bestimmtes Muster der Körperkoordination: es wird darum gehen, wahrzunehmen, was an der Tafel geschieht, wobei es der Veranstaltungsleitende ist, der ein Vorrecht darauf hat, sich dort schriftlich und mündlich auszudrücken. Zudem belassen es die Teilnehmenden bei der vorgeschlagenen Ausrichtung der Stühle und richten sich daher auch wechselseitig aneinander aus.

Während sich die Teilnehmenden bereits dem vorhandenen Arrangement entsprechend im Raum platzieren, beginnt der Veranstaltungsleitende dieses partiell zu verändern. Er entfernt Tische, die das Viereck zu einem kleinen »b« verlängern. Damit verhindert er, dass sich Teilnehmende so setzen, dass sie sich im Rücken anderer Teilnehmender befinden und dadurch nicht mehr wahrgenommen werden können. Zugleich schafft er zusätzliche Möglichkeiten, sich im Tischquadrat selbst zu platzieren.

In dieser unscheinbar anmutenden, alltäglichen Szene zeigt sich die hohe Bedeutung des Arrangierens für die Koordination körperlicher Performativität im Kursgeschehen. Sigrid Nolda (i. d. Bd.) weist zwar zurecht darauf hin, dass es immer mehrere Möglichkeiten der Aneignung von Raumarrangements gibt. Obwohl das Arrangieren daher nur über eine begrenzte Determinationskraft verfügt, werden durch das Arrangieren von Platzierungsmöglichkeiten dennoch sehr weitreichende und zudem andauernde Bedingungen der Koordination erwirkt.

Eine Besonderheit des Arrangierens im Unterschied zu anderen Einwirkungsformen besteht darin, dass es in der Regel arbeitsteilig vollzogen wird. Nicht nur Veranstaltungsleitende, auch Kursorganisatoren und Teilnehmende, Architekten, Reinigungskräfte und Hausmeister gestalten den Raum in spezifischer Weise vor dem Hintergrund unterschiedlicher Motive.

Verkörpern

In dem so oder anders arrangierten Raum nimmt auch der Veranstaltungsleitende einen bestimmten Platz ein und richtet sich in bestimmter Weise aus. Er realisiert diese oder andere Körperhaltungen, bewegt sich und drückt sich aus. Dieses Veranstaltungsleitendenverhalten nehmen Teilnehmende als Anhaltspunkt dafür, von welchem Muster der Koordination in der jeweiligen Situation auszugehen ist, und gleichen sich diesem erwarteten Muster in der Regel an. Veranstaltungsleitende setzen wiederum ihre Körper ostentativ ein, um auf diese Anpassungsversuche Teilnehmender Einfluss zu nehmen. In den folgenden Abbildungen sind zwei unterschiedliche Situationen im Kurs »Arabisch I« dokumentiert.

Abb. 6 Verkörpern des Anfangs

In Abbildung 6 ist der Kursbeginn zu beobachten: der Kursleitende positioniert sich an der Kopfseite des Platzierungsarrangements. Indem er dabei seinen Blick von Teilnehmer zu Teilnehmerin wandern lässt, wird erkennbar, dass er eine Fokussierung der Wahrnehmung der Anwesenden auf seinen Körper erwartet.

In Abbildung 7 ist dagegen eine Übung zu beobachten, bei der jeder Teilnehmende für sich alleine Aufgaben bearbeitet. Auf die Hilfeerwartung einer Teilnehmerin reagiert er, indem er sich zu ihr begibt, sich zu ihr hinunterbeugt und flüsternd mit ihr spricht. Durch Verschränken der Arme und Senken des Blicks lässt der Kursleitende erkennen, dass er für andere nicht ansprechbar ist. Daran wird für die Teilnehmenden ablesbar, dass er davon ausgeht, dass in dieser Übung Hilfestellungen individuell gegeben werden.

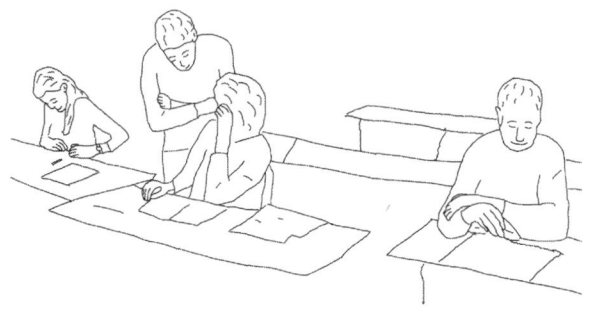

Abb. 7 Verkörpern einer Übungssituation

Wie das Arrangieren stellt auch das Verkörpern des Veranstaltungsleitenden den Teilnehmenden unterschiedliche Reaktionsmöglichkeiten frei. Und wie das Arrangieren kann der Veranstaltungsleitende auch das Verkörpern nur begrenzt steuern. Diese Grenze ergibt sich allerdings hier nicht daraus, dass andere Personen am Verkörpern beteiligt wären, sondern daraus, dass das eigene körperliche Auftreten immer auch durch unbewusste, insbesondere habituelle Einflüsse geprägt ist. Auch auf diese, nicht intentional gewählten Verkörperungen reagieren aber Teilnehmende in ihrem Koordinationsverhalten.

Dirigieren

Obwohl in der Regel bereits durch Arrangieren und Verkörpern ein hoher Grad an Körperkoordination erreicht wird, werden dennoch in der Regel sowohl bei der Etablierung eines neuen Koordinationsmusters als auch zu dessen Aufrechterhaltung Aktivitäten des Dirigierens eingesetzt. Mit Hilfe expliziter verbaler oder nonverbaler Mitteilungen wird von Veranstaltungsleitenden vereindeutigt, von wem im Folgenden welches Verhalten erwartet wird.

| 1 | 2 | 3 | 4 |

Abb. 8 Dirigieren

[1] Oua. Erstens müssen wir uns vorstellen. (3 Sekunden Pause). Aber, wir müssen uns vorstellen auf Arabisch. (1 Sekund Pause) Ismi. (2 Sekunden Pause) Askunu fi. (2 Sekunden Pause) Ana. [2] (2 Sekunden Pause). Ismi Mohammed [3]. Askunu fi Oberstadt. Ana Mohani. [4]

In Abbildung 8 ist eine kurze Sequenz aus dem Arabischkurs dargestellt, in der ein neues Koordinationsmuster durch Dirigieren etabliert wird. Im Transkript markieren die eckigen Klammern den Zeitpunkt, an dem das entsprechende Standbild erzeugt wurde, das in der oberen Reihe zu finden ist.

Mithilfe seines verbalen Imperativs (»erstens müssen wir uns vorstellen«), seines Tafelanschriebs (»ismi...;askunu fi...;ana...«), seines Vormachens [3] und seiner nonverbalen Aufforderung am Ende der Einführung [4] leitet der Kursleiter ein inszeniertes Gespräch ein, woraufhin die als erste von ihm angesprochene Teilnehmerin zunächst verlegen lacht, dann aber der Aufforderung des Kursleiters nachkommt und sich auf Arabisch vorstellt. Im Anschluss daran stellen sich nacheinander alle Teilnehmenden vor, nachdem sie durch Handzeichen des Kursleitenden dazu aufgefordert wurden.

Das Dirigieren ist diejenige Einwirkungsstrategie, die die Reaktionsmöglichkeiten der Teilnehmenden am stärksten eingrenzt. Da hier Erwartungen eindeutig expliziert werden, gibt es für die Teilnehmenden nur zwei Möglichkeiten zu reagieren: der Erwartung zu entsprechen oder sie zu enttäuschen. Dass dies unmittelbar mit heiklen Fragen der Gesichtswahrung verbunden ist (Brown/Levinson 1987), zeigt sich im hier betrachteten Beispiel am Verhalten der durch die Aufforderung adressierten Teilnehmerin. Im Vergleich zu den anderen beiden Einwirkungsstrategien ist das Dirigieren den Veranstaltungsleitenden intentional am besten zugänglich, findet seine Grenzen aber gerade in seiner Eindeutigkeit und Explizitheit.

Sich Einfügen

Eine für das Gelingen der Körperkoordination offenbar sehr bedeutsame Strategie Veranstaltungsleitender besteht darin, sich der Steuerung zeitweilig zu enthalten und sich in das Geschehen einzufügen (vgl. auch Herzog 2002). Durch dieses vorübergehende Absehen vom angestrebten Koordinierungsplan entsteht eine Offenheit für von der Planung abweichende Koordinierungserfordernisse. Zugleich lassen sich störende Koordinierungskonflikte vermeiden.

Im in Abbildung 9 dargestellten Ausschnitt aus dem Deutschkurs will der Veranstaltungsleitende mit der Besprechung von Hausaufgaben beginnen. Dies macht er unter anderem daran erkennbar, dass er das Lehrbuch in die Hand nimmt, in dem die Aufgaben abgedruckt sind [Abb. 9/1 und 9/2]:

Als er aber sieht, dass einige Teilnehmende noch damit beschäftigt sind, in ihren Wörterbüchern eine Vokabel nachzuschlagen [Abb. 9/2], die er zuvor verwendet hat [»Lampenfieber«], unterbricht er sein Vorhaben und thematisiert diese aktuelle Tätigkeit der Teilnehmenden: »Sie kucken noch« [Abb. 9/3].

Das Sich-Einfügen Veranstaltungsleitender mag zunächst wie ein Suspendieren ihres Gestaltungsanspruchs erscheinen. Bei genauerem Hinsehen zeigt sich aber, dass es sich im Gegenteil um eine besonders effektive Strategie der Aufrechterhaltung gefährdeter Gestaltungsmöglichkeiten handelt. Denn indem nicht versucht wird, ein abweichendes Koordinationsmuster durchzusetzen, sondern indem lediglich in das vorhandene Muster eingegriffen wird, gelingt es Veranstaltungsleitenden, reibungslos Gestaltungshoheit wiederzugewinnen.

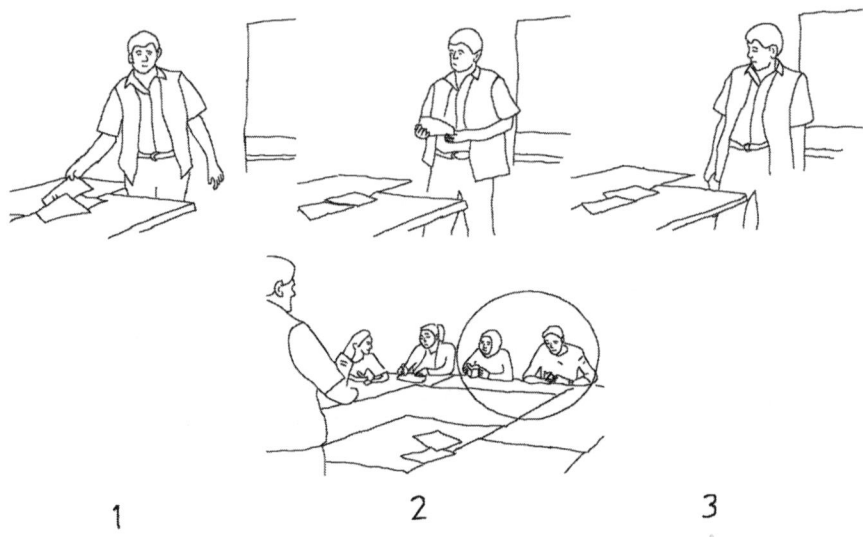

Abb. 9 Sich einfügen

KL. Wie üblich machen wir [1] (3 Sekunden Pause) [2] Oder gibt's noch was zum Thema Lampenfieber? [3] Sie kucken noch. Was ist Lampenfieber?

3 Pädagogische Professionalität im Umgang mit Körpern

Anhand der dargelegten Beispiele sollte deutlich geworden sein, dass der Umgang mit Lernen in der Erwachsenenbildung in vielfältiger Weise von Prozessen der Koordination von Körpern begleitet wird: Veranstaltungen der Erwachsenenbildung werden von den an ihnen Beteiligten als spezifische Muster der körperlichen Koordination realisiert. Veranstaltungsleitende greifen gestaltend in diese Realisierungsprozesse ein, indem sie arrangieren, verkörpern, dirigieren und sich einfügen.

Die wissenschaftliche Aufklärung dieses pädagogischen Umgangs mit Körpern könnte zum Moment einer höher entwickelten Professionalität des Lehrens in der Erwachsenenbildung werden. So formuliert beispielsweise Bernd Dewe:

> »In der Reflexivität, darin, zu wissen, was man tut, läge jedoch die Chance einer Professionalität, die sich den Gegebenheiten der Berufstätigkeit in den jeweiligen Feldern stellt, ohne sich in bloßer Anpassung zu erschöpfen.« (1998, S. 73)

Wiltrud Gieseke hält für pädagogische Professionalität »grundlegend, dass wissenschaftlich ein professionsbezogenes Begriffsinstrumentarium zur Beschreibung des Feldes entwickelt wird« (2009, S. 386). In weiteren Untersuchungen wird es daher darum gehen, sukzessive Begriffe zu schärfen, die das Sprechen über den pädagogischen Umgang mit Körpern erleichtern, und Modelle zu entwickeln, die eine angemessene Erklärung der beobachtbaren Prozesse und Strategien erlauben. Die Frage nach den Lernformen, die sich jeweils in unterschiedlichen Mustern der Körperkoordination realisieren lassen, wäre dabei nur einer der zu klärenden Punkte. Auch die Prozesse der Etablierung (vgl. Herrle 2013b) und Aufrechterhaltung von Koordinationsmustern müssten in ihren Auswirkungen auf den Lernprozess einerseits und die Autonomieentwicklung der Beteiligten andererseits systematisch beschrieben werden. Auf dieser Grundlage lässt sich dann auch fragen, wie in diesen Prozessen die Koordinationsstrategien der Veranstaltungsleitenden und die Koordinationsstrategien der unterschiedlichen Teilnehmenden wechselseitig aufeinander bezogen sind (Dinkelaker i.d.Bd., Dinkelaker 2012b).

Zwar stellt die empirische Aufklärung des Umgangs mit Körpern eine wesentliche Voraussetzung für professionelle Reflexion dar, die dargestellte Bedeutung des Körpers als Bezugspunkt und Mittel pädagogischen Handelns weist aber auch auf die Grenzen der rein auf kognitiv-sprachlichen Austausch basierenden Entwicklung pädagogischer Kompetenzen hin (vgl. Brümmer 2009, Neuweg 2006). Sollte es zutreffen, dass ein wesentliches Merkmal körpergebundener sozialer Praktiken darin besteht, dass sie »von Praxis zu Praxis« (Bourdieu 1987b, S.188) gelernt werden, müssten empirische Untersuchungen zur Professionalitätsentwicklung ebenso wie Fortbildungskonzepte als wesentliches Moment die konkreten situativen Erfahrungen mit Unterrichts- und Kurssituationen berücksichtigen, in denen Veranstaltungsleitende sich im Laufe ihres Lebens bewegt haben und bewegen[3]. Die Frage, wie im Prozess des lehrenden oder lernenden Teilnehmens Muster der Körperkoordination habitualisiert (vgl. Göhlich 2001, S.208f) und ein Repertoire an Einwirkungsstrategien ausgebildet werden, würde sich als wesentlicher Bezugspunkt der Beschäftigung mit Prozessen der Entwicklung pädagogischer Professionalität erweisen.

---

3 Zwar wird in einer Schlüsselstudie zur erwachsenenpädagogischen Professionalität Habitus als zentrale Kategorie herangezogen (vgl. Gieseke 1989) und damit auf die praktische Erfahrungsabhängigkeit professionellen Handelns verwiesen, dieser Habitus wird aber nicht als körperlich-praktisches, sondern vorrangig als Deutungsphänomen begriffen.

Kleider machen Leute – Kleidung in Kursen der Erwachsenenbildung

Eva Karoline Simon

Durch das videogestützte Aufzeichnen von Kursen der Erwachsenenbildung kommen vor allen Dingen visuelle Gegebenheiten des Kursgeschehens in den Blick – dies wurde in diesem Band bereits mehrfach erwähnt und ist Inhalt vieler Analysen. Dass die Kleidung der Kursleitenden als Analyseschwerpunkt dienen könnte, wurde im Projektzusammenhang immer dann diskutiert, wenn Kursleiter Kleidung trugen, die mit dem Kursthema verknüpft zu sein schien, die also entweder notwendig ist, um einen Kurs durchführen zu können (bspw. Schutzkleidung) und speziell für den Kurs angelegt wird oder aber der Ausdruck besonderer Verbundenheit des Kursleitenden mit dem Kursthema ist und das Kursthema somit vom Kursleitenden »visuell verkörpert« wird.

Zunächst können die betrachteten Kurse thematisch gesehen in vier Kategorien unterteilt werden: Sprachbildung, Berufsbildung, Kreativbildung und Körperbildung.

In der Kategorie *Sprachbildung* lassen sich zunächst anhand der Beobachtung der Kursleiterkleidung keine Besonderheiten feststellen. Die Kleidung der Kursleitenden ist »normale« Alltagskleidung. Manche Kursleiterinnen fallen dadurch auf, dass sie formeller gekleidet sind (bspw. Kostüm oder Hosenanzug) als andere, die in Jeans und Pullover unterrichten.

In den Kursen, die zur Kategorie *Berufsbildung* gehören, lässt sich schon auf den ersten Blick eine Differenz bezüglich der Kleidung feststellen. Im Fleischermeisterlehrgang und im Reanimationskurs für medizinisches Personal tragen die Kursleiten Kleidung, die auch im Berufsalltag getragen werden würde. Gemein haben diese Kurse auch, dass in ihnen praktisches Wissen vermittelt

Abb. 1

156

wird, im Gegensatz zu den Kursen für Gebäudereiniger, wo Kursleiter nicht in Arbeitskleidung zum Kurs erscheinen und der Fokus auf dem theoretischen Wissen zum Thema Gebäudereinigung liegt. Hier erscheint der Kursleiter, der das Thema Kundenbetreuung unterrichtet, im Pullover und schwarzer Stoffhose, der Kursleiter zum Thema Fachtechnologie in Anzug und Krawatte (▸ Abb. 1).

Beim Reanimationskurs für nicht medizinisches Personal erscheinen die Kursleitenden, obwohl diese ebenfalls wie im Kurs für medizinisches Personal Mediziner oder medizinische Pflegekräfte sind und der Kurs eher praktisch orientiert ist, nicht in medizinischer Arbeitskleidung, sondern passen sich den Teilnehmenden, Angestellte des Krankenhauses im administrativen Bereich, an und tragen Alltagskleidung (▸ Abb. 2).

Abb. 2   Abb. 3

In den Kursen Recht und Marketing (beides Module im Bereich betriebswirtschaftlicher Fortbildung von Handwerksmeistern) ist der Marketing-Kursleiter eher leger in Jeans und kurzärmeligem Hemd gekleidet (▸ Abb. 3), der Recht-Kursleiter hingegen sehr förmlich im Anzug. Dies könnte darauf hindeuten, dass beide Kursleiter in der Kleidung zum Kurs kommen, in die sie entweder im Kurszusammenhang für angemessen halten oder die sie auch normalerweise auch im Arbeitsalltag tragen.

Zusammengefasst lässt sich über den Bereich der Berufsbildung im Hinblick auf die Kursleiterkleidung sagen, dass in Kursen, in denen praktisches Wissen vermittelt wird, Kursleiter dementsprechend auch in Kleidung erscheinen, die normalerweise auch im Beruf getragen wird (Fleischermeisterkurs, Reanimationskurs). In Kursen, in denen das Augenmerk eher auf der Vermittlung von theoretischem Wissen liegt, sind Kursleiter alltäglich teilweise aber auch förmlich gekleidet (Gebäudereinigungskurse, Betriebswirtschaftskurse für Handwerksmeister). Alle Teilnehmenden der Kurse sind ebenfalls ähnlich wie die Kursleitenden gekleidet (außer im Rechtskurs und im Fachtechnologiekurs).

Eine Ausnahme in diesem Bereich sind die Kursleitenden des Reanimationskurses für nicht-medizinisches Personal, die zwar auch »Berufskleidung« tragen, allerdings nicht ihre eigene, sondern die der Teilnehmenden. Man könnte also sagen, dass es in Kursen der Berufsbildung eine Tendenz dazu gibt, in eher praktisch orientierten Veranstaltungen auch angemessen in Berufskleidung gekleidet zu sein. In theoretisch orientierten Lehrveranstaltungen erscheint man eher in Alltagskleidung, wobei die Kursleitenden manchmal förmlicher gekleidet sind als die Teilnehmenden.

Zum Bereich *Kreativbildung* zählen Kurse wie die beiden Nähkurse, Orchesterprobe, Kalligraphie, Trommelkurs und der Kochkurs »Südostasiatische Leckerbisschen«. Alle Kurse haben gemein, dass in ihnen das praktische Lernen im Vordergrund steht. Trotzdem ist die Kleidung der Kursleitenden in den meisten Kursen Alltagskleidung. Lediglich in den beiden Nähkursen und im Kochkurs lassen sich Besonderheiten beobachten. Die Kursleiterin des Kochkurses trägt eine Schürze auf der ein chinesisches Schriftzeichen zu sehen ist (▶ Abb. 4). Zum einen ist die Schürze als »Schutzkleidung« zu verstehen – auch die Teilnehmenden tragen Schürzen – aber durch das chinesische Schriftzeichen auf der Schürze kommuniziert die Kursleiterin zusätzlich ihre Verbundenheit mit der asiatischen Küche. Sie weist sich demnach vor ihren Teilnehmern als Expertin für asiatische Küche aus und bleibt damit auch immer erkennbar als Kursleiterin dieses Kurses.

Abb. 4

Abb. 5

Ähnlich verhält es sich in den Nähkursen: Die Kursleiterin ist als Kursleiterin auch durch ihre Kleidung erkennbar. Sie trägt farbenfrohe selbst hergestellte Kleidung, die sich von der Kleidung der Teilnehmerinnen abhebt und ist so als Expertin auf dem Gebiet Kleidung deutlich sichtbar (▶ Abb. 5). Man könnte sagen, dass die Kleidung eine Art Appell an die Teilnehmerinnen ist: Wenn sie dabei bleiben und im Nähkurs viel lernen, können sie vielleicht auch eines Tages solche Kleidungsstücke herstellen.

Diese Art von »Selbstdarstellung« oder »Verkörperung« im Bezug auf das Kursthema findet sich auch im Bereich der *Körperbildung* wieder, der nicht immer trennscharf vom Bereich Kreativbildung zu sehen ist (Trommeln, Modern Dance).

Zum Bereich *Körperbildung* gehören Kurse wie Nordic Walking (▶ **Abb. 6**), Aerobic, Yoga (▶ **Abb. 8**), Orientalischer Tanz (▶ **Abb. 7**), Modern Dance, Laufen lernen und Selbstverteidigung. Alle Kurse haben hier gemeinsam, dass sich sowohl Kursleitende als auch Teilnehmende vor dem Kurs eine spezielle, sich von der Alltagskleidung unterscheidende, (Sport-) Kleidung anlegen. Dabei zerfällt der Bereich Körperbildung in drei Unterkategorien: Zum einen Kurse, die sich rein mit der körperlichen Fitness beschäftigen bzw. einem körperlichen Problem vorbeugen sollen (Bodystyling, Nordic Walking, Aerobic, Callanetics, MBT), zum anderen Kurse, die sich zwar auch auf körperliche Fitness beziehen, aber auch Elemente aus dem Bereich der Kreativbildung enthalten (Modern Dance und Orientalischer Tanz) sowie Kurse, die sich ebenfalls mit der körperlichen Fitness beschäftigen, bei denen aber zusätzlich noch weltanschauliche Komponenten enthalten sind (Selbstverteidigung und Yoga).

Abb. 6   Abb. 7

Zur ersten Unterkategorie der Kurse, die sich rein auf körperliche Fitness beziehen, lässt sich sagen, dass die Kleidung der Kursleitenden und auch der Teilnehmer funktional ausgerichtet ist. Bewegungsfreiheit und Bequemlichkeit stehen hier im Vordergrund und die Kursleiter lassen sich anhand ihrer Kleidung nicht von den Teilnehmern unterscheiden.

Im Kurs Orientalischer Tanz ist die Kleidung der Kursleitenden und der Teilnehmer Bestandteil des Tanzes. Es werden spezielle Hüfttücher mit Metallplättchen getragen, die die Bewegungen der Tänzerinnen zusätzlich akustisch und visuell unterstreichen. Die Kursleiterin ist ähnlich gekleidet wie die Teilnemerinnen und sticht nicht durch besonders aufwändige Kleidung hervor (▶ **Abb. 7**). Anders ist dies in den Kursen Selbstverteidigung und Yoga. In beiden Kursen ist der oder die Kursleitende an der Kleidung erkennbar. Die Yogakursleiterin ist ganz in Weiß und sehr schlicht gekleidet und unterscheidet sich somit drastisch von allen anderen im Raum (▶ **Abb. 8**) Anwesenden. Sie drückt damit auch ihre innere Haltung dem Kursthema gegenüber aus und lebt den Teilnehmerinnen Yoga vor.

Im Selbstverteidigungskurs kommt der Kleidung ebenfalls eine besondere Bedeutung zu, denn es scheint in diesem Kurs zwei Gruppen zu geben: Manche tragen weiße bzw. rot-schwarze Kampfanzüge mit verschieden farbigen Gürteln, andere tragen Sporthosen und ein T-Shirt mit den Logo des Vereins. Interessanterweise trägt der Kursleiter keinen Kampfanzug, sondern ebenfalls das Vereins-T-Shirt, sein Co-Kursleiter allerdings trägt einen roten Kampfanzug mit schwarzem Gürtel, was ihn als Ranghöchsten auszeichnet (▶ **Abb. 9**). Es könnte vermutet werden, dass der Kursleiter seine Kompetenz nicht durch das Tragen eines Kampfanzugs mit entsprechendem Gürtel beweisen muss, sondern, dass er auch in »normaler« Sportkleidung als kompetenter Kursleiter anerkannt wird. Zu Beginn und zum Ende des Kurses reihen sich die Teilnehmer gemäß ihres Ranges gegenüber den beiden Kursleitern auf und verbeugen sich, wobei der ranghöchste Teilnehmer am Anfang der Reihe eine besondere Begrüßung erhält. Die Kleidung der Anwesenden im Selbstverteidigungskurs berührt also nicht nur funktionale, ästhetische oder auch persönliche Aspekte des Einzelnen, sondern regelt auch das soziale Miteinander in der Gruppe, kennzeichnet die Lernstufen der einzelnen Teilnehmer und bestimmt somit auch den Trainingsablauf.

Abb. 8

Abb. 9

Betrachtet man die Kurse im Hinblick auf Kleidung und den Unterschied zu alltäglicher Kleidung, dann fällt auf, dass es einige Kurse gibt, zu deren Anlass sich Kursleiter und Teilnehmer vor Kursbeginn komplett umkleiden müssen (Körperbildungskurse, manche Berufsbildungskurse), bei anderen Kursen kann die Alltagskleidung weiterhin getragen werden, es muss aber zusätzlich etwas angelegt werden (Kochkurs, Laufen lernen) oder aber man kann in normaler Alltagskleidung am Kurs teilnehmen (Sprachkurse, Reanimationskurs).

Zusammenfassend lasst sich sagen, dass bei praktischen Tätigkeiten in Kursen eher eine spezielle Kleidung erforderlich ist als bei Kursen, in denen man sich theoretisch mit einem Thema auseinandersetzt.

Die Kleidung der Kursleitenden ist, so nebensächlich sie für den Inhalt des Kurses im ersten Augenblick auch erscheinen mag, eine Gestaltungskomponente. Man kann selbst bestimmen, ob man durch seine Kleidung auffallen möchte oder ob man sich eher den Teilnehmenden anpasst. Eventuell ließe sich aus der Betrachtung der im Kurs getragenen Kleidung auch auf die Hierarchieverhältnisse im Kurs schließen. In jedem Falle ist die Kursleiterkleidung als Teil der (bewussten oder unbewussten) nonverbalen Kommunikation der Kursleitenden zu sehen, die ein Bild oder einen Eindruck bei den Teilnehmenden hinterlässt.

Körperbildung
Einüben, Üben und Ausüben

Jörg Dinkelaker/Matthias Herrle/Jochen Kade

Es ist kennzeichnend für Veranstaltungen der Erwachsenenbildung, dass die an ihnen beteiligten Lehrenden und Lernenden mit ihren Körpern anwesend sind (Dinkelaker i.d.B., Nolda i.d.B.). Die anwesenden und als solche wahrnehmbaren Körper werden dabei zu einem Medium des Veranstaltungsgeschehens. In Veranstaltungen der Körperbildung werden sie darüber hinaus auch zu einem zentralen Gegenstand der Bildungsanstrengungen. Dann wird das Geschehen so organisiert, dass die Körper der Lernenden damit vertraut gemacht werden, bestimmte Bewegungsmuster zu vollziehen. Die unterschiedlichen Angebote der Erwachsenenbildung, in denen ein solches Umlernen des Bewegens begleitet und angeleitet wird, haben ihren programmatischen Fluchtpunkt im Ideal der Gesundheit. Die Etablierung einer solchen gesundheitsorientierten Körperbildung beginnt in den 1980er Jahren im Zusammenhang einer medizinskeptischen Gesundheitsbewegung (Hoh/Barz 1999). Diese Gesundheitsbildung realisiert sich nur am Rande als gesundheitliche Aufklärung, sondern vollzieht sich in aller Regel in Praktiken des Einübens, des Übens und des Ausübens von als körperstärkend eingeschätzten Ernährungs-, Wahrnehmungs- und Bewegungskulturen. Dadurch wird sie zur körperorientierten Gesundheitsbildung. Heute stellt dieser junge Bereich neben Sprachkursen das zweite Standbein der nicht beruflich orientierten Erwachsenenbildung dar.

Im Folgenden geben wir zunächst einen Überblick über Programmatik und Angebote der Körperbildung im Erwachsenenalter (1). Daran anschließend erläutern wir die drei aufeinander bezogenen Interaktionsmuster Einüben, Üben und Ausüben, die das Geschehen in Veranstaltungen der Körperbildung ausmachen (2). Die zwei einander konstrastierenden Fälle, anhand derer diese drei Interaktionsmuster vergleichend illustriert werden, sind ein Kurs im orientalischen Tanz und ein Yogakurs (3). Anhand dieser Fälle werden nacheinander das Muster des Einübes (4), des Übens (5) und des Ausübens (6) detailliert beschrieben, wobei zunächst jeweils seine Ausprägung im Tanz- und im Yogakurs dargestellt und dann die je unterschiedlichen Ausprägungen vergleichend-generalisierend (Dinkelaker/Idel/Rabenstein 2012) einander gegenübergestellt werden.

Abschließend wird der bildungslogische Zusammenhang zwischen Einüben, Üben und Ausüben herausgearbeitet, wie er im Rahmen von Veranstaltungen der Körperbildung hergestellt wird. Die beobachtbare Trias von Einüben, Üben und Ausüben findet ihren Fluchtpunkt in der Aufgabe einer kollektiven »Anähnlichung« (Wulf 2001, S.257) von Körpern an kulturelle Wahrnehmungs-, Bewegungs- und Ausdrucksmuster, wobei Imitation von, Gewöhnung an und Performanz von kulturellen Praxen einander wechselseitig voraussetzen (7).

1 Angebote der Körperbildung in der allgemeinen Erwachsenenbildung

In der Erwachsenenbildung/Weiterbildung hat sich als Bildungsideal des Körpers eine sehr umfassend verstandene Vorstellung von Gesundheit etabliert. Unter Rückgriff auf den Gesundheitsbegriff der WHO von 1948 – »Gesundheit ist der Zustand des vollständigen körperlichen, geistigen und sozialen Wohlbefindens und nicht nur des Freiseins von Krankheiten und Gebrechen« – wird als Ziel von Gesundheitsbildung formuliert, »dass Menschen mehr Möglichkeiten haben, positiven Einfluss auf ihre eigene Gesundheit und die Anderer sowie auf ihre Lebensbedingungen auszuüben« (Bundesministerium für Bildung und Forschung 1997, S. 12). Dabei spielt die Fokussierung auf salutogene Faktoren – im Unterschied zu pathogenen Faktoren – eine entscheidende Rolle (vgl. Antonovsky 1997). Dies ist mit dem Versuch verbunden, gesundheitsförderliche Lebensformen zu erlernen und zu praktizieren.

Die vor dem Hintergrund dieser Programmatik stattfindenden Angebote der Körperbildung in Kursen der Erwachsenenbildung sind mittlerweile neben Angeboten des Sprachenlernens ein nicht zuletzt auch ökonomisch tragender Bestandteil der nicht beruflich orientierten Erwachsenenbildung (vgl. Voigt 2004). Größter Anbieter von Kursen der Gesundheits- und damit der Körperbildung sind die Volkshochschulen. Dort etabliert sich dieser Bereich mit 29,5 % der angebotenen Veranstaltungen fast gleichauf mit Sprachen (30,5 % der Kurse) und deutlich vor »Kultur-Gestalten« (16,4 % der Kurse) (vgl. Reichert/Huntemann 2007). Den Hauptanteil der Kurse der Gesundheitsbildung machen wiederum Angebote zum Bewegungslernen aus. Diese werden in der Statistik unterschieden in die Themenbereiche »Gymnastik/Bewegung/Körpererfahrung« (47,3 % der Kurse) und »Autogenes Training/Yoga/Entspannung« (25,2 % der Kurse). Weitaus weniger Bedeutung hat der Themenbereich »Ernährung« (12,5 % der Kurse). Die an gesundheitlicher Aufklärung orientierten Angebote zu »Erkrankungen/Heilmethoden« machen lediglich 3,9 % der Kurse aus.

2 Einüben, Üben und Ausüben

Welcher Umgang mit Körpern und Lernen sich in diesen Kursen gesundheitsorientierter Körperbildung realisiert, wird im Folgenden anhand zweier Kurse des Bewegungslernens gezeigt: einem entspannungsorientierten Kurs »Yoga für Anfänger/-innen« und einem bewegungsorientierten Kurs »Orientalischer Tanz – Aufbaukurs«. Die videografische Analyse von Kursen der Körperbildung zeigt: die Bildung von Körpern geschieht als Annäherung an und Praktizieren von Bewegungskulturen (vgl. Andersen 2001). In Kursen, also angeleitet und gemeinsam, übt eine Gruppe von Lernenden diese kulturellen Praktiken ein, übt sich in ihnen und übt sie aus. Körperbildung ist damit Initiation in eine dem alltäglichen, d. h. gewohnten und routinisierten Umgang mit Körpern als überlegen eingeschätzte kulturelle Praxis.

Die drei Interaktionspraktiken Einüben, Üben und Ausüben ergänzen sich in diesem Prozess gegenseitig: Beim *Einüben* wird den Lernenden von den Lehrenden gezeigt, wie sie eine bestimmte Körperbewegung oder -haltung auszuführen haben. Dies geschieht durch verbales Erklären und durch körperliches Vormachen. Beim *Üben* steht das wiederholte Vollziehen und Korrigieren dieser Bewegungen im Vordergrund, die den Lernenden zwar bereits bekannt sind, aber von ihnen noch nicht beherrscht werden. Die untersuchten Kurse enden nicht beim gemeinsam Üben, vielmehr werden die im Kurs eingeübten und geübten Bewegungen auch gemeinsam praktizierend *ausgeübt*. Die kulturelle Praxis, in die die Lernenden eingeführt werden sollen, wird gemeinsam vollzogen vor dem Hintergrund der Unterstellung, die Lernenden seien bereits kompetente Träger der betreffenden Bewegungskultur.

Der Dreischritt von Einüben, Üben und Ausüben (vgl. zu einer anderen Fassung dieser Trias Prange/Strobel-Eisele 2006) lässt sich in unterschiedlichen Ausprägungen in allen untersuchten Kursen der Körperbildung aufweisen. Was beim Einüben, Üben und Ausüben jeweils getan wird und welche Funktionen diese unterschiedlichen Praktiken für Körperbildung im Kurszusammenhang haben, lässt sich exemplarisch an denen Kursen »Orientalischer Tanz – Aufbaukurs« und »Yoga für Anfänger/-innen« zeigen. Yoga und orientalischer Tanz stehen hier für eine Vielzahl unterschiedlicher Bewegungskulturen, in die in Kursen der Körperbildung eingeführt wird. Nicht die Spezifika dieser beiden Referenzkulturen, sondern die allgemeinen Muster des Umgangs mit ihnen stehen im Zentrum der weiteren Ausführungen. Die beiden Fälle fungieren als Beispiele, um Gemeinsamkeiten und Varianten dieser Grundformen zu verdeutlichen.

3   Die Kurse »Orientalischer Tanz« und »Yoga«

Der Kurs »*Orientalischer Tanz – Aufbaukurs*« hat laut Ausschreibung neben der Vertiefung von Grundschritten sowie dem Erlernen und tänzerischen Umsetzen von rhythmisierten Schrittkombinationen und Bewegungsabläufen zum Ziel, »den Teilnehmerinnen beim gemeinsamen Bewegen den besonderen Reiz dieses jahrhundertealten Tanzes zu vermitteln«. Das Kursangebot richtet sich ausschließlich an Frauen. Dieser Adressatenkreis wird allerdings nicht weiter spezifiziert. Vielmehr wird die Offenheit des Angebots für ganz unterschiedliche Teilnehmerinnen betont – »Frauen jeden Alters und jeder Figur«. Ein Fluchtpunkt des Kursgeschehens bildet die Vergemeinschaftung der unterschiedlichen Teilnehmerinnen im synchron aufgeführten Tanz. So wird kollektiv eine fremde Kultur zur Aufführung gebracht.

Der Kurs »*Yoga für Anfänger/-innen*« hat laut Ausschreibung zum Ziel, durch »einfache Körperübungen (Asanas)«, bei denen Verspannungen gelöst sowie Kraft, Ausdauer und Flexibilität entwickelt werden, Entspannung herbeizuführen, die – so der Text – eine Voraussetzung »für Ruhe und Ausgeglichenheit im Alltag« darstellt. Wer von dieser Kursankündigung angesprochen werden soll, wird in der Ausschreibung nicht expliziert. Erwartbar ist unter anderem die Anwesenheit von Personen, die mit gesundheitlichen Problemen zu kämpfen haben bzw. ihnen vorbeugen wollen, da auf die Möglichkeit der Erstattung der Kursgebühren durch die Krankenkasse hingewiesen wird. Während beim Tanzkurs durch die gemeinsam vollzogenen Körperbewegungen ein ›sozialer Körper‹ erzeugt werden soll, wird beim Yoga-Kurs keine Kollektivierung, sondern Individualisierung angestrebt.

Sowohl der Tanzkurs als auch der Yogakurs sind im Programmheft der jeweiligen VHS der Rubrik »Gesundheit« zugeteilt. Darüber hinaus werden in den Kursankündigungen aber ganz unterschiedliche Schwerpunkte gelegt und Spannungsverhältnisse etabliert. Gemeinsam ist beiden Kursen der Rückgriff auf fremde Kulturen der Körperlichkeit – Kulturen, die im Alltag so noch nicht gelebt werden, deswegen erlernt und eingeübt werden müssen. Weil ihre Praktizierung als gesünder angesehen wird als die Praktizierung alltäglicher Kulturen, ist eine Beteiligung an ihnen nicht nur als Körperbildung, sondern auch als Gesundheitsbildung gerahmt. Die Teilhabe an diesen kulturellen Praktiken erfolgt angeleitet durch eine Kursleiterin: beim orientalischen Tanz im Medium rhythmisierter Körperbewegungen, beim Yoga im Medium meditativer Körperhaltungen. Dabei werden unterschiedliche Ziele angegeben. Während beim orientalischen Tanz die Vergemeinschaftung im Tanz und das Kennenlernen einer Kultur in den Vordergrund gestellt werden, wird beim Yoga-Kurs betont, dass mit Hilfe individueller körperlicher und mentaler Übungen eine bestimmte geistige Grundstimmung erzeugt wird. Daraus ergibt sich ein grundlegendes Spannungsverhältnis des Tanzkurses zwischen den beiden Polen ›individueller Körper‹ vs. ›kollektiver Körper‹: wie viel körperliche Individualität ist bei der Aufführung eines kollektiven Körpers möglich? Demgegenüber ist der Yoga-Kurs nicht durch ein inter-individuelles Spannungsverhältnis gekennzeichnet. Zentral ist dort vielmehr die Bearbeitung des intra-individuellen Spannungsverhältnisses zwischen Körper und Geist: wie können bestimmte geistige Haltungen in körperlichen Aufführungen realisiert werden?

4 Einüben

Obwohl sich die in den Ausschreibungen ausgewiesenen Ziele und Spannungsverhältnisse unterscheiden, ähneln sich die Interaktionspraktiken, die im Vollzug der Kurse zum Einsatz gebracht werden, um einen Übergang vom im Horizont der jeweils thematischen Bewegungskultur ungebildeten zum gebildeten Körper (vgl. zum hier zugrundegelegten Lernbegriff Dinkelaker 2007) zu ermöglichen: Zunächst werden neue Bewegungsmuster bzw. Körperhaltungen eingeübt, dann werden sie geübt. Schließlich wird die mit dem Bewegungsmuster neu erlernte Kultur im Kurszusammenhang ausgeübt und es wird auf weitere Möglichkeiten des Ausübens außerhalb der Kurse verwiesen. Mit diesem Dreischritt folgt Körperbildung in Kursen einem allgemeinen Muster pädagogischer Sequenzierung. Am Anfang steht das Kennenlernen, die Annäherung von Lernenden und Lerngegenstand. Es folgt eine Phase intensiver Bearbeitung, die Auseinandersetzung der Lernenden mit dem Lerngegenstand. Am Ende steht die Überwindung der Lernsituation, der angeleitete Übergang in die selbsttätige Anwendung des Gelernten (vgl. Kade/Seitter 2007b).

Mit der Interaktionspraktik des Einübens wird das Problem bearbeitet, dass bestimmte Körperhaltungen oder -bewegungen den Teilnehmenden eines Kurses unbekannt sind oder vergessen wurden. Das *Kennen*lernen von Techniken der Körperhaltung/-bewegung zielt auf die Bearbeitung dieses Problems. Dabei tritt die Kursleiterin als Wissensvermittlerin auf, die die Aufmerksamkeit der Teilnehmenden auf bestimmte Körperregionen lenkt und die zu erlernende Bewegung oder Haltung aufführt und/oder verbal beschreibt. Charakteristisch für diese Praktik ist die große Distanz der lernenden Personen zum Lerngegenstand. Die zu erlernende, kulturell-kontextuierte Körperbewegung oder -haltung ist den Teilnehmenden noch fremd und wird von ihnen keineswegs authentisch verkörpert.

4.1 Einüben im Tanzkurs

Beim Tanzkurs realisiert sich die Praktik des Einübens als Vormachen neuer oder vergessener Tanzfiguren, begleitet von einer verbalen Kommentierung und Taktung durch die Kursleiterin. Die Teilnehmerinnen schauen überwiegend zu, vereinzelt machen manche Teilnehmerinnen die Übung mit (▶ **Abb. 1**).

Die Aufführung der neuen Tanzfiguren und Schritte orientiert sich an der Differenz bekannt/unbekannt. Die Markierung der Unbekanntheit der Körperbewegung im Interaktionszusammenhang fungiert als Initiation des Musters ›Einüben‹. Diese Unbekanntheit wird entweder darauf zurückgeführt, dass Personen bei der letzten Erläuterung nicht anwesend waren. Markiert wird dies im Interaktionszusammenhang durch das Nachfragen von Teilnehmerinnen oder entsprechende Hinweise der Kursleiterin. Oder die Figur wurde in der Vergangenheit noch gar nicht vermittelt, so dass die Kursleiterin unterstellen kann, dass sie allen Teilnehmenden noch unbekannt ist.

Um den Teilnehmerinnen die neue Figur bekannt zu machen, führt die Kursleiterin sie verlangsamt und wiederholt körperlich auf und kommentiert ihre Aufführung verbal, indem sie die Aufmerksamkeit einerseits auf zu beachtende Aspekte bei der Umsetzung der Figur lenkt und andererseits den Takt zählt, in dem die Schrittkombination zu vollziehen ist. Der Bezug der Körperbewegung zum Zeitpunkt ihrer Aufführung fungiert in diesem Zusammenhang als ein zu erlernendes Synchronisationsprinzip, das die Vereinigung von orientali-

Abb. 1: Einüben im Tanzkurs

> KL: So. Fragen bis dahin? Wir haben letztes mal weiter gemacht für die die jetzt nicht da waren (unv.) letztes Mal: Das Neue.
> TN: Wenn aber/
> KL: Vorher dieses Drehen auch noch mal, ne? Soll ich das noch mal erklärn?! Drehen, drehen, drehen. Dann hatten wer hier die (..) **Arme**

scher Musik mit den unterschiedlichen Körperpräsentationen der Teilnehmerinnen antizipiert.

Die Teilnehmerinnen beziehen sich auf die Vermittlungsaktivitäten der Kursleiterin, indem sie zuhören und zuschauen und z. T. die Figur im Ansatz nach- oder mitvollziehen. Zur Aneignung des Lerngegenstands richten sie ihren Blick auf die Kursleiterin, auf das Spiegelbild der Kursleiterin und/oder auf andere Teilnehmerinnen, die die Körperbewegung mitvollziehen.

4.2   Einüben im Yogakurs

Beim Yoga-Kurs realisiert sich die Praktik des Einübens als ausführliche Verbalisierung von Anweisungen und ansatzweisem Vormachen der Kursleiterin. Die Teilnehmenden vollziehen die Körperhaltung zumeist zeitgleich mit (▶ Abb. 2).

Auch hier orientiert sich die Aufführung neuer Körperhaltungen an der Differenz bekannt/unbekannt gemäß dem oben geschilderten Muster mit dem Unterschied, dass hier keine unaufgeforderten explizit-verbalen Nachfragen von Teilnehmenden auftreten. Die Unbekanntheit von Körperhaltungen wird von der Kursleiterin entweder erfragt oder sie wird schlicht vorausgesetzt.

Um den Teilnehmenden die neue Körperhaltung bekannt zu machen, erklärt die Kursleiterin ausführlich, in welche Position welche Körperpartien gebracht werden müssen und schildert Empfindungen bzw. geistige Haltungen, die sich dabei einstellen (sollen). Körperlich präsentiert sie die Körperhaltung oft nur ansatzweise. Der Bezug der Körperhaltung zu einer bestimmten Empfindung bzw. geistigen Haltungen fungiert in diesem Zusammenhang als ein zu erlernendes Synchronisationsprinzip, das die Vereinigung einer meditativen inneren Haltung mit den unterschiedlichen Körperpräsentationen der Teilnehmenden antizipiert.

Abb. 2: Einüben im Yogakurs

> KL: Kommen wir zur Waage. Stellen den rechten Fuß nach vorne. Handflächen zusammen. Arme gestreckt, das Gewicht verlagern. Links anheben. Einen Moment der Konzentration. Und aus der Mitte heraus in die Weite wachsen.

4.3 Gegenüberstellung

Gemeinsam ist beiden hier betrachteten Varianten des Einübens die interaktive Markierung von Unbekanntheit bestimmter Körperbewegungen bzw. -haltungen einhergehend mit der Vorführung bzw. sprachlichen Darstellung diese Bewegungen und Haltungen durch eine erfahrene Vertreterin der Bewegungskultur.

Die Praxis, die das Muster des Einübens kennzeichnet, ist in beiden Fällen die Verknüpfung der Darstellung von etwas Neuem durch die als erfahren charakterisierte Kursleiterin mit der Rezeption und dem (ansatzweisen) Mitvollzug der als noch unwissend charakterisierten Teilnehmenden. Während sich die Darstellungspraktik im Tanzkurs auf das körperliche Zeigen konzentriert, liegt der Schwerpunkt im Yogakurs auf der sprachlichen Beschreibung. Im ersten Fall wird das Gezeigte verbal kommentiert, im zweiten Fall wird das Beschriebene ansatzweise körperlich illustriert. Die unterschiedlichen Vermittlungspraktiken der Kursleiterinnen gehen einher mit unterschiedlichen Aneignungspraktiken der Teilnehmenden. Während im Tanzkurs die Teilnehmerinnen überwiegend zuschauen und nur zum Teil die Körperbewegungen gleich mitvollziehen, erweist sich der synchrone Mitvollzug durch alle Teilnehmenden als charakteristisch für den Yogakurs, wo Zuschauen nur in Ausnahmefällen registriert werden kann.

Bereits beim Einüben von Körperbewegungen und -haltungen werden die unterschiedlichen Zielorientierungen der beiden Kurse sichtbar. Während beim Tanzkurs die Aufführung von Körperbewegungen vor dem Horizont eines für alle verbindlichen Rhythmus thematisch wird, geschieht beim Yogakurs die Beschreibung von Körperhaltungen vor dem Horizont bestimmter Empfindungsqualitäten.

5 Üben

Mit der Interaktionspraktik des Übens wird das Problem bearbeitet, dass bestimmte Körperhaltungen oder -bewegungen den Teilnehmenden zwar bekannt, also kognitiv präsent sind, diese aber noch nicht routinemäßig aufgeführt werden können. Im Zentrum steht das Erlernen des *Könnens*, der Beherrschung von Körperhaltungen oder -bewegungen. Zu diesem Zweck werden die Teilnehmenden dabei angeleitet, die zu übenden Bewegungen mehrfach zu wiederholen, wobei die Kursleiterin in diese wiederholten Bewegungen gelegentlich korrigierend oder lobend eingreift. Charakteristisch für das Üben ist die zunehmende Verringerung der Differenz von Lerngegenstand und lernender Person. In der Übergangsphase des Übens versuchen sich die Teilnehmenden so zu verhalten, als wären die zu erlernenden Techniken bereits durch sie inkorporiert. Die Bewegungsmuster werden gemeinsam aufgeführt. Korrekturen und Wiederholungen machen jedoch deutlich, dass die Lernenden noch immer nicht selbstverständlich über den Lerngegenstand verfügen.

5.1 Üben im Tanzkurs

Beim Tanzkurs realisiert sich die Praktik des Übens als gemeinsam wiederholende Darstellung von Körperbewegungen im Takt, begleitet durch Korrekturen der Kursleiterin (▶ Abb. 3).

Abb. 3: Üben im Tanzkurs

> KL: Ein bisschen breiter (unv), Schulterbreit und parallel, (unv) dazu, und die Hüfte bewegt sich hoch, tief, hoch, tief, (▶ Abb. 3/1) hoch, tief, hoch, tief. (3 Sekunden) Keine Ferse heben (.) (▶ Abb. 3/2) (unv)! Nicht so was machen! Nicht die Fersen heben! Sondern Bein geht vor und die Fersen bleiben (..) fest! Die Füße fest auf dem Boden lassen! Nicht so was machen!

Die wiederholende Aufführung von bereits bekannten, aber noch nicht gekonnten Körperbewegungen orientiert sich an der Differenz können/nicht können. Die Unterstellung des Kennens bei gleichzeitiger Markierung von Nicht-Können fungiert als Bedingung der Initiation und Reproduktion des Musters ›Üben‹. Dieses Nicht-Können wird einem unzureichenden Übersetzungsvermögen von kognitiv präsenten hin zu körperlich aufgeführten Bewegungen zugerechnet.

Um das Können von neuen wie auch alten Figuren zu ermöglichen, führt die Kursleiterin die Figur im Takt der Musik vor, begleitet durch verbale Einwürfe, die an bestimmte Bewegungsarten oder -wechsel zu bestimmten Zeitpunkten im Gesamtablauf erinnern sollen. Die Teilnehmenden vollziehen die Körperbewegungen synchron mit und gleichen dabei ihre Aufführung mit den direkt und durch den Spiegel beobachtbaren Vorgaben der Kursleiterin und der übrigen Teilnehmerinnen ab. Diese Möglichkeit der Selbstkorrektur wird durch korrigierendes Eingreifen der Kursleiterin, die die Teilnehmenden durch den Spiegel beobachten kann, ergänzt. Die Kursleiterin spricht die Gruppe allgemein oder einzelne Teilnehmende gezielt an, markiert das falsche Agieren, stellt das korrekte Agieren körperlich dar und kommentiert es verbal. Durch das Zusammenspiel von wiederholender Darstellung und Korrektur formiert sich sukzessive ein sich kollektiv zum Takt der Musik bewegender ›Gruppenkörper‹.

5.2 Üben im Yogakurs

Beim Yogakurs realisiert sich die Praktik des Übens als eine durch die Kursleiterin betreute und bewertete individuelle Darstellung von Körperhaltungen der Teilnehmenden (▶ Abb. 4).

Auch hier orientiert sich die wiederholende Darstellung von Körperhaltungen an der Differenz können/nicht-können. Allerdings mit dem bedeutsamen Unterschied, dass das Nicht-Können, das den Ausgangspunkt des Übens bildet, nicht einzig an der sichtbar eingenommenen Körperhaltung der Teilnehmenden festgemacht werden kann, denn über die sichtbare Körperhaltung hinaus zielt das Üben auch auf die Einnahme einer geistigen Haltung ab, die als innerliches Geschehen wenn überhaupt nur mittelbar visuell wahrgenommen werden kann.

Um das Können von Körperhaltungen, die mit geistigen Einstellungen verbunden sind, zu ermöglichen, gibt die Kursleiterin einen Anfangs- und Endpunkt für die Einnahme der Haltung vor. Während die Teilnehmenden jeder für sich die Haltung in Abhängigkeit von jeweiligen körperlichen Fähigkeiten aufführen, korrigiert die Kursleiterin die Haltungen der Teilnehmenden, indem sie einerseits an alle adressierte Hinweise zur korrekten Ausführung gibt, die dann einige der Teilnehmenden auf sich beziehen. Andererseits ›patrouilliert‹ die Kursleiterin von Teilnehmerin zu Teilnehmerin und korrigiert sowohl verbal als auch durch Berührungen. Im Fortschreiten der Übungen stellt sich zunehmend eine meditative Atmosphäre ein, die durch die leise und beruhigende Stimme der langsam sprechenden Kursleiterin verstärkt wird.

Abb. 4: Üben im Yogakurs

> KL: [▶ **Abb. 4/1**] (unv) versuchen mal das zu halten (16 Sekunden Pause) [▶ **Abb. 4/2**]
> (22 Sekunden Pause) (flüsternd:) So.

5.3 Gegenüberstellung

Gemeinsam ist beiden Varianten des Übens die Bedingung des Noch-Nicht-Verfügen-Könnens bestimmter Körperbewegungen bzw. körperlicher (und geistiger) Haltungen durch die Teilnehmenden.

Die Praxis, die das Muster des Übens kennzeichnet, ist im Fall des Tanzkurses das wiederholte gemeinsame Aufführen von Körperbewegungen zur Musik, einhergehend mit Selbstkorrekturen der Teilnehmenden und Fremdkorrekturen durch die Kursleiterin. Im Fall des Yogakurses wird das Üben durch eine wiederholte bzw. andauernde Aufführung bestimmter Körperhaltungen gekennzeichnet. Die Differenz zwischen Kursleiterin und Teilnehmenden tritt hier deutlicher zu Tage, da lediglich die Teilnehmenden die Körperhaltungen vollziehen. Die Kursleiterin erzeugt unterdessen durch bestimmte prosodische Merkmale ihrer verbalen Äußerungen eine meditative Stimmung, die im Gegensatz zu den schnellen und lauten Rhythmen im Tanzkurs nicht ein Aufgehen der individuellen Teilnehmenden in einem tanzenden Kollektiv ermöglicht, sondern statt dessen der individuellen Besinnung der Teilnehmenden auf ihr je eigenes Empfinden zuträglich ist. Das Korrigieren der Kursleiterin erfolgt im Tanzkurs durch allgemeine verbale Hinweise zur korrekten Aufführung bestimmter Körperbewegungen, begleitet durch körperliches Zeigen – wobei hier entweder auf Selbstadressierung gesetzt wird oder bestimmte Teilnehmerinnen angesprochen werden. Die Teilnehmenden vollziehen die Übungen synchron mit und orientie-

171

ren sich dabei an der Sequenzierung und Gestaltung der Körperbewegungen durch die Kursleiterin und durch die Gruppe der übrigen Teilnehmenden in Relation zu ihrer eigenen Darstellungspraxis, die einerseits ›hautnah‹ erlebt wird und andererseits über den gegenüber befindlichen Spiegel kontrolliert werden kann.

Das Korrigieren der Kursleiterin erfolgt in diesem Kurs einerseits – ähnlich wie im Tanzkurs – durch allgemeine verbale Hinweise zur korrekten Aufführung bestimmter Körperhaltungen und dem Vertrauen auf Selbstadressierung. Die andere, dominierende Form des Korrigierens und Bewertens erfolgt dagegen durch die – im Tanzkurs kaum praktizierte – Musterung der einzelnen Teilnehmerinnen und die damit verbundenen individuellen Berichtigungen. Während es beim Yogakurs um die Korrektur der in sich geschlossenen Gestalt des individuellen Teilnehmendenkörpers geht, der sich entsprechend seinen je individuellen körperlichen Fähigkeiten verhält, geht es beim Tanzkurs um die Korrektur des einzelnen Körpers vor dem Hintergrund des synchronen Zusammenhangs aller Körperbewegungen.

Entsprechend der unterschiedlichen Praxen des Übungsvollzugs bestehen für die Teilnehmenden ganz unterschiedliche Wahrnehmungsbedingungen, die zu unterschiedlichen Resultaten führen können: Im Falle des Tanzkurses sind die Teilnehmenden auf die visuelle und auditive Wahrnehmung ihrer Umgebung angewiesen, wollen sie die Übung korrekt durchführen. So orientieren sie sich nicht nur am hörbaren Takt der Musik und den Hinweisen der Kursleiterin, sondern ebenso an dem eigenen Spiegelbild in Relation zum Abbild der Kursleiterin und der übrigen Teilnehmenden. Demgegenüber sind die Teilnehmenden im Yogakurs auf Reizabschottung angewiesen, wollen sie die Übung korrekt durchführen. Sie orientieren sich zumeist lediglich an auditiven Signalen in Form der Stimme der Kursleiterin und setzen diese Hinweise in Relation zu ihrem Körperempfinden. Während die Gruppe der Teilnehmenden hier eher als Störpotenzial auftritt, ist sie beim Tanzkurs konstitutive Bedingung zur Gestaltung des Kurses.

6 Ausüben

Mit der Interaktionspraktik des Ausübens wird das Problem bearbeitet, dass bestimmte Körperhaltungen oder -bewegungen zwar von den Teilnehmenden sowohl gekannt als auch gekonnt werden, diese aber noch nicht in einer realitätsähnlichen Situation *angewendet* wurden. Beim Ausüben werden die erlernten Körperbewegungen in ihrem Gesamtzusammenhang gemeinsam aufgeführt. Dabei ähneln sich die Teilnehmenden mimetisch dem Agieren der Kursleiterin an bzw. bilden den komplementären Part im Vollzug. Die Kursleiterin greift hier nicht mehr korrigierend ein. Charakteristisch für diese Phase ist die Darstellung einer Identität von vormaligem Lerngegenstand und Person. Das Gelernte wird von den Teilnehmenden so dargestellt, als verfügten sie selbstverständlich über das zuvor noch äußerliche Wissen bzw. Können.

6.1 Ausüben im Tanzkurs

Beim Tanzkurs realisiert sich die Praktik des Ausübens als vergemeinschaftete, nicht unterbrochene Aufführung eines Tanzes zur Musik. Einige Teilnehmer beteiligen sich allerdings nicht an diesem Ausüben, sondern nehmen eine zur Aufführung komplementäre Zuschauerrolle ein. Als nunmehr anwesendes Publikum erhöhen sie dadurch den Ernstcharakter für diejenigen, die den zuvor eingeübten Tanz nun vorführen (▸ Abb. 5).

Abb. 5: Ausüben im Tanzkurs

KL: [1] Kick, kick, kick, kick, links! Noch mal! Lächeln! [2] Schulter, Schulter, Schulter, Schulter, zack! [3]

Die Darstellung der von als bekannt und überwiegend gekonnt unterstellten Abfolge von Körperbewegungen orientiert sich an der Differenz gelingen/misslingen. Die Unterstellung, dass die Teilnehmenden sowohl die Choreografie kennen als auch über die Fertigkeiten verfügen, diese auch tatsächlich aufzuführen, ermöglicht es, eine realitätsähnliche Situation zu simulieren, bei der die Gruppe daraufhin beobachtet werden kann, ob die Choreografie als eine solche gelingt

173

oder nicht. Kursleiterin und Teilnehmende führen gemeinsam die gesamte Choreografie zur Musik auf. Im Unterschied zur Praxis des Übens werden sichtbar abweichende Körperbewegungen einzelner Teilnehmerinnen nicht zum Anlass von Korrekturen und Wiederholungen. Die mittanzende Kursleiterin ist als strukturierend lediglich durch vereinzelte Hinweise zum Einsatz bestimmter Figuren und zu Darstellungsmodi (z.B. »Lächeln!«) erkennbar. Die Teilnehmenden schlüpfen hier entweder in die Rolle von orientalischen Tänzerinnen, die synchron einen Tanz aufführen, oder in die komplementäre Rolle eines Zuschauers.

6.2   Ausüben im Yogakurs

Beim Yogakurs realisiert sich die Praxis des Ausübens als individuelle Besinnung auf von der Kursleiterin allen dargestellten geistige Zusammenhänge (▸ Abb. 6).

Abb. 6: Ausüben im Yogakurs

KL: Ein weiser Mensch weiß, dass es vergeudete Zeit und Energie ist, wütend zu werden. (1) Es kostet hinterher Zeit und Mühen, die Beziehungen wieder herzustellen. Viel hilfreicher ist es, tief durchzuatmen, seine innere Einstellung zu achten und ohne Hast zu handeln. Stärke und verbessere auf diese Weise deine Beziehungen zu Anderen. Schaffe Vertrauen und deine Fehler werden dir vergeben. Ein weiser Mensch weiß ... (2)

Auch diese Darstellung von als bekannt und überwiegend gekonnt unterstellten körperlich-geistigen Haltungen orientiert sich an der oben genannten Differenz gelingen/misslingen. Die Unterstellung, dass die Teilnehmenden erstens die einzunehmenden Haltungen kennen und zweitens dazu in der Lage sind, sie auch einzunehmen, ermöglicht es, eine realitätsähnliche Situation zu simulieren, bei der die Yoga-Übungen daraufhin beobachtet werden, ob sie gelingen oder nicht. Die Kursleiterin fungiert hier als spirituelle Führerin oder Yoga-Meisterin, die eine stimmungsvolle Atmosphäre schafft und Weisheiten weitergibt. Die Rollenunterschiede zwischen Kursleiterin und Teilnehmenden werden nicht verschleiert, sondern zu Gunsten einer anderen Differenz abgelöst – nämlich der zwischen geistiger Führerin bzw. Meisterin und Geführten bzw. Schülern. Nur punktuell ähnelt sich die Kursleiterin in ihrem Agieren dem Erscheinungsbild der Teilnehmenden an und führt so eine Praxis des gemeinsamen Meditierens auf. Im Unterschied zur Praxis des Übens werden keine Korrekturhinweise formuliert. Stattdessen werden Handlungsmaximen, die sich im Alltag zu bewähren haben, verkündet. Die Teilnehmenden nehmen die komplementäre Rolle als Geführte ein, indem sie durch ihre Körperhaltung Aufnahmebereitschaft signalisieren.

6.3 Gegenüberstellung

Gemeinsam ist beiden Varianten des Ausübens die Simulation einer Anwendungssituation, bei der weder bisher unbekannte Körperbewegungen oder -haltungen eingeübt noch in mehrfacher Wiederholung und Korrektur geübt, sondern bestimmte Bewegungen und Haltungen gemeinsam dargestellt werden. Charakteristisch für die Form des Ausübens ist eine Transformation des Settings. Der kulturelle Kontext, vor dessen Hintergrund das Einüben und Üben stattgefunden hat, tritt nun in den Vordergrund (auch Herrle/Dinkelaker i.d.Bd.). Kursleiterin und Kursteilnehmende werden zu Darstellern einer kulturellen Praxis. Die Lehr-Lernbezogenheit des Geschehens tritt dagegen in den Hintergrund.

Während beim orientalischen Tanz die Differenzen zwischen Kursleiterin und Teilnehmerinnen zugunsten der Vergemeinschaftung im synchron aufgeführten Tanz vor (teils anwesendem, teils imaginiertem) Publikum verschwimmen, wird die Kursleiter-Teilnehmer-Differenz beim Yoga-Kurs zu einer Meister-Schüler-Differenz transformiert. Während beim orientalischen Tanz der emotionsgeladene Ausdruck im Vordergrund steht, geht es beim Yoga um die Darstellung einer geistigen Haltung. Dabei handelt es sich insofern um eine Anwendungssituation, als zuvor angeeignetes Wissen und antrainierte Fertigkeiten zum Einsatz gebracht werden, um eine veränderte Haltung gegenüber der Welt einzunehmen.

Allerdings handelt es sich beim Ausüben der kulturellen Praxen im Rahmen des Kursgeschehens insofern lediglich um eine Simulation, als im Yoga-Kurs der Akt meditativer Besinnung nicht im Tempel, sondern im Kursraum stattfindet und die Alltagssituationen, in denen eine derartige Haltung eingenommen werden soll, lediglich imaginiert werden. Auch der Tanzkurs findet nicht auf der Bühne statt.

Die Praxis des Ausübens bietet in beiden Kursen daher auch Gelegenheit für die Teilnehmenden, ihre Rolle als Lernende beizubehalten und die Aufführung zum nicht-markierten Selbstlernen zu nutzen. So bietet der Spiegel den Teilnehmenden die Möglichkeit, ihre eigenen Körperbewegungen weiterhin mit denen der übrigen Gruppenmitglieder zu vergleichen und zu korrigieren. Teilnehmende, die nicht mittanzen, sondern sich an den Rand setzen, haben die Möglichkeit, ihre eigenen Erfahrungen im Tanz zur Gruppenaufführung in Beziehung zu setzen.

7 Zum Verhältnis von Einüben, Üben und Ausüben

Der bildende Zugriff auf den Körper geschieht im Rahmen von Veranstaltungen der Erwachsenenbildung dadurch, dass die Bewohner dieser Körper dazu gebracht werden, sie in spezifischer Weise zu bewegen.

Da auch die Subjekte selbst ihre Körper nicht beliebig steuern können – »Der Köper ist nie völlig gefügig, weder dem Bewußtsein noch der Gesellschaft« (Hahn 2000, S.366; zur Kritik der Vorstellung, Handelnde seien zur Kontrolle ihrer Körper fähig, siehe auch Joas 1996, insbesondere S.245 ff.) –, realisiert sich Körperbildung in Vorgängen der Gewöhnung. Gewöhnung von Körpern an Bewegungsabläufe geschieht in der Wiederholung und damit im Üben.

Offensichtlich geschieht dieses habitualisierende Üben nicht voraussetzungslos. Vielmehr gehen ihm Situationen des Einübens voraus. Diese sind daraufhin ausgerichtet, dass es den Lernenden möglich wird, Bewegungsmuster zu imitieren, die ihnen die Lehrenden vormachen. Die Bedeutung von Imitation für die Erklärung jeglicher gesellschaftlicher Veränderungen hat bereits Gabriel de Tarde (2003) akzentuiert (zur Nachahmung in historischer Perspektive unter Bezug auf Marcel Mauss siehe Herzog August Bibliothek 2008). Im Einüben steht das Verhältnis der nachgeahmten Köperbewegungen der Teilnehmenden zu den vorgemachten Körperbewegungen der Kursleitenden im Vordergrund. Die Distanz zur von der Kursleiterin verkörperten kulturellen Praxis dominiert. Im Üben tritt diese dagegen in den Hintergrund und die Körperbewegungen der Teilnehmenden werden im Wiederholen zu sich selbst ins Verhältnis gesetzt. Die Frage der Erwartbarkeit wiederholt stimmiger Bewegungen und damit die Frage nach der Reproduzierbarkeit der kompetenten Teilhabe an der zu erlernenden Praxis wird virulent.

Ihren Sinn erhalten die eingeübten und geübten Bewegungen erst im Hinblick auf kulturelle Praxen, in deren Rahmen diesen eine Bedeutung zukommt. Erst in der Performativität des Ausübens und damit im Absehen davon, dass die realisierten Bewegungen imitierte und habitualisierte Bewegungen sind, kann diese sinnhafte Bedeutung der Bewegungen im Rahmen der ihr zugehörigen Praxen erfahren werden.

In Veranstaltungen der Körperbildung werden prozessuale Relationen zwischen Performanz, Habitualisierung und Imitation von Bewegungspraxen hergestellt, wobei sich diese drei Aspekte des körperlichen Lernens wechselseitig voraussetzen. Ohne Bezug auf praktische Performanz bleibt die Sinnhaftigkeit der Bewegungen den Lernenden verschlossen. Ohne habitualisierende Gewöhnungsprozesse bleibt ihnen die Möglichkeit der Performanz dieser Bewegungsabläufe verschlossen. Ohne mimetisches Imitieren bleibt ihnen wiederum die Möglichkeit verschlossen, ihre Körper an diese ihnen fremden Bewegungen zu gewöhnen.

IV Dynamische Gruppen

Erwachsene in (Kurs-)Gruppen

Jochen Kade

1   Erwachsenenbildung und Gruppe

Zu den erfolgreichsten Büchern zur Erwachsenenbildung/Weiterbildung zählt sicher immer noch Tobias Brochers, 1967 bis 1981 in 16 Auflagen erschienenes, Buch »Gruppendynamik und Erwachsenenbildung«. Seitdem wird das Thema ›Gruppe‹ verschiedentlich wieder berührt, insbesondere im Kontext von Fortbildung.[1] Es ist aber kein, jedenfalls kein systematisch und empirisch zentrales Thema zum Verständnis des Lernens Erwachsener im Kontext der Erwachsenenbildung/Weiterbildung (vgl. Kuper 2010). Und dies, obwohl Erwachsene nicht nur in Dyaden, sondern vor allem in Gruppen, welcher Art auch immer, face-to-face oder medial, formell oder informell situiert, lernen. Dies gilt insbesondere für das institutionell organisierte und professionell betreute Lernen Erwachsener.[2] Aber selbst die Formen des Lernens Erwachsener jenseits von Institutionen sind nicht nur durch ein breites Spektrum verschiedenster Varianten autodidaktischen Lernens geprägt, sondern auch von speziellen Rahmungen des Lernens, wie soziale Bewegungen, Nachbarschaften, Netzwerke.[3]

Die theoretische und empirische Randstellung des Themas ›Gruppe‹[4] ist sicher auch eine Folge der Dominanz einer, zudem kognitiv überakzentuierten, professionellen pädagogischen Perspektive, die handlungsbezogen fokussiert ist. Diese richtet den Fokus auf das Lehren und das Lernen, generell auf Kurse als Lehr-Lern-Verhältnisse. Der inzwischen forcierte videographische Zugang zur Erwachsenenbildung/Weiterbildung (vgl. Nolda 2007 und dieser Band) hat die da-

---

1   Vgl. etwa die Ankündigung des Bundesinstituts für Erwachsenenbildung: »Erwachsenenbildner/innen leiten Lernprozesse, die überwiegend in Gruppen stattfinden. Die Gruppe hat Einfluss auf das Lernen jedes Einzelnen. Schärfen Sie den Blick für die Dynamik der Gruppe und erfahren Sie, wie Sie Ressourcen und Potenziale der Teilnehmer/innen fördern und Hindernisse bewältigen können.« (www.bifeb.at/index.php?id=283; *Zugriff am 29.6.2011*)

2   Hauslehrer in Gestalt etwa von Einzelsprachunterricht sind eher die Ausnahme, Coaches bekommen inzwischen allerdings eine gewisse Bedeutung.

3   Zum Rahmenkonzept vgl. Wittpoth 2010; vgl. auch Kade 2012b.

4   Vgl. auch Doerry 2010 im »Wörterbuch Erwachsenenbildung«; im »Handbuch Erwachsenenbildung/Weiterbildung« (Tippelt/v.Hippel 2010) ist die ›Gruppe‹ auch in der neuesten Auflage weder Thema eines eigenen Beitrags noch überhaupt ins Stichwortverzeichnis aufgenommen. Vgl. auch schon früh einen entsprechenden Hinweis auf das ›Gruppen-Defizit‹ von Geißler (1988)

mit verbundene Abstraktion von der komplexen sozial-räumlichen Dynamik des Kursgeschehen deutlich werden lassen. Das Kursgeschehen besteht aus mehr als aus Lehr-Lern-Interaktionen und diese sind mehr als eine Summe von neben- und nacheinander verlaufenden dyadischen Kommunikationen. In Kursinteraktionen verschränken sich vielmehr (auf Lehren und Lernen bezogene) verbale und nonverbale Kommunikationen mit einer Vielzahl von gerichteten wie diffusen Prozessen wechselseitiger Wahrnehmung aller Beteiligten. Jede einzelne dyadische Kommunikationssequenz ist eine Momentaufnahme, eine Episode in einem auf die gesamte Kursgruppe bezogenen Kommunikationsgeschehen. Dieses findet immer in spezifischen Räumlichkeiten statt, die, verstärkend oder schwächend, in Relation stehen zu institutionell vorgegebenen Rahmungen von sozialen Situationen.

Der Beitrag vertritt die These, dass die in diesem Zusammenhang stattfindenden Bildungsprozesse sich in ihrer ganzen Vielschichtigkeit nur verstehen lassen, wenn man hinter die Einengung auf kognitiv-dyadische Lehr-Lern-Prozesse zurückgeht und Kurse in einer modernitätstheoretischen Perspektive, wie sie mit dem Individualisierungskonzept verbunden ist, als Ort der Individualitätsdarstellung beschreibt und – in der Perspektive eines sozial dimensionierten Bildungsverständnisses – die Bedeutungen rekonstruiert, die gruppenförmige soziale Situationen für Bildungs- und Sozialisationsprozesse haben. Der Beitrag analysiert grundlegende Formen der auf Lehren und Lernen bezogenen Gruppeninteraktionen, welche in Kursen zu beobachten sind. Dabei kann an neuere Überlegungen angeschlossen werden, die im Kontext eines anerkennungstheoretischen Zugangs zu modernen Gesellschaften gemacht worden sind.

2 Individualität und soziale Anerkennung in Gruppen

2.1 Individualität als individuelles Ziel und soziale Erwartung

Jeder einzelne Erwachsener ist unvermeidlich ein besonderes Individuum und hat somit eine (besondere) Individualität. Einen Unterschied aber macht es, welche Individualität man hat und wie überzeugend sie für andere ist, wie und von wem sie also gesellschaftlich anerkannt wird. Dabei beweist sich Individualität in modernen Gesellschaften nicht nur in dem, was man ist, sondern zunehmend mehr noch in dem, was man noch nicht ist, also in dem, was man zu werden in der Lage ist, was man aus sich machen kann und will.[5] Dieses Versprechen und diese Erwartung geben dem bildungspolitischen Leitbild des Lebenslangen Lernens sein

---

5 Zum Versprechen und zur Erwartung auf ein solchermaßen dynamisches Erwachsenensubjekt vgl. Kade/Seitter 2007c, insbes. S. 309 ff.; Baecker 1999.

besonderes Gewicht. Das Lebenslange Lernen ist ein prägnanter Fall von sozialen Prozessen, in denen »individuell gewachsene Ansprüche durch institutionelle und organisatorische Anpassungsleistungen in institutionalisierte Erwartungsmuster verwandelt« werden, mit der individuelle Subjekte danach als »Forderungen von Außen« konfrontiert werden (Honneth 2010a, S. 215). Erwachsene, die an Veranstaltungen der Erwachsenenbildung/Weiterbildung teilnehmen und im Speziellen an Kursen, überhaupt die sich nachweisbar verändern wollen, zeigen, dass sie ein anderer werden wollen, als sie sind. Und sie können dies inzwischen zunehmend durch Zertifikate, welcher Art auch immer, nachweisen.[6] Sie können damit anderen gegenüber kommunizieren, dass sie der Erwartung auf Lernen gerecht werden (wollen) (vgl. schon Schulenberg 1978). Dabei können sie sich an zwei Entwicklungs- bzw. Bildungszielen orientieren (vgl. Kade 2012a). Im Sinne eines qualitativen Individualismus, eines »Individualismus der Unverwechselbarkeit« (Simmel 1989 [1901]), können sie sich, ihr Selbst stärker nach der Seite als authentische Persönlichkeit verwirklichen.[7] Die Teilnahme an Veranstaltungen der Erwachsenenbildung wird somit zum Ferment der Verwirklichung eines nur eigenen Persönlichkeitskerns, Kurse werden zu Orten der Selbstfindung (vgl. Kade 2011). Oder aber es geht darum, sich im Sinne eines quantitativen Individualismus[8] unter dem Leistungsgesichtspunkt Erfolg vs. Misserfolg gegenüber und im Vergleich zu anderen weiter zu entwickeln.[9]

In diesem Kontext sind Kurse zunächst – als Lehr-Lernveranstaltungen – Orte des akzentuierten zielgerichteten Erwerbs von Kenntnissen, Fähigkeiten, Fertigkeiten und moralischen Orientierungen. Sie sind aber auch – als soziale Gruppen – Orte der Erprobung der eigenen Individualität. Sie werden in dieser Hinsicht zu einem exponierten Ort der für moderne Gesellschaften kennzeichnenden »experimenthaften Selbstverwirklichung« (Honneth 2010a, S. 211 ff). Verbunden sind damit inzwischen vielfach beobachtete und nachgewiesene Praktiken der Wissens- und Kompetenzdemonstration, überhaupt der Demonstration von Autonomie.[10] Man kann in dieser Verschiebung innerhalb der Erwachsenenbildung einen Widerschein der in den 1980er Jahren beobachtbaren »Umadressierung der Arbeitssubjekte von abhängig Beschäftigten zu kreativen Unternehmern ihrer Selbst« (ebd., S. 216) sehen, bei der es um eine Neuorientierung an der individuel-

---

6 Zur zunehmenden Bedeutung von Zertifikaten für die Erwachsenenbildung/Weiterbildung vgl. Kade 2007; Schmidt-Hertha 2011.
7 In dieser Hinsicht spricht Honneth (2010a, S. 218) von einem »Individualismus der Selbstverwirklichung«.
8 Zu dieser Unterscheidung vgl. Luhmann 1993.
9 Zum historischen Wandel der Orientierung des Lernens von der Bildungsbiographie zur Bildungskarriere vgl. Kade/Nolda 2012c.
10 Sigrid Nolda (1996) hat bereits früh empirisch herausgearbeitet, dass es in Kursen der Erwachsenenbildung/Weiterbildung nicht nur um die Vermittlung und Aneignung von Wissen geht, sondern sowohl bei Teilnehmern wie bei Kursleitern in hohem Maße auch um die Demonstration von Kompetenz. Insofern orientieren sich Kurse empirisch weniger an Autonomie als einem extern relevanten Bildungsziel, sondern am Ziel der Performanz von Autonomie innerhalb von Kursen; vgl. auch mit weiteren Befunden Kade/Seitter 2007a.

len Arbeitsleistung und der intellektuellen Eigeninitiative der Beschäftigten geht, auch bezogen auf sich selbst. Im Laufe von »nur zwei Jahrzehnten (1980/1990) entsteht ein neues Anspruchsniveau, das es erlaubt, die Beschäftigung von der überzeugten Präsentation eines Willens zur Selbstverwirklichung in der Arbeit abhängig zu machen« (ebd., S. 217).

2.2 Anerkennung als Bedingung erfolgreicher Entwicklung der Individualität

Der Impuls von Erwachsenen, nicht nur individuell, sondern in der sozialen Form von Kursen zu lernen, d.h. zusammen mit anderen, damit von ihnen wahrgenommen, Fähigkeiten und Kenntnisse zu erweitern, das Wissen zu vertiefen und Wissenslücken zu schließen, also überhaupt Neues zu lernen, speist sich nicht nur aus den angesprochenen inhaltlichen Motiven. Es gehört zum inzwischen trivialen Professionswissen und auch erziehungswissenschaftlichen Wissensbestand, dass Erwachsene auch aus Geselligkeitsmotiven, insofern aus eher inhaltsindifferenten sozialen Motiven an Kursen teilnehmen.[11]

Solche und ähnliche soziale Motive sind Bildungsprozessen jedoch keineswegs äußerlich.[12] Und zwar nicht nur, quasi instrumentell, weil es zu den lebenslangen, »natürlichen Bedürfnissen« gerade auch von Erwachsenen gehört, »als Mitglieder in sozialen Gruppen anerkannt zu werden, in denen (sie ihre) Bedürfnisse, (ihr) Urteilsvermögen und (ihre) verschiedenen Fähigkeiten dauerhaft in direkter Interaktion bestätigt« (Honneth 2010b, S. 267) sehen. Folgt man dem neueren Bildungsdiskurs, so orientieren sich Bildungsprozesse in modernen Gesellschaften an dem Ziel, die »Einmaligkeit einer Individualität zu ermöglichen und zu generieren, ohne auf ihre Verschränkung mit der Gesellschaft zu verzichten« (Koselleck 2006, S. 157). Sie verlaufen dabei grundsätzlich im Spannungsverhältnis von Autonomie, Authentizität und Anerkennung (vgl. Kade 2012a; Stojanov 2006).

Die Differenziertheit von Anerkennungsmotiven erschließt sich gerade auch durch die Analyse von Kursgruppen. Sie sind eine zeittypische Form des Zusammenschlusses von Individuen zu relativ stabilen, kontinuierlichen, im Zeichen des Lernens und Lehrens stehenden Vereinigungen. Hilfreich sind in dieser Perspektive Überlegungen von Axel Honneth über die Modi der Anerkennung als einer »Triebkraft« in Gruppen (Honneth 2010b). Dabei werden Gruppen als ein »sozialer Mechanismus verstanden (...), der im psychischen Bedürfnis oder Interesse des einzelnen liegt, weil er ihm zur persönlichen Stabilität oder Erweiterung verhilft« (ebd., S. 264).

Honneth geht aus von dem, sozialisationstheoretisch insbesondere an Mead und Piaget orientierten, Gedanken der Verschränkung von individueller Persönlichkeitsbildung im Sinne von Autonomie und Vergesellschaftung. An diesem

---

11 Zur ›Gemeindebildung‹ als einer Extremform der Vergemeinschaftung vgl. Kade 1985; über Subjektwerdung und Gemeinschaftsbezüge der Erwachsenenbildung/Weiterbildung vgl. Kade 1988.
12 Enno Schmitz (1984) sprach diesbezüglich von Erwachsenenbildung als einer »diffusen« sozialen Situation.

184

Prozess der Subjektbildung lassen sich mit Honneth – zunächst bezogen auf den kindlichen Entwicklungsprozess – drei Stufen der Selbstbeziehung, mit jeweils zunehmendem »Grad der Autonomiefähigkeit« (ebd. 2010b, S. 265), unterscheiden. Auf der ersten Stufe geht es um den Erwerb einer »elementaren Sicherheit über den Wert der eigenen Bedürftigkeit«, insofern um den Erwerb von »Selbstvertrauen« (ebd., S. 266). Auf der zweiten Stufe geht es darum, die Erfahrung zu machen, dass man als Subjekt respektiert wird, dessen »Urteilsbildung als wertvoll und oder zuverlässig empfunden wird« (ebd.), dessen Überzeugungen daher für gemeinsame Entscheidungen von Belang sind. Insofern geht es um die Herausbildung von »Selbstachtung«. Ein weiterer Grad der Autonomiebildung ist von der intersubjektiven Erfahrung des »Werts seiner eigenen leiblichen und geistigen Fähigkeiten« (ebd.) abhängig. Diese Entwicklung des »Selbstwertgefühls« kennzeichnet die dritte Stufe der Persönlichkeitsbildung.

Die Bedeutung von sozialen Gruppen in diesem Prozess ergibt sich daraus, dass diese drei Modi einer durch wachsende Autonomie bestimmten Selbstbeziehung nicht nur die kindliche Entwicklung strukturieren, sondern auch danach für die Persönlichkeitsbildung Erwachsener von großem Belang sind. Es geht ja nicht nur um den einmaligen Erwerb von Anerkennung in einer daraufhin zugeschnittenen Phase kindlichen Aufwachsens, sondern um ihre lebenslange Reproduktion, insofern ihren Erhalt. Um »solche Formen der positiven Selbstbeziehung aufrechtzuerhalten, ja erweitern zu können, bedarf das Subjekt der Mitgliedschaft in sozialen Gruppen, die gewissermaßen einen Spiegel des ursprünglichen Anerkennungsverhaltens darstellen: Die Erfahrung, in der eigenen Bedürftigkeit, im eigenen Urteilsvermögen und vor allem in den eigenen Fähigkeiten als wertvoll zu gelten, muß vom Subjekt im Gruppenerleben stets wieder erneuert und rekonkretisiert werden... Die Gruppe erlaubt dem Erwachsenen gewissermaßen ein Wiedererleben jenes direkten, noch durch Gesten und Worte vermittelten Anerkennungsverhaltens, das er unter geglückten Umständen in seiner Kindheit an den bejahenden Reaktionen seiner konkreten Bezugspersonen ablesen konnte. Insofern erscheint es gerechtfertigt, von einem ganz normalen, geradezu natürlichen Bedürfnis der Subjekte auszugehen, als Mitglied in sozialen Gruppen anerkannt zu werden, in denen es seine Bedürfnisse, sein Urteilsvermögen und seine verschiedenen Fähigkeiten dauerhaft in direkter Interaktion bestätig sieht« (ebd., S. 267).

Im Erwachsenenleben lassen sich diese Gruppen nach den Formen der Selbstbeziehung, die in ihnen eine »Art von rekonkretisierter Anerkennung« (ebd., S. 268) bekommen, differenzieren. Dabei haben Formen, die es Erwachsenen, die auf die »Wiederholung symbioseähnlicher Anerkennungserfahrungen angewiesen« sind, ermöglichen, erneut zu einem »Bewusstsein des Werts seiner eigenen Bedürftigkeit« zu gelangen, noch eher die Gestalt von »intimen, häufig sexuell getönten« dyadischen Beziehungen, wie Freundschaften und Liebesbeziehungen (ebd.). Bedeutungsvoller für Erwachsene wird die Gruppenförmigkeit sozialer Beziehung jedoch dort, wo ihre Selbstachtung und ihr Selbstrespekt noch eher prekär sind. Wenn die Urteilsbildung nicht bereits unabhängig vom konkreten Zuspruch individuell stabilisiert ist – und dies ist ja in modernen Gesellschaften nicht die Normalität –, dann sind Erwachsene in hohem Maße auf die Mitgliedschaft in Face-to-face-Gruppen oder in bewegungsförmigen Großgruppen angewiesen, in denen sie eine »Art von kompensatorischem Respekt« (ebd.) erfahren können. Solche »Gegenkulturen des Respekts« (Sennett/Cobb 1972) können Erwachsene auch in höherem Alter noch bei dem Bemühen unterstützen, nunmehr »im Spiegel ermutigender Gesten und Äußerungen«, zu einem »Bewusstsein des Werts (ihrer) eigenen Urteilskompetenz zu gelangen« (Honneth 2010b, S. 269). Honneth begründet die These, dass »in dem Bedürfnis, für die eigenen Fähigkeiten in einem Kreis von Gleichgesinnten eine direkt erfahrbare Wertschätzung zu finden, (…) heute *ein*, wenn nicht *das* zentrale Motiv der Gruppenbildung« (ebd.) liegt. Die Gewissheit, dass die eigenen Fähigkeiten, Talente und Wissensbestände in den Augen von anderen einen Wert haben, bedarf in modernen Gesellschaften »wohl lebenslang« immer wieder »erneuter«, wechselseitiger »Bestätigung, um nicht zu schwach und kraftlos zu werden« (ebd.).

Allerdings ergibt sich die Bedeutung von Gruppen für die Persönlichkeitsbildung auch Erwachsener nicht nur aus solchen, eher offenkundigen Impulsen. Den »fruchtbarsten Nährboden« für Gruppenbildung sieht Honneth dort gegeben, wo das Moment der Persönlichkeitsbildung berührt ist, welches das Selbstwertgefühl betrifft. Honneth arbeitet heraus, dass die Bedeutung von Gruppen für die Bildung gelingender Selbstbeziehung sich auch aus der Antwort auf Motive ergibt, die »jenseits der Kontrolle des Subjekts« (ebd., S. 270) angesiedelt sind. Nach Winnicott behält der Mensch »bis ins hohe Erwachsenenalter … Impulse bei, sporadisch in einen Zustand der Verschmelzung zurückzufallen, in dem (er) sich als noch ungetrennt vom anderen Subjekt erleben kann« (ebd.). Von diesem Impuls, so zeigt Honneth, ist »alles Gruppenleben in gewisser Weise durchzogen«, ohne dass man in diesem Zusammenhang bereits von einer »Regression im pathologischen Sinn« (ebd.) sprechen könnte. Die Intersubjektivität der Gruppe bietet vielmehr den Ansatz für Erfahrungen, die die »Grenzen zwischen innerer und äußerer Realität verschwimmen« lassen (ebd., S. 274). Und solche periodischen, Episode bleibenden »Fusionserlebnisse in Gruppen« können gerade die Bedingung der »Wiedergewinnung psychischer Vitalität« (ebd. S. 275) sein.

3 Der Wandel der Gruppenform im Verlauf eines Kurses

3.1 Prozessualität der Kursgruppe

Die vorangehend skizzierten Bedeutungsschichten und Dimensionen der Gruppenbezogenheit von Subjektbildungsprozessen (Selbstvertrauen steigern, Selbstachtung entfalten, Selbstwertgefühl stärken) bedürfen weiterer Differenzierung, um als eine die Aufmerksamkeit sensibilisierende Heuristik zur empirischen Analyse von Kursgruppen(prozessen) genutzt werden zu können. Denn Honneths Analysen abstrahieren noch von der Unterschiedlichkeit der Gruppenarten (vgl. Schäfers 2010).

Von grundlegender Bedeutung für die Analyse von Kursgruppen ist die rollenförmige Unterscheidung innerhalb der Gruppeninteraktion von Personen zwischen Kursleiter und Teilnehmer(n). Sie ist der Interaktion als eine institutionell verankerte Erwartungsstruktur vorausgesetzt.[13] Als Erwartungsstruktur ist die Differenzierung zwischen Kursleiter und Teilnehmer aber nicht unveränderbar. Die Erwartungen können enttäuscht werden und damit der Modifikation bedürfen und Korrekturen nach sich ziehen. Die Differenzierung zwischen Kursleiter und Teilnehmer kann im Verlauf des Kursgeschehens stärker oder schwächer, fester oder lockerer mit Personen verbunden sein, sie kann sich auch zeitweise, selbst dauerhaft, ganz verflüssigen.

Hinzu kommt, dass nicht nur die Kursgruppe insgesamt, auch die Teilnehmergruppe nicht apriori homogen ist. In modernen Gesellschaften kennzeichnet sie eine Pluralität der in ihr verbundenen Individuen. Teilnehmergruppen bewegen sich sozial zwischen individueller Vielfalt und gruppenbezogener Integration. In diesem Spannungsverhältnis werden die in einem Kursraum zusammenkommenden Personen erst zum Mitglied einer sich durch sie zugleich erst konstituierenden Kursgruppe. Den strukturellen Hintergrund einer räumlich und zeitlich markierten Zugehörigkeit zu einem Kurs sichert die Anwesenheit und dann näher: die Einnahme eines Platzes in einem Kursraum. Dieser zeitlich und räumlich bestimmte Interaktionsrahmen entfaltet intern wie auch extern in der Abgrenzung zur Umwelt eine schwächer oder stärker durchgreifende strukturbildende Kraft. Die thematische und interaktiv-soziale Integration bekommt aber erst im Verlauf des Kursprozesses (s)eine stabil/instabile Gestalt. Sie oszilliert zwischen den Aggregatzuständen homogen/koordiniert bzw. in zeitlicher Akzentuierung: rhythmisch/symmetrisch auf der einen Seite und inhomogen/individuell beliebig auf der anderen Seite.

Die dadurch bestimmten Modalitäten der Gruppenbildung führen zu einem breiten Spektrum von (gruppenspezifischen) Kurstypen.[14] Die Gruppengestalt von Kursen ist daher nicht stabil, sie ändert ihren Aggregatzustand im Kursverlauf. Kursgruppen haben immer einen von diesem abhängigen Zeitindex. Deren Gruppenförmigkeit hat einen Prozesscharakter. Es besteht eine Dynamik von im Verlauf des Kursgeschehens variierenden Kursformen. Auch wenn es immer dieselben Personen sind, die in einem Kurs zusammen sind und insofern eine Kursgruppe bilden, wandelt sich das Verhältnis von Individuum und Gruppe, von Leiter und Teilnehmern, und damit die Gruppenstruktur von Kursen in dessen Verlauf. Im Folgenden soll dieser Formwandel an einem Fall detaillierter analysiert werden. Ausgewählt wurde eine unter dem Gesichtspunkt der Gruppenform besonders aspektreiche Sitzung eines Yoga-Kurses von insgesamt 105 Minuten.[15]

---

13 Zum Konzept der Erwartungsstruktur vgl. Baecker 2007.
14 Zur auf Kurse bezogenen Unterscheidung zwischen Spektral- und Prozessanalyse vgl. Herrle 2013b.
15 Der Yoga-Kurs ist in dieser Monographie bereits Gegenstand eines anderen Beitrags, dort allerdings in der Perspektive einer auf Praktiken bezogenen Analyse der Sequenz des Einübens, des Übens und des Ausübens (vgl. Dinkelaker/Herrle/Kade in diesem Band).

Diese Analysen können indes kaum mehr als erste Skizzen zur Bekräftigung der These sein, dass die Gruppenförmigkeit von Kursen von eminenter Bedeutung für institutionalisierte Bildungs-, Lern und Lehrprozesse Erwachsene ist.

3.2 Kursgruppengestalten

Der Kurs »Yoga für Anfänger/-innen« hat laut Ausschreibung im Programm einer Volkshochschule zum Ziel, durch »einfache Körperübungen (Asanas)« Entspannung als Voraussetzung »für Ruhe und Ausgeglichenheit im Alltag« zu ermöglichen. Mit diesem Ziel bekommt der Kurs eine medizinische Dimension. Hingewiesen wird entsprechend auf die Möglichkeit der Erstattung der Kursgebühren durch die Krankenkasse. Aber anders als in der ärztlich-therapeutischen Praxis werden (körperliche) Verspannungen nicht individuell behandelt werden, auch wenn sie durchaus am einzelnen auftreten. Kurse behandeln körperliche Verspannungen als ein in modernen Gesellschaften kollektiv auftretendes Phänomen. Damit entsteht die Frage, *wie* in Kursgruppen das Kollektive mit dem Individuellen verbunden wird. Im Folgenden soll erläutert werden, in welchen Formen dies im Ablauf des Kursgeschehens in einer etwa 100 Minuten dauernden Sitzung eines Yoga-Kurses geschieht. Dabei wird nicht von einem allgemeinen (pädagogischen) Ablaufmodell ausgegangen, sondern kurspezifischer und kleinschrittiger vorgegangen. Dazu wird der Kursverlauf entsprechend dem Auftreten von neuen, eine signifikante Zäsur ausmachenden Ereignissen segmentiert.[16]

Grob, und noch sehr formal lässt sich der Verlauf des Kurses in vier Phasen mit je spezifischen Gruppengestalten unterscheiden. In einer ersten, noch vor dem eigentlichen Beginn des Kurses liegenden, aber auf diesen hinführenden Phase eines Noch-nicht-Kurses wird sein Beginn aus dem Gesamt individuellen Handelns aller Anwesenden heraus dezentral interaktiv vorstrukturiert. Diese Phase dauert etwa 8,5 Minuten (2.1). An sie schließt die Phase an, die man im engeren Sinne als Anfangsphase bezeichnet (2.2). Diese folgt dem Muster mehrfacher Staffelung (vgl. Dinkelaker/Herrle 2007) und verläuft bereits in den Bahnen einer rollenmäßigen Differenzierung der am Kurs Beteiligten, Kursleiterin einerseits und Teilnehmern andererseits, und zwar zielstrebig, mit einer Dauer von etwa 2 Minuten, in Richtung auf die operative Hauptphase des Kurses. Deren zentrales Thema ist das der Entspannung. Sie wird kollektiv unter Anleitung der Kursleiterin eingeübt. Diese Phase ist durch variierende Gruppengestalten gekennzeichnet. Sie dauert etwas mehr als 60 Minuten (2.3). Abgeschlossen wird der Kurs durch eine Phase des Ausklangs und der Verabschiedung der Teilnehmer durch die Kursleiterin mit Übergängen zwischen kursleiterzentrierter interner Gruppenbildung und einer rollenmäßig entdifferenzierten Kursgruppe, die ihre Kontur vor allem durch die Abgrenzung von einer Kursumwelt bekommt. Diese Phase endet mit dem Abtritt der Kursleiterin. Sie dauert etwa 5 Minuten (2.4). Nach einer Pause von kaum mehr als 3 Minuten betreten dann bereits die Teilnehmer eines nächsten Kurses den Raum.

---

16 Zur Segmentierungsanalyse vgl. Dinkelaker/Herrle 2009.

3.2.1 Dezentral plurale Vorstrukturierung des Kursgeschehens

Individuell-spontane, thematisch locker fokussierte Gruppenordnung in einem räumlich- zeitlich synthetisierten Rahmen

Abb. 1: Der Kursraum

Die Kursstunde findet am Abend von 20 Uhr bis 21.30 Uhr statt. Auf der Video-dokumentation erkennt man, dass es sich bei dem für den Kurs genutzten Raum um einen nicht auf diesen hin eingerichteten Raum, möglicherweise um einen Schulraum, handelt (▶ **Abb. 1**). Für die Zwecke des Yoga-Kurses mussten die Ti-sche und Stühle an einer Seite eng zusammengestellt werden. Sie werden als Ab-lage für die Kleidung der am Kurs beteiligten Personen genutzt. Dadurch ist an einer Seite ein länglicher Raum frei geworden, in dem die Teilnehmer in zwei, mit einem Abstand von etwas mehr als einem Meter gegenüber liegenden Rei-hen ihre Übungsmatten platzieren können. Am Kopfende dieser beiden Reihen hat die Kursleiterin ihren Platz. Nach Außen ist der Raum durch einen gazearti-gen Vorhang abgedunkelt. Er schließt den Blick auf die räumliche Umwelt nicht vollständig aus. Er macht sie nicht unsichtbar, lässt aber das, was sich außerhalb des Kursraums ereignet, nur schwach, eher schemenhaft durchscheinen; und dies selbst dann, wenn die untergehende Sonne oder die Lichter von Autoscheinwer-fern zeitweise aufleuchten. Die Herunterdimmung der Außenwelt schafft einen visuell porösen Innenraum, in den Ereignisse aus der Außenwelt nur punktu-ell hineinragen. Innerhalb des abgeschlossenen Kursraums bleibt dabei noch ein weiteres Moment aus der nicht dem Kurs zugehörenden Welt präsent. Stühle und Tische, die auf eine andere Nutzung verweisen, sind vorhanden. Zumindest von den Teilnehmern, die ihnen gegenüber platziert sind, können sie dauerhaft wahr-genommen werden.

Die Aufzeichnung der Kursitzung setzt ein, bevor er durch das Erscheinen der Kursleiterin und den institutionell festgelegten Zeitpunkt beginnt. Seine Vorge-schichte, die vor allem durch das Gebäude und den Raum des Kurses struktu-riert ist, ist eine Phase des (Noch-nicht-)Kurses. In ihr bildet sich aus dem in-dividuell unabhängigen Agieren von Personen, die in der Folge als Teilnehmer erkennbar werden und die bereits mit durch vorangehende Sitzungen geprägten

Erfahrungen und einer entsprechenden Erwartungsstruktur in den als Kursraum gekennzeichneten Raum gehen, eine Kursgestalt. Dies geschieht ohne interaktive Strukturierung durch eine Kursleiterin. Langsam, ja, schrittweise treten die Konturen deutlicher hervor. Die Kursgestalt differenziert sich personal und konkretisiert sich räumlich. Die den Raum betretenen Personen verfügen über umfassende Freiheitsgrade bei der Frage, wer setzt sich in welcher Haltung wohin und in welcher Reihenfolge. Dabei muss diese ›Sitzordnung‹ keineswegs bereits abschließend festgelegt sein. Unter dem Aspekt der Konturierung einer eigenständigen Kursform handelt es sich mithin um eine individuell eher beliebige, spontane (Un)Ordnung, die erst noch in eine kursspezifische Ordnung überführt werden muss.

Zunächst betritt eine größere Zahl von Personen in ihrer Alltagskleidung mit Matten unter dem Arm einen gegen die Außenwelt abgedunkelten, für stärkere Lichtquellen und – wie sich im Verlauf des Kurses zeigen wird – lautere Geräusche aber durchlässigen Raum. Sie nehmen einen von der Möblierung her möglichen, ja, ihnen als (zukünftige) Teilnehmer vorgegebenen freien Platz ein. Die Art der Platzeinnahme und auch die Art, in der sich auf die mitgebrachten Matten gesetzt wird, geschieht individuell unterschiedlich. Die plurale Platzierung wird nur durch den Raum locker homogenisiert. Dieser Raum stellt eher einen Rahmen bereit, als dass er eine Bewegungen koordinierende Kraft entfaltet, die die Teilnehmer bereits auf eine noch nicht anwesende Kursleiterin hin fokussierte und die im Verlauf des Kurses anstehenden Aufgaben in gleicher Weise ausrichtete. Aus einer individuell pluralen Bewegung bildet sich langsam, selten verbunden mit der Frage an eine schon sitzende Teilnehmerin, ob der Platz noch frei sei, ein Gruppenkörper, in dem jeder einen festen Platz hat, an dem er bzw. sie zur Ruhe kommt. Zum Teil richtet man sich indes schon in einer auf das Zukünftige hin voraus weisenden Yoga-Haltung ein. Prägend ist ein individuell autonomes Sich-Einrichten aller Teilnehmer im Raum. Man kann also noch nicht davon sprechen, dass aus dem Verhalten der Teilnehmer heraus ein Raum entstanden ist, der in sich auf das Thema hin sozial und räumlich fester strukturiert ist. Eher hat man es noch mit einem dispersen, intern schwach strukturierten Raum zu tun, der seine Integration vor allem durch die räumliche Abgrenzung gegenüber einer Außenwelt einerseits und eine schwach auf Lehren und Lernen verweisenden internen (Nicht-)Möblierung andererseits bekommt. Eine integrierte Gruppengestalt ereignet sich in dieser Phase in hohem Maße spontan aus dem individuell-pluralen Handeln heraus, locker aufeinander bezogen durch einen institutionell gesicherten räumlichen und zeitlichen Rahmen.

Personal zentrierte Kursgruppengestalt bei gleichzeitiger individuell-pluraler Präsenz

Eine erste festere, auf das weitere Kursgeschehen vorausweisende und für dieses folgenreiche Strukturierung bekommt die Gruppe der im Raum anwesenden Personen durch das Eintreten der Kursleiterin. Ganz in weißer Yoga-Kleidung, setzt sie sich an das Kopfende der in zwei Reihen sich gegenüber sitzenden Teilnehmer. Sie platziert sich vor die durch einen Gaze-Vorhang schwach noch herein scheinende Außenwelt (▶ **Abb. 2**). Damit ist eine soziale Differenz zwischen einer

Abb. 2:
Kursleiterin an ihrem Platz vor dem Gaze-Vorhang

Person, die Kursleiterin ist, und allen anderen Personen, die die Rolle von Teilnehmern haben, markiert. Die Plätze der Teilnehmer und der Kursleiterin unterscheiden sich nicht nur räumlich – das tun die Plätze der Teilnehmer untereinander auch –, sondern im Blick auf das Interaktionsgeschehen auch strukturell. Die Leiterin verfügt nicht nur über einen vorgezeichneten Bewegungsspielraum in einer Art Gasse, die zwischen beiden Reihen der Teilnehmer hindurchführt. Sie hat auch einen bevorzugten Platz zur Beobachtung aller Teilnehmer auf Grund des Lichteinfalls durch das Fenster. Demgegenüber ist der Blick der Teilnehmer auf die Kursleiterin beschränkt, insbesondere wenn sie steht. Ihr Gesicht liegt dann im Schatten, der durch das Licht hinter ihr, das wie ein Scheinwerfer wirkt, erzeugt wird. Sie erstrahlt, wie auf einem Marienbild, mit einem durch die Beleuchtung von hinten bewirkten, die Kursgruppe gleichsam ins Religiöse hinein transzendierenden Heiligenschein. Was die Teilnehmer an der Kursleiterin sehen, sind damit weniger deren Gesichtszüge, deren individuelle Miene, als die Körperposition und die Bewegung. Die Kursleiterin zeichnet sich vor der durchscheinenden Außenwelt deutlich ab, verstärkt noch mal durch ihre weiße Yoga-Bekleidung.

Damit ist nach der räumlichen Abgrenzung gegen eine (störende, den Verlauf möglicherweise beeinträchtigende) Umwelt interaktiv ein erster Schritt der kursbezogenen Strukturbildung der im Raum anwesenden Personen gemacht. Er bringt eine Differenz zwischen Kursleiterin und Teilnehmern hervor, homogenisiert aber noch nicht bzw. nur schwach die Gruppe der Teilnehmer. Für ihre Platzierung bleibt die Diversität ihrer Individualitäten maßgeblich. Die einen sitzen im Schneidersitz mit überkreuzten Beinen, andere haben ein Bein ausgestreckt, wieder andere haben beide Beine angezogen und halten sie mit ihren Händen fest. Ihr Blick ist zum Teil nur nach vorne zur Kursleiterin hin gerichtet, zum Teil zur Nachbarin, zum Teil auch vor sich hin oder auf ihre Matte.

Unterstrichen wird diese individuell, von den beteiligten Erwachsenen noch nicht auf das Kursthema hin strukturierte Pluralität auch durch die verschiedenen Farben der Matten. Nur sehr wenige haben eine Matte in weiß, der Yoga gemäßen Farbe. Die Vielfalt der Farben der Matten spielt in den Kurs die Vielfalt der Individualitäten ein, die die Personen außerhalb des Kurses prägt, welche erst die ›Yoga-Uniform‹ unsichtbar macht und so vereinheitlicht. Der Kurs befindet sich insofern, was seine Gruppengestalt angeht, noch zwischen einer strikter auf Yoga hin homogenisierte Kursgruppe einerseits und einer individuell pluralen Gruppenform andererseits, die nur erst locker auf spätere Yoga-Übungen vorausweist.

Zentrierende Aktivitäten der Kursleiterin

Abb. 3: KL: »Hab noch mal die Übungsreihen mitgebracht«

Abb. 4: Wartende Kursleiterin und verspätete Teilnehmerin

Die weiteren Schritte der Strukturierung der Kursgruppe bauen auf dem von der Kursleiterin eingenommenen Platz an der Frontseite des Raumes auf. Sie überprüft in einem gestaffelten Anfang die Heizung hinter sich, richtet den Blick auf die Teilnehmer, schlägt die vor ihr liegenden Unterlagen auf, bringt sie in eine geordnete Form, platziert ihre Armbanduhr vor sich auf den Boden, legt ihren Yoga-Umhang ab, nimmt den Schneidersitz ein und bringt so ihren Körper in Position. Als noch eine Teilnehmerin (verspätet) den Raum betritt und alle mit einem ungenierten ›Hallo‹ begrüßt, schaut die Kursleiterin nur schweigend und abwartend zu ihr hin. Zwar mehrdeutig, aber nicht ohne tadelnden Unterton, dass die Teilnehmerin zu spät gekommen ist, bis diese sich schließlich deutlicher in die Ausgangsposition für den Kurs bringt. Die Kursleiterin überprüft ihre Frisur und richtet ihre Jacke (ein weiteres Mal) zurecht. Sie nimmt ihre Unterlagen in die Hand und spricht zum ersten Mal alle Teilnehmer unter Bezug auf die letzte Stunde an (► Abb. 3).[17]

---

17 »Ich hab noch mal die Übungsreihen mitgebracht. Hat die inzwischen jeder?« Wedelt mit einem Blatt in den Raum hinein (4:19). »Schon mal drauf geguckt?« Steckt Blatt wieder unter andere Blätter: »Auch schon mal was gemacht? Lacht, mit Blick in die linke Reihe der Teilnehmer, unter Lachen der Teilnehmer (4:26).

Damit setzt sie ein erstes deutliches Signal für den Anfang des Kurses, und zugleich für die Erwartung, dass die Teilnehmer ihre Position und Aufmerksamkeit auf das auf Yoga bezogene Kursgeschehen ausrichten. Diese Erwartung bekommt dadurch eine besondere Sichtbarkeit, dass von einer weiteren Teilnehmerin, die noch verspätet kommt und sich einen Platz sucht, weder von der Kursleiterin sichtbar Notiz genommen wird noch von den Teilnehmern (▶ **Abb. 4**). Sie haben inzwischen alle ihren Blick auf die Kursleiterin gerichtet, bis auf eine, die die zu spät kommende Teilnehmerin mit vorwurfsvollem Blick ansieht. Es hat somit schon eine, zumindest schwache erste Verfestigung der Kursgruppe als normativer Bezugspunkt für individuelles Handeln, das zugleich erst das Phänomen der Abweichung hervorbringt, stattgefunden. Entsprechend hat sich die zu spät kommende Teilnehmerin nunmehr bereits in einen strukturierten Kurskörper einzugliedern, von dem sie als Zu-spät-Kommende zunächst deutlich abweicht. Homogenisierte Kursordnung und individuelle Abweichung bedingen einander. Schon demonstrativ erscheint das Verhalten der sich mit sich beschäftigenden Kursleiterin und das mit einer in ihrer Nähe sitzenden Teilnehmerin geführte Gespräch nunmehr im Zeichen des Wartens auf Einfügung, bis endlich auch diese Teilnehmerin für den Kurs bereit ist. Als noch eine Teilnehmerin verspätet kommt, beginnt die Kursleiterin sich wieder mit sich selbst zu beschäftigen. Eher ungeduldig legt sie nunmehr ihre Hände ineinander. Die Teilnehmer schauen entweder zu ihr oder vor sich hin.

Verbal strukturierte asymmetrische Kursordnung
Eine gravierender Um-Ordnung der Kursgestalt wird zunächst durch das Auftreten der Kursleiterin in Gang gesetzt, ihre zunächst nonverbalen Strukturierungsaktivitäten (die von ihr im Raum eingenommene Position spricht gleichsam für sich); dann später erst dadurch, dass sie alle bereits anwesenden und auch einzelne, verspätet kommende Personen direkt verbal adressiert. Zugleich gewinnt die Kursgruppe dadurch an Kontur, dass innerhalb des Kurses auf Umweltaspekte verwiesen wird, die außerhalb einer kursinternen Gruppeninteraktion liegen.[18] Dieser Umweltbezug erscheint einerseits innerhalb des Kurses als störend. Die institutionell verlangte Überprüfung der Anwesenheit löst die bereits erreichte Integration partiell wieder auf. Andererseits transzendiert ein Verweis auf einen »ehrenvollen« Vortrag einer international bekannten Meditationslehrerin den begrenzten Rahmen des kursinternen Interaktionsgeschehens in eine kulturell allgemeinere, den Kurs übergreifende Sphäre asiatischer Kultur(techniken).

Ein für den Kurs an sich kontingentes Ereignis, nämlich das Läuten einer Schulglocke, nimmt die Kursleiterin zum Anlass, nunmehr auch interaktiv mit dem Kurs zu beginnen. Sie faltet ihre Hände, begleitet von der – auf den indischen Kulturkreis des Kurses verweisenden – Begrüßungsformel »Namasté« und begrüßt die Teilnehmer auf deutsch mit »Guten Abend« (▶ **Abb. 5**).

---

18 Zum Kurs als – temporär – eigener Welt mit spezifischen Grenzziehungen vgl. Kade 1992; Harm Kuper hebt an pädagogischer Interaktion ihre »hohe Durchlässigkeit für Einflüsse aus ihrer Umwelt und eine hohe Zufallssensibilität für Möglichkeiten der Fortsetzung ihres Verlaufs« (2006, S. 184) hervor.

Abb. 5: »Namasté«

Obwohl noch eine weitere Teilnehmerin sich verspätet, schiebt die Kursleiterin den Anfang nicht länger hinaus. Sie bittet, die Tür zu schließen (»Danke schon«) und liest die Teilnehmerliste vor, begleitet vom Festhalten der An- und der Abwesenheit. Dies erscheint als ein deutliches Zeichen des bisher bereits erreichten Standes der Integration der Kursgruppe. Allerdings wird durch das institutionell wohl verlangte Markieren der Anwesenheit der Anfang des Kurses auch noch einmal hinausgezögert. Auch beginnt sich der inzwischen inhaltlich eingestimmte Kurskörper wieder aufzulösen. Unruhe entsteht unter den Teilnehmern. Verstärkt wird die Verzögerung des Beginns durch eine weiter nicht direkt zum Kurs gehörende Information. Die Kursleiterin kündigt einen Vortrag einer international bekannten indischen Meditationslehrerin im Yoga-Institut an, für dessen Besuch sie die Teilnehmer zu gewinnen versucht. Zunächst über das »uns alle ja besonders interessierende« Thema, »Die Methode, Ärger zu überwinden«, dann darüber, dass es sich bei dieser Vortragenden um etwas Besonderes handele. »Ja, ich muss dazu sagen, dass sie jetzt normalerweise nicht mehr bei so, so kleinen Sachen Vorträge hält. Sie macht schon so größere Sachen ... Es ist schon eine Ehre für uns, her zu kommen. Es ist schon was Besonderes. Wenn man es einrichten kann, würde ich es empfehlen ... Ja, ich glaube, das ist gut, das ist schon eine besondere Erfahrung.« Danach gibt die Kursleiterin schließlich das Signal zum Beginn des eigentlichen Kurses: »Gut, dann wollen wir die Stunde beginnen«. Auf diese Worte hin machen sich nunmehr alle Teilnehmer, wenn auch in unterschiedlichem Tempo, zum Teil schauen sie auch, wie es andere machen, für die Yoga-Stunde bereit. Sie legen sich mit dem Kopf zur Mitte auf ihre Matte. Ohne direkte Intervention der Kursleiterin koordinieren die Teilnehmer von sich aus ihre Position im Raum, allein orientiert an der Erwartungsstruktur, die das Verhalten der Kursleiterin aktiviert. Mit dieser Homogenisierung ist an die Stelle des individuell-pluralen interaktiven Bezugs aller Anwesenden aufeinander eine Kursgruppe getreten, in der jeder für sich in Rücksicht auf das Gesamtgeschehen als gleich agiert; und zwar ohne Blickkontakt zueinander. Die Individualität hat sich damit aus der Interaktionssphäre in den Bewusstseins-Innenraum der einzelnen Teilnehmer an einer Kursgruppe verflüchtigt. Alle Teilnehmer im Kurs sind gleich, insofern sie sich von den denselben Worten der Kursleiterin bestimmen lassen. Die Kursgruppe unterscheidet sich interaktiv in Kursleiterin einerseits und eine homogenisierte, als Einheit geltende Teilnehmergruppe andererseits

3.2.2 Gruppengestalten in der operativen Hauptphase

Die operative Hauptphase des Kurses baut auf der Formierung der Kursgruppe in der Eingangsphase auf (vgl. Herrle 2012). Ihr Thema ist die Vermittlung und Aneignung von Yoga-Techniken, die Entspannung ermöglichen. Generell sind die Kursgestalten in der Hauptphase zwar nunmehr auf die rollenförmige Differenz zwischen Kursleiter(in) und Teilnehmern bezogen, die Interaktion verläuft indes nicht durchgehend und nach demselben Muster in den Bahnen dieser (institutionell abgesicherten) Differenz. Die als Teilnehmer beteiligten Personen verfügen über individuelle Handlungsspielräume, die sie im Verlauf des Kurses in unterschiedlicher Weise im Hinblick auf die Prägung der Interaktion nutzen können.

3.2.2.1 Entwicklung einer auf den Lehr-Lernprozess bezogenen Gruppengestalt

Die operative Hauptphase beginnt mit der Etablierung einer auf die Vermittlung und Aneignung von Entspannung ermöglichenden Yoga-Techniken hin strukturierten Kursgruppengestalt.

Kursleiterstimulierte Homogenisierung einer Teilnehmergruppe
Den Anfang setzt die Kursleiterin mit der Aufforderung zu einer ersten, allen bekannten Übung. Dabei geht sie von einem nunmehr kollektiv geteilten Willen aller Beteiligten aus: »Gut, dann wollen wir die Stunde beginnen mit einer (Name der Übung)«. Diese Aufforderung, mit der sich zugleich die grundlegende soziale Differenz zwischen Kursleiterin und Teilnehmern verfestigt, führt zu einer Veränderung der Gestalt der Teilnehmergruppe. Sie bekommt eine auf die Durchführung von Übungen hin spezifizierte Form. Hatte sich die Gruppe der im weiteren Verlauf als Teilnehmer identifizierbaren Personen zunächst nach individuellen Präferenzen und Vorlieben nur wenig angeglichen, im Raum platziert, so findet nunmehr eine Homogenisierung der am Kurs teilnehmenden Individuen entsprechend ihrer Teilnehmerrolle statt. Wesentlich für die Etablierung einer Kursleiter-Teilnehmer-Differenz ist neben der exponierten Positionierung der Kursleiterin im Raum die von ihr ausgehende zentrale Adressierung aller anderen Beteiligten als Teilnehmer in einem Lehr-Lern-Arrangement. Die Aufforderung der Kursleiterin zu einer ersten (wiederholenden) Übung führt zur positionellen Angleichung der anderen im Kursraum anwesenden Personen. Unter dem Aspekt dieses Kurses sind alle Beteiligten gleich, sie bilden damit eine integrierte Kursgruppe von Gleichen. Zu Teilnehmern an diesem Kurs werden Personen erst dadurch, dass sie sich, in unterschiedlichem Tempo, auf ihrer Matte mit dem Kopf zur Mitte legen, vor einer Kursleiterin (▶ Abb. 6). Zum Teil wird geschaut, wie es andere machen. Nur eine Person – sie war zuletzt eingetroffen – hatte sich bereits unmittelbar nach dem Eintreten, wohl auf Grund von Erfahrungen aus früheren Kurssitzungen, selbständig in diese Position gebracht.

Abb. 6: Formierung der Teilnehmernehmer-gruppe am Boden

Temporäre Entdifferenzierung der Kursgruppe und Erzeugung einer individualitätsindifferenten Abgrenzung von der Alltagswelt als Voraussetzung des Entspannens, Abschaltens und Loslassens

Die Kursleiterin führt die Teilnehmer mit einer ruhigen, beruhigenden, ja, meditativen Stimme über eine Folge von einzelnen Aufforderungen und Übungen schrittweise in eine den ganzen Körper ergreifende Entspannung. Wobei Entspannung zugleich bedeutet, dass die Teilnehmer ihre Bindung an ihre Alltags- und Berufswelt auflösen, in diesem Sinne ›abschalten‹, und sich ganz dem Kurs als eine eigene Welt mit Gegenweltcharakter hingeben. Es geht um die Konstitution des Kurses als einer Gegenwelt. In ihr können die Teilnehmer eine entspannte, ruhigere, stillere, auf den eigenen Körper und die Innenwelt gerichtete Lebensform praktizieren, die langfristig wiederum auf den Alltag ausstrahlen soll.

Die liegende Haltung, die die Teilnehmer dabei einnehmen, ist im Wachzustand eingenommen, keineswegs alltagstypisch (▶ **Abb. 7**). Sie schränkt den Ak-

Abb. 7: Kursgruppe im Trance-Zustand

tivitätsspielraum erheblich ein und verbindet sich eher mit der Entspannung auf dem Sofa oder gar dem Schlafen. Die Ablenkbarkeit durch visuelle Wahrnehmungsreize entfällt. Der (innere) Blick kann sich ganz auf die ›Sensationen‹ des eigenen Körpers und seiner Innenwelt richten.

Die für das interaktive Verhältnis der Teilnehmer zueinander und zur Kursleiterin belangvolle, in dieser Phase des Kurses zunächst eingenommene liegende Position der Teilnehmer(-körper) birgt einen Ansatz zu einer allgemeinen Entdifferenzierung, und damit (temporären) Regression der im Kurs anwesenden Personen sowohl unter dem Aspekt ihrer Individualität als auch ihres Subjektseins. Weder können sich die Teilnehmer untereinander visuell wahrnehmen noch können sie die Kursleiterin sehen wie auch diese sie nicht. Damit entfällt eine wesentliche Möglichkeit, sich der eigenen Individualität in Differenz zu der der anderen zu versichern. Auch die Differenz zwischen Kursleiterin und Teilnehmern verblasst. Es bleiben allein die Möglichkeiten, die sich daraus ergeben, dass man sich wechselseitig akustisch oder auch riechend wahrnimmt. Die Person der Kursleiterin verschwindet damit weitgehend in bzw. hinter ihrer Stimme. Da auch sie aus ihrer liegenden Position heraus die Teilnehmer nicht sehen kann, nur ihre eigene Stimme hören kann, geraten auch für sie unterscheidbare Teilnehmerindividuen aus dem Wahrnehmungsfeld. Tendenziell entschwindet überhaupt die Kursleiter-Teilnehmer-Differenz. Die Kursleiterin tritt als Subjekt zurück, welches Bewegungen einzelner Teilnehmer beobachten, eventuell korrigieren und bewerten kann. Zu erkennen ist zugleich, dass sich auch die Kursleiterin mit ihren meditativen Anweisungen selbst in einen Zustand des Entspanntseins bringt. Sie kommt zur Ruhe und spricht mit immer leiser werdender Stimme. Sie hat die Augen geschlossen, ist in sich versunken. Der (Aktivitäts-) Zustand des Kurses oszilliert damit zwischen Wachsein und Schlaf. Und dies gilt für die Kursleiterin wie für die Teilnehmer als an der Kursgruppe beteiligte Personen gleichermaßen. Die Kursgruppe geht damit kollektiv in einen tranceartigen Zustand über, in dem die einzelnen Personen weder als Subjekte noch als Individuen sichtbar bleiben. Die Stimme der Kursleiterin wird mithin zum Medium eines spirituellen Einswerdens der gesamten Kursgruppe. Sie legt sich um die Kursgruppe wie eine soziale Haut. An die Stelle einer größeren Anzahl individuell-differenten Körper, in deren Medium sich die am Kurs beteiligten Personen wechselseitig wahrnehmen und damit aufeinander beziehen können, tritt ein einziger Körper, in dem alle personalen und sozialen Unterschiede im Kurs absorbiert sind. Diese vollständige Entspannung erhält sich auch während eines plötzlich aufkommenden Flugzeuglärms.

Anerkennung von Individualität in der Teilnehmergruppe
Im Hintergrund der kollektiven Regression besteht die Kursleiter-Teilnehmer-Differenz fort; gewissermaßen als Vorbehalt, m.a.W. als eine den Individuen gegenüber allen Ängsten des Selbstverlustes bei temporärer Regression weiter bestehende Basis ihres Subjektseins. Dies gilt gerade auch für die Rollendifferenz Kursleiter vs. Teilnehmer. Die Kursgruppe erwacht aus ihren schlafnahen Zustand nicht wieder von selber, sondern die Kursleiterin weckt sie wieder auf, führt sie damit in den Wachzustand zurück. Auch wenn die Kursleiterin sich

im Kurs temporär nicht deutlicher als Subjekt geltend macht, sie bleibt als Leiterin mehr oder weniger latent immer so präsent, dass sie auch eine Phase temporärer Regression unter ihrer Kontrolle behält. Die Kursleiterin ist es, die die Teilnehmergruppe in diese überleitet, und sie beendet sie auch wieder. Mögen einige Teilnehmer inzwischen auch (fast) eingeschlafen sein – dafür gibt es durchaus Anzeichen –, es gehört zu den Verantwortlichkeiten einer Kursleiterin, dass nicht alle Teilnehmer eineinhalb Stunden in einen Schlaf versinken, aus dem sie dann vielleicht nach dessen Ende gut erholt aufwachen. Die Kursleiterin beendet die kollektive Entspannung, indem sie die Teilnehmer auffordert, »den Körper langsam wieder aufzurichten« und Arme und Hände zu strecken, später auch die Beine. Sie gibt damit das Signal, aus der Phase einer meditativen Trance herauszutreten und sich für ihre Aufforderungen zur Praktizierung von Körperübungen bereit zu halten. Die Teilnehmer folgen dieser Aufforderung in unterschiedlichem Tempo. Sie werden damit wieder nach der Seite ihrer individuellen Differenz wahrnehmbar. Zugleich kann jeder auch die anderen Teilnehmer wahrnehmen, etwa auch das Tempo, in dem diese wieder den Zustand einer Totalentspannung verlassen. Die Teilnehmer richten ihre Aufmerksamkeit nunmehr auch wieder auf die Kursleiterin. Sie machen sich von ihr als Adressaten ansprechbar, indem sie sich umdrehen, mit dem Gesicht zu ihr (▶ Abb. 8).

Abb. 8: Erneute Kursleiterfokussierung   **Abb. 9:** Individuelle Abweichung

Eine Teilnehmerin kann aus gesundheitlichen Gründen der Aufforderung der Kursleiterin: »Wollen wir uns einen kleinen Moment aufrecht setzen« (17:46) nicht nachkommen. Sie steht auf und setzt sich auf einen aus dem zusammengestellten Mobiliar umgedrehten Stuhl hinter ihre Matte, tritt damit aus der Kursgruppe heraus (▶ Abb. 9). Auch wenn sie im Raum weiter anwesend ist, zeigt sie sich damit als (zumindest zeitweise) nicht mehr adressierbar.[19] Mit dem Ende der individuell und subjektiv entgrenzten Kursgruppe wird also nicht nur die individuell plural zusammengesetzte Teilnehmergruppe wieder erkennbar. Nunmehr wird Individualität auch beobachtbar, wo sie auf Grenzen des Könnens und der

---

19 Vgl. einen ähnlichen Fall in einem Tanzkurs (Dinkelaker i.d.Bd.).

Leistung verweist. Individualität stellt sich so als Abweichung von dem dar, was von der Teilnehmergruppe erwartet wird, wenn die Aufforderung zum Machen bestimmter Übungen gestellt wird.

3.2.2.2 Kollektive Einübung von Entspannung

Entgrenzende Kollektivität unter den Bedingungen der Kursleiter-Teilnehmer-Differenz

Abb. 10: KL: »Wir legen die Hände auf die Bauchdecke. Die Schulter bleibt dabei entspannt«

An die in einer kollektiven Liegehaltung vollzogene Entspannungsübung schließt eine Körperübung an, die ihren Ausgang nimmt in der Position des Aufrecht-Sitzens, zu deren Einnahme für »einen kleinen Moment« (17:46) die Kursleiterin auffordert. Verbunden ist die Übung mit detaillierten Aufforderungen der Kursleiterin, wie die Teilnehmer verschiedene Körperbewegungen koordinieren sollen, und Hinweise darauf, was sie dabei nicht machen sollen (▶ Abb. 10).

Mit dieser Übungsphase vollzieht der Kurs einen Übergang aus einer Phase der kollektiven Regression in eine Phase erhöhter Sensibilität für individuelle Differenzen der Teilnehmer als Übungssubjekte. Zwar ist die Unterscheidung zwischen Kursleiterin und Teilnehmern wieder scharf räumlich, sozial und interaktiv markiert. Zugleich aber spricht die Kursleiterin die Teilnehmer durchgehend in der (im pädagogischen und medizinischen Feld durchaus nicht unüblichen) Sprache einess sie einbegreifenden kollektivierenden Wir an: »wollen wir« 17:46; »unsere Haltung«: 18:07; »wir machen« 19:30; »wir legen« 19:40; »wir spüren« 19:57; »wir legen die Hände« 22:06; »wir bleiben« 22:15; »wir machen langsam« 22:36.

Diese kollektivierende Adressierung kommt in späteren Kursphasen nicht mehr vor. Dies spricht dafür, dass in der Phase der Regression eine so tiefgreifende Erfahrung von Kollektivität erzeugt wurde, dass diese auch nach deren Beendigung noch fortwirkt. Beide Phasen erscheinen also enger verknüpft, als es auf den ersten Blick den Anschein hat. Die Gruppenförmigkeit der Übungsphase kennzeichnet, verglichen mit der vorangegangenen Regressionsphase, eine Gleichzeitigkeit von interaktiver Differenzierung zwischen Kursleiterin und Teilnehmern einerseits und kommunikativ beschworener Entdifferenzierung zwischen beiden Gruppen andererseits.

Konflikte zwischen Innenraum und Umwelt des Kurses
Noch in anderer Hinsicht erweist sich die Bewegung des Abschaltens vom Alltag, des Loslassen und der damit möglichen Aufmerksamkeit für sich, der Entspannung und des Aufbaus einer meditativen Gegenwelt, die die vorangegangene Phase des Kurses bestimmt hat, als strukturell folgenreich für seine Gruppengestalt. Es wird deutlich, dass die Kursgruppe nicht nur intern durch eine in ihr erzeugte konzentrierte Haltung aller Beteiligten bestimmbar ist, ihre Eigenständigkeit profiliert sich auch durch die Abgrenzung gegenüber einer – aus der Sicht des Kurses – für Stress, Anspannung und damit Krankheit verantwortlichen Umwelt. Zu ihr stellt der Kurs eine Gegenwelt her, von der heilende Wirkungen für diejenigen erwartet werden können, die sich als Teilnehmer temporär auf sie einlassen. Aber auch innerhalb des Kurses zeigen sich Wirkungen. So gibt es in der Übungsphase des Kurses zahlreiche längere Perioden des Schweigens und der Stille; also Phasen, in denen der durch Entsubjektivierung und Entindividualisierung geprägte Gruppenzustand der Regressionsphase innerhalb des weiteren Kursverlaufs nunmehr, gewissermaßen strukturell, wiederkehrt.

Was sich in dieser Phase jedoch auch geltend macht – und dies gerade auch durch einen Kontrast zur Stille einer von der Umwelt unterschiedenen Kursinnenwelt –, ist die weiterhin bestehende Kontingenz der Umwelt. Sie ist im Kurs operativ nicht zu kontrollieren, ihre mentale Kraft kann höchstens durch Meditationsübungen abgeschwächt werden. Wie auch immer abgeschwächt, die Umwelt des Kurses kann in ihm nicht ausgeschaltet werden, sie muss daher innerhalb von ihm auch hingenommen werden. Das gilt zum einen in Hinblick auf den auf Grund der Lage des Kursgebäudes während des ganzen Kursverlaufes, wenn auch in unterschiedlichen Abständen, zu hörenden starken Lärm von Flugzeugen.[20] Er bricht in die gerade mühevoll hervorgebrachte konzentrierte Stille der Teilnehmergruppe ein, und dürfte sie, wenn auch auf der Dokumentation nicht wahrnehmbar, erheblich stören.[21] Das sind aber auch wiederholt lautere Schritte, die außerhalb des Kursraums im Kursgebäude zu hören sind. Auch visuell dringt die Umwelt in den Kurs ein. Trotz einiger Bemühungen, so insbesondere durch einen zugezogenen Vorhang, lässt sie sich nicht vollständig ausschließen. Es leuchten wiederholt Scheinwerfer von Autos durch die Fenster in den Kurs herein. Anzuführen ist aber auch – durchaus positiv mit einer Phase des Einschlafens korrespondierend – die untergehende Sonne, die das Licht im Kursraum verändert und die Kursleiterin erstrahlen lässt. Die untergehende Sonne führt vorübergehend ein Spiel von sich veränderten Lichtstreifen auf dem Vorhang auf, das einerseits die Aufmerksamkeit vom eigentlichen Kursthema auf ein

---

20 So zu den Minuten: 21:12; 21:49; 1:3:58; 1:5:30; 1:8:11; 1:9:5.
21 Vgl. zu einer umdeutenden Kommentierung am Ende des Kurses weiter unten.

Ereignis in seiner Umwelt ablenken kann, andererseits aber auch das Haar der Kursleiterin wie durch eine Hinterkopf-Kamera erstrahlen lässt und damit eine Fokussierung der Aufmerksamkeit auf sie hervorbringt (▶ Abb. 11).

Abb. 11:
Untergehende Sonne

Teilnehmeradressierungen
Die Übungssequenz schließt mit einem Kommentar zu den Teilnehmerleistungen ab, zum erreichten Leistungsstand, zu den Fortschritten, aber auch zu den noch bestehenden Defiziten und zu den weiteren Aufgaben. Dabei wird durchgehend deutlich zwischen Kursleiter- und Teilnehmerposition unterschieden.

Zunächst ist es die Kursleiterin, die, auf alle Teilnehmer unterschiedslos bezogen, zusammenfasst, was ihr an der Art, wie die Übungen bisher gemacht wurden, aufgefallen ist. Sie hebt unter gemeinsamen Lachen hervor, dass die Teilnehmer »ab und zu ... noch ein bisschen Probleme« gehabt hätten, ergänzt dann aber, den Fortschritt betonend, dass es »heute etwas besser schon« ging. Und dann, ermutigend: »Sie sehen, wenn Sie das immer wieder machen, es wird immer besser ... Die Aufmerksamkeit wird immer besser.«

Die Teilnehmer verhalten sich dieser Einschätzung gegenüber nicht nur als gleichsam Objekte. Richtet man die Analyse nicht nur auf die verbale Ebene der Kommunikation, sondern auch auf die nonverbale Ebene, so zeigt sich, dass die Teilnehmer auch als sich selbst beobachtende Subjekte agieren. Sie haben eine eigene Einschätzung ihres Leistungsstandes, und bringen dies nonverbal zum Ausdruck, indem sie die Einschätzung der Kursleiterin durch Lachen kommentieren.

Man muss in der nonverbalen Kommentierung der Teilnehmer nicht notwendig eine Zustimmung zur Einschätzung der Kursleiterin sehen. Sie lässt sich auch als deren Ironisierung deuten. In dem Sinne, dass sie als eine pädagogisch motivierte euphemistische Beschreibung ihres Leistungsstandes durchschaut wird, die nicht mit den Erfahrungen der Teilnehmer selbst übereinstimmt. Dass sie »ab und zu ... noch ein bisschen Probleme« haben, stellt aus dieser Sicht eher eine Untertreibung dar denn eine genaue Diagnose.

Abb. 12:
KL: »Also immer noch
ein bisschen als Hausauf-
gabe. Also, so einmal am
Tag, das wäre gut«

Die Kursleiterin äußert sich zu dieser eher skeptischen Selbsteinschätzung der Teilnehmer nicht. Eine verbale Erfolgsmeldung einer Teilnehmerin greift sie aber mit Freuden auf. Sie nutzt sie als Beleg für das erfolgreiche Verlaufen des Kurses. »Ich habe den Eindruck, es ging gut. Schön, da freue ich mich.«

Die Kursleiterin hebt hervor, dass diese Übungen nicht auf die Dauer des Kurses begrenzt sind (▶ **Abb. 12**). Es ist eine Bedingung der erfolgreichen Teilnahme an ihm, dass die Teilnehmer auch außerhalb, in ihren Alltag eingebaut, kontinuierlich üben. Mit dieser Adressierung der Teilnehmer wird die Kursgruppe über den zeitlich und räumlich definierten Rahmen des Kurses hinausreichend geöffnet. Der Kurs wird zum Ort, von dem aus versucht wird, den ihm vorausgesetzten Alltag im Sinne des innerhalb des Kurses interaktiv umgesetzten Lernkonzeptes zu strukturieren.

3.2.2.3 Strukturierung von Übungen im Rahmen der Kursleiter-Teilnehmer-Differenzierung

Der Kursverlauf ist in der Folge durch eine zunehmend raschere Abfolge einer insgesamt großen Zahl von Yoga-Übungen bestimmt, die von den Teilnehmern unter Anleitung der Kursleiterin, jeweils ausgehend von einer neuen Körpergrundhaltung, gemacht werden. Zunächst aus der Position des Stehens heraus (▶ **Abb. 13**). Später dann aus dem Liegen, und aus der aufrechten Sitzhaltung – im Dreischritt von Einüben, Üben, Ausüben.[22] Die Anleitung geschieht einerseits an alle Teilnehmer adressiert, verbal sowie durch Vormachen bzw. Mitmachen vermittelt.

Besonders betont wird das, was wichtig ist und was man vermeiden soll, durch Hinweis auf typische Fehler: »Wichtig ist, … Und nicht kippen, nicht nach vorne

---

22 Vgl. Dinkelaker/Herrle/Kade in diesem Band.

Abb. 13: Vormachen

und nicht nach hinten kippen« 26:54; »und immer atmen, nicht den Atem an-
halten« 28:03; »und achten sie auf ihren Nacken, nicht den Nacken anspannen« 29:33; »versuchen sie zu erspüren, dass sie parallel zum Boden sind« 31:16;
»vielleicht könnt ihr noch ein bisschen auswärts die Beine ziehen« 31:34; »Konzentration aus der Mitte heraus« 33:13; »unsere Aufmerksamkeit für die linke
Körperseite« 37:24; »Oberkörper wieder vollkommen entspannt« 39:24. Andererseits beobachtet die Kursleiterin, wie die Teilnehmer die Übungen machen,
von ihrer Matte vorne her oder wenn sie in der Gasse zwischen beiden Teilnehmerreihen durchgeht. Wo sie individuell besonderen Korrekturbedarf sieht, greift
sie entweder direkt mit Erläuterungen an eine bestimmte Person ein, aber auch an
alle Teilnehmer gerichtet, oder auch wortlos nur manuell (▶ **Abb. 14**).

Durchgehend spricht die Kursleiterin mit einem insgesamt begrenzten sprachlichen Repertoire mögliche Grenzen des Übens an, die für einzelne Teilnehmer
möglicherweise aus gesundheitlichen Gründen oder fehlendem körperlichem Bewegungsspielraum bestehen können. Im Blick darauf, dass Teilnehmer sich bei
den Übungen zu viel zumuten könnten, betont die Kursleiterin über gesundheitliche Einschränkungen hinaus, für jeden einzelnen müsse entscheidendes Kriterium sein, dass er oder sie sich individuell wohl fühle.[23]

---

23 Auch hier finden wir eine Position, die wirklich angenehm ist, Entspannung bringt in
die Schultern (38:25); wenn es angenehm ist, bleiben wir in dieser Position oder lassen
die Beine sich ausstrecken (42:15); Schultern entspannt (42:27); lösen alle Spannungen
jetzt (42:45); entspannen sie die Schultern und auch den Kopf (43:24); und versuchen
sie, wenn es möglich ist, den rechten Unterschenkel nach hinten abzuwinkeln (46:59);
mehr nach vorne wachsen, nicht so sehr nach unten (46:21); langsam zurück, jetzt
mit der Ausatmung, Wirbel für Wirbel (56:53); Sie dürfen nicht vergessen zu atmen,
auch wenn das Atmen schwächer wird (1:02:26); und entspannen Sie wieder vollkommen (1:08:11); loslassen...vollkommen (während wieder Flugzeuglärm) (1:09:05); atmen und strecken... und dann wieder zurückkehren in Fersensitz... Bauch entspannt,
Schultern entspannt (1:18:53); sodass sie den Nacken auch nur soweit drehen, wie es
angenehm ist (1:20:37); aber nie auf die Hand stützen (1:23:19); (mantraartig: Die
Schulter entspannt, das Gesicht entspannt, den Kiefer locker lasen; sich vorzustellen,
dass die Brustwirbelsäule sich anhebt) (1:24:05); Stützen Sie sich nicht auf die linke
Hand, lassen Sie sie einfach locker (1:27:30).

KL: Wichtig ist, dass Sie das Gesäß richtig anspannen, damit Sie nicht ins Hohlkreuz gehen

KL: Beide Knie nach links, Kopf nach rechts. Auch hier finden wir eine Position, die wirklich angenehm ist, Entspannung bringt in die Schultern

Abb. 14: Händische Korrekturen durch die Kursleiterin

Neben dem Ansprechen möglicher individueller Grenzen kommentiert die Kursleitern die Übungen der Teilnehmer vor allem durch lobende Worte, die über ihre deskriptive Seite auch eine aufmunternde Funktion haben; insbesondere dort, wo an das Lob die Aufforderung zum kontinuierlichen Weiterübungen, zum regelmäßigen Üben zu Hause und zur Aufmerksamkeit in der Kursstunde anschließt: »Geht jetzt auch schon viel besser jetzt, nicht«.

Abb. 15: KL: »Sehr schön, sehr schön... und auch wieder aufrichten.«

Die Teilnehmer hören der Kursleiterin aufmerksam zu und schauen sie zum Teil an, während sie die Übungen vormacht. Sie beobachten aber auch andere Teilnehmer bei ihren Übungen, insbesondere wenn sie nicht genau wissen, welche Bewegungen sie machen sollen. Untereinander sprechen sie nur selten. Selten auch sucht eine Teilnehmerin ein Gespräch mit der Kursleiterin (▶ Abb. 16).

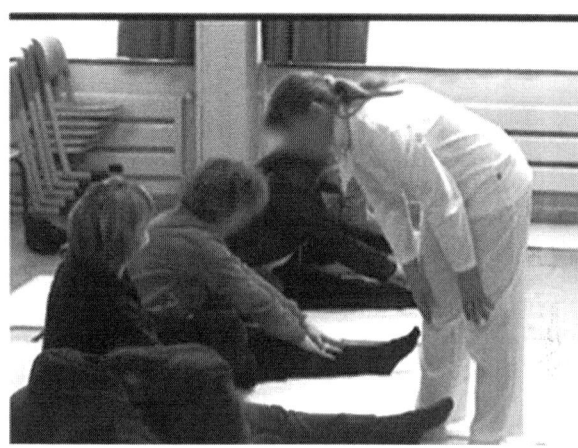

Abb. 16:
TN: »Ich habe da ein Problem«

Insgesamt macht die Gruppenform den Kurs zu einem Ort, an dem die Teilnehmer sich von der Kursleiterin in ihrem Entspannungsbedarf, aber auch bezüglich der ihnen körperlich gesetzten Entwicklungsgrenzen anerkannt erfahren können. Sie werden anerkannt in dem, was sie inzwischen können oder gelernt haben, im Kurs oder durch regelmäßiges Üben zu Hause, aber auch in dem, was sie noch nicht können und erst sich durch konzentriertes Üben erarbeiten müssen. Diese Anerkennung erfahren Teilnehmer durch direkte Äußerungen der Kursleiterin oder auch indirekt dadurch, dass diese ihre Übungen im Unterschied zu anderen Teilnehmern nicht korrigiert. Vier Teilnehmer scheren aus der Kursgruppe aus, weil sie eine Übung nicht machen können oder wollen, ohne dass dies von der Kursleiterin oder anderen Teilnehmern zur Kenntnis genommen, überhaupt darauf in irgendeiner Weise reagiert würde. Drei Teilnehmer machen die Übung nicht mit. Eine Teilnehmerin verlässt – bei einer scheinbaren Zäsur im Kursverlauf – kurzfristig ohne Begründung den Raum, wahrscheinlich zur Toilette. Nach einigen Minuten kommt sie zurück und nimmt stillschweigend, ohne dass sich der Blick auf sie richten würde, wieder ihren Platz ein.

Auch für die Kursleiterin wird der Kurs zu einem Raum, in dem sie Anerkennung für ihre meditativen Vermittlungsfähigkeiten erfahren kann, insbesondere dann, wenn Teilnehmer ein Lob über eine erfolgreiche Entspannungsübung äußern. Die Kursleiterin lobt sich als verantwortliche Leiterin aber indirekt auch selbst, indem sie die positiven Entwicklungen hervorhebt, die sie seit Kursbeginn bei den Teilnehmern schon beobachten konnte.

3.2.3 Schlussphase: Übergänge zwischen kursleiterzentrierter, intern strukturierter Gruppenbildung und entdifferenzierter, gegen die Umwelt profilierter Kursgruppe

In der operativen Hauptphase des Kurses, die auf das Machen von Yoga-Übungen ausgerichtet ist, oszilliert die Gruppenform zwischen zwei Modellen, die durch ein je spezifisches Aktivitätszentrum strukturiert sind. Auf der einen Seite handelt es sich um eine – wechselnd eingenommene – auf die Kursleiterin hin und von ihr strukturierte Gruppe. Die Kursleiterin ist aus der Gruppe räumlich, verbal, interaktiv hervorgehoben. Sie hat einen exponierten, vor beiden Teilnehmerreihen lokalisierten Platz, den sie fest einnimmt. Sie ist es, die vor allem redet, und zwar an die Teilnehmer adressiert. Deren Aktivitäten werden durch die Kursleiterin stimuliert, begleitet in ihrem Verlauf und bewertet, insofern also insgesamt strukturiert. Auf der anderen Seite – zeitlich meist nachfolgend – steht eine dezentral um die plural angelegten Aktivitäten der Teilnehmer herum aufgebaute Kursgruppe, in die sich die Kursleiterin periodisch eingliedert. Räumlich, indem sie ihren gegenüber der Gruppe der Teilnehmer exponierten Platz verlässt, und interaktiv, was ihre bevorzugte Handlungsmodalität angeht, indem sie von der Rolle einer allgemeinen, auf alle Teilnehmer gleichermaßen bezogenen Vermittlerin zur Rolle einer individuell-pluralen Beraterin, zu einem ›personal trainer‹ wechselt. In diesem Sinne wird sie, auch verbal, aktiv, wenn sie Korrektur- oder Erläuterungsbedarf bei einzelnen Teilnehmern beobachtet. Beide Gruppengestalten folgen im Kursverlauf nicht nur aufeinander in großem Abstand wie zwei deutliche Phasen. Sie durchdringen einander auch oder wechseln mit geringem zeitlichem Abstand in schnellem Rhythmus.

In einer den Kurs abschließenden Phase ist die kursleiterzentrierte Gruppenordnung dann wieder stärker ausgeprägt. Das Ausklingen der operativen Hauptphase des Kurses und der Übergang in eine den Kurs abschließende Phase haben sich in seinem Verlauf mit fortschreitender Zeit bereits vielfältig punktuell angedeutet. So etwa wenn die Kursleiterin ihre Rolle als eine für die Rahmenbedingungen verantwortliche Leiterin wahrnimmt und zweimal kontrolliert, ob der Heizkörper angeschaltet ist. Oder wenn sie auf ihren Platz geht und in ihre Unterlagen sieht, möglicherweise um sich zu vergewissern, ob sie eine Übung vergessen hat oder welche Übungen noch zu machen sind. Oder wenn sie, nachdem sie in den Reihen zahlreiche Teilnehmerübungen korrigiert hat, nun wieder zwischen den Teilnehmerreihen stehend, bereits in einer Art Rückblick auf das vorangehend Gemachte das Ziel festhält, das hinter den gemachten Yoga-Übungen stand (▶ Abb. 17).

Die operative Übungsphase klingt damit aus, dass die Kursleiterin mit ruhiger, zunehmend leiser werdenden Stimme alle Körperteile, Becken, Gesäß, Schultern, Brustwirbel, Hals und Nacken einzeln zur Entspannung aufruft. Sie markiert die an diese Phase des Übens anschließende, den Kurs abschließende Phase in der Weise, dass sie sich wieder dauerhaft vorne, vor dem Fenster, positioniert und aus einem mitgebrachten Büchlein vorliest. Es lag bislang zusammen mit anderen Unterlagen vor ihrem Platz. Aus ihm liest sie mit ruhiger

Abb. 17:
KL: »Wir wollten lernen, **wirklich vollkommen** zu entspannen, eine Sekunde, alle Muskeln entspannen«

Stimme, eher in sich gekehrt als den Teilnehmern, sie adressierend, zugewendet, einen durch zahlreiche Redundanzen ausgezeichneten Text mit meditativen Lebensweisheiten vor.

Zunächst liest die Kursleiterin für sich leise in dem Buch (▶ **Abb. 18a**). Dann richtet sie den Kopf zum Vorlesen auf und beginnt damit. Nach einigen Minuten beendet sie dies, legt ein Lesezeichen in das Buch, klappt es zusammen und legt das Buch vor sich hin. Anschließend setzt sie sich, in sich gekehrt, wie zum stillen Gebet (▶ **Abb. 18b**). Schließlich richtet sie sich wieder auf die Teilnehmer hin aus (▶ **Abb. 18c**).

Durch das Vorlesen tritt die Kursleiterin einerseits wieder in das den Kurs bereits räumlich positional strukturierende Zentrum. Verbunden ist damit die Erwartung, dass alle auf das hören, was sie vorliest. Andererseits liest sie so leise und in sich gekehrt vor, dass ihre Worte, ihre Stimme, die geäußerten Lebensweisheiten kaum noch an ein Gegenüber adressiert erscheinen, sondern eher an sich selber, bzw. – wie in der oben analysierten zweiten Phase des Kurses – unterschiedslos an alle im Raum anwesenden Personen. Die Rollenunterscheidung zwischen Teilnehmern und Kursleiterin verflüssigt sich in dieser Adressierung. Kursleiterin und Teilnehmer werden zu Personen, die sich gleichermaßen einem meditativen Setting anvertrauen. Es handelt sich insofern nunmehr weniger noch um eine Phase in einem Kurs, in der etwa meditative Weisheiten vermittelt werden, sondern eher um eine Art von Performance, in der sich über einen ganzen Kurs eine sprachliche Haut legt, unter der alle Rollendifferenzen ihre Konturen verlieren. Diese Meditations-Installation verweist auf eine Gegenwelt zum Alltag, in der die Teilnehmer genauso wie die Kursleiterin zu Hause sein können. Nicht also die Kursleiterin ist es, die eine Teilnehmer-Gruppe strukturiert, sondern eher strukturiert sich eine soziale Situation selbst als ›Gruppe‹, besser: als Eins mit Welt. Die Kursleiterin tritt damit als verantwortliche Leiterin zurück, nunmehr nicht nur gegenüber den Teilnehmern, im Sinne eines Formwechsels von einer Dozentin zu einem Coach bzw. einem ›personal

Abb. 18: Aufruf zur Entspannung

trainer‹, sondern nunmehr auch in dem Sinne, dass sie sich als Kursleiterin ganz zurücknimmt und in einer nur noch personal differenzierten (Kurs-)Gruppe aufgeht.

Im Anschluss an dieses Zwischenreich einer Art Meditationsgruppe, in dem von allen individuellen Unterschieden abstrahiert wird, restrukturiert sich der Kurs noch einmal auf der Grundlage einer strikten sozialen Differenzierung zwischen Kursleiterin und Teilnehmern. Die Kursleiterin hat wieder die Position der für den Kurs auch institutionell-organisatorisch verantwortlichen Person inne. Sie überführt die ›Meditationsgruppe‹ wieder in die Gruppengestalt eines Kurses. Sie weckt die Teilnehmer aus dem schlafähnlichen Halbwachzustand auf, indem sie alle Körperteile einzeln aufruft, beginnend mit dem langsamen Recken und Strecken der Arme (▶ Abb. 19).

Aus der Rolle der Leiterin heraus thematisiert sie auch die Störungen durch den Flugzeuglärm, die den ganzen Kurs hindurch wiederkehren und

Abb. 19:
Kursleiterin ›weckt‹ die
Teilnehmer wieder auf

am Ende noch zunehmen. »Sehr gut konzentriert, hat überhaupt nicht gestört (lachend zu den Teilnehmern).« Sie bezieht den Flugzeuglärm auf die intensiven Bemühungen der Teilnehmer um Konzentration auf Entspannung in einer Atmosphäre der Stille. Während des Kurses wurde der Flugzeuglärm weder von ihr noch von den Teilnehmern zur Kenntnis genommen. Was hätte auch eine Thematisierung bringen sollen. Der Lärm wäre nicht weniger geworden. Dazu hätte die Thematisierung des nicht zu verhindernden Lärms noch eine weitere Störung im Prozess der Konzentration auf das Thema Entspannung bedeutet. Insofern bekommt es einen Doppelsinn, wenn die Kursleiterin am Ende den Flugzeuglärm anspricht. Sie nimmt dadurch nicht nur das in der Kurskommunikation offen zur Kenntnis, was jeder im Laufe des Kurses individuell ohnehin wahrgenommen hat. Sie geht noch einen Schritt weiter. Sie deutet die Nicht-zur-Kenntnisnahme des Flugzeuglärms um, indem sie es gerade zum Zeichen des gelungenen Kurses macht. Allerdings eher ironisch, dies jedoch mit einverständigem Lachen zusammen mit den Teilnehmern. Entspannung – so könnte man den Kommentar der Kursleiterin interpretieren – verlangt nicht notwendig das mentale Absehen von störenden Umwelten, sie kann auch durch das Loslassen des unabänderlich Hinzunehmenden im Medium eines ironischen Bezugs darauf ermöglicht werden. Als der Flugzeuglärm bei der Verabschiedung gerade einmal wieder besonders anschwillt, kommentiert dies die Kursleiterin: »Der Flugzeuglärm, das hat überhaupt nicht gestört (Lachen)«.

Gemäß dieser Rollendefinition ist es auch die Kursleiterin, die den Kurs formell abschließt, von den Teilnehmern sich verabschiedet und ihre Freude über den Kurs zum Ausdruck bringt (▶ Abb. 20a). Die Teilnehmer sind auch bei der Beendigung des Kurses wieder nur Adressaten, sie äußern sich nicht mehr. Auf je individuelle Weise verlassen sie ihren Platz, nachdem die Kursleiterin den Kurs beendet hat (▶ Abb. 20b). Danach kommen bereits die neuen Teilnehmer.

209

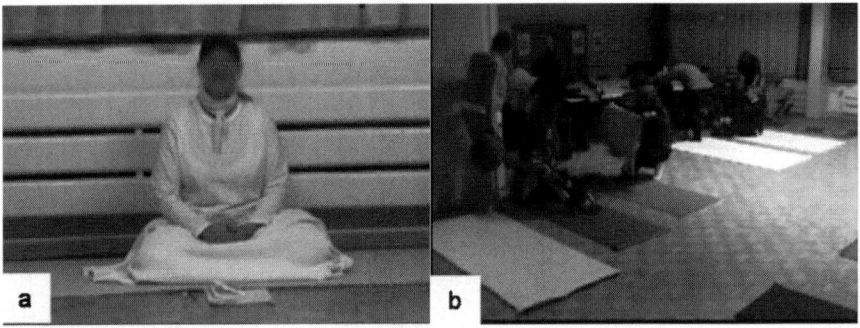

Abb. 20: KL: »Vielen Dank und auf Wiedersehen«

4 Lehr-, Lern- und Bildungsprozesse unter den Bedingungen des Gestaltwandels von Kursgruppen

Die Analyse einer Sitzung eines Yoga-Kurses unter dem Aspekt der sich wandelnden Gruppengestalten hat sichtbar gemacht, dass Kurse nicht bereits ausreichend durch eine institutionell mit ihnen verbundene soziale Differenzierung in Kursleiter und Teilnehmer bestimmt sind. An diesem Fall war zu sehen, wie die Interaktionsdynamik von Kursen durch ein Spektrum gruppenspezifischer Aggregatzustände bestimmt ist. Dieser Gestaltwandel verläuft zwischen den Polen einer, entlang der subjektakzentuierten Unterscheidung zwischen Kursleiter-Teilnehmer hochgradig differenzierten Gruppe einerseits und einer individualitätsakzentuierten Unterscheidung innerhalb einer pluralen Teilnehmergruppe andererseits, deren Gruppengestalt weniger durch eine interne Differenzierung bestimmt wird als durch eine Differenzbildung, die sich gegenüber einer Umwelt profiliert, die einen Lebensform auf der Basis eines entspannten Körpers nicht zulässt.

An das damit sich konturierende differenzierte Spektrum von Gruppengestalten in Kursen ist die von Axel Honneth analysierte Bildungsbedeutsamkeit von Gruppen wieder in hohem Maße anschließbar, obwohl sie auf sozialstrukturierte Gruppen nach Art von Kursgruppen nicht eingeht. Auch wenn die Daten von Videodokumentationen eine direkte Analyse von individuellen Subjektbildungsprozessen nicht zulassen, die vorangehend unternommenen Analysen von Kursinteraktionen unter dem Aspekt der ihnen zugrunde liegenden Gruppenformate rücken Bildungsprozesse im Kontext von Kursgruppen ins Blickfeld, in denen es neben und über Lernerfahrungen im engeren Sinne hinaus um Prozesse geht, in denen Menschen in ihrer Entspannungsbedürftigkeit anerkannt werden. Kurse sind eine soziale Form, die eine Steigerung des Selbstvertrauens im Medium eher dyadischer Beziehungen ermöglicht; und zwar zwischen einzelnen Teilneh-

mern, aber auch zwischen einzelnen Teilnehmern und einer Kursleiterin. Sie ermöglichen die Entfaltung des (körperlichen) Selbstvertrauens durch positiven
Zuspruch, Lob und professionelle Hilfestellungen, und zwar sowohl von Seiten eines Experten als auch durch Erfahrungen des Nicht-Abweichens von dem,
was andere können. Sie ermöglichen aber auch den Gewinn kollektiven Selbstbewusstseins gegenüber denen, die ihre Erfahrungen einer sie krank machenden
Verspannung nicht aktiv bearbeiten; etwa in der Weise, dass sie in einer Kursgruppe versuchen, sich zumindest zeitweise in einer überstressten Welt vollkommen zu entspannen. Und schließlich sind Kurse auf Grund ihrer Gruppenform
auch soziale Orte, an denen Erwachsene ihr Selbstwertgefühl, eine elementare
Voraussetzung vitalen Lebens, stärken können, indem sie unter dem Schutzschirm institutioneller und professioneller Fürsorge, Verantwortung und Kompetenz temporär und angstfrei in einen vorsubjektiven Zustand regreddieren. Die
Bildungsbedeutung der Gruppenförmigkeit von Kursen ergibt sich – so eine Vermutung, der empirisch näher nachzugehen wäre – gerade aus der Vielfalt der Erfahrungen, die sie für Erwachsenen ermöglichen, und zwar nicht nur extensiv im
Gesamtzusammenhang von Kursvarianten, sondern intensiv tendenziell bereits
im Verlauf jeden einzelnen Kurses. Die Bedeutung des analysierten Yoga-Kurses,
der zunächst als ein Fall am Rande erscheinen mag, läge dann darin, dass er ein
breites Spektrum von Bildungserfahrungen erschließt, die in hohem Maße an die
Gruppenform von Kursen gebunden sind.

Binnendifferenzierung des Kursgeschehens Umgang mit heterogenen Lernbedarfen unter Aufrechterhaltung einer Gruppensituation

Kay Kämmerer/Jörg Dinkelaker

Gegenstand dieses Beitrags ist der Umgang mit der Unterschiedlichkeit von Lern-niveaus in einem Trommelkurs für Erwachsene. Der Trommelkurs wird privat von einem Lehrer aus Guinea organisiert und findet einmal wöchentlich für ein-einhalb Stunden abends in einem Frankfurter Atelier statt. Der Teilnehmenden-kreis gestaltet sich hinsichtlich der Spielerfahrung sehr heterogen. Bis auf einen kleinen Stamm von 3 Teilnehmenden, die schon über mehrere Jahre hinweg an unterschiedlichen Veranstaltungsorten den Kurs fortlaufend besuchen, besteht hinsichtlich der restlichen Kursteilnehmenden eine hohe Fluktuation. Zum Zeit-punkt der Videoaufnahme besuchten acht Teilnehmende den Kurs regelmäßig. Für eine Aufteilung des Kurses in zwei, hinsichtlich des Lernniveaus ähnliche Gruppen ist die Teilnehmendenzahl – um rentabel zu wirtschaften - zu gering. Aus diesem Sachverhalt heraus ergibt sich in diesem Kurs die Anforderung, eine anregende Lernumgebung für alle Beteiligten zu bieten, obwohl die Lernbedarfe sehr unterschiedlich sind. Sowohl die Teilnehmenden als auch der Kursleiter ha-ben Strategien entwickelt, um mit dieser Anforderung umzugehen.

Heterogenität wird in der Erwachsenenbildung als selbstverständliche Voraus-setzung jeden Veranstaltungsgeschehens angesehen, ohne dass allerdings dieser offenbar routinemäßige Umgang mit Heterogenität bislang einer näheren empiri-schen Betrachtung unterzogen worden wäre (Schrader 2007, S. 56). Während die gegenwärtigen didaktischen Überlegungen zum Umgang mit heterogenen Lern-bedarfen in Schulen auf eine Auflösung der Gruppensituation und eine Entkopp-lung der Lernverläufe der unterschiedlichen Lernenden abheben (Bräu 2007), wird im hier näher betrachteten Fall eine Differenzierung des Lehr-Lerngesche-hens nicht durch Auflösung des Gruppengeschehens, sondern vielmehr durch eine gekonnte Verschränkung von individueller Zuwendung und Fortbestehen des Gruppengeschehens realisiert. Auf eine solche Möglichkeit der Binnendiffe-renzierung des Kursgeschehens greifen sowohl der Kursleitende als auch Teilneh-mende zurück, um auf die Heterogenität der Lernbedarfe zu reagieren.

In manchen Situationen wenden sich einzelne Teilnehmende während des kol-lektiven Trommelspiels in einem vorübergehenden dyadischen Lehr-Lernverhält-nis untereinander zu, während der Kursleiter weiterhin die gesamte Gruppe ad-ressiert (2).

In anderen Situationen wendet sich der Kursleiter einzelnen Teilnehmenden mit gesteigertem Orientierungsbedarf individuell zu, während die Gruppe das kollektive Trommelspiel selbstorganisiert fortsetzt (3).

Auch wenn die spezifischen Bedingungen der Realisierung des Umgangs mit heterogenen Lernbedarfen in diesem Trommelkurs besondere sind, so zeigen sich in ihnen dennoch Strategien der Gleichzeitigkeit von gruppenförmigen und dyadischen Lernverhältnissen, die auch in anderen Veranstaltungen der Erwachsenenbildung einen flexiblen Umgang mit Heterogenität ermöglichen (4).

1   Das Kursarrangement

Thema der näher betrachteten Kursstunde ist der sogenannte Djolé-Rhythmus, ein Rhythmus im 4/4-Takt, der aus der Tradition der Susu, einer ethnischen Volksgruppe aus Guinea, stammt. In der Kultur und Tradition dieser Volksgruppe gehört der Djolé-Rhythmus zu einem Maskentanz, der bei großen gesellschaftlichen Anlässen wie dem Erntedankfest oder Hochzeiten gespielt wird.

Die Sitzordnung des Kurses ist ein in seiner Größe durch die Teilnehmendenzahl bedingter, geschlossener Kreis (▶ Abb. 1). Die Teilnehmenden und der Kursleiter sitzen auf Stühlen und haben vor sich die eigene oder die vom Kursleiter bereitgestellte Trommel mit den Beinen fixiert. Durch diese Anordnung ist es jedem Teilnehmenden möglich, den Kursleiter gleich gut zu sehen und zu hören. Genauso können alle Teilnehmende durch den Kursleiter gleich gut wahrgenommen werden, ohne dass er dabei seine Position verändern muss.

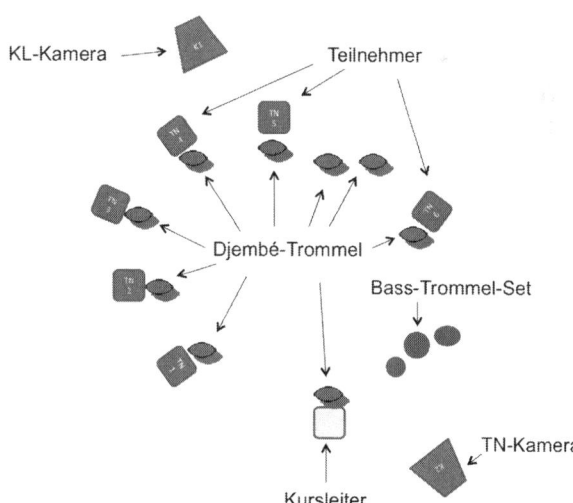

Abb. 1:
Räumliche Anordnung
der Kursbeteiligten

Der Kursablauf folgt einem über die unterschiedlichen Kurssitzungen hinweg wiederkehrenden Muster. Die erste Sequenz des Kurses nutzt der Kursleiter zur

Überprüfung des in der Vorwoche eingeübten Rhythmus und entscheidet dann darüber, ob das Bekannte noch einmal wiederholt oder ob die Gruppe gleich in einen neuen Rhythmus eingeführt wird. Die beiden hier näher betrachteten Szenen ereignen sich, nachdem sich der Kursleiter in dieser Kurssitzung für eine wiederholte Befassung mit dem bereits bekannten Rhythmus entschieden hat (▶ Abb. 2, Phase IV).

Die Wiederholung beginnt damit, dass der Kursleiter das gesamte Thema vorspielt, während die anderen Beteiligten zuschauen und zuhören. Nach diesem Vorspielen des gesamten Rhythmus zergliedert der Kursleiter ihn in einzelne für sich abgeschlossene Parts und übt diese nacheinander gemeinsam mit den Teilnehmenden.

2 Lehr-Lernverhältnisse innerhalb der Teilnehmendengruppe

Bei einem vom Kursleiter eingeleiteten, durch Einzählen angekündigten Wechsel kommt das gemeinsame Üben der Gruppe ins Stocken. Um wieder zusammen zu kommen, orientieren sich die Teilnehmenden am Kursleiter und verfolgen sein Spiel (▶ Abb. 2). Sie setzen zunächst nur einzelne Schläge synchron zum Kursleiter, worauf er mit einer verstärkten Betonung bzw. Verdeutlichung seiner betonten Schläge reagiert, ohne sich dabei speziell an einen bestimmten Teilnehmenden zu richten.

Abb. 2: Kollektive visuelle Orientierung am Kursleiter zur Wiederherstellung rhythmischer Synchronität

Dass die Teilnehmenden nicht länger mit dem Kursleiter gemeinsam spielen, verweist auf kollektive Schwierigkeiten in der Realisierung des durch den Wechsel neu thematisch werdenden Rhythmus. Mit der kollektiven Hinwendung der Teilnehmenden zum Spiel des Kursleiters und den Übertreibungen des Kursleiters in seinen Handlungen wird in Reaktion darauf eine Zeigesituation etabliert (Prange

2005, Dinkelaker 2012a), in der nicht länger das Üben, sondern nun das Einüben des Rhythmus im Vordergrund steht[1].

Nach und nach finden sich die Teilnehmenden wieder in den Rhythmus ein. Ihre Bewegungsabläufe werden im Rahmen des wiederholten gemeinsamen Spielens des Rhythmus zusehends synchroner. Wem es gelungen ist, sein Spiel an das des Kursleiters anzugleichen, lässt von der Fixierung des Kursleiters ab. Es entsteht zusehends eine Konfiguration der individuell differenten visuellen Orientierung (▶ Abb. 3).

Abb. 3: Individuell differente visuelle Orientierung nach wiederhergestellter Synchronität

Einem Teilnehmer gelingt es allerdings noch nicht, sich in das Spiel der Gruppe einzufinden. Auch er wendet sich vom Kursleiter ab, schaut stattdessen dann aber auf das Trommeln seiner Sitznachbarin, die im Kurs als besonders erfahren gilt (▶ Abb. 4).

Abb. 4:
Orientierung an der erfahrenen Teilnehmerin

---

1 Zum Vormachen beim Einüben und zum gemeinsamen Üben als Interaktionsmuster vgl. Herrle/Dinkelaker/Kade i. d. Bd.

In dieser Szene haben zunächst *alle* Beteiligten Probleme damit, den vom Kursleiter vorgegebenen Rhythmus zu übernehmen. Den erfahreneren Teilnehmenden gelingt es aber schneller, sich an den Vorgaben des Kursleiters zu orientieren und damit vom Nachmachen zum Mitmachen, vom Einüben zum Üben überzugehen. Diesen individuell vollzogenen, aber sich zunehmend als kollektiv verdichtenden Übergang machen die Teilnehmenden durch ein visuelles Ablassen vom Kursleiter erkennbar. Das Problem des von diesem kollektiven Geschehen abweichenden Teilnehmers besteht darin, dass ihm dieser Übergang vom Einüben zum Üben noch nicht möglich ist, da er den Rhythmus, den es zu üben gilt, noch nicht gut genug kennt, um ihn selbst zu realisieren. Auf diese Differenz im Lernbedarf wird nun nicht vom Kursleiter, sondern zunächst vom Teilnehmer selbst reagiert. Anstatt sich weiterhin am Kursleiter zu orientieren, der nun eine Gruppe vor sich hat, die ihm gelingende Aneignung signalisiert, wendet zwar auch er sich – wie alle anderen – vom Kursleiter ab, wendet sich dann aber gruppenintern einer Teilnehmerin zu, an der er sich zum Zwecke des Einübens nun weiter orientieren kann. So wird eine Gleichzeitigkeit von individuell-nachholendem Einüben und kollektivem Üben ermöglicht. Der Teilnehmerin, der er sich zuwendet, kommt damit die Rolle einer informellen Co-Trainerin zu.

Diese Konstellation ist keineswegs einmalig, sondern tritt in diesem Kurs immer wieder auf. Die schwächeren Teilnehmenden orientieren sich an den Erfahreneren und versuchen, dort für ihr eigenes Spiel Orientierung zu finden.

Auf solche Situationen reagieren wiederum die als Co-Trainer adressierten erfahrenen Teilnehmenden, indem sie sich als Orientierungsgebende anbieten, wie sich auch im Fortgang der hier näher betrachteten Szene zeigt:

> Als die erfahrene Teilnehmerin bemerkt, dass der offenbar weniger erfahrene Teilnehmer sich an ihr orientiert, reagiert sie ähnlich, wie es sonst der Kursleiter tun würde. Sie fixiert ihn, verdeutlicht ihr Spiel durch eine stark betonte Gestik (▶ Abb. 5). Sobald der Teilnehmer in den Rhythmus gefunden hat, bestätigt sie dieses Gelingen nonverbal, bestärkt ihn mit Kopfnicken und gelöster Mimik.

Abb. 5:
Übernahme der Lehrendenrolle durch die erfahrene Teilnehmerin

3 Einzeladressierung durch den Kursleiter

Der übliche, niederschwellige Weg des Umgangs mit heterogenen Lernbedarfen im Trommelkurs besteht darin, dass sich unerfahrenere Teilnehmende an erfahreneren Teilnehmenden orientieren und diese sie bei Bedarf dabei unterstützen. Wird der vom Gruppengeschehen abweichende Lernbedarf durch dieses Aushelfen innerhalb der Gruppe nicht gelöst, kann es aber auch dazu kommen, dass sich der Kursleiter den Unterstützung suchenden Teilnehmenden individuell zuwendet, wobei die Gruppe dann eigenständig ihr Üben ohne Anleitung des Kursleiters fortsetzt.

Als es auch nach mehreren Versuchen dem bereits in der oben dargestellten Szene im Mittelpunkt stehenden Teilnehmer nicht gelingt, sich in den gemeinsam gespielten Rhythmus einzufinden, wendet sich der Kursleiter von der Gesamtgruppe ab und dem mit den besonderen Schwierigkeiten kämpfenden Teilnehmer zu. Dabei unternimmt er mehrere Aktivitäten, um dem Teilnehmer eine bessere Orientierung zu ermöglichen. Die in diesem Zusammenhang stattfindende herausgehobene Adressierung des Teilnehmers erfolgt nicht etwa verbal durch seine Namensnennung, sondern nonverbal durch eine veränderte Ausrichtung des Oberkörpers und des Kopfes sowie durch eine veränderte Mimik und Gestik (▶ Abb. 6).

Abb. 6: Individuelle Adressierung bei fortgesetzter Übungsaktivität der Gesamtgruppe

Der solchermaßen adressierte Teilnehmer reagiert auf diese Zuwendung, indem er sich seinerseits dem Kursleiter zuwendet. Um dem Teilnehmer Anhaltspunkte für sein Spiel zu geben, übertreibt nun der Kursleiter gestisch seine Trommelbewegungen. Wenn er eine Hand nicht auf der Trommel hat, zeigt er dem Teilnehmer seine offene Hand. Schläge auf die Trommel stellt er dagegen mit einem besonderen Impuls dar. Dass die Nachahmungsversuche noch nicht gelingen, signalisiert der Kursleiter durch Kopfschütteln. Als auch das überdeutliche Zeigen und die eindeutige Rückmeldung nicht zur erfolgreichen Nachahmung führt, verändert der Kursleiter erneut sein Vorgehen. Er bietet dem Teilnehmer nun nur noch einen Teil des Rhythmus zur Nachahmung an und lässt die weiteren Teile des zu spielenden Rhythmus aus. Die Gruppe spielt währenddessen im normalen Tempo weiter, so dass der Kursleiter und der Teilnehmer so lange pausieren, bis auch die Gruppe erneut den vom Kursleiter aus dem Gesamtrhythmus herausgelösten Teil spielt (▶ Abb. 7). Im Zuge dieser Vereinfachung gelingt es dem Kursleiter, den Teilnehmer Schritt für Schritt in den ihm bislang nicht zugänglichen Rhythmus einzuführen, so dass dieser schließlich auch am gemeinsamen Gruppenspiel teilnehmen kann.

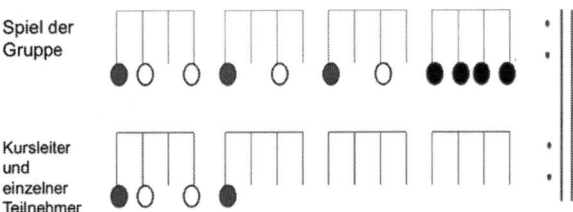

Abb. 7: Kursleiter spielt zusammen mit einem Teilnehmer eine reduzierte Variante des Rhythmus, während die Gruppe weiter den Rhythmus im vollen Umfang spielt

Indem der Kursleiter die Zergliederung des Vormachens[2] so realisiert, dass er den Rhythmusteil immer gerade dann spielt, wenn auch die Gruppe im Rahmen ihres wiederholenden Übens auf diesen Teil zurückkommt[3], kann er gemeinsam mit dem Teilnehmer ein von den anderen Teilnehmenden abweichendes rhythmisches Geschehen etablieren, ohne dabei die gleichzeitig weiter übende Gruppe in ihrem gemeinsamen Rhythmus zu stören. Das fortgeführte übende Spiel der Gruppe wird in dieser Szene zugleich auch als stützende Orientierung des nach einem Einstieg suchenden Teilnehmers genutzt. Für die weiter übende Gruppe erwächst aus dieser Situation dagegen eine neue, erschwerte Aufgabe. Sie muss nun ohne Hilfe des Kursleiters den Rhythmus halten. Die Aufgabe des kollektiven Übens erhält gerade dadurch ein neue, bereichernde Facette. Einige der Teilnehmenden geraten allerdings in dieser Situation selbst wieder in Spielprobleme und beginnen, sich an den noch erfahreneren Teilnehmenden zu orientieren. So entsteht eine weitere, den unterschiedlichen Lernbedarfen gerechter werdende Binnendifferenzierung des Kursgeschehens.

4 Fazit

Die hier dargestellten Szenen zeigen eine Form des binnendifferenzierten Unterrichts, bei dem sich zwar die Lernaufgaben der unterschiedlichen Beteiligten voneinander unterscheiden, bei der aber dennoch alle Beteiligten miteinander interagieren. Dieser Typus des zwar individualisierten, aber dennoch gruppenförmigen Lernens lässt sich auch in anderen Kursen aus dem BIWO-Korpus beob-

---

2 Zum Zergliedern beim Vormachen vgl. Herrle/Dinkelaker i.d.Bd.
3 Zur Wiederholung beim Üben vgl. Herrle/Dinkelaker i.d.Bd.

achten. Die für die aktuellen Konzepte der Binnendifferenzierung des schulischen Unterrichts charakteristische Vereinzelung der Aufgabenbearbeitung im Rahmen individualisierten Unterrichts wird im vom BIWO-Projekt erhobenen Korpus dagegen nur bezogen auf bestimmte Lerngegenstände – insbesondere das Erlernen handwerklicher und praktischer Tätigkeiten – realisiert (Dinkelaker 2012a). Vor dem Hintergrund einer systematisch erwartbaren höheren Heterogenität in Lerngruppen in der Erwachsenenbildung haben sich hier offenbar Praxen entwickelt, in denen Differenz in der Gruppe eher als Lernmöglichkeiten denn als Störpotentiale (Kade 1985) erscheinen, so wie es auch in erwachsenendidaktischen Modellen des verständigungsorientierten Erfahrungsaustauschs entworfen wird (Schlutz 1984, Ludwig 2004, Seitter 2010). Die konkreten Praktiken, die eine solche gruppenbasierte Individualisierung ermöglichen, werden dabei nicht nur von Kursleitenden, sondern auch von Teilnehmenden untereinander performiert.

Orientierung und Partizipation

Matthias Herrle

1 Wechselseitige Wahrnehmung und Orientierung im Interaktionszusammenhang

Eine zentrale Eigenheit des interaktiven Geschehens in Seminarräumen, Trainingshallen oder Klassenzimmern ist, dass die an ihm beteiligten Personen körperlich präsent sind. Zu einem bestimmten Zeitraum treffen sie sich in einer spezifisch gestalteten Umgebung und werden so füreinander wechselseitig wahrnehmbar. Was sich an diesen Orten in welcher Weise abspielt, ist zunächst davon abhängig, was die körperlich Anwesenden füreinander der Wahrnehmung preisgeben. Insofern fungiert Anwesenheit als »materielles Trägermedium« (vgl. Geser 1996) für die Ausdifferenzierung von Formen interaktiven Miteinanders. Auf der Grundlage wechselseitiger Wahrnehmbarkeit wird manches von dem, was wahrnehmbar ist, als bedeutsam für die Konstruktion von Aktivitäten und Kooperationszusammenhänge markiert, indem sich die Akteure im Prozess des Aneinander-Anschließens von Äußerungen wechselseitig darauf beziehen. Dass sich prinzipiell all das, was wahrnehmbar ist, in irgendeiner Weise als bedeutsam für das Geschehen erweisen kann, macht es umso bedeutsamer, wie die räumliche Umgebung gestaltet ist (vgl. Herrle i. d. Bd.) und konfrontiert die Anwesenden mit der Erwartung, selbst die Wahl ihrer Kleidung (vgl. Simon i. d. Bd.) wie auch ihrer Körperhaltung, -bewegung und Aufmerksamkeitsausrichtung (vgl. Dinkelaker i. d. Bd.) als potentiell interaktionsrelevant zu kontrollieren.

> »[...] when individuals come into one another's immediate presence in circumstances where no spoken communication is called for, they none the less inevitably engage one another in communication of a sort, for in all situations, significance is ascribed to certain matters that are not necessarily connected with particular verbal communications« (Goffman 1966, S. 33)

Sämtliche akustisch oder visuell wahrnehmbaren Äußerungsressourcen fungieren für Interaktionsbeteiligte als Hinweise dafür, welche Aktivitäten Personen in ihrer Umgebung gerade verrichten und in Zukunft erwartbar verrichten werden (vgl. McDermott/Gospodinoff/Aron 1978, Kendon 1985). Um das künftige Handeln anderer Personen als erwartbaren Umstand eigenen Agierens antizipieren zu können, versorgen sich die Anwesenden kontinuierlich mit Informationen darüber, was andere Personen gerade tun. Jenes attentionale Ermitteln von Informationen über die soziale Ökologie ist als Akt des Orientierens selbst wiederum wahrnehmbar und markiert die wechselseitige Bezogenheit der

Akteure in ihrem Agieren. »Sich Orientieren« kann daher als handlungsbezogene Ausrichtung sozialer Wahrnehmung in Interaktionsverhältnissen verstanden werden.

Wie bereits eingangs vermerkt, sind sämtliche Umgebungen, in denen sich Personen aufhalten, von einer ungeheuren Vielzahl an wahrnehmbaren Phänomenen und Ereignissen geprägt, denen potentiell Relevanz für das eigene Agieren zugesprochen werden kann. Zugleich ist es den Anwesenden allerdings nicht möglich, zeitgleich alles allseitig in ihre Wahrnehmung zu integrieren. Orientierung verläuft als Fokussierung von Aufmerksamkeit notwendigerweise selektiv. Nur ein sehr begrenzter Ausschnitt aus dem aktuellen Geschehen kann für andere erkennbar mit Aufmerksamkeit versehen werden, alles andere muss – zumindest zeitweise – ausgeschlossen werden. Sich Orientieren ist notwendigerweise prozessförmig angelegt: als alternierende Selektion von Aufmerksamkeitsreferenzpunkten in der Zeit. Durch ein derartiges Prozessualisieren von Aufmerksamkeit wird es ist es für Personen möglich, sich in einer Umgebung mit einer Vielzahl an sich stetig verändernden Wahrnehmungsmöglichkeiten zurechtzufinden. Dabei spielt das Formulieren von Hypothesen bzw. die Projektion von Erwartungen eine entscheidende Rolle dafür, dass überhaupt von einem Phänomen abgesehen und sich einem neuen zugewendet werden kann. Jürgen Markowitz (1986) hat diesen Zusammenhang von Aufmerksamkeitszuwendung und -abwendung als attentionales Alternieren theoretisiert. Demnach werden beim Abziehen von Aufmerksamkeit zugleich Erwartungen darüber gebildet, ob und wie lange sich der beobachtete Zustand als stabil – und insofern als nicht mehr beobachtensnotwendig – erweist. Der beobachtete Referent (z. B. das Lesen der Lehrperson in einer Zeitschrift) wird deponiert, um die Aufmerksamkeit auf einen neuen Referenten (z. B. die zur Hälfte ausgefüllte Klassenarbeit des Platznachbarn) zu fixieren.

Diese Selektivität der Aufmerksamkeit erweist sich insbesondere dann als Herausforderung orientierender Handlungsabstimmung, wenn unbekannte Umgebungen beschritten oder erwartet werden kann, dass sich Handlungsumstände aufgrund des Agierens einer Vielzahl anwesender Personen jederzeit ändern könnten. Sowohl Schulunterricht als auch Kurse der Erwachsenenbildung finden unter der Voraussetzung einer gleichzeitigen Anwesenheit einer Vielzahl an Personen statt. Während Schulunterricht im Klassenverband über Jahre hinweg kontinuierlich den Tagesablauf beteiligter Schüler und Lehrer strukturiert und dabei zum Aufbau stabiler Verhaltenserwartungen beiträgt, finden Veranstaltungen in der Erwachsenenbildung meist diskontinuierlich statt. Immer wieder müssen sich unterschiedliche Beteiligte an verschiedenen Orten zu verschiedenen Zeiten einfinden, um gemeinsam an einem pädagogischen Geschehen partizipieren zu können. Gerade für Einzelveranstaltungen geht damit ein gesteigertes Ausmaß an Orientierungsbedarf der Beteiligten hinsichtlich der Absichten und Verhaltenserwartungen anderer Personen einher, auf die durch ihr Agieren hingewiesen wird (vgl. Geißler 1992). Die Suche nach Antworten darauf, welche Verfahren die Beteiligten in Kursen zur Aufführung bringen, um Informationen über das Geschehen in ihrer Umgebung zu generieren und daran ihr eigenes Agieren auszurichten, steht im Zentrum dieses Beitrags.

2 Sich-Orientieren in pädagogischen Kontexten

Betrachtet man das Geschehen in Veranstaltungen der Erwachsenenbildung auf der Basis videographischer Aufzeichnungen, so wird deutlich, dass die Beteiligten sich kontinuierlich damit beschäftigt zeigen, Informationen über das Geschehen in ihrer Umgebung einzuholen. Orientieren fungiert hier als Daueraufgabe, deren Vollzug es erst gewährleistet, ein umgebungsbezogenes soziales Handeln aufzuführen, das das Agieren anderer Personen als wahrgenommene Handlungsumstände kommuniziert und sich zu ihnen relationiert. Demgegenüber würde die Wahrnehmung eines kontinuierlichen Nicht-Orientierens die Erwartung eines strikt egozentrisch und somit potentiell sozial-destruktiven Handelns generieren, das in Interaktionszusammenhängen erwartbar negativ sanktioniert wird. Dies war im hier untersuchten Korpus von insgesamt 17 Fällen nicht zu beobachten.[1]

Zwar zeigen sich die Beteiligten in den untersuchten Fällen kontinuierlich mit der Suche nach Informationen über ihre Umgebung beschäftigt. An der Art und Weise, wie sie dies tun, werden allerdings deutliche Unterschiede erkennbar. Diese Unterschiede verweisen auf verschiedene Probleme, deren Umgang mit der je spezifischen Variante des Orientierens bearbeitet wird. Drei zentrale Problemkomplexe werden im Folgenden samt der auf sie referierenden Orientierungsverfahren illustriert: Bei dem unter 2.1 dargestellten Problemkomplex wird die Aufgabe bearbeitet, sich Informationen über das Geschehen in der Umgebung zu verschaffen, um künftig daran zu partizipieren bzw. ein interaktives Geschehen unter gegebenen Umständen zu etablieren. Bei dem unter 2.2 dargestellten Problemkomplex befassen sich die Akteure durch die Art und Weise ihres Orientierens mit der Aufgabe, ein bestehendes interaktives Geschäft, an dem sie partizipieren, am Laufen zu halten. Wie mit dem Problem umgegangen wird, im Unterricht für einen bestimmten Zeitraum einer individuell-differenten Tätigkeit nachzugehen, ohne sich dabei gänzlich von dem Geschehen in der Umgebung zu distanzieren, wird unter 2.3 illustriert.

2.1 Sich Einklinken

Die hier vorgestellten Methoden des Orientierens beziehen sich primär auf die Bearbeitung des Problems, Informationen über (künftige) Partizipationsgelegenheiten und -erwartungen zu generieren. Unterstellt wird damit zugleich, dass Akteure, die sie zur Anwendung bringen, aktuell nicht in jene Aktivitäts- oder Kooperationszusammenhänge integriert sind, die von ihnen beobachtet werden. *Inspizieren* und *kontinuierliches Zuschauen* sind zwei methodische Varianten,

---

1 Bezogen wird sich im Folgenden auf Teilergebnisse einer Studie zu methodischen Varianten der Herstellung pädagogischer Interaktionszusammenhänge, wie sie von den Beteiligten im Umgang mit verschiedenen Problemen in Phasen des Anfangens von Kursen der Erwachsenen-/Weiterbildung realisiert werden (vgl. Herrle 2013b, S. 294–311).

mit denen Akteure sich über Ereignisse in ihrer Umgebung orientieren und sich dabei in intensiv-expliziter oder hybrider Einstellung auf die Bearbeitung des genannten Problems beziehen.

2.1.1 Inspizieren

Beim Inspizieren geben sich entsprechende Akteure deutlich als Orientierungssuchende zu erkennen. Dabei kommunizieren sie die Erwartung, zukünftig, unter gegebenen Umständen, an spezifischen Interaktionszusammenhängen partizipieren oder bestimmte Aktivitäten durchführen zu wollen. Einerseits wird dieses Verfahren von Lehrpersonen aufgeführt, wenn es darum geht, zu sondieren, ob die erwarteten Beteiligten alle anwesend sind, was die Teilnehmenden gerade tun und womit sie sich künftig beschäftigen werden (vgl. Herrle 2013b, S. 296 ff., für den Schulunterricht vgl. Hecht 2009, S. 196). Von Teilnehmenden wird dieses Verfahren insbesondere dann aufgeführt, wenn sie Veranstaltungsorte betreten. Gerade Kursteilnehmer, die zum ersten Mal an einem Kurs partizipieren wollen, bearbeiten durch die Art und Weise ihres Orientierens das Problem, Erwartungen hinsichtlich künftiger Beteiligungsmöglichkeiten und -zumutungen einzuholen, die ihnen nicht durch eine frühere Partizipation an diesem Interaktionszusammenhang verfügbar sind. Zwar lassen sich durch Kursankündigungen bereits Vermutungen zur inhaltlichen, sozialen, räumlichen und zeitlichen Gestaltung des Interaktionsgeschehens aufstellen. Inwiefern diese von insititutionell-organisatorischer Seite kommunizierten Informationen sich als Grundlage für die Generierung von Erwartungen für die konkrete Gestaltung des Geschehens vor Ort als tragfähig erweisen, ist allerdings eine offene Frage. Um diese Frage zu bearbeiten, wenden sich die Akteure inspizierend ihrer Umgebung zu. Beim Inspizieren richtet sich der Aufmerksamkeitsfokus der sich orientierenden Person auf die spezifische Erscheinung von Gegenständen und Personen im Raum, die auf aktuelle und künftig erwartbare Aktivitäten, damit einhergehende Möglichkeiten und Begrenzungen individuellen Agierens verweisen. Charakteristisch für diese Methode ist ein vergleichsweise großer Explizitheitsgrad. Betreffende Akteure geben sich deutlich als Informationssuchende zu erkennen, indem sie den Referenzpunkt ihres visuellen Umgebungsscannens häufig wechseln oder – sofern damit keine hinreichend stabilen Erwartungen generiert werden können – Fragen stellen.

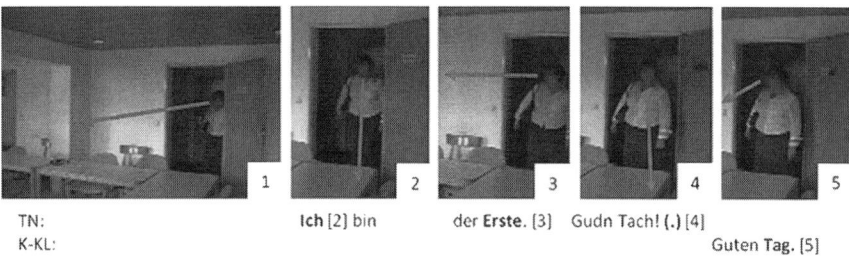

TN: Ich [2] bin   der **Erste**. [3]   Gudn Tach! (.) [4]
K-KL: Guten **Tag**. [5]

Abb. 1

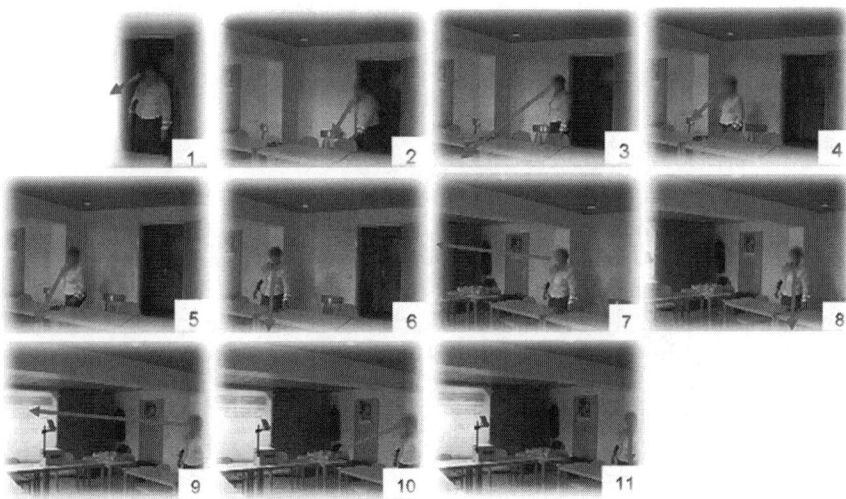

Abb. 2

Folgendes Fallbeispiel, das einem einmalig stattfindenden, innerbetrieblichen Re-animationskurs entnommen ist, illustriert ausschnittweise das Inspizieren am Agieren einer Teilnehmerin, die den Veranstaltungsraum zu einer Zeit betritt, zu der noch kein weiterer Teilnehmer oder Kursleiter anwesend ist. Einzig ein Ka-meramann beschäftigt sich mit der Installation seines Aufzeichnungsgerätes.

Mit ihrer verbalen Äußerung »Ich bin der erste. Gudn Tach!« gibt die noch an der Türschwelle stehende Akteurin sich als besonders früh anwesende Kursteil-nehmerin zu erkennen und deklariert die andere im Raum wahrnehmbare Per-son zugleich als eine, von der sie nicht erwartet, es handele sich bei ihr ebenso um einen Veranstaltungsteilnehmer – sei es aufgrund ihres Agierens an der Kamera, sei es aufgrund des Nicht-Aufhaltens an einem der Plätze, die einen Aufenthalt künftiger Kursteilnehmer erwartbar machen (▶ Abb. 1). Allerdings wird die wahr-genommene Person nicht als unerwarteter Fremdkörper identifiziert. Vielmehr wird sie als jemand angesprochen, der in irgendeiner Weise mit der Veranstaltung in Verbindung steht – sei es als Veranstaltungsleiter, als Praktikant oder Hilfs-kraft. Durch die wechselseitige Begrüßung markieren sich die beiden Anwesenden explizit als sich wechselseitig wahrnehmende und künftig in ihrem Agieren poten-ziell aufeinander beziehende Akteure. Zudem wird durch die antwortende Begrü-ßung die in der vorherigen Äußerung erfolgte fremd- und selbstbezogene Rollen-zuweisung nicht dementiert, sondern stillschweigend konfirmiert.

Für einen Zeitraum von 12 Sekunden begutachtet sie anschließend die Gestal-tung der räumlichen Umgebung (▶ Abb. 2 bzw. den Überblick in der Raumskizze ▶ Abb. 3[2]). Mit ihrem Blick fixiert sie alternierend verschiedene Referenzpunkte

---

2 Die Pfeile illustrieren, worauf die Teilnehmerin ihren Blick richtet. Die Zahlen verweisen auf das entsprechende Still (▶ Abb. 2). Die gestrichelte Linie zeigt den Weg, den die Teil-

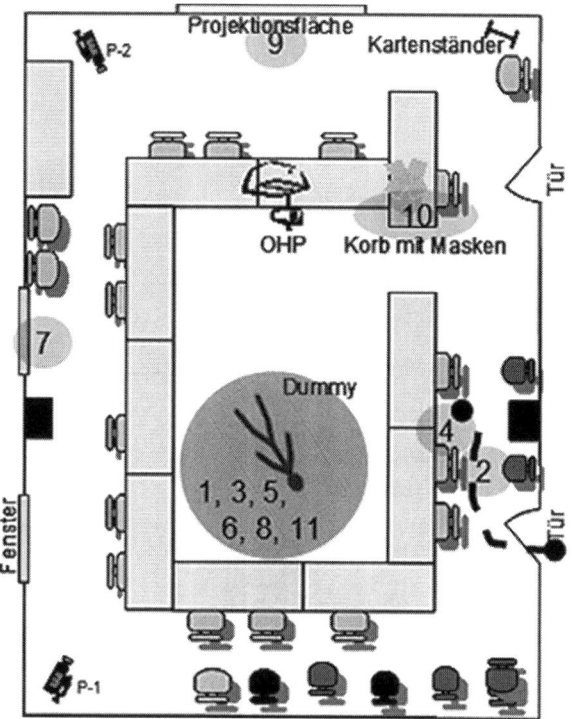

Projektionsfläche
9

Kartenständer

Tür

P-2

OHP Korb mit Masken

10

7

Dummy

4

2

1, 3, 5,
6, 8, 11

Fenster

Tür

P-1

Abb. 3

im Raum. Dabei bearbeitet sie einerseits das Problem, einen Sitzplatz auszuwählen und den Weg dorthin zu beschreiten. Andererseits bearbeitet sie das Problem, anhand der Anordnung diverser Gegenstände im Raum Erwartungen zur Art und Weise der Gestaltung des künftigen pädagogischen Geschehens und den damit verbundenen Beteiligungszumutungen zu generieren. Unterbrochen durch Blicke, die auf das Problem der Selektion einer Position im Raum bezogen sind, fixiert sie alternierend verschiedene Referenzpunkte: den Reanimations-Dummy im Zentrum des Raumes, die Fenster nach draußen, den Bereich, in dem sich erwartbar die Veranstaltungsleiter aufhalten bzw. die Folienprojektion und den Korb mit Gesichtsmasken. Immer wieder kehrt ihr Blick dabei auf den Reanimations-Dummy im Zentrum zurück. Durch ihr körperliches Agieren generiert sie die Erwartung, auf Orientierungssuche zu sein. Bestätigt wird dies durch ihre daran anschließende verbale Äußerung: »Warum liecht'n der auf dem Boden? Bleibt der so liegen?« Die Teilnehmerin gibt zu erkennen, dass insbesondere die

---

nehmerin beschreitet. Schwarze Punkte markieren dabei ihren Start- und Endpunkt. Die Positionen des Kamerateams sind durch entsprechende Symbole und P1 (Perspektive auf TN-Gruppe) bzw. P2 (Perspektive auf KL) gekennzeichnet.

225

Position der Reanimationspuppe im Raum als Anlass dafür fungiert, weitere Informationen über die erwartbare Zukunft des Interaktionsgeschehens – und den damit verbundenen Handlungsmöglichkeiten und -zumutungen – einzuholen (▶ Abb. 4).

TN: Warum **liecht** 'n [1] der auf
      dem Boden? Bleibt der so liegen?   Abb. 4

Während die Situierung des Raumes, die Folienbeschriftung und die Gesichtsmasken nicht zum Anlass werden, um vertiefende Fragen zu stellen, fungiert die Position der Reanimationspuppe – liegend auf dem Boden – als wahrnehmbares Phänomen, dessen handlungspraktische Verweise einerseits nicht mit Gewissheit erkannt und andererseits potentiell in Diskrepanz zu Erwartungen und Intentionen der observierenden Person stehen. Die Frage danach, warum das Trainingsgerät auf dem Boden liegt und ob es so liegen bleibt, antizipiert den möglicherweise stattfindenden Vollzug von Reanimationsübungen an ihm und fungiert als Vergewisserung darüber, unter welchen Bedingungen hier in Zukunft die Aneignung von Wissen bzw. Können stattfinden wird – etwa ob sie sich dazu im Wahrnehmungszentrum inmitten der Sitzplatzanordnung in ihrem Rock hinknien muss und dadurch einerseits ihre Kleidung beschmutzt und sich andererseits in eine unbequeme und potentiell beschämende Positur begibt. Das visuell vermittelte Umgebungsscannen generiert in diesem Fall erwartbar neue Gewissheiten (in diesem Raum findet eine Reanimationsfortbildung statt, bei der erwartbar ein Folienvortrag gehalten wird und individuell, unter Verwendung von Gesichtsmasken, Reanimationsübungen an einer Puppe durchgeführt werden) sowie neue Ungewissheiten (wie werden diese Übungen vollzogen? Ist es notwendig sich dafür auf den Boden zu knien?). Zur Reduktion der nicht durch visuelle Scanvorgänge reduzierbaren Ungewissheiten wird die Inspektion vertieft, indem sich einer weiteren Ressource bedient wird, um Informationen einzuholen – das verbale Erfragen.

Nach einigen weiteren, hier aus Platzgründen ausgeblendeten Orientierungsschleifen, bei denen sie unter anderem erfährt, dass die andere anwesende Person als Kameramann eines Forscherteams tätig ist (und nicht als ein für die Positionierung des Dummys verantwortlicher Kursleiter), besetzt sie eine Posi-

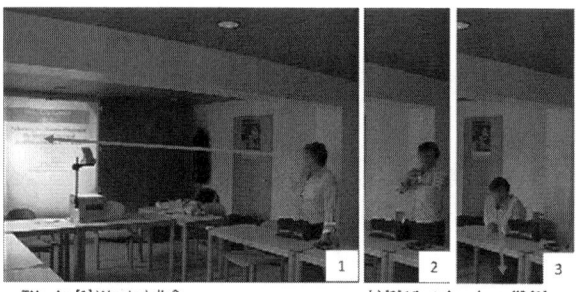

TN: **Ja.** [1] Wo sind die?   (.) [2] **Viertel** nach, **gell?** [3]

Abb. 5

tion im Raum (▸ **Abb. 5**). Begleitet durch einen Blick auf ihre Armbanduhr fragt sie nach der Anfangszeit des Seminars, ohne jedoch den Kameramann visuell zu adressieren. Dabei bringt sie einerseits eine Ungewissheit bzgl. des tatsächlichen Anfangszeitpunkts des Seminars zum Ausdruck. Andererseits kommuniziert sie die enttäuschte Erwartung darüber, dass weder Kursleiter noch andere Teilnehmer bereits anwesend sind. Nichtsdestotrotz besetzt sie ein Territorium im Raum. Indem sie allerdings keine materiellen Ressourcen für eine künftige Wissensaneignung (wie z. B. Schreibutensilien) bereitstellt oder persönliche Artefakte verstaut, bleibt ihre Anbindung an das künftige in dieser Umgebung stattfindende Geschehen ebenso prekär wie die Umstände, unter denen es erwartbar stattfindet. Die mit der Positionierung im Innenraum verbundene Kontinuitätserwartung wird dadurch durchkreuzt, dass durch Positionierung ihrer Tasche auf dem Tisch die Erwartung erzeugt wird, sie halte sich an diesem Ort nur kurzfristig auf und würde den Raum möglicherweise bald wieder verlassen.

2.1.2   Kontinuierliches Zuschauen

Eine andere Variante, in der das Problem der Erzeugung von Informationen über das Geschehen in der Umgebung in Verbindung mit Fragen künftiger Partizipation gebracht wird, ist das kontinuierliche Zuschauen. Im Unterschied zum Inspizieren gibt sich die betreffende Person dabei nicht explizit-intensiv als Orientierungssuchende zu erkennen. Statt den Referenzpunkt visuellen Scannens häufig zu wechseln oder gar Fragen zu stellen, werden bestimmte Raumbereiche und sich dort abspielende Geschehnisse dauerhaft fixiert. Das entsprechende Verhalten wird dadurch nicht mehr eindeutig als Informationssuche interpretierbar. Vielmehr geht es Verschränkungen mit anderen Deutungsmöglichkeiten ein. Einerseits kann das betreffende Verhalten als ein »Sich Unterhaltenlassen« durch Geschehnisse in der Umgebung verstanden werden, andererseits als Suchen nach Partizipationsgelegenheiten oder dem Ausdruck von Partizipationsaufforderungen.

Abbildung 6 zeigt das kontinuierliche Zuschauen am Beispiel einer Szene, die sich im oben bereits angeführten Reanimationskurs kurz vor dem Beginn abspielt. Dort beobachtet die Assistentin der beiden Veranstaltungsleiter ein Ge-

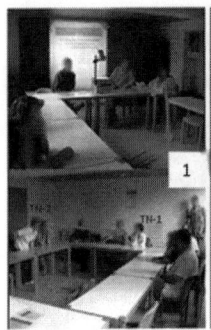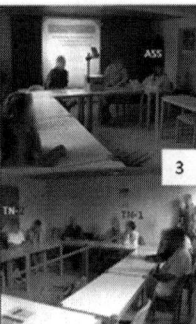

TN-1: Auf der Parkgarage um acht
TN-2: Was? [1]
ASS.: Das ist aber nicht mehr auf der
　　　Parkgarage [2]
TN-1: Bitte?
TN-2: Was?
ASS: Das ist jetzt hinnerm [3] Rathaus.

Abb. 6

spräch zweier Teilnehmerinnen. Diese unterhalten sich darüber, an welchem Ort
bestimmte Ereignisse eines gerade stattfindenden Stadtfestes sich abspielen werden. Interaktionsbeteiligte könnten nun geneigt sein, diese Beobachtungstätig-
keit (1) als ein *Sich-Unterhaltenlassen* von Geschehnissen im näheren Umfeld zu
begreifen, das zu einer Zeit realisiert wird, zu der das pädagogische Geschäft,
zu dem die Beteiligten sich in diesem Raum zusammengefunden haben, noch
nicht stattfindet. Statt in einer Illustrierten zu lesen oder den Raum noch einmal
zu verlassen, lässt sich die Assistentin, die bereits im Vorfeld sämtliche vorbereitenden Aufgaben zur Initiierung des Kursgeschehens erledigt hat, von einem
kurzweiligen Schauspiel unterhalten, um sich die Zeit zu vertreiben. Andererseits
(2) könnte das Agieren der Frau als Ausdruck der Intention verstanden werden,
jetzt mit dem pädagogischen Geschehen anfangen zu wollen. Ihr kontinuierliches Zuschauen würde dann als stillschweigende *Aufforderung* an die beobachteten Personen fungieren, fortan *Folgebereitschaft zu demonstrieren* (vgl. Herrle
i. d. Bd.). An der Art und Weise der Fortsetzung des Interaktionsgeschehens zeigt
sich, dass sich zumindest letztere Deutungsweise als unzutreffend erweist. Statt
Partizipationsaufforderungen deutlich zum Ausdruck zu bringen, klinkt sich die
Assistentin in den beobachteten Interaktionszusammenhang ein und gibt einen
Kommentar zum dort diskutierten Thema von sich. Retrospektiv charakterisiert
sie dadurch ihr zuvor durchgeführtes Observieren einerseits als ein Sich-Unterhaltenlassen. Indem sie in der Lage ist, einen Kommentar zum dort stattfindenden Gespräch abzugeben, verdeutlicht sie, dass sie der Unterhaltung aufmerksam gefolgt ist. Andererseits charakterisiert sie ihr vorheriges Agieren nicht als
Kommunikation eines Partizipationsappells, sondern als *Suche nach Partizipationsgelegenheiten* – eine dritte Bedeutungsvariante, mit der Informationssuche
beim kontinuierlichen Zuschauen Verbindungen eingehen kann. An einer Stelle
im Gesprächsverlauf, zu der Teilnehmerin-2 verdeutlicht, dass sie die vorläufige
Äußerung von Teilnehmerin-1 nicht verstanden hat – und insofern eigentlich eine
Redeübernahme seitens Teilnehmerin-1 erwartbar wäre –, bringt sich die Assistentin in das Gespräch ein, indem sie die Äußerung von Teilnehmerin-1 inhaltlich
korrigiert. Hierauf beziehen sich die beiden sich vormals unterhaltenden Teilnehmerinnen (wie auch die übrigen Anwesenden), indem sie ihre Aufmerksamkeit

auf die Assistentin richten und sie ins Gespräch integrieren. Statt die Äußerung zu ignorieren, fordern die Teilnehmerinnen die Assistentin auf, ihre Aussage zu wiederholen oder zu konkretisieren.

2.2   Dabei bleiben

Das Auskundschaften von Partizipationserwartungen und -gelegenheiten durch einen inspizierenden oder kontinuierlich zuschauenden Zugang zum Geschehen in der Umgebung unterstellt, dass der Beobachtende selbst zur Zeit nicht direkt in das von ihm beobachtete Geschehen involviert ist. Insofern fungiert das Orientieren in diesen Fällen eher als individuelle Vorbereitung auf eine Partizipation an einem bestimmten Aktivitätszusammenhang. Personen hingegen, die an der Durchführung eines interaktiven Geschäfts direkt beteiligt sind, müssen dieses Geschehen im Auge behalten, um ihr Verhalten kontinuierlich adäquat – entsprechend individueller Intentionen und interaktiver Anforderungen – zu koordinieren (vgl. Goodwin 1981, S. 95 ff.). Im Unterrichtsgeschehen wird die Orientierung der Einzelnen umso mehr beansprucht, je enger die Äußerungen von Lernenden und Lehrperson füreinander Relevanz beanspruchen und aneinander gekoppelt werden.

Das *parallele Beobachten* wird im Folgenden als Verfahren beschrieben, mit dem sich Lehrperson und Lernende während der Beteiligung an einem spezifischen Aktivitätszusammenhang kontinuierlich über die Aktivitätszustände der übrigen Akteure informieren, um ihr eigenes Agieren entsprechend zu koordinieren. Im Unterschied zum Inspizieren und zum kontinuierlichen Zuschauen tritt die Suche nach Informationen hier in den Hintergrund des Verhaltens betreffender Personen. Nur beiläufig orientieren sie sich über Geschehnisse in ihrer Umgebung, während sie sich vordergründig beispielsweise mit dem Erklären von Sachverhalten oder der Demonstration von Verstehen befassen. Dass das Orientieren zwar beiläufig aber kontinuierlich erfolgt, wird besonders in solchen Situationen sichtbar, in denen die Konstitutionsbedingungen der Fortsetzung bisherigen Agierens nicht mehr in gleicher Weise gegeben sind und Veränderungen im Verhalten eingeführt werden müssen, um das Geschehen künftig in der jeweils intendierten Weise fortsetzen zu können. Das folgende Beispiel zeigt eine solche Situation am Agieren eines Veranstaltungsleiters in einem Marketingkurs (▶ Abb. 7).

Der Vollzug des pädagogischen Geschehens besteht hier darin, dass der Veranstaltungsleiter einen Vortrag zum Thema Kundenbesuche hält. Dabei hat er seinen Blick auf die rechts vor ihm sitzende Teilnehmendengruppe ausgerichtet. Die Teilnehmenden demonstrieren Aufmerksamkeit auf die Vermittlungsaktivitäten der Lehrperson, indem sie einerseits ihren Blick auf die zuvor angegebenen Seiten in ihren Unterrichtsmaterialien lenken und andererseits die Lehrperson anschauen und Zuhören demonstrieren. In Reaktion auf das Geräusch des Türöffnens ziehen nacheinander insgesamt drei Teilnehmer ihre Aufmerksamkeit von Buch und Lehrperson ab und wenden ihren Kopf zur Tür. Indem die Lehrperson dies beobachtet, kann sie wahrnehmen, dass mehrere Teilnehmer sich in ihrem Agieren nicht mehr komplementär verhalten.

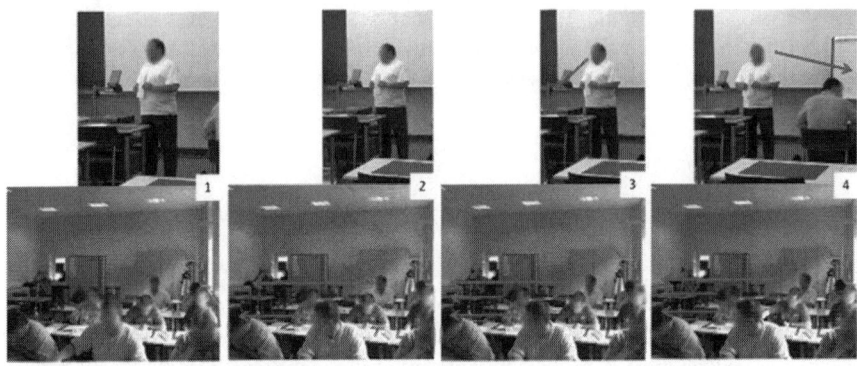

KL: insgesamt [1] soll das mal so dokumentieren, was zu beachten isch unter dem Begriff Corporate Communication. [Türgeräusch] [2] bei [3] der Vorbereitung [4] (.)

Abb. 7

KL: eines Kundenbesuchs [1]   **[1,5 Sekunden]** [2] **Nehmt Platz. [3]**

Abb. 8

Statt dies zu ignorieren, weist die Lehrperson der wahrnehmbaren Veränderung in ihrem Umfeld Relevanz für die Fortsetzung des von ihr angeleiteten Kooperationszusammenhangs zu, indem sie langsamer redet, ihren Blick ebenfalls zur Tür hin ausrichtet und ihren Vortrag schließlich, angesichts des Erscheinens dreier verspäteter Teilnehmer, unterbricht und erst dann fortsetzt, als diese sich von der Tür zu ihren Plätzen begeben haben (▶ **Abb. 8**). Auf diese Weise wird lehrerseitig die Relevanz lernerseitiger Erreichbarkeitskommunikation für die Durchführung der Kooperationsform »Lehrvortrag« verdeutlicht.

2.3   Sich (zeitweise) ausklinken

Beim parallelen Beobachten wird sich beiläufig orientierend auf das Problem einer fortgesetzten Partizipation an spezifischen Aktivitätszusammenhängen bezogen. Diese Partizipation wird beim Inspizieren und kontinuierlichen Zuschauen als Möglichkeit erst sondiert. Beim *intermittierenden Überwachen* hingegen wird sich auf das Problem der Fortsetzung einer Aktivität in der Umgebung potentiell konkurrierender Partizipationserwartungen bezogen. Die fortgesetzte Durchführung einer bestimmten Aktivität wechselt dort mit der Beobachtung von Geschehnissen in der Umgebung, denen potentiell Relevanz für die künftige Ausrichtung des eigenen Agierens zugemessen werden könnte. Durch visuelles Scannen werden Kontinuitätserwartungen bezüglich der beobachteten Referenzpunkte immer wieder aktualisiert und anschließend für einen gewissen Zeitraum als konstant vorausgesetzt, so dass andere Aktivität verrichtet werden können, ohne gestört zu werden, ohne etwas als wichtig Erachtetes zu verpassen oder negativen Sanktionen ausgesetzt zu sein.[3]

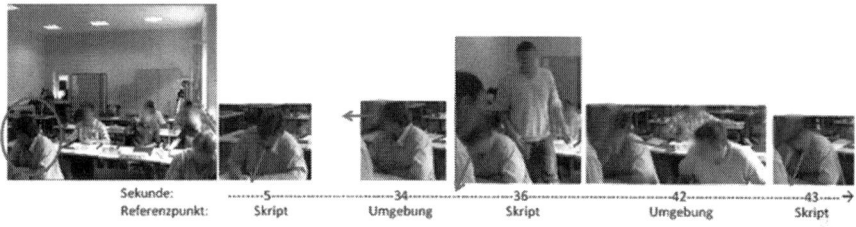

Abb. 9

Abbildung 9 zeigt das intermittierende Überwachen am Beispiel des Agierens eines Teilnehmers in der Anfangsphase des Marketingkurses. In einer Zeit, zu der noch nicht mit dem Lehr-Lerngeschehen begonnen wurde, befasst sich der Teilnehmer mit dem Lesen in seinem Seminarskript. Dabei jedoch ignoriert er nicht vollkommen das Geschehen in seiner Umgebung. Hin und wieder schaut er kurz hoch und stellt sich dadurch als Person dar, die sich darüber informiert, ob sich denn in ihrer Umgebung etwas verändert hat, das die Zuwendung ihrer Aufmerksamkeit erfordert – etwa das Eintreten und sich Positionieren seines Platznachbarn. Im Unterschied zum parallelen Beobachten wird die zuvor durchgeführte Aktivität beim Beobachten nicht fortgesetzt, sondern kurzfristig unterbrochen.

2.4 Orientierungsverfahren im Überblick

Die oben dargestellten Verfahren differieren einerseits darin, welche konkreten Operationen bei ihrer Durchführung zur Anwendung kommen, und andererseits darin, auf die Bearbeitung welchen interaktiven Grundproblems[4] sich ihre

---

3 Die Strategie des häufigen Wechsels von Aufmerksamkeitsreferenzpunkten wird auch beim parallelen Beobachten angewendet – im Umgang mit dem Problem einer Vielzahl wahrnehmbarer Phänomene und eines nur begrenzten Aufmerksamkeitsfokus. Allerdings wird dort die Durchführung anderer Aktivitäten durch diesen fortlaufenden Prozess des Sich-Orientierens nicht unterbrochen, sondern lediglich begleitet.

4 Dass mit der Aufführung entsprechender Methoden erwartungsgemäß die Bearbeitung bestimmter Probleme einhergeht, bedeutet nicht, dass hiervon keine Abweichungen zu

Aufführung bezieht. Ähnlichkeiten und Differenzen zwischen den verschiedenen Verfahren werden anhand dieser Kategorien besonders deutlich erkennbar (►Tab. 1).

Tab. 1

Verfahren	Angewandte Operation	Interaktive Grundfunktion
Inspizieren	audiovisuelles Scannen und verbales Erfragen als Suchbewegung	Orientierungsfindung als primäres Engagement zur künftigen (Nicht-) Partizipation an spezifischen Kooperationsformen bzw. zur Durchführung spezifischer Aktivitäten
Kontinuierliches Zuschauen	audiovisuelles Scannen als Zuschauen	Orientierungsfindung zur künftigen (Nicht-) Durchführung spezifischer Aktivitäten/Kooperationsformen als Nebeneffekt der gleichzeitigen Durchführung anderer Engagements
Paralleles Beobachten	audiovisuelles Scannen in synchroner Verbindung mit anderen Aktivitäten	Orientierungsfindung als sekundäres Engagement zur Abstimmung der Partizipation an bestimmten Kooperationsformen
Intermittierendes Überwachen	audiovisuelles Scannen in diachroner Verbindung mit anderen Aktivitäten	Orientierungsfindung als sekundäres Engagement zur Abstimmung von Aktivitäten in der Umgebung potentiell relevanter Aktivitäts-/ Kooperationsformen

3 (Nicht-)Partizipieren in pädagogischen Kontexten

Die hier dargestellten Befunde illustrieren nicht, wie Beteiligte an pädagogischen Veranstaltungen sich als Lehrende oder Lernende inszenieren, wie sie Wissen zu Aneignungszwecken vermitteln oder sich auf die Darstellung von Vermittlungsangeboten beziehen. Umschrieben werden nicht Varianten des Zeigens, als zentrale pädagogische Operationen (vgl. Prange 1995). Dennoch kann den Befunden, die oben dargestellt wurden, keine gering zu schätzende Bedeutung zugesprochen werden, will man verstehen, wie lehr-lernbezogene Interaktionszusam-

---

erwarten sind. Welche spezifische Funktion mit der Aufführung entsprechender Verfahren im Interaktionsprozess einher geht, kann vorab nicht festgelegt werden. Vielmehr ist unter Einbezug des sequentiellen und simultanen Kontextes zu prüfen ob und inwiefern der hier formulierten Erwartung entsprochen wird – oder nicht.

menhänge strukturell organisiert sind. Verdeutlicht werden Vorarbeiten, die von den Beteiligten geleistet werden, um überhaupt in einem bestimmten Rollenprofil (als Lehrer oder Lerner) an einem spezifischen Aktivitätszusammenhang zu partizipieren (2.1), dabei zu bleiben (2.2) oder in relativer Entkopplung etwas Anderes zu machen (2.3). Insofern als zu erwarten ist, dass die Bearbeitung solcher Probleme durch Varianten des Orientierens zur Organisation jeglicher face-to-face Interaktion beiträgt, ist Sich-Orientieren als Operation nicht spezifisch für Lehren und Lernen unter Anwesenden. Umgekehrt jedoch kann die Organisation der interaktiven Organisation des Lehr-Lerngeschehens und die damit einhergehenden Anforderungen an Lehrpersonen nur adäquat beschrieben werden, weitet man den Blick auf jene Probleme, die der Herstellung und Aufrechterhaltung von Interaktionen allgemein anhaften. Im Rahmen pädagogischer Zusammenhänge nehmen sie eine spezifische Gestalt an und werden in bestimmten Varianten bearbeitet – einhergehend mit bestimmten Folgen für die Fortsetzung des Interaktionsgeschehens als Lehr-Lernveranstaltung.

Zwar haben Studien zum Classroom Management schon seit längerem erkannt, dass die Herstellung und Aufrechterhaltung pädagogischer Aktivitäten den Beteiligten gegenüber eine fortwährende Orientierung über Geschehnisse im Klassenzimmer abverlangt (vgl. etwa Kounin 1976). Welcher konkreten, empirisch-rekonstruierbaren Methoden des Orientierens sie sich dabei bedienen, bleibt dabei allerdings unterbelichtet. Immer wieder hervorgehoben wird dort die besondere Bedeutung der Wahrnehmung von Vorgängen im Klassenzimmer für das lehrerseitige Agieren im Zuge der Strukturierung des Aktivitätsflusses im Unterricht (vgl. Doyle 1979). Die hier dargestellten Befunde zum »dabei bleiben« (2.2) unterstreichen dies und konkretisieren die Art und Weise lehrerseitigen Agierens. Darüber hinaus wird deutlich, welche Varianten des Orientierens bei der Verrichtung von Tätigkeiten vollzogen werden, bei denen an anderen, räumlich präsenten Aktivitätszusammenhängen zur Zeit zwar nicht direkt partizipiert wird, da eine andere Tätigkeit das Agieren der observierenden Person bestimmt, eine künftige Partizipation aber erwartbar ist (»sich (zeitweise) ausklinken«, 2.3). Schließlich verweisen die Befunde zum »Einklinken« (2.1) nicht nur darauf, wie sich Lehr- und Lernpersonen über Geschehnisse in ihrer Umgebung orientieren, an denen sie künftig eventuell zu partizipieren beabsichtigen. Sie bekräftigen auch die Bedeutung räumlicher Gestaltungsleitungen für die lernerseitige Generierung von inhaltlichen, sozialen und zeitlichen Erwartungen hinsichtlich künftiger Partizipationsgelegenheiten und -zumutungen (vgl. Herrle i. d. Bd.).

Formen des Einwirkens

Matthias Herrle

1 Veränderungen in pädagogischen Veranstaltungen

Eine Beteiligung an kursförmigen Lehr-Lernveranstaltungen ist u. a. mit der Erwartung verbunden, dass dies für die Fortsetzung des je individuellen Lebensverlaufs nicht folgenlos ist (vgl. etwa Kommission der Europäischen Gemeinschaften 2000). Die prozessförmige Realisierung lehr-lernbezogener Operationen in pädagogischen Veranstaltungen kann dabei als eine Form des Umgangs mit dem Problem betrachtet werden, Veränderung in der sozialen Zuschreibung individuellen Wissens und Könnens zu bewerkstelligen: Indem etwas Neues vermittelt wird, dessen Aneignung kommunikativ zur Darstellung gebracht, bewertet (vgl. Mehan 1982) und im Nachhinein (nicht selten) durch Zertifikate bescheinigt wird (vgl. Nuissl 2003).

Kurse können als anwesenheitsgebundene Formen betrachtet werden, in denen gemeinschaftlich (u. a.) die gesellschaftliche Anforderung lebenslangen und lebensweiten Lernens (vgl. Hof 2009) bearbeitet wird. Damit das möglich wird, müssen Kurse als lehr-lernbezogene Interaktionszusammenhänge allerdings erst einmal durch das Interagieren der an ihnen beteiligten Personen hergestellt werden (vgl. Garfinkel 1976). Gerade im Bereich der Erwachsenen-/Weiterbildung, in dem sich die Beteiligten nicht wie im Schulunterricht tagtäglich zusammenfinden, um gemeinsam unter Anleitung zu lernen, ist damit die Anforderung verbunden, den lebensweltlichen Aktivitätsstrom und die dort vorherrschende Adressierung als kompetenter Erwachsener zu unterbrechen, um für eine gewisse Zeit als partiell wissensdefizitbehaftet mit anderen Personen an einem Geschehen zu partizipieren, bei dem thematisch-spezifiziertes Lernen unter Anleitung (und nicht Anwenden von Gelerntem) im Zentrum steht (vgl. Geißler 1992).

Diese lehr-lernbezogene Handlungspraxis, von der unter anderem erwartet werden kann, dass in ihr das Problem bearbeitet wird, überdauernde Veränderungen im Verhalten und/oder Denken der Beteiligten zu bewerkstelligen, ist selbst wiederum kein gleichförmiges Geschehen. Der Ablauf von Kurs- wie auch Unterrichtsstunden ist vielmehr dadurch geprägt, dass unterschiedliche Aktivitäts- und Kooperationszusammenhänge einander abwechseln (vgl. Burns/Anderson 1987) und von Zeit zu Zeit unterbrochen werden, wenn sich »Hindernisse« der Fortsetzung eines gerade begonnenen und im Nachhinein wieder aufgenommenen Geschehens entgegenstellen. Nicht nur das lehrerseitig angestrebte Lernziel macht es erforderlich, das Interaktionsgeschehen in unterschiedliche Phasen oder Schritte zu segmentieren (vgl. Gump 1982, Prange 1983). Auch die Tatsache, dass nicht ein Lerner, sondern eine Pluralität an Teilnehmern mit unterschiedlichen Interessen und Kompetenzen am Geschehen partizipiert, macht erwartbar, dass sich dies von Zeit zu Zeit im (Inter-)Agieren jener Personen niederschlägt. Als Problem der Ablauforganisation wird dieser Umstand insbesondere von Studien zum Classroom Management (vgl. Doyle 2006) sowie von Theorien zur Disziplinierung des Verhaltens von Schülern (vgl. Radtke 2011) reflektiert.

Die Suche nach Antworten auf die Frage, wie es den Beteiligten gelingt, auf ihr Agieren wechselseitig so einzuwirken, dass sich Veränderungen im Interaktionsgeschehen ereignen, ist zentral, will man darüber aufklären, wie Kurse als Interaktionszusammenhänge funktionieren: wie es den Beteiligten gelingt, ihr Agieren so zu koordinieren, dass (lehr-lernbezogene) Kooperationszusammenhänge verstetigt und verändert werden können. Wie es den Teilnehmenden (nicht) gelingt, ihre Interessen durchzusetzen, oder wie es Lehrpersonen (nicht) gelingt, das Geschehen zu steuern, sind nur zwei von vielen Anschlussfragen, zu deren Beantwortung es nötig ist, einen mikroskopischen Blick auf Formen multimodalen Äußerungsaustauschs in Kursen zu richten.

Grundbedingung wechselseitiger Koordination von Aktivitäten (vgl. Schmitt 2007) bzw. Aktivitätsvektoren (vgl. Merrit 1982) ist zunächst, dass die Akteure sich über das wahrnehmbare Geschehen in ihrer Umgebung orientieren (vgl. Herrle i. d. Bd.). Vor dem Hintergrund gegebener Situationen und entsprechender Intentionen werden dann Varianten gewählt, in denen das eigene Agieren verändert, verändernd auf das Agieren anderer Personen eingewirkt oder aber das aktuelle Agieren fortgesetzt wird. Mikroethnographische Untersuchungen, geben einen detaillierten Einblick darin, wie es den Beteiligten an Veranstaltungen der Erwachsenen-/Weiterbildung gelingt, Veränderungen im Agieren des Gegenübers zu bewirken. Auf der Grundlage von Befunden einer empirischen Studie (vgl. Herrle 2013b) wird im Folgenden ein kleiner Einblick in das breite Spektrum an Varianten der Aktivitätsregulation in Veranstaltungen der Erwachsenen-/Weiterbildung gegeben (2). Ihre Anwendung wirkt sich nicht nur verändernd auf den inhaltlichen Ablauf des Interaktionsgeschehens aus. Darüber hinaus wird durch die Selektion spezifischer Methoden immer auch eine bestimmte Form im Umgang mit dem Problem der Ausbalancierung von Gestaltungshoheit und Folgebereitschaft realisiert, wodurch die Beziehung zwischen Lehrpersonen und Lernenden in pädagogischen Kontexten geprägt wird (3).

2 Varianten der Aktivitätsregulation

Dass eine Veränderung im Interaktionsgeschehen stattgefunden hat, zeigt sich immer erst retrospektiv: wenn wahrnehmbar ist, dass sich vorher etwas Anderes fortgesetzt hat als danach. Um zu verstehen, *wie* Veränderungen im Agieren einzelner Personen oder ganzer Personengruppen zustande kommen, bedarf es der Analyse von Aktivitäten oder Gegebenheiten, die als Veränderungsappelle den Vollzug von Veränderungen nach sich ziehen.

Referenzpunkte, auf die von Akteuren als Veränderungsanlass erkennbar Bezug genommen wird, unterscheiden sich danach, ob sie (a) im Interaktionsgeschehen selbst als wechselseitig wahrnehmbare Ereignisse oder Geschehnisse auftreten, ob sie (b) als individuelle Bedürfnisbefriedigung stilisiert werden oder ob sie (c) auf Erwartungen zurückzuführen sind, die jenseits des aktuellen Interaktionszusammenhangs generiert wurden. Dass ein Veranstaltungsleiter nach dem Blick auf seine Uhr fortan nicht mehr fortgesetzt seine Unterrichtsmaterialien ordnet, sondern sich fortgesetzt mit der vortragsförmigen Vermittlung von Wissen befasst, kann etwa auf die institutionell-organisatorisch generierte Erwartungshaltung zurückgeführt werden, dass mit dem pädagogischen Geschehen im Kurs zu einer bestimmten Uhrzeit begonnen wird. Dass eine Teilnehmergruppe hinten rechts im Raum sich nicht mehr fortgesetzt über Bergwanderungen unterhält, sondern ihre Aufmerksamkeit stillschweigend auf den Vortrag des Veranstaltungsleiters richtet, mag insbesondere mit wahrnehmbaren Ereignissen zusammenhängen, die als Veränderungsappell fungieren – so etwa die kommunikative Markierung eines Übergangs und die fortgesetzten Realisierung eines Vortrags durch den Veranstaltungsleiter, einhergehend mit der unausgesprochenen Erwartung, dass die Angesprochenen sich komplementär verhalten. Dass ein vorne links sitzender Teilnehmer seine Aufmerksamkeit einen kurzen Moment vom Vortrag des Kursleiters abzieht und sich stattdessen mit der Absonderung von Nasensekret in ein Taschentuch befasst, mag sich hingegen primär auf die Befriedigung individueller, körperlicher Bedürfnisse beziehen. Diese (c) werden im Folgenden ebenso wenig wie institutionell-organisatorischer Erwartungen (a) als Anlässe, angesichts derer Veränderungen im Interaktionsgeschehen vollzogen werden, einer näheren Untersuchung unterzogen. Vielmehr richtet sich der Fokus auf solche Veränderungsanlässe, die als interaktionsinhärente Geschehnisse wahrnehmbar sind und als personal zurechenbarer, fremdbezogener Veränderungsappell interpretiert werden. Im Zentrum steht damit die Frage: Wie gelingt es Akteuren in Interaktionszusammenhängen verändernd auf das Agieren anderer Personen einzuwirken? Die Analyse zeigt, dass in Veranstaltungen der Erwachsenen-/Weiterbildung nicht eine Methode, sondern eine Vielzahl verschiedener Verfahren selektiv zum Einsatz gebracht wird. Ihrer bedienen sich sowohl Veranstaltungsleiter als auch Teilnehmende, um Veränderungen im Verhalten anderer Personen zu generieren – und von dort ausgehend die Durchführung jeweils angestrebter Aktivitäten zu verstetigen. Im Unterschied zu Studien des Classroom Management wird dabei deutlich, dass nicht nur lehrerseitig auf »abweichendes« Agieren von Veranstaltungsteilnehmenden eingewirkt wird. Vielmehr erscheint die lehrerseitige Anwendung expliziter Einwirkungsstrategien oft als eingebettet in komplexe, multimodal ablaufende, wechselseitige Koordinationsprozesse, bei denen auch lernerseitig an Verhaltensänderungen der Lehrperson appelliert wird. In den folgenden Kapiteln werden Grundformen fremdbezogenen Regulierens voneinander unterschieden, die anhand einer komparativ angelegten Interaktionsanalyse von 17 Veranstaltungen rekonstruiert werden konnten (vgl. Herrle 2013b). Sie ermöglichen die Identifikation »interaktionsstruktureller Webmuster«, mit denen Beteiligte an Veranstaltungen der Erwachsenen-/Weiterbildung die Herstellung von (Dis-)Kontinuitäten im Ablauf managen.

Die Grundverfahren können anhand zweier Kategorien systematisiert werden (▸Tab. 1). Eine von ihnen bezieht sich auf den Modus, in dem Veränderungserwartungen appellativ zur Darstellung gebracht werden. Unterschieden werden können dort Operationen, bei denen explizit-eindeutig die Erwartung kommuniziert wird, dass andere Personen sich auf entsprechende Äußerungen als Veränderungsappell beziehen, von Operationen, bei denen diese Erwartung implizit-mehrdeutig kommuniziert wird. Die zweite Kategorie, anhand derer die rekonstruierten Verfahren zueinander relationiert werden können, betrifft das Ausmaß konditioneller Relevanz bzw. den normativ zuerkannten Freiheitsspielraum, der dem Rezipienten einer Äußerung gelassen wird, sich auf diese Äußerung als Veränderungsappell zu beziehen und ihm zu entsprechen oder zu widersprechen bzw. die Äußerung gar nicht als Veränderungsappell zu interpretieren, ohne dabei Störungen im Interaktionsablauf zu provozieren bzw. den Autor der Veränderungserwartung mit dem Risiko eines Gesichtsverlusts zu konfrontieren.

Tab. 1

Darstellungsmodus ⟍ Konditionelle Relevanz	Explizites Darstellen von Veränderungserwartungen	Implizites Mitlaufen von Veränderungserwartungen
Enge Kopplung von Veränderungsappell und Veränderungsvollzug	Anweisen	Hinweisen
Lose Kopplung von Veränderungsappell und Veränderungsvollzug	Verweisen	Verkörpern

Die in diesem Vier-Felder-Schema verorteten Operationen werden im Folgenden näher erörtert und an Fallbeispielen illustriert. Im Zuge ihrer prozessförmigen Realisierung in Interaktionszusammenhängen gehen die Beteiligten mit dem Problem um, die Durchführung von Aktivitätswechseln der Adressaten offensiv, präzise und zeitnah einzufordern (2.1) oder aber die Darstellung von Veränderungserwartungen als Anspruch bzw. potentielle Zumutung an das autonome Agieren entsprechender Adressaten zu verdecken – und nicht als Anordnung, sondern vielmehr als Angebot (neben anderen Möglichkeiten) zu offerieren (2.2).

2.1 Forcieren von Veränderungsvollzügen

Um Veränderungen in der Aktivitätsausrichtung anderer Personen zeitnah und präzise zu bewirken, werden Verfahren eingesetzt, bei denen eine enge Kopplung zwischen Veränderungsappell und anschließendem Veränderungsvollzug als normative Erwartung kommuniziert wird. Vertraut wird dabei auf eine bereitwillige Folgebereitschaft adressierter Akteure, die für das Gelingen entsprechender Verfahren konstitutiv ist. Unterstellt wird dabei die Akzeptanz eines asymmetrischen Verhältnisses zwischen Appellgeber und Adressat. Sollten sich diese Akzeptanzunterstellung sowie das Vertrauen in Folgebereitschaft als Trugschluss erweisen, indem entsprechende Adressaten einen Veränderungsvollzug verweigern, geht dies mit dem Risiko eines Gesichtsverlusts des Appellgebers einher – was präventiv mit Stilmitteln der Abschwächung und kurativ mit Hilfe unterschiedlicher Reparaturstrategien versucht wird, zu vermeiden.

Verfahren, deren Anwendung sich auf die Bearbeitung dieser Probleme beziehen, unterscheiden sich im Explikationsgrad, in dem Veränderungsappelle als solche dargestellt werden.

2.1.1 Anweisen

Das Anweisen ist ein Verfahren, bei dem Veränderungsappelle explizit-eindeutig als solche kommuniziert werden. Dargestellt wird dabei nicht nur, dass vom Adressaten künftig die Durchführung eines veränderten Engagements erwartet wird. Präzisiert wird zudem, welche Art von Aktivität an die appellative Äußerung anschließen soll. Insbesondere in Veranstaltungen, bei denen soziale Asymmetrien nicht bereits durch Generationsverhältnisse prästabilisiert sind, beansprucht die lehrerseitige Anwendung von Varianten des Anweisens ein interaktives Konfirmieren asymmetrischer Beziehungen. Erfolgt nämlich auf den Veränderungsappell als Anschlussreaktion kein Veränderungsvollzug, wird dem Verfahren die Operationsgrundlage entzogen und der Einwirkungsversuch als Scheitern einer forcierten Veränderungsabsicht erkennbar. Dadurch wird nicht nur das Bewirken eines Aktivitätswechsels vereitelt, sondern darüber hinaus die als wirksam unterstellte asymmetrische Rollenrelation Lehrer/Lerner prekarisiert. Im Kontrast zur erwartbaren Verwendung dieses Verfahrens in totalen Institutionen – wie etwa Strafvollzugsanstalten – verwenden Lehrpersonen in der Erwachsenenbildung daher dieses Regulationsverfahren, je nach Rahmenbedingungen der Veranstaltung und der Interaktionssituation, oftmals in Verbindung mit sogenannten »downtoners« (vgl. Nolda 1996, S. 334). Sie schwächen den Appellcharakter der Verfahren ab, indem sie die kommunizierte Veränderungsaufforderung beispielsweise mit Höflichkeitsfloskeln umgeben, als nach eigenem Belieben zu erfüllen darstellen oder als zwangsweise Befolgung institutionell-organisatorischer Regeln rahmen, deren Akzeptanz mit der Anwesenheit der Akteure an entsprechendem Ort zu entsprechender Zeit unterstellt werden kann.

Abbildung 1 zeigt eine Szene, die sich in einer Veranstaltung zum Laufen lernen mit gesundheitsförderlichem Spezialschuhwerk ereignet. Da die offizielle Anfangszeit noch nicht erreicht ist und noch weitere Teilnehmer erwartet werden, wurde das pädagogische Geschäft (ein Vortrag zum kulturellen Hintergrund des Schuhs) noch nicht begonnen. Allerdings ist bereits eine Vielzahl an Teilnehmenden anwesend. Auf Stühlen sitzen sie sich gegenüber und unterhalten sich mitei-

KL: Ich kann ja schon mal denjenigen [1] (.) Ihnen darf ich den schon mal **geben** [2] und ihnen auch,
       dass sie da grad mal die **Adresse** [3] eintragen (.) [4]

Abb. 1

nander oder observieren das Geschehen in ihrer Umgebung. Beobachtet werden kann an dieser kurzen Sequenz, wie die Kursleiterin das Regulationsverfahren Anweisen realisiert, um eine Veränderung in der Aktivitätsausrichtung zweier Teilnehmer zu bewirken. Diese besteht darin, dass die Teilnehmenden von ihrer vorherigen Beschäftigung (abwartend die Umgebung observieren) ablassen und sich anschließend fortgesetzt mit dem Ausfüllen von Teilnahmenachweisen beschäftigen. Um dies zu bewerkstelligen, spricht die Kursleiterin die Teilnehmenden gezielt an und nennt ihnen die Aktivität, deren Vollzug sie von ihnen erwartet: Die Veranstaltungsleiterin adressiert die Akteure, von denen sie einen Veränderungsvollzug erwartet, zunächst visuell und bewegt sich auf sie zu. Parallel dazu erzeugt sie eine verbale Äußerung, mit der sie ihr Verhalten als bezogen auf einen bestimmten Adressatenkreis charakterisiert, dessen Eigenschaften allerdings nicht näher expliziert werden. Erwartbar ist dies, wenn entsprechende Merkmale allgemein bekannt sind oder aber sich deren Nennung als irrelevant zur Bewerkstelligung der künftigen Handlungspraxis erweist. Im direkten Anschluss wendet sie sich an zwei Personen aus der Gruppe, indem sie sie anspricht und ihnen einen Zettel reicht. Hierauf beziehen sich die adressierten Personen, indem sie ihre Aufmerksamkeit zunächst auf die Kursleiterin und anschließend auf die Gegenstände richten, die ihnen ausgehändigt wurden. Während sie sich von ihnen wieder fort bewegt, spezifiziert die Kursleiterin, womit sich die Teilnehmenden im Folgenden befassen sollen: dem Ausfüllen des Zettels durch die Angabe ihrer Adresse – was die Teilnehmenden künftig entsprechend befolgen. Die Aufforderung, sich mit diesem Gegenstand zu befassen, wird hier mit Stilmitteln versehen, mit denen die Erwartung dementiert wird, es könne sich bei der Tätigkeit um etwas höchst bedeutsames handeln, das von den Akteuren unverzüglich und gewissenhaft durchgeführt werden muss. Stattdessen wird das Ausfüllen der Zettel als Tätigkeit gerahmt, der sich die Akteure »schon mal« annehmen können (paraphrasierend: obwohl jetzt noch nicht zwingend erforderlich), wenn sie »grad mal« Zeit dafür haben. Dies kann hier als Möglichkeit des Umgangs mit dem Problem verstanden werden, Erwachsene zur Aufnahme einer spezifischen Aktivität zu bewegen, ohne den Autonomie untergrabenden Befehlscharakter, der mit der expliziten Vorgabe dieses Engagements verbunden ist, zu stark in den Vordergrund zu stellen. Alle von der Leiterin adressierten Akteure beziehen sich auf den explizit, inhaltlich klar und »sozialverträglich« an sie herangetragenen Veränderungsappell, indem sie die damit verbundene Aktivität vollziehen. Die übrigen Anwesenden observieren weiterhin ihre Umgebung. Sie beziehen sich auf die Äußerung der Veranstaltungsleiterin, indem sie den Appell als nicht an sie gerichtete Anweisung ignorieren.

2.1.2 Hinweisen

Im Unterschied zum Anweisen werden Veränderungsappelle beim Hinweisen implizit kommuniziert. Die Erwartung, dass sich im Anschluss an entsprechende Äußerungen die Aktivitätsausrichtung der adressierten Personen in bestimmter Weise verändert, wird nicht explizit gemacht, sondern als selbstverständlich und unproblematisch unterstellt. Um dies zu erreichen, werden Äußerungen explizit als kommunikationsbezogene Mitteilungen gestaltet und dabei solche Formate gewählt, die in der Linguistik als »adjacency pairs« beschrieben werden (vgl. Schegloff/Sacks 1973, Schegloff 2007, S. 13 ff.). Die Äußerung einer Mitteilung macht so, in entsprechend sozialisierten Gesellschaften, den unmittelbaren (konditionell relevanten) Anschluss eines zweiten Äußerungsformats in gesteigertem Maße erwartbar – z. B. Gruß und Gegengruß oder Frage und Antwort. Das jeweils angestrebte Verhalten wird dabei weder eigens benannt, noch wird der Wunsch seines Vollzugs expliziert. Nichtsdestotrotz wird eine enge Kopplung zwischen Veränderungsappell und Anschluss durch entsprechenden Veränderungsvollzug vorausgesetzt, damit das Verfahren seine Funktion als Regulationsverfahren erfüllen kann. Zwar droht auch hier ein Gesichtsverlust, sollte der Veränderungsappell ins Leere laufen. Da Veränderungsappelle als solche hier jedoch implizit kommuniziert werden, werden Widersprüche weniger als deutlich mitgeteilte Ablehnungen (wozu der Adressat einen Metadiskurs über das Interaktionsgeschehen etablieren müsste), sondern vielmehr als ignorierendes Verhalten erwartbar. Dies eröffnet dem Appellgeber immer auch die Möglichkeit, ein Nicht-Befolgen angestrebter Aktivitätswechsel als Problem des Nicht-Rezipierthabens verstehen bzw. darstellen zu können. Asymmetrien sind bei diesem kommunikationsintegrierten Verfahren zwar ebenso angelegt. Allerdings treten sie weniger als Machtgefälle, sondern vielmehr als differente Partizipationsweisen in Erscheinung, die von Situation zu Situation wechseln können und daher nicht notwendigerweise mit der längerfristigen Stabilisierung von Rollendifferenzen einhergehen. In Veranstaltungen der Erwachsenen-/Weiterbildung fungiert das Hinweisen als integraler Bestandteil sozialen Kooperierens wie aber auch als Vorläufer oder integraler Bestandteil komplexerer Verfahren zur Aktivitätsregulation, wie weiter unten noch deutlich gemacht wird.

Abbildung 2 illustriert eine Szene, die sich in der Pause zwischen zwei Unterrichtseinheiten einer Weiterbildungsveranstaltung für Gebäudereinigungskräfte ereignet. Hier wirkt eine Seminarteilnehmerin verändernd auf das Agieren des Kursleiters ein. Dieser ist zunächst fortgesetzt damit beschäftigt, Unterlagen für die nächste Stunde bereit zu legen. Die betreffende Teilnehmerin isst und beobachtet dabei das Geschehen in ihrer Umgebung. Um eine Veränderung im Agieren des Veranstaltungsleiters zu bewirken, spricht sie ihn mit Namen an. Daraufhin verändert dieser seine Aufmerksamkeitsausrichtung: weg von den Materialien, hin zur Teilnehmerin. Dabei hat die Teilnehmerin nicht explizit darum gebe-

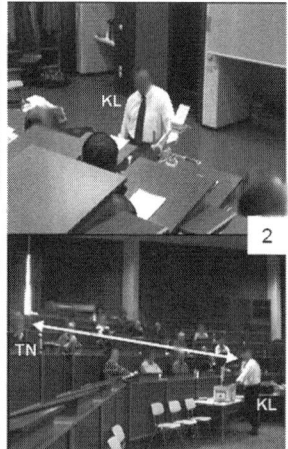

[parallele Gespräche in der TN-Gruppe [1]]

TN: Ähm, Herr **[Fellbinger]** [2] wissen sie eigentlich wo [unv] das PQSSW-Seminar is?
KL: **PQSSW**? [3]
TN: Ja.
KL: Hier bei uns in der Schul? Ne.
TN: Nee, nee.
KL: Bei der Innung?!
TN: Bitte?
KL: Das is doch bestimmt in der Innung.

Abb. 2

ten, dass er sie anschauen soll. Allein die Verbalisierung seines Namens wird bereits als Aufforderung dazu verstanden, Verfügbarkeit zu interaktivem Kontakt zu zeigen. Worum es bei diesem Kontakt gehen soll, verrät die daran anschließende Äußerung der Teilnehmerin. Unter der Bedingung hergestellter Kontaktbereitschaft formuliert sie eine Äußerung, die durch Satzstellung und Intonation als Frage interpretierbar ist. Unterstellt wird damit, dass Herr Fellbinger weiß, dass man auf Fragen gewöhnlich mit einer Antwort reagiert und sich dabei auf das in der Frage aktualisierte Thema bezieht. Konfirmiert wird dies durch die daran anschließende Sequenz, bei der die Lehrperson ihr Agieren an der von der Teilnehmerin vorgeschlagenen Aktivität ausrichtet. Um eine Antwort auf die Frage der Teilnehmerin zu formulieren, vergewissert sich der Veranstaltungsleiter zunächst, ob er die Fragestellung richtig verstanden hat und gibt anschließend, informiert durch eine weitere Rückfrage zum Ausschluss bestimmter Antwortmöglichkeiten, eine Antwort.

2.2 Verdecken von Veränderungsansprüchen

Um die Herstellung von Veränderungen in der Aktivitätsausrichtung anderer Personen zu ermöglichen, ohne dies als direktiven Eingriff in die Handlungsautonomie der Adressaten darzustellen, werden Verfahren eingesetzt, bei denen eine lose Kopplung zwischen Veränderungsappell und Veränderungsvollzug als normative Erwartung kommuniziert wird. Statt offensiv auf Folgebereitschaft zu vertrauen, wird sie hier als eher ungewisse Größe behandelt. Umgangen wird so das Risiko eines drohenden Gesichtsverlusts im Falle einer Nicht-Anpassung an vorgeschlagene Verhaltensweisen. Riskiert wird dadurch allerdings einerseits, dass der Veränderungsappell als solcher gar nicht wahrgenommen wird und sich somit auch keine Veränderungen im Agieren adressierter Personen einstellen. Gerade beim lehrerseitigen Einsatz solcher Verfahren wird damit zwar eine Form vielerorts geforderter Teilnehmerorientierung realisiert (vgl. etwa Arnold/Tutor 2007), riskiert wird aber zugleich eine Prekarisierung der für das Prozessieren pädagogischer Interaktionen konstitutiven Rollenasymmetrie Lehrer/Lerner (vgl. Hausendorf 2008). Diese Probleme werden präventiv beim Einsatz der Verfahren bearbeitet, indem die Wahl bestimmter Handlungsalternativen latent nahegelegt und auf die Anerkennung institutioneller Rahmenbedingungen des Lehr-Lerngeschehens vertraut wird. Kurativ werden diese Probleme durch redundante Anwendung entsprechender Verfahren oder durch den zusätzlichen Einsatz anderer Operationen bearbeitet, bei denen Veränderungsintentionen mit größerem Explizitheitsgard kommuniziert werden. Formen zur verdeckten Kommunikation von Veränderungsansprüchen unterscheiden sich darin, inwiefern Veränderungserwartungen deutlich zur Darstellung gebracht werden oder das betreffende Verhalten beiläufig begleiten.

2.2.1 Verkörpern

Das Verkörpern ist ein Verfahren, bei dem Veränderungsappelle nicht explizit als solche dargestellt werden. Entsprechende Äußerungen sind von ihren Rezipienten nicht einmal eindeutig als kommunikationsbezogene Mittelung interpretierbar. Zwar ist eine Deutung solcher Äußerungen als Appell zum Vollzug von Verhaltensänderung nicht ausgeschlossen. Allerdings werden sie von einer Mehrzahl alternativer Deutungsmöglichkeiten umgeben. Ob die Person sich erlebend oder handelnd auf die Situation bezieht (vgl. Luhmann 1987, S. 124 f.), bleibt durch die Verwendung nonverbaler, körperlicher Äußerungen ungewiss. So kann im Nachhinein immer dementiert werden, den Vollzug von Veränderungen intendiert zu haben. Zugleich jedoch wird beim Verkörpern beiläufig die Wahrscheinlichkeit der Einnahme bestimmter Verhaltensausrichtungen gesteigert, indem Positionen im Raum betreten und bestimmte Körperhaltungen und Aufmerksamkeitsausrichtungen eingenommen werden, deren Aufführung von ihren Rezipienten als konstitutiv für die Durchführung von oder Partizipation an spezifischen Aktivitäts- oder Kooperationszusammenhängen verstanden werden und sie zur Einnahme einer komplementären Haltung bewegen kann. Geschieht dies nicht, besteht einerseits die Möglichkeit, etwaige Veränderungsintentionen im Nachhinein zu dementieren, ohne ein beschädigtes Selbst riskieren zu müssen. Andererseits kann das Verfahren redundant eingesetzt werden, indem es für längere Zeit oder aber unter Zuhilfenahme weiterer Äußerungsmodalitäten aufgeführt und somit der Aktivitäts- bzw. Kooperationszusammenhang, auf den referiert wird, deutlicher wahrnehmbar wird. Zudem besteht die Möglichkeit eines Wechsels zu anderen Varianten der Aktivitätsregulation, denen gegenüber das Verkörpern als Vorstufe gesehen werden kann »um bei hoher Erwartungsunsicherheit mit wenig Aufwand und Risiko neue Interaktionsmöglichkeiten und Konsenschancen zu explorieren« (Geser 1996, S. 41).[1]

TN: Ach **guck** [2] mal der wartet schon auf uns. [parallele Gespräche in der TN-Gruppe [3]. [4]]

Abb. 3

Die in Abbildung 3 dokumentierte Szene zeigt sehr deutlich, wie das Verkörpern einer Lehrperson als Regulationsappell von den Teilnehmenden wahrgenommen und sich entsprechend angepasst wird. Noch bevor überhaupt ein Teilnehmender im Raum anwesend ist, in dem künftig eine Reanimationsfortbildung stattfinden soll, hat sich der Veranstaltungsleiter am Kopfende des Raumes, in der Nähe des Overheadprojektors, positioniert. Dort sitzt er mit verschränkten Armen und schaut in den leeren Raum. Als die Veranstaltungteilnehmenden den Raum betreten, interpretieren sie sein Agieren als Verkörperung der Bereitschaft, mit dem Lehr-Lerngeschehen beginnen zu können (»ach guck mal, der wartet schon auf uns«) – was von ihm stillschweigend konfirmiert wird – und beziehen sich darauf, indem sie ihr Verhalten so anpassen, dass in naher Zukunft das pädagogische Geschehen, auf dessen Realisierung das körperliche Agieren des Kursleiters bereits verweist, beginnen kann. Nachdem sie den Raum betreten haben, begeben sie sich unmittelbar an einen durch die Raumordnung bereitgestellten Teilnehmerplatz[2] und erzeugen dadurch komplementär Bedingungen zur Partizipation an der Handlungspraxis, deren künftige Realisierung das Agieren des Kursleiters inmitten der Raumgestaltung als Erwartung projiziert.

2.2.2 Verweisen

Die Erwartung, dass angesichts bestimmter Äußerungen Veränderungen im Agieren anderer Anwesender vollzogen werden, wird beim Verweisen explizit kommuniziert. Allerdings nicht in der Art, dass wie beim Anweisen bereits vorgeschrieben wird, welche Aktivitätsausrichtung im Anschluss eingenommen werden

---

1 Gestützt wird die Annahme, dass nonverbales Verkörpern als Vorstufe zum Einsatz anderer Regulationsformen mit größerem Explizitheitsgrad fungiert, beispielsweise durch empirische Analysen von Müller/Bohle (2007) zur lehrerseitigen Herstellung von Kooperationszusammenhängen im Tangokurs.
2 Zur Gestaltung von Räumen als Möglichkeit der Präformation unterrichtlicher Sozialordnungen vgl. Herrle i. d. Bd.

soll. Stattdessen wird auf verschiedene Möglichkeiten der Fortsetzung des Interaktionsgeschehens verwiesen. Zur Realisierung dieses Verfahrens werden den Adressaten bestimmte Aktivitätsvollzüge als potentielle Fluchtpunkte künftigen Agierens offeriert. Im Zuge der Anwendung des Verfahrens wird vom Appellgeber zwar insofern Gestaltungshoheit beansprucht, als er Interpunktionen im Ablauf des Geschehens setzt, die Art und Weise seiner bisherigen Fortsetzung in Frage stellt und Auswahlentscheidungen hinsichtlich der Gestaltung künftiger Handlungspraxis trifft. Allerdings werden die Adressaten als Personen angesprochen, die ein Mitspracherecht hinsichtlich der Gestaltung der an diesem Ort realisierten Handlungspraxis haben – und die dadurch zugleich mitverantwortlich für den Ablauf des Interaktionsgeschehens gemacht werden. Indem Lehrpersonen dieses Verfahren in Veranstaltungen der Erwachsenen-/Weiterbildung einsetzen, bringen sie die Intention zur Darstellung, die im Alltag der erwachsenen Teilnehmer vorherrschende Autonomiezuschreibung nicht ausklammern, sondern zumindest partiell in die Gestaltung der pädagogischen Handlungspraxis einbeziehen zu wollen, indem sie an Aushandlungsprozessen über Alternativen der Fortsetzung des Geschehens beteiligt werden. Ein interaktionsstrukturelles Risiko, das mit dieser Art der Aktivitätsregulation einhergeht, besteht allerdings darin, dass sich seitens der als mitstimmungsberechtigt angesprochenen Teilnehmer gegen eine vom Veranstaltungsleiter favorisierte Variante der Fortsetzung des pädagogischen Geschehens entschieden wird oder dass sich gar ganz gegen die Fortsetzung eines Lehr-Lerngeschehens ausgesprochen wird. Prekarisiert wird in diesem Fall die für die Herstellung pädagogischer Interaktionen konstitutive Rollenasymmetrie. In Veranstaltungen der Erwachsenenbildung wird dieses Problem lehrerseitig bearbeitet, indem einerseits ganz spezifische Handlungsalternativen zur Wahl gestellt werden. Die Fortsetzung des Geschehens wird dadurch nicht gänzlich zur Aushandlung frei gegeben, sondern an Wahlmöglichkeiten gebunden. Der Symmetriecharakter konsensorientierter Aushandlungsprozesse wird dadurch im Vorfeld bereits partiell asymmetrisiert. Ein weiterer Modus der Bearbeitung dieses Problems ist das lehrerseitige Sichtbarmachen eigener Wahlpräferenzen. Vertraut wird dabei darauf, dass die Teilnehmenden sich zwar am Aushandlungsprozess selbstbestimmt beteiligten, diese Selbstbestimmung sich aber letztlich an der Herstellung und Aufrechterhaltung eines kollektiven Handlungsrahmens ausrichtet, bei dem die Lehrperson Führungsverantwortlichkeiten übernimmt. Das Verweisen ist ein komplexes Verfahren, das einerseits Varianten des Hinweisens als Verfahrensbestandteile integriert, andererseits geht seiner Anwendung oftmals ein Verkörpern spezifischer Erwartungen voraus. An den in Abbildung 4 bis 6 dargestellten Szenen aus einer VHS-Veranstaltung, bei der über aktuelle politische Themen diskutiert wird, zeigt sich besonders deutlich, wie lehrerseitig mit dem Problem des Eröffnens und Begrenzens von Freiheitsgraden beim Verweisen umgegangen wird. Zu Beginn der Szene haben alle Beteiligten ihre Plätze eingenommen und ihre zuvor parallel in Kleingruppen geführten Gespräche eingestellt. Dies wird vom Veranstaltungsleiter als Verkörperung der Bereitschaft interpretiert, jetzt anzufangen (▶ Abb. 4). Statt jedoch komplementär zu agieren und die Veranstaltung zu eröffnen, kommentiert er das Agieren der Teilnehmenden ironisierend (»Ihr seid alle so still. Wollt ihr etwa anfangen?«). Dies kann einerseits als Kritik daran verstanden werden, dass sich die Gruppe zuvor noch lange Zeit damit aufgehalten hat, sich mit Getränken zu versorgen und Gesprächen untereinander nachzugehen, während er zwischenzeitlich bereits Vermittlungsbereitschaft verkörpert hat – was von den Anwesenden aber ignoriert wurde. Andererseits kann dies als Demonstration von Gestaltungshoheit verstanden werden – und zwar insofern als er sich nicht unhinterfragt dem impliziten Veränderungsappell anpasst und dem Agieren der Teilnehmenden somit Folgebereitschaft erweist, sondern ihn als solchen expliziert und als an ihn herangetragenen Wunsch interpretiert, über dessen Erfüllung er entscheidungsmächtig ist. Wenig später beginnt der Veranstaltungsleiter mit dem offiziellen Kursgeschehen – oder vielmehr mit den dazu notwendigen Rahmenhandlungen. Dies geschieht, indem er – ausgehend von der verkörperten Erreichbarkeit der Teilnehmenden – seine Stimme erhebt und damit beginnt, Informationen zu den Rahmenbedingungen zu vermitteln, unter denen die Veranstaltung dieses Mal stattfindet (▶ Abb. 5 und 6). Er bedient sich dabei nicht der Strategie des Anweisens, indem er die Teilnehmer dazu auffordert, ruhig zu sein und ihre Aufmerksamkeit auf seine Rede zu lenken. Vielmehr wird dies mit der Strategie des Hinweisens bereits als gegeben unterstellt. Bevor mit dem zentralen Kursgeschehen begonnen wird, etabliert der Veranstaltungsleiter eine Aushandlung darüber, (a) unter welchen Bedingungen (b) welches Thema diskutiert wird.

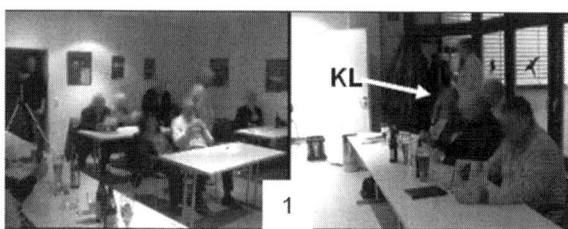

Abb. 4   KL: Ihr seid alle so **still**. [1] Wollt ihr etwa anfangen?

KL: Also, das Institut für Sozialpädagogik und Erwachsenenbildung der Universität Frankfurt [...] wo sie denn zu Studienzwecken Aufnahmen dokumentieren [1] könnten, über Erwachsenenbildung [...] Und ich hab eh gesagt, wir wollen hier miteinander diskutieren, und wenn 'ne Kamera läuft, sind/trauen sich vielleicht einige nicht was zu sagen. Und eh deshalb frage ich euch: habt ihr was dagegen, ob die Herren dabei sind, oder eh (..)

TN-?: Is ja schon entschieden, is ja schon aufgebaut alles
TN-?: (lachen)
K-VT: Bauen wer wieder ab
KL: Nein,nein, das is, eh, das is, das is vorher so verabredet.
TN-?: Ja, ja.
KL: Die Aufnahmen die sie machen [...]

KL: Also. (.) **Dürfen die** [2] Herren bleiben?
TN-?: Ja, natürlich!
TN-?: Irgendwelche Gegenstimmen?
TN-?: Nein
KL: Gut. Also herzlich willkommen zu [Titel der Veranstaltung]
K-KL: Vielen Dank.
K-TN: Vielen Dank.

Abb. 5

Statt es vollkommen dem Belieben der Teilnehmenden zu überlassen, ob (a) das künftige Geschehen von Kameraleuten gefilmt wird oder nicht und ob (b) künftig über das Thema »Leitkulturen« oder über die Ergebnisse der gerade durchgeführten Kommunalwahlen diskutiert wird, werden beiläufig Präferenzen des Veranstaltungsleiters kommuniziert und gute Gründe dafür angeführt, sich teilnehmerseitig diesen Präferenzen anzuschließen. So wird bei der Vorstellung des bereits im Raum aufgebauten Kamerateams eine längere Geschichte erzählt, bei der der Veranstaltungsleiter seine positiv-akzeptierende Haltung gegenüber der Aufzeichnung zum Ausdruck bringt (▶ Abb. 5). Ein Widerspruch gegen die im Anschluss explizit formulierte Frage, ob die Kameraleute bleiben dürfen, würde nicht nur als Affront gegenüber den Intentionen des Veranstaltungsleiters wahrnehmbar werden, es wäre zudem mit dem Erfordernis verbunden, dass das Kamerateam seine Gerätschaften wieder abbaut und den Raum verlässt – womit Verzögerungen im Ablauf des Geschehens einher gingen.

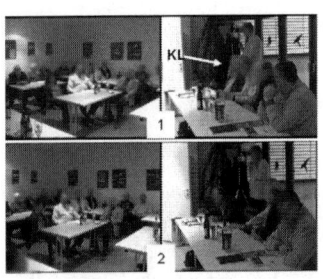

KL: Eh, Frage: über was möchtet ihr heute Abend diskutieren? (unv) mit den Leitkulturen und in dem Zusammenhang sehe ich eigentlich auch die jetzt so stark aufgeflammte **Diskussion** [1] über die Einbürgerung; oder wollt ihr eh obwohl's noch nicht ganz raus ist, über die Kommunalwahlen in [Stadtname] diskutieren? Ich denke mal, da bislang nur die Hälfte der Stimmzettel ausgez/zählt ist und weil ich mich auf die Leitkulturen halbwegs gründlich vorbereitet hab und damit das nicht umsonst is, könn wer ja dann abschweifen. [...]

KL: Also hier ähm (.) das Thema der Leitkulturen ist ja jetzt neu **aufgekommen**, [2] durch die eh Geschichte mit der Einbürgerung.

Abb. 6

Kurze Zeit später werden die Teilnehmenden vor die Wahl gestellt, welches Thema sie im Anschluss behandeln wollen (▶ Abb. 6). Unterstellt wird dabei bereits die Einwilligung darin, dass künftig gemeinsam ein Thema behandelt wird. Auch wird nicht gänzlich offen gelassen, um welches Thema es sich dabei handeln könnte. Zwei verschiedene Themen werden zur Wahl gestellt. Im direkten Anschluss an die Frage – ohne eine Antwort abzuwarten – werden vom Veranstaltungsleiter zudem Gründe genannt (ressourcenintensive Vorbereitung und Vereinbarung in der letzten Sitzung), weshalb sich eher mit dem einen als mit dem anderen Thema befasst werden sollte. Zudem wird in Aussicht gestellt, später Bezüge zum anderen Thema herzustellen. Ohne erkennbaren Widerspruch beginnt der Veranstaltungsleiter anschließend damit, einen einleitenden Vortrag zu dem von ihm präferierten Beschäftigungsgegenstand zu halten. Indem sie nicht widersprechen und ihre Aufmerksamkeit fortan fortgesetzt auf den Vortrag des Veranstaltungsleiters lenken – sich also komplementär verhalten –, stimmen die Teilnehmenden dem Vorschlag stillschweigend zu.

3   Aktivitätsregulation und das Vertrauen in Folgebereitschaft

Um pädagogische Kooperationszusammenhänge herzustellen und zu verstetigen, müssen die Beteiligten kontinuierlich Antworten auf die Frage formulieren, wie sie sich auf das Geschehen in ihrer Umgebung beziehen wollen. Je nachdem, welche Entscheidungen sie treffen, vollziehen sie Selektionen, die sich als strukturelle Differenzen in die Dynamik des je konkreten Interaktionsablaufs einschreiben. Diese Differenzen betreffen einerseits die Frage, was als Beschäftigungsgegenstand fungiert. Sie betreffen andererseits die Frage, wer darüber bestimmt und wer sich dem anschließt. Solche Entscheidungen werden kontinuierlich, von Moment zu Moment, beim Prozessieren des Interaktionsgeschehens von allen Beteiligten getroffen. Sie koordinieren wechselseitig ihre körperliche Anwesenheit, die Ausrichtung ihrer Aufmerksamkeit sowie die Art und Weise ihrer Adressierbarkeit, um spezifische Aktivitäts- oder Kooperationszusammenhänge am Laufen zu halten. In Zeiten, zu denen starke Veränderungen im Interaktionsgeschehen vollzogen werden, zeigt sich der Einsatz der oben beschriebenen Regulationsverfahren besonders deutlich. In liminalen Situationen, wie am Anfang, bei Übergängen im Zentrum oder am Ende, tritt das Problem wechselseitiger Koordination in den Vordergrund des Agierens der Beteiligten. Diese werden dort umso deutlicher als Personen wahrnehmbar, die durch den Einsatz unterschiedlicher Regulationsverfahren Gestaltungshoheit offensiv beanspruchen oder ihre Beanspruchung verdecken und dadurch die Folgebereitschaft adressierter Personen als gewiss oder ungewiss kommunizieren. Während beim Anweisen darauf vertraut wird, dass die Adressaten komplementär Folgebereitschaft demonstrieren werden, wird beim Verkörpern zwar gehofft, über die Herstellung von Veränderungen im Agieren des Gegenübers mitbestimmen zu können. Statt aber direktiv auf das Verhalten der Anderen einzuwirken, werden Strategien des verdeckten, probeweisen Bewirkens genutzt, um die Wahrscheinlichkeit der Herstellung spezifischer Veränderungen zu Steigern, ohne dabei aber das Risiko eines offensiven Scheiterns einzugehen.

In Veranstaltungen der Erwachsenen-/Weiterbildung fungieren Verfahren zur Verdeckung von Veränderungsansprüchen einerseits als Vorstufe zur Anwendung direktiver Verfahren, indem auf Veränderungsintentionen hingewiesen und dadurch Gelegenheit gegeben wird, bestehende Aktivitätsausrichtungen zu Ende zu bringen, um sich künftig neu zu orientieren. Dadurch wird das Potential kommunizierter Folgebereitschaft gesteigert, das zu einem späteren Zeitpunkt wiederum als Voraussetzung zur Anwendung von Verfahren zum forcieren von Veränderungsvollzügen dient. Andererseits bieten Verfahren zum Verdecken von Veränderungsansprüchen (insbesondere das Verkörpern) den Teilnehmenden Gelegenheit, Lehrpersonen auf ihre Interessen hinzuweisen, ohne zugleich die für pädagogische Interaktionen konstitutive Rollenasymmetrie zu prekarisieren.

Indem Lehrpersonen bei der anleitenden Steuerung des Geschehens im Seminarraum eher auf das Verdecken von Veränderungsansprüchen oder das Forcieren von Veränderungsvollzügen setzen, nähern sie sich in ihrem Agieren einer eher auf Selbstorganisation und Teilnehmerorientierung setzenden didaktischen Grundorientierung oder einer eher auf Instruktion und Kursleiterzentrierung beharrenden Richtung.[3] Allerdings kann in manchen Fällen auch beobachtet werden, dass in der vordergründigen Grundorientierung die von ihr unterschiedene Orientierung wieder auftritt.

Ein derartiges Aufdecken alltäglicher Muster der Aktivitätsregulation liefert nicht nur ein reichhaltiges Verständnis vom strukturellen Ablauf pädagogischer Realitäten. Er bietet auch Ansatzpunkte zur Reflexion von Strategien routinierten lehrerseitigen Handelns, indem Zusammenhänge und Alternativen aufgezeigt werden, vor deren Hintergrund die je eigene Handlungspraxis (videographisch) betrachtet werden kann.[4]

---

3 Zur Differenz zwischen Instruktions- bzw. Kursleiterzentrierung und Teilnehmerorientierung bzw. Selbstorganisation vgl. pointiert Terhart 1989, S. 109 ff.
4 Zu Möglichkeiten der Modifikation von routiniertem lehrerseitigem Handeln als »Handeln unter Druck« vgl. Wahl 1991.

Aufmerksamkeitskoordination
Formen der Konstitution des didaktischen Geschehens

Jörg Dinkelaker

Aufmerksamkeit scheint in der Erwachsenenbildung – anders als in der Schule – auf den ersten Blick kein Thema zu sein. Lehrende können wie selbstverständlich davon ausgehen, dass die anwesenden Lernenden sich in eigener Verantwortung hinreichend dem aufmerksam zuwenden, was Gegenstand des Lernens sein soll, und Lernende können wiederum erwarten, dass Lehrende von ihnen nicht verlangen, sich Gegenständen zuzuwenden, die für sie nicht einsichtig relevant sind. Bei genauerem Hinsehen zeigt sich allerdings, dass auch das Erwachsenenbildungsgeschehen auf impliziten Vorstellungen davon beruht, wie Aufmerksamkeit koordiniert wird, wenn etwas Bestimmtes gelernt werden soll.

Im Folgenden wird zunächst gezeigt, dass die in der Literatur diskutierten didaktischen Modelle der Erwachsenenbildung spezifische Ordnungen der Aufmerksamkeitskoordination implizieren. Diese Modelle sind weniger darauf ausgerichtet, das empirisch beobachtbare Aufmerksamkeitsgeschehen zu beschreiben, als vielmehr darauf, wünschenswerte Aufmerksamkeitskonfigurationen zu begründen (1).

Im vorliegenden Beitrag wird dagegen erläutert, wie die jeweils in konkreten Veranstaltungen realisierten faktischen Ordnungen der Aufmerksamkeitskoordination einer empirischen Analyse zugänglich gemacht werden können. Dieses Verfahren wird anhand des Aufmerksamkeitsgeschehens in einem Nähkurs an einer Volkshochschule exemplarisch erläutert.

Die Analyse basiert auf der Rekonstruktion der in den untersuchten Veranstaltungen realisierten wiederkehrenden Muster von Aufmerksamkeitsverläufen (2).

In einem ersten Schritt werden diese Muster von Aufmerksamkeitsverläufen herausgearbeitet, an denen sich die am Geschehen Beteiligten orientieren (3).

Im Anschluss daran werden die Modelle der Aufmerksamkeitskoordination rekonstruiert, vor deren Hintergrund es zur Realisierung dieser Formen von Aufmerksamkeitsverläufen kommt (4).

Um den Reichtum an Varianten der Aufmerksamkeitskoordination anzudeuten, der vermittelt über diese Verfahren zugänglich wird, werden im Anschluss an die exemplarische Analyse zwei kontrastierende Ordnungen vorgestellt, die einen Kurs zur Buchhaltungsrechnung bzw. einen Gesprächskreis für Senioren konstituieren (5).

Abschließend wird vor diesem Hintergrund die Bedeutung einer systematischen Rekonstruktion der veranstaltungsspezifischen Ordnungen der Aufmerksamkeitskoordination für eine empirisch-analytisch orientierte Didaktik der Erwachsenenbildung diskutiert (6).

1   Implizite Modelle der Aufmerksamkeitskoordination

Auch wenn sich theoretische Modelle des Geschehens in Veranstaltungen der Erwachsenenbildung/Weiterbildung zum Teil stark voneinander distanzieren, so teilen sie doch alle eine Grundannahme: was in Veranstaltungen der Erwachsenenbildung geschieht, unterscheidet sich von dem, was im schulischen Unterricht beobachtet werden kann bzw. es sollte sich davon unterscheiden. In dieser Negativdefinition des Erwachsenenbildungsgeschehens ist eine implizite Vorstellung davon enthalten, wie Aufmerksamkeitskoordination in der Erwachsenenbildung nicht aussieht, was erkennbar wird, wenn man das Standardmodell der Aufmerksamkeitskoordination im schulischen Unterricht genauer betrachtet. Dieses Standardmodell wird im Rahmen von Studien zum sogenannten »classroom management« am deutlichsten herausgearbeitet (Anderson 1984, Doyle 2006).

Dieses Modell basiert auf der Unterstellung, dass es letztlich am Handeln der Lehrenden liegt, ob Lernende sich ihrer Lernaufgabe zuwenden (»on-task«) oder sich mit etwas anderem beschäftigen (»off-task«). Fokussiert wird vor diesem Hintergrund, wie die Lehrenden darauf achten, ob die Schülerinnen und Schüler sich ihren Aufgaben zuwenden und was sie tun können, um die Lernendenaufmerksamkeit so zu steuern, dass eine dauerhafte Fokussierung auf die Lernaufgabe gelingt (Kounin 1976). Abbildung 1 stellt dieses Modell der schulischen Aufmerksamkeitskoordination schematisch dar. Die Pfeile symbolisieren die im Modell hervorgehobenen Aufmerksamkeitsrichtungen.

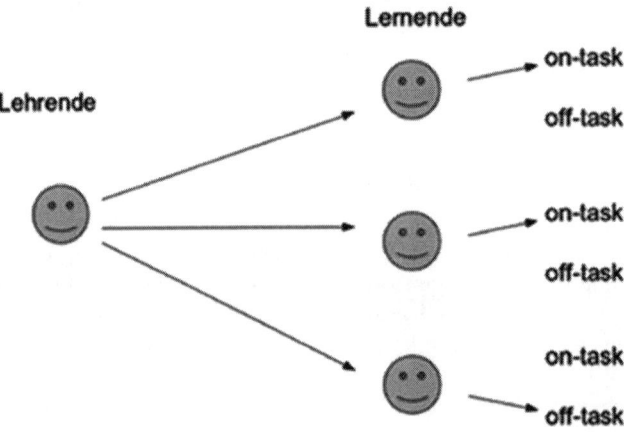

Abb. 1: Koordinationsmodell »classroom management«

Alle Modelle des Erwachsenenbildungsgeschehens basieren auf der Zurückweisung einer solchen Autorisierung und Kontrolle der Lernendenaufmerksamkeit durch Lehrende. Als mündige Lernerinen und Lerner können Erwachsene nicht ihrer Verantwortung enthoben werden, sich selbständig im Veranstaltungsge-

250

schehen zu orientieren. Vielmehr gilt es in Veranstaltungen der Erwachsenenbildung, der Maßgabe gerecht zu werden, dass die Lernenden autonom und eigenständig ihre Orientierungen kontrollieren. Die zwei bedeutendsten Modelle, die diesen Unterschied zum schulischen Aufmerksamkeitsmanagement theoretisieren, sind über die Begriffe »Teilnehmerorientierung« und »selbstgesteuertes Lernen« organisiert.

Im Begriff der Teilnehmerorientierung ist die Vorstellung enthalten, dass Lernende von sich aus für unterschiedliche lernrelevante Aspekte des Themas aufmerksam sind. Lehrende haben somit darauf zu achten, worauf die Lernenden achten und ihre Lehre daran auszurichten (Breloer/Dauber/Tietgens 1980), indem sie beispielsweise gemeinsame Themen der Lernenden identifizieren und diese zum Gegenstand der gemeinsamen Bearbeitung machen. Abbildung 2 ist eine schematische Darstellung dieser Aufmerksamkeitsordnung. Die unterschiedlichen Teilnehmenden fokussieren unterschiedliche Aspekte (a,b,c,d,...), der Lehrende achtet auf diese Orientierungen der Teilnehmenden.

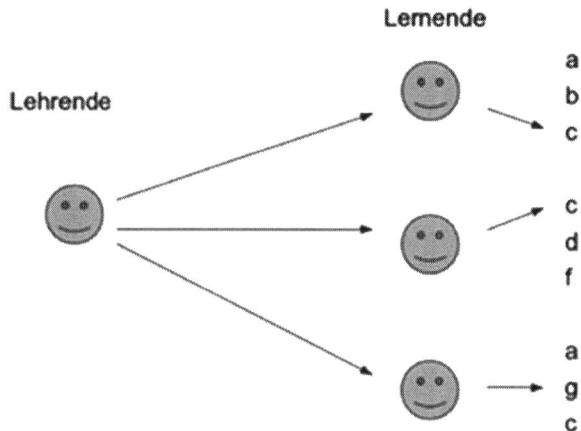

Abb. 2: Koordinationsmodell »Teilnehmerorientierung«

In den letzten Jahren ist dieses Modell der Aufmerksamkeitskoordination zunehmend in den Hintergrund getreten, während das Modell des selbstgesteuerten Lernens an Bedeutung gewonnen hat. In ihm wird betont, dass die Lernenden sich selbst beobachten, während sie sich lernend unterschiedlichen Aspekten eines Gegenstandes zuwenden. Die Lernenden sollen auf ihre eigenen Aufmerksamkeitsbewegungen aufmerksam werden. Lehren heißt hier, auf diese Formen der Selbstbeobachtung zu achten und sie gegebenenfalls mit den Lernenden in Lernberatungsgesprächen je individuell zum gemeinsamen Gegenstand zu machen (Dietrich/Fuchs-Brüninghoff u.a. 1999, Maier-Reinhard/Wrana 2008). Schematisch ist die solchermaßen konzipierte Ordnung der Aufmerksamkeitskoordination in Abbildung 3 dargestellt.

Die hier knapp skizzierten Modelle der Aufmerksamkeitskoordination wurden nicht mit dem Ziel entwickelt, eine möglichst präzise Beschreibung des Ge-

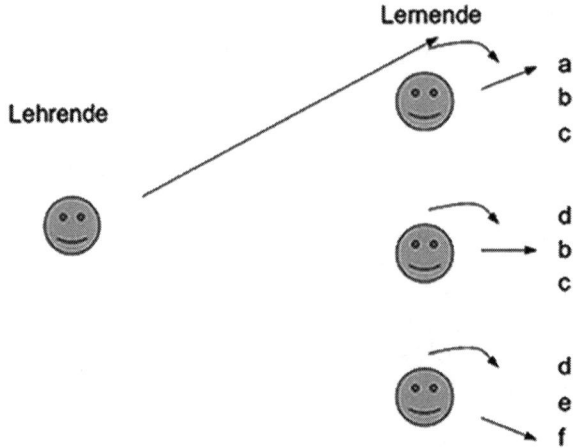

Abb. 3: Koordinationsmodell »Selbststeuerung«

schehens in Veranstaltungen der Erwachsenenbildung zu ermöglichen. Vielmehr geht es in ihnen darum, bestimmte Aufmerksamkeitskonfigurationen zu betonen, denen ein besonderer Wert für die Ermöglichung von Lernen zugesprochen wird. Insofern verwundert es nicht, wenn einige potentiell denkbare – und, wie noch zu zeigen sein wird, auch faktisch beobachtbare – Aufmerksamkeitsrelationen in diesen Modellen nicht vorkommen. So ist durchaus vorstellbar, dass selbstgesteuert Lernende weiterhin aufmerksam die Aufmerksamkeitsbewegungen Lehrender verfolgen. Auch wird in den Modellen nicht erwähnt, dass auch Lernende untereinander aufeinander achten. Weitere solcher Aufmerksamkeitsrelationen ließen sich hier noch nennen, was bald eine unübersichtliche Fülle von Möglichkeiten der Fokussierung und Orientierung entstehen lassen würde.

Nicht nur wissenschaftliche Beobachter des Erwachsenenbildungsgeschehens sind vor dieses Problem einer Überkomplexität möglicher Aufmerksamkeitskonfigurationen gestellt, auch die Beteiligten vor Ort stehen in jedem Moment neu vor der Situation, dass sie sich in ganz unterschiedlichen Arten und Weisen aufeinander und auf Gegenstände beziehen könnten. Um sich orientieren zu können, müssen sich daher auch die Beteiligten vor Ort ein Modell davon machen, welche Art von Aufmerksamkeitskoordination aktuell in dieser Situation sinnvoll realisierbar und zudem erwartbar ist. Diese lokal bedeutsamen Modelle des Aufmerksamkeitsmanagements greifen möglicherweise die oben dargestellten oder andere theoretische Modelle der Aufmerksamkeitskoordination auf, möglicherweise werden aber auch in der Literatur nicht beschriebene Aufmerksamkeitsordnungen an die Situationen angelegt (▶ Abb. 4). Im vorliegenden Beitrag wird entsprechend gefragt, wie die von den Beteiligten an konkreten Veranstaltungen der Erwachsenenbildung genutzten Modelle der Aufmerksamkeitskoordination im einzelnen aufgebaut sind und in welcher Weise sie Anwendung finden.

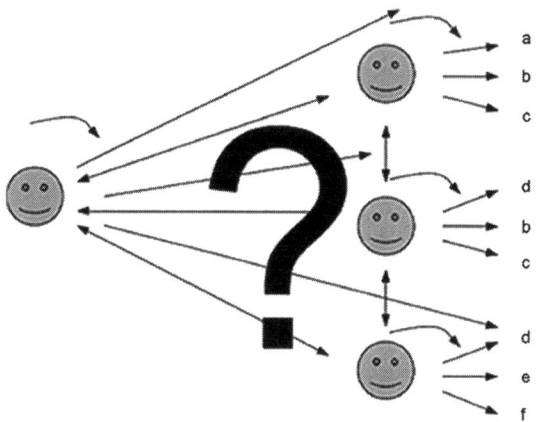

Abb. 4: Überkomplexität möglicher Orientierungen in der Aufmerksamkeitskoordination

2   Vorgehensweise

Um die das Aufmerksamkeitsgeschehen vor Ort prägenden Ordnungen zu rekonstruieren, wird in den hier vorgestellten Analysen danach gefragt, auf wen
oder was die unterschiedlichen Beteiligten in welchen Situationen ihre Aufmerksamkeit richten und nach welchem Prinzip sie sich dabei wechselseitig aneinander orientieren. Da es sich bei Aufmerksamkeit um eine Bewusstseinsleistung
handelt, ist sie nicht unmittelbar beobachtbar. Wenn wir mit anderen Menschen zu tun haben, orientieren wir uns allerdings an bestimmten Indikatoren,
die uns Hinweise über deren Aufmerksamkeitsfokus geben. Allen voran bedeutsam sind Blickrichtungen, aber auch Ausrichtungen von Kopf, Ober- und Unter-
körper, Körperhaltungen und Positionen im Raum enthalten Hinweise darauf,
worauf eine Person in einem bestimmten Moment gerade achtet. Hinzu kommt
das, was die jeweilige Person gerade sagt und was sie tut. Dies lässt sich anhand
von Abbildung 5 illustrieren, in der eine Situation aus einem weiter unten näher
untersuchten Nähkurs dargestellt ist:

In der abgebildeten Situation achten offenbar vier der anwesenden Personen
auf das, was mit einem Stück Stoff geschieht, das unmittelbar vor ihnen auf dem
Tisch liegt. Zwei weitere Personen wenden sich dagegen jeweils etwas Anderem
zu, das sie in ihren Händen halten. Erkennbar wird dies insbesondere anhand
der Kopfausrichtungen und Körperhaltungen der Beteiligten. Bei denjenigen Personen, die mit ihren Händen etwas am fokussierten Gegenstand tun, wird noch
deutlicher, worauf ihre Aufmerksamkeit im einzelnen gerade gerichtet ist. Die
verbale Äußerung der Teilnehmerin »Macht man das nur, wenn das doppelseitig
sein soll?« lässt erkennen, dass sie momentan einerseits die bei der Kursleiterin

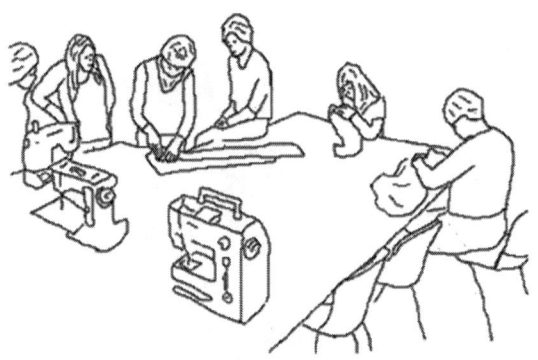

TN: Macht man das nur, wenn das doppelseitig sein soll?

Abb. 5: Aufmerksamkeitsanzeichen

beobachtete Tätigkeit beachtet, andererseits aber auch die Aufmerksamkeit auf die Bedingungen richtet, unter denen diese Tätigkeit vollzogen wird.

Indikatoren der Aufmerksamkeit sind nicht nur für die wissenschaftlichen Beobachter eine bedeutende Informationsquelle. Auch die am Geschehen Beteiligten achten auf diese Indikatoren und orientieren sich in ihrem Umgang mit der eigenen Aufmerksamkeit und der Aufmerksamkeit der Anderen an ihnen. Da alle Beteiligten wissen, dass andere Beteiligte auf diese Hinweise auf ihre Aufmerksamkeit achten können, und da sie zudem – sofern sie darauf achten – wahrnehmen können, dass offenbar andere in bestimmten Momenten auf sie achten (Kieserling 1999), fungieren diese Aufmerksamkeitsindikatoren als Aufmerksamkeitszeichen, die für die Koordination der (nicht unmittelbar beobachtbaren) Aufmerksamkeiten der unterschiedlichen Akteure von zentraler Bedeutung sind (Goodwin 2009, Hecht 2009).

Jeder einzelne Moment im Veranstaltungsgeschehen ist durch eine spezifische Konfiguration von angezeigten Aufmerksamkeitsausrichtungen gekennzeichnet. Diese Konfigurationen sind nicht nur durch unterschiedliche Formen der wechselseitigen Bezugnahme und der Nicht-Bezugnahme aufeinander geprägt, sondern auch durch unterschiedliche Formen der Bezugnahme auf die im Raum vorhandenen oder repräsentierten Sachen, anhand derer gelernt wird.

Veranstaltungen der Erwachsenenbildung bestehen jedoch nicht nur aus – von den unterschiedlichen Beteiligten aufgrund ihrer je spezifischen Aufmerksamkeitsfokussierung je unterschiedlich wahrgenommenen – Einzelmomenten. Sie sind vielmehr dadurch gekennzeichnet, dass in ihnen von Moment zu Moment etwas anderes geschieht und dass die Beteiligten in jedem Moment neu auf Anderes achten können. Um nachzuvollziehen, wie die am Geschehen Beteiligten das Geschehen wahrnehmen, ist daher nachzuzeichnen, wie die Selektivität ihrer Aufmerksamkeit in der Zeit verläuft. Diese Abfolgen von Aufmerksamkeitsbewegungen sind es, die die Erfahrung des Kursgeschehens durch die jeweiligen Beteiligten konstituierten[1].

Im Folgenden wird das Verfahren zur Rekonstruktion lokaler Aufmerksamkeitsordnungen exemplarisch anhand der Analyse eines Nähkurses vorgeführt. Zunächst wird das Repertoire von Verlaufsmustern der Aufmerksamkeit beschrieben, auf dem das dortige Kursgeschehen basiert. Dieses Repertoire wurde rekonstruiert, indem nacheinander die beobachtbaren Aufmerksamkeitsbewegungen jeweils einer der Beteiligten detailliert nachvollzogen wurden (Dinkelaker 2010a und b). Diese Bewegungen wurden dann daraufhin befragt, welches ordnende Prinzip ihnen zugrunde gelegt werden könnte (Bergmann 1994). Die dadurch rekonstruierten Ordnungen der je an den Einzelnen beobachtbaren Aufmerksamkeitsbewegungen wurden dann miteinander verglichen und aufeinander bezogen. Dabei zeigte sich, dass die individuell vollzogenen Aufmerksamkeitsbewegungen auf eine kollektiv realisierte Ordnung von Aufmerksamkeitsbewegungen verweisen.

3 Verlaufsmuster von Aufmerksamkeitsbewegungen

Das dominierende Muster von Aufmerksamkeitsbewegungen im hier untersuchten Nähkurs an einer Volkshochschule ist dadurch gekennzeichnet, dass die es realisierenden Teilnehmerinnen sich nacheinander unterschiedlichen Ausschnitten ihres Nähstücks zuwenden und an ihnen etwas tun. Die dabei realisierte Abfolge von Aufmerksamkeitsbewegungen orientiert sich an den Erfordernissen der Realisierung des jeweiligen Nähprojekts. Dieses Muster wird im Folgenden als »Arbeiten« bezeichnet.

Abb. 6: Arbeiten

In der in Abbildung 6 dargestellten Sequenz schneidet die Teilnehmerin Beate ihren Stoff zu. Sie fokussiert dabei nacheinander unterschiedliche Stellen des Stoffes. Auf diesen ist jeweils ein Schnittmuster aufgesteckt, das einen bestimmten Teil des Kleides repräsentiert, das aus ihm entstehen soll. Nachdem die Teilnehmerin ein Teil zugeschnitten hat, legt sie es zusammen und deponiert es rechts

---

1 »My *experience* is what I *agree* to attend to. Only those items which I notice shape my mind. Without selective interest, experience is an utter chaos.« (James 1950, S. 402).

neben sich auf dem Tisch. Die Bildfolge repräsentiert den Wechsel zwischen der Aufmerksamkeit auf den jeweiligen Stoffteil beim Schneiden und der (teilweise nur beiläufigen) Aufmerksamkeit auf die Stelle, an der der Stoff abgelegt wird. Nicht dargestellt ist, wie die Aufmerksamkeit der Teilnehmerin beim Schneiden kontinuierlich entlang der Schnittkante entlangwanderte, den Bewegungen der Schere zugleich folgend und sie führend.

Ein zweites wiederkehrendes Muster von Aufmerksamkeitsbewegungen ist dadurch gekennzeichnet, dass die es realisierenden Teilnehmerinnen ihre Aufmerksamkeit eng an den Aufmerksamkeitsbewegungen der Kursleiterin orientieren. Die Kursleiterin kommt zur jeweiligen Teilnehmerin hinzu, betrachtet ihre Arbeit und lenkt die Aufmerksamkeit der Teilnehmerin auf diejenigen Aspekte des Nähstücks, auf die es zu achten gilt, wenn sie im Folgenden wieder eigenständig am Nähstück arbeiten wird. Die Teilnehmerin verfolgt allerdings nicht nur die Aufmerksamkeitslenkungen der Kursleiterin, sie lenkt selbst wiederum die Aufmerksamkeit der Kursleiterin auf Aspekte des Nähprojekts, die ihr bislang unklar sind. Dieses Muster wechselseitiger Aufmerksamkeitslenkung wird im Folgenden »Anleitung« genannt.

Abb. 7: Anleitung

In der in Abbildung 7 dargestellten Sequenz besprechen die Teilnehmerin und die Kursleiterin die Maße des auf dem Stoff angesteckten Schnittmusters. Dabei weist die Kursleiterin auf die Stellen hin, an denen Klärungsbedarf besteht. Die Teilnehmerin folgt dieser Aufmerksamkeitsführung. Zwischendurch zeigt auch sie der Kursleiterin eine Stelle. Die Kursleiterin wendet sich dann dem von der Teilnehmerin Gezeigten zu.

Ein drittes Muster von Aufmerksamkeitsbewegungen tritt dann auf, wenn die Teilnehmerin nicht länger arbeitet, die Kursleiterin aber noch nicht für weitere Anleitungen verfügbar ist. Kennzeichnend für diese Form von Aufmerksamkeitsverläufen ist, dass sie weder unmittelbar am Ziel der Fertigstellung des Nähprojekts orientiert sind, noch auf Aufmerksamkeitslenkungen der Kursleiterin bezogen sind. Vielmehr realisieren die Beteiligten Ersatzbeschäftigungen, die jederzeit umstandslos abgebrochen werden können. Manche beobachten die anderen beim Arbeiten, andere essen etwas, wieder andere lesen in Nähzeitschriften oder plaudern mit der Tischnachbarin. Dieses Muster wird im Folgenden als »Warten« bezeichnet.

Abb. 8: Warten

Bereits vor der in Abbildung 8 dargestellten Sequenz hatte Beate einige Zeit darauf gewartet, dass die Kursleiterin ihre Befassung mit dem Nähprojekt einer anderen Teilnehmerin abschließt und sich wieder ihrem Nähprojekt zuwendet. Nachdem sie zunächst ihre Arbeit noch einmal begutachtet hatte, hat sie ein von ihr mitgebrachtes Butterbrot gegessen. Jetzt sitzt sie vor ihrer Nähmaschine. Zuerst beobachtet sie die anderen beim Arbeiten – den Kopf auf die Arme gestützt. Dann blättert sie in einem Nähmagazin, hört damit aber wieder auf und setzt ihre Beobachtungen der Arbeit der anderen fort. Ihr Blick fällt dann auf eine Spule mit Faden an ihrer Nähmaschine. Die nimmt sie ab und betrachtet sie versonnen.

Alle wahrnehmbaren Aufmerksamkeitsverläufe in diesem Kurs folgen einem dieser drei dargestellten Muster. Die Kursleiterin ist fast ausschließlich damit beschäftigt, sich an Aufmerksamkeitsverläufen vom Typ »Anleitung« zu beteiligen. Die Teilnehmenden realisieren dagegen, wenn auch in unterschiedlichem Ausmaß, jeweils alle drei Verlaufsmuster. Sie tun dies zu je unterschiedlichen Zeitpunkten. In Abbildung 9 ist für die Minuten 30 – 60 des Kurses dokumentiert, wer wann in seinen Aufmerksamkeitsverläufen welchem Muster folgt:

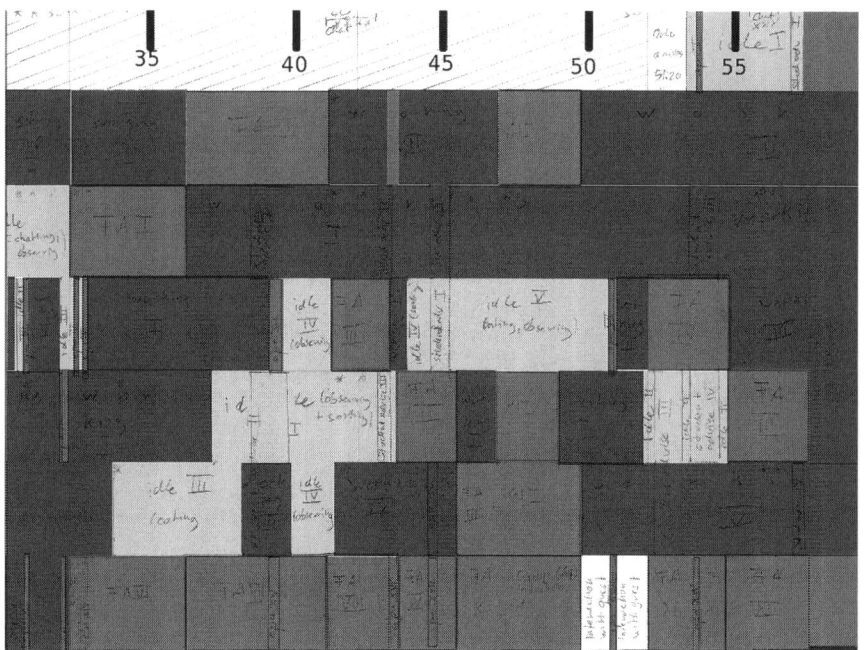

Abb. 9: Übersicht über Aufmerksamkeitsverläufe im Nähkurs

Der Zeitverlauf ist von links nach rechts dargestellt. Er beginnt bei Minute 30 und endet bei Minute 60. Jede und jeder Beteiligte ist jeweils einer Zeile zugeordnet. Die unterste Zeile dokumentiert die Aufmerksamkeitsverläufe der Kursleiterin. In der obersten Zeile sind die Aufmerksamkeitsverläufe einer Teilnehmerin eingetragen, die erst 55 Minuten nach Kursbeginn eintrifft. Rot markiert sind

257

Aufmerksamkeitsverläufe nach dem Muster Anleitung. Grün eingefärbt sind die Arbeitsverläufe. Die Wartephasen sind hellblau gekennzeichnet. Einige Teilnehmende realisieren sehr lange Phasen, in denen sie ununterbrochen arbeiten. Bei anderen Teilnehmenden wechseln sich Phasen der Anleitung, des Arbeitens und des Wartens häufiger ab.

Obwohl jede Teilnehmerin für sich arbeitet, sind die Wechsel zwischen Aufmerksamkeitsverläufen, die sie realisieren, dennoch nicht unabhängig voneinander. Ein Wechsel vom Arbeiten zur Anleitung kann nur dann stattfinden, wenn nicht im selben Moment eine andere Teilnehmerin zusammen mit der Kursleiterin einen Aufmerksamkeitsverlauf im Modus der Anleitung realisiert. Andernfalls kommt es stattdessen zu einem Wechsel vom Arbeiten zum Warten. Auch der Wechsel vom Warten zur Anleitung ist erst dann möglich, wenn die andere Teilnehmerin ihre Beteiligung an der Anleitung beendet und keine weitere Teilnehmerin in die Anleitung mit der Kursleiterin mit einsteigt. Eine Ausnahme bildet hier der Anleitungsverlauf, der etwa bei Minute 40 beginnt. In ihm synchronisieren gleich mehrere Teilnehmerinnen ihre Aufmerksamkeitsbewegungen mit denen der Kursleiterin, weil etwas anhand des Nähprojekts einer Teilnehmerin gezeigt wird, das auch für andere Teilnehmerinnen von Interesse ist.

Die Ordnung des Umgangs mit Aufmerksamkeit ist also nicht nur dadurch gekennzeichnet, dass bestimmte Muster von Aufmerksamkeitsbewegungen realisiert werden, sondern darüber hinaus auch dadurch, dass diese Muster in bestimmter Weise miteinander zusammenhängen. Nicht nur das Nebeneinander unterschiedlicher Verlaufsmuster, auch das Nacheinander folgt dabei einer spezifischen Ordnung. In Abbildung 10 ist dokumentiert, welche Wechsel zwischen Verlaufsmustern in den ersten 60 Minuten des Kurses wie oft beobachtet werden können.

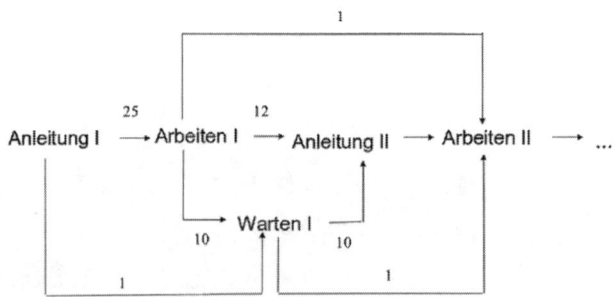

Abb. 10: Häufigkeit von Wechseln zwischen Verlaufsmustern der Aufmerksamkeit

In nahezu allen Fällen (25 von 26) beginnen die Teilnehmerinnen unmittelbar nach Beendigung der Anleitung damit zu arbeiten. Nur in einem einzigen Fall kommt es dazu, dass die Teilnehmerin gleich nach Beendigung der Anleitung auf eine erneute Anleitung wartet. In etwa der Hälfte der Fälle (12 von 23) gehen die Teilnehmerinnen direkt nach dem Arbeiten wieder dazu über, sich an einer Anleitung durch die Kursleiterin zu beteiligen. Etwa gleich häufig (10 von 23 Fällen) geschieht es allerdings auch, dass die Teilnehmenden nach dem Arbeiten zum Warten übergehen, weil die Kursleiterin noch anderweitig beschäftigt ist. Lediglich in einem einzigen Fall beendet eine Teilnehmerin einen Arbeitsschritt und beginnt dann, ohne auf eine Anleitung der Kursleiterin zu warten, mit dem nächsten Arbeitsschritt. Dies führt allerdings zu einem späteren Zeitpunkt des Kurses zu einem manifesten Konflikt mit der Kursleiterin, die sich mit dieser Vorgehensweise der Teilnehmerin nicht einverstanden zeigt. In einem weiteren Einzelfall wartet eine Teilnehmerin zunächst auf Anleitung, geht aber nach einiger Zeit doch zu einem nächsten Arbeitsschritt über. Auch in diesem Fall greift die Kursleiterin zu einem späteren Zeitpunkt in deren Arbeit ein und korrigiert die Teilnehmerin.

Wechseln die Teilnehmerinnen zwischen unterschiedlichen Verlaufsmustern von Aufmerksamkeitsbewegungen, so geschieht dies also keineswegs zufällig, sondern zu spezifisch definierten Momenten. Ein Übergang von der Anleitung zum Arbeiten realisiert sich erwartbar in dem Moment, in dem der Lernenden vor dem Hintergrund der vorangegangenen Anleitung die Kompetenz zugeschrieben wird, die notwendig ist, um den nächsten Nähschritt eigenständig zu realisieren. Ein Übergang vom Arbeiten zur Anleitung oder zum Warten kann aus zwei unterschiedlichen Gründen erfolgen. Entweder ist die Teilnehmerin mit dem Arbeitsschritt fertig, den die Kursleiterin ihr zuvor erklärt hatte, und wartet nun darauf, dass ihr der nächste Arbeitsschritt von der Kursleiterin erläutert wird. Oder aber es ist bei der Realisierung des Arbeitsschritts ein Problem aufgetreten, das die Teilnehmerin nicht alleine lösen kann, weshalb eine Unterstützung durch die Kursleiterin notwendig wird. Der Übergang vom Warten zur Anleitung ist wiederum abhängig davon, inwiefern eine andere Teilnehmerin einen Übergang von der Anleitung zum Arbeiten realisiert.

4 Ordnungen der Aufmerksamkeitskoordination

Die im Nähkurs von den Beteiligten realisierten Aufmerksamkeitsverläufe werden erst möglich, weil die Anwesenden sich in ihren Aufmerksamkeitsbewegungen aufeinander abstimmen. Diese Koordination von Aufmerksamkeitsbewegungen im hier betrachteten Nähkurs ist eine komplexe Aufgabe, die nur realisiert werden kann, weil alle Beteiligten an ihr mitwirken (auch Dinkelaker 2012b) und weil sie sich dabei an einem gemeinsamen Modell der Relationierung von Aufmerksamkeitsverläufen orientieren. In diesem Modell sind unterschiedliche Situationen definiert, die jeweils mit einem spezifischen Modus der Aufmerksamkeitskoordination verbunden sind. Auch die Bedingungen des Wechselns zwischen diesen Situationen sind klar bestimmbar.

Werden Aufmerksamkeitsverläufe nach dem Muster des Arbeitens realisiert, so gelingt dies, weil die jeweils Arbeitenden den Wechsel der Referenten ihrer Aufmerksamkeit eigenständig kontrollieren und sich nicht etwa eng an den parallel dazu realisierten Aufmerksamkeitsbewegungen der Kursleiterin oder anderer Teilnehmender orientieren. Eine solche Fokussierung auf die eigenen Aufmerksamkeitsbewegungen wird den Arbeitenden möglich, weil wiederum weder die Lehrende noch andere Lernende sich der jeweiligen Arbeitenden zuwenden und versuchen, die Aufmerksamkeit auf sich oder auf etwas anderes zu lenken (▶ Abb. 11). Auch fortgesetzte Abwendung und Entkopplung von Aufmerksamkeitsbewegungen stellt, so zeigt sich hier, eine Form der Aufmerksamkeitskoordination dar (auch Berdelmann 2010, S. 237 ff).

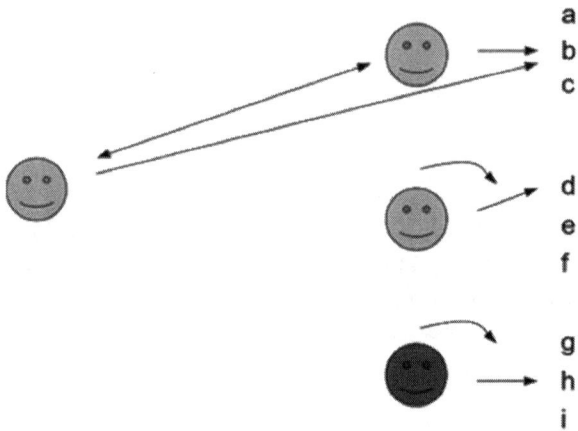

Abb. 11: Koordinationsmodell »Arbeiten«

Aufmerksamkeitsverläufe nach dem Typ der Anleitung bedürfen dagegen einer Verschränkung mit den Aufmerksamkeitsverläufen der Kursleiterin. Nur die enge wechselseitige Orientierung der Teilnehmerin und der Kursleiterin aneinander erlauben die Realisierung solcher Sequenzen. Gemeinsam bewegen sich die Kursleiterin und die Teilnehmerin von einem Aspekt des gemeinsam behandelten Gegenstands zum anderen (▶ Abb. 12). Dabei achten die Beteiligten einerseits wechselseitig aufeinander und andererseits gemeinsam auf die jeweils betrachteten Aspekte[2].

Aufmerksamkeitsverläufe, die der Form des Wartens folgen, erscheinen zunächst lediglich als ein Produkt mangelnder Koordination. Sie entstehen schließ-

---

2 Aufmerksamkeitskonfigurationen dieser Art finden in den letzten Jahren unter dem Begriff der »joint attention« verstärkt Beachtung (Eilan u. a. 2005, in der Erziehungswissenschaft Kraft 2007).

260

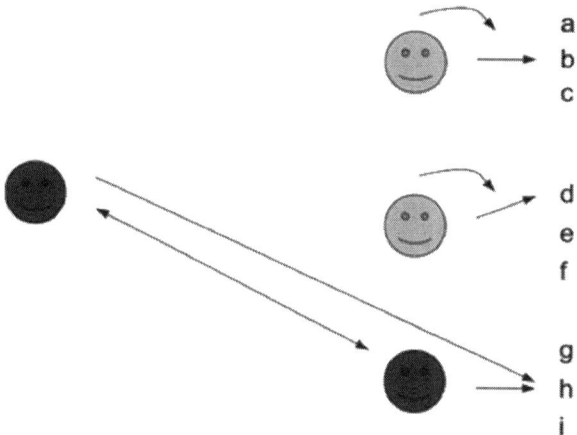

Abb. 12: Koordinationsmodell Anleitung

lich nur deswegen, weil die Kursleiterin sich einer Teilnehmerin nicht zuwendet, obwohl diese einen gemeinsam realisierten Aufmerksamkeitsverlauf im Modus der Anleitung anstrebt. Auch wenn Warteverläufe aus diesem Koordinationsdefizit entstehen, ist zu ihrer Realisierung selbst wiederum eine Koordination von Aufmerksamkeitsverläufen notwendig. Die wartenden Teilnehmerinnen sehen davon ab, beständig die Aufmerksamkeit der Kursleiterin zu suchen. Sie sehen auch davon ab, an ihrem Nähstück weiterzuarbeiten, bevor nicht die Kursleiterin sie auf diejenigen Aspekte der Arbeit hingewiesen hat, die für die Weiterarbeit von Bedeutung sind (▶ **Abb. 13**).

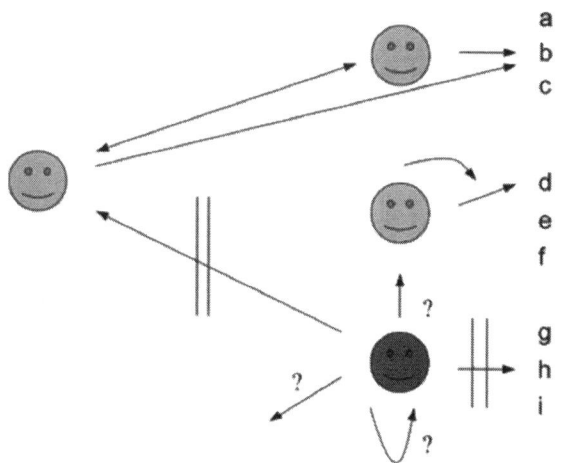

Abb. 13: Koordinationsmodell »Warten«

261

Die Abfolge von Anleitung und Arbeiten – gegebenenfalls unterbrochen durch Wartephasen – realisiert einen rhythmischen Wechsel von Kopplung und Entkopplung der Aufmerksamkeit der Teilnehmerinnen und der Kursleiterin (▸Abb. 14):

Anleitung   Arbeiten   Warten

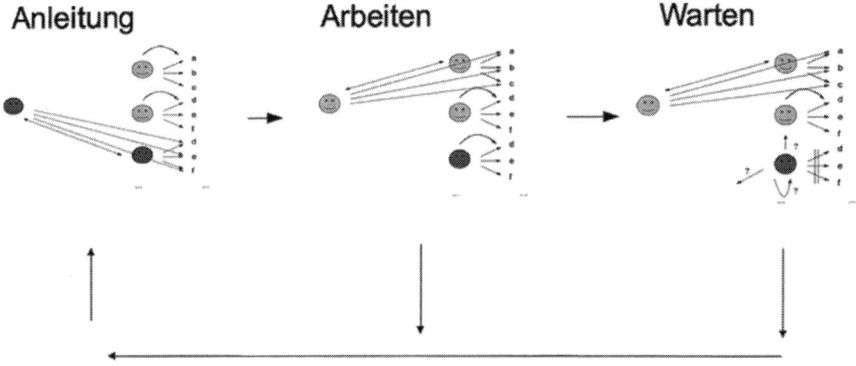

Abb. 14: Koordinationsmodell »Nähkurs«

Was in den Anleitungsphasen geschieht und was in den Arbeitsphasen geschieht, ist wiederum aufs engste aufeinander abgestimmt. In den Arbeitsphasen orientieren sich die Teilnehmerinnen in ihren Aufmerksamkeitsbewegungen an dem, was ihnen in den Anleitungsphasen durch die Kursleiterin gezeigt wurde. In den Anleitungsphasen wird wiederum genau das zum Gegenstand der gemeinsamen Befassung, worauf die Teilnehmerin in der vorangegangenen Arbeitsphase geachtet hatte und was in der anschließenden Arbeitsphase relevant sein wird.

Offensichtlich greifen die an diesem Kurs Beteiligten auf ein gemeinsames Modell von Aufmerksamkeitskoordination zurück, um sich im Geschehen aufeinander abzustimmen. Dieses Modell enthält nicht nur eine Vorstellung davon, wie Aufmerksamkeit in Kursen sinnvoll aneinander ausgerichtet werden kann, sondern verknüpft gleich mehrere solcher Vorstellungen, die je abhängig von situativen Bedingungen Anwendung finden. Sowohl Momente des selbstgesteuerten Lernens als auch Momente des teilnehmerorientiert angeleiteten Lernens werden so in dieser Veranstaltung realisiert. Darüber hinaus wird in den Wartephasen ein Teilnahmemuster realisiert, das in didaktischen Modellen überhaupt nicht vorgesehen ist, das aber durchaus bedeutsame Erfahrungsräume für die Teilnehmerinnen eröffnet.

Weder Konzepte des selbstgesteuerten noch Konzepte des angeleiteten Lernens allein können sinnvoll beschreiben, wie im Rahmen dieser Veranstaltung Erfahrungen so organisiert werden, dass Nähen gelernt werden kann. Die am Geschehen Beteiligten selbst legen dagegen wie selbstverständlich ihrem Handeln ein weitaus komplexeres und flexibleres Modell des Aufmerksamkeitsmanagements zugrunde als diejenigen, die bislang in theoretischen Diskussionen vorgeschlagen wurden. Auf diese Differenz zwischen den auf ein einheitliches Prinzip hin ausgerichteten, in sich konsistenten didaktischen Modellen und der eher durch Vermengungen gekennzeichneten Praxis wird immer wieder hingewiesen (Forneck 2002). So formuliert etwa Tietgens: »Es liegt gerade in der Eigenart und in den Chancen der Erwachsenenbildung, dass sie unerwartete Merkmalsverbindungen herstellen kann« (Tietgens 1992, S. 100). Konzise Analysen dieser Verknüpfungen didaktischer Prinzipien in der Praxis werden anhand von Videodaten nun möglich. Dies könnte neue Formen didaktischer Modellbildung anregen.

5 Weitere Formen der Aufmerksamkeitskoordination

Die im Nähkurs realisierte Ordnung des Aufmerksam-Seins ist eine sehr spezifische, auf die konkreten Notwendigkeiten des Nähenlernens abgestimmte Ordnung. Die Komplexität ihrer Modellierung ist allerding keineswegs kennzeichnend nur für diesen Kurs. Auch in anderen Kursen lassen sich solche multiplen, situativ variierenden Aufmerksamkeitsordnungen beobachten.

In einem Kurs zur Bilanzbuchhaltung führt der Kursleiter an der Tafel eine Rechnung vor. Er weist nacheinander auf unterschiedliche Aspekte in der Tabellenkalkulation hin (▸ Abb. 15).

Abb. 15:
Kurs in Bilanzbuchhaltung

Im Rahmen dieser Aufmerksamkeitsordnung achten alle Teilnehmenden kollektiv auf den jeweils vom Kursleitenden hervorgehobenen Aspekt sowie auf

263

den Kursleiter, wie er nacheinander unterschiedliche Aspekte hervorhebt (▸ Abb. 16).

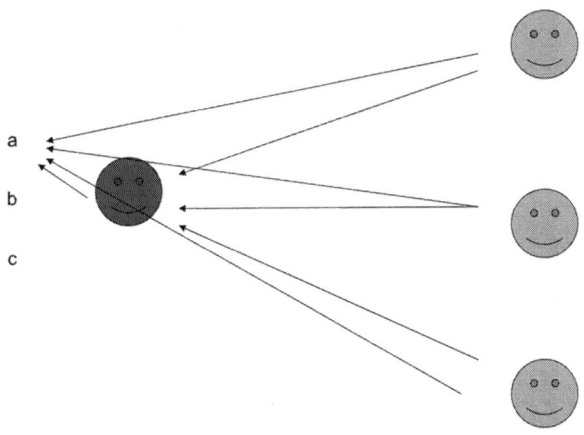

Abb. 16: Koordinationsmodell »Lehrendenvortrag«

Die Situation ändert sich in dem Moment, als der Kursleiter einem Teilnehmenden eine Frage stellt und dieser zur Beantwortung der Frage ansetzt. Nun achten die Teilnehmenden und der Kursleiter darauf, welche Aspekte des Gegenstands der antwortende Teilnehmende hervorhebt (▸ Abb. 17).

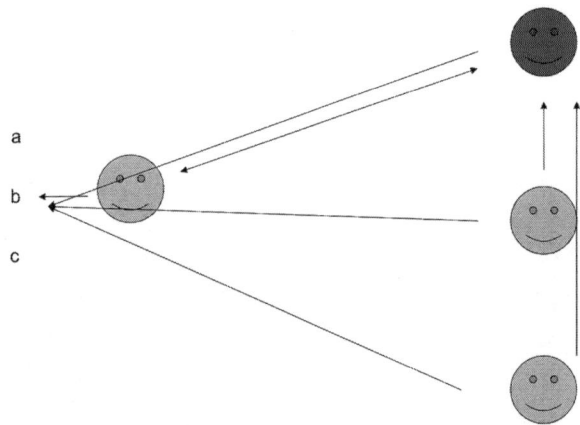

Abb. 17: Koordinationsmodell »Teilnehmerbeitrag«

Dieser Kurs ist gekennzeichnet durch den Wechsel zwischen Phasen der kollektiven Aufmerksamkeit für die Gegenstände der Lehrendenaufmerksamkeit und

Phasen der kollektiven Aufmerksamkeit für die Gegenstände der Aufmerksamkeit einzelner Lernender.

In einem Gesprächskreis für Seniorinnen lesen die Anwesenden gemeinsam einen Text des Autors Wilhelm Genazino (▶ Abb. 18).

Abb. 18:
Gesprächskreis für
Seniorinnen

Zunächst liest eine der Teilnehmerinnen einen Abschnitt vor, im Anschluss daran bringen unterschiedliche Teilnehmerinnen und der Kursleiter ihre Gedanken zu diesem Abschnitt ein. Jede der Anwesenden betont andere Aspekte am behandelten Text. Im Wandern der kollektiven Aufmerksamkeit von der einen Sprecherin zur nächsten wandelt sich immer auch – gesteuert durch die jeweiligen Beitragenden – die inhaltliche Referenz der gemeinsamen Aufmerksamkeit. Dieser Kurs ist geprägt durch den Wechsel zwischen Vorlesesequenzen (▶ Abb. 19) und den Diskussionsbeiträgen der Beteiligten (▶ Abb. 20).

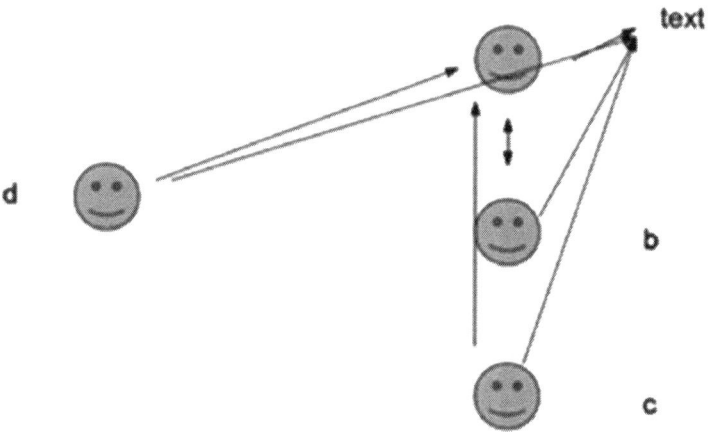

Abb. 19: Koordinationsmodell »Vorlesen«

265

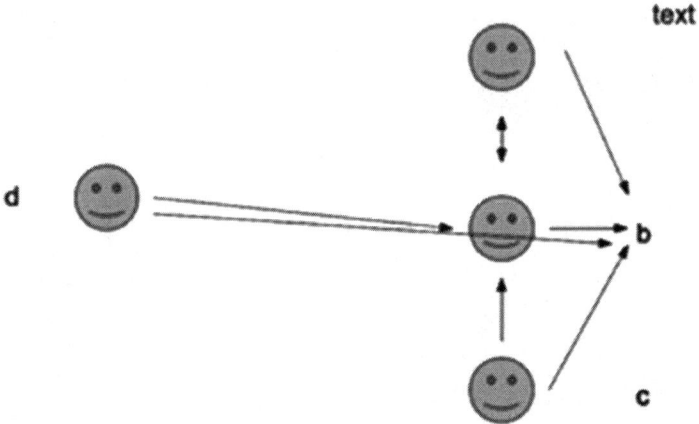

Abb. 20: Koordinationsmodell »Diskussionsbeitrag«

6 Aufmerksamkeitskoordination als didaktische Gemeinschaftsaufgabe

Dass in diesem Beitrag eine Fokussierung ausschließlich auf die sozialen Ordnungen realisiert wurde, an denen sich die Beteiligten orientieren, wenn sie ihre Aufmerksamkeitsbewegungen koordinieren, könnte ein Missverständnis hervorrufen. Ausdrücklich sei daher darauf hingewiesen, dass mit diesen sozialen Ordnungen nicht auch schon der individuelle Umgang mit der eigenen und fremden Aufmerksamkeit beschrieben und erklärt ist. Der Blick auf soziale Ordnungen geht einher mit der Fokussierung auf Wiederkehrendes und Gleichförmiges, was notwendig mit einer Vernachlässigung des je situativ und individuell Besonderen einhergeht. Zwar werden in Bezug auf die jeweils realisierten Ordnungen des sozial Erwartbaren Momente und Verläufe überhaupt erst als gemeinsame Situationen erfahrbar (Goffman 1966, Gumperz 1992, Kendon 1992). Erst die Orientierung an im jeweiligen Setting erwartbaren Verlaufs- und Koordinationsmustern macht ein Verständnis und eine Verständigung darüber möglich, was man selbst tut und was andere tun und wie das miteinander zusammenhängt. Der je individuelle Umgang mit diesen Situationen und die Dynamiken, die sich daraus ergeben, dass zugleich mehrere Personen mit der selben Situation je unterschiedlich umgehen, sind aber durch diese Ordnungen keineswegs determiniert. Die Frage, wie sich solche individuellen Verläufe der Veranstaltungsteilnahme realisieren, kann im Rahmen dieses Beitrags nicht verfolgt werden, wird allerdings an anderer Stelle untersucht (etwa Dinkelaker 2010b, 2012a).

Die Fokussierung der je lokal in unterschiedlichen Kursen realisierten Ordnungen der Aufmerksamkeitskoordination bringt zu Tage, dass die Vielfalt und die

Komplexität der tatsächlich realisierten Aufmerksamkeitsordnungen die Vielfalt und Komplexität der zu ihrer theoretischen Beschreibung entwickelten Modelle bei weitem übersteigt. Die zentrale Aufgabe einer empirisch-analytisch orientierten Didaktik würde darin bestehen, diese komplexen Erfahrungsordnungen in ihrer inneren Struktur und in ihrem Bezug auf Lernen zu erschließen und vor diesem Hintergrund zu fragen, wie in unterschiedlichen Dynamiken der Teilnahme an diesen Ordnungen für die Lernenden Erfahrungsanlässe entstehen. Auch eine gestaltend-normativ orientierte Didaktik könnte durch die Befassung mit der Komplexität des faktischen Lehr-Lerngeschehens zu differenzierteren Aussagen kommen, die die unproduktive Dichotomisierung von selbstgesteuertem und angeleitetem Lernen in eine gegenstands- und kontextspezifische Abwägung der jeweiligen Leistungen und Schwächen unterschiedlicher Modi der Aufmerksamkeitskoordination überführt.

Anstatt die Differenz zwischen Erwachsenenbildung und Schule in der Realisierung einer spezifischen nicht-schulischen Aufmerksamkeitsordnung zu suchen, würde man so die Spezifik der Erwachsenenbildung allgemeiner darin begreifen, dass in ihr die Herstellung von lernbezogenen Aufmerksamkeitsordnungen gemeinsam verantwortet und realisiert wird. In didaktischen Analysen könnte dann danach gefragt werden, wie es den am Geschehen Beteiligten gelingt, diese Ordnungen kollaborativ zu realisieren und welche Modelle der Koordination von Aufmerksamkeit dieser Zusammenarbeit zugrundeliegen (können).

267

V Mehrdeutige Interaktionen

Verdoppelung und Doppeldeutigkeit
Verbale und gestische Strategien möglicher Konflikte

Sigrid Nolda

Kurse der Erwachsenenbildung dienen nicht nur der Vermittlung von Wissen, sondern stellen auch eine Form der geregelten Gruppeninteraktion dar. Diese analytisch zu trennende Doppelaufgabe wird in der Praxis in vielfältiger Verflechtung bewältigt – ein Instrument, um diese auch die verbale und die visuelle Ebene miteinander verbindenden Verflechtungen nachzuweisen und ihnen zugrundeliegende Muster zu entdecken, stellt die Videointeraktionsanalyse dar.

Die in allen Kursen geforderte Doppelaufgabe stellt bei sogenannten Integrationskursen, also Kursen, in denen Teilnehmer unterschiedlicher ethnischer Herkunft und mit unzureichender Beherrschung der deutschen (Kurs-)Sprache zusammentreffen, eine besondere Schwierigkeit dar. Hinzu kommt, dass diese Kurse ausdrücklich nicht nur Sprachvermittlung, sondern auch die Einübung demokratischer Umgangsformen umfassen. Die bei qualitativer Forschung grundlegende Fremdheitsprämisse wird hier noch gesteigert durch reale Fremdheitserfahrungen, die die Beteiligten machen und die nicht leicht zu rekonstruieren sind, da die Untersuchenden ihrer eigenen Herkunft und Sozialisation verhaftet sind.

Die besondere Situation mangelhafter Kenntnisse in der Ziel- und der Unterrichtsprache macht es notwendig, einerseits die sprachlichen Äußerungen der Beteiligten (auch die des Deutsch beherrschenden, aber sich an Ausländer mit unterschiedlich defizitären Deutsch-Kenntnissen wendenden Kursleiters) genauer zu untersuchen, anderseits den von den Beteiligten verwendeten Gesten besondere Aufmerksamkeit zu schenken. Aus diesem Grund wurde für das Verbaltanskript in der folgenden Darstellung eine der Konversationsanalyse angenäherte Transkription[1] gewählt und die beim ersten Betrachten kaum und generell schlecht erkennbaren Gesten durch vereinfachende Zeichnungen bzw. Skizzen[2] auf der Basis von Stills (besser) kenntlich gemacht.

Nach einer Darstellung des Kurses und seines Kontexts (1) folgt eine Darstellung der Untersuchung, in deren Verlauf der ursprünglich gewählte Ausschnitt nach Verbal- und Bildebene getrennt und dann mehrfach erweitert wurde (2). Die aus dem Material entwickelte These wird dann in Bezug auf das methodische Vorgehen reflektiert und an den Kurskontext rückgebunden (3).

---

1 Siehe die Transkriptionskonventionen am Ende des Beitrags.
2 Zur Bedeutung von Skizzen für die Datenaufbereitung vgl. den entsprechenden Beitrag von Dinkelaker in diesem Band.

1   Der Kurs

Bei dem untersuchten Kurs «Deutsch als Zweitsprache – Aufbau Teil 1« handelt es sich um einen sogenannten Integrationskurs nach dem Zuwanderungsgesetz vom 1. Januar 2005 (Gesetz zur Steuerung und Begrenzung der Zuwanderung und zur Regelung des Aufenthalts und der Integration von Unionsbürgern und Ausländern). Eine besondere Rolle in dem in der Öffentlichkeit heftig diskutierten Gesetz spielen sogenannte Integrationskurse, die nach der »Verordnung über die Durchführung von Integrationskursen für Ausländer und Spätaussiedler« durchgeführt werden. Sie enthalten neben einem Sprachkurs zum Erwerb der notwendigen Sprachkenntnisse auch einen sogenannten Orientierungskurs, in dem Kenntnisse zu Staat, Gesellschaft und Geschichte vermittelt werden sollen. Integrationskurse umfassten ursprünglich 630 bzw. neuerdings 660 Unterrichtseinheiten, wobei auf den Sprachunterricht 600 Einheiten à 45 Minuten entfallen. Dieser soll zum Niveau B1 des »Gemeinsamen Europäischen Referenzrahmens« führen, das dem »Zertifikat Deutsch« entspricht. Die erfolgreiche Teilnahme wird durch einen Abschlusstest bescheinigt. Die Kosten für die Kurse werden vor allem vom »Bundesamt für Migration und Flüchtlinge« getragen und von – zugelassenen – Sprachschulen und anderen Bildungsträgern durchgeführt. Die Teilnehmer kostet der Kurs 1 Euro bzw. neuerdings 1,20 Euro pro Unterrichtseinheit, für die Prüfung muss eine gesonderte Gebühr entrichtet werden. Hartz IV- bzw. Sozialhilfe-Empfänger werden von den Kosten befreit. Das Nichtbestehen der Prüfung kann die Einbürgerung verhindern oder auch die Aufenthaltserlaubnis gefährden.

Teilnehmer können gesetzlich zu diesem Deutschkurs verpflichtet werden. Dies ist dann der Fall, wenn sie keiner Arbeit nachgehen oder eine Bildungseinrichtung besuchen und innerhalb von zwei Monaten nach dem Zuzug einen Sprachtest nicht bestehen. Die Zulassung zur Teilnahme muss beantragt werden, die Zulassung gilt als Bestätigung der Teilnahmeberechtigung. Teilnahmeberechtigte können sich bei jedem zugelassenen Kursträger zu einem Integrationskurs anmelden. Bei der Anmeldung müssen sie ihre Bestätigung der Teilnahmeberechtigung vorlegen. Mit der Anmeldung kann ein Antrag auf Kostenbefreiung beim Bundesamt gestellt werden.

Der untersuchte Kurs fand an drei Tagen der Woche jeweils von 14 bis 17 Uhr an einer Volkshochschule in Nordrhein-Westfalen statt. Aufgenommen wurde der erste Teil der Veranstaltung am 6. Juni 2006. Zu diesem Zeitpunkt hatte sich bereits eine Kerngruppe von durchschnittlich 18 Teilnehmern gebildet, die Teilnehmer haben sich untereinander und den Kursleiter also bereits kennengelernt. Der von zwei Studentinnen aufgenommene Kurs umfasste zum Zeitpunkt der Aufnahme 13 Teilnehmer (6 Frauen und 7 Männer). Das Alter der Teilnehmer lag zwischen 23 und 38 Jahren. Die Herkunftsländer der Teilnehmer waren Türkei, Rumänien, Kasachstan (frühere Sowjetunion), das frühere Jugoslawien und Angola. Der Kurs wurde von einem fest angestellten Mitarbeiter der Volkshochschule geleitet, der seit mehr als 15 Jahren im Bereich Deutschkurse arbeitet.

Die besondere Situation am Tag der Aufnahme bestand darin, dass der Kurs nicht in dem regulären, den Teilnehmern vertrauten Raum stattfand, worauf mit einem Anschlag hingewiesen worden war. Dadurch ergab sich, dass die Teilnehmer sich bei Eintritt in den Raum ihre Plätze jeweils neu suchen mussten.

2 Die untersuchte Szene

2.1 Analyse auf Transkriptbasis

Die Szene, die im Folgenden analysiert werden soll, beginnt, als die zuletzt eintreffenden Teilnehmer, drei junge Männer mit kurzen blonden Haaren, den Raum betreten. Sie war ausgewählt worden, weil dort eine in einem solchen Kurs überraschende Ausschließung formuliert und dann wieder zurückgenommen wird.

Dem Transkript der Tonspur ist folgender Dialog zu entnehmen:

Segment 1

1 T1: Jetzt voll&tut mir leid,
2 KL: Tut mir leid. kein Platz me:hr. Tschühüss ((lautes lachen))
3 [6 Sek.Pause]
4 KL: (leise) So. hier is noch Platz

Der auf der Tonspur nicht-identifizierbare Teilnehmer beginnt seine Äußerung mit einer sprachlich elliptischen Feststellung und beendet sie mit einer Formel des Bedauerns. Man könnte sie – in Kenntnis des Kontexts – wie folgt paraphrasieren. »Jetzt sind alle Plätze belegt, tut mir leid. Ihr müsst wieder gehen«. Ungewöhnlich ist weniger das fehlerhafte Deutsch, sondern die Tatsache, dass diese Sätze von einem Teilnehmer, nicht vom Kursleiter als Vertreter der Institution gesprochen werden. Der Teilnehmer maßt sich eine Rolle an, die ihm nicht zusteht und bedient sich darüber hinaus einer Rigidität, die der Kursleiter selbst höchstwahrscheinlich vermeiden würde. Dies deutet darauf hin, dass die Äußerung wahrscheinlich nicht ernst gemeint, also ironisch zu verstehen ist. Sie ist aber auch nicht völlig aus der Luft gegriffen, sondern könnte sogar die Perspektive der Angesprochenen einnehmen, die mit der Situation konfrontiert sind, dass die meisten Plätze belegt sind und der Raum wegen der zusätzlich anwesenden Kamerafrauen tatsächlich voll erscheint. Während das »jetzt voll« übertrieben wirkt – tatsächlich sind noch verstreut Plätze vorhanden oder könnten durch Stühle-Verschieben frei gemacht werden –, scheint der Wortsinn des sich schnell daran anschließenden »tut mir leid« verkehrt zu sein. Nicht Bedauern, sondern Freude könnte damit ausgedrückt sein – vom Sprechenden, der (wie ein Türwächter an einer Diskothek) unliebsame Neuankömmlinge damit abweisen kann, aber auch von den Angesprochenen, die sich vielleicht (wie Schüler) freuen, dass sie nicht am Unterricht teilnehmen müssen. Nimmt man die Möglichkeit der Bedeutungsverkehrung ernst, so könnten in dieser spontanen situationsbezogenen Äußerung zwei tieferliegende generelle Probleme aufscheinen: nämlich Spannungen innerhalb der multiethnischen Gruppe der Teilnehmenden einerseits und der Unmut, sich als Erwachsene einer Unterrichtssituation aufgrund von gewissermaßen amtlich bescheinigten Defiziten aussetzen zu müssen.

Erwartbar wäre, dass die solchermaßen Abgewiesenen mit dem Sprecher argumentieren bzw. protestieren oder nachfragen. Dem steht aber entgegen, dass es gleich drei Personen sind, an die sich die Äußerung richtet und dass die Teilnehmer wahrscheinlich kaum in der Lage sind, in der ihnen fremden Sprache Deutsch schnell oder gar schlagfertig zu reagieren. Auf die Äußerung, die als indirekte Aufforderung verstanden kann, den Raum zu verlassen, reagieren nicht die Angesprochenen, sondern der Kursleiter. Dieser greift die letzten Worte des Teilnehmers auf, wiederholt sie wörtlich, allerdings in einer verbindlicheren (die Stimme nicht senkenden) Betonung. Nach einem kurzen Absetzen folgt eine Paraphrase von »jetzt voll«: Mit der Äußerung »kein Platz me:hr« greift er die elliptische Form des Erstsprechers auf, wählt aber eine besser verständliche und sprachlich korrekte Variante. Die Dehnung des »e« in »mehr« und die Verlängerung von »tschüss« in »tschühüs« erwecken den Eindruck eines kindlich-hämischen Singsangs, der durch das nachfolgende Lachen aber als nicht ernst gemeint charakterisiert wird. Der Kursleiter hat damit nicht – wie erwartbar – den Erstsprecher in seine Schranken gewiesen oder ignoriert, sondern ihn formal unterstützt. Er greift dessen Äußerung auf, expliziert sie und formuliert die dort noch ungesagte Konsequenz des Raumverlassens. Während aber die Äußerung des Teilnehmers sowohl ernst als auch als unernst-ironisch aufgefasst werden könnte, wird die Äußerung des Kursleiters intonatorisch und durch das nachfolgende Lachen eindeutiger als unernst markiert. Hinzu kommt, dass in der Sprachvariante auch eine Korrektur enthalten ist, so dass der Beitrag des Kursleiters auch als korrigierende Lehrer-Reaktion auf die Sprachproduktion eines Schülers aufgefasst werden könnte. Die prinzipielle Dualität von (Fremd-)Sprachenunterricht, in der in der Sprache die Sprache selbst gelehrt wird, könnte hier genutzt worden sein, um einen möglichen Konflikt zu entschärfen. Nach einer Pause von sechs Sekunden ist der leise gesprochene Satz des Kursleiters zu hören, mit der er auf einen freien Platz verweist. Das einleitende »So« scheint die Phase des Unernsts abschließen zu wollen.

Die interpretierende Paraphrase des Transkripts legt die Deutung nahe, dass es sich hier um die ironisch verkappte Beilegung eines möglichen, ebenso ironisch verkappten Konflikts handelt, in dem die Unfreiwilligkeit des Kursbesuchs und die Ab- und Ausschließung von Gruppen thematisiert werden. Damit würden innerhalb des Kurses die realen Probleme außerhalb des Kurses in Form einer spielerischen Kursinteraktion zum Ausdruck kommen. Zu diesen Problemen gehören die alle betreffende Ausschlussproblematik (Schwierigkeiten, eine Wohnung und einen Arbeitsplatz zu finden, aber auch Schwierigkeiten, an einem Kurs teilzunehmen) und die wechselseitigen Ablehnungen einzelner Zuwanderergruppen. Die auf das Zusammenleben mit Deutschen vorbereitenden Kurse praktizieren dies in einer künstlichen Gemeinsamkeit von Teilnehmern verschiedener Herkunft. Konflikte sind deshalb weniger mit dem einheimischen Kursleiter als mit den ebenfalls fremden anderen Teilnehmern zu erwarten. Was sich in Sitzordnungen und Pausen zeigt, nämlich das Zusammenrücken der Mitglieder aus der gleichen Herkunftskultur, könnte dies belegen, muss aber auch als Bewältigung des Problems gesehen werden, in einer Kursgruppe kommunizieren zu müssen, deren Mitglieder mehrheitlich eine andere Muttersprache haben.

2.2   Analyse auf Basis der Videospur

Der Blick auf die Videospur stellt zusätzliche Daten bereit. Deutlich wird, dass die Teilnehmer an einem aus aneinandergeschobenen Einzeltischen gebildeten großen Tisch sitzen und der Kursleiter mit Laptop an einer der Längsseiten des Tisches in Reichweite des Beamers Platz genommen hat. Auf der Leinwand an der Kopfseite des Raums ist die Projektion einer Uhr zu sehen. Bezogen auf den transkribierten Interaktionsausschnitt ist zu erkennen, dass der Sprecher ein schlanker, schwarzhaariger junger Mann (▶ Abb. 1[3]), der zuerst von der Kamera erfasste Neuankömmling ein kräftiger blonder junger Mann mit Kurzhaarschnitt (▶ Abb. 2) ist. Der Sprecher (T1) an der Querseite des Tisches ist der eintretenden Gruppe direkt gegenüber positioniert, während der Kursleiter an der Längsseite sitzend zunächst mit seinen Unterlagen beschäftigt ist und dann zum Sprecher hochblickt. Er hat also wahrscheinlich die Eintretenden nicht bemerkt, wohl aber den Sprecher, der seine Aussage zusätzlich mit einer Handgeste (hochgehaltene gerade Hand mit der Handfläche nach außen) begleitet, die als Emblem[4] für »Stopp«, aber auch als Begrüßung und deshalb als pragmatische Geste (vgl. Streeck 2009, S. 179) verstanden werden kann (▶ Abb. 3[5]):

Abb. 1   Abb. 2

---

3 Die aus den entsprechenden Standbildern angefertigten Zeichnungen dienen neben der Anonymisierung der Beteiligten hier vor allem auch der besseren Erkennbarkeit der an der untersuchten Interaktion beteiligten Personen, ohne den Kontext (Personen, Medien), in dem sie agieren, auszuschließen.
4 Nach der Terminologie von Ekman/Friesen (1969) handelt es sich bei Emblemen um konventionelle Gesten, die Wörter nicht begleiten, sondern ersetzen.
5 Quelle: http://www.code-knacker.de/koerpersprache.htm. Die Geste wird dort interpretiert als Äquivalent zu den verbalen Botschaften »Halt, bleib weg, komm‹ mir nicht zu nahe oder winkend ›Hallo‹«.

275

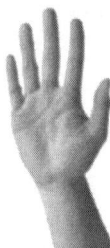

Abb. 3

Auf dem Videoband ist zu erkennen, dass dem Eintretenden noch zwei weitere ähnlich aussehende Männer folgen, die aber auf dem Standbild in Abbildung 1 von einer Teilnehmerin, die stehend ihre Tasche auspackt, verdeckt sind. Erkennbar wird, dass der Kursleiter den Sprecher und nicht die bzw. den Eintretenden ansieht und zwar lächelnd. Offensichtlich hat der Kursleiter die Äußerung sofort als spaßig verstanden – die anderen Teilnehmer aber eventuell nicht, da dies aus ihren Mienen nicht ablesbar ist.

Der nicht explizit angesprochene, aber durch Kopfhaltung und Blickrichtung fixierte Neuankömmling reagiert zwar nicht verbal, aber mit einem Zeichen, das seinerseits das Zeichen des Sprechers aufzunehmen scheint. Auch er erhebt nämlich die rechte Hand und lächelt, so dass hier eher ein Gruß ausgedrückt zu werden scheint.

Denkbar ist, dass der Angesprochene das Zeichen des Sprechers als Gruß verstanden hat und zurückgrüßt, denkbar ist aber auch, dass er den Gruß bewusst als Gegenzeichen setzt. Eine dritte Möglichkeit besteht darin, dass er nicht auf das Zeichen des Sprechers reagiert, sondern eine andere Person grüßt. Für die letzte Möglichkeit spricht nämlich, dass der Nebensitzer des Sprechers (auf Abbildung 1 vom Kopf des Kursleiters halb verdeckt), kurz nachdem T1 die Hand erhoben hat, ebenfalls die Hand erhebt. Sprecher (T1), Nebensitzer (T2) und Angesprochener (T3) bilden also ein Kommunikationsdreieck, in dem sich die folgende Sequenz abspielt, die allerdings nicht mit dem Redebeitrag von T1 einsetzt, sondern mit dem Betreten des Raums durch den von diesem Angesprochenen:

verbales Display	nonverbales Display
T3:	betritt den Raum
T1: Jetzt voll&tut mir leid,	hebt Hand
T2:	hebt Hand
T3:	hebt Hand

Ob die Geste von T3 eine auf T2 antwortende Gruß- oder aber eine die Geste von T1 verdoppelnde Stopp- bzw. Warngeste ist, ist nicht eindeutig zu entscheiden. Die Geste von T1 gewinnt ja erst durch die verbale Begleitung die Bedeutung eines Stopp. Eindeutig ist, dass der Kursleiter dem stummen Dialog der beiden Männer bzw. Männergruppen folgt und sich dann an die Eintretenden wendet. Die Formel »Tut mir leid« unterstreicht er mit einer Machtlosigkeit darstellenden

Geste beider Hände (angehobene Arme, die Hände leicht geöffnet mit den Innenseiten nach innen) (▶ **Abb. 4**).

Abb. 4

Die Geste verdoppelt den Sinn, macht aber auch gleichzeitig den Unernst deutlich, denn der Kursleiter ist ja gerade nicht machtlos. Er kann nicht nur, er muss sogar dafür sorgen, dass die Teilnehmer teilnehmen können. Das gleiche trifft auf den zweiten Teil seiner Äußerung zu: Die Abschiedsformel »Tschüss« bzw. »Tschühuss« begleitet er mit einer Winkbewegung der linken Hand und einem betroffenen Gesichtsausdruck.

Auf den stills ist zu erkennen, dass der Teilnehmer mit dem weißen Hemd sich inzwischen auf die Längsseite des Tischs und ein weiterer Neuankömmling in einer Jeansjacke sich auf den Kursleiter zu bewegt. Tatsächlich bleibt dieser vor dem Tisch stehen, während die beiden anderen aus seiner Gruppe Plätze auf der (vom Eingang aus) linken Längsseite (vom Eingang aus) belegt haben. Der Teilnehmer in der Jeansjacke neigt sich daraufhin zu den Sitzenden und macht keine Anstalten, sich einen Platz zu suchen.

Auch hier ist nicht entscheidbar, ob er die Aussage des Kursleiters wörtlich genommen hat und sich zurückziehen oder ob er auf das ›Spiel‹ eingehen will. Als dritte denkbare Ursache für sein Zögern ist die Möglichkeit zu nennen, dass er bei der Gruppe verharrt, mit der er eingetreten ist.

Falls der Kursleiter die Haltung des Teilnehmers im Sinne der ersten Lesart interpretiert, wäre sein der Äußerung folgendes prononciertes Lachen ein zusätzlicher non-verbaler Hinweis darauf, dass das Gesagte unernst zu verstehen ist, also das Gegenteil gemeint ist. Kurz darauf macht der Kursleiter eine einladende Armbewegung und rückt den freien Stuhl neben sich nach vorn. Nach dieser Aktion blickt er nicht – wie zu erwarten wäre – den Neuankömmling, sondern den Teilnehmer an, der die Sequenz eingeleitet hat.

Auch ihm scheint er mit der erhobenen Hand ein Zeichen zu machen. Wie auch immer dies zu deuten ist (ermahnend im Sinne von »Schluss jetzt« bzw. »Siehst Du/Sehen Sie, so macht man das« oder anerkennend-grüßend im Sinne von »Alles klar, die Sache ist geregelt«): Der Kursleiter zeigt sich hier als beobachtender Vermittler zwischen dem Sprecher und den Angesprochenen. Auch wenn er selbst verbal und gestisch in die Interaktion eingreift, respektiert er gewissermaßen die ursprüngliche Dyade. Das könnte ihm als Kursleiter für den Bereich »Deutsch als Fremdsprache« leichter als anderen Kursleitern fallen, da er es gewohnt sein dürfte, verbale Äußerungen von Teilnehmern (verbal) zu korrigieren und non-verbale zu verbalisieren. Auch die Teilnehmer dürften an dieses Verhalten gewohnt sein und es deshalb wahrscheinlich weniger als Bevormundung auffassen als Teilnehmer in Kursen, in denen alle (oder doch die meisten) ihre Muttersprache sprechen.

Nach dem ›Sicherungsblick‹ zu dem sitzende Teilnehmer an der entfernten Querseite wendet sich der Kursleiter wieder dem stehenden Teilnehmer an der nahen Querseite zu, deutet auf den Stuhl neben sich und sagt leise: »So. hier is noch Platz«, beim Wort »hier« deutet er auf den Stuhl.

Erweiterungen des Segments

Damit scheint die Szene abgeschlossen und das Problem gelöst zu sein.

Das Video zeigt jedoch, dass der Teilnehmer in der Jeansjacke auf seiner Position verharrt, und der Kursleiter ihn mit einer einladenden Bewegung zu sich winkt Schließlich zeigt er sogar noch auf den Stuhl und rückt ihn dann vor. Erst danach macht sich der Teilnehmer auf den Weg zu dem ihm angewiesenen Stuhl und nimmt Platz. Als der junge Mann schließlich neben dem Kursleiter sitzt, der inzwischen wieder mit seinen Unterlagen beschäftigt ist, berührt er ihn am Oberarm und reicht dem ihm nun zugewandten Kursleiter die Hand.

Auch diese sprachlich nicht kommentierte Geste ist doppeldeutig: Sie kann als Gruß, aber auch als Dank verstanden werden. Als Gruß wäre sie insofern zu interpretieren, als es sich noch um die Phase des Eintretens und Aufeinandertreffens handelt, als Dank wäre sie ein Zeichen dafür, dass der Teilnehmer erkannt hat, dass der Kursleiter ihn in einer prekären Situation unterstützt und ihn – entgegen dem wörtlichen Sinn des zuvor Gesagten – nachdrücklich eingeschlossen hat. Statt nun diese Dualität zugunsten der Entscheidung für eine Lesart aufzulösen, ist es vielleicht sinnvoll, diese für beide Parteien gesichtswahrende Ambivalenz als solche zu belassen. Es ist sicher einfacher, die höfliche Handlung der Begrüßung per Handschlag zu vollziehen, als sich dafür zu bedanken, aus einer prekären Situation ›gerettet‹ worden zu sein. Das Missverständnis kann also gewollt sein, so wie es vielleicht auch für den Kursleiter einfacher ist, einen möglichen, die Gruppenharmonie störenden Konflikt »wegzulachen« als ihn zu thematisieren.

Die Ambivalenz betrifft auch den initiierenden Redebeitrag des Teilnehmers, allerdings wahrscheinlich eher umgekehrt: Dass er es nicht ernst meinen kann, ist offensichtlich: Er kann als Teilnehmer keine Entscheidung über die Zulassung eines anderen Teilnehmers treffen. Er macht also einen Scherz, kann aber unter dessen Oberfläche eine durchaus ernst gemeinte, im Kurs aber nicht thematisierbare Animosität verbergen.

Währenddessen hat der Teilnehmer (T3), der von T1 angesprochen wurde, von seinem Platz die Kamerafrauen und die Kameras entdeckt. Es scheint eine neue Phase zu beginnen: Der ihnen gegenüber sitzende Kursleiter verfolgt nämlich das Gespräch und schließt daran eine Bemerkung an (Z.7), mit der das bisher zitierte Verbaltranskript erweitert wird:

Segment 2

1 T1: Jetzt voll&tut mir <u>leid</u>,
2 KL: Tut mir leid. kein Platz me:hr. Tschühüss ((lautes Lachen))
3 [6 Sek.Pause]
4 KL (leise) So. hier is noch Platz
5 [18 Sek. Pause]
6 T3: [unverständlich]
7 KL: Bisschen wie Kino meinten Sie ja‹ bisschen wie Kino is das

Der Kursleiter agiert wiederum in einer Weise, die sowohl als korrigierend als auch als irritationsvermeidend und damit die Durchführung des folgenden Unterrichts sichernd aufgefasst werden kann. Da auf dem Tonband das leise informelle Sprechen der Teilnehmer kaum verständlich ist, ist zu vermuten, dass diese sich in ihrer Muttersprache unterhalten. Da das Wort »Kino« im Russischen und im Deutschen gleich ist, könnte der Kursleiter dies beim Anblick der auf die Kamera blickenden Teilnehmer auch dann verstanden haben, wenn er – wie zu vermuten ist – nicht Russisch sprechen kann[6]. In einer beiläufigen Art nimmt er gewissermaßen den inoffiziellen (andere ausschließenden) Diskurs der Teilnehmer in den halboffiziellen (alle durch Benutzung des Deutschen einschließenden) Diskurs im Vorfeld des eigentlichen Kurses auf und hebt dadurch die die Beteiligten vereinende Gemeinsamkeit des Gefilmt-Werdens hervor. Die insofern parallelen Sequenzen Z.1-2 und Z.6-7 zeigen, dass der Kursleiter die (vermutlichen) Kontrahenten gleich behandelt und damit in den Kurs integriert.

Schaut man sich nun den Beginn der Aufnahme an, so kann man feststellen, dass der Nebensitzer von T1 als erster allein den Kursraum betritt und den später ebenfalls allein eintretenden Kollegen mit emporgehobener Hand (!) begrüßt und ihn auf den Platz neben sich winkt. Die beiden unterhalten sich dann leise auf Türkisch. Der Gruppe der beiden Türken steht also die Gruppe der aus der ehemaligen Sowjetunion stammenden Spätaussiedler gegenüber. Dass es hier zu Differenzen kommen kann, legen die unterschiedliche Religionszugehörigkeit und die unterschiedliche Sozialisation nahe. Gleichzeitig haben beide Gruppen mit Diskriminierungen durch die deutsche Bevölkerung zu kämpfen.

Wenn die Annahme, dass es sich bei dem untersuchten Ausschnitt um eine unter Ironie versteckte Aggression handelt, zutrifft, dann wäre das Verhalten des Kursleiters insofern funktional, als er sich nicht auf die eine oder die andere Seite schlägt, sondern den Einwurf des türkischen Teilnehmers aufgreift und seine Ironie weitertreibt, dass er aber anderseits dem verdutzten russischsprachigen Teilnehmer ›hilft‹ und den Kino-Vergleich von dessen Landsmann aufgreift und in den allgemeinen Diskurs überführt. Während man auf der Basis des Transkripts davon ausgehen kann, dass die Bemerkung über das »Kino« ein anderes Thema verfolgt, zeigt das Video, dass diese auch als ›Ausgleichshandlung‹ zu verstehen ist, so dass der diskurs- und kursintegrierende Aufnahme der Bemerkung des

---

6 Es ist anzunehmen, dass dem im Umgang mit Ausländern spracherfahrenen Kursleiter auch der Umstand nicht irritiert, dass im Russischen anders als im Deutschen das Wort mit der Betonung auf der zweiten Silbe ausgesprochen wird.

türkischen Teilnehmers durch den Kursleiter die entsprechende Aufnahme einer Bemerkung eines russischen Teilnehmers folgt.

Geht man nun noch ein kurzes Stück im Transkript (und im Videoband) zurück, so zeigt sich das Muster des integrierenden Aufgreifens von Teilnehmeräußerungen unmittelbar vor dem hier ausgewählten Segment. Im Transkript heißt es:

Segment 3

```
 1   KL: Heiß ne'
 2   T1: Ohhh (stöhnend)
 3   KL: Ohhh (stöhnend)
 4   [4 sec. Pause ]
 5   (1) T2: Jetzt voll&tut mir leid,
 6   (2) KL: Tut mir leid. kein Platz me:hr. Tschühüss ((lautes Lachen))
 7   (3) [6 Sek. Pause]
 8   (4) KL (leise) So. hier is noch Platz
 9   (5) [18 Sek. Pause]
10   (6) T3: [unverständlich]
11   (7) KL: Bisschen wie Kino meinten Sie ja' bisschen wie Kino is das
```

Hier hat der Kursleiter die sprachliche Initiative ergriffen, und eine Teilnehmerin bestätigt die Aussage durch einen paraverbalen Stöhnlaut. Diese vielleicht unangemessene, zumindest aber nicht explizit verbalisierte Reaktion ratifiziert der Kursleiter, indem er sie wiederholt und so ihre Angemessenheit bedeutet. Wiederholung bedeutet hier Bestätigung, ist also ein Schritt innerhalb des Lehr-Verfahrens der Korrektur[7]. Hinzu kommt, dass er damit eine Gemeinsamkeit mit der reagierenden Teilnehmerin (und vielleicht auch weiteren Anwesenden) hergestellt. Es ist möglich, dass der Kursleiter hier noch vor Beginn der eigentlichen Kurssitzung eine Beziehung zu Teilnehmern herstellen möchte, die besonders große Schwierigkeiten haben, sich auf Deutsch zu äußern. Entscheidend ist die Methode der Wiederholung bzw. Parallelisierung. Dass diese bei dem vergleichsweise harmlosen Thema Wetter bzw. Temperatur gelingt, verwundert nicht. Der weitere Vorgang zeigt, dass sie auch bei der Bewältigung untergründiger Konflikte und sonstiger Irritationen (hier: der Beobachtung durch Kameras) eingesetzt werden kann. Dem Videoband ist außerdem zu entnehmen, dass die Aussage des Kursleiters wahrscheinlich keine rein initiierende ist, sondern als Reaktion auf den mimischen Ausdruck der Erschöpfung einer Teilnehmerin erfolgte. Der Kursleiter hat demnach nur versprachlicht, was die Teilnehmerin mimisch und/oder motorisch ausgedrückt hat.

Somit wäre das Kursleiterverhalten im gewählten Segment von einer durchgängigen Gemeinsamkeit herstellenden Responsivität gekennzeichnet, die immer auch als Sprachübung auftritt und dabei der Heterogenität insofern gerecht wird, als sie von unterschiedlichen Teilnehmer(-gruppen) ausgeht. Diese Zweideutigkeit betrifft nicht nur die Redebeiträge des Kursleiters, sie schwingt auch in den

---

7 Vgl. den Beitrag »Inaudible Hints« in diesem Band.

Äußerungen der Teilnehmer mit (So wäre es denkbar, dass der Satz von T1 eine im Kurs gelernte Wendung reproduziert und anwendet.).

3   Methodische Reflexion und These

Für die Interpretation ist das Vorgehen bestimmend gewesen, von einer zunächst irritierenden verbal-inhaltlichen Auffälligkeit auszugehen, die entsprechende Passage als Tontranskript zu isolieren und paraphrasierend zu interpretieren, dem Tontranskript das Video gegenüberzustellen und auf dieser Basis den ursprünglich gewählten Ausschnitt um nonverbale Displays zu vertiefen und zu erweitern. Das bereits im ersten Segment erkennbare Muster erweist sich allein durch den Vergleich mit dem unmittelbar Vorherliegenden und Folgenden als Variation, die zunächst einmalig erscheinende Intervention des Kursleiters als ein vielfältig nutzbares Verfahren, das mit der Methode der verdoppelnden bzw. echohaftvariierenden Responsivität Gemeinsamkeit auch dann herstellen kann, wenn die Sprachkenntnisse der Beteiligten unzureichend sind, wenn untergründige kursinterne Animositäten die Kursatmosphäre bedrohen oder wenn es gilt, externe Irritationen zu verharmlosen.

Die Wiederholung – gewöhnlich i. S. der Sentenz »Repetitio est mater studiorum« als Lern- bzw. Korrekturmethode[8] verstanden – ist hier nicht nur eine Lehrmethode, sondern ein Kunstgriff, der durch Angleichung einen Ausgleich herzustellen und Konflikte zu vermeiden versucht. Wiederholung ist hier kein didaktisches Verfahren der Sicherung und Vereindeutigung, sondern der performativen, also nicht-metasprachlichen Herstellung von Irritation und Vervielfältigung[9]. Hinter der scheinbaren Einfachheit der wiederholten Rede oder Geste verbirgt sich eine komplizierte Strategie der spontanen, nicht-offensiven Bedeutungsveränderung innerhalb eines durch extreme Heterogenität der Teilnehmer geprägten Kurstyps.

Die Heterogenität der Teilnehmer an Integrationskursen stellt nämlich nicht nur ein sprachliches Problem, sondern auch ein soziales Problem dar. Durchaus erwartbar sind dabei Konflikte zwischen russischsprachigen Teilnehmern mit Teilnehmern aus der Türkei – laut dem Rahmencurriculum für Integrationskurse[10] bildeten diese 2006 bundesweit mit 37 bzw. 21 % die größten Teilnehmergrupppen. Das in Kursen des beschriebenen Typs relativ große Konfliktpotential scheint durch den Einsatz ambivalenter Sprachformen und Gesten reduziert wer-

---

8 Vgl. Kleppin 2010.
9 Vgl. dazu – bezogen auf Wiederholung als literarischem Strukturprinzip und unter Rückgriff auf Lotman 1970 bzw. 1973 – Lobsien 1995, S. 12.
10 Vgl. Rahmencurriculum für Integrationskurse Deutsch als Zweitsprache. Goethe-Institut München 2007 [http://www.goethe.de/lhr/prj/daz/pro/Rahmencurriculum_on¬line_final_Version5.pdf].

den zu können. Die nicht immer aufgelösten Doppeldeutigkeiten werden speziell von Teilnehmern produziert – dies gelingt überraschenderweise auch dann, wenn diese die deutsche Sprache (noch) nicht beherrschen[11] oder auch ganz auf sprachliche Äußerungen verzichten.

4 Transkriptionszeichen und Abkürzungen

X'	steigende Intonation
X,	fallende Intonation
X-	Intonation in der Schwebe
<u>leid</u>	auffallende Betonung
me:hr	Dehnung eines Vokals
.	kurzes Absetzen
..	kurze Pause
...	längere Pause (Pausen, die mehr als 3 Sekunden dauern, werden mit genauer Zeitangabe vermerkt.)
&	schneller Anschluß
((Lachen))	Charakterisierung außersprachlicher Vorgänge
(leise)	Charakterisierung der Sprechweise, innerhalb eines Redebeitrags, aufgehoben durch *
KL	Kursleiter
T1, 2,...	Teilnehmer 1, 2,...

---

11 Es entbehrt nicht einer gewissen Ironie, dass zu den Lernzielen dieser Kurse auch der Umgang mit Dissens und Konflikten gehört – allerdings bezogen auf die Realisierung eindeutiger sprachlicher Intentionen wie die eigene Meinung ausdrücken, nachfragen, Missbilligung ausdrücken und widersprechen (vgl. a.a.O., S.36 f).

Hinterbühne – Vorderbühne
Zur Etablierung inoffizieller Zonen

Sigrid Nolda

1 Vorderbühne – Hinterbühne

Die Begriffe ›front region‹ und ›back region‹ oder ›back stage‹ (Vorder- und Hinterbühne) sind von Ervin Goffman in »The Presentation of Self in Everyday Life« benutzt wurden, um Bereiche zu kennzeichnen, die durch Wahrnehmungsschranken begrenzt werden: Der Bereich, in der die Vorstellung stattfindet, wäre demnach die Vorderbühne, der Ort, an dem der durch die Darstellung hervorgerufene Eindruck bewusst widerlegt wird, die Hinterbühne: »Two kinds of bounded regions have been considered: front regions where a particular performance is or may be in progress, and back regions where action occurs that is related: to the performance but inconsistent with the appearance fostered by the performance« (Goffman 1959, S. 134)[1].

Die Erfassung des Hintergrundgeschehens in organisierten Lehr-/Lernsituationen ist außerordentlich schwierig und aus der Sphäre des Anekdotischen vor allem durch die ethnographische Schulforschung geholt worden, die den Begriff benutzt, um auf das ›Unterleben der Schüler‹ aufmerksam zu machen (vgl. Zinnecker 1978, S. 34). Verfolgt wird das Verhalten von Schülern auch unabhängig vom offiziellen Lehr-Lern-Gespräch vornehmlich durch teilnehmende Beobachter, aber auch mit der Kamera (vgl. Mohn/Amann 2006, Mohn 2007) – u.a. mit dem Ergebnis einer Neukonzeptionierung des Begriffs der ›Teilnahme‹ auf empirischer Basis (vgl. Breidenstein 2006). Das Sichtbarmachen von in offiziellen Darstellungen Ausgegrenztem und Unterdrücktem oder schlicht nicht Wahrgenommenem erhebt die bildliche Darstellung in den Rang einer quasi revolutionären Aktion, die den Unterdrückten gewissermaßen ein Gesicht gibt. Standbilder aus den Videos fungieren hier als Belege sprachlich formulierter Interpretationen (z.B. Langeweile), die zudem wesentlich auf den schriftsprachlichen Protokollen teilnehmender Beobachtungen beruht.

Anders als in der Schule – wo die Beteiligten meist Jahre miteinander verbringen, sich auch außerhalb der Schule treffen und in der Institution der Schulpause einen innerinstitutionellen Raum zum Ausagieren inoffizieller Interaktionen haben (vgl. Wagner-Willi 2007) – spielt das Inoffizielle im Bereich der Erwachsenenbildung

---

1 Anders wird der Ausdruck von Microsoft für das Textverarbeitungsprogramm WORD 2010 benutzt, wo er den Bereich bezeichnet, der für die Arbeit mit der Datei an sich und nicht für das Schreiben und Gestalten reserviert ist.

eine eher unauffällige Rolle: Die Beteiligten sind sich meist fremd und sie besuchen den Unterricht meist freiwillig, so dass nicht-erwünschtes Verhalten (zumal wenn gefilmt wird) seltener vorkommt und diskreter gestaltet wird.

Wenn sich aber Kursteilnehmer bereits kennen und die Teilnahme am Kurs eine Pflicht darstellt, wird die Distanz zu schulischem Verhalten geringer. Trotzdem gilt für Erwachsene generell und für die Erwachsenenbildung speziell, dass nicht-erwünschtes Verhalten (zumal wenn gefilmt wird) seltener vorkommt und diskreter gestaltet wird. Die Beschäftigung mit auf Video erfassten Kursen der Erwachsenenbildung gibt nun Anlass zu der Vermutung, dass die Trennung in Vorder- und Hinterbühne zu einem wesentlichen, wenn auch nicht ausschließlichen Teil durch die Differenz zwischen verbalem und non-verbalem Verhalten erreicht wird[2]. Während des Kurses können in Bereichen, die möglichst weit vom offiziellen Kursgeschehen entfernt liegen, dann Privatunterhaltungen geführt werden, wenn diese das Lehr-Lerngeschehen nicht stören. Von solchen, auch den Kurs kommentierenden leise geführten Unterhaltungen sind in den Transkripten kaum Spuren zu finden, da die aufnehmenden Mikrophone in der Regel nahe am eigentlichen Kursgeschehen aufgebaut werden. Fündig kann man dagegen bei der sorgfältigen wiederholten und entschleunigten Betrachtung des auf dem Videoband zu Sehenden werden.

2 Sprache vs. Bild/Tonspur vs. Videospur

Die Unterschiede zwischen Bild und Sprache bzw. Text sind ein klassisches Thema der Philosophie und mittlerweile der Kommunikations-, Medien- und aktuell der Bildwissenschaft. Hingewiesen wird in diesem Zusammenhang auf den unbeschränkten Zeichenvorrat von Bildern und den beschränkten von Sprache (bzw. Schrift), auf die feste Ordnung durch die Syntax bei der Sprache (und vor allem der Schrift) und die fehlende oder bewegliche Ordnung der Verknüpfung von Elementen bei Bildern sowie an die prinzipielle Vieldeutigkeit (Polysemie) von Bildern und der demgegenüber eingeschränkten Bedeutungsvielfalt bzw. Präzision von sprachlichen Elementen. Verkompliziert wir dieser Unterschied dadurch, dass Sprache in beiden Fällen als Beschreibungsmedium, also als Meta-Instanz (vgl. Böhm 1994, S. 26) verwendet wird, auf die Sprache

---

2 Generell können Hinterbühnen als mit der Vorderbühne verbundene, aber von dieser abgetrennten Zonen räumlich und vor allem zeitlich begrenzt sein: Vor dem eigentlichen Beginn von Kursen können Kunsthistoriker, die Museumsführungen für kleine Gruppen durchführen, ihren Unwillen über die unerwartet hohe Teilnehmerzahl und Versäumnisse der Verwaltung zum Ausdruck bringen (vgl. Nolda 1996, S. 225 f), in Pausen von EDV-Qualifizierungsmaßnahmen können Teilnehmerinnen sich über den Besuch von Bällen und dafür geschneiderter Kleider austauschen und dabei mit den Kameraleuten flirten und am Ende von einem Sprachenkurs kann der Kursleiter den Kameramännern seine Einschätzung über das soeben erlebte Teilnehmerverhalten mitteilen.

also nicht verzichtet und die Bedeutungsvielfalt von Bildern durch Sprache nur unzureichend wiedergegeben werden kann (vgl. dazu am Beispiel des künstlerischen Bildes Boehm 1994 und Imdahl 1996).

Ton- und Bildspur, im Video zusammengefasst, sind also kategorial unterschiedlich und sollten deshalb (so auch Fischer 2009) im analytischen Prozess wieder getrennt, also als zwei verschiedenen Datentypen behandelt werden: Die (primär) auf der Tonspur konservierte gesprochene Sprache kann über etablierte Transkriptionsverfahren annähernd getreu wiedergegeben werden, die auf der Bildspur erkannten Räume, Gegenstände, Personen und ihre Handlungen können dagegen nur beschrieben und Abläufe protokolliert werden. Die Transkription überträgt primär sequenziell organisierte gesprochene Sprache in eine der Schriftsprache angenäherte Form, Deskription und Protokoll übertragen simultan und sequenziell organisierte bildliche Eindrücke in ausschließlich sequenziell organisierte (Schrift-)Sprache. Die Beschreibung vollzieht demnach einen Medien- oder Codewechsel vom visuellen zum sprachlichen Code, so dass man von einer Transcodierung sprechen könnte. Die Verschriftlichung verbleibt dagegen im Medium Sprache, fixiert aber flüchtig gesprochene und akustisch wahrgenommene in dauerhaft fixierte und optisch wahrnehmbare Schrift. Deskription und Protokoll unterliegen – im Gegensatz zur Transkription – in der Regel nicht ausformulierten Richtlinien/Konventionen und können auch nicht dem Anspruch entsprechen, jedes Detail so zu beschreiben, dass bei Lesern ein annähernd gleiches Bild vor dem inneren Auge ersteht.

Dass Transkription und Protokoll nicht vollständig den Hör- und nur vage den Bildeindruck wiedergeben, ist so lange kein Problem, wie immer wieder auf die originalen Daten, die ihrerseits Sekundärdaten gegenüber den Primärdaten bzw. Spuren des gefilmten Ereignisses darstellen, zurückgegriffen wird. Wenn aber Transkription und Protokoll schon bald die eigentlichen Analyseobjekte bilden, wird der Mehrwert von Videos verschenkt und die Videobasierung wird von der Sprachfixierung überwölbt.

Dabei bietet die – beim Sehen in Echtzeit unbemerkte – Trennung in Bild- und Tonspur ideale Möglichkeiten. Sie ermöglicht es nämlich, das Video in schnellem oder langsamem Durchlauf, aber auch in Echtzeit beliebig oft ohne Ton anzuschauen, so wie es auch möglich ist, allein die Tonspur immer wieder, mit Unterbrechungen und Wiederholungen anzuhören.

Eine solche Trennung kann zum dateninternen Vergleich genutzt werden, der im Sinne einer ›starken‹ Triangulation (vgl. Flick 2008) nicht nur als Überprüfung, sondern auch als Differenzierung fungieren kann. So kann die Frage, wie das Gesamtmaterial zu segmentieren ist und welche Ausschnitte einer genaueren Analyse unterzogen werden sollen, einmal auf der Grundlage der Ton- und ein anderes Mal auf der Grundlage der Bildspur beantwortet werden und dabei unterschiedliche, den untersuchten Fall insgesamt besser dimensionierende Ergebnisse hervorbringen: Die in qualitativen Analysen besonders bedeutsamen Anfänge (vgl. Dinkelaker/Herrle 2007) können verbal, aber auch visuell markiert sein und sich gegenseitig verstärken oder miteinander konkurrieren, typische Muster können sprachliche und szenisch-choreographische sein, besondere

Auffälligkeiten können sich auf Redebeiträge oder auf Körperhaltungeneinzelner Personen oder Personengruppen beziehen. Diese Spannung zwischen einer bildgeleiteten und einer sprachgeleiteten Betrachtung soll im Folgenden an zwei Beispielen von Ausschnitten aus Kursen gezeigt werden, die eine primär sprachlich organisierte Lehr-Lernsituation mit erwachsenen Lernern dokumentieren.

3 Beispiel (1) »Die unsichtbare Dritte«

Bei der gefilmten Fortbildungsmaßnahme geht es darum, Verwaltungsangestellte in einem großen Krankenhaus mit dem Verfahren der Wiederbelebung vertraut zu machen. Die zweistündige Pflichtveranstaltung[3] wird von Mitarbeitern des Pflegedienstes durchgeführt, die mit den Teilnehmern normalerweise keinen Kontakt haben.

Eine erst beim mehrmaligen Anschauen entdeckte – gewissermaßen unauffällige – optische Auffälligkeit ist die zunächst nicht zu erklärende Kopf- und Rumpfhaltung einer Teilnehmerin, die diese einnimmt, während einer der beiden Kursleiter die Reanimationspuppe, an der die Wiederbelebung geübt werden soll, mit einem Mundschutz präpariert.

Abb. 1

---

3 Die Angestellten müssen den Besuch der Veranstaltung nachweisen, können aber aus dem mehrmals angebotenen Termin einen ihnen passenden wählen.

Auf dem Standbild (▶ **Abb. 1**[4]) , das zunächst dadurch verwirren dürfte, weil es (planimetrisch[5]) kein Handlungszentrum ausweist, sieht man rechts eine junge Frau in weißer Bluse, die vermutlich auf einem (hier nicht sichtbaren) Stuhl an einem Tisch sitzt und mit dem Kopf und davor gehaltenem Arm auf einem Tisch liegt. Diese Haltung scheint keine Verbindung zu den Haltungen zu haben, die die anderen auf diesem Ausschnitt sichtbaren Personen einnehmen:

- zu den beiden Personen im Hintergrund in der Bildmitte, die sich – die eine auf einem Stuhl, der andere auf einem Tisch sitzend, miteinander zu unterhalten zu scheinen
- zu dem am Boden kniende junge Mann sowie
- zu dem Mann links im Vordergrund, der mit der Hand seine Wange berührt und den am Boden knienden jungen Mann zu beobachten scheint.

Um die Haltung der jungen Frau einordnen zu können, kann diese isoliert bzw. dekontextualisiert werden (▶ **Abb. 2**).

Abb. 2

Dieser Ausschnitt kann dann isoliert betrachtet und mit ähnlichenbildlichen Darstellungen verglichen werden – Darstellungen, wie sie die Kunst, die Werbe-,

---

4 Diese und andere Standbilder sind zur Wahrung der Anonymität mit dem Programm befunky (http://www.befunky.com/create/?lang=de#/home) zu Cartoons umgewandelt bzw. cartoonisiert worden.
5 In gestellten oder aus einer Auswahl als ›gelungen‹ gewählten Bildern zeigt die Anordnung der Personen und Sachen auf der Fläche des Bildes, worauf der Blick (als erstes) gelenkt werden soll.

Presse- oder Alltagsfotografie bereithält[6]. Im vorliegenden Fall ergibt dies im Wesentlichen zwei Deutungen: einmal die Haltung des über einem Buch eingeschlafenen Schülers, zum anderen die Haltung des durch eine Niederlage »am Boden zerstörten« Sportlers (▶ **Abb. 3**)[7].

Jean-Baptiste Greuze (1725–1805):
Un écolier endormi sur son livre

Torwart – am Boden zerstört

Abb. 3

Bevor nun zur Klärung auf die Tonspur zurückgegriffen wird, kann insofern weiter mit der Bildspur gearbeitet und die Tonspur suspendiert werden, als man das Band schrittweise zurücklaufen und dann wieder vorlaufen lässt – eine Möglichkeit, die das Standbild vom oder besser: Schnappschuss unterscheidet, der eine eventuell auch nur kurz eingenommene Pose einfriert.

Abb. 4

---

6 Bohnsack (vgl. 2009, S. 43) bezeichnet diese Verfahren als Komparationsanalyse, Dinkelaker/Herrle (vgl. 2009, S. 93 ff.) nennen es Konstellationsanalyse.
7 Quellen: http://www.kunst-fuer-alle.de/deutsch/kunst/kuenstler/kunstdruck/jean-baptiste-greuze/16604/46/124603/un-ecolier-endormi-sur-son-livre/index.htm und www.ad-hoc-news.de/bilder/torwart-am-boden-ze …

Der Standbildfolge in Abbildung 4 ist zu entnehmen, dass die junge Frau zunächst auf ihrem Stuhl zurücklehnt sitzt, wodurch auf dem zu sehenden Ausschnitt nur ein Teil ihrer Hosenbeine zu sehen ist (1), dann Oberkörper und Arme nach vorne richtet und knapp die Tischoberfläche berührt (2), bis sie schließlich in der beschriebenen auffälligen Weise ihren Kopf auf den Tisch legt (3). Kurz danach richtet die Frau ihren Oberkörper wieder etwas auf und blickt nach rechts (4), bevor sie dann wieder zu ihrer ursprünglichen Sitzhaltung zurückkehrt (5). Unmittelbar davor hebt der kniende Mann im dunklen Pullover seinen Kopf und wendet ihn der jungen Frau zu. Die Kürze (weniger als eine Sekunde), in der die Frau in der auffälligen Haltung verbleibt, spricht dafür, dass damit nicht ernsthaft ein Einschlafen oder eine Niedergeschlagenheit ausgedrückt werden, sondern eine solche Erschöpfung oder Verzweiflung wie ein kurzes Signal angedeutet, quasi zitiert wird. Das erinnert an Posen, wie sie Comic-Figuren kurzfristig einnehmen und mit denen emotionale, äußerlich sonst kaum merkbare Reaktionen visualisiert werden (▶ **Abb. 5**[8]).

Abb. 5

Außerdem fällt auf, dass die Frau in dem Moment die auffällige Haltung aufgibt, in dem sich der kniende Mann ihr zuwendet (▶ **Abb. 4-4**). Dieser kann also die Haltung nicht bemerkt haben.

Was auf dem gewählten Videoband aus der auf den Kursleiter gerichteten Perspektive nur schlecht ersichtlich ist, nämlich die Haltung der übrigen Teilnehmer, enthält das zweite Videoband aus der auf die Teilnehmer gerichteten Perspektive (▶ **Abb. 6**).

Es ist zu sehen, dass keiner der anderen Teilnehmer eine ähnliche Haltung einnimmt: Drei Teilnehmer schauen auf den am Boden Knienden, eine Gruppe

---

8 Quelle: http://stusshed.wordpress.com/2010/01/27/6134

Abb. 6

rechts scheint sich im Gespräch zu befinden. Die andere Kameraperspektive lässt es möglich erscheinen, dass der weißgekleidete Mann, der der jungen Frau gegenübersitzt, nicht diese anschaut, sondern dem Gespräch lauscht, in das die Teilnehmergruppe auf der rechten Bildhälfte vertieft ist.

Wenn man nun auch das gegenperspektivische Video schrittweise zurücklaufen lässt und daraus eine Standbildfolge produziert (▶ **Abb. 7**), erkennt man, dass die Nebensitzerin der jungen Frau sich ihr, bevor sie sich vorbeugt, zuneigt (1) und dann – diskret – ihre Vorwärtsbewegung und ihre Geste verfolgt (2, 3). Daraufhin wirft die junge Frau einen Blick in die übrige Teilnehmerrunde (4), deren Aufmerksamkeit sie offensichtlich gewonnen hat, beugt ihren Oberkörper weiter hoch und wendet sie sich der Nebensitzerin zu (5).

Abb. 7

An dieser Stelle oder genauer: erst an dieser Stelle wäre die Tonspur heranzuziehen, um aus dem Gesprochenen Hinweise zur Klärung zu erhalten. Tatsächlich ist ein Wortwechsel zu hören bzw. eine Frage-Antwort-Sequenz, wobei die junge Frau eher leise eine Frage stellt und der am Boden kniende Mann antwortet. Die schnell, ohne Pausen gesprochene Frage lautet: »Muss man das jetzt allein machen oder kann man das auch zu zweit machen?« Die Antwort: »Also, primär, wenn es geht, alleine, also im Zweifelsfall ist man alleine«.

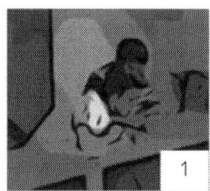

TN: Muss man das jetzt allein machen oder kann man das auch zu zweit machen?

KL: Also , primär, wenn es geht . alleine   also im Zweifelsfall ist man alleine

Abb. 8: Transkript, ergänzt um Ansichten der Akteure

Am Wortmaterial wird deutlich, dass es sich um eine Frage-Antwort-Sequenz handelt, am Bildmaterial, dass es sich nicht um eine unechte Lehrerfrage und eine Schülerantwort, sondern um die (formale) Informationsfrage einer Teilnehmerin und die Antwort eines für die Organisation verantwortlichen Lehrenden handelt. Während die Teilnehmerin ihre Frage stellt, lehnt sie sich weit nach vorne (1) zu dem mit der Präparation der Übungspuppe beschäftigten und deshalb von ihr abgewandten Kursleiter (2). Mit dieser Nähe könnte sie – in Verbindung mit der leisen Sprechweise – eine die übrigen Teilnehmer exkludierende Gesprächssituation schaffen und so für sich (und ihre Nebensitzerin) eine Sonderkondition erwirken wollen. Ihre Körperhaltung hätte dann eine Vertraulichkeit hergestellt, die in der sprachlichen Äußerung nicht auftaucht. Die Sprecherin hätte sich damit »nichts vergeben« und könnte so auch nicht für den eventuell problematischen Versuch[9] verantwortlich gemacht werden, für sich und ihre Nebensitzerin eine Ausnahme zu erreichen.

Die Teilnehmerin formuliert unpersönlich mit dem unbestimmten Pronomen der 3. Person (»man«), spricht also nicht von dem Unwillen oder der Unfähigkeit bestimmter Personen (von sich selbst und/oder ihrer Sitznachbarin), die Übung

---

9 Problematisch wäre ein solcher Versuch für die anderen Teilnehmer, da er diese nicht einbezieht und sie damit von der Vergünstigung ausschließt. Für den Kursleiter wäre ein Akzeptieren des Vorschlags problematisch, weil er seinem Konzept und/oder dem vorgegebenen Fortbildungsziel nicht entspricht.

(»das«) allein zu machen, und auch die Antwort des Kursleiters enthält keine persönliche Adressierung. Mit dem beginnenden »Also« scheint er zu einer längeren Erklärung ansetzen oder seine Abgelenktheit durch die Präparation des Übungspuppe überbrücken zu wollen (3), unterbricht sich dann mit relativierenden Einschüben, um dann die entscheidende Antwort »alleine« zu geben (4). Erst bei dem begründenden Hinweis »im Zweifelsfall ist man allein« blickt der Sprecher zur Angesprochenen hoch (5).

Das Verbaltranskript bietet also wesentliche Aufschlüsse, zumal ihm bei Hinzuziehung der Bilderfolge zu entnehmen ist, dass die Frau die auffällige Haltung in dem Moment einnimmt, in dem der kniende Mann das Wort »alleine« ausspricht (4). Das lässt vermuten, dass diese Haltung eine Reaktion auf die Auskunft «alleine« ist, die als vorsichtige und eingeschränkte, aber dennoch eindeutige Ablehnung eines indirekt formulierten Wunsches bzw. des Versuchs, eine Sonderkondition zu erhalten, gesehen werden kann. Demnach würde die Frau kurz und expressiv-übertrieben, aber nicht verbal ihr »Entsetzen« ausdrücken – und zwar so, dass derjenige, auf dessen Aussage sich ihr Kommentar bezieht, dies nicht sieht.

Gesehen werden kann diese Geste aber von der Nebensitzerin, der sich die Frau dann auch bald wieder zuwendet. Nimmt man hinzu, dass die Nebensitzerin noch vor der Frage der jungen Frau sich dieser zugewandt hat, ist zu vermuten, dass die beiden sich darüber ausgetauscht haben, dass sie in Kürze die Übung vor allen anderen (und beobachtet von der Kamera) durchführen müssen. Es scheint plausibel, dass die junge Frau sich quasi zur Sprecherin der Nebensitzerin macht oder aber ein ihnen gemeinsames Problem zu lösen versucht, indem sie den Kursleiter indirekt fragt, ob sie die Übung nicht zu zweit machen können. Die Nebensitzerin der Sprecherin ist auf dem als Ausgangsbild gewählten still gewissermaßen die »unsichtbare Dritte«, die aber einen wichtigen, auf der Tonspur nicht erkennbaren Part in dieser Interaktion einnimmt[10]. Das Verbaltranskript registriert lediglich eine Frage-Antwort-Sequenz zwischen Teilnehmerin und Kursleiter, die Bildfolge bettet diesen Dialog in eine eher inoffizielle Teilnehmer-Teilnehmer-Interaktion ein, und die zunächst rätselhafte Haltung der jungen Frau erweist sich als Zwischenglied zwischen der inoffiziellen, primär an die Nachbarin und Kollegin gerichteten und der offiziellen, von den Kursleiter aufgenommenen Interaktion[11].

---

10 Die Anspielung auf den deutschen Titel von Hitchcocks-Film »North by Northwest« bezieht sich auf die – an den erfundenen Spion Mr. Kaplan im Film erinnernde – Nicht-Existenz der Teilnehmerin im Ton-Transkript einerseits und auf den wichtigen Part, den sie für das Segment spielt, andererseits.

11 Die als kleine Auffälligkeit bemerkte Geste erweist sich nicht nur als Verständigungs-Zeichen zwischen den beiden nebeneinander sitzenden Teilnehmerinnen, sie führt auch dazu, dass die sie ausführende Teilnehmerin die Aufmerksamkeit der anderen Teilnehmergruppe auf sich zieht, und zwar wahrscheinlich ohne dass dies vom Kursleiter bemerkt wird. Hinzu kommt, dass die affektdarstellende Geste (vgl. Ekman/Friesen 1969) natürlich auch von dem hinter der Gruppe stehenden Kameramann sichtbar wäre (wenn er – was er nicht tut – aufblicken würde). Die Möglichkeit ist deshalb nicht ausgeschlossen, dass auch – im wahrsten Sinn des Wortes: über den Kopf des Kursleiters hinweg – eine Verständigung mit dem Kameramann gesucht wird.

4 Beispiel (2): »das mach ich persönlich bitteschön«

Während es in Beispiel (1) ein zunächst nicht-wahrgenommenes optisches Detail war, das die Analyse leitete, ist die Diskrepanz zwischen offiziellem und inoffiziellem Geschehen im folgenden Fall[12] offensichtlicher: Schon beim ersten Anschauen des Videos einer Unterrichtseinheit aus einem zweijährigen Ausbildungskurs »Lehrer/in für Pflegeberufe« fällt die Ungezwungenheit auf, mit der einzelne Teilnehmer sich während des Unterrichts nicht-unterrichtskonformen Tätigkeiten wie Essen, Trinken und Beschäftigungen wie dem Hantieren mit einem Handy, Privatunterhaltungen mit Sitznachbarn oder ausgiebigem Gähnen widmen. Anders als beim ersten Beispiel sind diese Tätigkeiten nicht mehrdeutig oder rätselhaft. Diese körperlich hergestellten und optisch wahrnehmbaren Zeichen der mangelnden Aufnahmebereitschaft[13] sind in ihrer Unverhohlenheit gewissermaßen übermarkiert und wirken deshalb auf den Betrachter provokativ.

Die üblicherweise für die Hinterbühne reservierten Verhaltensformen werden hier auf der Vorderbühne des Geschehens und für den Kursleiter (und die Beobachter) sichtbar gezeigt, ohne dass dies den Kursleiter im Verfolgen seiner Unterrichtsplanung zu stören scheint, die ›störenden‹[14] Teilnehmer also nicht die Durch- oder Fortführung des Unterrichts zu verhindern scheinen.

Untersucht man das Worttranskript, findet man keine Hinweise auf das gleichzeitig sichtbare (und fast anstößige) Verhalten einiger der dem Kursleiter gegenüber setzenden Teilnehmer – z.B. in der folgenden Passage, in der er den Teilnehmern eine Kartenabfrage ankündigt:

KL: / .../ (schnell) also das is so der* . erste große Block bis zur Pause .. u:nd ... ja ich würd vorschlagen wir fangen jetzt wie gesagt mit der . Abfrage an. ich hab es vorbereitet leider nicht getippt. irgendwat vergess ich ja immer ((leises Lachen)) ..also ähm ... die getippte Version liegt zu Hause & (schneller werdend) alles andre hab ich eingepackt also hab ichs heut morgen noch mal mit der Hand (lachend) geschrieben*. aber das macht nix man kanns glaub ich lesen ... ähm .. zwei Fragen und zwar einmal was bedeutet für Sie Qualität in Bildungsprozessen‹ . und eine andere Frage aus der Perspektive eines Anbieters was muss ein Bildungsanbieter tun. um qualitätvolle Arbeit zu leisten. wir werden ähm ... ich werd des in zwei Hälften verteiln- und zwar- & (unverständlich, leise und schnell) das mach ich persönlich bitteschön*[15]

---

12 Der Fall wird ausführlich, allerdings ohne Verbindung zum Konzept Vorder-/Hinterbühne untersucht in Karisch 2010.

13 Zum Problem der Aufnahme- bzw. ›Folge‹-bereitschaft vgl. den Beitrag zum Thema »Formen des Einwirkens« von Herrle in diesem Band.

14 Zur Problematik des Begriffs der Störung vgl. Kade 1985.

15 Zu den Transkriptionskonventionen vgl. den Beitrag »Verdoppelung und Doppeldeutigkeit« in diesem Band.

Der Kursleiter hat offensichtlich bereits das zu behandelnde Thema erläutert und gibt einen Zeitrahmen vor (»erste große Block bis zur Pause«). Das Signal zum Beginn der Abfrage erfolgt vorsichtig (»würd vorschlagen«), aber bestimmt. Dass der technische Vorgang der (Karten-)Abfrage nicht erläutert wird, lässt darauf schließen, dass das Verfahren den Teilnehmern bekannt ist. Nachdem der Kursleiter zunächst noch die 1. Personal Plural (»wir fangen jetzt / . . ./ an«) verwendet hat, wechselt er im Folgenden in die 1. Person Singular und trennt so zwischen der zu leistenden Arbeit der Teilnehmer und seiner bereits geleisteten Arbeit der Vorbereitung. Er drückt sein Bedauern darüber aus, dass er dies handschriftlich und nicht maschinenschriftlich (bzw. per Computerausdruck) getan hat und kommentiert sein Versäumnis in einer Form, die darauf hindeutet, dass die Teilnehmer ihn schon länger kennen und seine Fehler schmunzelnd zur Kenntnis nehmen dürften: Indem er selbst leise lacht, nimmt er gewissermaßen diese Reaktion vorweg und lädt gleichzeitig dazu ein. Die dadurch markierte Familiarität wird durch die regionale, die Beteiligten möglicherweise miteinander verbindende Aussprache (»irgendwat«) und die Detailliertheit, mit der er sein Versäumnis und den Versuch, dieses auszugleichen, beschreibt gesteigert. Der fast narrativ-persönliche Modus kann als Zeichen von besonderer Unverstelltheit oder aber als Versuch gewertet werden, diese als Form der Beziehung erst herzustellen. Indem der Kursleiter zu den Teilnehmern redet, drückt er auch gleichzeitig deren Reaktion aus: deren Lachen bei der Erwähnung seiner Vergesslichkeit, aber auch ihre Großzügigkeit (»aber das macht nix«). Dass die Teilnehmer mit der Methode der Kartenabfrage vertraut sind, wird deutlich, wenn er lediglich die beiden von ihm auf den Karten notierten Fragen vorliest, die die Teilnehmer beantworten sollen. Er erläutert, dass er der einen Hälfte der Gruppe die Karten mit der ersten Frage und der anderen die Karten mit der zweiten Frage übergeben wird, und zwar »persönlich bitteschön«. Dies scheint erwähnenswert, weil dies auch von den Teilnehmern gemacht werden könnte: entweder indem einer ausgewählt wird, die Karten an die anderen zu verteilen, oder indem der Kursleiter einem Teilnehmer alle Karten übergibt und sich jeder der Reihe nach eine herausnimmt. Der Kursleiter bietet also einen besonderen Service an und beschließt dessen Ankündigung mit einer altmodisch-ironischen Formel der Zuvorkommenheit (»bitteschön«). Dieser Monolog ist der Sache nach eindeutig der Vorderbühne der offiziellen Unterrichtskommunikation bzw. dem sowohl strukturierenden als auch inhaltlich erläuternden Kursleiterhandeln zugehörig, wenn auch in der Form tendenziell familiär.

Das Videoband zeigt nun, dass auf die vorwegnehmenden Reaktionsinitiierungen des Kursleiters nur ein Teil der Angesprochenen in der antizipierten Weise bzw. überhaupt reagiert. Die im Transkript implizierte monologische, aber die Stimme der anderen aufnehmende Ansprache an alle, wird beim Ansehen des Videos zur Interaktion unter einigen Anwesenden. Eine Raumskizze macht dies deutlich (▶Abb. 9):

Auf die Ansprache des Kursleiters reagieren im Sinne einer Demonstration des On-Task-Seins [16] nur die vier Teilnehmerinnen rechts von ihm, ein Teilneh-

---

16 Vgl. den Beitrag zur Aufmerksamkeitskoordination von Dinkelaker in diesem Band.

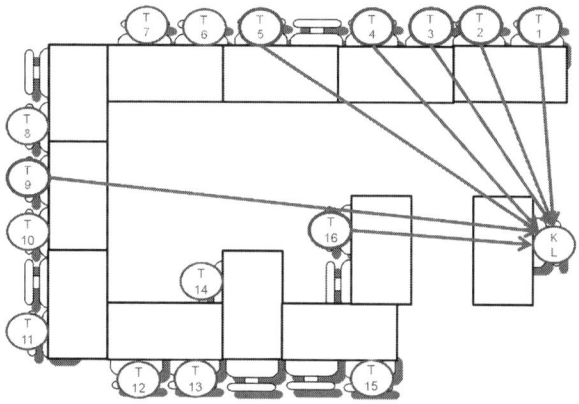

Abb. 9

mer ebenfalls auf der rechten Seite, eine Teilnehmerin in der hinteren Reihe ihm gegenüber und ein Teilnehmer, der seinen Tisch in nächster Nähe zum Kursleiter aufgestellt hat. Das Reaktions-Respons-Muster wird also vorwiegend von den Teilnehmern auf der rechten Seite vom Kursleiter und überhaupt nicht von denen auf der linken Seite realisiert[17].

Als der Kursleiter aufsteht und, wie angekündigt, den Teilnehmern ihre jeweilige Karte übergibt, wiederholt sich – wie aus Abbildung 10[18] zu ersehen ist – diese Trennung: Er beginnt seine Rundgang auf der rechten Seiten, wo er jeder der vier Teilnehmerinnen bei der Kartenübergabe in die Augen blickt und dies auch noch beim Vorwärtsschreiten (1), setzt seinen Gang rechts fort und schaut dabei auch noch dann zurück zur Gruppe der vier Teilnehmerinnen, als er weit von ihnen entfernt ist (2). (Vermutlich reagiert er dabei zusätzlich auf leider nicht identifizierbare Bemerkungen von diesen Teilnehmerinnen[19]). Am nachlässigsten verhält er sich, als er auf der linken Seite angekommen ist: Statt auf die Teilnehmer zu schauen, blickt er in seine Unterlagen. So übersieht er die ausgestreckte Hand von T14 (3) und legt ihr die Karte, ohne sie anzusehen, auf den Tisch. Auch T15, die ihn schon vorher fixiert hatte, würdigt er keines Blickes, als er ihr die Karte auf den Tisch legt (5). Die angekündigte ›persönliche‹ Übergabe geht bei diesen Teilnehmern nicht mit einem zu erwartenden Blickkontakt einher. Der Kursleiter legt vielmehr die Karten auf die Tische und überreicht sie nicht den Teilnehmerinnen als Personen.

---

17 Der Raumskizze ist zu entnehmen, dass zwei Tische auf der linken Seite offensichtlich umgestellt wurden: einer fügt sich im rechten Winkel in die Tische der linken Seite ein, der andere ragt darüber hinaus. Dadurch ist das offene Viereck unterbrochen, so dass sowohl ein Wahrnehmen der gesamten Gruppe untereinander als auch die volle Sicht des Kursleiters auf alle Teilnehmer behindert wird.

18 Die cartoonisierten Standbilder sind hier zusätzlich durch Entfernen des (sehr unruhigen) Hintergrunds bearbeitet worden.

19 Dafür sprechen auch die Körperhaltung bzw. die Blickrichtung und die Mimik einiger anderer Teilnehmer.

Das mangelnde Zusammenspiel ist besonders deutlich bei T14, die zwar ihre Hand ausstreckt, um ihre Karte in Empfang zu nehmen, aber so, dass sie den Kursleiter nicht sehen kann und dieser, der auf die Kartenstapel blickt und der auch verbal von ihr nicht angesprochen wird, ihre Handhaltung nicht wahrnehmen und die damit verbundene Aufforderung bzw. Bereitschaft nicht erkennen kann.

Abb. 10

Die non-verbalen Aktionen des Kursleiters entsprechen so den non-verbalen Reaktionen bzw. Nicht-Reaktionen der Teilnehmer. Die hier festgestellte Trennung in eine re-aktive, die Vorderbühne besetzende Teilnehmergruppe und eine non-reaktive oder sich vom Kursleiter abwendend die Hinterbühne ausfüllende Gruppe setzt sich im weiteren Kurs – etwa im verfrühten und unkommentierten Verlassen des Raums durch die nicht-involvierten Teilnehmer – fort.

Außerdem ist anzunehmen, dass bereits die Vorbereitung zweier Kartentypen die Trennung der Gruppe in interessiert-leistungsstarke und eher desinteressiert-leistungsschwache Mitglieder aufnimmt. Dies wird aber nicht thematisiert, erscheint also nicht auf der sprachlichen Oberfläche des Kursleiterverhaltens.

Anders als im ersten Beispiel, wo die Hinterbühne vor dem Kursleiter verborgen wurde und auf eine Unvertrautheit der Teilnehmer mit dem Kursleiter deutet, drückt sich im zweiten Beispiel eher eine Vertrautheit mit der Situation und der (nicht-sanktionierenden) Art der Kursleiters aus. Das ›Nebeneinander‹ zwischen den eher abgewendeten Teilnehmern und dem sie tendenziell ignorierenden Kursleiter auf der Hinterbühne ermöglicht das ›Miteinander‹ auf der Vorderbühne des Kurses, obwohl oder weil es direkte Kritik ausschließt. Die Vorderbühne ist akustisch durch den Redebeitrag des Kursleiters gekennzeichnet, visuell durch die Blickrichtungen der ›interessierten‹ Teilnehmer und räumlich durch eine Verortung auf der vom Kursleiter aus gesehenen rechten Raumhälfte.

Während in Beispiel (1) der Raum der Hinterbühne sich kurzfristig dadurch ergeben hat, dass der Kursleiter am Boden kniet, ist die räumliche und an bestimmte Teilnehmer gebundene Hinterbühne in Beispiel (2) eher eine Konstante. Dafür ist es aber in diesem Beispiel der Kursleiter, der zwischen einem (alle Teilnehmer inkludierenden) Vorderbühnenverhalten und einem (bestimmte Teilnehmer exkludierenden) Hinterbühnen verhalten wechselt.

5   Zusammenfassung und Schlussfolgerung

Was durch den Vergleich von Bild- und Tonspur erkennbar wird, ist eine Verbindung zwischen inoffizieller und offizieller Interaktion im wechselseitigen Schon-Modus: Im ersten Beispiel geht es auf der semantischen Oberfläche um die Klärung der allgemeinen Frage, ob man die Übung bzw. die Rettungsmaßnahme allein oder zu zweit durchführt, auf der körperlichen oder körpersprachlichen Ebene und wahrscheinlich auch auf der Ebene des für andere nicht hörbaren Tuschelns der beiden Teilnehmerinnen geht es dagegen um Protest, Entsetzen und Resignation, aber auch um deren Rücknahme durch expressiv-kokette Übertreibungskomik. Im zweiten Beispiel wird offiziell in familiär-selbstironischer Weise vom Kursleiter eine Arbeitsaufgabe erläutert und mit dem Versprechen eines besonderen Service für alle angekündigt, inoffiziell ist diese Interaktion und ihr Modus aber primär auf eine bestimmte Gruppe beschränkt, und die davon Ausgeschlossenen bzw. Sich-Ausschließenden haben die Gelegenheit zur unverhohlenen Demonstration von Desinteresse. Diese Gleichgültigkeit wird nicht kommentiert, aber in der Art und Weise, wie sich der Kursleiter beim Austeilen von Unterlagen zu den Teilnehmern hin bzw. sich von diesen abwendet, komplementär ›beantwortet‹. Der hier herangezogene winzige Ausschnitt deutet auf eine Geschichte, die die Beteiligten miteinander verbindet, auf eine Routine, die sich im Verlauf des mehrmonatigen Intensivkurses ergeben hat und von der sich zu befreien schwer sein dürfte. Aber auch dieses kleine Segment zeigt den interaktiv-sequenziellen Charakter der Konstruktion von Vorder- und Hinterbühne. Als Grundmechanismus wird dabei von den Beteiligten die Trennung zwischen zum Ausdruck offizieller Inhalte genutzter Verbalität und zum Ausdruck inoffizieller bzw. unpassender Emotionen genutzter Körperlichkeit genutzt, die Protest ebenso wie Indifferenz oder auch Widerstand wahrnehmbar, aber nicht hörbar und damit anrechenbar macht[20].

---

20 Vgl. zur Symmetrie des Hörens und zur Asymmetrie des Sehens unter Rückgriff auf Dietrich Schwanitz auch Nassehi 2011, S.277.

297

Das Nicht-Hörbare in beiden Beispielen hat den Charakter des Karnevalesken (vgl. Bachtin 1969), das die Ordnung nicht aufhebt bzw. das zwischen Kursleiter und Teilnehmern bestehende Arbeitsbündnis nicht ernsthaft gefährdet. Die Bildspur enthüllt deshalb nicht die wahre Geschichte, sie lässt aber einen Blick auf die Hinterbühne der Aufführung werfen, die ihrerseits den vorsichtigen gesichtswahrenden Umgang zwischen Teilnehmern und Kursleiter ermöglicht, der wiederum bildlich nicht repräsentierbar ist. Hinterbühnen- und Vorderbühnenbereiche werden von den Beteiligten als solche markiert, ausgefüllt und – soweit es möglich ist – miteinander verbunden. Statt in den Hinterbühnenaktivitäten den Ausdruck unterdrückten Lebens zu sehen, legen die Beispiele eher eine kompetenztheoretische Sicht[21] nahe, die davon ausgeht, dass hier eine gemeinsame Lösung des Problems gefunden wird, wie Unterricht trotz Unlust und Angst auf Seiten der Teilnehmer und trotz mangelnder Anerkennung auf Seiten der Teilnehmer und Kursleiter durchgeführt werden kann, ohne Gesichtsverlust befürchten zu müssen.

Das schon von seinem Urheber problematisierte Konzept der Vorder- und Hinterbühne tritt in den im Projekt archivierten Kursbeispielen weniger als Raumphänomen und mehr als Phänomen des Übertragungskanals von Mitteilungen in Erscheinung: Nicht (allein) die gleichzeitige Existenz von zwei räumlichen Bezirken, sondern (auch) die Sequenzialität von Interakten schafft die beiden sich bedingenden Bereiche. Videodaten stellen für eine Erziehungswissenschaft, die an Fragen des Raums, der Körperlichkeit, der informellen Seite organisierten Lernens interessiert ist, ein Potential dar, das durch ihre Sprachfixierung bedroht oder zumindest reduziert ist. Im Fall der Videoanalysen geht es nicht um das Ignorieren visueller Elemente, sondern um die Neigung, Forschungsfragen aus dem sprachlichen Material zu beziehen und mit ihm zu beantworten, Segmente und Sequenzen aufgrund der sprachlichen Präsentation zu bestimmen und die bildliche Ebene eher zur Illustration und weniger als eigenständiges Interpretationsobjekt zu nutzen.

Dieser – im Wesentlichen kulturell bedingten[22] – Neigung kann entgegengewirkt werden, indem

- eine – künstliche – Trennung in Bild- und Tonspur vorgenommen wird,
- die natürlich erscheinende Reihenfolge, zuerst das Bild- und dann das Sprachmaterial zu behandeln, gelegentlich umgekehrt wird,
- die Möglichkeiten der Geschwindigkeitsregulierung (von speed watching bis zur intensiven Betrachtung und Interpretation von Standaufnahmen) intensiv ausgenutzt werden,

---

21 Vgl. zur Einteilung in kompetenz- und handlungstheoretische Ansätze von Mikroanalysen in Lehr-Lernsituationen Heinzel 2010, S. 41.

22 Neurowissenschaftliche Forschungen deuten darauf hin, dass die kurze Spanne, in der visuelle Informationen im (visuellen) Arbeitsgedächtnis verbleiben, gegenüber der mehr als dreifach längeren Zeit, in der auditive Informationen im (auditiven) Arbeitsgedächtnis verbleiben, kulturspezifisch ist: Vorschulkinder und mit einem Bildalphabet arbeitende Erwachsene können nämlich bildliche Informationen länger speichern und überführen nicht so schnell wie (phono-)alphabetisierte Erwachsene aus dem westlichen Kulturkreis visuelle Informationen in den phonologischen Speicher (vgl. Hitch u. a. 1988)

- die protokollierende Beschreibung des zu Sehenden – im Sinne der vorikonographischen Beschreibung[23] – zunächst unter Suspendierung von Kontextwissen vorgenommen wird und schließlich
- im Forschungsprozess immer wieder auf das Video selbst zurückgegriffen wird[24].

Wenn aber die bildliche Seite des Datentyps Video ernst genommen wird, sollte dies nicht auf Kosten des Erkenntniswerts von Sprachanalysen gehen. Die Herausforderung mit Hilfe exakter Gesprächsanalysen Aufschlüsse über pädagogische Interaktionen zu gewinnen, ist damit nicht hinfällig. (Ihre Annahme würde im Übrigen bedeuten, bei Videoaufnahme – anders als das meist geschieht – zusätzliche leistungsstarke Mikrophone einzusetzen[25]). Es geht vielmehr darum, bei Videos Sprach- und Bilddaten in gleicher Weise ernst zu nehmen, interpretatorisch auszuschöpfen und nicht gegeneinander auszuspielen, sondern erkenntnisgenerierend miteinander zu kombinieren.

---

23 Vgl. Panofsky 1975.
24 Auch die Arbeit mit in kurzem Abstand aus dem Video entnommenen Standbildern bzw. Fotogrammen (vgl. Bohnsack 2009, S. 151 ff) stellt eine – sinnvolle – Verkürzung dar, die aber immer wieder durch den Rückgang auf das Ursprungsmaterial kontrolliert werden muss.
25 Mit dieser Empfehlung ist nicht die Vorstellung verbunden, bewusst geflüsterte Gespräche abzuhören, sondern das von den Beteiligten für alle anderen geäußerte Hörbare so gut wie möglich aufzuzeichnen.

Inaudible Hints
Non-verbale Korrekturen in »Deutsch als Fremdsprache«-Kursen

Sigrid Nolda/Anna Schlappa

1   Korrekturen im Fremdsprachenunterricht

Trotz der speziellen, auch politischen Problematik von Kursen im Bereich Deutsch als Fremdsprache (vgl. Krumm u. a. 2010) gehört der dort angebotene Unterricht in die allgemeine Kategorie des Fremdsprachenunterrichts und ist in weiten Teilen von Phänomenen bestimmt, die auch Kurse betreffen, in denen erwachsene Deutsche Sprachen wie Englisch, Französisch oder Polnisch lernen. Zu den zentralen Problemen jedes Fremdsprachenunterrichts gehört die Korrektur von Fehlern, die die Fremdsprachenlerner beim Lernen machen. Von der Fremdsprachenforschung und -didaktik sind Fehlertypen aufgestellt und die Möglichkeiten zusammengefasst worden, die Lehrenden als Reaktion auf Fehler zur Verfügung stehen. So wird ursachenunabhängig zwischen grammatischen (morphologischen, syntaktischen, morphosyntaktischen), lexikosemantischen und pragmatischen Lernerfehlern unterschieden oder anhand der vermuteten Ursachen zwischen intralingualen (Übertragung muttersprachlicher Strukturen auf äquivalente Strukturen einer Fremdsprache) oder interlingualen (Verallgemeinerung bestimmter Strukturen einer Fremdsprache innerhalb derselben) Fehlertypen unterschieden. Ein besonderes Problem stellt die Unterscheidung zwischen Kompetenz- und Performanzfehlern bzw. zwischen ›errors‹ und ›mistakes‹ dar, also die Frage, ob ein Fehler aufgrund mangelnder Sprachkenntnisse oder als ›lapsus‹ im Sprachgebrauch entsteht (vgl. Cherubim 1980).

So wie in der Spracherwerbsforschung (vgl. Krashen 1981, Ellis 1997, Weber 1996) Fehler nicht mehr als auszumerzende Übel, sondern als notwendige Lernetappen verstanden werden, so hat sich auch in der Didaktik die Einsicht durchgesetzt, dass es nicht selten gerade der Unterricht ist, der Fehler produziert und deren Vorhandensein nicht nur Voraussetzung für die korrekte Anwendung, sondern auch Legitimation für die Rolle des Lehrenden als Korrekturinstanz ist. Der Vorgang des Korrigierens markiert eine vom Lehrer aufgrund seiner Sprachkompetenz nicht-akzeptierte Form einer Teilnehmeräußerung und mündet in eine von ihm selbst oder vom Teilnehmer/von den Teilnehmern durchgeführte Korrektur oder Reparatur der Äußerung: Bei einer Korrektur gibt der Lernende seine Äußerungsabsicht aufgrund der Intervention eines Lehrenden auf, bei einer Reparatur passt sich der Lehrende dem Handlungsfokus des Lernenden an (vgl. Rehbein 1984). Dabei gilt die vom Lehrer initiierte Selbstkorrektur als die der einfachen Verbesserung durch den Lehrer vorzuziehende Form. Um nun aber die gewünschte Korrektur durchzuführen, muss der Lernende nicht nur ein Signal darüber erhalten, dass (und an welcher Stelle) seine Äußerung fehlerhaft ist: Er muss auch Hinweise über die Art des Fehlers und damit über die geeignete Korrektur erhalten. Das ist dann schwierig genug, wenn der Unterricht in der Muttersprache der Beteiligten stattfindet. Wird aber einsprachig in der Fremdsprache kommuniziert, kommt das Problem für den Lehrenden hinzu, dem Lernenden begreiflich zu machen, dass und was dieser korrigieren soll.

Trotz der von der Forschung bezweifelten unmittelbaren Auswirkung von Fremdkorrekturen auf die Sprachfähigkeiten von Lernern (vgl. Schoormann/ Schlak 2010) gehört das Korrigieren zu den zentralen – auch von den Lernern erwarteten – Aufgaben von Fremdsprachenlehrern. Dabei wird zwischen expliziten und impliziten Korrekturen unterschieden. Bei einer impliziten Korrektur wird die fehlerhafte Äußerung korrigierend fortgeführt, ohne die Korrektur zu thematisieren (recast) – dies kann vom Sprecher der fehlerhaften Äußerung selbst oder von einem korrigierenden Lehrenden geleistet werden

Von Lehrenden initiierte Korrekturen weisen meist einen bestimmten Ablauf auf, der als Variation der unterrichtstypischen stimulus-response-evaluation-Triade gesehen werden kann: Auf eine fehlerhafte Lerneräußerung (a) folgt ein Korrekturhinweis bzw. eine Korrekturinitiierung des Lehrenden (b). Diese(r) bildet die Grundlage für einen Korrekturversuch des Lernenden (c), der wiederum vom Lehrenden – mit oder ohne Begründung (vgl. Koutiva/Storch 1989, S. 417) – evaluiert wird (d).

Ein Beispiel mag dies verdeutlichen:

Schüler: Maria will nach Paris zu fahren.	a) fehlerhafte Äußerung
Lehrer: Maria will …?	b) Korrekturhinweis bzw. -initiierung
Schüler: Maria will nach Paris fahren.	c) Korrekturversuch
Lehrer: Ja, Modalverben haben kein ›zu‹	d) Korrekturevaluation
(vgl. Storch 2008, S. 316)	

Das Schema kann dann erweitert werden, wenn der erste Korrekturversuch nicht erfolgreich ist[1]. Dann wird dieser Versuch wieder als fehlerhafte Lerneräußerung behandelt, der ein Korrekturhinweis des Lehrenden, ein Korrekturversuch des Lernenden und nur dann eine Korrekturbewertung des Lehrenden folgt, wenn der Korrekturversuch erfolgreich ist. Andernfalls wird auch der zweite Korrekturversuch des Lernenden als fehlerhafte Lerneräußerung behandelt und nach dem gleichen Schema verfahren, das erst dann abgeschlossen wird, wenn der Korrekturversuch zum korrekten Ergebnis geführt hat. Nicht alle fehlerhaften Äußerungen von Lernenden werden aber korrigiert. Speziell in mitteilungsbezogenen Unterrichtsphasen wirken sich sprachbezogene Korrekturen störend aus (vgl. a.a.O, S. 317) und werden deshalb meist nur in Fällen durchgeführt, in denen das Verständnis gravierend gefährdet ist. Dies hat nicht verhindert, dass sprachliche Korrekturen im generell kommunikationsorientierten

---

1 Dass dies sowohl im traditionellen Fremdsprachenunterricht als auch im bilingualen Unterricht erstaunlich häufig der Fall ist, kann Studien wie der von Lochtmann (2007) entnommen werden.

Fremdsprachenunterricht nach wie vor eine besondere Relevanz beanspruchen können (vgl. Macbeth 2004).

Korrekturen spielen als Reparaturen auch im Redeaustausch unter Muttersprachlern eine große Rolle: Sie sind geradezu das Kennzeichen der mündlichen Sprache, die immer wieder verbessert oder an die Situation angepasst werden kann. In der Konversationsanalyse gilt die Reparatur (repair) – neben Sprecherwechsel und Sequenzierung – als eine der grundlegenden Mechanismen der Gesprächsorganisation (vgl. Schegloff/Jefferson/Sacks 1977, Schegloff 1979[2]). Dabei wird zwischen Selbst- und Fremdkorrektur (self-correction, other correction), zwischen eigeninitiierter und fremdinitiierter Reparatur (self-initiated repair, other-initiated repair) und zwischen self-initiated other-repair und other-initiated other-repair unterschieden. Die Einleitung selbst-initiierter Reparaturen oder Korrekturen kann im gleichen Turn stattfinden, in dem der Fehler vorkommt, die Einleitung fremd-initiierter Korrekturen findet dagegen immer im nächsten Turn nach dem fehlerhaften statt. Zu den Einladungen zur Reparatur im nächsten Turn (next-turn repair initiatiors) gehören unspezifische Fragen wie »Was?« oder »Wie?«, spezifische Fragen wie »Wer?«, »Wo?«, »Wann?« oder partielle Wiederholungen ohne Fragewort.

Die Erforschung von sprachlichen Reparaturen und Korrekturen ist bislang vorwiegend auf der Basis sprachlicher Daten und unter der stillschweigenden Beschränkung auf eine dyadische Sprechersituation erfolgt. Wenn überhaupt von nicht-sprachlichen Elementen die Rede ist, so werden diese ausschließlich auf die Initiierung von Selbstkorrekturen (Stirnrunzeln, zweifelnde Blicke) bezogen (vgl. Kleppin 2010, S. 1068). Die Fokussierung der sprachlichen Interaktion betrifft die Sprachlehr-/lern- und Spracherwerbsforschung ebenso wie die Analyse muttersprachlicher Gespräche. Allerdings hat die Konversationsanalyse auch schon früh auf die dyadenübergreifende Relevanz von Blickrichtungen für die Konstruktion von Äußerungen und Selbstkorrekturen hingewiesen (vgl. Goodwin 1979) und damit eine Grundlage für die später entwickelte multimodale Diskurs- bzw. Interaktionsanalyse (vgl. Kress/van Leeuwen 2001, Schmitt 2007) gelegt. Angesichts der Bedeutung von Blickrichtungen und Körpersprache für Gespräche in unzureichend beherrschten Sprachen[3] liegt es eigentlich nahe[4], videographische Daten für eine sowohl auf Sprache als auch auf Körperbewegungen, Mimik und Gestik bezogene Analyse von Korrektursequenzen im in der Fremdsprache gehaltenen Fremdsprachenunterricht zu nutzen.

---

2 Dass Streeck für seinen Versuch, die Konversationsanalyse vor den über sie entstandenen Missverständnissen zu schützen, den Begriff ›Reparaturversuch‹ benutzte, ist deshalb keine willkürliche Metapher. Um so bedauerlicher ist es, dass im vorangestellten abstract des Aufsatzes der Begriff mit dem der ›Temperatur‹ vertauscht wurde (Streeck 1983, S. 72).

3 Zur Erforschung des defizitbedingten Rückgriffs auf non-verbale Formen in der Interaktion von bzw. mit Fremdsprachenlernern und Aphasikern vgl. z.B. Jarząbek 1989 oder Urbach 2000.

4 Vgl. demgegenüber die primär auf verbale Daten ausgerichtete DESI-Studie, in der anhand von Videos der Umgang mit Schülerfehlern hinsichtlich der Häufigkeit von Korrekturen und ihres Urhebers (Schüler oder Lehrer) untersucht wurden (vgl. Helmke u. a. 2008).

Im Folgenden werden anhand des oben angeführten Schemas Beispiele angeführt, an denen der Anteil und die Funktion non-verbaler Elemente in Korrektursequenzen demonstriert werden soll.

2 Beispiele

2.1 Nonverbale Korrekturhinweise (Komplementarität und Substitution)

Die TeilnehmerInnen eines »Deutsch als Fremdsprache« (DaF)-Kurses haben – als Vorbereitung auf eine schriftliche Sprachprüfung – in einer Gruppenarbeit einen multiple-choice-Lückentext zur Grammatik bearbeitet und die fehlenden, zur Auswahl stehenden Wörter ergänzt bzw. zugeordnet. Die Ergebnisse wurden von zwei Teilnehmern an der Tafel in einer Tabelle erfasst. Anschließend fragt der Kursleiter mit dem Rücken zur Tafel in die Runde der Teilnehmer, welche Lösungen sie ausgewählt haben. Dabei geht es u. a. darum, den Satz » ... konnte ich übrigens bei Peter« zu vervollständigen. Zur Auswahl stehen die Formen »wohnte«, »wohnen«, »gewohnt«. Als erster meldet sich der Teilnehmer 1 und bietet die Lösung »wohnte« an.

Der Kursleiter behandelt diesen Beitrag als fehlerhafte Äußerung, indem er das Wort wiederholt, dabei aber richtig, nämlich mit gelängtem Vokal, und in Frageintonation ausspricht. Damit hat er eine implizite Korrektur (der hier unwesentlichen Aussprache) geleistet und den grammatischen Lösungsvorschlag des Teilnehmers als fraglich gekennzeichnet. Er wiederholt dann noch einmal das Wort »wohnte« und ergänzte es um das im Übungssatz folgende Wort »konnte«, wobei das zweite Wort mit fragender Intonation ausgesprochen wird. Die Verbindung der beiden Verbformen könnte deutlich machen, dass die vom Teilnehmer gewählte Lösung nicht richtig sein kann, da die von ihm genannte Endung bereits ›vergeben‹ ist. Der Korrekturhinweis enthält also eine Markierung der korrekturbedürftigen Stelle und einen – allerdings sehr indirekten – Hinweis auf die richtige Lösung. Hinzu kommt, dass der Kursleiter auch mimisch reagiert, nämlich mit einem Kritik anzeigenden Gesichtsausdruck, der durch die nach oben gezogenen, zusammengepressten Lippen sein mangelnde Einverständnis fast theatralisch-übertrieben ausdrückt (▶ Abb. 1). Verbale und non-verbale Äußerung markieren, dass die Lerneräußerung nicht akzeptabel ist, genau genommen besteht aber nicht eine Parallelität, sondern ein komplementäres Frage-Antwort-Verhältnis zwischen beiden Displays: Mit der sprachlichen Äußerung wird eine Frage gestellt, die die mimische beantwortet.

Eine weitere Teilnehmerin (T2) nennt anschließend die Lösung »gewohnt«. Der Beitrag der Teilnehmerin kann als Korrekturversuch gewertet werden, der aber seinerseits auch eine fehlerhafte Äußerung darstellt, auf die der Kursleiter wiederum mit einem Korrekturhinweis reagiert, indem er die Äußerung wiederholt, diesmal aber den vollständigen Übungssatz ergänzt. Dass die Lösung nicht richtig ist, wird auch hier durch die fragende Intonation am Ende der Äußerung vermittelt, deren ›Beantwortung‹ wiederum durch den gleichzeitig erkennbaren ablehnenden Gesichtsausdruck des die Lippen zusammenpressenden und die Stirne runzelnden Sprechers geleistet wird. Als nun ein dritter Teilnehmer (T3) gleich zweimal eine bereits genannte falsche Lösung wiederholt, erfolgt keine verbale Reaktion durch den Kursleiter. Stattdessen drückt sein Gesicht noch stärkere Ablehnung aus (▶ Abb. 2), er weicht zurück und wendet sich den gegenübersitzenden Teilnehmern zu. Diese Substitution eines verbalen durch einen non-verbalen – hier: mimischen – Korrekturhinweis verstärkt die darin enthaltene Missbilligung, die jedoch durch die spielerische Übertreibung eine bedingte ist.

Tatsächlich äußert dann eine weitere Teilnehmerin (T4) aus der Gruppe rechts vom Kursleiter eine Antwort, deren Richtigkeit von diesem explizit bestätigt wird. Das folgende Transkript versucht, die non-verbalen Anteile der Korrekturhinweise des Kursleiters zu erfassen[5], von denen die Abbildungen einen unmittelbaren Eindruck vermitteln sollen.

Die für den einzelnen potentiell gesichtsbedrohende und das Arbeitsverhältnis zwischen Kursleiter und Kursgruppe möglicherweise gefährdende Kritik und

Transkript 1

1	T1:	wohnte [wonnte]	a)	
2	KL:	wohnte'. wohnte konnte'	b)	macht ‚kritisches' Gesicht
3	T2:	gewohnt	c)→a)	
4	KL:	gewohnt konnte ich übrigens bei Peter'	b)	macht ‚kritisches' Gesicht
5	T3:	gewohnt gewohnt	c)→a)	
6	KL:		b)	macht ‚ablehnendes' Gesicht, wendet sich ab
7	T7:	wohnen..wohnen	c)	
8	(Pause 2 Sek.)			
9	KL:	wohnen wär hier richtig ne' ja jut wo:hnen.	d)	

Abb. 1: Z.2 KL: wohnte konnte'[6]   **Abb. 2:** Z.6 KL: -

5 Es handelt sich um eine vergleichsweise grobe Kennzeichnung, die weder die exakte Dauer noch den Beginn/onset und das Ende/offset der Gesichtsbewegung (so z. B. Zahra 2011), wohl aber die Position in der Korrektursequenz erfasst.

6 Die Abbildungen stellen auf der Basis von entsprechenden Standbildausschnitten angefertigte Zeichnungen dar, die die abgebildeten Personen vor Identifizierung schützen.

Enttäuschung werden im Gegensatz zur Zustimmung nicht in – erinnerungsfä-hige – Worte gekleidet. Den Höhepunkt der ›Enttäuschung‹, nämlich die Nen-nung einer falschen Lösung, nachdem diese bereits als falsch gekennzeichnet wor-den war, markiert der Kursleiter nur non-verbal. Was für die mündliche Sprache gilt, nämlich ihre Flüchtigkeit, gilt in noch größerem Ausmaß für non-verbales, häufig ambiges Verhalten: Ihr Produzent kann nur bedingt dafür verantwortlich gemacht werden[7].

Das Zeigen von Unmut gilt als nicht-professionelles, Lerner demotivierendes Verhalten. In der nicht-verbalen Übertreibung steckt aber die Chance, diese – un-gestraft – zu äußern. Dass der Kursleiter überhaupt zu diesem – nicht unproblema-tischen – Mittel greift, könnte auf die verständnissichernde Absicht zurückgeführt werden, den der Unterrichtssprache nur bedingt mächtigen Teilnehmern eindeu-tig zu verstehen zu geben, dass die zunächst gegebenen Antworten falsch sind.

Nonverbale Äußerungen können also recht drastisch darauf hinweisen, dass Lerneräußerungen korrekturbedürftig sind. Schwieriger ist es, auf nicht-sprach-lichem Wege Lernern Hinweise darüber zu geben, warum eine Äußerung falsch ist bzw. in welcher Weise sie korrigiert werden könnte. Im folgenden Beispiel aus einem Kurs, in dem der gleiche Kursleiter eine andere Gruppe unterrichtet, sol-len die Teilnehmer die Konstruktion »entweder-oder« üben. Dabei soll der erste Teil eines Satzes um eine passenden zweiten ergänzt werden. Der Kursleiter ruft einen Teilnehmer namentlich auf und fordert ihn zum Sprechen auf. Der Teilneh-mer liest den im Buch abgedruckten ersten Teil des Satzes vor (»Entweder bin ich müde ...«) und versucht dann ihn unter hörbaren Mühen (Wortwiederholung, Füllwörter, Selbstkorrektur) fortzusetzen. Die Ergänzung zeigt aber, dass er den Sinn der Konstruktion »entweder – oder« nicht verstanden hat, da er keine Al-ternative bzw. kein Anto-, sondern ein Synonym zu »müde«, nämlich »nicht ge-schlafen«, gewählt hat. Während er das inhaltlich unpassende Wort »geschlafen« ausspricht, deutet der Kursleiter mit seinen vom Körper abgespreizten Armen mit Auf- und Abwärtsbewegungen eine Waage an während er den Teilnehmer ansieht (▶ Abb. 3a).[8] Dabei bedient er sich einer übernationalen gestischen Konvention, wie sie auch in cartoonhaften Zeichnungen zu finden ist (▶ Abb. 3b[9]). Der Teil-nehmer korrigiert sich daraufhin bzw. markiert seine Äußerung als fehlerhaft.

Transkript 2

1 KL: so [Name] und jetzt
2 T1: entweder ich bin müde
3 KL: Ja‹

---

7 Sprachliche Äußerungen müssen – was schwierig genug ist – wörtlich erinnert, nicht-sprachlichen Äußerungen muss eine bestimmte Bedeutung zugeordnet werden.
8 Die Blickrichtung ist nicht unwichtig, da diese die Einteilung in die grundsätzlich zu unterscheidenden Modi ›depiction‹ und ›ceiving‹ bestimmt: »During depiction [...] ge-sturers orient to their own hands. Ceiving, in contrast, is usually a background acti-vity taking place without the speaker or interlocutor attending to it« (Streeck 2009, S. 151 f). Der hier abgebildete Kursleiter befindet sich im Modus des ceiving, der Mann in ▶ Abb. 3b im Modus der depiction.
9 Quelle: http://www.sod.at/sod/Pro-Erwachsene/Prinzipien.htm

4 T1: oder oder ich bin äh. ich habe. äh doch
  äh. noch äh geschlafen   a)
5 KL: b) ›wägt‹ *mit beiden Armen ab*
6 T1: nein geschlafen nicht ähm hm   c)

Abb. 3a: Z.5 KL ‚wägt' mit beiden Armen ab   **Abb. 3b**

Die Aktion des Kursleiters kann als – gestische – Substitution eines sprachlichen Korrekturhinweises gelten, der in diesem Fall allerdings außerordentlich schwierig wäre. Insofern ist es verständlich, wenn Kursleiter in »Deutsch als Fremdsprache«-Kursen deutlichere Korrekturhinweise bis hin zum Vor-Sagen geben. Dass dies auch non-verbal geschehen kann, zeigt das folgende Beispiel.

2.2   Nonverbaler Korrekturhinweis als Korrekturversuch

In der Unterrichtseinheit eines DaF-Kurses mit Fortgeschrittenen geht es darum, dass die Lernenden zu Wörtern, die eine Sache bezeichnen, Substantive bilden sollen, die eine Person bezeichnen, die sich der jeweiligen Sache widmet. Die mit den Teilnehmern an einem Tisch sitzende Kursleiterin erläutert das Wort »Konsum« und schreibt es an die Tafel. Sie fragt dann »Wie könnte man jetzt das Substantiv machen für eine Person?« Mit dieser Frage bezieht sie sich nicht auf ein voraussetzbares Vokabelwissen, sondern auf die Fähigkeit, auf der Basis der Kenntnis von einschlägigen Suffixen selbst ein Wort zu bilden. Eine Teilnehmerin bietet als Lösung das Wort »Konsumist« an. Damit ist die Aufgabe formal gelöst, aber nicht das korrekte Wort genannt worden. Die Kursleiterin fragt nach einer anderen Endung (»nicht –ist«). Eine weitere Teilnehmerin sagt daraufhin »Konsumer«. Da dieser auf der Interferenz mit dem Englischen beruhende Ausdruck auch nicht richtig ist, fragt die Kursleiterin, welche anderen Endungsmöglichkeiten die Teilnehmer kennen, steht auf und schreibt das Wort »Konsument« an die Tafel (▶ Abb. 4). Es handelt sich nicht um ein heimliches »Vor-Sagen«, sondern um einen jedermann zugänglichen – aber eben nur schriftlichen, nicht mündlichen – Hinweis, den die Kursleiterin gibt[10].

Das an der Tafel sichtbare Wort wird dann von einer der Teilnehmerinnen ausgesprochen und von der Kursleiterin bestätigend wiederholt. Das im Tontranskript fixierte Unterrichts*gespräch* suggeriert, dass die richtige Lösung eine von der Teilnehmerin selbst gefundene ist, das die non-verbale Dimension abbildende Video zeigt, dass sie die Lösung lediglich abgelesen hat und die eigentliche Urheberin des korrekten Korrekturversuchs die Kursleiterin selbst ist, die die richtige Lösung den Teilnehmern vor-gesagt bzw. –geschrieben hat. Anders ausgedrückt: Die Frage der Kursleiterin nach anderen Endungsmöglichkeiten ist ein verbaler Korrekturhinweis, ihr Tafelanschrieb ein non-verbaler Korrekturversuch, der von einer Teilnehmerin aufgegriffen und dann von der Kursleiterin evaluiert wird.

Transkript 3

1	T1: Konsumist	a)
2	KL: Das wäre eine Möglichkeit ist aber	
	ne andere Endung. nicht ist	b)
3	(2 Sek. Pause)	
4	T2: Konsumer	c)→a)
5	KL: Konsumer' könnte auch sein gut.	
	auch nicht richtig	
6	welche Endungsmöglichkeiten kennt ihr noch	b) *schreibt »Konsument« an die Tafel* c)
7	T3: (leise) Konsument	c)
8	KL: Konsument	d)

Abb. 4: Z.6 KL: welche Endungmöglichkeiten kennt ihr noch schreibt »Konsument« an die Tafel

---

10 Abbildung 4 zeigt, dass das Schreiben der Kursleiterin nicht von allen Teilnehmern verfolgt und ihre Unterstützung somit nicht von allen wahrgenommen wird.

2.3 Non-verbale Korrekturevaluation als Urheberkennzeichnung

Es geht bei der Korrektur von Äußerungen in einer Lerngruppe immer auch um das Dirigieren der Gruppe, das Ansprechen von einzelnen, das Reagieren auf Äußerungen von unterschiedlichen Teilnehmern und das Zurechnen von Äußerungen auf bestimmte Personen als deren Urheber.

Im folgenden Beispiel aus einem DaF-Kurs mit jungen Erwachsenen geht es um die Kontrolle einer Hausaufgabe, in der die Teilnehmer fehlende Präpositionen in einem Text zum Leben des Dichters Goethes ergänzen sollten. Eine links vom Kursleiter sitzende Teilnehmerin liest den ersten Satz des Textes (»Johann Wolfgang von Goethe ist am 28. August 1749 in Frankfurt geboren«) und dann den zweiten auszufüllenden Satz vor (»Seit 1765 geht er dort zur Schule«) und wird dann vom Kursleiter mit den Worten »Stopp. Stimmt das?« unterbrochen. Damit ist die Äußerung als fehlerhaft markiert und die Korrektur initiiert. Die Frage »Stimmt das?« ist aber zweideutig: Sie kann sich auf die Korrektheit von Wörtern beziehen, aber auch auf die Richtigkeit von Angaben. Der Kursleiter blickt in die Runde der Teilnehmer und forderte damit zur Fremdkorrektur auf. Unmittelbar nach der Frage nennt ein rechts vom Kursleiter sitzender Teilnehmer die – in diesem Zusammenhang – richtige Präposition »Bis«. Der Kursleiter wiederholt das Wort und ergänzt den dazugehörigen Satz, fordert dann aber die Vorleserin auf, zu überlegen bzw. zu errechnen, wie alt Goethe im Jahr 1765 gewesen ist. Das Ergebnis »sechzehn Jahre« führt zu der Frage »Also welche Präposition muss da hin?«. Der Kursleiter zeigt durch diesen Exkurs, dass er ein inhaltlich-rechnerisches Missverstehen und nicht eine Vokabelunsicherheit als Fehlerursache vermutet, er also einen rezeptiven Fehler (vgl. Kleppin 2010, S. 1063) diagnostiziert. Seine auf diesen Aspekt bezogene Hilfe führt aber nicht dazu, dass die Teilnehmerin links von ihm, der er sich in dieser Phase zuwendet, sondern der Teilnehmer rechts von ihm die korrekte Präposition nennt. Die erste Evaluation der richtigen Antwort des Teilnehmers geschieht verbal durch Wiederholung und Satzergänzung, bei der zweiten wird die Wiederholung des richtigen Wortes durch eine Rumpf- und Handbewegung hin zu dem Teilnehmer begleitet, die auf diesen weist und ihn somit als Urheber der richtigen Antwort kennzeichnet. Die geöffnete Handfläche weist auf den Sprecher und deutet an, dass von diesem die richtige Antwort ›empfangen‹ wurde (▶ Abb. 5)[11].

Der Kursleiter kennzeichnet damit den Urheber des korrekten Korrekturversuchs erst beim zweiten Mal: Beim ersten Mal hatte er alle in der Runde angesprochen, beim zweiten Korrekturhinweis sich allein an die Teilnehmerin links (T1) gewandt. Diese Intervention ist aber fehlgeschlagen und statt der Teilnehmerin 1 meldet sich wieder der Teilnehmer rechts (T2) zu Wort: Statt der ange-

---

11 Gestendeskriptorisch handelt es sich um eine ›Hohlhand‹, bei der die Finger parallel aneinander liegen und nur mäßig extendiert sind (vgl. Sager 2005, S. 42). Nach der Einteilung von McNeill gehört die Geste zur Gruppe der ›metaphorics‹ (vgl. McNeill 1992, S. 14 f).

strebten fremdinitiierten Selbstkorrektur ist es zur selbstinitiierten Fremdkorrektur gekommen.

Transkript 4

```
 1 T1: (unverständlich) Goethe ist am 28.August 1749 in Frankfurt geboren.
 2 KL: Aha. joa'
 3 T1: Seit 1765 geht er dort zur Schule          a)
 4 KL: Stopp. Stimmt das'                         b)
 5 T2: (unverständlich) Bis                       c)
 6 KL: Bis Bis 1765 geht er dort zur Schule.      d)/b)
       Überleg mal.. er ist
 7 geboren 1749 ja'.. 1965 wie alt ist er da.. im Jahr 1765  ...
 8 T?: (unverständlich)
 9 KL: Im Jahr 1765 wie alt ist er da
10 T2: Sechzehn
11 KL: Sechzehn Jahre. er ist sechzehn Jahre alt im Jahr 1765.. und
12     dann geht er nicht seit 1765 in die Schule das heißt er er geht
13     mit sechzehn in die Schule nein er geht mit sechzehn von
14     der Schule weg
15 KL: Also welche Präposition muss da hin       b)
16 T2: Bis                                        c)
17 KL: Bis                                        d) deutet auf T2
```

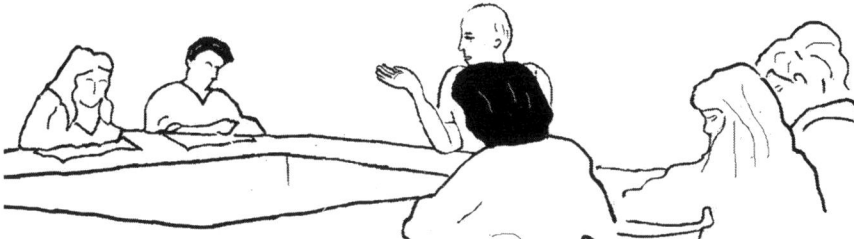

Abb. 5a: Z.17 KL: Bis deutet auf T2

Abb. 5b

3   Fazit

Die Durchsicht von Sprachkorrektursequenzen in DaF-Kursen hat ergeben, dass der non-verbale Anteil bei der Durchführung von Korrekturen nicht zu unterschätzen ist und über eine rein illustrierende, verständnissichernde oder -ermöglichende Funktion und die Beschränkung auf Korrekturhinweise hinausgeht. Mimik und Körperbewegungen ermöglichen die Äußerung von negativen Kommentaren, die auf der Verbalebene kaum möglich wären. So wie Mimik und Gestik redesubstituierend eingesetzt werden können, so können auch Tafelanschriebe verbale Interventionen ersetzen, die im Unterricht mit Personen, die die Unterrichtssprache nur unzureichend beherrschen, besonders problematisch sind, da sie die Teilnehmer mit zusätzlichen Verständnisproblemen belasten (könnten). Die ›Hilfe‹ kann so weit gehen, dass Lehrende selbst sicht-, aber nicht hörbare Korrekturversuche formulieren. Eine auf der Basis von Videodaten bzw. Standbildern vorgenommene Untersuchung von Korrekturvorgängen in Lehr-/Lerngruppen weist schließlich auf die dyadenübergreifenden Anordnungen hin, d.h. auf die Frage der Adressierung, der Hinwendung zu und der Abwendung von bestimmten Teilnehmern sowie auf die Praktik, bei der Korrekturevaluation die Urheberschaft unterrichtsrelevanter Äußerungen stillschweigend, aber unübersehbar zu bezeichnen und damit auf ein namentliches (andere Teilnehmer eventuell beschämendes) Lob zu verzichten. Mit dem verbalen Display der Korrektur(-phasen) ist einerseits die Gefahr des Gesichtsverlusts oder der Demotivierung von Lernenden verbunden. Es ist deshalb nicht die ›invisible hand‹, die den Lernenden untergelegt wird, sondern es sind ›inaudible hints‹, die das Korrigieren und Korrigiert-Werden für die Beteiligten erträglicher machen und der Vorgabe der Fachdidaktik (vgl. Schmidt 1994, S. 338) entsprechen, im Unterricht ermutigend, nicht sanktionierend und nicht bloßstellend zu korrigieren. Diese soufflierenden Hinweise führen aber auch dazu, dass nicht zuletzt für die zuhörenden anderen Teilnehmer in Kursgruppen der Anschein einer weitgehend selbstbestimmten Korrektur hervorgerufen und damit ein eigenständiges Korrekturverhalten vorgeführt wird, zu dem die Teilnehmer (noch) nicht in der Lage sind, und dass aus vermutlich grundsätzlichen Fehlern (›errors‹) anscheinend versehentliche Fehler (›mistakes‹) macht.

Rhythmen und Modulationen
Bewegungslernen in Kursen

Matthias Herrle/Jörg Dinkelaker

In diesem Beitrag befassen wir uns mit der Frage, wie Bewegungsabläufe, die in unterschiedlichen kulturellen Zusammenhängen entstanden sind (z.B. Orientalischer Tanz, Afrikanisches Trommeln oder Yoga), in Kursen gelernt werden.[1] Beobachtbar ist zunächst, dass entsprechende Körperpraktiken in Kursen nicht so aufgeführt werden, wie in den kulturellen Kontexten, denen sie erwartbar entlehnt sind. Das kursförmige Erlernen von Bewegungsabläufen ist vielmehr durch eine Brechung des zu erlernenden Praxiszusammenhangs gekennzeichnet. Um Yoga, Tanz oder Trommeln in Kursen praktizieren zu können, werden diese Praktiken, die im Kern aus einer Abfolge und Kombination bestimmter Körperhaltungen und -bewegungen bestehen, abgewandelt. Nicht die Beteiligung an einer Praxis, sondern die Beteiligung an einer Simulation dieser Praxis ist der Modus, in dem sich das Lernen ereignet.[2] Die für Lehr-Lernsituationen spezifischen Modulations-Modi lassen sich insbesondere in einem veränderten Umgang mit den rhythmischen Strukturen der zu erlernenden Bewegungsabläufe ausmachen.

Wie sich ein solches Erlernen von Praktiken im Durchgang durch ihre gezielte Modulation ereignet und wie sich die Beteiligten eines solchen Geschehens in ihrem Agieren darauf beziehen, wird im Folgenden anhand eines Volkshochschulkurses erläutert, der das Erlernen einer Choreographie im Orientalischen Tanz zum Ziel hat.[3] Zunächst werden vor dem Hintergrund bislang diskutierter Zugänge zu Praktiken des Lernens und zum Erlernen sozialer Praktiken die Spezifika des kursförmigen Erlernens sozialer Praktiken herausgearbeitet. Zum Verständnis des empirisch hervorstechenden Merkmals der Modulation greifen wir hier auf Erving Goffmans Rahmentheorie zurück

---

1 Zur Entwicklung des traditionellen Sports zu einer Bewegungskultur unter Erwachsenen vgl. Andersen 2001.
2 Weder werden in Kursen des Bewegungslernens die Praktiken in Auseinandersetzung mit der milieubedingten materiellen und sozialen Umwelt unmerklich inkorporiert (vgl. Bourdieu 1987a) noch ergibt sich das Lernen beiläufig im Eintreten in eine Praxisgemeinschaft und im Fortschreiten vom Novizen, der periphere Aufgaben übernimmt, zum Meister, der im Zentrum der gemeinsamen Praxis steht (vgl. Lave/Wenger 1991).
3 Dabei stehen die Muster der Umgangs mit zu erlernenden Praktiken im Vordergrund, während die Spezifik von Tanzkursen eine untergeordnete Rolle spielt Hiermit befasst sich etwa Leelo Keevallik in ihrem Projekt »Language, voice and the body: multiple resources in dance instruction« siehe: http://www.anst.uu.se/leelkeev/DanceProject.htm, vgl. auch Schindler 2009, Althans/Hahn/Schinkel 2009.

(▶Kap.1). Anhand des Beispielfalls wird vor diesem Hintergrund das Modulationsrepertoire beschrieben, auf das beim kursförmigen Erlernen von Bewegungsabläufen zurückgegriffen wird: das Augmentieren beim Einüben, das Repetieren beim Üben und das Transponieren beim Ausüben (▶Kap.2). Im Anschluss daran wird an einem kurzen Ausschnitt aus dem Interaktionsgeschehen im Kurs gezeigt, wie sich im handelnden Bezug auf dieses Modulationsrepertoire komplexe polyrhythmische Strukturen ausbilden, in denen die rhythmische Struktur der zu erlernenden Praktiken zum Teil nur noch in Andeutungen erkennbar wird, aber dennoch zentraler Bezugspunkt des Geschehens bleibt (▶Kap.3). Abschließend wird die Unterscheidung zwischen originärer und modulierter Praxis, die diese Überlegungen konstituiert, einer relativierenden Betrachtung unterzogen (▶Kap.4).

1 Kurse als Zusammenhänge lernbezogener Modulation sozialer Praktiken

Unter dem Schlagwort »practical turn« und der Verwendung des Sammelbegriffs »soziale Praktiken« formiert sich eine Forschungsperspektive auf soziale Situationen, die den körperlichen, räumlichen, und dinglichen Materialitäten von Interaktionen eine konstitutive Bedeutung beimisst und dadurch neue Einblicke in Prozesse der Reproduktion und Strategien der Subversion des Sozialen eröffnet (vgl. Hörning/Reuter 2004). Für erziehungswissenschaftliche Analysen zum Lehren und Lernen könnte aus dieser Perspektive eine Aufwertung der bislang randständigen Frage resultieren, wie sich vor dem Hintergrund der Körpergebundenheit von Wissen, Können und Wollen Lehren und Lernen als raum-, körper- und dingbezogenes Geschehen realisiert. Damit rücken die im erziehungswissenschaftlichen Diskurs eher randständigen Phänomene der Nachahmung und der Gewöhnung, der Mimesis (vgl. Gebauer/Wulf 1992) und der Übung (vgl. Prange/Strobel-Eisele 2006, S.48ff) ins Zentrum des Forschungsgeschehens. Diese Perspektive erlaubt es, Lehren und Lernen als materiale Praktiken zu begreifen (vgl. Göhlich 2001, Honig/Joos/Schreiber 2004, Wulf/Zirfas 2007, Rabenstein/Reh 2008, Alkemeyer u.a. 2009).

Nur am Rande behandelt wird in diesem Zusammenhang bislang, dass nicht nur der Umgang mit Lernen selbst eine materiale Praxis darstellt, sondern dass in pädagogischen Situationen körper- und raumgebundene Praktiken erlernt werden, die ihren Ursprung und ihren Ort der Realisierung jenseits der pädagogischen Situationen haben. Es werden pädagogische Praktiken rekonstruiert, aber nur am Rande wird auch betrachtet, inwiefern diese Formen auf das Erlernen von Praktiken bezogen sind (vgl. allerdings Schindler 2009). Etablierte Theorien, die nicht die Praktiken des Erlernens, sondern das Erlernen von Praktiken betonen, gehen dagegen von einer handelnden Einbindung der Lernenden in einen Praxiszusammenhang aus, der sich nicht über Lehr-Lernverhältnisse konstituiert.

Dabei lassen sich zwei unterschiedliche Grundverständnisse eines solchen in die Praxis eingebundenen Erlernens sozialer Praktiken unterscheiden:

Eine Variante dieser Theorien eines Erlernens von Kenntnissen und Fähigkeiten unmittelbar »von Praxis zu Praxis« (Bourdieu 1987b, S. 188) fokussiert Prozesse des Erwerbs von Körperhaltungen und -bewegungen als »Einbau kollektiver Schemata und Dispositionen in den Menschenkörper« (vgl. Fröhlich 1999). Dies geschieht im Wesentlichen unbemerkt im Rahmen einer unbeobachteten, aber umso stärker prägenden sozialen Lebensgeschichte des Körpers (vgl. Bourdieu 1987a), die wesentlich von der sozialen Lage des Lernenden abhängt.

Eine andere Variante versteht das Lernen selbst als sozial konstituiertes Phänomen: »In contrast with learning as internalization, learning as increasing participation in communities of practice concerns the whole person acting in the world« (Lave/Wenger 1991, S. 49). Lernen ergibt sich in dieser Theorie des situierten Lernens in der aktiven Beteiligung an einer Gemeinschaft von Praktizierenden und ereignet sich als allmählicher Übergang von Novizen zunächst zugestandenen peripheren Rollen hin zu immer zentraleren Rollen, die den gekonnt Praktizierenden vorbehalten sind.

Die in diesem Beitrag analysierten Situationen des Erlernens von (Bewegungs-)Praktiken in Kursen unterscheiden sich grundlegend von diesen beiden Institutionalisierungsformen des Lernens. Das Lernen ergibt sich hier nicht unbeobachtet, selbstverständlich aus dem In-der-kulturell-geprägten-Welt-Sein. Es folgt vielmehr auf einen sichtbar gemachten Akt der Entscheidung, sich in ein Arrangement zu begeben, das eigens dazu eingerichtet wurde, Bewegungsmuster des Körpers zu prägen. Man wird nicht in Kurse hineingeboren, sondern man meldet sich zu ihnen an – zu einem vergleichsweise späten Zeitpunkt in der Lebensgeschichte.

Bei der Gemeinschaft, in die sich die Lernenden begeben, handelt es sich auch nicht um einen Kreis von Beteiligten, der primär von der Idee eines gemeinsamen, arbeitsteiligen Praktizierens der zu erlernenden Bewegungsabläufe und Haltungen zusammengehalten wird. Ein Tanzkurs ist kein Tanzverein, wer einen Yoga-Kurs besucht wird nicht automatisch zum Yogi. Im Vordergrund steht nicht, wie beim situierten Lernen, die Beteiligung an der originären Praxis auf zunächst randständigen und zunehmend zentraleren Positionen, sondern es wird eine Praxis etabliert, die durch eine Differenz zwischen Lehrenden und Lernenden bestimmt ist (vgl. Proske 2004).

Der Unterschied zwischen dem kursförmigen Bewegungslernen und dem in Praxiszusammenhängen eingebundenen Lernen besteht allerdings nicht in einer Praxisabstinenz, wie häufig dem schulisch institutionalisierten Lernen unterstellt wird (vgl. z.B. Bourdieu 1987b, S. 59 und 188). Die Durchführung der zu erlernenden Praktiken ist in Veranstaltungen des Bewegungslernens durchaus ein konstitutiver Bestandteil (vgl. auch Schindler 2009, Althans/Hahn/Schinkel 2009), allerdings – und das ist ein zentrales Merkmal kursförmigen Lernens – geschieht dieses Praktizieren als Modulieren der originären, zu erlernenden Praktiken.

Um das kursförmige Bewegungslernen in diesem Sinne als Praxis der Inszenierung (vgl. Bausch 2001) einer Praxis zu beobachten, schlagen wir vor,

Ervin Goffmans Konzepts sozialer Rahmen 2000 heranzuziehen und das, was in diesen Kursen geschieht, als Modulationen primärer Rahmen zu verstehen. Während primäre Rahmen als Kontexte zu verstehen sind, in denen Handlungen des alltäglichen Lebens primär erwartbar sind und so bestimmte Deutungsschemata konstituieren, ist unter Modulation »eine systematische Transformation eines Materials ...« zu verstehen, » ...das bereits im Rahmen eines Deutungsschemas sinnvoll ist, ohne welches die Modulation sinnlos wäre« (ebd., S. 57). Kurse sind in diesem Sinne lernorientiert modulierte Praxen und damit zugleich Praxen der lernorientierten Modulation. In ihnen realisieren die Akteure eine Art »Sonderaufführung« (ebd., S. 71 ff.) deren Eigenart darin besteht, dass Handlung oder Stücke davon in einem anderen Zusammenhang und zu anderen Zwecken aufgeführt werden, wobei das »eigentliche Ergebnis der Handlung nicht eintritt« (ebd.). Was dies für das Erlernen von sozialen Praktiken bedeutet, lässt sich anhand der rhythmischen Strukturen deutlich herausarbeiten, die diese Kurse prägen (zum Verhältnis von Praxis und Rhythmus vgl. Franke 2005, Bourdieu 1987b, S. 141). Eine fokussierte Beobachtung der rhythmischen Abläufe in solchen Settings macht verschiedene Varianten der Verschränkung von zu erlernender Praxis und Praxis des Lehrens bzw. Lernens erkennbar.

2   Das Modulationsrepertoire

Die rhythmisch geformten Bewegungsabläufe von zu erlernenden Praktiken werden in Lehr-Lernsettings durch pädagogische Interaktionslogiken aufgebrochen, die einer eigenen Rhythmizität folgen und dabei selektiv auf die Rhythmizität des Gegenstandes zugreifen. In der vergleichenden Analyse von Kursen des Bewegungslernens zeigen sich wiederkehrend drei Interaktionsmuster, die jeweils auf spezifische Probleme des unterrichtsförmigen Erlernens von Bewegungsabläufen reagieren: Einüben, Üben und Ausüben (vgl. Dinkelaker/Herrle/Kade i. d. Bd.).

Während Ausgangspunkt des *Einübens* ein unterstelltes oder beobachtetes Wissensdefizit darstellt, das durch ein Kennenlernen der zu erlernenden Bewegungsabläufe bearbeitet wird, ist Ausgangspunkt des *Übens* ein unterstelltes oder beobachtetes Könnensdefizit. Hier steht das Könnenlernen im Vordergrund, also das Problem, dass die Kenntnis eines Bewegungsablaufs noch lange nicht bedeutet, dass man ihn auch kompetent ausführen kann. Das *Ausüben* reagiert dagegen auf ein Praxisdefizit der Beteiligten. Vor dem Hintergrund einer unterstellten oder auch nur behaupteten Kenntnis und Kompetenz wird gemeinsam der zu erlernende Bewegungsablauf ohne pädagogische Einsprüche oder Unterbrechungen vollzogen.

Diese funktional differenzierten Interaktionsmuster sind jeweils mit spezifischen Modulationen der zu erlernenden Praxis verbunden. Als »Bewegungspraxen des Sports sind [sie] zwar aus sich heraus verständlich, aber sie nehmen doch auf vorgängige Praxen Bezug« (Alkemeyer 2004, S. 59; vgl. auch Gebauer

1995). Zwar erscheint diese Staffelung Einüben-Üben-Ausüben als logisch-auf-
bauende und erwartbare Rhythmisierung des Lehr-Lernprozesses: erst kennenlernen, dann könnenlernen, dann anwenden lernen. Empirisch jedoch zeigt sich,
dass eine solche Reihenfolge im Ablauf keineswegs zwingend ist. So wird häufig auch in Kursen zuerst Bekanntes und Gekonntes ausgeübt, dann Neues eingeübt und anschließend geübt. Weiterhin zeigt sich, dass zwischen den unterschiedlichen Mustern situativ gewechselt wird: erst einüben, dann üben, dann wieder
einüben, schließlich ausüben, noch einmal üben, erneut einüben, usw. Die einzelnen Muster sind also nicht als Elemente einer festen Abfolge zu verstehen, sondern lediglich als ein den Kursbeteiligten zur Verfügung stehendes Repertoire,
auf das sie zurückgreifen können und zurückgreifen müssen, um kursförmiges
Bewegungslernen zu realisieren.

Die mit den Interaktionsmustern des Einübens, Übens und Ausübens einhergehenden Modulationsformen der zu erlernenden Praxis können als Augmentation, Repetition und Transposition beschrieben werden. Zur Charakterisierung
der Veränderungsweisen von Rhythmen werden hier musiktheoretische Begriffe
entlehnt. Während das Ausüben sich im Überführen der rhythmischen Praktik in
einen veränderten Bezugsrahmen, also in einem *Transponieren* der zu erlernenden Praktiken in die Kurssituation unter Beibehaltung der ursprünglichen rhythmischen Strukturen realisiert, geschieht das Einüben in der zeitlichen Dehnung
der rhythmischen Strukturen, also im *Augmentieren* der Elemente des Bewegungsmusters. Das Üben wiederum realisiert sich in der ständigen Wiederholung,
also im *Repetieren* einzelner Elemente des Bewegungsmusters das gelegentlich
durch Korrekturen unterbrochen wird.

Über dieses Modulationsrepertoire scheinen die Kursbeteiligten wie selbstverständlich zu verfügen. Dass auch diese Modulationsformen zu erlernen sind,
zeigt eine Untersuchung von Birgit Althans, Daniela Hahn und Sebastian Schin-
kel (2009).[4] Vor dem Hintergrund dieser allgemeinen, zur Selbstverständlichkeit
gewordenen Rahmungen des Agierens und Interagierens und ihrer Rhythmizität
kann verstanden werden, welchen Pfaden die Akteure in der Interaktionssituation jeweils folgen und wie sie sich aufeinander beziehen.

2.1 Transponieren beim Ausüben

Die gleichzeitige Bewegung unterschiedlicher Körperpartien zu einem orientalischen Musikstück nach bestimmten choreographischen Prinzipien ist – mini-
malistisch betrachtet – kennzeichnend für die Realisierung eines orientalischen
Tanzes. Dies wollen wir als Rhythmizität des Gegenstandes begreifen – die fortgesetzte zeitliche Koordination von Körperbewegungen zum Takt der Musik.
Wichtige Merkmale für soziale Situationen, in denen dieser Tanz aufgeführt
wird, sind darüber hinaus ein Kostüm, das die Tänzerin trägt, sowie die Kopräsenz eines auf die Tänzerin ausgerichteten Publikums.

---

4 Beim Erlernen einer Breakdance-Choreographie mit Jugendlichen lehrt der Sozialarbei-
ter nicht nur den Tanz, sondern auch den korrekten Umgang mit der Lehr-Lernsituation.

Die kursspezifische Modulationsform, die diesen originären Zusammenhang von rhythmischer Bewegung und sozialer Inszenierung am wenigsten stark verändert, ist diejenige, in der die pädagogische Differenz zwischen Lehrenden und Lernenden die geringste Rolle spielt. Beim Ausüben wird der Gegenstand in seiner Rhythmizität beibehalten, aber wesentliche Merkmale im Kontext der aufgeführten Bewegungen werden so verändert, dass es sich erkennbar um eine Simulation des Ausgangskontextes handelt. Da bei dieser Modulationsform die zu erlernenden Bewegungsabläufe in ihrer rhythmischen Struktur erhalten bleiben und lediglich in einen anderen Kontext gestellt werden, nennen wir sie Transponieren. Schon ein erster visueller Vergleich zwischen im Internet verfügbaren Abbildungen des Originalkontextes und videographischen Aufnahmen des Kurses zeigt wesentliche Differenzen auf (▶ **Abb. 1**).

Abb. 1: Transponieren beim Ausüben

Anders als in der Ausgangspraxis tritt im Kurs nicht nur eine Tänzerin auf. Mehrere Personen agieren als Tänzerinnen. Die Choreographie wird nicht im warmen Licht auf einem Teppich inmitten von Publikum, sondern in einem hell durchleuchteten Trainingsraum auf Linoleum vor einem Spiegel aufgeführt. Statt in die Augen des begeisterten Publikums zu schauen, spiegeln sich die Akteure in ihren eigenen Bewegungen. So klatscht am Ende auch nicht das Publikum Beifall, sondern die Lernenden applaudieren sich selbst.

Obwohl kein Publikum anwesend ist, verhalten sich die Beteiligten weitestgehend so, als ob eine Aufführung stattfinden würde. Lernende und Lehrende tanzen gemeinsam zur Musik. Der Rhythmus des Kursgeschehens entspricht dabei weitgehend dem Rhythmus des zu erlernenden Gegenstandes: Die Choreographie wird in ihrem Ablauf vollständig aufgeführt, orientiert am Takt des Musikstücks. Das Tanzen der Choreographie wird nicht unterbrochen, selbst dann nicht, wenn jemand einen Fehler macht oder aus dem Rhythmus gerät. Hierin ähnelt das Ausüben der originären Praxis und unterscheidet sich zugleich wesentlich vom Einüben und Üben. Die Ordnung der zu erlernenden Choreographie stellt damit einen zentralen Bezugspunkt des lernorientierten Modulationsgeschehens dar (vgl. Schindler 2009). Obwohl beim Ausüben die Differenz zwischen Lehrenden und Lernenden zurücktritt, hebt sich die Lehrerin dennoch von den anderen Tänzerinnen ab. Ihre Bewegungen sind deutlicher und flüssiger als die der anderen. Zudem gibt sie immer wieder knappe verbale Hinweise, wie »Lächeln!«. Die

Kursleiterin übernimmt hier die Rolle einer Vortänzerin, an der sich die anderen Tänzer orientieren können. Statt alleine vor Publikum bei einer Festlichkeit aufzutreten, tanzt hier eine Gruppe anwesender Personen synchron zur Musik in Gegenwart einer Lehrperson, die zwar mittanzt, ab und zu aber durch Hinweise zur Aufführung die soziale Asymmetrie deutlich macht, die zwischen ihr und der Lernendengruppe besteht.

Dieser Handlungszusammenhang weist Parallelen zu dem von Goffman beschriebenen Setting der Rollenspiel-Veranstaltung auf (vgl. Goffman 2000, S. 86 f.). Um später als Tänzerin agieren zu können, wird zunächst das Erlebnis des Tanzens vor Publikum in einer Simulation (re-)aktualisiert. Dabei können sich die Lernenden in Anwesenheit einer Person, die Verantwortung für die Gestaltung der sozialen Situation übernimmt, sukzessive in die Rolle einer orientalischen Tänzerin einfinden, ohne den sozialen Erwartungen ausgesetzt zu sein, die an eine Realsituation herangetragen werden (zum pädagogischen Moratorium vgl. Zinnecker 2000).

2.2   Augmentieren beim Einüben

Dass sich die Beteiligten in Lehr-Lernveranstaltungen im Modus der Transposition (unter Beibehaltung der rhythmischen Struktur der originären Praxis) auf den Gegenstand beziehen können, setzt die Unterstellung eines vorhandenen Bewegungswissens und einer vorhandenen Bewegungsfähigkeit voraus. Sollen dagegen neues Bewegungswissen erworben oder neue Bewegungsfähigkeiten entwickelt werden, wird der transponierte Gegenstandsrhythmus auch in seiner zeitlichen Gestalt moduliert. Beim Einüben geschieht dies durch rhythmisches Augmentieren.

Charakteristisch für Situationen des Einübens sind eine Zerteilung des originären Gegenstandsrhythmusses und eine ausgedehnte Darstellung der gebildeten Teilelemente durch die Kursleiterin, mit dem Ziel, ein Imitieren durch die Teilnehmenden zu ermöglichen. Die Reihenfolge der einzelnen Elemente bleibt dabei in der Regel erhalten. Die Kursleiterin schreitet beim Einüben fort, indem sie zur Darstellung des nächsten Elements übergeht, das auch in der Originalchoreographie ein Anschluss-Element darstellt. Dies geschieht in dem Moment, wenn ein erfolgreiches Imitieren der Bewegungen durch die Teilnehmenden beobachtet bzw. unterstellt wird. Die zugrundeliegende Modulationsform kann als Augmentieren gekennzeichnet werden, weil sie durch die zeitliche Dehnung der einzelnen Elemente des zu erlernenden Bewegungsablaufs in der Darstellung der Kursleiterin bestimmt ist. In Abbildung 2 ist in der oberen Hälfte ein Ausschnitt dargestellt, in der die Teilnehmerinnen die Choreographie ausüben. Die untere Hälfte zeigt die augmentierte Behandlung eines oben in rot markierten Teils aus der Choreographie beim Einüben (beide im Zeitraum von 18 Sekunden).

Das in der oberen Hälfte als Nummer 3 gekennzeichnete Element der Choreographie wird während des Einübens über einen deutlich längeren Zeitraum hinweg aufgeführt (siehe untere Hälfte). Die Aufführung wird begleitet durch Erläuterungen der Kursleiterin. Die Musik ist ausgestellt. Anfangs bewegt

Ausüben

Still: -------1-------2-------3-------4-------
Zeit (Sek.): 0   1   6   11   16   18
KL: [KL schweigt; orientalische Musik spielt]

Einüben

Still: -------1-------2-------3-------4-------
Zeit (Sek.): 0   2   7   8   12   18
KL: Dann hatten wir hier die (.) [1] Arme. Da nehmen wir auch den **Oberkörper** [2] mit. Also nicht **nur** [3]
            n'bisschen mit den Händen oder Armen, sondern Oberkörper. Als wären wir **so** [4] (..)'n junger Baum im
            Wind, der sich hin und her bewegt.

Abb. 2: Augmentieren beim Einüben

sich nur die Kursleiterin, bis dann zum Ende hin, alle die vorgeführte Bewegung vollziehen. Während sich die Akteure beim Ausüben überwiegend synchron bewegen, ist hier die Bewegung der Lernenden weitgehend individuell verschieden und wesentlich durch ihr je eigenes Lerntempo und Vorwissen bestimmt. Der Sinn dieses kursleiterregulierten Augmentierens wird erkennbar, wenn die Teilnehmendenaktivitäten in dieser Modulationsform betrachtet werden. Das Einüben beginnt für die Teilnehmenden mit einem Bewegungsstillstand, der eine vollständige Fokussierung der Aufmerksamkeit auf die Bewegungen der Kursleiterin ermöglicht. Nach unterschiedlich langer Zeit gehen die Teilnehmenden dann dazu über, selbst die beobachtete Bewegung zu realisieren oder es zumindest zu probieren. Schlägt der Versuch fehl, wird erneut das Beobachten der Kursleiterin in den Mittelpunkt gestellt, oder weiter ausprobiert. Dieser Prozess des Imitierens und Abgleichens der Teilnehmenden braucht mehr Zeit, als die Ausführung des Elements im Bewegungsablauf selbst verbrauchen würde. Daraus ergibt sich die Notwendigkeit der rhythmischen Augmentation. Dem ausgedehnten Zeigen einer neuen (Teil-)Bewegung auf Seiten der Lehrperson steht ein Beobachten und Ausprobieren der Bewegung auf Seiten der Lernenden gegenüber. Wie lang diese Darstellung ausgedehnt wird und wie klein die Elemente gewählt werden, die aus dem Ganzen des Bewegungsablaufs herausgegriffen werden, ist sehr unterschiedlich und hängt vom unterstellten Schwierigkeitsgrad der Bewegung und den unterstellten Imitationsfähigkeiten der Teilnehmenden ab. Haben die Lernenden die neue Bewegung wahrgenommen und erfolgreich ausprobiert, wird im Einüben sukzessiv fortgeschritten bis hin zur vollständigen Darstellung des zu erlernenden Gesamtablaufs. Wird dagegen ein weiterer Imitationsbedarf unterstellt oder beobachtet, verharrt die Lehrerin beim aktuellen Gegenstand und zeigt ihn noch einmal in veränderter Weise, statt sich der nächsten (Teil-)Bewegung als Lerngegenstand zu widmen. Der Ablauf des Einübens ist erst in dem Moment abgeschlossen, wenn der gesamte einzuübende Rhythmus als bekannt vorausgesetzt werden kann. Allerdings sind häufig Unterbrechungen dieser Kette zu beobachten, und Wiederaufnahmen zu einem späteren Zeitpunkt. So wechseln sich etwa Sequenzen des Einübens mit Sequenzen des Übens ab oder das Einüben erstreckt sich über mehrere Kurstreffen hinweg.

Im Zuge des Augmentierens ist eine weitere, bedeutsame Abwandelung der originären Praxis zu beobachten: die Bewegungen finden ohne Musikbegleitung statt. Das Ausschalten der Musik ermöglicht eine Abkopplung vom Tempo, das mit dem Takt der Musik vorgegeben wird. Die dadurch wegfallende Taktung der Bewegungen wird durch die Kursleiterin substituiert.

Dieser Handlungszusammenhang weist Parallelen zu dem von Goffman beschriebenen Setting der Demonstration auf. Dort geht es um das Aufführen bzw. Vorführen »einer aufgabenähnlichen Tätigkeit außerhalb ihres gewöhnlichen funktionalen Zusammenhangs, um jemand anderem einen genauen Einblick in den Ablauf zu ermöglichen« (Goffman 2000, S. 79). Das in allen sozialen Situationen mitlaufende Moment der mimetischen Anähnlichung (vgl. Gebauer/Wulf 1992) wird hier methodisiert. Wer kompetenter Akteur in der zu erlernenden Praxis ist und wer versucht, sich diesem Akteur anzuähnlin, ist durch die starke Rollenunterscheidung zwischen Kursleiterin und Teilnehmenden eindeutig festgelegt. Um ausreichend Gelegenheit sowohl zur Beobachtung als auch zur tentativen Performanz zu geben, wird die zu erlernenden Praxis augmentiert.

2.3   Repetieren beim Üben

Sehen die Beteiligten das situative Problem im Erlernen von Bewegungsabläufen nicht im Kennenlernen, sondern im Routinisieren, bzw. Könnenlernen, kommt das Modulationsmuster des Repetierens zum Tragen, das beim Üben realisiert wird.

Ausgangspunkt des Übens ist die Unterstellung oder Beobachtung, dass eine Bewegung zwar bekannt ist, aber noch nicht gekonnt ausgeführt werden kann. Beim Üben wird der Körper an eine bestimmte Bewegung oder einen bestimmten Bewegungsablauf gewöhnt, so dass eine Automatisierung der Abläufe möglich wird. Dies geschieht durch vielfaches Wiederholen dieser Bewegung (vgl. Prange/Strobel-Eisele 2006, S. 48 ff, Brinkmann 2011). Das zentrale Modulationsprinzip des Übens besteht daher im Repetieren. Realisiert wird dies durch ein wiederholendes Proben der sich überwiegend synchron bewegenden Lernenden, begleitet durch ein Vormachen der Lehrperson. Dieses Vormachen ist allerdings nicht zwingende Voraussetzung für das Üben. In einigen Kursen des Bewegungslernens üben die Teilnehmenden durchaus auch ohne aktive Beteiligung der Kursleiterin.

Kennzeichnend für Übungssituationen ist dagegen in jedem Fall eine andere, durch die Lehrperson hervorgerufene Modulation des Geschehens: Das vielfach wiederholte Geschehen wird von Zeit zu Zeit unterbrochen, wenn die Teilnehmenden durch die Kursleiterin korrigiert werden. Die Interaktion zwischen Kursleiterin und Teilnehmenden ähnelt im Moment dieser Korrekturen dem Interaktionsmuster beim Einüben. Die Kursleiterin zeigt, wie es geht, die Teilnehmenden versuchen zu imitieren. Im Unterschied zum Einüben sind diese

Demonstrationssituationen aber nicht eingebunden in eine Reihe von Zeigeakten, sondern sie treten vereinzelt auf, abhängig von einem beobachteten Fehler der Lernenden, und verschwinden dann wieder, sobald eine Überwindung des Fehlers unterstellt oder beobachtet werden kann.

Das Üben ist daher durch das Modulationsmuster des Repetierens mit okassionellen Interruptionen geprägt. Abbildung 3 zeigt das Wiederholen eines Elements der Choreographie beim Üben.

Abb. 3: Repetieren beim Üben

Während beim Ausüben (obere Hälfte der Abbildung) die in den Bildern 2 und 3 dargestellte Bewegungen lediglich einmal wiederholt werden (erkennbar in den Bildern 4 und 5), geschieht diese Bewegungswiederholung beim Üben vielfach (untere Hälfte der Abbildung). Die einfache Wiederholung erscheint im Kontext des Ausübens als stilistisches Mittel der Betonung, die mehrfache Wiederholung im Kontext des Übens als Gewöhnungspraxis. Auch beim Üben wird – wie beim Einüben – der Gegenstand zergliedert. Allerdings ist das anschließende Wiederzusammensetzen nicht Bestandteil des Übens. Das einzelne geübte Element erscheint in seiner vielfachen Wiederholung isoliert. Während sich im augmentierenden Modus des Einübens Phasen des Fortschreitens von Bewegungselement zu Bewegungselement und Phasen des Verharrens bei einem Bewegungselement abwechseln, ist der repetierende Modus des Übens durch ein ostinates Verharren bei einem Bewegungselement gekennzeichnet. Die vereinzelten Interruptionen durch Korrekturen sind Momente des Rückschritts, bei denen das dem Üben eigentlich vorausgesetzte Kennen der richtigen Bewegung in Frage gestellt und im Anschluss daran wiederhergestellt wird.

Das Repetieren weist Parallelen zu dem von Goffman beschriebenen Modus des Einübens auf (vgl. Goffman 2000, S. 72 ff.). Er abstrahiert dort auf die Entwicklung der »Fähigkeit, eine Handlung in der gewünschten Weise aufzuführen«. Im Üben wird das in sozialen Situationen immer mitlaufende Moment der Gewöhnung methodisiert. Diese Praktik des bewussten Erzeugens von Bewegungsweisen und Haltungen des eigenen Körpers, die der unmittelbaren bewussten Kontrolle selbst nicht zugänglich sind, wird seit der Antike als wesentliches Mittel der Kultivierung und Kontrolle des eigenen Körpers verstanden (vgl. Kinzel 1995).

2.4 Modulationsformen und interaktive Rahmungen im Überblick

Folgende Tabelle fasst die in den vorangegangenen Kapiteln beschriebenen Muster und die in ihnen realisierten Modulationsformen anhand wesentlicher Gesichtspunkte zusammen: die interaktive Rahmung, das im Zentrum stehende pädagogische Grundproblem, die realisierte Modulation des Gegenstands sowie die Handlungsweisen von Lehrenden und Lernenden, die diesen Modulationen zu Grunde liegen.

Tab. 1: Das Modulationsrepertoire in Kursen des Bewegungslernens

Interaktive Rahmung	Pädagogisches Problem	Modulationsform des Gegenstandes	Handlungsweisen von Lehrenden und Lernenden	
			Lehrende	Lernende
Einüben	Kennenlernen von Neuem	Augmentieren	Zeigen	Beobachten, Ausprobieren
Üben	Könnenlernen von Bekanntem	Repetieren mit okassionellen Interruptionen	Begleitendes Vormachen, Korrigieren	Proben
Ausüben	Anwenden von Bekanntem und Gekonntem	Transponieren	Aufführung des Gegenstandes (Tanzen), Hinweise geben	Aufführung des Gegenstandes (Tanzen)

Diese Modulationsformen bilden Rahmen des Handelns in Kursen des Bewegungslernens. An ihnen orientieren sich die Akteure, um ihr Agieren untereinander abzustimmen. Sie sind allerdings keineswegs als starre Formen zu verstehen, in die sich Lehrende und Lernende einzupassen haben. Vielmehr bilden sie eine Interpretationsfolie für das Geschehen, die es sowohl ermöglicht, eigenes Verhalten verständlich zu machen als auch das Verhalten Anderer zu verstehen – wie im folgenden Kapitel an einem Beispiel näher erläutert wird.

3   Polyrhythmische Verschränkung im Prozess

Um in Kursen des Bewegungslernens zu handeln, haben die Beteiligten immer wieder neu zu entscheiden, auf welche Rahmung der Situation sie zurückgreifen, welches Modulationsmuster sie also anwenden. Dabei gilt es, die eigenen Situationsdefinitionen bzw. Rahmungshypothesen mit denen der anderen Beteiligten abzugleichen.

Anhand des folgenden Ausschnitts lässt sich zeigen, dass eine solche Koordination keineswegs bedeuten muss, dass alle Beteiligten auf die selbe Modulationsform zurückgreifen. Vielmehr ist das gleichzeitige Anwenden unterschiedlicher Modulationsformen in bestimmten Situationen sogar strukturell erwartbar und pädagogisch erwünscht. Wie sich vor diesem Hintergrund das Lehr-Lerngeschehen als polyrhythmische Verschränkung unterschiedlich gerahmter Handlungsstränge herausbildet, wollen wir anhand eines Übergangs darstellen, an dessen Ende eine Sequenz des Einübens etabliert ist. Dabei wird der sequentielle Verlauf des Geschehens nachgezeichnet. Sowohl verbale als auch nonverbale Untergliederungen werden zur Unterscheidung von Sequenzelementen herangezogen (vgl. Dinkelaker/Herrle 2009, S. 70 ff). Um mögliche Bedeutungen der Äußerungen der Beteiligten zu eruieren, wird abweichend vom üblichen Vorgehen ein Wissen über den Kontext und erwartbare Rahmungen vorausgesetzt. Dadurch wird es möglich, das Verhalten der Beteiligten als Handeln innerhalb der spezifischen Rahmungen des Bewegungslernens in Kursen zu verstehen. Das zur Analyse herangezogene Vorwissen haben wir in Kapitel 2 dargestellt. Es ist selbst Ergebnisse einer Analyse, an deren Anfang ein Absehen von vorhandenem, fallspezifischem Vorwissen stand.

Die Analyse setzt ein, als die Kursleiterin eine Äußerung vollzieht, die offensichtlich eine vorherige Phase des Kursverlaufs abschließt.[5]

Zum Zeitpunkt des Kursgeschehens, das durch Abbildung 4 dokumentiert ist, realisieren die Teilnehmerinnen keine Bewegungen, die dem Muster des orientalischen Tanzes zugerechnet werden können. Dabei richten sie sich überwiegend in Richtung des Spiegels aus und markieren diesen Ort damit als »vorne«. Indem sie der dort positionierten Kursleiterin (in schwarzer Hose und rosafarbenem Oberteil) eine erhöhte Aufmerksamkeit zukommen lassen, markieren sie die Situation als eine, in der das Beobachten der Kursleiterin im Vordergrund steht. Dies lässt vor dem Hintergrund des dargestellten Modulationsrepertoirs zwei Situationsverständnisse zu: es könnte sich um eine Situation des Einübens handelt, bei der die Kursleiterin vormacht, was die Teilnehmenden nachmachen wollen, oder es handelt sich um eine Situation des Übergangs, bei der die Kursleiterin darüber informiert, was im Folgenden geschehen wird.

---

5   Der Verlauf des Geschehens wird durch Standbilder aus zwei Kameraperspektiven dokumentiert, sowie durch das Transkript dessen, was gesprochen wird. Der Zeitpunkt des Standbilds ist im Transkript durch das fett formatierte Transkript-Element markiert.

KL: Wir haben letztes Mal weitergemacht für diejenigen, die jetzt noch nicht da waren. Das Neue **(3 Sekunden)**

Abb. 4

Die verbalen Äußerungen der Kursleiterin bestätigen die zweite Lesart: In diesem Moment wird nicht eingeübt, sondern es wird eine Situation des Einübens eingeleitet. Auch dass die Kursleiterin sich nicht bewegt, entspricht dieser Situationsdeutung. Mit ihrem Verweis auf die letzte Zusammenkunft schließt die Kursleiterin nicht an das an, was bislang im Kurs geschehen ist, sondern referiert auf eine Ereigniskette, die über die aktuelle Situation hinausweist. Diese Ereigniskette beginnt nicht erst im vorangegangenen Treffen. Denn dort wurde auch lediglich »weitergemacht«. Im hier vorliegenden Kontext kann dies nur so verstanden werden, dass sich ein Vorgang des Einübens nun schon über mehrere Treffen hinweg ausdehnt, und beim letzten Treffen weitere Teilstücke des zu erlernenden Gegenstands behandelt worden sind. Die Art und Weise, in der das »letzte Mal« aufgegriffen wird, lässt nun zwei Unterstellungen der Kursleiterin erkennbar werden, die – sollten sie von den anderen Beteiligten übernommen werden – das weitere Geschehen wesentlich beeinflussen könnten: eine Unterstellung besteht darin, dass diejenigen, die das letzte Mal da waren, noch in Erinnerung haben, was da neu gezeigt wurde; eine andere Unterstellung besteht darin, dass diejenigen, die nicht da waren, das dort Gezeigte nicht kennen können. Für diejenigen, die das letzte Mal da waren, und sich gemerkt haben, was gezeigt wurde, würde also im Folgenden eine Übung erwartbar sein. Für sie ist »das Neue« eine Wiederholung. Für diejenigen, die nicht da waren, oder vergessen haben, was beim letzten Mal vorgeführt wurde, müsste sich im Folgenden eine Situation des Einübens auftun. Ob die Teilnehmenden die Situation als Üben oder als Einüben begreifen, müsste sich darin zeigen, ob sie bei den erwartbaren Vorführungen der Kursleiterin gleich mitmachen i.S.v. Proben oder aber ob sie zunächst beobachten. Möglicherweise um den Teilnehmenden die Gelegenheit zu geben, sich an »das Neue« zu erinnern, das beim letzten Mal gezeigt wurde, möglicherweise aber auch, um sich den Bewegungsablauf selbst zu vergegenwärtigen, wartet die Kursleiterin einige Sekunden, bis sie mit Ihren Bewegungen beginnt. Dabei hat sie die Hände an die Hüften gelegt und eine Körperhaltung eingenommen, die ein baldiges Tanzen erwarten lässt (▶Abb. 4).

Auch einige Teilnehmerinnen haben sich in eine solche Startposition begeben. Dies lässt erwarten, dass auch sie zu tanzen beginnen, sobald die Kursleiterin dazu den Einsatz gibt. Ihre Haltung legt ein Verständnis der Situation als Übung nahe. Andere Teilnehmerinnen lassen aufgrund Ihrer Körperhaltung dagegen erkennen, dass Sie (noch) nicht tanzbereit sind. Ihre Haltung legt ein Verständnis der Situation als Einüben nahe.

KL: Äh. Vorher dieses Drehen auch noch mal. Soll ich das noch mal erklären?
Drehen, **Drehen**, Drehen, (2 Sekunden)

Abb. 5

Entgegen der aufgrund des bisherigen Geschehens nahe liegenden Erwartungen beginnt ausschließlich die Kursleiterin, sich zu bewegen. Die startbereiten Teilnehmerinnen bleiben dagegen bewegungslos und schauen zu – ebenso wie die anderen Teilnehmerinnen, die sich bislang noch nicht tanzbereit gezeigt haben (▶ Abb. 5). Eine Erklärung für diese Abweichung lässt sich in den verbalen Äußerungen der Kursleiterin finden. Sie beginnt nicht, wie angekündigt mit dem Neuen, sondern beginnt noch früher im Ablauf der Choreographie. Dieses Element ist für keinen der Beteiligten neu, man könnte also erwarten, dass seine Realisierung im Rahmen einer Übung stattfindet. Die Wortwahl der Kursleiterin »soll ich das noch mal erklären« thematisiert das Geschehen aber als Einüben. Es wird erklärt und nicht geprobt. Hier unterstellt die Kursleiterin, dass trotz bereits vollzogenen Einübens, den Teilnehmenden dieses Element noch nicht oder nicht mehr verfügbar ist. Diese Unterstellung der Kursleiterin scheinen die Teilnehmerinnen zu akzeptieren. Sie schauen der Kursleiterin bei ihren Bewegungen zu, proben aber selbst nicht. Damit charakterisieren auch sie die Situation als Moment des Einübens. Eine Teilnehmerin jedoch fällt aus diesem einübenstypischen Rahmen: sie beginnt, die Tanzfläche zu verlassen (▶ Abb. 5). Möglicherweise war sie das letzte und das vorletzte Mal da und sieht keine Notwendigkeit, an diesem nochmaligen Einüben teilzunehmen oder aber sie erkennt am Vormachen der Kursleiterin, dass sie schon so viel verpasst oder vergessen hat, dass auch das jetzt begonnene Einüben nicht mehr anschließt an das, was sie schon kennt. Im ersten Fall würden vorhandene im zweiten Fall fehlende Kenntnisse zum Verlassen der Lehr-Lern-Situation führen.

Nachdem durch das von der Kursleiterin unterstellte Gedächtnisproblem alle Beteiligten als Einübende adressiert wurden, ist nun zu erwarten, dass im weiteren Verlauf des Geschehens die Beteiligten versuchen, die Drehung der Kursleiterin nachzuahmen, und dass die Kursleiterin durch eine wiederholte Vorführung Gelegenheit dazu gibt.

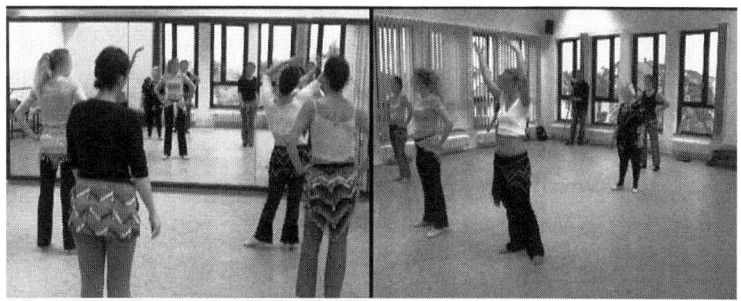

KL: Dann hatten wir hier die (2 Sekunden)

Abb. 6

Entgegen dieser Erwartung wiederholt die Kursleiterin aber ihr Drehen nicht, wartet also nicht ab, bis die Teilnehmenden so weit sind, das Drehen selbst auszuprobieren. Dieses Verhalten erscheint vor dem Hintergrund der im unterrichtsförmigen Bewegungslernen erwartbaren Abläufe ungewöhnlich. Zwei Deutungen lassen sich hier unterscheiden: entweder sind die Teilstücke, in die die Kursleiterin den Gegenstand zergliedert, aus mehreren Unterstücken zusammengesetzt. Wenn sie die Bewegung der Arme über dem Kopf zu Ende vorgeführt haben wird, wird sie wieder mit dem Drehen von vorne anfangen, um den Teilnehmenden ein Ausprobieren zu ermöglichen. Oder das Drehen war lediglich so etwas wie ein Stichwort, um den Teilnehmenden einen Wiedereinstieg in die zergliederte Praxis zu ermöglichen, ein kurzer Moment des Ausübens, in dem die Einbettung des Einzuübenden in die Gesamtchoreographie angedeutet wird.

Wie im Bild (▶ Abb. 6) zu erkennen, deutet die Teilnehmerin mit dem weißen Oberteil die Situation in der zweiten Variante und setzt damit einen wesentlichen Akzent für das weitere Geschehen. Ihr Einsetzen gemeinsam mit dem Elementwechsel der Kursleiterin rahmt die Situation als Übung, zumindest als Geschehen, das für eine der Teilnehmerinnen ein Üben und kein Einüben darstellt. Um mitzumachen, hat die Teilnehmerin nichts weiter benötigt als ein Signal, zu welchem Zeitpunkt die bereits bekannten Bewegungen zu vollziehen sind. Damit weist sie die vorangegangene Unterstellung weiterer Erklärungsbedürftigkeit für sich zurück und erzeugt so eine Differenz zwischen sich und allen anderen Teilnehmenden. Das Risiko, mit dieser Anmaßung vorhandener Kenntnisse durch eine erkennbare Abweichung von der Vorführung der Kursleiterin zu scheitern, wiegt für diese Teilnehmerin anscheinend gering. Alle anderen Teilnehmenden verharren dagegen weiterhin in der Position des Beobachtens. Sie positionieren sich damit als Lernende, die erst noch zuschauen müssen, bevor sie selbst aktiv werden können. Sie inszenieren sich als Einübende. Auch diejenigen, die ihre Hände nicht schon vorher in die Hüfte gestemmt hatten, haben dennoch ihre Körperspannung sichtbar erhöht. Dies charakterisiert ihr Beobachten als Vorbereitung eines anschließenden Ausprobierens. Indem diese Teilnehmenden der Interpretation des Geschehens als Einüben folgen, verschaffen sie sich Zeit, um eine als gelungen angesehene Annäherung an die zu erlernende Praxis beobachtend vorzubereiten. Durch das Mitüben der Teilnehmerin mit dem weißen Oberteil kommen sie allerdings in Zugzwang. Jedes weitere Zögern kann nun auf ihre individuellen Fähigkeiten zugerechnet werden und wird als Differenz in der Lernfähigkeit beobachtbar. Überhaupt nicht als Lernende verhält sich dagegen die Teilnehmerin, die die Tanzfläche verlassen hat. Was sie in dem hier abgebildeten Moment tut, wissen wir nicht, weil die Kamera sie nicht mit in den Blick genommen hat. Zumindest aufgrund ihrer Positionierung im Raum jenseits der Übungsfläche ist aber davon auszugehen, dass sie sich auf die Situation weder als Übende noch als Einübende bezieht.

KL: **Arme.**

Abb. 7

Indem die Kursleiterin bei der Darstellung der Armbewegung verharrt und zudem verbal auf diese Bewegung hinweist, entspricht sie sowohl der Situationsdeutung, die die Teilnehmerin mit dem weißen Oberteil vorgeschlagen hat – das Drehen war lediglich der Einsatz für eine gemeinsame Übung – als auch der Situationsdeutung, die das Verhalten aller anderen Teilnehmenden nahe gelegt hat. Zwar war das Drehen nur ein Auftakt, aber in dem Moment, in dem das Neue dargestellt wird, kommt es zum augmentierenden Einüben. In Reaktion auf diese fortgesetzte Darstellung der Armbewegungen steigen nun auch weitere Teilnehmerinnen in diese Bewegung mit ein (▶ **Abb. 7**). Da diese Teilnehmerinnen zuvor das Geschehen noch beobachtet haben, erscheint dieses Mitmachen nun als ein Ausprobieren im Rahmen des Einübens. Durch das vergleichsweise frühe Ausprobieren heben sich diese Teilnehmerinnen von denjenigen ab, die weiter zuschauen.

In der Gruppe der Lernenden sind zu diesem Zeitpunkt vier unterschiedliche Rahmungen als Varianten der Bezugnahme auf die Situation zu unterscheiden: Die Teilnehmerin im weißen Oberteil charakterisiert sich als fortgesetzt Übende, die eines Einübens nicht länger bedarf. Die Teilnehmerinnen, die erst jetzt begonnen haben, die Bewegungen der Kursleiterin zu imitieren, zeigen sich als diejenigen, die genug gesehen haben, um nun selbst tätig zu werden. Sei es, weil sie eine besonders schnelle Auffassungsgabe haben, oder sei es, dass sie nur eines kleines Anstoßes bedurft haben, um sich daran zu erinnern, was sie bereits beim letzten Mal beobachtet haben. Sie charakterisieren sich damit als Einübende, die sich – aufgrund ihrer wiederholt aufgeführten Bewegung – im Übergang zum Üben befinden. Diejenigen, die noch nichts tun, verweisen auf ihren weiteren Beobachtungsbedarf, zeigen aber durch ihre Körperhaltung zugleich an, dass ein Übergang vom Beobachten zum Ausprobieren jederzeit erwartbar ist. Dadurch charakterisieren sie sich tendenziell als Einübende. Die Teilnehmerin, die sich abseits des Geschehens aufgestellt hat, dementiert dagegen die Erwartung eines unmittelbar anschließenden Ausprobierens. Dadurch, dass sie Aufmerksamkeit demonstriert, schließt sie allerdings auch nicht aus, dass eine Beteiligung an der gemeinsamen Praxis zu einem späteren Zeitpunkt noch stattfinden könnte. Sie charakterisiert sich damit als temporärer Aussteiger mit Einüben am Horizont.

Das Fallbeispiel zeigt, dass zu einem Zeitpunkt des Interaktionsprozesses ganz unterschiedliche Modulationen des gegenstandsinhärenten Rhythmus in den Aktivitäten der Beteiligten zum Tragen kommen können – insofern kann hier von polyrhythmischer Verschränkung gesprochen werden. Solche Mehrdeutigkeiten der Situation ergeben sich insbesondere im Rahmen von Übergängen, können aber auch über längere Zeiträume hinweg stabil bleiben, wie Analysen gezeigt haben. Je nachdem ob sich die Teilnehmenden als Wissende bzw. Nicht-Wissende oder Könnende bzw. Nicht-Könnende verstehen, bzw. als solche verstanden werden, wird ein anderes Handlungsmuster aufgerufen, einhergehend mit einer anderen Modulationsform, wobei die spezifische Leistung des Kursgeschehens darin besteht, dass zugleich mehrere Könnensstatus und damit mehrere Modulationsweisen realisiert werden können (vgl. auch Goffman 2000, S. 35). Dass das Geschehen überhaupt als sinnvoller Zusammenhang interpretiert werden kann, setzt allerdings den gemeinsamen Bezug auf ein Modulationsrepertoire voraus. Das rhythmische Geschehen der zu erlernenden Choreographie und die Modulationsweisen des Augmentierens, Repetierens und Transponierens stellen dabei den Bezugspunkt aller Beteiligten dar.

Reagiert wird in solchen Überlagerungen auf von Kursleitenden oder von Teilnehmenden unterstellte Kompetenzdifferenzen. Ein wesentliches Regulativ dieser Beteiligungsformen bilden Selbst- und Fremdzuschreibungen von (Nicht-) Wissen bzw. (Nicht-)Können (vgl. Dinkelaker 2007). Mit jeder Aktivität positioniert sich jeder Beteiligte in einer kompetenzorientierten Positionsordnung (vgl. auch Markowitz 1984, S. 144), in deren Zentrum der kompetente Lehrende steht, zu dem sich die Teilnehmenden in unterschiedlich weiter Entfernung befinden.

4 Originäre oder modulierte Praxis? Eine beobachterabhängige Unterscheidung

In Kapitel 1 wurde das pädagogisch-explizite Erlernen körpergebundener sozialer Praktiken in Kursen noch in Differenz zu Mustern des praxissituierten-beiläufigen Erlernens gesetzt. Begründet wurde dies damit, dass das kursförmige Erlernen dadurch gekennzeichnet ist, dass es selbst nicht als Teil der originären Praxis verstanden werden kann, die erlernt werden soll, sondern durch weitreichende Modulationen dieser Praxis gekennzeichnet ist. Diese Differenz ist abschließend in zwei Richtungen zu relativieren und damit zu präzisieren: Einerseits stellt es eine Vereinfachung dar, das worauf Kurse als Gegenstand verweisen, als unverfälschte und originäre Praxis zu beschreiben. Andererseits lässt sich wiederkehrend beobachten, dass das, was in Kursen geschieht, selbst Merkmale einer originären Praxis aufweist.

Betrachtet man die unterschiedlichen Spielarten, in denen der orientalische Tanz im mitteleuropäischen Kulturkreis wahrgenommen wird, zerbricht die bislang unterstellte Selbstverständlichkeit *einer* originären Praxis, auf die Kurse im orientalischen Tanz referieren. Der ägyptische Solotanz »Raqs Sharqi«, der als Ursprung des orientalischen Tanzes gilt, ist Teilnehmenden von Kursen der Erwachsenenbildung in der Regel nur in Abbildungen und Reiseberichten zugänglich. Wer sich die Mühe macht, ins Ursprungsland Ägypten zu reisen, wird dort einer durch touristische Verhältnisse modulierten Praxis des orientalischen Tanzes begegnen. Alltäglicher Kontakt mit dem orientalischen Tanz ist dagegen eher im Kontext popkultureller Adaptierungen erwartbar – nicht wenige werden ihm in Musikvideos von Shakira begegnet sein – oder im Rahmen von Feierlichkeiten, wie Verlobungen, Betriebsfeiern oder 50. Geburtstagen. Was hier als originäre Praxis im Sinne einer primären Rahmung gelten kann und was als modulierte, daraus abgeleitete Praxis, wird durch diese Vervielfältigung der Kontexte nicht mehr unterscheidbar. Im Kontext solcher verschachtelter Modulationen (vgl. auch Goffman 2000, S. 94, er verwendet allerdings die Metapher der Zwiebel), lässt sich die Differenz zwischen originärer und modulierter Praxis letztlich nur als beobachterabhängige Unterscheidung zwischen Ausgangspraxis und modulierter Praxis begreifen, die wiederum sowohl auf die Ausgangspraxis als auch auf die modulierte Praxis angewendet werden kann.

Vor dem Hintergrund einer solchen relationalen Perspektive erscheint nicht nur die originäre Praxis, auf die im Lehr-Lernkontext verwiesen wird, selbst als moduliert, auch die Praxis des lernbezogenen Modulierens weist wiederum Merkmale einer originären Praxis auf. Dies zeigt sich insbesondere in dem wiederkehrend beobachtbaren Phänomen, dass Teilnehmende von Kursen des Bewegungslernens, die die intendierten Bewegungsabläufe erfolgreich erlernt haben, keineswegs ihre Kursteilnahme beenden, sondern Kurse als Orte der Verstetigung ihres Praktizierens nutzen. Nicht der Übergang in die originäre Praxis, sondern eine veränderte Nutzung der modulierten Praxis wird zum Anwendungsfeld des Gelernten. Solche Tendenzen der Verstetigung der Lernpraxis sind in der Erwachsenenbildung weniger die Ausnahme als die Regel. Die Kurse sind damit nicht länger nur Einstiegspunkt für die Aneignung von Neuem, sondern auch Momente der fortgesetzten Praxis (vgl. Kade 1997c).[6] Versteht man in diesem Sinne Kurse selbst als originäre Praxen, so zeigen sich nun doch Parallelen zu den für das Erlernen sozialer Praktiken typischen Muster des Partizipationswandels und der unbewussten Habitualisierung: In der vorangehenden Fallanalyse wurde erkennbar, dass das Geschehen wesentlich dadurch bestimmt ist, in welcher Art und Weise die Beteiligten am gemeinsamen Geschehen partizipieren. Das Lehr-Lerngeschehen bildet also eine eigene Positionsordnung aus, die sich im Grad der Modulation der Ausgangspraxis und am unterstellten Kompetenzstatus orientiert. Innerhalb dieser Positionsordnung bewegen sich die Beteiligten von marginalen Beobachterpositionen zu zentralen Darstellungspositionen. Dies geht nicht selten so weit, dass fortgeschrittene Lernende die Rolle von Kursleitenden übernehmen. Damit wird zugleich die lernorientierte Modulation der Praxis zum Normalfall, zu einem habituell verkörperlichten, selbstverständlichen Moment des gemeinsamen Praktizierens. Die Verschränkung der Rhythmen der zu erlernenden Praktiken und der Rhythmen der Praktiken des Erlernens wird zum Prinzip einer eigenständigen Praxis.

---

6 Auch das kursförmige Eintreten in die Gemeinschaft der Praktizierenden setzt weiterhin zwingend körperliche Anwesenheit sowie das gemeinsam Praktizieren voraus. Kurse vereinen somit die Notwendigkeit des *gemeinsamen* Tuns unter körperlich Anwesenden mit der Möglichkeit des Übertretens sozialräumlicher Grenzen und der Schaffung neuer gesellschaftlicher Orte des Praktizierens. Kurse der Erwachsenenbildung werden so selbst zum Ort und zur Gelegenheit des Praktizierens von Kulturen, um den Preis von Modulationen, die ihre erhöhte Zugänglichkeit reflektieren.

VI Beobachtungen medialer Beobachtung

Perfektion, Disambiguierung, Selbstdarstellung: Kurse der Erwachsenenbildung als TV-Serien

Sigrid Nolda

1 Einleitung: Kurse in Literatur, Film und Fernsehen

Das Thema der organisierten Erwachsenenbildung/Weiterbildung wird in Literatur und Film bzw. Fernsehen vergleichsweise selten behandelt. ›Klassiker‹ wie der Sketch »Die Jodelschule« von Loriot, Folgen von Stuart Hamples Woody-Allen-Comicstrip oder einzelne Dialoge zwischen Ziffel und Kalle aus den «Flüchtlingsgesprächen« von Bertolt Brecht werden immer wieder gern zitiert, können aber nicht darüber hinwegtäuschen, dass das Thema sich weder für den feuilletonistischen Journalismus noch für ernsthafte künstlerische Fiktionen recht zu eignen scheint: Wenn es überhaupt einmal angesprochen wird, bleibt es marginal, etwa in der Form ridikülisierender Metaphern (vgl. Nolda 1995) oder als neutral-beiläufige Erwähnung in so unterschiedlichen Romanen wie »Das siebte Kreuz« von Anna Seghers, »Howards End« von E.M. Forster, »Mein Jahr in der Niemandsbucht« von Peter Handke, »Der Hahn ist tot« von Ingrid Noll oder »Malenka« von Irina Korschunow.

Eher zu interessieren scheint das Thema der nachträglichen Aneignung von Wissen und Bildung im Erwachsenenalter (im Sinne der Bourdieuschen ›culture légitime‹) durch charismatisch-problematische ›Lehrer‹, etwa in Filmen wie »Educating Rita« (nach dem Muster von G.B. Shaws »Pygmalion«) »Il Postino« (nach dem Roman von A. Skarmeta) oder »Das Labyrinth der Wörter« (nach dem Roman »La tête en friche« von M.-S. Roger). Institutionen der Erwachsenenbildung als location oder Kurse als Gruppen tauchen dagegen kaum einmal auf. Eine Ausnahme bilden der dänische Film »Italienisch für Anfänger« aus dem Jahr 2000, in dem einige Szenen aus einem dem Konzept der Regisseurin entsprechend[1] unspektakulär-alltäglichen Sprachkurs gezeigt werden, oder der deutsche Film »Sommer vorm Balkon« von 2004, wo als Intro ein zunächst als (Film-)Realität präsentiertes Rollenspiel aus einem Bewerbungstraining in einer Maßnahme für Arbeitslose gezeigt wird[2]. Singulär bleibt Harun Farockis

---

1 Lone Scherfig bekannte sich zu den im »Dogma 95« festgelegten Grundsätzen, die sich gegen und technische Effekte, Illusionsherstellung und dramaturgische Konstruktion wenden und deshalb u. a. auf Atelieraufnahmen, Requisiten und künstliche Beleuchtung verzichten.

2 Der Kunstgriff, durch eine dem eigentlichen Spielfilm vorangestellten Episode den Gegensatz zwischen offiziellen Erwartungen und realen Erfahrungen in Bezug auf

»Leben BRD« von 1991, ein gesellschaftskritischer Experimentalfilm, in dem in schneller Folge, unterbrochen durch kurze Szenen aus einem pornografischen Video, dokumentarische Miniszenen aus unterschiedlichsten Kursen zu sehen sind, in denen »Leben geübt, Verhalten/Haltbarkeit getestet wird«[3]. Der hohe dokumentarische Gehalt der Kursaufnahmen wird konterkariert durch deren extreme Zerstückelung – eine Form, die Interpretationen um die aus der Theorie der Moderne bekannten Begriffe der Pädagogisierung und der Fragmentierung modernen Lebens nahelegt.

Auch wenn Filme wie die genannten im Fernsehen gezeigt werden, so sind sie nicht typisch für das Medium, das – wenn auch inzwischen hart vom Internet bedrängt – nach wie vor das Leitmedium ist[4] – vor allem für die ältere erwachsene Bevölkerung. Die typische Form für dieses – essentiell serielle – Medium ist die Serie (vgl. Hickethier 1991), so dass ein Blick auf Serien für die Beantwortung nach der Verarbeitung und der Produktion von (bestimmten Ausschnitten von) Realität besonders aufschlussreich ist[5].

Tatsächlich wird man bei der Suche nach Serien, in denen das Thema Kurse berührt oder ein Kurse gezeigt wird, bald fündig. Vor allem mit der Verbreitung von Kauf-dvds, aber auch mit der Archivierung von Clips auf Youtube werden diese Serien und damit auch auf Kurse bezogene Episoden zu einem großen Teil allseits und allzeit zugänglich. Es ist auf diese Weise leicht möglich, zeitgeschichtliche Vergleiche anzustellen: etwa zwischen dem Jahr 1986, wo in der weekly soap »Die Lindenstraße« ein Segelkurs gezeigt wird, in dem die ältere arbeitslos gewordene Verkäuferin Bertha Nolte ihren künftigen Ehemann kennenlernt, und dem Jahr 2011, wo der Politesse Maria Stadler von ihrem neuen Lebenspartner eine Ausbildung zur Lehrerin für »Deutsch als Fremdsprache« an einer privaten Sprachenschule finanziert wird. Der Wechsel der Perspektive vom Teilnehmen an einem auch der Geselligkeit dienenden VHS-Hobbykurs zur Weiterbildung als kommerzialisiertes Berufsfeld mit politisch relevanten Auftrag spiegelt so Entwicklungen, die auch von den im Feld Agierenden wahrgenommen und diskutiert werden[6].

Lernen/Wissensaneignung zu markieren, findet sich auch bezogen auf das informelle Lernen: z. B. im Intro des amerikanischen Films »Erin Brokovich«, wo die Protagonistin einem abweisend-unverständigen Personalchef ihre informell erworbenen Kompetenzen aufzählt.

3 Vgl. http://www.museenkoeln.de/museum-ludwig/default.asp?s=2646

4 Vgl. die von ARD und ZDF beauftragte Studie von Engel/Ridder 2010 (http://www.heise.¬de/newsticker/meldung/Studie-Fernsehen-bleibt-Leitmedium-1076493.html).

5 Nach amerikanischem Muster gestaltete TV-Serien werden deshalb auch in Deutschland zunehmend zum Gegenstand medienwissenschaftlicher Forschung (vgl. Rothemund 2012).

6 Das trifft auch auf das amerikanische Quality TV (vgl. Blanchet u. a. 2011) zu – vgl. etwa die Serie »Six feet under«, wo die Teilnahme der verschiedenen Protagonisten an Kursen der Erwachsenenbildung (in der Staffel 3: Selbsterfahrung, Biogenetik, Malerei, Singen in einem ›schwulen‹ Chor) beiläufig in wenige Minuten umfassenden Passagen ins Bild gebracht wird.

Eher allgemeinbildende Kurse werden in Krimi-Serien thematisiert (vgl. Nolda 2005), während in Büro-Serien eher berufliche Fortbildungen angesprochen bzw. ironisiert werden (z.B. in »Büro, Büro« aus den achtziger Jahren und in der seit 2004 laufenden Serie »Stromberg«). Die Büro-Serien gehören ihrerseits zur Kategorie der Comedy-Serien, die sich das Thema des ›(adult) education bashing‹ nicht entgehen lassen: Loriots »Jodelschule« von 1978 hat inzwischen zahlreiche Nachahmer gefunden. So greifen auch der einen wirren Dozenten spielende Komiker Piet Klocke (»Also ich lass das gleich mal rumgehen«) oder Michael Altingers Personal in »Altbairisch für Anfänger« aus »Grünwalds Freitagscomedy« die Vorstellung von humorlos umständlichen Dozenten/Dozentinnen auf. Als widerständiger Kursteilnehmer präsentiert sich dagegen »Pastewka« (z.B. in der 2010 ausgestrahlten Folge »Der Pilateskurs«), und in der englischen Serie »Little Britain« (2003 – 2006) demütigt Marjorie (Matt Lucas), die tyrannische Leiterin einer Selbsthilfegruppe von dicken Menschen (»Fat Fighters«), die Teilnehmer ihres Kurses und missversteht sie absichtlich.

Von Kursen *in* TV-Serien zu unterscheiden sind – dem zeitlich, genauer: dem seriellen Charakter von realen Kursen angepasste – Kurse *als* TV-Serien. Bei diesen Serien handelt es sich weder um Dokumentationen noch um künstlerische Fiktionen, sondern um an bestehende Formate des Fernsehens angepasste fiktive Darstellungen, die belehrenden und unterhaltenden Zwecken dienen. Nicht gemeint sind damit Wissen vermittelnde bzw. popularisierende (vgl. Conein/Schrader/Stadler 2004) Sendungen, in denen sich – aus dem Off oder dem On – an die Zuschauer und nicht an als solche erkennbare Lernende gewandt wird.

Anders als in wissenschaftlichen Videographien sind diese Kurse auf der Basis einer bestimmten Genre-Konzeption professionell aufgenommen und nachträglich bearbeitet worden. Es ist anzunehmen, dass die Beteiligten vorbereitet und gelenkt wurden, dass Unpassendes geschnitten und einiges wiederholt wurde. Die Filme entsprechen damit dem, was alltäglich und allabendlich im Fernsehen zu sehen ist, sind also eine Ausdrucksgestalt des Fernsehens, prägen aber die allgemeine Wahrnehmung von der Wirklichkeit (vgl. Luhmann 1996), auch der Wirklichkeit von Kursen der Erwachsenenbildung[7], sowie die Sehgewohnheiten seiner Zuschauer. Um Missverständnisse im Hinblick auf den Begriff der (Alltags-) Inszenierung[8] zu vermeiden, sollte statt von inszenierten und nicht-inszenierten besser von dramaturgisch-technisch bearbeiteten und nicht-bearbeiteten Kursaufnahmen gesprochen werden. Die von Knoblauch (2004) getroffene Unterscheidung zwischen natürlichen und konstruierten Daten kann hier nicht einfach übernommen werden. Wichtig ist aber sein Hinweis, nach den Akteuren zu unterscheiden, die die Aufnahmen anfertigen und bearbeiten: Im Fall der wissenschaftlichen Videographie sind dies in die Technik kurzfristig eingewiesene Personen aus dem meist universitären Umfeld von entsprechenden Forschungspro-

---

7 Zur Beziehung zwischen (Massen-) Medien und Pädagogik/Erwachsenenbildung vgl. Nolda 2002.

8 Zum generellen Inszenierungscharakter von Kursen der Erwachsenenbildung vgl. Nolda 1996.

jekten, im Fall von Fernsendungen bzw. -serien in Kameraführung und Schnitt ausgebildete Profis. Hinzu kommt, dass Fernsehsendungen bestimmten Skripts unterliegen, die an der vermuteten Aufmerksamkeitsleistung der Zuschauer orientiert sind und die dazu führen, dass das aufgenommene Material immer nur in nach ihrer Aussagekraft ausgewählten Ausschnitten präsentiert wird. Insofern entspricht die Leistung der solche Filme Herstellenden der von Wissenschaftlern, die – wie in dem vorliegenden Band – ihre Forschungsergebnisse einem (Fach-) Publikum präsentieren[9].

Im Folgenden werden drei solcher im letzten Jahrzehnt[10] gesendeten Kursserien näher betrachtet. Es sollte nicht verwundern, dass sie sich mit allgemein bekannten oder aber interessierenden Inhalten beschäftigen, nämlich Rhetorik, Englisch und Deutsch als Fremdsprache.

2 Drei Kurs-Serien

2.1 »Rhetorik«: Perfektion und Konzentration

Die 6-teilige Fernsehserie »Die wirkungsvolle Rede und Präsentation« ist von BR-alpha im Rahmen des Telekollegs angeboten und mit einem 2000 erschienen gleichnamigen Begleitbuch angeboten worden. Der auf dem Buchcover und in den Sendungen zu sehende ›Lehrer‹ ist Dale-Carnegie[11]-›Master‹-Trainer. Die heute weltweit angebotenen Carnegie-Trainings versprechen individuellen bzw. unternehmerischen Erfolg über die Teilnahme an kommerziellen Verkaufstrainings, Vertriebsseminaren, Führungs- und Präsentationstrainings, und der in der inzwischen abgesetzten Serie auftretende Lehrer ist – nach Angaben auf seiner Homepage – noch heute als freiberuflicher Berater, Moderator, Trainer und Coach tätig. In der Serie tritt er in einem Studio als Kursleiter vor einer Gruppe von sechs Teilnehmern auf, die von Schauspielern dargestellt werden. Zu Beginn der Kurseinheiten nimmt er aber die Rolle eines Fernsehansagers ein, der den Zuschauer auf das Kommende vorbereitet und mit Informationen versorgt. Dies sieht im Einzelnen folgendermaßen aus:

Vor einer Bluescreen mit dem Logo des ausstrahlenden Senders schiebt sich von rechts die Figur eines mit einem blauen Anzug bekleideten Mannes ins Bild. Der künstliche Hintergrund präpariert die Figur des Mannes gewissermaßen aus

---

9 Zur Darstellungsgestalt videographischer Forschung vgl. Kade/Nolda in diesem Band.

10 Die Serien bzw. Ausschnitte daraus wurden auch in den ab 2003 durchgeführten Seminaren des Projekts als – damals aktuelles – Vergleichsmaterial herangezogen.

11 Der Autor des zuerst 1937 erschienenen Erfolgsbuchs »How to Win Friends and Influence People«, Dale Carnegie (1888–1955), war selbst lehrend in Institutionen der Erwachsenenbildung (Kurse in freier Rede, Selbstvertrauen und positivem Denken) tätig.

einer möglichen (unklaren, verwirrenden, Aufmerksamkeit auf sich ziehenden) Umgebung heraus. Wie in einem Theaterstück erfolgt der Auftritt des Hauptdarstellers aus der seitlichen Kulisse. Immer mehr rückt er ins Bild und verdeckt allmählich das Logo des Senders. Als er frontal zu sehen ist, hebt er mit einer Begrüßung an. Die ersten Worte des Mannes lauten: »Herzlich willkommen, meine Damen und Herren. Ich begrüße Sie zu unserer Sendereihe ›Alpha Job extra‹«.

Mit den Worten »Mein Name ist Heinz Merkl«[12] und ich werde Sie zusammen mit den Kursteilnehmern durch diese Reihe begleiten« wird der Übergang zum Kurs geschaffen und bei dem Wort »Kursteilnehmern« wird in Form eines Gegenschusses die Gruppe der sechs im Business-Stil gekleideten Erwachsenen gezeigt (▶ Abb. 1[13]), die aufrecht an drei zu einem Viertelrund gestellten Tischen sitzen und den Mann anschauen. Fünf von ihnen haben dabei die Hände vor sich auf dem Tisch gefaltet.

KL: „Mein Name ist Heinz Merkl und ich werde Sie **zusammen** mit den

Kursteilnehmern durch diese Reihe begleiten"

Abb. 1

Der Raum, in dem sich die Gruppe befindet, ist mit Teppichboden ausgelegt und mit Grünpflanzen ›geschmückt‹, die sich vor tapezierten Wänden befinden. Der Ort ist offensichtlich eigens für die Zwecke der Aufnahme gestaltet: Er zeigt weder Gebrauchsspuren noch Gegenstände, die auf andere Nutzungsmöglichkeiten verweisen. Tische und Stühle sind ebenso perfekt ausgerichtet wie das Logo des Senders und die Moderationskarten auf der Wand hinter dem Dozenten. Die Gruppe der Kursteilnehmer besteht aus drei Frauen und zwei Männern in jüngerem bis mittlerem Alter, die vorzugsweise in den Farben Grau und Schwarz gekleidet sind. Einzig eine Frau fällt aus der Reihe, die ein Kleid oder einen Hosenanzug in einem auffälligen Grün trägt. Das (Stand-)Bild der Teilnehmer ist sorgfältig komponiert, so dass ein vertikaler und ein horizontaler Goldener Schnitt erkennbar ist, der die Menschengruppe von den Grünpflan-

---

12 Der Name ist pseudonymisiert.
13 Die Abbildung wird unverpixelt abgedruckt, da es sich um Schauspieler handelt, die in der Serie Teilnehmer darstellen.

zen einerseits und die links sitzende Gruppe von der rechts sitzenden andererseits abhebt. Die Teilnehmer verkörpern junge Berufstätige, die ausgesprochen diszipliniert bzw. interessiert den Ausführungen des Dozenten lauschen, keinerlei Nachlässigkeit bei Körperhaltung, Kleidung und Frisur ist festzustellen, keine Privatgegenstände oder -beschäftigungen sind zu beobachten. Der Perfektion der Menschen entspricht die Perfektion der keinerlei Mängel aufweisenden Umgebung, den disziplinierten Körpern[14] entspricht die ausstellungshaft-künstliche Einrichtung und der folgende perfekt ohne Stocken, Versprecher und Pausen durchgeführte ›Kurs‹.[15]

Den Bildern soll jeweils ein vorher bestimmter, möglichst eindeutiger Sinn entnommen werden: Dazu bedarf es aber einer höchst arbeitsaufwendigen Vorbereitung und Inszenierung, die weit entfernt ist von der geplant-spontanen Unterrichtswirklichkeit. Nichts ist hier nämlich dem Zufall überlassen, jedes Wort ist vorgeschrieben, jede Bewegung der Personen und der Kamera folgen einem ›Fahrplan‹.

Im Folgenden beteiligen sich die Teilnehmer exakt nach den Vorgaben des nun als Kursleiter auftretenden Mannes. Sie folgen seinen Ausführungen, beantworten seine Fragen und führen die von ihm beschriebenen Übungen durch.

Dass dabei traditionelle, wenn nicht gar überkommene Vorstellungen ins Bild gesetzt wurden wie die des druckreif redenden Kursleiters und der diesem konzentriert und diszipliniert diesem folgenden Teilnehmer, bewirkt (vor allem aus heutiger Sicht) eine unfreiwillige Komik. Diese sollte aber nicht davon abhalten, die Formen der Bearbeitung und der ihnen zugrundeliegenden Annahmen zu erkennen.

Angenommen wird nämlich nicht nur, dass

- Kursleiter bestens vorbereitet sind, klar und deutlich zur Sache reden, eine kontrollierte, Verstehen erleichternde Körpersprache einsetzen
- Räume für die jeweilige Lerngruppe und -situation passend möbliert und ausgestattet sind und durch Kargheit die Konzentration auf die Sache fördern
- Materialien/Medien sofort zur Stelle sind und perfekt genutzt werden
- der Beginn sich zügig vollzieht und das Ziel von Unterrichtseinheiten mit einem ebenso knappen wie eindeutigen Abschluss erreicht wird
- eine klare Ordnung zu erkennen ist, die Wichtiges von Unwichtigem trennt und eine feste Abfolge von Ablaufelementen bewirkt,

---

14 Zur disziplinierten Körperlichkeit in der Schule vgl. Lange/Richter/Friebertshäuser 2010. Der Aspekt der Disziplinierung in der Erwachsenenbildung/Weiterbildung ist bisher kaum untersucht worden – neben Fotos bieten sich nicht-bearbeitete, aber eben auch bearbeitete Videos als Material an.

15 Eine weitere Ablenkendes und Unklares vermeidende Perfektionierung wird im Begleitbuch vorgenommen, wo einzelne Standbilder aus dem gefilmten Kurs abgedruckt sind, die danach ausgewählt sind, inwieweit sie am eindeutigsten das Dargestellte (speziell den hinweisenden Dozenten) abbilden. Das betrifft auch das für den Umschlag ausgewählte Bild, das den Dozenten in Zeigehaltung vor Karten zeigt, die in aufsteigender Linie die Teile einer Rede markieren (und die zugleich die Metapher des Aufstiegs bzw. des Erfolgs visualisieren).

sondern auch, dass

- Kursteilnehmer von Anfang an anwesend sind und in konzentrierter Erwartungshaltung den Aktionen und Worten von Kursleitern folgen
- sie ihn mit Respekt behandeln und dem Lerngegenstand gegenüber einen gewissen Enthusiasmus bezeugen
- jeweils nur einer laut und deutlich redet, dass jede Frage des Kursleiters beantwortet und jeder seiner Aufforderungen unmittelbar gefolgt wird
- die Teilnehmer untereinander sich nicht (privat) unterhalten und keinen anderen außerunterrichtlichen Tätigkeiten nachgehen.

Diese Annahmen dürften nämlich auch noch heute die Erwartungen von Lehrenden (und Lernenden) prägen und dazu führen, dass Abweichungen davon nicht als Normalität, sondern als zu beklagende oder als Anekdote verarbeitbare Ausnahme behandelt werden.

Dies gilt auch dann, wenn man bedenkt, dass die Sendungen dieser Reihe nicht mit dem Anspruch auftreten, reale Kurse zu dokumentieren. Sie nutzen aber Kursinszenierungen, um die Lehrinhalte auf eingängige Weise zu illustrieren und stellvertretende Teilnehmer darzustellen. Die Präsentation eines idealen Kursleiters und idealer Kursteilnehmer ist nur auf dem Weg der Inszenierung möglich, d.h. nur über ein Skript und eventuell ein storyboard[16], über Proben, über das Herausschneiden nicht-perfekter Abschnitte und nachträglicher ›Verbesserungen‹ (etwa der Bild- und Tonqualität). Der Zuschauer sieht aber nicht nur ideale Interaktanten, er wird durch die Kamera selbst in die Rolle eines idealen Teilnehmers gezwungen, der mit nicht nachlassender Aufmerksamkeit ausschließlich den Kursleiter und seine Präsentationen sowie – wenn dies angezeigt ist – die mitarbeitenden anderen Teilnehmer im Blick hat. Das von der Kamera Erfasste fokussiert kursbezogene Relevanzen und bildet nach der Vorlage des Drehbuchs konsequente, d.h. weder Wiederholungen noch Einschübe oder Umstellungen enthaltende, Abfolgen ab und schließt alles aus, was davon ablenken könnte.

2.2 »Deutsch Klasse«: Disambiguierung und Fokussierung

»Deutsch Klasse« wurde als Vorreiterprojekt in der Integration von Zuwanderern in Deutschland von der Münchner Tellux Film GmbH für den Bildungskanal des Bayerischen Rundfunks produziert. Die immer wieder gezeigte und auf dvd erhältliche Serie besteht aus 13 Folgen, in denen Deutsch-Lernende aus verschiedenen Ländern und Kulturkreisen in ihrem VHS- Kurs und in ihrem Alltagsleben vorgestellt werden. Es sollen sowohl Zuwanderer als auch deutsche Zuschauer

---

16 Storyboards bestimmen skizzenhaft jede Einstellung von Filmen und können Vorlagen bilden, an die sich die Realisatoren akribisch halten (müssen).

angesprochen werden. Den einen soll der Sinn des Deutschlernens nahegebracht, den anderen die Probleme der Zuwanderer vor Augen geführt werden. Aus den Handlungselementen der Serie wurde zusätzlich ein audiovisueller Sprachkurs entwickelt, der vor allem in der Erwachsenenbildung eingesetzt werden soll.[17] Die Spielhandlung der Serie enthält in schneller Abfolge kurze, aber geschlossen wirkende Szenen aus dem Kurs und aus dem Privat- und Berufsleben der Kursteilnehmer sowie der Kursleiterin. In den Kursszenen geht es nicht nur um die Vermittlung der Sprache, sondern auch um die Darstellung von Problemen der Beteiligten und von Konflikten, in die sie geraten und die sie miteinander austragen.

Ein Beispiel aus der Folge 3 mag dies zeigen:

Als Reaktion auf die Bitte der Kursleiterin, Gegenstände aus der jeweiligen Heimat mitzubringen, hat eine Kursteilnehmerin eine Flasche mit Erde aus Afrika mitgebracht und zeigt sie der Gruppe. Zwei hinter der Teilnehmerin sitzende Russen finden das offensichtlich lächerlich und wenden sich genervt ab. Da betritt ein irakischer Teilnehmer verspätet den Unterrichtsraum und entschuldigt sich. Der eine der beiden Russen hält eine Flasche Wodka hoch und sagt in Richtung auf den (muslimischen) Iraker: »Das riecht gut: Zaubertrank. Probieren?« Die Kursleiterin wendet sich verärgert an den Russen: »Boris, bei Ihnen gibt's was zu feiern«? und der Iraker zückt ein Taschentuch und lehnt dankend ab. Der Russe will die Ablehnung nicht gelten lassen und sagt »Wodka ist gut. Medizin für Erkältung, Magenschmerz, Liebesschmerz.«

Die beiden russischen Teilnehmer waren schon vorher durch Demonstrationen von Langeweile und Genervt-Sein aufgefallen. Sie unterhalten sich viel miteinander und lachen dabei. Die übrigen Teilnehmer scheinen dagegen ernst bei der Sache zu sein. Die Russen verhalten sich gegenüber der Lernsituation und damit gegenüber der diese organisierenden Kursleiterin einerseits und gegenüber den afrikanischen und orientalischen Teilnehmern und besonders Teilnehmerinnen ablehnend und machen sich über diese lustig.

Der Widerstand gegen den (Pflicht-)Kurs verbindet sich so mit einer tendenziell rassistisch-machistischen Haltung. Die Gemeinsamkeit besteht in der demonstrierten Überlegenheit oder auch Überheblichkeit. So wird die Teilnahme an Übungen, die die Kursleiterin vorschlägt, abgelehnt oder es wird sich über den vermuteten (Aber-)Glauben und über Gefühlsäußerungen der afrikanischen und vorderasiatischen bzw. türkischen Teilnehmer lustig gemacht. Der muslimische Teilnehmer aus dem Irak wird dadurch geärgert, dass man ihm – scheinbar großzügig und freundlich – Alkohol anbietet (▶ Abb. 2), die Kursleiterin wird in ihrer Autorität angegriffen, indem die Teilnehmer Alkoholflaschen im Unterricht zeigen[18]. Die Kamera erfasst die beiden ›Störer‹ und gibt ihre (unterdrückt) lachen-

---

17 Vgl. http://www.br-online.de/br-alpha/deutsch-klasse/deutsch-klasse-sprachkurs-mig¬ranten-ID1212583996043.xml

18 Die vermittelte Ablehnung von Rassismus und männlichem Chauvinismus ist übrigens eng an die Reproduzierung von ethnischen Vorurteilen (in Bezug auf den Alkoholkonsum in Russland) verknüpft.

den oder Ablehnung ausdrückenden Gesichter wieder, das Mikrofon ist so eingestellt, dass auch ihre halblauten Äußerungen verständlich sind.

In der Schuss-Gegenschuss-Technik wird gezeigt, wie die Kursleiterin verbal und mimisch deutlich ausdrückt, dass sie die Haltung der beiden russischen Teilnehmer ablehnt. Sie sendet gewissermaßen strafende Blicke in deren Richtung (▶ **Abb. 2**). Dies kann man als problematische Parteinahme, aber auch als Ausdruck der Einstellung der Filmemacher und ihrer Auftraggeber verstehen.

TN: Das riecht gut: Zaubertrank
Probieren?

KL: Boris, bei Ihnen gibt's was zu **feiern?**

Abb. 2

Derartige offene Darstellungen ›negativer‹ Gefühle sind in realen (bzw. aufgenommenen) Kursen äußerst selten. Entscheidender aber ist, dass die in der Serie dargestellten Gefühle eindeutig sind: Es kann kein Zweifel darüber aufkommen, was die Beteiligten mit ihrer Mimik, Gestik und ihren Worten ausdrücken wollen. Die moralische Wertung ist in der Darstellung bereits enthalten: Das Verhalten der beiden Männer wird als inakzeptabel vorgeführt und von der Kursleiterin auch so behandelt. Auch hier wird durch die Fokussierung der Sprecherin durch die Kamera-Einstellung (head and shoulder close-up) und den optisch unauffälligen, aber die Situation bezeichnenden Tafel-Hintergrund eine Eindeutigkeit hergestellt, die dokumentarische Kursaufnahmen nicht aufweisen.

Die filmische Aufbereitung fokussiert und vereindeutigt: Nebenhandlungen fallen weg, Mehrdeutigkeiten werden aufgelöst. Dazu gehört auch, dass alle Äußerungen der Beteiligten klar verständlich sind[19] und jeweils immer unzweifelhaft ist, an wen sich die Beteiligten richten und auf wen oder was jeweils reagiert wird.

Anders als bei dokumentarischen Aufnahmen ist immer das jeweils Wichtige im Bild und sogar im Fokus: Relevanzsetzung und Bewertung werden so vom Drehbuch und von der Kamera vorgegeben. Das filmische Bild wird demnach zur Simplifizierung und Verdeutlichung von Sequentiellem eingesetzt und die eigentlich Bild und Film kennzeichnende Simultaneität reduziert.

---

19 Wie wenig gebräuchlich das im Alltag herrschende akustische Nicht-Verstehen in professionell produzierten Filmen ist, zeigt die Diskussion um das von Robert Altman in seinen Filmen wiederholt verwendete Übereinandersprechen bzw. die Überlappung von Soundtracks (vgl. Yacowar 1980).

Vor allem aber sind technisch professionell bearbeitete Serien vom Schnitt und von der Montage bestimmt: Innerhalb einer Szene wechseln die Einstellungen, und auf jede Szene folgt eine weitere in einer anderen Umgebung. Es herrscht das Prinzip der Unterbrechung und der Ellipse[20] – der Zuschauer muss die fehlenden leicht erschließbaren Elemente zwischen den Einstellungen und Szenen ergänzen.

Die generelle Vereinfachungsleistung derartiger Filme lässt sich am besten im Vergleich mit den dokumentarischen Aufnahmen nicht (exakt) geplanter Kurse vergleichen. Im Beitrag »Verdoppelung und Doppeldeutigkeit als Bewältigungsstrategien« in diesem Band hat es einer wiederholten Beschäftigung mit dem Material bedurft, um den latenten Konflikt zwischen den russischstämmigen und den türkischen Teilnehmern und die Rolle des Kursleiters in einem Sprach- und Integrationskurs angesichts der verwendeten Formen der Verdopplung und Umdeutung und des Ineinanderübergehens von Sprach- und Verhaltenserziehung überhaupt zu erkennen. Eine solche ›Aufdeckung‹ ist in Fernsehformaten wie dem von »Deutsch Klasse« nicht nötig: Das Problem wird dem Zuschauer förmlich aufgezwungen und gegenüber den raffinierten Leistungen der Beteiligten in dem dokumentierten Deutsch-Kurs sind die (vorgeschriebenen) Aktionen der Schauspieler im fiktiven Deutsch-Kurs von ausgesprochener Schlichtheit.

2.3 »Der Englisch-Kurs«: Kommerzialisierte Selbstdarstellung und Widerstand

Die 2002 vom Privat-Sender RTL 2 ausgestrahlte Serie gehört zum Genre der Dokusoaps, einem in den 90er Jahre in Großbritannien entwickelten dokumentarischen Format, das sich insofern an einer ›Seifenoper‹[21] orientiert, als die Struktur und der kontrastierende Spannungsaufbau durch die Präsentation mehrerer Protagonisten und deren Geschichten durch Parallelmontage erreicht werden. Ziel der Serie ist eine an Schaulust und Schadenfreude orientierte Unterhaltung[22] im Rahmen des ›Unterschichtenfernsehens‹[23].

---

20 Zur Rolle der Ellipse beim narrativen Film vgl. Koch 2005.

21 Der Begriff »Soap opera« verweist auf den merkantilen Hintergrund des Genres, das ursprünglich eingesetzt wurde, um im (Vormittags-)Rundfunk für Werbung (z. B. von Waschmitteln) aufnahmebereit zu machen. Zur mittlerweile internationalen Produktion und Rezeption der television serials vgl. Allen 1995.

22 Vgl. den folgenden Eintrag aus einem Internet-Forum: »Eben bei RTL 2: Der Englischkurs (Sonntag 12.15) Das ist ja der Hit! Hab ich beim Zappen auf RTL 2 gesehen! Eine Horde von beknackten (vermutlich Bergheimer) lernt vor laufenden Kameras Englisch. Natürlich sind die zu allem zu doof. Sogar das ablesen von einfachsten Wörtern wird zum unüberwindbaren Hindernis. Herrlich! Unverständlich bleibt aber, wieso die kein Englisch können bzw. nichtmal rudimentäre Grundkenntnisse noch vorhanden sind. Die meisten scheinen nicht viel älter zu sein als 30 Jahre müßten also noch Schul Englisch haben. Na ja – alle vollkommen verdummt und assig. So gefällt mir das!« (http://www.ioff.de/showthread.php?t=28333).

23 Siehe zur Geschichte des Begriffs und seiner Verwendung: http://www.zeit.de/2005/11/¬ Titel_2fUnterschicht_11.

Der Realitätsgrad der Serie ist – da entsprechende Nachfragen beim Sender erfolglos waren – nicht genau bestimmbar: Offensichtlich ist, dass es sich bei den Beteiligten nicht um Schauspieler, sondern um Laien handelt, die sich in der Kurssituation und im Berufs- und Privatleben filmen lassen, dabei aber den allgemeinen Vorgaben der ›scripted reality‹ und situativ-speziellen Regieanweisungen zu folgen.

In der Beurteilung des Format der Dokusoaps bzw. der Realityshow[24] lassen sich grob drei Meinungen unterscheiden: Die eine sozial- und medienkritische sieht in dem Format eine Ausnutzung und Verhöhnung von Menschen aus weniger gebildeten Schichten[25,] die andere erkennt die Möglichkeit der Beteiligten zur (teil-)autonomen Selbstdarstellung und die dritte, von Teilen der Erziehungswissenschaft vertreten, sieht in den Formaten Möglichkeiten der Identitätsbildung jugendlicher Zuschauer (vgl. zur Serie »Big Brother« Mikos u. a. 2000, Mikos 2010). Einig ist sich die Mehrheit der Kommentare, dass die Formate primär der kommerziellen Unterhaltung dienen.

Der extreme Abstand zur wissenschaftlichen Videographie wird vor allem durch starke Bearbeitung des Materials markiert: Aus dem aufgenommenen Kurs werden jeweils nur sehr kurze, möglichst plakative Ausschnitte, teilweise mit ›neutralen‹ Kommentaren aus dem Off unterlegt, gezeigt, die durch – ebenso kurze – Kommentare der Beteiligten im On und durch Szenen, die die Beteiligten in einer anderer Umgebung zeigen, ergänzt werden. Die bereits die »Deutsch Klasse«-Serie beherrschende Schnitt- und Montagetechnik wird hier noch gesteigert: Die Dauer der einzelnen Einstellungen und Szenen sind kürzer, darstellende Passagen wechseln mit kommentierenden, die einzelnen Folgen werden durch das immer wieder eingeblendete und mit dramatischer Musik untermalte Serien-Logo und durch Werbeblöcke unterbrochen.

Dem Genre entspricht die unübersehbare Tendenz zur Personalisierung und Stereotypisierung der Beteiligten. So werden etwa im Trailer zur ersten Folge der Serie aus der Gruppe der Teilnehmer drei Personen vorgestellt, die sofort als – Unterhaltung versprechende – ›Typen‹ erkennbar gemacht werden: der wildwestbegeisterte Trucker, der ausgeflippte Hairstylist und die fröhliche Renterin/Oma. Während man die Personen in Großaufnahme oder in der Halbtotale sieht, hört man eine gepflegte Frauenstimme aus dem Off, die die Personen jeweils mit einem Satz charakterisiert und zwar:

> »Besonders ehrgeizig ist Herbert[26] der Trucker, denn er braucht Englisch hauptsächlich für seinen Job«.

> »Käthe, die Rentnerin, muss im Frauenchor immer mehr englische Lieder singen, die sie so gern auch verstehen möchte.«

> »Seine große Liebe heißt England, doch dafür reicht das Disco-Englisch von Hairstylist Saki noch lange nicht.«

---

24 Zum Reality-TV vgl. Ouellette/Murray 2004.
25 Vgl. den auf Elendsreportagen im Dokusoap-Format bezogenen Artikel »Der produzierte Prolet« auf ZEIT-Online (http://www.zeit.de/2010/32/Dokusoaps).
26 Die Namen sind hier durch Pseudonyme ersetzt worden.

Die Teilnehmer sind dabei im Kurs, in der Freizeit bzw. zu Hause und in ihrer Berufswelt zu sehen (▶ Abb. 3) und sind am Ende der Vorstellung selbst mit einem Satz zu hören: Der Fernfahrer bei der Arbeit, wo er einem Kollegen über Funk mitteilt »Oh to Paris is I sink fourhundert eightich kilometers«, die ältere Frau im Kurs, wo sie sagt: »I hope I learn English migh be« und der Friseur in seinem Salon, wo er einer Kundin erzählt: »Was ich kann, kann ich wirklich durch die Musik bis jetzt, ne?«

Teilnehmer im Kurs

Teilnehmer in der Freizeit/zu Hause

 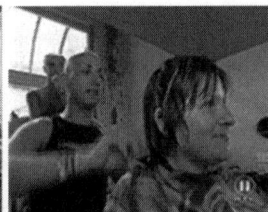

Teilnehmer im Beruf

Abb. 3

Die charakterisierenden Sätze aus dem Off informieren nicht nur über die Namen und die Berufe der Gezeigten, die Vornamen und die englischen Berufsbezeichnung dienen auch ihrer Vereinnahmung. Außerdem ist denkbar, dass die Teilnehmer aufgefordert wurden, eine bestimmte, sie als »Trucker«, »Hairstylist« oder sangesfreudige Rentnerin kennzeichnende Kleidung zu tragen, so dass die Identifizierung auch für den flüchtigen Zuschauer erleichtert wird. Entscheidend ist nicht das für reale Kurssituationen typische (allmähliche) Erkennen und Einschätzen einer Person und ihrer Eigenheiten, sondern die Vorab-Stereotypisierung zum

Zweck des schnellen Wiedererkennens. Wenn dann die Personen selbst zu Wort kommen, dann könnten die zu hörenden Sätze als Belege für die im Kommentar erwähnten Motive gelten, sie könnten aber auch die Lächerlichkeit der Bemühungen speziell der älteren, fremdsprachenunerfahrenen Teilnehmer illustrieren, eine neue Sprache semantisch, grammatisch und intonatorisch korrekt zu erlernen. Für die zweite Lesart spricht, dass es mittlerweile eine Tradition in den Massenmedien (neuerdings verstärkt durch das Internet, spez. YouTube) gibt, sich über die fehlerhaften Englisch-Kenntnisse von Politikern lustig zu machen.[27]

Ein weiteres Tabu, das die Dokusoap präsentiert, ist die erotische bzw. sexuelle Orientierung der Beteiligten. So wird »Samⁱ, der Hairstylist« mit auffälligem Augenmakeup und modisch-feminisierter Kleidung gezeigt, wie er mit seinem Freund in einem Restaurant sitzt. Entscheidend ist, dass das Bild die äußere Form (eines bestimmten Typs der) Homosexualität zeigt oder auch ›diffamiert‹, der Wortkommentar dagegen im Sinne der ›political correctness‹ neutral bleibt. Andererseits ist gerade am Beispiel des offen seine sexuelle Orientierung zeigenden Mannes die exhibitionistische Nutzung des Formats durch die Beteiligten erkennbar, so dass der Vorwurf der Diffamierung eigentlich unberechtigt ist.

Im Kurs selbst wird dagegen ein heterosexuelles Flirtverhalten gezeigt – auch hier ist es schwierig, die Grenzen zwischen Spontaneität und geplanter Darstellung zu ziehen. Da aber das Material ausgewählt und eindeutig präsentiert wurde, ist zumindest eine dramaturgische ›Nachbereitung‹ anzunehmen. In Verbindung mit dem Flirtverhalten von zwei jungen, ›aufreizend‹ gekleideten und stark geschminkten Teilnehmerinnen ist auch deren Zurschaustellung von Langeweile oder ›Genervt-Sein‹ durch die Unterrichtinhalte und die ›Zumutung‹, an diesen Interesse zu zeigen, zu sehen.

Was nun als ›gestellt‹ ausgegliedert werden könnte, macht auf einen Aspekt aufmerksam, der als solcher meist aus der Beobachtung von Unterricht ausgeschlossen wird und der in Produktionen wie der hier beschriebenen überdeutlich wird: Zentrum des Interesses der Teilnehmer ist offensichtlich nicht das Erlernen von Vokabeln, Wendungen und Aussprache, sondern Selbstdarstellungen und Kontaktaufnahmen, die in Verbindung zu ihrem Leben außerhalb des Kurses stehen. Es ist deshalb nur konsequent, wenn hier das nicht-unterrichtliche Leben (in welcher Verkürzung und Pointierung auch immer) gezeigt wird und Kommentare der Teilnehmer hervorgelockt und (stark geschnitten) wiedergegeben werden.

Die Figur des Teilnehmers (und hier übrigens auch des von einigen Teilnehmerinnen als »süß« titulierten Kursleiters) als Reaktionen herausforderndes optisch auffälliges und sexuelles Wesen steht nicht nur zu dem Neutralitätsgebot traditionelle Didaktik und Unterrichtsbeobachtung in Widerspruch, sie macht auch auf deren das Leben außerhalb des Kurses ausblendende Einstellung aufmerksam. Dies gilt auch dann noch, wenn man bedenkt, dass das Format denselben Gesetzen wie das private Fernsehen generell, nämlich der kommerziellen Nutzung und damit dem Prinzip des ›sex sells‹ unterliegt.

---

27 Begonnen hat dies bereits bei der Kritik am damaligen deutschen Bundespräsidenten Lübke, die inzwischen auch zu dem Eintrag Lübke-Englisch in der Wikipedia geführt hat.

Kursdarstellungen wie die vorgestellte präsentieren nicht nur diese Aspekte aus einer auktorialen Erzählperspektive (vgl. Martinez/Scheffel 2007, S. 90), sie zeigen auch die Kurse bzw. Kursausschnitte als bereits interpretierte: Durch Auswahl, Schnitttechnik und Kommentare wird dem Zuschauer kaum Raum für alternative Interpretationen gelassen. Auf der Seite der Produktion kann man – wenn man will – eine besonders perfide Technik beobachten, die nicht nur eine explizite formulierte neutrale Haltung gegenüber den Beteiligten durch die begleitenden Bilder aufhebt und die Gezeigten ›vorführt‹, sondern den Zuschauer durch die ›Brille‹ der übrigen jungen und weniger auffälligen bzw. offensichtlich heterosexuellen Kursteilnehmer sehen lässt: Auf den Stills in der ersten Reihe der Abbildung 3 sind solche stellvertretend für die Zielgruppe des Privatsenders stehenden Teilnehmer hinter bzw. neben den fokussierten Teilnehmern H. und S. zu sehen. Auf der Seite der Gezeigten dagegen sind Formen der Selbstdarstellung erkennbar, die auch als Widerstand gegen Normen gelesen werden können, wie sie den Rhetorik-Kurs prägen:

Nicht angepasste, in ihrer Funktion als aufmerksame und gelehrige Schüler aufgehende, sondern ihre Person und Körperlichkeit vorführende Teilnehmer treten hier auf, die nebenbei auch auf die Mittelschichtorientierung[28] traditioneller Vorstellungen von Unterricht, idealem Kursleiter und idealen Kursteilnehmern aufmerksam machen.

In Anknüpfung an die von der erziehungswissenschaftlichen Fotoanalyse herausgearbeitete Bedeutung des bzw. der Dargestellten für die Bildbedeutung (vgl. Pilarczyk/Mietzner 2005) und in Erweiterung der von den cultural studies eingenommenen Perspektive, die in der Rezeption populärer Medien Widerstandpotentiale sehen, kann man auch denjenigen, die sich in den sogenannten Realityshows als Darsteller ihrer selbst zur Verfügung stellen, zubilligen, Widerstand und Selbstbehauptung auszudrücken (vgl. Hepp 2010).

3 TV-Serien vs. Videographien: realitätsverarbeitende Fiktion vs. künstliche Realität

Die hier vorgestellten Beispiele verweisen im Negativ auf Aspekte der Produktion, Interpretation und Rezeption wissenschaftlicher Videographien von

---

28 Der klassische Vorwurf der (auf die von Lehrenden verwendete Sprache oder das Kursangebot bezogene) Mittelschichtorientierung hat immer auch eine nicht-thematisierte visuelle Komponente gehabt. Visuelle Materialien ermöglichen es, diese bisher offiziell verschwiegene Habitus-Dimension – in aller gebotenen Vorsicht – zu erfassen. Am ehesten bieten sich in diesem Zusammenhang Gruppeninterviews an, in denen Angehörige bestimmter Gruppen Videomit- oder ausschnitte gemeinsam sehen und besprechen (vgl. am Beispiel von Fotografien Michel 2006).

Kursen, die gewöhnlich kaum wahrgenommen werden. Es sind dies zum einen die in den Köpfen auch von erfahrenen Praktikern verankerten Idealvorstellungen von Unterricht, die – speziell bei Novizen wie Studenten – die Konfrontation mit unbearbeiteten Materialien nicht selten zu einer frustrierenden Erfahrung machen und dazu verleiten lassen, das zu Sehende und die zu Sehenden scharfer Kritik zu unterziehen. Diese Einstellung kann, wenn sie bewusst gemacht wird, relativ leicht überwunden werden. Schwieriger gestaltet sich das Problem, dass unbearbeitete Videoaufnahmen nicht minutiös vorgeplanten oder gar geprobten Unterrichts Lücken bzw. Unübersichtlichkeiten aufweisen: Die Kameras erfassen nämlich nicht bzw. nicht vollständig immer alle gerade handelnden Personen oder die Reaktionen auf deren Handeln, so dass die Überfülle des Materials auch immer von ›Mängeln‹ begleitet ist. In Spiel-Serien wie »Deutsch Klasse« werden die agierenden Personen in unterschiedlichen kurzen Szenen klar erkennbar gezeigt, und ihre Äußerungen sind ohne Einschränkung akustisch verständlich und bedürfen keiner aufwändigen Interpretation. Das als primär visuell empfundene Medium Fernsehen ist nämlich nicht nur auch ein akustisches Medium, es wird – nicht zuletzt um anderweitig in ihrem Zuhause beschäftigte oder generell unaufmerksame Zuschauer ›wieder einzufangen‹ und auf dem Laufenden zu halten sowie ihnen (auch durch Musik) die Wichtigkeit von Passagen zu verdeutlichen – vom Ton in einer gewöhnlich nicht bemerkten Weise beherrscht (vgl. Altman 1986)[29]. Bei der Untersuchung von zu wissenschaftlichen Zwecken aufgenommenen Videos bedarf es dagegen besonders aufmerksamen Hineinhörens und wiederholten Abspielens, um zu erfassen, was vor sich geht und um die Vielfalt möglicher Bedeutungen nachvollziehbar eingrenzen und der Spezifik des Falls auf die Spur kommen zu können. Der aktuellen Fernseherfahrungen fremde Wegfall von Schnitt und Montage vermittelt eine ›Monotonie‹, die Fernsehserien mit allen Mitteln vermeiden. Deren Kaskade von Einstellungen und Schnitten steht bei ungeschnittenen Videos die ungeminderte Fokussierung auf einen Ort gegenüber, die so auch vom aufmerksamsten Teilnehmer nicht geleistet werden kann.

Hinzu kommt: Nicht alle Kurse werden aufgenommen[30], und die Tatsache, dass sie aufgenommen werden, wird das Verhalten der Beteiligten hinsichtlich der sozialen Erwünschtheit zwar nicht verfälschen (vgl. Dreischenkämper/Stanik in diesem Band), aber auch nicht unbeeinflusst lassen. Die in Dauereinstellung aufgenommenen, aber trotzdem lückenhaften Kursaufnahmen können deshalb nicht beanspruchen, ein vollständiges Bild der Erwachsenenbildungs- bzw. Kursrealität zu bieten. Auch wenn man den Anspruch auf Totalität als unrealis-

---

29 Dies trifft auch auf den künstlerischen (Ton-)Spielfilm zu (vgl. Kozloff 2000).
30 So ist es verständlich, dass es kaum Videoaufnahmen von Kursen für Analphabeten oder Langzeitarbeitslose gibt. Auch Kurse, in denen die Beteiligten persönliche Probleme ansprechen, werden so gut wie nie videographiert. Es gibt aber eine an der Realität solcher Kurse orientierte fiktive Kurs-Serie, die das Thema Analphabetismus und Kurse für Analphabeten behandelt (»Das Kreuz mit der Schrift«) und ähnlich wie die Serie »Deutsch Klasse« aufgebaut ist.

tisch und hinsichtlich des interpretativen Potentials der Materialien als unerheblich verwerfen kann[31], entbehrt es nicht einer gewissen Ironie, dass ausgerechnet die erkennbar bearbeitete und zugespitzte Soap opera Elemente der Realität von Kursen enthält, die in den wissenschaftlichen Videoaufnahmen nur im Ausnahmefall zu finden sind.

Die angeführten Beispiele stellen nicht nur verschiedene Varianten der Darstellung von Kursen als Fernseh-Serie dar, sie repräsentieren auch eine Entwicklung, die das Genre und das Fernsehen generell durchgemacht hat und die man als Wandel vom Bildungs- zum Unterhaltungsfernsehen bzw. von der paléo- zur néotélévision (vgl. Casetti/Odin 1990) bezeichnen kann:

Die Rhetorikkurs-Serie gehört eindeutig zur ersten Variante: Hier soll Wissen in klassisch hierarchischer Weise weitergegeben werden: Das setting illustriert im Studio die auch zwischen dem Fernsehen und dem Zuschauer generell bestehende Hierarchie.

Die Englischkurs-Serie ist dagegen nicht Teil des Bildungs-, sondern des Unterhaltungsprogramms, bei dem der Zuschauer sich mit den auftretenden Personen auf gleicher Augenhöhe befinden und/oder diese – gelenkt durch entsprechende Kommentare aus dem Off – distanziert oder amüsiert betrachten kann. Es geht um eine Relation der Nähe, die hier vor allem durch die Darstellung des Privatlebens und des Alltags der Beteiligten hergestellt wird.

Die Deutschkurs-Serie will aufklärend wirken, und zwar nach zwei Seiten: Sie will für den Besuche von Sprachkursen werben bzw. deren Relevanz vorführen, und er will Verständnis für die Probleme der Migranten bewirken. Dabei setzt er Elemente der Unterhaltung und Spannung ein.

Diese Charakterisierungen sind nun aber interessanterweise auch mit pädagogischen Vorstellungen verbunden: Der auf Wissensvermittlung beschränkten Instruktionspädagogik der Rhetorikkurs-Serie kann die teilnehmer- und lebensweltorientierte Aufklärungspädagogik der Deutschkurs-Serie und beiden wiederum die postmoderne Diversity-Pädagogik der Englischkurs-Serie gegenübergestellt werden.

So wie die Kursserien (auch) pädagogischen Konzepten unterliegen, so sind auch die im Projekt BIWO archivierten Kursvideos nicht frei von zeit- und fachtypischen pädagogischen Vorannahmen oder Sichtweisen: Am offensichtlichsten ist dies an der auch im Projekt vollzogenen Wendung von der einperspektivischen kursleiterzentrierten zur zweiperspektivischen, auch die Teilnehmergruppe en face erfassenden Aufnahmetechnik abzulesen. Die Erfassung des räumlichen Kontexts schließlich, die durch einen anfänglichen Rundum-Schwenk durch den Raum geleistet wird, verweist auf die Relevanz einer lange Zeit vernachlässigten und inzwischen unter dem Gewicht eines disziplinübergreifenden spatial turn aufgewerteten Kategorie (vgl. Löw/Ecarius 1997).

---

31 Vgl. die Kritik am positivistischen Verständnis von Totalität und die Rechtfertigung technisch selektiver Aufzeichnungen in Loer 2010, S. 324.

Die Indifferenz des Projekts gegenüber dem Wunsch nach best practice-Beispielen und einer eindeutigen Fortbildungsnutzung[32] schließlich ist auf die Wendung von einer professionsorientierten zur wissenschaftsorientierten Erwachsenenbildungsforschung bzw. von einer programmatischen zu einer analytischen Sicht auf Erwachsenenbildung (vgl. Wittpoth 2009, S. 9) zurückzuführen[33]. Obwohl das Projekt einen seiner Ausgangspunkte von der tonbasierten Interaktionsforschung genommen hat, wurde der Aspekt der exakten sprachlichen Verfasstheit von Äußerungen weniger intensiv fortgeführt – was sich auch in der zum Einsatz gekommenen Mikrophon-Ausstattung und den darauf basierenden Tonspuren zeigt. Dem liegt die dem visual oder iconic turn und seiner Rezeption in der Erziehungswissenschaft (vgl. Schäffer 2005) verpflichtete Annahme zugrunde, dass das visuelle Material einen eigenständigen und mit dem verbalen Material nur bedingt vergleichbaren Status hat.

Die Stellung des (audio-)visuellen Materials als nicht nur eigenständiges, sondern auch gewissermaßen sich selbst genügendes wird auch daran erkennbar, dass im Rahmen des Projekts nicht systematisch ergänzende Materialien – wie Interviews mit den Betroffenen – erhoben und in Form von Triangulationen genutzt wurden. Was in den TV-Serien relativ naiv als Standpunkte der Beteiligten präsentiert wird, spielt bei den Projekt-Videos (so gut wie) keine Rolle. In dieser Hinsicht folgt das Projekt einem von der Systemtheorie inspirierten Ansatz, der strikt zwischen Interaktion und Bewusstsein unterscheidet und klassische Verfahren der Triangulation wie die bei der Videographie naheliegende Methode des ›stimulated recall‹ eher bedenklich erscheinen lässt.

Eher aus Kapazitätsgründen ist es nicht gelungen, gesamte Kurse, also nicht nur einzelne Kursveranstaltungen, aufzunehmen[34]. Damit ist der Weg zu kursstundenübergreifenden Vergleichen, geschweige denn zur Analyse von Entwicklungen innerhalb von Kursen (noch) verschlossen. Was einzelne Folgen, aber eben auch in ihrer Gesamt zu sehende Fernseh-Serien nahelegen, nämlich die Gesamtheit eines sich zeitlich (in der Regel) über mehrere Wochen erstreckenden Kurses und generell längere Zeiteinheiten von audiovisuellen Materialien qualitativ zu erforschen, bleibt damit ein – herausforderungsreiches[35] – Forschungsdesiderat.

---

32 Vgl. demgegenüber das ältere Projekt von Clemens-Lodde/Jaus-Mager/Köhl (1978) sowie das vom Lehrstuhl für Erwachsenenbildung/Weiterbildung der Universität Tübingen aufgebaute und organisierte aktuelle Online-Fall-Laboratorium (vgl. Schrader/Hohmann/Hartz 2010 und http://www.videofallarbeit.de).

33 Dies schließt eine (künftige) systematische Nutzung des Materials für Fortbildungszwecke nicht aus.

34 Eine Ausnahme bildet die Dokumentation einer zweitägigen Fortbildungsveranstaltung in einem Unternehmen.

35 Die Problematik der Datenfülle ist in der qualitativen Textforschung am Beispiel von Interviews schon früh diskutiert worden (vgl. Südmersen 1983). Aktuell gewinnt sie durch qualitative Längsschnittstudien in der Biographieforschung an Bedeutung (vgl. Hof/Kade/Fischer 2010).

Die Beschäftigung mit den dramaturgisch und technisch bearbeiteten Kurs-Serien im Fernsehen verweist so indirekt auf wesentliche Kennzeichen unbearbeiteten zu wissenschaftlichen Zwecken erhobenen Videomaterials im Allgemeinen und des im Projekt erhobenen Materials im Besonderen hin. Es dürfte klar geworden sein, dass solche Videos einer einfachen illustrativen Nutzung ebenso entgegenstehen wie der Vorstellung, mit den Bewegungsaufnahmen evidente, also nicht weiter zu hinterfragende und zu relativierende Einsichten in die bisher verschlossene ›black box‹ Kurs gewinnen und verbreiten zu können. Statt dessen bieten die Projekt-Videos eine künstliche, durch Selektivität und Ambivalenz geprägte Realität, die Interpretationsanstrengungen erfordert, die – im Gegensatz zu TV-Serien – derjenigen der real im Kurs Handelnden an Komplexität nicht nachsteht, aber mit dieser auch nicht identisch ist.

»I never read, I just look at pictures.«[1] Darstellungsprobleme und Darstellungsmöglichkeiten videographischer Forschung

Jochen Kade/Sigrid Nolda

1   Nachholende Visualisierung?

Die Welt erzeugt Bilder und Bilder erzeugen Welten. Insofern bedeutet die gegenwärtige mediale Konstellation, die durch eine zunehmende Verbreitung digitaler Datenerhebungs- und Aufbereitungsmöglichkeiten gekennzeichnet ist, keinen Bruch. Verschiebungen der gesellschaftlichen Wahrnehmungs- und Darstellungskultur sind indes seit längerem unübersehbar. Bilder, auch bewegte Bilder werden allgegenwärtig. Es entwickelt sich eine Dominanz des Visuellen in nahezu allen Lebensbereichen. Als Medium der Information, Mitteilung und des Verstehens sind sie individuell und institutionell weithin und leicht verfügbar. Man muss nicht so weit gehen, zu sagen, dass (bewegte) Bilder zum zentralen Medium der Kommunikation werden, aber sie prägen diese inzwischen in hohem Maße, mehr als noch vor 50 Jahren. Wenn Bilder zum zentralen Wahrnehmungsmedium werden, wandelt sich eine personale Face-to-Face-Kommunikation in eine »synthetische Face-to-Screen-Kommunikation« (vgl. Schneider 2009).

Die Wissenschaften sind (insgesamt) sicher nicht das Zentrum und das treibende Motiv dieser technisch durch neue elektronische Informations-, Speicherungs- und Archivierungsverfahren ermöglichten kulturellen Entwicklung. Die treibende Kraft liegt eher im Bereich der Ökonomie und der Unterhaltung. Aber die Wissenschaften können sich dieser Entwicklung auch nicht verschließen. Sie nutzen sie inzwischen insgesamt mit unterschiedlicher Intensität, von sporadisch bis kontinuierlich, und in unterschiedlichen Bereichen. Wobei einzelne Wissenschaften, wie die Medizin, von der Entwicklung neuer, computergestützter bildbasierter Aufnahme- und Diagnoseverfahren besonders profitieren. Es lassen sich, wenn auch vorerst nur schwache, Anzeichen einer nachholenden Visualisierung wissenschaftlicher Darstellung und pädagogischer Lehre beobachten.

Die Sozial-, Kultur- und Erziehungswissenschaften im Speziellen hatten dabei aufgrund ihres Lebenswelt- und Gesellschaftsbezuges immer schon, wenn auch nicht im Mainstream, eine besondere Affinität zu Bildern. Die Videographie kann daran anknüpfen. Sie ist Symptom und Triebkraft zugleich einer langsam mehr Kontur gewinnenden Verschiebung der Wahrnehmungskultur. Sie bedeutet da-

---

1   Warhol: Headlines. Museum für Moderne Kunst Frankfurt am Main, 11.2.–13.5.2012

bei mehr als nur eine Fortsetzung der bisherigen wissenschaftlichen Bildpraxis, wenn man überhaupt davon sprechen will. Die Nutzung visueller Darstellungsmittel kann wissenschaftlichem Wissen eine neue Anschaulichkeit geben. Jene geht weit über das Niveau textueller Darstellungsformen hinaus, die sich weniger am Prinzip der Anschaulichkeit als an dem der Abstraktion orientieren. Der Einzug des Visuellen in die Wissenschaft könnte somit – der Band deutet es an – zu einer gravierenden, alle Bereiche umfassenden Veränderung der Wissenschaftspraxis führen[2].

Videoaufnahmen von Kursen machen diese als eine sichtbare und hörbare soziale Realität für Forschung und Theoriebildung, für deren Darstellung und für deren Vermittlung in der Lehre zugänglich. Die Videographie bezeichnet eine (ethnographische) Forschungsmethodologie, die den Erziehungs- und Sozialwissenschaften durch ihren komplexen Zugang zum Lehr-Lern- und Bildungsgeschehen neue theoretische Perspektiven eröffnet, wie die Analysen in Facetten in diesem Band zeigen. Zugleich bringt sie erhebliche methodologische und methodische Herausforderungen für die Forschung mit sich. Auch das ist vorangehend deutlich geworden (vgl. auch Friebertshäuser/v. Felden/ Schäffer 2007). Nicht gering zu schätzen ist auch das Potential, das eine, zudem wachsende Selbstverständlichkeit der Verfügbarkeit von bewegten Bildern in Gestalt von Videodokumentationen für die Weiterentwicklung der Lehre birgt. Und schließlich – auch das zeigt dieser Band – fordert der videographische Datentyp zu neuen Weisen der Darstellung und Wahrnehmung wissenschaftlicher Forschung heraus, die sich aus der Nutzbarkeit einer im Vergleich zu textorientierten Darstellungsformen stärker präsentischen Modalität von Bildern als Medium visueller Eindrücke ergeben und die uns zur Modifikation unserer bisherigen Lese-, aber auch Sehgewohnheiten herausfordert.

2 Videographische Beobachtungsgestalten

Die Videographie (von Kursen) bezeichnet ein komplexes wissenschaftliches Verfahren der Beobachtung, Reflexion, Verwandlung, Aneignung des Kursgeschehens. Näher kennzeichnen lässt sich diese Metamorphose von Beobachtungsgestalten durch die Momente in einer Abfolge unterschiedlicher (Aggregat-)Zustände zwischen Erfahrungsrealität und seiner medialen Reproduktion, damit Beobachtungsgestalten des Kursgeschehens. Schematisiert lassen sich sechs Beobachtungsgestalten unterscheiden. Sie sind durch eine je spezifische

---

2 Bezogen auf die Erziehungswissenschaft vgl. dazu Schäffer 2005, bezogen auf die Erwachsenenbildung Nolda 2011 und Dörner 2012.

Medialität gekennzeichnet. Zunächst, und das bildet gleichsam Ausgangs- und Fluchtpunkt der Metamorphose, steht das Kursgeschehen als *empirisch erleb- und erfahrbare soziale Realität*, die mit den Augen, der Nase, den Ohren und den Nervenzellen wahrgenommen und eventuell sogar mit den Händen berührt werden kann. Das Kursgeschehen stellt eine komplexe Gemengelage raum-zeitlich situierter personaler, sozialer und sachlicher Faktoren dar. Wesentliche Merkmale dieser Kursempirie sind ihre Individualität, ihre Ereignishaftigkeit, ihre Prozesshaftigkeit und ihre Zeitlichkeit und insbesondere ihre Gegenwärtigkeit. Einen ersten Formwandel macht das Kursgeschehen durch seine mit technischen Mitteln durchgeführte *videographische Dokumentation* (1). An die Stelle seiner lebensweltlich oder institutionell bestimmten Perspektivität tritt eine von wissenschaftlichen/theoretischen Interessen der Datenerzeugung für seine Analyse geleitete Selektion des Gesamtgeschehens durch eine oder mehrere Kameras und deren spezielle Perspektiven in Raum und Zeit. Näher in Richtung Analyse und damit zugleich weiter entfernt vom ursprünglichen Ausgangspunkt der Erfahrungsrealität rückt die Metamorphose des Kursgeschehens durch einen Schritt der primär technischen Aufbereitung der Videodokumentation für die Zwecke der Analyse, d.h. in eine *Analysegestalt* (2). Hierbei geht es vor allem um die Transkription/Überführung der sprachlichen Datendimension, d.h. der Worte und Sätze, in eine textuelle, eine Schriftgestalt, der visuellen Datendimension, d.h. der Bilder, des Sehbaren, in eine Schrift und/oder Bildgestalt, etwa durch Auflösung komplexer Bildprozesse in Standbilder und Bildsequenzen, sowie der auditiven Dimension, d.h. der Töne etc., in eine analysierbare Tongestalt. Insgesamt kann das Schwergewicht dabei eher in die Richtung einer textuell fokussierten Verschriftlichung oder einer visuell fokussierten Ausdrucksgestalt gehen (3). Im vierten Schritt wird das Kursgeschehen durch seine an abstrakten Kategorien orientierte Analyse als Erfahrungsrealität aufgelöst und als *theoretische Realität* neu in seiner Zusammenhangshaftigkeit als Theoriegestalt hergestellt (4). Der fünfte Schritt besteht in der Aufbereitung der Ergebnisse der Analyse für den Zweck ihrer an den Erfordernissen und Ansprüchen wissenschaftlicher Kommunikation orientierten Darstellung, also der Bildung von *Darstellungsgestalten* (5). Dabei lassen sich, wie im Folgenden erläutert wird, drei Darstellungsstrategien der Umwandlung der erfahrbaren Kursgestalt unterscheiden: Die Strategie kann in Richtung auf eine lesbare Textgestalt des Kurses gehen, in Richtung auf eine visuell wahrnehmbare Bildgestalt, z.B. in Form von Comics und Zeichnungen, oder in Richtung auf eine Kombination von Bild- und Textgestalt, und zwar dabei entweder in Richtung auf die Erzeugung einer Textbildgestalt, in der das Bild zu einem Teil der Textfolge wird, und bezogen auf diese, der Illustration oder Veranschaulichung des Gesagten, der Steigerung seiner Anschaulichkeit dient. Oder aber in Richtung auf die Erzeugung einer Bildtextgestalt, in der der Text dem Bild als dominanten Sinnträger untergeordnet wird. Im letzten Schritt geht es um die Transformation der Wissenschaftsgestalt des Kurses in eine *Lehrgestalt* (6) Dieser Schritt wird heute zunehmend zum integralen Moment wissenschaftlicher Kommunikation, Wissenschaft ist von früh an im Forschungsprozess auf (pädagogischen) Vermittlung an eine interessierte Öffentlichkeit (vgl. Stichweh 2005) oder auf in Studienzusammenhängen sich befindende Lernende (Universalisierung des Pädagogischen) hin angelegt.

Qualitative Forschung geht nicht in einer linear (ziel)gerichteten Analyse auf. Sie prozessiert immer auch im Rückgang der Vergewisserung des empirischen Gegenstands rekursiv-zirkulär, in einem prinzipiell offenen, gleichwohl diffus gerichteten Prozess (diffuse, d. h. vieldeutige Gerichtetheit), also spiralenförmig. Insofern lassen sich die Phasen in der Kette der Metamorphosen der Empirie des Kursgeschehens in unterschiedlichen Beobachtungsgestalten auch danach unterscheiden, wie und ob sie noch auf den Gegenstand der Analyse bezogen sind, über den wissenschaftlich reflektierte Aussagen gemacht werden sollen. Unter diesem Aspekt kann man danach fragen, was der Gegenstand in seinem jeweiligen Zustand an Prägnanz gewonnen hat, aber auch, was er in diesem Gestaltwandel verloren hat, was ausgeschlossen wurde, welche neuen blinden Flecke in diesem Verlauf entstanden sind.

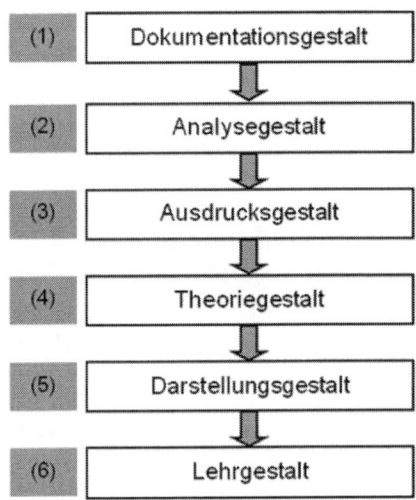

Abb. 1: Videographische Beobachtungsgestalten[3]

Im Folgenden soll der Übergang von der theoretisch gefilterten Analyseform des Gegenstands in seine Darstellungsform näher betrachtet werden; und zwar vor dem Hintergrund des mit dem wissenschaftlichen Hauptstrang immer mitlaufenden Verweises auf den Erfahrungsgegenstand, die erfahrbare Alltagskommunikation von Kursen.

---

3 Um die Medialität von Abbildungen nicht nur zur Darstellung zu nutzen, sondern diese auch noch einmal zu reflektieren, vgl. zur Problematik derartiger, Eindeutigkeit suggerierender Übersichten (im Sinne der Kognitionsychologie: logischer Bilder) den Schluss dieses Beitrages.

3 Texte und Bilder als Medien der Darstellung

Solange die »Welt als Text«[4], d.h. wesentlich als Sprache aufgefasst wurde bzw. – aus eher pragmatischen Gründen – in Textgestalt mit verbalen Texten beschrieben und analysiert wurde, gab es aus der Sache heraus keinen gewichtigeren Grund, für die Darstellung von Analysen bzw. von Empire und Theorie nicht oder nicht nur die verbale Sprache zu nutzen/auf deren Ausdrucksmöglichkeiten zurückzugreifen. Die Sprache schien nicht nur als *das* wissenschaftsgenuine reine Medium, um die Welt/den untersuchten Gegenstand in der Darstellung zum Ausdruck zu bringen,[5] sie schien auch als adäquates Mittel der Kommunikation des Gegenstands und der Analysen über ihn als quasi selbstverständlich, als sakrosankt. Wenn in (erziehungs-)wissenschaftlichen Veröffentlichungen das Darstellungsmonopol der Sprache durchbrochen bzw. eingeschränkt wurde, dann weniger im Sinne einer vom Gegenstand herausgeforderten Relativierung der Aussagekraft von sprachlichen Texten zum Zwecke größerer Gegenstandnähe und mehr Unmittelbarkeit als vielmehr in dem Sinne einer didaktisch motivierten Anreicherung, als Auflockerung von sog. »Bleiwüsten«; damit als ein Mittel, um eine Entwicklung oder einen Sachverhalt übersichtlicher, z.B. durch Graphiken, Tabellen, darzustellen. Eine zunächst allerdings folgenlose Ausnahme stellt in dieser Hinsicht die 1982 über die »Bildung Erwachsener« erschienene Studie von Geißler/Kade dar. Sie enthält eine größere Zahl von thematisch nutzbaren Abbildungen aus Ausstellungskatalogen, Büchern, Filmen oder von Kunstobjekten, die neben der Funktion der Illustration und Auflockerung auch zur Etablierung einer zum Text inkongruenten Perspektive dienen, ohne allerdings dass die Bilder in diesem Sinne noch einmal sprachlich erläutert worden wären. Sie sollen für sich selber über den behandelten Gegenstand, die Bildung Erwachsener in Differenz zu Erwachsenenbildungsinstitutionen sprechen. Bilder verweisen dabei zugleich auf die Darstellungsgrenzen der Sprache. Bereits auf dem Einband findet sich neben einem Gedicht von Bertolt Brecht ein kleines Bild, eine Vignette, die programmatisch den Eigensinn des Subjekts, des Erwachsenen gegenüber Domestizierungsimpulsen von Erziehung zur Darstellung bringt.

Das Gegenbild dazu stellt gewissermaßen das Titelbild der »Einführung in die Weiterbildung« von Jan Weisser aus dem Jahr 2002 dar: Dort ist vor dem Hintergrund des »vitruvianischen Menschen« von Leonardo da Vinci aus dem Jahr 1492 das Foto eines Schlüssellochs zu sehen – bildliche Hinweise auf die Entwicklungsmöglichkeiten des Neuen Menschen und die Rolle von Weiterbildung als Schlüssel.

---

4 So der programmatische Titel eines Bandes über hermeneutisch-rekonstruktive Sozialforschung (Garz/Kraimer 1984); zur textuellen Darstellung eines ›Seins‹, das wesentlich als Sprache aufgefasst wird vgl. Gadamer 1975.
5 Die neuzeitliche Hierarchie von Repräsentationen in der Abfolge vom Bild zum Text/Wort ist Zeichen eines cartesianischen Logozentrismus (vgl. Gumbrecht 2004).

Abb. 2: Titelseite von Geißler/Kade: Die Bildung Erwachsener

Abb. 3: Titelseite von Weisser: Einführung in die Weiterbildung

Wissenschaftliche Zeitschriften sind auch gegenwärtig noch eher bildabstinent. Ihre Redaktionen sehen es im Unterschied zu denen von Publikumszeitschriften auch heute noch nicht sehr gerne, auch aus finanziellen Gründen, wenn ein Aufsatz eine größere Anzahl von Bildern enthält; mit Ausnahme vielleicht dann, wenn der Aufsatz Bilder und Fotos zum Gegenstand hat, es also um Gegenstände geht, die außerhalb des Beitrages, ihm vorausgesetzt, bereits einen Bildcharakter haben. Das lange Zeit singuläre Bild in der *Zeitschrift für Pädagogik* ist ein Gemälde, das Klaus Mollenhauer 1983 in einem Essay interpretiert (vgl. Mollenhauer 1983). In der *Zeitschrift für Erziehungswissenschaft* sind erst im Zusammenhang von videographischen Aufsätzen vermehrt Bilder in die Aufsätze integriert. Im *Report* oder den *Hessischen Blättern vor Volksbildung* finden sich – u. W. nach mit einer Ausnahme[6] – bislang überhaupt keine Bilder. Möglicherweise wird in Bildern immer noch eine Verunreinigung wissenschaftlicher Strenge, Seriosität, Stringenz gesehen[7]. Bilder werden als Zugeständnis an Unterhaltungsbedürfnisse gesehen, gegen die man auch bei wissenschaftlichen Lesern nicht gefeit ist, die aber ansonsten der Orientierung am Kriterium der Wahrheit entgegenstehen.[8]

---

6   In Heft 37 des REPORT vom Juni 1996 ist ein Beitrag von Peter Faulstich über »Worpsweder Ehen« mit zwei Zeichnungen versehen, auf die allerdings nicht weiter eingegangen wird. In der mittlerweile online verfügbaren Ausgabe des Heftes sind diese Abbildungen entfernt worden (vgl. http://www.die-frankfurt.de/esprid/doku¬ mente/doc-1996/faulstich-wieland96_01.pdf#page=91).

7   Vgl. zur pädagogisch-erziehungswissenschaftlich kritischen Sicht auf (visuelle) Medien und zur pädagogischen Anwendung medialer Präsentationsformen Nolda 2002, S. 47 ff und 116 ff.

8   In der *Frankfurter Allgemeinen Zeitung*, bekannt für ihren extremen Anspruch auf seriösen Journalismus, kommen erst seit 2007 Bilder auf der ersten Seite vor. Ein phantasievolles Bild übernimmt an zentraler Stelle täglich die Funktion, die in der »Süddeutschen

Eine Änderung zeichnet sich durch die Etablierung von Online-Zeitschriften in der Erziehungswissenschaft wie etwa der Zeitschrift »bildungsforschung« ab, die ausdrücklich den Einbezug audiovisueller Medien wie Filmsequenzen oder Interview-Mitschnitte vorsieht (vgl. Schaffert/Schmidt 2004) und nicht zufällig im Jahrgang 2011 das Schwerpunktthema »Bild, Bildung und Erziehung« mit vielen Bildbeispielen behandelt hat.

4 Dichte Beobachtungen

Die gesteigerte Bedeutung der durch Videographien erzeugten (bewegten) Bilder für die Darstellung des Kursgeschehens geht über die Bedeutung hinaus, die Fotos, Gemälde etc. bisher hatten. Die Videographie ist eine tiefgreifendere Herausforderung für die Darstellung wissenschaftlicher Analysen. Vordergründig und zunächst ergibt sich die Herausforderung aus einem, durch den Bewegungsaspekt und die Komplexität/Detailliertheit von Informationen genährten Missverständnis, nämlich der Vorstellung, dass Videobilder unmittelbar die Welt zum Ausdruck bringen, die sie sichtbar machen.[9] Also aus einer Verwischung der Differenz zwischen Abbildung und Gegenstand, auf den verwiesen wird. Der Signifikant verblasst hinter dem Referenten. Die visuelle Präsenz, die ein Gegenstand durch Bilder bekommt, evoziert durch den Kontrast zu seiner nur mittelbaren, relativ abstrakten semantischen Darstellung in der Symbolordnung und in den Medien der Sprache den Eindruck einer besonderen Realitätshaltigkeit[10] – näher betrachtet aber gerade aus der prinzipiellen Differenz, damit aus der Eigenständigkeit des Videobildes gegenüber dem Gegenstand, auf den verwiesen wird. Daraus, dass Sprache und Bild je besondere Darstellungen von Gegenständen sind, und auch daraus, dass sie immer auf differente Gegenstände verweisen. Videographische Bilder können – im Modus *dichter Beobach-*

Zeitung« seit jeher das sogenannte »Streiflicht« hat, nämlich das einer locker-assoziativen, humorvollen Kommentierung eines Zeitereignisses, meistens des letzten Tages. Vergleichbar ist dies mit der Funktion des Bildes, das die *DIE Zeitschrift für Erwachsenenbildung* in der Heftmitte platziert und das häufig als kontrastierender (allerdings nicht immer humorvoller) Kommentar zum Titelthema fungiert.

9 Eine Suggestion, die auch mit dem sog. Reality-Fernsehen zunächst verbunden war und zum Teil immer noch ist.

10 Diese Verwechslung der Bilder mit dem, was sie darstellen, gehört spätestens seit dem zu einem Kennzeichen der Moderne. »Fasziniert durch die detaillierte Wiedergabe des Photos verloren die frühen Mikrofotographen den klaren Blick für die Differenz von Bild und Welt. Für sie war das Bild die Realität« (Breidbach 2005, S. 120). »Nur wenn die artifizielle Präsenz der im Bild sichtbaren Objekte als das spezifische Merkmal eines jeden Bildes verstanden wird, arbeitet die Bildwissenschaft« – so Wiesing 2005, S. 7) – »mit einem Bildbegriff, welcher in der Lage ist, die unersetzbare Leistung des Bildes sowie die daraus resultierende Bedeutung des Bildes für den Menschen zu erfassen«.

tungen[11] – das Kleine groß machen, das Unscharfe deutlich und das Flüchtige fixieren, und damit Aspekte des Gegenstandes, die sprachlich nicht oder nur mit großem Aufwand adäquat erfasst werden können, zur Darstellung bringen. In einem umfassenderen Verständnis einer anschauungsgestützten Beobachtung ermöglichen sie insofern einen eigenständigen Zugang zum Gegenstand. Worüber nicht geredet werden kann, oder nur sehr schwierig und aufwendig, um das zu zeigen, dafür kann man eben Bilder nutzen. Auf Bilder wird mit Bildern reagiert.[12] Im Medium der Videographie interferieren »logische Muster« argumentativer Sprache und »analogische Muster einer Bildgrammatik« zu einer Darstellungsform, die zugleich denotativ und explikativ, diskursiv und aisthetisch, sagend und zeigend« operiert.[13] In einer solchen Sicht erscheint nach einer Phase der »Separierung der visuellen, auditiven und verbalen Sphäre« gegenwärtig deren »gezielte Rekombination in neuen Darstellungsformen« (Rustemeyer 2003, S. 184) anzustehen.

5   Abbildungen des Kursgeschehens

Nach dieser eher summarischen Beschreibung des Wandels von textuellen Beobachtungsgestalten des Kursgeschehens im Zusammenhang der Darstellung von Forschungsergebnissen unter den Bedingungen der Videographie soll der Umgang mit dem Spannungsverhältnis von Bild und Text – weiter oben schon in Textgestalt, Bildgestalt und Textbildgestalt/Bildtextgestalt eingeteilt – im Folgenden näher erläutert werden. Dabei wird der Fokus auf Spannungsverhältnissen zwischen Text und Bild liegen, die die mit Stills und daraus produzierten Zeichnungen versehene (und damit den Aspekt der realen Dauer und der realen Abfolge zugunsten der Konservierung von Einzelbildern aufhebenden) videographische Darstellung gegenwärtig, wie auch dieser Band zeigt, stark prägen.

So wie bewusst gehalten werden muss, dass Standbilder in deutlicher Entfernung zu den bewegten Bildern des Ausgangsvideos stehen, so darf auch nicht übersehen werden, dass auf Konturen beschränkte und Bildelemente auslassende Zeichnungen, die primär aus Gründen der Anonymisierung und der Rezeptionslenkung eingesetzt werden (vgl. den Beitrag zur Datenaufbereitung in diesem Band), eine weitere Selektions- und Verfremdungsstufe[14] darstellen. Beide Auf-

---

11 Im Anschluss an Clifford Geertz Konzept der »Dichten Beschreibung« (1983).

12 Zum Programm einer »bildaktiven Phänomenologie« vgl. Bredekamp 2010.

13 Wir übernehmen hier eine Formulierung von Dirk Rustemeyer (2003, S. 190), dort allerdings auf den Film bezogen.

14 Diese Verfremdung hat die Kunst der Malerei bereits im 19. Jahrhundert genutzt. Unter den bekanntesten heutigen Malern, die mit Photographien arbeiten, ist Gerhard Richter zu nennen (vgl. Elger/Küster 2011).

bereitungsformen können aber die im Folgenden ›skizzierten‹ Funktionen in Anspruch nehmen, wobei die abstrahierende Zeichnung am ehesten der Verdeutlichung und am wenigsten der Irritation dienen dürfte.

Illustration textuell-analytischer Beobachtungsgestalten

Texte, die mit aus Videodateien gewonnenen Stills arbeiten, bedienen sich eines Mediums, das bereits bearbeitet worden ist und dem eine Entscheidung zugrunde liegt, nämlich die Auswahl eines bestimmten Moments aus einer Kurssituationen abbildenden Abfolge unzähliger Momente. Im Zweifelsfall wird man sich dabei um möglichst eindeutige Bilder bemühen – eine Schwierigkeit, die bei professionell produzierten Filmen durch sogenannte Standfotografien umgangen wird. Stills haben gegenüber Fotografien immer Qualitätsmängel (Schärfe, Beleuchtung), die nachträglich kaum auszugleichen sind. Trotzdem könne sie mit Gewinn als Illustrationen eingesetzt werden. Illustrationen dienen der Veranschaulichung. Mit ihnen wird dasselbe, was bereits verbal gesagt worden ist, noch einmal gesagt, aber nunmehr in einem anderen Medium, nicht der Sprache, sondern des Bildes. Wiederholungen können dann als Beglaubigung, aber auch als verzichtbares Beiwerk angesehen werden, oder aber als Steigerung der Redundanz, die zur Vertiefung der Nachhaltigkeit von Aussagen führt (▶ Abb. 4).[15]

Text:

> Während die Teilnehmer gemeinsam weiter die Erzählung deuten, nimmt der Kursleiter dann aus deren Deutung das Stichwort „Moral" auf und schreibt es an die Tafel; oben rechts, wo noch etwas freier Platz ist.

Bild:

Abb. 4

Mittel der Verdeutlichung

In der Nähe zur durch Illustrationen erfüllten Aufgabe der Veranschaulichung von bereits Gesagtem steht die Aufgabe der Verdeutlichung dessen, was bereits gesagt worden ist. Im Falle der Verdeutlichung wird nicht dasselbe noch einmal bildlich zum Ausdruck gebracht, sondern ein Aspekt des Gesagten oder mehrere Aspekte werden stärker herausgehoben (▶ Abb. 5).

---

15 Vgl. in kulturgeschichtlicher Perspektive zum Zusammenhang von Sehen und Illustration in der wissenschaftlichen Wahrnehmung Breidbach 2005, S. 103 ff.

Text:

Bild: [16]

> Die Yogakursleiterin ist ganz
> in Weiß und sehr schlicht
> gekleidet und unterscheidet
> sich somit drastisch von allen
> anderen im Raum Anwesen-
> den. Sie drückt damit auch
> ihre innere Haltung dem Kurs-
> thema gegenüber aus und
> lebt den Teilnehmerinnen Yo-
> ga vor.

Abb. 5

Zur Steigerung der Verdeutlichung können Bilder von ›störenden‹ Zusatzinformationen wie unruhigen Hintergründen befreit und/oder beschnitten werden (▶ Abb. 6), sie können aber auch oder zusätzlich mit rezeptionslenkenden Hinweiszeichen wie Pfeilen, Einkreisungen und Bezeichnungen versehen werden. Eine selektive Wahrnehmung wird nicht zuletzt durch Bildlegenden erreicht. Verdeutlichende Bilder entsprechen am ehesten dem Modell der informierenden Bilder, mit deren Hilfe Rezipienten visuelle Informationen möglichst eindeutig und vollständig erfassen sollen (vgl. Weidenmann 1994).

Abb. 6

Anreicherung von Aussagen mit detaillierten Kontextinformationen jenseits von Vollständigkeitsansprüchen

Es liegt in der Natur der auf lineare Stringenz abzielenden verbalen Argumentation, dass alle Aussagen über das Kursgeschehen von dem empirischen Kursgeschehen in hohem Maße abstrahieren. Diese Abstraktion betrifft vor allem die räumliche Situierung von Kursinteraktionen und die konkrete Gestalt der agierenden Personen. Auf diese Abstraktion hat die Videographie insbesondere aufmerksam gemacht. Nun folgt daraus nicht, dass die Analysen auch ihre Fokussierung der sprachlichen Dimension des Kursgeschehens aufgeben müssen. Es ist nun aber eine besondere Leistung von Bildern, die in einen wissenschaftlichen Text eingefügt werden,

---

16 Das dem Text beigefügte Bild zeigt im Detail die nur der Farbe und dem Eindruck nach beschriebene Kleidung der Kursleiterin, nicht aber die der anderen Anwesenden, von der sie sich abhebt.

dass sie Momente des Kursgeschehens sichtbar machen können, auf die sich die Analyse zwar nicht fokussiert richtet, die aber gleichwohl für die Atmosphäre des Kursgeschehens von Bedeutung sind (▶ Abb. 7): »Jedes Bild umgibt sich mit der Atmosphäre einer Welt« (Sartre, zit. n. Deleuze1991, S. 88). Von Fall zu Fall kann sie auch zum Gegenstand der Analyse werden, weil sie für die sprachliche Kommunikation eine besondere Bedeutung bekommen, und die schließlich auch ein Hintergrundverständnis sind, um überhaupt zu verstehen, was mit einem Kurs gemeint ist. Bilder ermöglichen gewissermaßen eine mit der Argumentation mitlaufende kollektive Vergewisserung dessen, was man unter einem Kurs versteht, wenn etwa Kommunikationsdynamiken beschrieben werden. Bilder machen in dieser Hinsicht durch punktuelle, sporadische Steigerung der (Über-)Komplexität den Erfahrungshorizont präsent, aus dem im Zusammenhang der Analyse heraus argumentiert wird.

Text:

Der getrocknete Blütenstand einer Lilie, der in einem Kochkurses „Südostasiatische Leckerbissen", zum Thema wird, ist ungefähr 10 Zentimeter lang und misst kaum einen halben Zentimeter im Durchmesser. Seine Farbe ist bräunlich-schwarz. Die Abbildung zeigt, wie eine Teilnehmerin des Kurses diese Blüte in die Kamera hält.

Bild:

Abb. 7

Verweise auf andere Bilder bzw. Bildmuster und Lösungen des Problems der unvollkommenen Verbalisierbarkeit visueller Phänomene

Bilder verweisen nicht nur auf Texte, sondern auch auf andere Bilder bzw. Bildmuster – der Intertexualität (vgl. Kristeva 1972) entspricht somit eine Interpikturalität. Jeder Hobbyfotograf unterliegt als Bildproduzent Vorstellungen davon, wie ein ›gutes‹ Porträt oder ein gelungenes Hochzeitsfoto aussieht,[17] und steht auch und gerade dann unter dem Einfluss solcher Muster, wenn er sich bewusst davon löst.

Dementsprechend ist auch die Wahrnehmung von Bildrezipienten durch im Bildgedächtnis verankerte Bilder geprägt. Das betrifft gestaltete, häufig aufwändig komponierte oder nachträglich editierte Bilder, es betrifft aber auch die Wahrnehmung nicht-editierter Bilder wie die aus Videoaufnahmen herausgelösten Standbilder. Die dort – durch Bildausschnitte hervorgehobenen und/oder durch Ausblendung des Kontexts hervorgehobenen – fixierten Posen der Abgebildeten oder die Anordnungen von Einrichtungsgegenständen rufen visuelle Erinnerungen an ähnliche, bereits mit Bedeutungen versehene visuelle Eindrücke hervor und helfen im Vergleich, die Spezifik von sichtbaren Phäno-

---

17 Zur videographischen Analyse von Hochzeitsphotos vgl. Raab 2002.

361

menen zu erfassen (▶ Abb. 8). Dies anhand von vorfindbaren Bildern zu belegen, kann sich als aufschlussreicher Zugang zu einer kaum verbalisierten oder auch kaum verbalisierbaren Realität erweisen. Sie dient in jedem Fall einer unkomplizierten Verständigung und findet im Verfahren der experimentellen Kontextvariation (vgl. Dinkelaker/Herrle 2009, S. 96 f) eine Form der methodischen Operationalisierung. Die vom Nicht-Verbalisierten ausgehenden oder mit ihm intendierten Botschaften können deshalb anhand von Vergleichsbildern nicht nur zu erfassen versucht, sondern auch zu kommunizieren versucht werden.

Um die Haltung der Teilnehmerin einordnen zu können, kann diese isoliert bzw. dekontextualisiert mit anderen vergleichbaren bildlichen Darstellungen verglichen werden – Darstellungen, wie sie die Kunst, die Kunst-, Werbe-, Presse- oder Alltagsfotografie bereithält. Dies ergibt im vorliegenden Fall u.a. die Deutung eines über einem Buch eingeschlafenen Schülers.

Abb. 8

Das Problem der Vermeidung aufwändiger Verbalisierungen komplexer visueller Eindrücke kann daneben auch durch die Anfertigung von Bildern auf der Grundlage von (Stand-)Bildern gelöst werden – etwa durch Raumskizzen, die nicht nur die fotografisch-detailreiche Vorlage in graphisch-abstrahierende Skizzen verwandeln, sondern auch Aufnahmen aus verschiedenen Perspektiven in Augenhöhe zu einem einzelnen Bild aus der (praktisch meist nicht einnehmbaren) Vogelperspektive rekonstruiert (▶ Abb. 9).

Erweiterungen des Perspektivenspektrums mit Irritationspotential

Videographische Kursdokumentationen haben einen prinzipiell temporären Charakter, sie sind Momentaufnahmen im Zeitstrom, entziehen damit das Kursgeschehen dem zeitlichen Verfall. Sie machen das Kursgeschehen im Moment des laufenden Kurses wahrnehmbar. Sie kennzeichnet eine radikale Gegenwartszentrierung.[18] Sie zeigen Momentaufnahmen der Erwachsenenbildung und näher von Kursen. Sie bilden Kurse in ihrer Zeitlichkeit und Lokalität ab.[19] Zugleich wird

18 Zur (sprachlichen) Produktion von Präsenz diesseits der Hermeneutik vgl. Gumbrecht 2010, S. 20 ff; 2004.
19 Zur Lokalität von Pädagogik vgl. Kade/Lüders 1996.

Text:

Ein Charakteristikum des Raumgestaltungsmusters „Tischkreise" besteht darin, dass zwei gegenüberliegende Tischreihen orthogonal zu zwei anderen Tischreihen angeordnet sind, so dass sich aus der Vogelperspektive eine rechteckige Gestalt abzeichnet, die von einem Kreis abstrahiert – angepasst an eine i. d. R. rechteckige Beschaffenheit von Raum und Tisch.

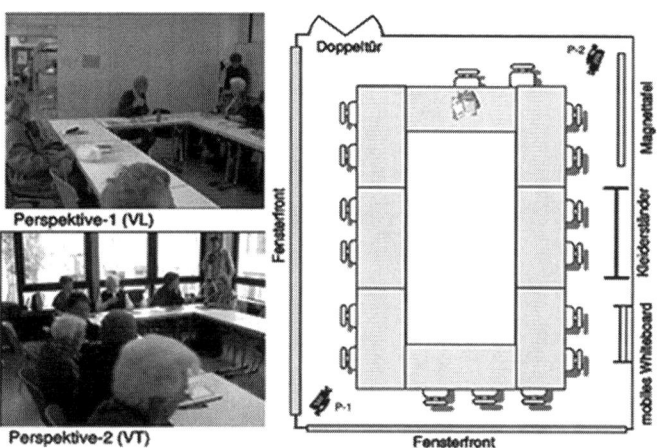

Abb. 9

auf ihnen auch die Momenthaftigkeit des Kursgeschehens jenseits seiner pädagogischen Großarchitektur sichtbar, sein mehr oder weniger starker Wandel von
Augenblick zu Augenblick. Videographie ermöglicht somit ein verstärktes Sich-
Einlassen auf die Angebote des Augenblicks, aus denen nur einige relevant für die
unmittelbare Fortsetzung aufgegriffen werden, andere ganz verschwinden, oder
auch zu einem späteren Zeitpunkt von Bedeutung werden, bis dahin aufgehoben
werden. Aus der Perspektive der Momenthaftigkeit von Kursinteraktion kommt
dessen konstitutive Unbestimmtheit in den Blick.[20] Die Verknüpfung der Kurs-
momente stellt sich als prinzipiell kontingent dar, d. h. möglich, aber nicht notwendig. Das alltägliche Kursgeschehen hat eine Seite der Richtungslosigkeit, der
Ungerichtetheit, der ungerichteten Gleichzeitigkeit jenseits aller pädagogischen
Erwartungen auf Zielgerichtetheit. Videographische Bilder können den Blick sen-
sibilisieren für die nicht systematisierbaren Aspekte alltäglichen Kursgeschehens;
für gegenüber textueller Argumentation relativ ungefilterte Zugänge/Beobach-
tungen, die sich theoretisch nicht vereindeutigen lassen.[21] Man kann sich daher
in Bildern verlaufen, und dies umso mehr, wenn sie nicht in den Fortgang der textuellen Argumentation integriert sind, sondern dieser gegenüber eine eigene Zu-
gangsmodalität zum Kursgeschehen darstellen, auf den allerdings auch die textu-

---

20 »Im Zentrum des begrifflichen wissenschaftlichen Denkens nistet eine konstitutive Unbestimmtheit, die sich, wie Blumenberg gerade am Beispiel des Wahrheitsbegriffs vorführt, nur zeigen, nicht definieren oder schlussfolgern lässt« (Rustemeyer 2003, S. 181).
21 Vgl. Bonß 1998, S. 974 f.

elle Argumentation letztlich abzielt.[22] Abbildungen illustrieren in dieser Hinsicht nicht, sondern dokumentieren Aspekte des Kursgeschehens, die sprachlich nicht, oder nur mit einem unverhältnismäßig großem Aufwand zur Darstellung gebracht werden können bzw. nicht aufgeklärt werden können oder deren Stellenwert für den Kurs im Dunkeln bleibt[23] (▶ **Abb. 10**). Beide Darstellungsmodalitäten schließen sich nicht aus. Sie beschreiben Eckpunkte eines Spektrums von Beobachtungsgestalten, d. h. von einer durch Videographie möglich gewordenen (pluralen) Modalität der Darstellung des Kursgeschehens. Die Formen der Darstellung von Bildern, Worten und Tönen, von Gesehenem, Gehörtem und Gesagtem, von textuellen, visuellen und auditiven Medien bewegen sich prinzipiell im Plural. Sie referieren auf eine in sich differente Wirklichkeit. »Ihr Verweis auf eine Wirklichkeit ist durch ihre Verweisungen auf andere Zeichen überlagert und gebrochen« (Rustemeyer 2003, S. 184).[24]

Abb. 10

Mit dieser hier zuletzt genannten Funktion wird deutlich, dass Bilder/Stills in wissenschaftlichen Texten zur visuellen Kursforschung weder auf ihre Dienste als Beleg und didaktische Mittel der Vereindeutigung noch als Interesse erweckende und erhaltende Unterhaltung zu reduzieren sind, sondern auch – ähnlich wie künstlerische Bilder – als Irritationspotential gesehen werden können.

---

22 Rustemeyer 2003, S. 190, unterscheidet in dieser Hinsicht das »logische Muster« der Sprache vom »analogischen Muster« der Bildgrammatik. Sie sind beide aufeinander bezogen, aber nicht ineinander überführbar/auflösbar.

23 Videos öffnen also nur bedingt die ›black box‹ von Kursen bzw. stellen durchaus auch die Idee einer solchen Öffnung in Frage.

24 Vgl. in historischer Sicht zur Entdeckung der »Mikrotextur« durch die Mikroskopie: »Die Miniaturisierung der Perspektive war dann auch nicht einfach eine Expedition in das immer Kleinere. Der neue Blick war nicht einfach ein Zergliedern des Bekannten, eine Segmentierung vorgegebener Kategorie: er führte zu neuen Sichtweisen, verlangte eine Neubestimmung der Perspektive« (Breidbach 2005, S. 82).

6 Textliche Linearität und visuelle Gleichzeitigkeit: Rückkehr zum Bild und die Zukunft des Schreibens

Das Schreiben über filmische Darstellungen pädagogischer Prozesse steht vor dem vermeintlichen Problem, visuelle Phänomene im Medium der Schriftlichkeit beschreiben und deuten zu müssen. Der Gegensatz Bild und Schrift, der den Titel des dieser Studie zugrunde liegenden Projekts »Bild und Wort« aufzugreifen scheint, ist aber genau genommen unklar: Bilder sind von Anbeginn an von einer »Wörter-Wolke« umgeben (Schmitz-Emans 2003, S. 198).[25] Und die Schrift ist selber und vor allem ein visuelles Medium. Es verwandelt die akustische Rede in eine Anordnung sichtbarer Zeichen.

Andy Warhols, diesem Beitrag den Titel gebendes Statement »I never read, I just look at pictures« ist selber eine Darstellung, ja, eine Inszenierung dieser Paradoxie. Es ist ein Satz, es sind Worte, mit denen Warhol die Irrelevanz von Worten als zu lesender Schrift ausdrückt. Und es sind auch Worte, es ist ein Satz, den man (erst) lesen muss, damit man Warhols Mitteilung, deren Inhalt die Negation von Sprache und die Präferenz für Bilder ist, sich zu eigen machen kann. Wenn diese verbale Äußerung in einem Museum für Moderne Kunst gezeigt wird, nimmt sie die Gestalt eines wiederum visuell wahrnehmbaren Bildes an, zunächst als zu Werbezwecken versendete, verteilte, ausgelegte Postkarte, dann als mit einem Beamer an die Wand geworfenes Bild oder als Bild-Postkarte in einem Glaskasten. Schrift ist immer auch ein Bild, sie wird als Bild nur sichtbar. Gesteigert wird diese reflexive Verschachtelung, wenn die Technik der Aufnahme des Bildes auf dem Bild zugleich noch sichtbar wird, wie in Abbildung 11 der zu Zwecken der Datenübermittlung gescannten Warhol-Bildpostkarte sichtbar wird.

Den fundamentalen Bruch, den die Einführung und Durchsetzung der Schrift kulturgeschichtlich bedeutet, hat am nachhaltigsten der kanadische Literatur- und Medienwissenschaftler Marshall McLuhan beschrieben: Demnach hat die Alphabetisierung und die damit verbundene Visualisierung eine immense Einschränkung bewirkt: »Die Lebensweisen nicht-alphabetisierter Menschen umfassten alle Erfahrungsbereiche, waren simultan und diskontinuierlich und boten auch einen viel größeren Erfahrungsreichtum als die der alphabetisierten Welt. Weil sie in ihrer Informationsbeschaffung vom gesprochenen Wort abhängig waren, wurden die Menschen in das Netzwerk ihres Stammes hineingezogen. Und weil das gesprochene Wort emotionsgeladener ist als das geschriebene – indem es durch die Intonation so vielfältige Gefühle wie Zorn, Freude, Leid und Angst vermittelt –, war der Mensch in der Stammesgesellschaft spontaner, leidenschaftlicher und lebhafter. Der Mensch der

---

25 Vgl. demgegenüber zum »Text als Grundlage des Visuellen« Ilya Kabakov 2000. Zu den Grenzen der Sichtbarkeit, die sich daraus ergeben, dass »an die Stelle des Gegebenen … allenthalben die Wiedergabe« tritt, vgl. Lüdeking 2006.

Abb. 11:
Warhol-Bildpostkarte, gescannt

Stammesgesellschaft hatte Anteil am kollektiven Unbewussten, lebte in einer magischen, ganzheitlichen Welt, die ihre Ordnung durch Mythen und Rituale erhielt, deren Werte göttlich und unangefochten waren. Der alphabetisierte oder visuelle Mensch hingegen schafft sich eine Umwelt, die stark fragmentiert, individualistisch, eindeutig, logisch, spezialisiert und distanziert ist« (Baltes/Höltschl 2011, S. 12 f).

Es ist also vor allem die lineare Sequenzialität der Buchkultur, die nach wie vor (nicht nur) das wissenschaftliche Schreiben bestimmt. Sie kann nur mit Hilfsmitteln wie partiturförmigen Transkripten den Eindruck wahrgenommener Simultaneität wiedergeben. Die diskursiven Teile der in diesem Band versammelten Beiträge (und der übrigen Literatur zum Thema) können sich dagegen dem Zwang zur Sequenzialität nicht entziehen: Was sie durch die schriftsprachlich ermöglichte Abstraktion gewinnen, verlieren sie durch diese Gebundenheit an Konkretion. Es ist deshalb an den Kunsthistoriker Max Imdahl zu erinnern, der die Begrenztheit der (kunstwissenschaftlichen) Sprache gegenüber den von ihr behandelten Werken am schlüssigsten zum Ausdruck gebracht und den spezifischen, letztlich nicht-substituierbaren Eigensinn der Bilder betont hat (vgl. Imdahl 1979; vgl. auch Deleuze 1991, S. 209[26]).[27]

---

26 In den Filmen von Eisenstein sind die Bilder eine »plastische Masse, eine mit visuellen, akustischen, synchronisierten oder nicht-synchronisierten Ausdrucksmerkmalen versehene Zeichenmaterie mit Zickzackformen, Aktionselementen, Gesten, Silhouetten und syntaktischen Sequenzen. Es handelt sich um eine primitive Sprache oder ein primitives Denken oder eher um einen *inneren Monolog*, einen trunkenen Monolog, der mit Hilfe rhetorischer Figuren, Metonymien, Synekdochen, Metaphern, Inversionen, Attraktionen usw. arbeitet« (Deleuze 1991, S. 209).

27 Wenn hier die Mängel des Schriftlichen gegenüber dem Bildlichen hervorgehoben werden, so mutet diese Klage angesichts der aktuellen und künftigen Verdrängung des analog Schriftlichen durch das Digitale (vgl. Flusser 1992) schon wieder altmodisch an. Die Macht des Bildlichen ist einerseits eine vergangene, vorliterarische und andererseits eine durch elektronische Rechner produzierte und distribuierte zukünftige.

Wissenschaftliche Publikationen erzwingen eine Art und eine Form der Darstellung, die trotz der damit verbundenen expliziten (universitären) Sozialisation, denjenigen, die wissenschaftlich schreiben, meist verborgen bleiben. Die Konfrontation mit audiovisuellen Materialien macht diese Zwänge (wieder) bewusst und fragwürdig. Das betrifft den Zwang zur

- Konzentration auf einen Fall/ein Thema (Unmöglichkeit der gleichzeitigen Behandlung verschiedener Fälle/Themen),
- Anknüpfung an bzw. Einbettung in vorliegende Theorien,
- Formulierung eines (neuen) Ergebnisses,
- Konsistenz der Darstellung,
- Eindeutigkeit.

Die Beschäftigung mit den vielfältigen, auch gekappten oder unklaren Strängen, wie sie auf nicht-inszenierten Videoaufnahmen zu sehen sind, macht die Einschränkungen des (wissenschaftlichen) Schreibens deutlich und lässt die Potenz künstlerisch-literarischen Schreibens (vor allem der Moderne) erahnen, Gleichzeitigkeit durch Unterbrechungen simuliert werden kann, weil der Zwang zur Gestaltschließung und zur Eindeutigkeit entfällt. In diesem Sinne stellt Maren Lehrmann grundsätzlich, bezogen auf soziologische Theorie, in Frage, ob die »Textarbeit immer noch das angemessene Medium einer … Theorie ist, die es nicht mehr nur mit der Schrift, dem Bild und dem Buchdruck zu tun hat, sondern mit Schaltkreisen, rekursiven Gleichungen und digitaler Vernetzung«. Sie plädiert daher für Formen der Darstellung, die aus »offenen Texten, Skizzen, Gleichungen und Diagrammen« bestehen (Lehmann 2011, S. 12 f.). Zu ergänzen wäre dies um bewegte Bilder und Tonaufnahmen.

Versuche, dies in wissenschaftliche Literatur zu übersetzen bzw. für wissenschaftliches Denken fruchtbar zu machen, hat vor allem Roland Barthes unternommen.[28] Das fängt an mit seiner Studie über die Erzählung »Sarrasine« von Balzac (Barthes 1987) und findet einen Höhepunkt bei seinen Anmerkungen zu Photographien aus dem Umfeld von Proust in seinem Buch »Die Vorbereitung des Romans« (Barthes 2008). Diese Texte, die an darauf bezogene Seminare mit Studenten anschließen, sind offen fragmentarisch und willkürlich in der Anordnung. Eine besondere Ironie wird dadurch erzeugt, dass sie sich an der arbiträren Reihenfolge des Alphabets, also an dem Werkzeugkasten der Schriftsprachlichkeit, orientieren und damit dem Hierarchiezwang von Gliederungen ausweichen.

---

28 Vgl. aber auch bereits die Algerien-Studie von Pierre Bourdieu. Elfie Semotan (2006) hat darauf hingewiesen, dass für Bourdieu die »Parallelwelten von Bild und Text« von großer Bedeutung waren. Photos fungieren danach nicht nur als Mittel teilnehmender Beobachtung, sondern sie werden als Medium »teilnehmender Objektivierung« genutzt. »Wissenschaftliche und literarische Rituale«, nach denen »in Textform gegossenes Denken nicht durch die vagen Sphären von Bildern irritiert« werden dürfe, trügen daher zur Ausblendung der Erkenntnismöglichkeiten bei, die gerade auf der vielfältigen Interpretierbarkeit von Bildern basieren.

Was durch ein solches Ausweichen bewirkt wird, ist ein Offenhalten von Ergebnissen und damit ein Angebot an Leser, weiter zu denken, Alternativen zu entwickeln und die durch eine durchgegliederte Interpretation bewirkte Schließung aufzubrechen. Diesen Weg sind wir mit der vorliegenden Publikation (noch) nicht gegangen. Wie sich wissenschaftliches Schreiben in einer bildorientierten Kultur entwickeln wird und inwieweit diese Entwicklung durch das Beschreiben von Bildern – unbewegten und bewegten, bearbeiteten und nicht-bearbeiteten – gefördert wird, bleibt offen. Erkennbar ist, dass die bisher vorherrschende Indienstnahme von Bildern durch die Sprache etwa im Modus der Illustration nur eine von vielen Möglichkeiten darstellt und eine Beschränkung darauf auf den intellektuellen Anregungsgehalt von sinnlich erfahrbaren Bildern verzichtet.

VII Die Ordnung der Kurse

Ein Archiv in Bildern

Regina Rösel

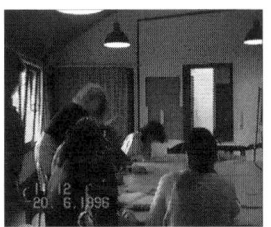
001 Alphabetisierung

002 Anlagenbauer

003 Arabisch 1

004 Arabisch 2

005 Arabisch 3

006 Asia-Kochkurs

007 Ausbilder Ausbildung

008 Backen

009 Bankkaufleute

010 Bauch-Beine-Po 1

011 Bauch-Beine-Po 2

012 Berufsgrundbildung 1

013 Berufsgrundbildung 2   014 Berufsorientierungskurs   015 Bibelkreis

016 Bibelstudium   017 Bibelstunde   018 BilanzbuchhalterIn

019 Biologie 1   020 Biologie 2   021 Bodystyling

022 Callanetics   023 Chinesische Kalligraphie   024 Chinesische Küche 1

025 Chinesische Küche 2   026 Chinesische Küche 3   027 Chinesische Küche 4

028 Chirologie   029 CNC-Technik 1   030 CNC-Technik 2

031 Deutsch als   032 Deutsch als   033 Deutsch als
    Fremdsprache 1   Fremdsprache 2   Fremdsprache 3

034 Deutsch als   035 Deutsch als   036 Deutsch als
    Fremdsprache 4   Fremdsprache 5   Fremdsprache 6

037 Deutsch als   038 Deutsch als   039 Deutsche Geschichte
    Fremdsprache 7   Fremdsprache 8

040 EDV 1   041 EDV 2   042 EDV-Schulung

043 Elektrotechnik

044 Englisch 1

045 Englisch 2

046 Englisch 3

047 Ernährungslehre 1

048 Ernährungslehre 2

049 Fahrlehrer

050 Fahrschule

051 Feldenkrais 1

052 Feldenkrais 2

053 Flamenco 1

054 Flamenco 2

055 Fleischerhandwerk

056 Französisch 1

057 Französisch 2

058 Frauengesprächskreis 059 Frauen im Exil 060 Gesellschaftslehre

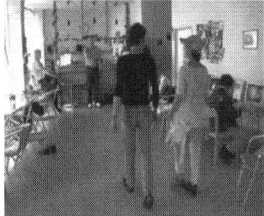  

061 Gesünder laufen 062 Goldschmieden 063 Gottesdienst

  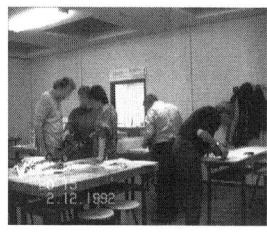

064 Grammatik & Schrift-	065 Hebräisch	066 Holzwerkstatt
    sprache

067 Humanökologie 068 Identität & Rolle 069 Informationskauf-
                                                     mann

070 Integrationskurs 1 071 Integrationskurs 2 072 Integrationskurs 3

375

073 Italienisch 1

074 Italienisch 2

075 Japanisch

076 Keramik

077 Kfz-TechnikerIn

078 Kochen 1

079 Kochen 2

080 Kreatives Gestalten

081 Kreatives Schreiben

082 Kreativwerkstatt

083 Kroatisch

084 Kundenbetreuung

085 Literatur des 20.Jh.

086 Literaturkurs

087 Luftverkehrskauf-
mann

088 Marketing im
    Handwerk

089 Mathematik 1

090 Mathematik 2

091 Mensch – Problem –
    Zeit

092 Modern Dance

093 Nähkurs 1

094 Nähkurs 2

095 Nordic Walking

096 Orchesterprobe

097 Orientalischer Tanz

098 Pädagogik

099 Philosophie 1

100 Philosophie 2

101 Politischer Salon

102 Predigerausbildung

377

103 Pädagogische Projekte

104 Reanimation 1

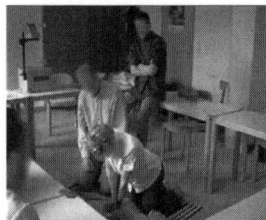

105 Reanimation 2

106 Recht im Handwerk

107 Reinigungstechnologie

108 Schreibwerkstatt

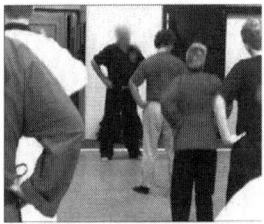

109 Selbstverteidigung

110 Seniorengesprächskurs

111 SeniorInnengesprächskreis

112 Spanisch 1

113 Spanisch 2

114 Spanisch 3

115 Spanisch 4

116 Stadtplanung

117 Stadtteilerkundung

118 Stepptanz

119 Tango

120 Tarot

121 Tastaturschreiben

122 Trommeln

123 Vollwertkost

124 Wirtschaftsenglisch

125 Yoga

126 Zahntechnik

127 Zeichnen 1

128 Zeichnen 2

Von der Sammlung zum Sampling

Jörg Dinkelaker/Matthias Herrle/Jochen Kade/Sigrid Nolda

1 Stadien des Sammelns

Das vorangehend über aufschlussreiche Stills visuell dargestellte umfangreiche Archiv von videographischen Dokumentationen von Kursen des Lehrens und Lernens Erwachsener, wie es dieser Studie zugrunde liegt, ist Resultat eines längeren, nach 10 Jahren, mit dem Ende eines größeren Projekts vorläufig abgeschlossenen Erhebungsprozesses, ohne dass damit irgendein empirisch ambitionierterer Anspruch auf Repräsentativität oder gar Vollständigkeit verbunden wäre. Es ging eben nicht um eine zielgerichtete Datenerhebung zur Erschließung der Kursempirie. Ja, bei Beginn des videographischen Recherchierens und Dokumentierens von Kursen der Erwachsenenbildung/Weiterbildung bestand nicht einmal die Idee einer umfasseneren Fallsammlung, gar eines irgendwie gearteten Archivs zum Feld kursförmig institutionalisierten Lehrens und Lernens Erwachsener. Es wurde Kursempirie gleichsam gesammelt, ohne dass eine Sammlung in irgendeiner Weise bereits anvisiert war. Nicht nur die erziehungswissenschaftliche Videographie befand sich noch weitgehend am Anfang, auch die inzwischen entwickelte vielfältige Kurswirklichkeit war noch erst ein in seiner empirischen Konkretheit durch eine Art von Probebohrungen zu entdeckendes Forschungsneuland.

In diesem Prozess waren drei Stadien des Sammelns eng miteinander verschränkt, der Erwerb, das Arrangieren und das Zeigen.[1] Der Erwerb hatte die Form des, vor allem in den ersten Jahren, tentativ offenen Suchens und Findens, nicht notwendig in dieser Reihenfolge. Eng verknüpft war damit das Stadium des bewussten Arrangierens. Es war auf die Generierung einer Ordnung der Kursempirie gerichtet und damit zugleich mit Erwartungen auf Vervollständigung, die das Suchen leiten konnten, verknüpft. Öffentlich zugänglich gemacht, und in diesem Sinne gezeigt, wurden videographische Kursdokumentationen von Anbeginn an, und zwar einzelne ebenso wie thematische Zusammenstellungen. Dies geschah neben der vereinzelten Nutzung in feldintegrierten Settings kollegialer Praxisreflexion kontinuierlich im Kontext von Lehrveranstaltungen an den Universitäten Frankfurt und Dortmund in Form von forschungsmethodischen Seminaren, Didaktischen Laboren und auf Lernplattformen im Internet, auf wissen-

---

1 Zur einer performationstheoretischen Unterscheidung von solchen Stadien des Sammelns vgl. Grasskamp 2011.

schaftlichen Tagungen und im Rahmen von zahlreichen Veröffentlichungen zur interaktiven Erwachsenenbildungsrealität, im Laufe der Jahre zunehmend auch zur Weiterentwicklung des methodologischen Reflexionsniveaus und methodischen Instrumentariums der erziehungs-, aber auch allgemeiner: sozialwissenschaftlichen Videographie.

2 Zum Spektrum der Ordnung von Kursen

Die zur Darstellung des Kursarchivs gewählte alphabetische Ordnung ist, abgesehen von Ähnlichkeiten im Namen, arbiträr gegenüber Gemeinsamkeiten und Differenzen zwischen den Kursen. Ein »Gesprächskreis für Seniorinnen« würde in einer alphabetischen Kursordnung einem Kurs mit dem Titel »Germanien in der Spätantike« folgen und einem Kurs mit dem Titel »Gesellschaftslehre« vorangehen, der »Seniorinnengesprächskreis« findet dagegen nach der »Seniorenbildungsstätte« und vor dem »Spanischkurs« seinen Platz.

Bezeichnungen der Kurse könnten immer auch anders gewählt werden. Auf Grund dieser Willkürlichkeit einer alphabetischen Reihung erscheint in ihr daher jeder der gesammelten Kurse letztlich als unverwechselbar einzelner. Von einer Zuordnung der Kurse zu bestimmten, theoretisch ausweisbaren Kategorien wird in diesem Fall abgesehen. Diese Abstraktion entspricht zwar der Einmaligkeit jedes Kursgeschehens. Zugleich wird dadurch aber eine Übersicht über das verhindert, was Veranstaltungen der Erwachsenenbildung über die je einzelnen besonderen Situationen hinaus ausmacht. Als besondere Ausprägungen der allgemeinen Form Kurs werden die einzelnen Fälle erst in Relation zu einer kategorienbezogenen Ordnung der Kurse bestimmbar.[2]

2.1 Eine institutionsbezogene Ordnung

Eine solche Ordnung von Veranstaltungen der Erwachsenenbildung könnte sich beispielsweise daran orientieren, in welchen Kontexten Lernen Erwachsener stattfindet (vgl. Kade/Nittel 2010). Der Alltagsperspektive entspricht dabei die Erwartung, dass Erwachsenenbildung vor allem in Einrichtungen stattfindet, die solche Bildungsangebote machen.

Veranstaltungen im Kern: Die Einrichtungsperspektive

In diesem Sinne zum Kernbereich kann man alle die Veranstaltungen zählen, die mit Perspektive auf explizite Bildungsinstitutionen in den Blick kommen, also

---

2 Zur Reflexion des Spektrums von Kursordnungen vgl. einführend Kade/Nittel/Seitter 2007 und Wittpoth 2009.

von Einrichtungen der Erwachsenenbildung angeboten werden und in ihrer Form selbstverständlich als Veranstaltungen der Erwachsenenbildung erkennbar sind, so etwa Sprachkurse an der Volkshochschule (z.B. »Arabisch 1«) oder in der Sprachschule (z.B. »Spanisch 1«), auch Fortbildungen bei der Handwerkskammer (z.B. »Marketing im Handwerk«) oder bei privaten Anbietern (z.B. »Kundenbetreuung«).

Veranstaltungen am Rande: Die Ortsperspektive

Aus dem Blick geraten aus dieser Perspektive jedoch eine Vielzahl an Veranstaltungsformen, die zwar nicht in sogenannten Bildungseinrichtungen stattfinden, gleichwohl aber als Orte gelten, an denen organisatorische Vorkehrungen für das Stattfinden von Lehr-Lernprozessen gemacht werden. Andere Veranstaltungen würde man entsprechend eher am Rande des Feldes institutionalisierter Erwachsenenbildung ansiedeln, etwa weil sie in ihrer Adressierung nicht dem Modell des Erwachsenen entsprechen (z.B. Fahrschule) oder weil die Veranstalter nicht als primäre Träger von Erwachsenenbildung verstanden werden – etwa eine Predigtdienstschule einer Religionsgemeinschaft (z.B. Predigerausbildung) oder innerbetriebliche Fortbildungen (z.B. Reanimation 1).

Veranstaltungen an der Grenze: Die Raumperspektive

Stellt man weniger die institutionell-organisatorischen Vorkehrungen, sondern das soziale Geschehen im »Interaktionsraum« ins Zentrum der Betrachtung, so wird schließlich deutlich, dass Lehren und Lernen nicht einzig an Lernorten und in Einrichtungen der Erwachsenenbildung stattfindet. Sie ist auch in sozialen Kontexten erwartbar, in denen andere soziale Bezüge wie Freizeit und Geselligkeit im Vordergrund stehen. Aktivitäten des Lehrens und Lernens werden dort nur zeitweise in den Vordergrund des Interaktionsgeschehens gerückt und/oder begleiten das vordergründige Geschehen, das vielfältige Mischungsverhältnisse mit der Realisierung lehr-lernbezogener Aktivitäten eingeht. Diese Veranstaltungen sind im engeren Sinne weder von der Form noch vom Veranstalter her der Erwachsenenbildung zuzuordnen, weisen bei genauerem Blick dennoch eine pädagogische Strukturierung auf, so etwa eine Orchesterprobe, ein Gottesdienst oder die Verleihung eines Innovationspreises in der Erwachsenenbildung.

Wo die Grenzen zwischen Zentrum und Rand, Innen und Außen zu ziehen sind, wird abhängig davon, welche Merkmale man als Kennzeichen von Erwachsenenbildung ansetzt. Für die Analyse des Kursgeschehens wichtiger ist jedoch noch, dass diese Ordnung der Veranstaltungen in Hinsicht auf ihre institutionelle Zuordnung wenig darüber aussagt, wie das Kursgeschehen selbst ausgestaltet ist. Auch in empirisch-systematischer Absicht kann eine Ordnung von Kursen, die das Kriterium ihrer Institutionalisierungsform in den Vordergrund stellt, daher grundsätzlich keinen besonderen Vorrang vor anderen Vorstellungen von Kursordnungen haben, die sich an abweichenden Systematisierungskriterien orientieren.

3 Pluralität von Ordnungen

Im Rahmen der Arbeit an den im vorliegenden Band versammelten Studien trat zunehmend die Einsicht in den Vordergrund, dass sich die Sammlung von Kursen, auf die wir zurückgreifen konnten, in ganz unterschiedlichen Ordnungen darstellt, je nachdem, in welcher Hinsicht die Kurssammlung betrachtet wird. Wurde beispielsweise der Umgang mit Dingen in Kursen fokussiert, so ordnete sich die Kurssammlung entlang der Unterscheidung »Dinge im Zentrum des Kursgeschehens« vs. »Dinge unter anderem bedeutsam« und »Dinge nur am Rande« (vgl. Dinkelaker, i.d.Bd.). Wurde Körperbildung in Kursen untersucht, so traten die Themen des Lernens in den Vordergrund. Dabei erleichterte es die binäre Unterscheidung »Körperbildung« vs. »keine Körperbildung«, schnell einen Überblick über die gesamte Sammlung zu gewinnen (vgl. Dinkelaker/Herrle/Kade i.d.Bd.).

Vor dem Hintergrund dieser, von Fragestellungen hervorgebrachten Ordnungen des Kursarchivs wurde im Rahmen von Einzelstudien eine jeweils spezifische Auswahl aus dem Gesamt der im Kursarchiv vorhandenen Kursdokumentationen getroffen. Vom Fokus der Fragestellung abhängig ergab sich somit aus dem gleichen Datenkorpus in jeder Teilstudie ein anderes Sampling.

Wie sich diese Ordnung der Kurse in Abhängigkeit vom Ordnungskriterium darstellt, wird im Folgenden exemplarisch anhand dreier Beiträge zu diesem Band erläutert. In jedem dieser Beiträge wird das Kursgeschehen in einer anderen Hinsicht betrachtet. Daraus ergibt sich dann ein je anderes Kriterium der Ordnung des Gesamtkorpus. Im Beitrag zur Körperbildung (Dinkelaker/Herrle/Kade i.d.Bd.) stehen die Themen des Lernens im Vordergrund. Im Beitrag zum Körper im Raum (Dinkelaker i.d.B.) stehen die Grundmuster der Interaktion im Vordergrund. Im Beitrag zu Raumgestalten (Herrle i.d.Bd.) stehen die Ordnungen im Zentrum, die durch die Art und Weise der Anordnung von Gegenständen und der Beschaffenheit der räumlichen Umgebung kreiert werden und als solche je spezifische Erwartungen an die Konstruktion von Interaktionsräumen generieren. Vor dem Hintergrund dieser unterschiedlichen Kriterien erfährt der Gesamtkorpus des Kursarchivs je eine andere Strukturierung. Diese ist wiederum Ausgangspunkt für die Auswahl derjenigen Fälle, die in den Beiträgen exemplarisch näher untersucht werden. Die Strategien des Samplings unterscheiden sich dabei von Fragestellung zu Fragestellung.

In der themenbezogenen Ordnung im Beitrag Körperbildung wird nur ein kleiner Ausschnitt aus dem Gesamtfeld näher, dieser aber dafür differenziert betrachtet (3.1).

In der interaktionsformenbezogenen Ordnung im Beitrag »Körper im Raum« wird auf die gesamte Bandbreite der erhobenen Kursvarianten eingegangen. Die ausgewählten Fälle stehen jeweils für eine dieser Varianten (3.2).

In der raumbezogenen Ordnung im Beitrag »Raumgestalten« wird ebenfalls auf die gesamte Sammlung verwiesen. Es werden aber nicht nur Fälle der jeweiligen Varianten, sondern darüber hinaus auch noch von Untervarianten diskutiert (3.3).

3.1 Thematische Ordnung

In der folgenden Tabelle sind alle im Kursarchiv gesammelten Veranstaltungen im Hinblick auf eine themenbezogene Ordnung sortiert, wie sie dem Beitrag Körperbildung zu Grunde liegt.

Tab. 1 Thematische Ordnung

(a) Sprachen	Alphabetisierung
	Arabisch 1-3
	Deutsch als Fremdsprache 1-8
	Englisch 1-3
	Französisch 1+2
	Grammatik&Schriftsprache
	Hebräisch
	Italienisch 1+2
	Japanisch
	Kroatisch
	Spanisch 1-4
	Wirtschaftsenglisch
(b) Literatur	Frauen im Exil
	Literaturkreis
	Kreatives Schreiben
	Schreibwerkstatt
(c) EDV	EDV-Schulung
	Informationskaufmann
	Tastaturschreiben
	EDV 1+2
(d) Wissenschaftliche Fächer	Biologie 1
	Biologie 2
	Deutsche Geschichte
	Gesellschaftslehre
	Humanökologie
	Mathematik 1+2
	Pädagogik
	Philosophie 1+2

Tab. 1 Thematische Ordnung – Fortsetzung

(e) Identität und Gesellschaft	Frauengesprächskreis
	Identität & Rolle
	Mensch – Problem – Zeit
	Politischer Salon
	Integrationskurs
	Seniorenbildung
	SeniorInnengesprächskreis
	Stadtplanung
	Stadtteilerkundung
	Zeitungsleser
(f) Religiöse Bildung	Bibelkreis
	Bibelstunde
	Gottesdienst
	Predigerausbildung
	Bibelstudium
	Studentengottesdienst
(g) Berufsbezogene Inhalte	Anlagenbauer
	Bankkaufleute
	Berufsgrundbildung 1
	Berufsgrundbildung 2
	Beruforientierungskurs
	Recht im Handwerk
	BilanzbuchhalterIn
	CNC-Technik 1+2
	Fachtechnologie
	Fahrlehrer
	Ausbilder Ausbildung
	Fleischerhandwerk
	Informationskaufmann
	Kfz-TechnikerIn
	Kochen 1+2
	Kundenbetreuung
	Luftverkehrskaufmann
	Marketing und Handwerk

385

Tab. 1 Thematische Ordnung – Fortsetzung

	Orientierungskurs 1+2	
	Reanimation 1+2	
	Wirtschaftsenglisch	
	Zahntechnik	
(h) Kreatives Gestalten und Technik	Chinesische Kalligraphie	
	Elektrotechnik	
	Goldschmieden	
	Holzwerkstatt	
	Keramik	
	Kreatives Gestalten	
	Kreativwerkstatt	
	Nähkurs 1+2	
	Zeichnen 1+2	
(i) Körperbildung	**a. kollektivierend**	**b. individualisierend**
	Bauch-Beine-Po 1+2	Feldenkrais 1+2
	Bodystyling	Gesünder Laufen
	Callanetics	Yoga
	Flamenco 1+2	
	Modern Dance	
	Nordic Walking	
	Orientalischer Tanz	
	Stepptanz	
	Tango	
(j) Kochen	Asia-Kochkurs	
	Backen	
	Chinesische Küche 1-4	
	Kochen 1+2	
	Vollwertkost	
(k) Musik	Orchesterprobe	
	Trommeln	
(l) Esoterik	Chirologie	
	Tarot	

Tab. 1 Thematische Ordnung – Fortsetzung

(m) Sonstiges	Ernährungslehre 1+2
	Fahrschule
	Pädagogische Projekte
	Literatur des 20. Jh.

Aus der Vielfalt von Themen wurde lediglich ein Themensegment (Körperbildung) herausgegriffen. Dieses wurde in zwei unterschiedliche Teilbereiche (kollektivierend vs. individualisierend) differenziert. Stellvertretend für jeden der beiden Teilbereiche wurde ein Kurs exemplarisch untersucht.

3.2 Ordnung nach Interaktionsformen

In der nachfolgenden Tabelle sind erneut alle im Kursarchiv gesammelten Veranstaltungen aufgeführt, dieses Mal allerdings im Hinblick auf eine interaktionsformbezogene Ordnung, wie sie dem Beitrag »Körper im Raum« zu Grunde liegt. Die im Beitrag behandelten Fälle sind rot markiert.

Tab. 2 Ordnung nach Interaktionsformen

Vortrag	Gespräch	Übung
Anlagenbauer	Arabisch 1+2	Alphabetisierung
EDV-Schulung	Bankkaufleute	Asia-Kochkurs
Ernährungslehre 1+2	Berufsgrundbildung 1	Backen
Fleischerhandwerk	Beurfsgrundbildung 2	Bauch-Beine-Po 1+2
Gottesdienst	Integrationskurs	Bodystyling
Marketing im Handwerk	Recht im Handwerk	Callanetics
Philosophie 1+2	Bibelkreis	Chinesische Kalligraphie
Predigerausbildung	Bibelstunde	Chinesische Küche 1-4
Bibelschulung	BilanzbuchhalterIn	CNC-Technik 1+2
Pädagogische Projekte	Biologie 1+2	EDV-Schulung
Reanimation 1+2	Chirologie	Elektrotechnik
	Deutsch als Fremdsprache 1-8	Feldenkrais 1+2
		Flamenco 1+2
	EDV-Schulung	Fleischerhandwerk
	Englisch 1-3	Goldschmieden
	Reinigungstechnologie	Gottesdienst

Tab. 2 Ordnung nach Interaktionsformen – Fortsetzung

Vortrag	Gespräch	Übung
	Humanökologie	Holzwerkstatt
	Fahrlehrer	Keramik
	Fahrschule	Kochen 1+2
	Ausbilder Ausbildung	Kreatives Gestalten
	Fleischerhandwerk	Kreativwerkstatt
	Französisch 1+2	Modern Dance
	Frauengesprächskreis	Nähkurs 1
	Frauen im Exil	Nähkurs 2
	Deutsche Geschichte	Nordic Walking
	Gesellschaftslehre	Orchesterprobe
	Grammatik & Schriftsprache	Orientalischer Tanz
	Hebräisch	Reanimation 1+2
	Identität & Rolle	Gesünder Laufen
	Informationskaufmann	Stepptanz
	Italienisch 1+2	Tango
	Japanisch	Tastaturschreiben
	Literaturkurs	Trommeln
	Kfz-TechnikerIn	Vollwertkost
	Kreatives Schreiben	Yoga
	Kroatisch	Zahntechnik
	Kundenbetreuung	Zeichnen 1+2
	Luftverkehrskaufmann	
	Mathematik 1+2	
	Mensch – Problem – Zeit	
	Berufsorientierung 1+2	
	Pädagogik	
	Politischer Salon	
	Schreibwerkstatt	
	Integrationskurs	
	Seniorenbildung	
	SeniorInnengesprächskreis	
	Spanisch 1-4	
	Stadtplanung	

Tab. 2 Ordnung nach Interaktionsformen – Fortsetzung

Vortrag	Gespräch	Übung
	Stadtteilerkundung	
	Tarot	
	Wahrnehmung	
	EDV 1+2	
	Wirtschaftsenglisch	

Die Veranstaltungen wurden mindestens einer der drei gebildeten Kategorien zugeordnet. Stellvertretend für jede der drei Kategorien wurde exemplarisch eine Veranstaltung näher betrachtet. Unterkategorien wurden nicht gebildet.

3.3 Ordnung nach Raumgestalten

Die nachfolgende Tabelle sortiert die im Kursarchiv gesammelten Fälle erneut in einer anderen Hinsicht. Sie werden hier im Hinblick auf unterschiedliche Raumordnungen kategorisiert, wobei jede der gebildeten Kategorien zwei Unterkategorien (a und b) in sich vereint.

Tab. 3 Ordnung nach Raumgestalten

Konzentrische Räume	Multizentrische Räume	Nicht-Zentrierte Räume
(a) Staffeln	*(a) Tischkreise*	*(a) Offene Areale*
Reinigungstheorie	Arabisch 3	Nordic Walking
Ausbilder Ausbildung	Berufsgrundbildung 2	
Fleischerhandwerk	Integrationskurs	
Gottesdienst	Bibelkreis	
(Hebräisch)	Biologie 1	
(Literaturkreis)	Biologie 2	
Kundenbetreuung	Deutsch als Fremdsprache 2	
(Orchesterprobe)		
Predigerausbildung	Deutsch als Fremdsprache 5	
Bibelstudium	Deutsch als Fremdsprache 6	
Pädagogische Projekte		
Schreibwerkstatt	Englisch 1	
	Englisch 3	
	Fahrlehrer	

Tab. 3 Ordnung nach Raumgestalten – Fortsetzung

Konzentrische Räume	Multizentrische Räume	Nicht-Zentrierte Räume
(a) Staffeln	*(a) Tischkreise*	*(a) Offene Areale*
	Fahrschule	
	Französisch 2	
	Frauen im Exil	
	Grammatik & Schriftsprache	
	Identität & Rolle	
	Informationskaufmann	
	Italienisch 1	
	Italienisch 2	
	Japanisch	
	Kalligraphie	
	Kreatives Schreiben	
	Kroatisch	
	Mathematik 2	
	Mensch – Problem – Zeit	
	Berufsorientierung 1	
	Berufsorientierung 2	
	Pädagogik	
	Politischer Salon	
	Reanimation 1	
	Reanimation 2	
	Seniorenbildung	
	SeniorInnengesprächskreis	
	Stadtplanung	
	Tarot	
	Trommeln	
	Literatur des 20. Jh.	
	EDV 1	
	EDV 2	
	Wirtschaftsenglisch	
	Zeichnen 2	

Tab. 3 Ordnung nach Raumgestalten – Fortsetzung

Konzentrische Räume	Multizentrische Räume	Nicht-Zentrierte Räume
(b) Reihen	*(b) Tischgruppe(n)*	*(b) Geschlossene Areale*
Anlagenbauer	Alphabetisierung	Asia-Kochkurs
Arabisch 1	Berufsgrundbildung 1	Backen
Arabisch 2	Bibelstunde	Bauch-Beine-Po 1
Bankkaufleute	Chinesische Kalligraphie	Bauch-Beine-Po 2
Recht im Handwerk	Chinesische Küche 1	Bodystyling
BilanzbuchhalterIn	Chinesische Küche 2	Callanetics
CNC-Technik 1	Chinesische Küche 4	Chinesische Küche 3
Elektrotechnik	Chirologie	CNC-Technik 2
Englisch 2	Deutsch als Fremdsprache 1	Feldenkrais 1
Ernährungslehre 1		Feldenkrais 2
Ernährungslehre 2	Deutsch als Fremdsprache 3	Flamenco 1
Deutsche Geschichte	Deutsch als Fremdsprache 4	Flamenco 2
Gesellschaftslehre		Holzwerkstatt
Kreatives Gestalten	Deutsch als Fremdsprache 7	Keramik
Luftverkehrskaufmann	Deutsch als Fremdsprache 8	Kfz-TechnikerIn
Marketing im Handwerk		Kochen 1
Mathematik 1	EDV-Schulung	Kochen 2
Integrationskurs	Französisch 1	Kreativwerkstatt
Vollwertkost	Frauengesprächskreis	Modern Dance
Zahntechnik	Goldschmieden	Orientalischer Tanz
Zeichnen 1	Humanökologie	(Philosophie 1)
	Nähkurs 1	(Philosophie 2)
	Nähkurs 2	Gesünder Laufen
	Spanisch 1	Selbstverteidigung
	Spanisch 2	Stepptanz
	Spanisch 3	Tango
	Spanisch 4	Yoga
	Stadtteilerkundung	
	Tastaturschreiben	

Auf der empirischen Basis einer Pluralität an Mustern der Raumgestaltung wurden hier drei Grundformen voneinander unterschieden. Diese konnten wiederum in jeweils zwei Varianten weiter ausdifferenziert werden.[3] Stellvertretend für die Grundformen wurde im Beitrag jeweils ein Fall näher untersucht.[4]

3.4 Varianten des Samplings

In den drei exemplarisch dargestellten fragestellungsbezogenen Strukturierungen des Fallarchivs wurden je unterschiedlich Prinzipien des Samplings realisiert.

Im ersten Beispiel wird nur ein kleiner Ausschnitt aus der Themenvielfalt der Kurse herausgenommen. Dieser wird dann näher charakterisiert, indem zwei Varianten des Themas unterschieden wurden und für jede der beiden Varianten je ein Fall ausgewählt wurde, der diese repräsentiert (▶ Abb. 1).

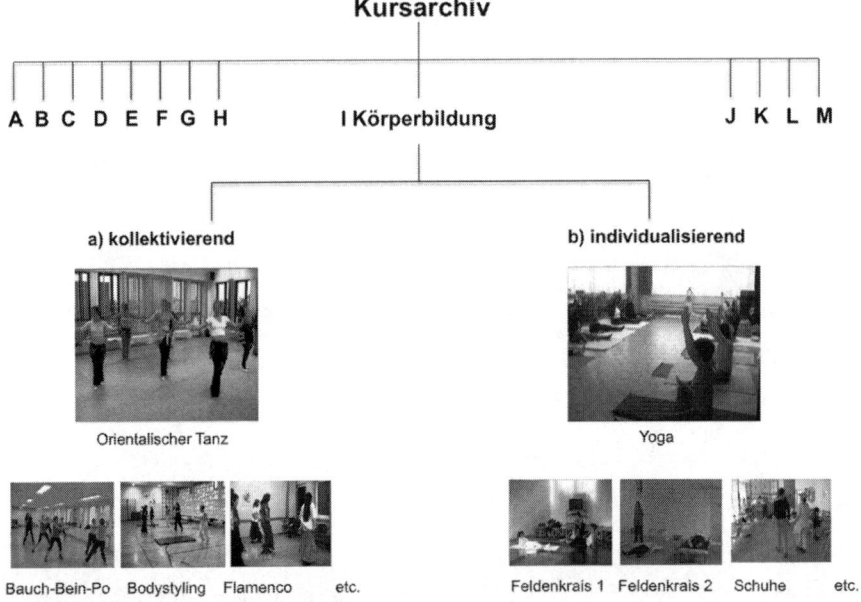

Abb. 1: Ordnungen nach Themen des Lernens im Beitrag »Körperbildung«

Im zweiten Beispiel wurden bis auf zwei Ausnahmen alle Kurse drei Kategorien zugeordnet und für jede dieser Kategorie wurde ein Beispiel herangezogen, anhand dessen die kategoriale Unterscheidung und ihre Bedeutung für Veranstaltungen der Erwachsenenbildung illustriert wurde (▶ Abb. 2).

---

3 Die in Klammern gefassten Fälle können der jeweiligen Kategorie zwar tentativ zugeordnet werden, es handelt sich dabei allerdings um Mischformen.
4 Zur detaillierten Analyse der übrigen Varianten vgl. Herrle 2013b, S. 129–171.

Abb. 2: Ordnung nach Interaktionsformen im Beitrag »Körper im Raum«

Abb. 3: Ordnung nach Mustern räumlicher Anordnung im Beitrag »Raumgestalten«

Im Beitrag »Raumgestalten« schließlich wurde eine Kategorisierung vorgenommen, die alle im Korpus vorfindbaren Kurse erfasst und dabei ein paar Sonderfälle erkennen lässt. Die Charakteristika der internen Ausdifferenzierung der drei Hauptkategorien werden im Beitrag beschrieben; exemplarisch dargestellt wird jedoch nur ein Fall pro Hauptkategorie.

4 Forschungsbezogene Kursordnungen am Beispiel Medien

Wendet man den Blick weg von den realisierten Zugriffen auf das Archiv hin zu möglichen zukünftigen Zugriffen, so könnten diese etwa ihren Ausgangspunkt in einer Umdeutung der das Archiv repräsentierenden Stillsammlung haben. Die hier das Archiv repräsentierenden Stills können als Illustration und als Zuordnungshilfe genutzt werden. Sie befinden sich damit gewissermaßen auf der Außenseite von Selbstdarstellung und Praxis des Zugriffs auf dahinterstehende Daten. Sie sind aber nicht nur Fenster, durch die man einen kurzen Blick ins Innere des archivalischen Hauses werfen kann. Wenn man nämlich berücksichtigt, dass diese Standbilder nicht nur restriktive Selektionen darstellen, sondern wie alle nicht-gestellten Photographien immer auch ein Surplus an unkalkulierbaren Elementen enthalten, dann berechtigt dies zu einer weiteren, explorativen Nutzung.

Die Durchsicht der nach Repräsentationszwecken ausgewählten Bilder kann dann nämlich Hinweise auf Untersuchungsthemen geben, die weder bei der Erstellung der Videos noch bei der Auswahl der Standbilder eine Rolle gespielt haben. Anders als bei der Erstellung von Standbildern, nachdem eine dort enthaltene Auffälligkeit festgestellt worden ist, geht es bei der explorativen Nutzung von zu anderen Zwecken erstellten Stills darum, diese gewissermaßen willkürliche Auswahl als Ausgangspunkt für einer möglichst vorurteilsfreie Betrachtung zu nutzen. Es interessieren dann nicht die Verbindung zu den Kursthema oder Kurstyp bezeichnenden Unterschriften, sondern das auf diesen Abbildungen jeweils zu Sehende bzw. im Vergleich auch Nicht-zu-Sehende, Fehlende.

Wie dieses Verfahren eingesetzt werden kann, soll hier abschließend am Beispiel des Themas Medien skizziert werden. Im Hinblick auf die auf den Stills dokumentiere Sichtbarkeit von Unterrichtsmedien sind in einem ersten Zugriff vier Einteilungen erkennbar (► Abb. 4).

- sichtbare Medien vs. nicht-sichtbare Medien
- genutzte vs. nicht-genutzte Medien
- vom Dozenten genutzte Lehrmedien vs. von Lehrenden genutzte Lernmedien
- Singularität vs. Pluralität von Medien

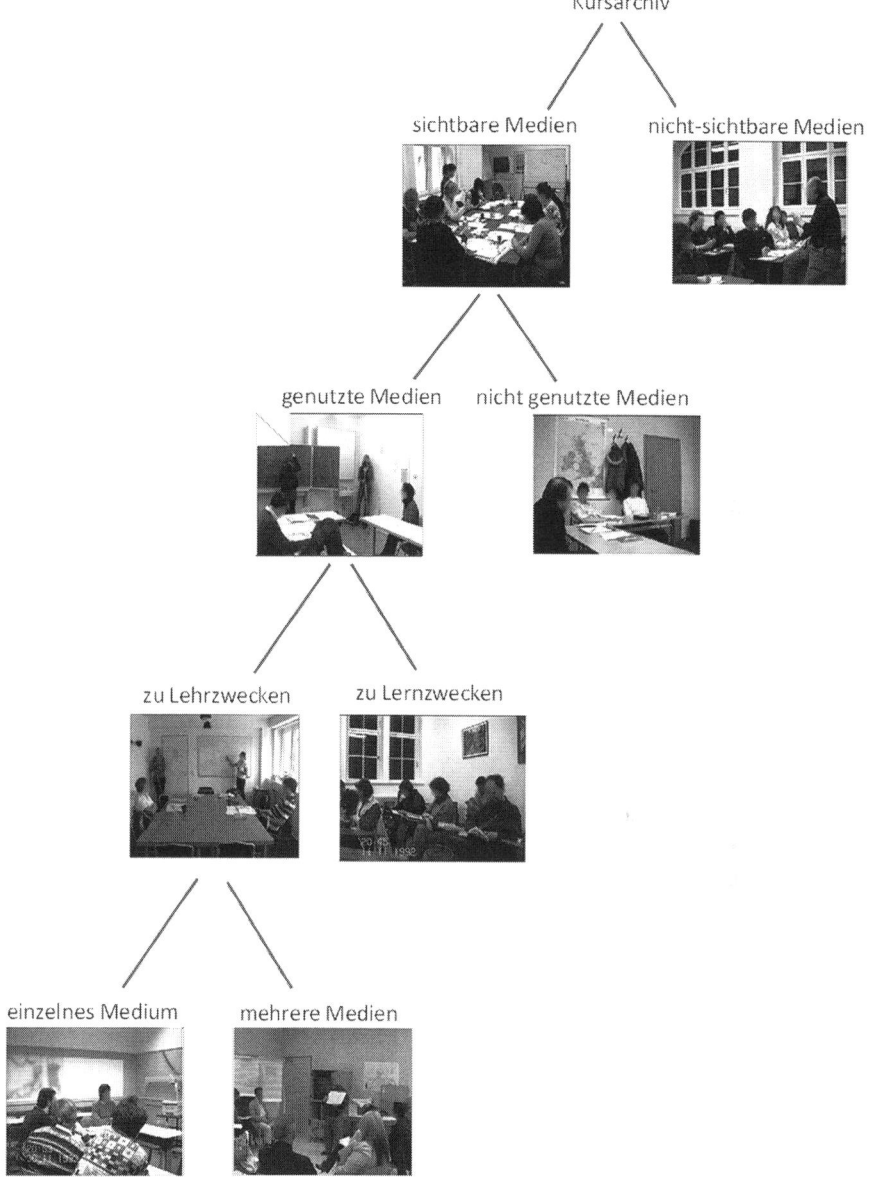

Abb. 4: Auf den Standbildern erkennbare Medien

Danach kann man die Art der zu sehenden Medien erfassen und nach Gruppen ordnen, z.B. in der Rangfolge ihrer Häufigkeit und/oder nach ihrer Zugehörigkeit zur Gruppe traditionellen/älteren und modernen/neueren Medien,
z.B. nach

- Anschreib- und Anheftmedien: Tafel – Whiteboard – Flipchart – Filztafel
- Projektionsmedien: Overheadprojektor – Beamer
- Schriftmedien: Bücher – Kopien – Skripte – Handouts
- Bild- und Schriftmedien: Schaubilder, Landkarten
- Bild (und Ton-)medien: Audio- und Videorekorder bzw. Fernseher
- Tonmedien: Trommeln, Audiorekorder

Bei weiterer Überlegung führt dies zu den Einteilungen

- generell/temporär benutzte Medien vs. generell/temporär unbenutzte Medien
- für Unterrichtszwecke vorbereitete vs. im Unterrichtsverlauf erstellte mediale Darstellungen (z. B. Folien)
- fach- bzw. themengebundene vs. fach- bzw. themenungebundene Medien (z. B. Trommeln vs. Overheadprojektor)
- institutionell zur Verfügung gestellte vs. den Beteiligten gehörende Medien

Hinzu kommt die Unterscheidung nach Einzelmedien und Medienkombinationen und -ansammlungen.

Solche allein bei der Betrachtung der Archiv-Standbilder erkenn- und erschließbaren Differenzen können Anlässe zur Entwicklung von Forschungsfragen wie die folgenden sein:

- Welche Medien stehen in Kursen zu Verfügung?
- Welche der zur Verfügung stehenden Medien werden tatsächlich wann zu welchem Zweck von wem wie benutzt?
- Welche Auswirkung haben die Medien-Artefakte für die Raumaneignung[5]?
- Wie ist die Beziehung zwischen dem gesprochenen Wort/Lehr-Lerngespräch und den eingesetzten visullen und akustischen Medien?
- Wie lassen sich Verläufe der Mediennutzung darstellen?
- Welche Reaktionen auf Mediennutzung lassen sich bei den Beteiligten erkennen (Blickrichtungen, Körperhaltungen)?
- Welche Lehr-Lernhaltungen werden durch welche Medien nahegelegt und wie gehen die Beteiligten mit diesen Vorgaben um?
- Wie unterscheiden sich Teilnehmer einer Gruppe in ihrem Umgang mit und ihrer visuell erkennbaren Wahrnehmung und Rezeption von Medien?
- Welche Medien und welche Medeinnutzungen werden von wem in welcher Form thematisiert?

Wenn bei diesen Fragen nicht zwischen traditionellen und modernen Medien unterschieden wird, so ist dies auch als Ergebnis der Betrachtung der Archiv-Stills zu sehen. Diesen ist nämlich beispielsweise zu entnehmen, dass sowohl traditionelle Medien wie Tafeln als auch neuere wie Overheadprojektoren nebeneinander genutzt werden oder auch gleichermaßen als Kulisse dienen können (vgl. 015 »Bibelkreis«

---

5 Zur Raumaneignung vgl. Nolda 2006; Kraus 2010.

und 061 »Gesünder laufen«). Dies gibt Anlass, die Fokussierung videographischer Studien auf Neue Medien (vgl. Hornecker 2004, Schnettler/Knoblauch 2007) zu überdenken bzw. die dort entwickelten Verfahren der Erhebung, Beobachtung und Interpretation auch auf den Umgang mit ›klassischen‹ Medien anzuwenden. Die archivierten Videos legen durch ihre Beschränkung auf zwei – in Distanz zu den Beteiligten aufgebauten – Kameras am ehesten eine Beschreibung und Analyse des Medienumgangs durch die Kursleitenden und der eher kollektiven, sichtbaren Reaktion der Kursteilnehmenden nahe und könnten so beispielsweise zur Entwicklung einer videobasierten Lehrwerks- bzw. Lehrmedienumgangs-forschung in der Erwachsenenbildung beitragen, die weit über die bisher üblichen nachträglichen allgemeinen Befragungen hinausgeht[6]. Wie dagegen einzelne Kursteilnehmer mit den von ihnen jeweils individuell genutzten Medien wie Büchern, Heften oder elektronischen Rechnern umgehen, kann – anders als bei ethnographischen Feldstudien mit engem Sichtkontakt zu einzelnen Personen – nur immer sporadisch und meist auch nur aus der Entfernung erkannt und deshalb nicht systematisch und nicht mit der notwendigen Tiefenschärfe untersucht werden.

Archive neigen dazu, zum Selbstzweck oder gar zum Grab zu werden. Archive gewinnen dann eine Eigendynamik, die sie loslöst von der Umgebung, der sie entnommen sind, was im Extremfall dazu führen kann, dass das Archiv nicht die Welt draußen beispielhaft abbildet, sondern als eine eigene abgeschlossene Gestalt gesehen wird, »in dem alle Elemente die Einheit einer idealen Konfiguration bilden« (Derrida 1997, S. 13). Die im Archiv aufbewahrten/aufgebahrten Daten sollten aber nicht nur immer wieder neuen Nutzungen zugeführt und der Beantwortung immer wieder neuer Fragen dienen, bereits vorliegende Interpretationen sollten re-interpretiert und das Archiv selbst auch zur explorierenden Entwicklung von Forschungsfragen genutzt werden können – und sei es auch nur auf der Basis von Standbildern.

---

6 Vgl. z. B. Gadatsch 1991.

Literatur

Ackermann, F. (1994): Die Modellierung des Grauens. Exemplarische Interpretation eines Werbeplakats zum Film »Schlafwandler« unter Anwendung der »objektiven Hermeneutik« und Begründung einer kultursoziologischen Bildhermeneutik. In: Garz, D. (Hrsg.): Die Welt als Text. Theorie, Kritik und Praxis der objektiven Hermeneutik. Frankfurt/M: Suhrkamp, S. 195–225.

Alheit, P./Dausien, B. (Hrsg.) (1999): Biographie und Leib. Gießen: Psychosozial-Verlag

Alkemeyer, T. (2004): Bewegung und Gesellschaft. Zur »Verkörperung« des Sozialen und zur Formung des Selbst in Sport und populärer Kultur. In: Klein, G. (Hrsg.): Bewegung. Sozial- und kulturwissenschaftliche Konzepte. Bielefeld: transcript, S. 43–78.

Alkemeyer, T./Brümmer, K./Kodalle, R./Pille, T. (Hrsg.) (2009): Ordnung in Bewegung. Choreographien des Sozialen. Körper in Sport, Tanz, Arbeit und Bildung. Bielefeld: transcript.

Althans, B./Hahn, D./Schinkel, S. (2009): Szenen des Lernens. In: Alkemeyer u. a. S. 141–160.

Allen, R.C. (Hrsg.) (1995): to be continued... Soap Operas around the world. London, New York: Routledge.

Altman, R. (1986): Television Sound. In: Modleski, T. (Hrsg.): Studies in Entertainment: Critical approaches to mass culture. Bloomington: Indiana University Press, S. 39–54.

Andersen, K. N. (2001): Lebenslange Bewegungskultur. Betrachtungen zum Kulturbegriff und zu Möglichkeiten seiner Übertragung auf Bewegungsaktivitäten. Bielefeld: Bertelsmann.

Anderson, L. W. (1984): Attention, Task and Time. In: ders. (Hrsg.): Time and School Learning. Theory, Research and Practice. London, S. 46–68.

Antonovsky, A (1997): Salutogenese. Zur Entmystifizierung der Gesundheit. Tübingen, Dgvt.

Arnold, R. (2005): Die emotionale Konstruktion der Wirklichkeit. Beiträge zu einer emotionspädagogischen Erwachsenenbildung. Baltmannsweiler: Schneider Verlag Hohengehren.

Arnold, R./Siebert, H. (2005): Konstruktivistische Erwachsenenbildung. Von der Deutung zur Konstruktion von Wirklichkeit. Baltmannsweiler: Schneider-Verlag Hohengehren.

Arnold, R. u. a. (2000): Forschungsmemorandum für die Erwachsenen- und Weiterbildung. Im Auftrag der Sektion Erwachsenenbildung der DGfE. Frankfurt/Main

Arnold, R./Tutor, C. G. (2007): Grundlinien einer Ermöglichungsdidaktik. Bildung ermöglichen – Vielfalt gestalten. Augsburg.

Bachtin, M. (1969): Literatur und Karneval. Zur Romantheorie und Lachkultur. München: Hanser.

Baecker, D. (1999): Organisation als System. Frankfurt: Suhrkamp.

Baecker, D. (2007): Form und Formen der Kommunikation. Frankfurt am Main

Ball, M. S./Smith, G. W. H. (1992): Analyzing Visual Data. Sage Publications.

Baltes, M./Höltschl, R. (Hrsg.) (2011): Absolute Marshall McLuhan. Freiburg: Orange Press.

Barthes, R. (1987): S/Z. Frankfurt am Main: Suhrkamp.

Barthes, R. (1994/1970): Le troisième sens. Notes de recherches sur quelques photogrammes de S.M. Eisenstein. In: Oeuvres complètes, Bd. 2. Paris: Seuil 1994, S. 867–884.

Barthes, R. (2008): Die Vorbereitung des Romans. Frankfurt am Main: Suhrkamp.

Basedow, J.B. (1972): Elementarwerk. Hrsg. von Theodor Fritzsch. Nachdr. d. Ausg. Leipzig 1909. Hildesheim: dms.

Bauer, E. (2009): Raumgeschichten im Kindergarten. Ein Blick in die Geschichte und Gegenwart der Raumgestaltung. In: TPS : leben, lernen und arbeiten in der Kita 8, S. 47–51.

Bausch, C. (2001): Die Inszenierung des Sozialen. Ervin Goffman und das Performative. In: Wulf, C./Göhlich, M./Zirfas, J. (Hrsg.): Grundlagen des Performativen. Eine Einführung in die Zusammenhänge von Sprache, Macht und Handeln. Weinheim: Juventa, S. 203–225.

Bélanger. P. (2009): Stichwort: »Intimacy of learning« – eine gesellschaftliche Herausforderung. In: DIE Zeitschrift für Erwachsenenbildung, H. 2 (http://www.diezeitschrift.¬ de/22009/intimacy_of_learning_belanger.aspx).

Benedetti, S./Kade, J. (2012): Biographieforschung. In: Dörner, O./Schäffer, B. (Hrsg.): Handbuch Qualitative Erwachsenen- und Weiterbildungsforschung. Opladen & Farmington Hills: Verlag Barbara Budrich, S. 250–262.

Berdelmann, K. (2010): Operieren mit Zeit. Empirie und Theorie von Zeitstrukturen in Lehr-Lernprozessen. Paderborn: Schöningh.

Bergmann, J. (1981): Ethnomethodologische Konversationsanalyse. In: Schröder, P./Hugo Steger, H. (Hrsg.): Dialogforschung. Jahrbuch 1980 des Instituts für deutsche Sprache. Düsseldorf: Schwann, S. 9–51.

Bergmann, J. R. (1994): Ethnomethodologische Konversationsanalyse. In: Fritz, G./ Hundsnurscher, F. (Hrsg.): Handbuch der Dialoganalyse. Tübingen, S. 3–16.

Blanchet, R. u. a. (Hrsg.) (2011): Serielle Formen. Von den frühen Film-Serials zu aktuellen Quality-TV- und Online-Serien. Marburg: Schüren.

Blömeke, S./Eichler, D./Müller, Ch. (2003): Rekonstruktion kognitiver Strukturen von Lehrpersonen als Herausforderung für die empirische Unterrichtsforschung. Theoretische und methodologische Überlegungen zu Chancen und Grenzen von Videostudien. In: Unterrichtswissenschaft 31, 2, S. 103–121.

BMBF (Hrsg.): Gesundheit und allgemeine Weiterbildung. Beitrag zu einer neuen Perspektive der Gesundheitsförderung. Bonn: BMBF 1997.

Boehm, G. (Hrsg.) (1994): Was ist ein Bild? München: Fink.

Bohl, Th. (2000): Unterrichtsmethoden in der Realschule. Eine empirische Untersuchung zum Gebrauch ausgewählter Unterrichtsmethoden an staatlichen Realschulen in Baden-Württemberg. Bad Heilbrunn: Klinkhardt.

Bohnsack, R. (2001): Die dokumentarische Methode in der Bild- und Fotointerpretation. In: Bohnsack. R./Nentwig-Gesemann, I./Nohl, A.-M. (Hrsg.): Die dokumentarische Methode und ihre Forschungspraxis. Grundlagen qualitativer Sozialforschung. Opladen, S. 67–89.

Bohnsack, R. (2009): Qualitative Bild- und Videointerpretation. Die dokumentarische Methode. Opladen: Verlag Barbara Budrich.

Bollnow, O. F. (1978): Vom Geist des Übens. Eine Rückbesinnung auf elementare didaktische Erfahrungen. Freiburg/Br.: Herder.

Bonß, W. (1998): Uneindeutigkeit, Unsicherheit, Pluralisierung. Zum epistemologischen Problembestand jenseits der Postmoderne. In: Merkur, H. 9/10, S. 968–975.

Bonz, B. (1999): Methoden der Berufsbildung: Ein Lehrbuch. Stuttgart.

Bourdieu, P. (1987a): Die feinen Unterschiede. Kritik der gesellschaftlichen Urteilskraft. Frankfurt/Main: Suhrkamp.

Bourdieu, P. (1987b): Sozialer Sinn. Kritik der theoretischen Vernunft. Frankfurt/M.: Suhrkamp.

Bräu, K. (2007): Die Betreuung der Schüler im individualisierenden Unterricht der Sekundarstufe. Strategien und Handlungsmuster der Lehrenden. In: Rabenstein, K./Reh, S. (Hrsg.): Kooperatives und selbstständiges Arbeiten von Schülern. Beiträge empirisch-rekonstruktiver Unterrichtsforschung. VS Verlag für Sozialwissenschaften: Wiesbaden, 173–195.

Brecht, B. (1990/1932): Der Rundfunk als Kommunikationsapparat. In: Brecht, B.: Gesammelte Werke in 20 Bänden. Bd. 18, Frankfurt/M.: Suhrkamp, S. 127–134.

Bredekamp, H. (2010): Theorie des Bildakts. Frankfurt am Main: Suhrkamp.

Breidbach, O. (2005): Bilder des Wissens. Zur Kulturgeschichte der wissenschaftlichen Wahrnehmung. Paderborn: Fink.

Breidenstein, G. (2006): Teilnahme am Unterricht. Ethnographische Studien zum Schülerjob. Wiesbaden: VS Verlag für Sozialwissenschaften.

Breloer, G./Dauber, H./Tietgens, H. (1980). Teilnehmerorientierung und Selbststeuerung in der Erwachsenenbildung. Braunschweig: Westermann.

Brinkmann, M. (2011): Üben. In: Kade, J. u. a. (Hrsg.): Pädagogisches Wissen. Erziehungswissenschaft in Grundbegriffen. Stuttgart: Kohlhammer, S. 140–154.

Brocher, T. (1981[1967]): Gruppendynamik und Erwachsenenbildung. Zum Problem der Entwicklung von Konformismus oder Autonomie in Arbeitsgruppen. 16. Aufl. Braunschweig.

Brown, P./Levinson, S. C. (1987): Politeness. Some Universals in Language Usage. Cambridge University Press.

Brümmer, K. (2009): Praktische Intelligenz – Überlegungen zu einer interdisziplinären Systematisierung. In: Ordnung in Bewegung. Choreographien des Sozialen. Körper in Sport, Tanz, Arbeit und Bildung. Bielefeld: transcript, S. 21–50.

Bungard, W. (1980): Einführung in die Thematik. In: Bungard, W. (Hrsg.): Die ›gute‹ Versuchsperson denkt nicht: Artefakte in der Sozialpsychologie. München: Urban und Schwarzenberg, S. 11–30.

Bungard, W. (1984): Sozialpsychologische Forschung im Labor. Ergebnisse, Konzeptualisierungen und Konsequenzen der sogenannten Artefaktforschung. Göttingen: Verlag für Psychologie.

Burns, R. B./Anderson, L. W. (1987): The Activity Structure of Lesson Segments. In: Curriculum Inquiry 17 (1), S. 31–53.

Campbell, D. T. (1957): Factors relevant to the validity of experiments in social settings. Psychological Bulletin 54, S. 297–312.

Campbell, D.T./Schwartz, R. D./Sechrest, L./Webb, E. J. (1975): Nichtreaktive Meßverfahren Weinheim: Beltz Verlag

Casetti, F./Odin, R. (1990): De la la paléo- à la néo-télévision. Approche sémio-pragmatique. In: Communications, H. 51, S. 9–26.

Cherubim, D. (Hrsg.) (1980): Fehlerlinguistik. Beiträge zum Problem der sprachlichen Abweichung. Tübingen: Narr.

Clemens-Lodde, B./Jaus-Mager, I./Köhl, K. (1978): Situatives Lehrertraining in der Erwachsenenbildung. Braunschweig: Westermann.

Cleveland, W. S. (1993): Visualizing Data. Hobart Press.

Comenius, J. A. (2007): Große Didaktik. Die vollständige Kunst alle Menschen alles zu lehren. 10. Auflage. Stuttgart: Klett Cotta.

Conein, S./Schrader, J./Stadler, M. (Hrsg.) (2004): Erwachsenenbildung und die Popularisierung von Wissenschaft. Bielefeld: Bertelsmann.

Deleuze, G. (1991): Das Zeit-Bild. Kino 2. Frankfurt am Main: Suhrkamp.

Deppermann, A. (2001): Gespräche analysieren. Eine Einführung. 2. Auf. Opladen: Leske + Budrich.

Derrida, J. (1997): Dem Archiv verschrieben. Eine Freudsche Impression. Berlin.

Derry, S. J. (Hrsg.) (2007): Guidelines for Video Research in Education. Recommendations from an Expert Panel. Chicago.

Dewe, B. (1988): Wissensverwendung in der Fort- und Weiterbildung. Zur Transformation wissenschaftlicher Information in Praxisdeutungen. Baden-Baden: Nomos-Verlags-Gesellschaft.

Dewe, B. (1998): Zur Relevanz der Professionstheorie für pädagogisches Handeln. In: Schulz, W. K. (Hrsg.): Expertenwissen. Soziologische, psychologische und pädagogische Perspektiven. Opladen: Leske + Budrich, S. 67– 86.

Diesterweg, A. (1958): Wegweiser zur Bildung für deutsche Lehrer. Besorgt von Julius Scheveling. Paderborn: Schöningh.

Dietrich, S./Fuchs-Brüninghoff, E. u. a. (1999): Selbstgesteuertes Lernen – auf dem Weg zu einer neuen Lernkultur. Frankfurt/M.: Deutsches Institut für Erwachsenenbildung.

Digel, S./Goeze, A./Schrader, J. (2012): Aus Videofällen lernen. Einführung in die Praxis für Lehrkräfte, Trainer und Berater. Bielefeld: Bertelsmann Verlag.

Dinkelaker, J. (2007): Kommunikation von Lernen. Theoretischer Zugang und empirische Beobachtungen. In: Zeitschrift für Erziehungswissenschaft 10.2, S. 199–213

Dinkelaker, J. (2008): Kommunikation von (Nicht-)Wissen. Eine Fallstudie zum Lernen Erwachsener in hybriden Settings. Wiesbaden: VS Verlag für Sozialforschung.

Dinkelaker, J. (2009): Pädagogisches Handeln und Pädagogische Kommunikation. Analyse des Verhältnisses zweier Operationsweisen. In: Berdelmann, K./Fuhr, T. (Hrsg.): Operative Pädagogik. Grundlegung, Anschlüsse, Diskussion. Paderborn: Schöningh, S. 182–202.

Dinkelaker, J. (2010a): Simultane Sequentialität. In: Corsten, M./Krug, M./Moritz, C. (Hrsg.): Videographie praktizieren. Wiesbaden: VS Verlag für Sozialwissenschaften, S. 91–117.

Dinkelaker, J. (2010b): Aufmerksamkeitsbewegungen. Zur Prozessierung der Teilnahme an Kursen der Erwachsenenbildung. In: Zeitschrift für Erziehungswissenschaft 13, H. 3, S. 377–392.

Dinkelaker, J. (2010c): Koordination von Körpern. Eine vernachlässigte Dimension pädagogischer Professionalität. In: Hof, C./Ludwig, J./Zeuner, C. (Hrsg): Professionalität zwischen Praxis, Politik und Disziplin. Baltmannsweiler: Schneider Verlag Hohengehren, S. 186–202. ersetzen durch -- > Dinkelaker i.d.B.

Dinkelaker, J. (2012a): Lernen von Anderen. Praktiken und Dynamiken der Verschränkung von Vermittlung und Aneignung in Veranstaltungen der Erwachsenenbildung. In: Hof, C./Felden, H. v./Schmidt-Lauf, S. (Hrsg.): Erwachsenenbildung und Lernen. Baltmannsweiler: Schneider Verlag, S. 229–242.

Dinkelaker, J. (2012b): Kollaboratives Aufmerksamkeitsmanagement. Zur Gestaltung der Koordination von Selektivität in Veranstaltungen der Erwachsenenbildung/Weiterbildung. In: Hof, C./Ludwig, J./Schäffer, B. (Hrsg.): Steuerung – Regulation – Gestaltung. Baltmannsweiler: Schneider Verlag, S. 131–145.

Dinkelaker, J. (2014): Varianten des pädagogischen Geschehens in Veranstaltungen der Erwachsenenbildung. Ordnungen aneignungsorientierter Aufmerksamkeit. Habilitationsschrift.

Dinkelaker, J./Herrle, M. (2007): Rekonstruktion von Kursanfängen auf der Grundlage von mehrperspektivischen Videoaufzeichnungen. In: Wiesner, G./Zeuner, C./Forneck, H. J. (Hrsg.): Empirische Forschung und Theoriebildung in der Erwachsenenbildung. Baltmannsweiler: Schneider Verlag, S. 114–129.

Dinkelaker, J./Herrle, M. (2009): Erziehungswissenschaftliche Videographie. Eine Einführung. Wiesbaden: VS Verlag für Sozialwissenschaften.

Dinkelaker, J./Herrle, M. (2010): Einfinden in Rhythmen – Rhythmen des Einfindens. Zum kursförmigen Erlernen von Bewegungsabläufen. In: Egger, B./Hackl, B. (Hrsg.): Sinnliche Bildung? Pädagogische Prozesse zwischen vorprädikativer Situierung und reflexivem Anspruch. Wiesbaden: VS Verlag für Sozialwissenschaften, S. 195–216.

Dinkelaker, J./Idel, T. S./Rabenstein, K. (2012): Generalisierungen und Differenzbeobachtungen. Zum Vergleich von Fällen aus unterschiedlichen pädagogischen Feldern. In: Zeitschrift für qualitative Forschung 11, H. 2, S. 257– 277.

Dinkelaker, J. /Kade, J. (2011): Wissensvermittlung und Aneignungsorientierung. Antworten der Erwachsenenbildung/Weiterbildung auf den gesellschaftlichen Wandel des Umgangs mit Wissen und Nicht-Wissen. In: Report. Literatur- und Forschungsreport Erwachsenenbildung 34, H. 2, S. 24–34.

Dittmar, N. (2009): Transkription. Ein Leitfaden mit Aufgaben für Studenten, Forscher und Laien. Wiesbaden: VS-Verlag.

Dörner, O. (2012): Bildanalysen in der Erwachsenenbildungsforschung. In: Schäffer, B./Dörner, O. Hrsg. Handbuch Qualitative Erwachsenen- und Weiterbildungsforschung. Opladen: Barbara Budrich, S. 291–306.

Doerry, G. (2010): Gruppe. In: Arnold, R./Nolda, S./Nuissl, E. (Hrsg.): Wörterbuch Erwachsenenbildung. 2. überarbeitete Auflage. Bad Heilbrunn. S. 137–140.

Doyle, W. (1979): Making Managerial Decisions in Classrooms. In: Duke, D. L. (Hrsg.): Classroom Management. The Seventy-eight Yearbook of the National Society for the Study of Education. Chicago: University of Chicago Press, S. 42–74.

Doyle, W. (2006): Ecological Approaches to Classroom Management. In: Evertson, C. M./ Weinstein, C. S. (Hrsg.): Handbook of Classroom Management. Research, Practice and Contemporary Issues. New York: Routledge, S. 97–125.

Dreischenkämper, C. (2009): Wir tun so als wärn Sie gar nicht da. Reaktivität bei der Erhebung von Materialien für die videobasierte Kursforschung. Dortmund: unveröffentlichte Diplomarbeit.

Ehrenspeck, Y./Schäffer, B. (Hrsg.) (2003): Film- und Fotoanalyse in der Erziehungswissenschaft. Ein Handbuch. Opladen: Leske + Budrich.

Ekman, P./Friesen, W. (1969): The repertoire of nonverbal behavior: Categories, origins, usage, and coding. In: Semiotica 1, S. 49–98.

Eilan, N./Hoerl, C./McCormack, T./Roessler, J. (Hrsg.) (2005): Joint Attention: Communication and other Minds – Issues in Philosophy and Psychology. Oxford: Oxford University Press.

Elger, D./Küster, K. 2011): Gerhard Richter. Fotografie und Malerei – Malerei als Fotografie. Acht Texte zu Gerhard Richters Medienstrategie. Köln.

Ellis, R. (1997): Second Language Acquisition. Oxford: Oxford University Press.

Elsner, M./Müller, Th. (1988): Der angewachsene Fernseher. In: Gumbrecht, H.U./Pfeiffer, K.L. (Hrsg.): Materialität der Kommunikation, Frankfurt/M.: Suhrkamp, S. 392–415.

Englisch, F. (1991): Bildanalyse in strukturalhermeneutischer Einstellung. Methodische Überlegungen und Analysebeispiele. In: Garz, D./Kraimer, K. (Hrsg.): Qualitativempirische Sozialforschung: Konzepte, Methoden, Analysen. Opladen: Westdeutscher Verlag, S. 133–176.

Erickson, F. (1992): Ethnographic Microanalysis of Interaction, In: LeCompte, M./Millroy, W./Preissle, J. (Hrsg.): The Handbook of Qualitative Research in Education. San Diego: Academic Press, S. 201–225.

Erickson, F. (2006): Definition and analysis of data from videotape: Some research procedures and their rationales. In: Green, J./Camilli, G./Elmore, P. (Hrsg.): Handbook of Complementary Methods in Education Research. Mahwah, NJ: Erlbaum, S. 571–585.

Erickson, F. (2009): Musicality in Talk and Listening. A Key Element in classroom discourse as an Environment for Learning. Malloch, S./Trevarthen, C:. (Eds.): Communicative Musicality. Exploring the Basis of Human Companionship. Oxford University Press, S. 449–463.

Erickson, F./Shultz, F. (1982): The Counsellor as a Gatekeeper. Academic Press: New York.

Faulstich, P. (1996): Exponierte Biographien – Worpsweder Ehen. in: Report. Literatur- und Forschungsreport Weiterbildung. Nr. 37, S. 94–108

Faulstich, W. (2002): Grundkurs Filmanalyse. München. Fink.

Fischer, W. (2009): Rekonstruktive Videoanalyse – Wahrnehmungs- und interaktionstheoretische Grundlagen, Methoden. Preprint (Langfassung). Kassel. URL: https://kobra.¬ bibliothek.uni-kassel.de/bitstream/urn:nbn:de:hebis:34-2009032326755/3/FischerVi¬ deoanalyse.pdf

Fischer-Lichte, E./Wolf, Ch. (Hrsg.) (2001): Theorien des Performativen. Berlin: Akademie-Verlag.

Flick, U. (1995): Stationen des qualitativen Forschungsprozeses In: Flick, U./Kardoff, E.v./ Keupp, H./Rosenstiel, L. v./Wolff, S. (Hrsg.): Handbuch qualitative Sozialforschung. Grundlagen, Konzepte, Methoden und Anwendungen. 2. Auflage. Weinheim: Beltz, 148–176.

Flick, U (1995): Triangulation. In: Flick, U./Kardorff, E. v./Keupp, H./Rosenstiel, L. v./ Wolff, S. (Hrsg.): Handbuch Qualitative Sozialforschung. Grundlagen, Konzepte, Methoden und Anwendungen. 2. Auflage. Weinheim: Psychologie Verlags Union, S. 232–234.

Flick, U. (2008): Triangulation. Eine Einführung. Wiesbaden: VS Verlag für Sozialwissenschaften.

Flick, U./Kardoff, E.v./Steinke, I. (Hrsg.) (2000): Qualitative Forschung. Ein Handbuch. Reinbek bei Hamburg: Rowohlt.

Flusser, V. (1992): Die Schrift. Hat Schreiben Zukunft? Göttingen: Edition Immatrix .

Forneck, H. J. (2002): Methodisches Handeln in der Erwachsenenbildung. In: ders./Lippitz, W. (Hrsg.): Literalität und Bildung Festschrift zum 60. Geburtstag von Prof. Dr. Michael W. Schwander. Marburg.

Franke, E. (2005): Rhythmus als Formungsprinzip im Sport. In: Brüstle, C. u. a. (Hrsg.): Aus dem Takt. Rhythmus in Kunst, Kultur und Natur. Bielefeld, S. 83–106.

Friebertshäuser, B./von Felden, H./Schäffer, B. (Hrsg.) (2007): Bild und Text. Methoden und Methodologien visueller Sozialforschung und Erziehungswissenschaft. Opladen & Farmington Hills: Barbara Budrich.

Fröhlich, G. (1999): Habitus und Hexis. Die Einverleibung der Praxisstrukturen bei Pierre Bourdieu. In: Schwengel, H./Höpken, B. (Hrsg.): Grenzenlose Gesellschaft? Bd. II, Teil 2. Pfaffenweiler: Centaurus, S. 100–102.

Fuchs-Heinritz, W./Lautmann, R./Rammsstedt, O./Wienold, H. (Hrsg.) (1994): Lexikon zur Soziologie. 3., völlig neu bearbeitete und erweiterte Auflage. Wiesbaden: VS Verlag für Sozialwissenschaften

Gadamer, H.-G. (1975): Wahrheit und Methode. Grundzüge einer philosophischen Hermeneutik. Tübingen: Mohr. 4. Auflage.

Gadatsch, M. (1991): Probleme der Kursleiter im Umgang mit Lehrwerken in Sprachkursen »Deutsch für ausländische Arbeitnehmer«. Frankfurt/M u. a.

Gage, N. L./Berliner, D. C. (1986): Pädagogische Psychologie. 4., völlig neu bearbeitete Auflage. Weinheim: Psychologie Verlags Union.

Garfinkel, , H. (1976): Studies in Ethnomethodology. Englewood Cliffs (NJ).

Garz, D./Kraimer, K. (Hrsg.) (1998): Die Welt als Text. Theorie, Kritik und Perspektiven der Objektiven Hermeneutik. Frankfurt am Main.

Gebauer, G. (1995): Ästhetische Erfahrung der Praxis: Das Mimetische im Sport. In: König, E./Lutz, R. (Hrsg.): Bewegungskulturen. Ansätze zu einer kritischen Anthropologie des Körpers. St. Augustin: Academia, S. 189–198.

Gebauer, G./Wulff, C. (1992): Mimesis. Kultur – Kunst – Gesellschaft. Reinbek bei Hamburg: Rowohlt.

Geertz, C. (1983): Dichte Beschreibung. Beiträge zum Verstehen kultureller Systeme. Frankfurt am Main: Suhrkamp.

Geißler, K.A. (1988): Was ist bloß der Gruppe in der Gruppendynamik zugestoßen? In: Gruppenpsychotherapeutische Gruppendynamik 23, S. 328–340.

Geißler, K. A. (1992): Über soziale Probleme zu Beginn von Veranstaltungen. In: Müller, K. R. /Hrsg.): Kurs- und Seminargestaltung. Ein Handbuch für Mitarbeiter/-innen im Bereich von Training und Kursleitung. Weinheim, S. 14–23.

Geißler, K. A../Kade, J. (1982): Die Bildung Erwachsener. Perspektiven einer subjektivitäts- und erfahrungsorientierten Erwachsenenbildung. München, Wien, Baltimore: Urban und Schwarzenberg.

Geißler, K. A. (1995): Lernprozesse steuern. Übergänge: Zwischen Willkommen und Abschied. Weinheim.

Geser, H. (1996): Elementare soziale Wahrnehmungen und Interaktion. Ein theoretischer Integrationsversuch. Internetressource: http://www.geser.net, Zugriff: 11.10.2010.

Gibson, J. (1982): Wahrnehmung und Umwelt: der ökologische Ansatz in der visuellen Wahrnehmung. München.

Gieseke, W. (1989): Habitus von Erwachsenenbildnern: eine qualitative Studie zur beruflichen Sozialisation. Oldenburg: Bis.

Gieseke, W. (2007): Lebenslanges Lernen und Emotionen. Wirkungen von Emotionen auf Bildungsprozesse aus beziehungstheoretischer Perspektive. Bielefeld: Bertelsmann

Gieseke, W. (2009): Professionalisierung in der Erwachsenenbildung/Weiterbildung. In: Tippelt, R./Hippel, A. v. (Hrsg.): Handbuch Erwachsenenbildung/Weiterbildung. 3., überarbeitete und erweiterte Auflage. Wiesbaden: VS Verlag für Sozialwissenschaften, S. 385–403.

Ginzburg, C. (1995): Spurensicherung. Die Wissenschaft auf der Suche nach sich selbst. Berlin: Wagenbach.

Göhlich, M. (2001): System, Handeln, Lernen unterstützen. Eine Theorie der Praxis pädagogischer Institutionen. Weinheim: Beltz.

Göhlich, M./Wulf, C./Zirfas, J. (2001): Grundlagen des Performativen. Eine Einführung in die Zusammenhänge von Sprache, Macht und Handeln. Weinheim: Beltz.

Goffman, E. (1959): The Presentation of Self in Everyday Life. Garden City, NY: Doubleday Anchor Books.

Goffman, E. (1966): Behavior in Public Places. Notes on the Social Organization of Gatherings. New York.

Goffman, E. (1982): Das Individuum im öffentlichen Austausch. Mikrostudien zur öffentlichen Ordnung. Frankfurt/M.: Suhrkamp.

Goffman, E. (2000): Rahmen-Analyse – Ein Versuch über die Organisation von Alltagserfahrungen. Neuauflage. Frankfurt/M.: Suhrkamp.

Goodwin, Ch. (1979): The Interactive Construction of a Sentence in Natural Conversation. In: Psathas, G. (Hrsg.): Everyday Language: Studies in Ethnomethodology. New York: Irvington, S. 97–121.

Goodwin, C. (1981): Conversational Organization: Interaction Between Speakers and Hearers. New York.

Goodwin, C. (1994): Professional Vision. American Anthropologist 96 (3), S. 606–633.

Goodwin, C. (2009): Embodied Hearers and Speakers Constructing Talk and Action in Interaction. Cognitive Studies 16 (1), S. 51–64.

Grasskamp, W. (2011): Entgleiste Vorratshaltung Zum Begriff des *Sammelns. In: Merkur* 746, S. 640–646.

Greiffenhagen, C. (2000): Out of the office into the school: electronic whiteboards for education. Programming Research Group Technical Report TR-16-00 (December 2000). Oxford University Computing Laboratory. URL: ftp://ftp.comlab.ox.ac.uk/pub/ Documents/techreports/TR-16-00.pdf. Zugriff: 15.06.2011.

Greiffenhagen, C. (2011): Mathematical Reasoning at the Blackboard: An Attempt to Analyse an Extended Sequence. Vortrag auf der Konferenz »Visuelle Daten Analysieren«, 03.-04.06.2011, Universität Klagenfurt/DGS, Sektion Methoden der qualitativen Sozialforschung.

Großklaus, G. (2004): Medienbilder: Inszenierung der Sichtbarkeit. Frankfurt/M: Suhrkamp 2004.

Grotlüschen, A. (2003): Widerständiges Lernen im Web – virtuell selbstbestimmt? Eine qualitative Studie zum E-Learning in der beruflichen Erwachsenenbildung. Münster: Waxmann.

Gumbrecht, H. U. (2004): Diesseits der Hermeneutik. Die Produktion von Präsenz. Frankfurt am Main: Suhrkamp.

Gumbrecht, H.U. (2010): Unsere breite Gegenwart. Berlin: Suhrkamp.

Gump, P. V. (1982): School Settings and their Keeping. In: Duke, D. L. (Hrsg.): Helping Teachers Manage Classrooms. Alexandria, Virginia, S. 98–114.

Gumperz, J. J. (1992): Contextualization and Understanding. In: Duranti, A./Goodwin, C. (Hrsg.): Rethinking Context. Language as an Interactive Phenomenon. Cambridge University Press, S. 229–252.

Hackenschmidt, S./Engelhorn, K. (Hrsg.) (2011): Möbel als Medien. Beiträge zu einer Kulturgeschichte der Dinge. Bielefeld: Transcript.

Hahn, A. (2000): Konstruktionen des Selbst, der Welt und der Geschichte. Aufsätze zur Kultursoziologie. Suhrkamp, Frankfurt am Main.

Hall, E. T. (1968): Proxemics. In: Current Anthropology 9 (2/3), S. 83–108.

Harney, K. (1997): Sinn der Weiterbildung. In: Luhmann. N./ Lenzen, D. (Hrsg.): Bildung und Weiterbildung im Erziehungssystem. Frankfurt/M. 1997, S. 94–114.

Hartmann, P. (1991): Wunsch und Wirklichkeit. Theorie und Empirie sozialer Erwünschtheit. Wiesbaden: Deutscher Universitäts-Verlag GmbH

Haupert, B. (1994): Objektiv-hermeneutische Fotoanalyse am Beispiel von Soldatenfotos aus dem Zweiten Weltkrieg. In: Garz, D. (Hrsg.): Die Welt als Text. Theorie, Kritik und Praxis der objektiven Hermeneutik. Frankfurt/M: Suhrkamp, S. 281–314.

Hausendorf, H. (2008): Interaktion im Klassenzimmer. Zur Soziolinguistik einer riskanten Kommunikationspraxis. In: Willems, H. (Hrsg.): Lehr(er)buch Soziologie. Eine systematische Einführung für die pädagogische Ausbildung und Berufspraxis. Wiesbaden, S. 931–957.

Hecht, M. (2009): Selbsttätigkeit im Unterricht. Empirische Untersuchungen in Deutschland und Kanada zur Paradoxie pädagogischen Handelns. Wiesbaden: VS-Verlag.

Heilmann, C. M. (2005): Der gestische Raum. In: Bührig, K./Sager, S. F. (Hrsg.): Nonverbale Kommunikation im Gespräch. OBST 70, S. 117–136.

Heinzel, F. (2010): Ethnographische Untersuchung von Mikroprozessen in der Schule. In: Heinzel, F. u. a.: »Auf unsicherem Terrain«. Ethnographische Forschung im Kontext des Bildungs- und Sozialwesens. Wiesbaden: VS Verlag für Sozialwissenschaften, S. 39–47

Heinzel, F. u. a. (Hrsg.) (2010): »Auf unsicherem Terrain«. Ethnographische Forschung im Kontext des Bildungs- und Sozialwesens. Wiesbaden: VS-Verlag.

Helmke, T. u. a. (2008): Die Videostudie des Englischunterrichts. In: DESI-Konsortium (Hrsg.): Unterricht und Kompetenzerwerb in Deutsch und Englisch. Ergebnisse der DESI-Studie. Weinheim und Basel: Beltz 2008, S. 345– 363.

Hepp, A. (2010): Cultural Studies und Medienanalyse. Wiesbaden: VS Verlag für Sozialwissenschaften.

Herrle, M. (2007): Selektive Kontextvariation. Die Rekonstruktion von Interaktionen in Kursen der Erwachsenenbildung auf der Basis audiovisueller Daten. Frankfurt/M.

Herrle, M. (2012): Interaktionsprozesse unter Erwachsenen. Zur Mikroethnographie pädagogischen Handelns. In: Report. Zeitschrift für Weiterbildungsforschung H. 3.

Herrle, M (2013a): Classroom Management jenseits des Schulunterrichts. Mikroethnographische Analysen zur Ablaufsteuerung in Veranstaltungen der Erwachsenen-/Weiterbildung. In: Zeitschrift für Erziehungswissenschaft 16, H. 3, S. 599–627.

Herrle, M. (2013b): Ermöglichung pädagogischer Interaktionen. Disponibilitätsmanagement in Veranstaltungen der Erwachsenen-/Weiterbildung. Wiesbaden.

Herrle, M./Dinkelaker, J. (2012): Videoanalyse. In: Schäffer, B./Dörner, O. (Hrsg.): Handbuch Qualitative Erwachsenen- und Weiterbildungsforschung. Opladen, S. 307–320.

Herrle, M./Nolda, S. (2010): Die Zeit des (Nicht-)Anfangens. Zum Prozessieren von Erreichbarkeit und Vermittlungsbereitschaft in der Etablierungsphase pädagogischer Interaktion. In: Zeitschrift für Pädagogik 56, H.3, S. 340–354.

Herrle, M./Dinkelaker, J./Kade, J. (2009): Einüben, Üben, Ausüben. Körperbildung in Kursen der Erwachsenenbildung. In: Behnisch, M./Winkler, M. (Hrsg.): Soziale Arbeit und Naturwissenschaft. Einflüsse, Diskurse, Perspektiven. München, S. 134–152.

Herrle, M./Kade, J./Nolda, S. (2010): Erziehungswissenschaftliche Videographie. In: Friebertshäuser, B./Langer, A./Prengel, A. (Hrsg.): Handbuch Qualitative Forschungsmethoden in der Erziehungswissenschaft. Neuauflage. Weinheim 2010, S. 599–619.

Herzog, W. (2002): Zeitgemäße Erziehung. Die Konstruktion pädagogischer Wirklichkeit. Weilerswist: Velbrück Wissenschaft.

Herzog August Bibliothek (Hrsg.) (2008): Bewegtes Leben. Körpertechniken der Frühen Neuzeit. Wolfenbüttel: Harrasowitz.

Heuer, U./Botzat, T./Meisel, K. (2001): Neue Lehr- und Lernkulturen in der Weiterbildung. Bielefeld: Bertelsmann.

Hickethier, K. (1991): Die Fernsehserie und das Serielle des Fernsehens. Lüneburg: Universität Lüneburg.

Hindmarsh, J./Luff, P./Heath, Ch. (2010): Video in Qualitative Research. London: SAGE.

Hippel, A. von (2010): Erwachsenenbildung und Medien. In: Tippelt, R./Hippel, A. von (Hrsg.): Handbuch Erwachsenenbildung/Weiterbildung. Wiesbaden: VS Verlag für Sozialwissenschaften, S. 687–706.

Hippel, K. (2000): Prolegomena zu einer pragmatischen Fernsehtheorie. Internetressource: http://www.diss.fu-berlin.de/diss/servlets/MCRFileNodeServlet/ FUDISS_¬ derivate_000000000305/00_hippel.pdf;jsessionid=437713677E0CD10CF108¬ 956F9BC2A5F5?hosts=.

Hitch, G.J. u. a. (1988): Visual working memory in young children. In: Memory and Cognition, H.16, S. 120–132.

Hitzler, R. (2002): Sinnrekonstruktion. Zum Stand der Diskussion (in) der deutschsprachigen interpretativen Soziologie. In: Forum Qualitative Sozialforschung / Forum: Qualitative Social esearch [On-line Journal], 3(2) 2002. Internetressource: http://www.qualitative-¬ research.net/fqs-texte/2-02/2-02hitzler-d.htm. 35 Absätze. (Zugriff: 30.06.05).

Hörning, K.H./Reuter, J. (2004): Doing Culture. Neue Positionen zum Verhältnis von Kultur und sozialer Praxis. Bielefeld: transcript.

Hof, C. (2009): Lebenslanges Lernen. Eine Einführung. Stuttgart.

Hof, Ch./Kade, J./Fischer, M. E. (2010): Serielle Bildungsbiographien – Auf dem Weg zu einem qualitativen Bildungspanel zum Lebenslangen Lernen. In: Zeitschrift für Pädagogik, 56, H. 3. S. 328–339.

Hoh, R./Barz, H. (1999): Weiterbildung und Gesundheit. In: Tippelt, R. (Hrsg.): Handbuch Erwachsenenbildung/Weiterbildung. 2. überarb. und aktualisierte Auflage. Wiesbaden: VS Verlag, S. 293–317.

Honig, M.-S./Joos, M./Schreiber, N. (Hrsg.) (2004): Was ist ein guter Kindergarten? Theoretische und empirische Analysen zum Qualitätsbegriff in der Pädagogik. Weinheim.

Honneth, A. (2010a): Organisierte Selbstverwirklichung. Paradoxien der Individualisierung. In: Honneth, A.: Das Ich im Wir. Studien zur Anerkennungstheorie. Berlin: Suhrkamp, S. 202–221.

Honneth, A. (2010b): Das Ich im Wir. Anerkennung als Triebkraft von Gruppen. In: Honneth, A.: Das Ich im Wir. Studien zur Anerkennungstheorie. Berlin: Suhrkamp, S. 261–279.

Hoppe, B. (1994): Kunstkammern der Spätrenaissance zwischen Kuriosität und Wissenschaft. In: Grote, A. (Hrsg.): Macrocosmos in Microcosmo: die Welt in der Stube. Zur Geschichte des Sammelns 1450 bis 1800. Opladen: Leske + Budrich, S. 243–265.

Hornecker, E. (2004): Videobasierte Interaktionsanalyse – der Blick durch die (Zeit-)Lupe auf das Interaktionsgeschehen kooperativer Arbeit. In: Boes, A./Pfeiffer, S. (Hrsg.): Informationsarbeit neu verstehen. Methoden zur Erfassung informatisierter Arbeit. München [http://www.ehornecker.de/Papers/KOPRA_Final.pdf].

Hornstein, W./Lüders, C. (1989): Professionalisierungstheorie und pädagogische Theorie. Verberuflichung erzieherischer Aufgaben und pädagogische Professionalität. In: Zeitschrift für Pädagogik 35, H. 6, S. 749–769.

Idel, S./Rabenstein, K. (2007): Vom Unterricht zur Lernkultur: Methodologische Überlegungen zur Vermittlung von Institutionsanalyse und Unterrichtsforschung im Rahmen rekonstruktiver Schulforschung. Online Ressource: http://www.lernkultur-ganztagsschule.de/html/downloads/Idel%20Rabenstein%20Vom%20Unterricht%20zur%20Lernkultur.pdf (Letzter Zugriff: 25.9.2012)

Imdahl, M. (1979): Überlegungen zur Identität des Bildes. In: Marquard, O./Stierle, K. (Hrsg.): Identität. Reihe: Poetik und Hermeneutik, Bd. VII. München: Fink, S. 8–44.

Imdahl, M. (1996): Zur Kunst der Interpretation. Gesammelte Schriften, Bd. 2. Frankfurt/M.: Suhrkamp.

Ingold, T. (2007): The Perception of the Environment. Essays in Lievelihood, Dwelling and Skill. London and New York: Routledge.

Iser, W. (1972): Der implizite Leser: Kommunikationsformen des englischen Romans von Bunyan bis Beckett. München: Wilhelm Fink.

Jacobson, L/Rosenthal, R. (1971): Pygmalion im Unterricht. Lehrererwartungen und Intelligenzentwicklung der Schüler. Weinheim: Beltz.

James, W. (1950 [1890]): The principles of psychology. Vol. 1. New York: Dover Publications.

Janik, T./Seidel, T. (Hrsg.): The power of video studies in investigating teaching and learning in the classroom. Münster u. a.: Waxmann.

Jarząbek, K. (1989): Znaki kinetyczne wspomagające komunikację mowną i ich miejsce w nauczaniu języków obcych. Katowice: Prace Naukowe Uniwersytetu Śląskiego.

Joas, H. (1996): Die Kreativität des Handelns. Suhrkamp: Frankfurt am Main.

Jung, U. O. H. (1978): Das Sprachlabor. Möglichkeiten und Grenzen technischer Medien im Unterricht. Königstein: Scriptor.

Kabakov, I. (2000): Der Text als Grundlage des Visuellen. Köln: Oktagon.

Kade, J. (1985): Gestörte Bildungsprozesse. Empirische Untersuchungen zum pädagogischen Handeln und zur Selbstorganisation in der Erwachsenenbildung. Bad Heilbrunn/Obb.: Klinkhardt.

Kade, J. (1988): Subjektwerdung und Gemeinschaftsbezüge. Die Qualifizierungsoffensive als Herausforderung für die Erwachsenenbildungstheorie. In: Beck, K. u. a. (Hrsg.): Erziehung und Bildung als öffentliche Aufgabe. Analyse – Befunde – Perspektiven. Weinheim/Basel, S. 99–107.

Kade, J. (1989): Erwachsenenbildung und Identität. Eine empirische Studie zur Aneignung von Bildungsangeboten. Weinheim: Deutscher Studien Verlag.

Kade, J. (1992): Innen und Außen. Zur Eröffnung von Lernräumen in der Erwachsenenbildung. In: Report. Literatur- und Forschungsreport Weiterbildung 30, S. 34–39.

Kade, J. (1993): Aneignungsverhältnisse diesseits und jenseits der Erwachsenenbildung. In: Zeitschrift für Pädagogik 39, H. 3, S. 391–408.

Kade, J. (1997a): »Tatort« und »Polizeiruf 110«. Biographien, Institutionen und Pädagogik zweier Kriminalserien des Fernsehens in beiden deutschen Staaten. In: Behnken, I./Schulze, Th. (Hrsg.): Tatort: Biographie. Spuren, Zugänge, Orte, Ereignisse. Opladen: Leske + Budrich, S. 136–157.

Kade, J. (1997b): Vermittelbar/Nicht-Vermittelbar: Vermitteln: Aneignen. Im Prozeß der Systembildung des Pädagogischen. In: Luhmann, N./Lenzen, D. (Hrsg.): Bildung und Weiterbildung im Erziehungssystem. Frankfurt/M.: Suhrkamp, S. 30–80.

Kade, J. (1997c): Von einer Bildungsinstitution zur Infrastruktur subjektiver Lebensführung – Teilnehmer- und aneignungstheoretische Sichten der Erwachsenenbildung. In: Brödel, R. (Hrsg.): Erwachsenenbildung in der Moderne: Diagnosen, Ansätze, Konsequenzen. Opladen: Leske & Budrich, S. 300–316.

Kade, J. (2000): Boulevard Bio – Pädagogik einer Talkshow. In: Kraimer, K. (Hrsg.): Die Fallrekonstruktion. Sinnverstehen in der sozialwissenschaftlichen Forschung. Frankfurt/M: Suhrkamp, S. 560–593.

Kade, J. (2007): Wissen und Zertifikate. Erwachsenenbildung/Weiterbildung als Wissenskommunikation. In: Zeitschrift für Pädagogik 53, H. 4, S. 498–512.

Kade, J. (2011): Vergangene Zukünfte im Medium gegenwärtiger Bildungsbiographien. Momentaufnahmen im Prozess des Biographisierens von Lebenslaufereignissen. In: BIOS, Zeitschrift für Biographieforschung, Oral History und Lebenslaufforschung, Heft 1, S. 29–52.

Kade, J. (2012a): Bildungstheorie und Bildungsforschung. In: Dörner, O./Schäffer, B. (Hrsg.): Handbuch qualitative Erwachsenenbildungs- und Weiterbildungsforschung. Opladen/Farmington Hills: Barbara Budrich, S. 37–49.

Kade, J. (2012b): Referenzwechsel. Zum Subjekt in der Lehr-Lerninteraktion. In: Schemann, M./Schäffer, B./Dörner, O. (Hrsg.): Erwachsenenbildung im Kontext. Theoretische Rahmungen, empirische Spielräume und praktische Regulative. Bielefeld: Bertelsmann Verlag, S. 55–62

Kade, J./Lüders, Ch. (1996): Lokale Vermittlung. In: Combe, A./Helsper, W. (Hrsg.): Pädagogische Professionalität. Untersuchungen zum Typus pädagogischen Handelns. Frankfurt am Main: Suhrkamp, S. 887–923.

Kade, J./Lüders, Ch./Hornstein, W. (1991): Die Gegenwart des Pädagogischen. Fallstudien zur Allgemeinheit der Bildungsgesellschaft. In: Oelkers, J./Tenorth, H.-E. (Hrsg.): Pädagogisches Wissen. Weinheim: Beltz, S. 39–65.

Kade, J./Nittel, D. (2010): Erwachsenenbildung/Weiterbildung. In: Krüger, H.-H./Helsper, W. (Hrsg.): Einführung in Grundbegriffe und Grundfragen der Erziehungswissenschaft. 9. Auflage. Opladen, S. 211–222.

Kade, J./Nolda, S. (2007a): Kursforschung – ein neues Paradigma der Erforschung des Lernens im Erwachsenenalter. Bericht über ein Projekt. In: Forneck, H. J./Wiesner, G./Zeuner, C. (Hrsg.): Empirische Forschung und Theoriebildung in der Erwachsenenbildung. Baltmannsweiler: Schneider Verlag, S. 103–113.

Kade, J./Nolda, S. (2007b): Das Bild als Kommentar und Irritation. Zur Analyse von Kursen der Erwachsenenbildung/Weiterbildung auf der Basis von Videodokumentationen. In: Friebertshäuser, B./Felden, H. von/Schäffer, B. (Hrsg.): Bild und Text. Methoden und Methodologien visueller Sozialforschung in der Erziehungswissenschaft. Opladen: Barbara Budrich, S. 159–178.

Kade, J./Nolda, (2012a): Qualitative Forschungskulturen und Forschungskulturen zum Lernen Erwachsener. In: Schäffer, B./Dörner, O. (Hrsg.): Handbuch Qualitative Erwachsenen- und Weiterbildungsforschung. Opladen: Barbara Budrich, S. 641–655.

Kade, J./Nolda, S. (2012c): (Bildungs-)Biographie und (Bildungs-)Karriere. Zur Rekonstruktion des Wandels von Bildungsgestalten zwischen 1984 und 2009. In: Miethe, J./ Müller, H.-D. (Hrsg.) Bildungstheorie und Bildungsforschung. Opladen & Farmington Hills, S. 281–308.

Kade, J./Nolda, S. (2014): Zwischen Entscheidung und Ereignis. Okkasionelle Bildungsbiographien im Kontext des Lebenslaufs. In: Ecarius, J. u. a. (Hrsg.): Entscheidungen im Lebenslauf. Opladen: Budrich.

Kade, J./Nolda, S. (2014): Kurse. In: Dinkelaker, J./Hippel, A. von (Hrsg.) Erwachsenenbildung in Grundbegriffen. Stuttgart: Kohlhammer.

Kade, J./Seitter, W. (1999): ›Aneignung‹, ›Vermittlung‹ und ›Selbsttätigkeit‹ – Neubewertung erwachsenendidaktischer Prinzipien. In: Arnold, R. (Hrsg.): Die Weiterbildungsgesellschaft. Bd. 1. Bildungstheoretische Grundlagen und Perspektiven. Neuwied u. a.: Luchterhand, S. 32–45.

Kade, J./Seitter, W. (2005): Wissensvermittlung – pädagogische Kommunikation – Selbstbeobachtung. Zur Institutionalisierung des Lernens im Erwachsenenalter. In: dies. (Hrsg.): Pädagogische Kommunikation im Strukturwandel. Bielefeld: Bertelsmann Verlag, S. 47–61.

Kade, J./Seitter, W. (2007a): Umgang mit Wissen. Recherchen zur Empirie des Pädagogischen. Bd. 1: Pädagogische Kommunikation. Opladen: Budrich.

Kade, J./Seitter, W. (2007b): Umgang mit Wissen. Recherchen zur Empirie des Pädagogischen. Bd. 2: Pädagogisches Wissen. Opladen: Budrich.

Kade, J./Seitter, W. (2007c): Diffundierung – Invisibilisierung – Prekarisierung. Zum Wissenserwerb Erwachsener. In: dies. (Hrsg.): Umgang mit Wissen. Recherchen zur Empirie des Pädagogischen. Bd. 2. Opladen & Farmington Hills: Barbara Budrich, S. 309–328.

Kade, J./Nittel, D./Seitter, W. (2007): Einführung in die Erwachsenenbildung/Weiterbildung. 2., überarbeitete Auflage. Stuttgart.

Kade, S. (1990): Handlungshermeneutik. Qualifizierung durch Fallarbeit. Bad Heilbrunn: Klinkhardt.

Kalthoff, H./Falkenberg, M. (2008): Kommunikation unter Anwesenden: Lehrer – Schüler – Medien. In: Willems, H. (Hrsg.): Lehr(er)buch Soziologie. Bd. 2. Wiesbaden: VS-Verlag , S. 909–930.

Karisch, Ch. (2010): Bild vs. Wort. Mikroanalyse der visuellen und der verbalen Ebene einer Kursinteraktion in der Weiterbildung. Dipl.-Arb. Dortmund.

Kazemi-Veisari, E. (1991): Räume gestalten Beziehungen. Raumgestaltung im Kindergarten. In: Kindergarten heute: Fachzeitschrift für Erziehung, Bildung und Betreuung von Kindern 21 (3), S. 12–18.

Kendon, A. (1985): Behavioral foundation for the process of frame-attunement in face-to-face interaction. In: Ginsburg, G. P./Brenner, M./von Cranach, M. (Hrsg.): Discovery Strategies in the Psychology of Action. London, S. 229–253.

Kendon, A. (1990a): Conducting Interaction. Patterns of Behavior in Focused Encounters. Cambridge: Cambridge University Press.

Kendon, A. (1990b): Behavioral foundation for the process of frame-attunement in face-to-face interaction. In: ders.: Conducting interaction. Patterns of behavior in focused encounters. Cambridge, S. 239–262.

Kendon, A. (1992): The Negotiation of Context in Face-to-face-interaction. In: Duranti, A./ Goodwin, C. (ed.): Rethinking Context. Language as an Interactive Phenomenon. Cambridge University Press, S. 323–334.

Kieserling, A. (1999): Kommunikation unter Anwesenden. Studien über Interaktionssysteme. Frankfurt/M.: Suhrkamp.

Kinzel, U. (1995): Übung und Freiheit. Versuch einer Aktualisierung von Schleiermachers Bemerkungen über ›Zucht‹. In: Neue Sammlung 2, S. 65–87.

Kissman, U.T. (Hrsg.): Video interaction analysis. Methods and methodology. Frankfurt/M. u. a.: Lang.

Kita, S. (Hrsg.) (2003): Pointing. Where Language, Culture, and Cognition Meet. Mahwah/N.J und London: Lawrence Erlbaum.

Kleppin, K. (2010): Fehleranalyse und Fehlerkorrektur. In: Krumm, H.-J. u.a. (Hrsg.): Deutsch als Fremd- und Zweitsprache. Ein internationales Handbuch. Berlin u.a.: de Gruyter Mouton, S. 1060–1072.

Klieme, E. (2006): Empirische Unterrichtsforschung: aktuelle Entwicklungen, theoretische Grundlagen und fachspezifische Befunde. In: Zeitschrift für Pädagogik, H.6, S. 765–821.

Klieme, E./Pauli, Ch./Reusser, K. (Hrsg.) (2006): Dokumentation der Erhebungs- und Auswertungsinstrumente zur schweizerisch-deutschen Videostudie »Unterrichtsqualität, Lernverhalten und mathematisches Verständnis«. Frankfurt/M.

Klingovsky, U. (2009): Schöne Neue Lernkultur. Transformationen der Macht in der Weiterbildung. Eine gouvernementalitätstheoretische Analyse. Bielefeld: Transcript.

Knoblauch, H. (2000): Workplace Studies und Video. Zur Entwicklung der Ethnographie von Technologie und Arbeit. In: Götz, I./Wittel, A. (Hrsg.): Arbeitskulturen im Umbruch. Zur Ethnographie von Arbeit und Organisation. Münster: Waxmann, S. 159–173.

Knoblauch, H. (2004): Video-Interaktions-Analyse. In: sozialersinn, H.1, S. 123–138.

Knoblauch, H. (2005): Focused Ethnography. In: Forum Qualitative Sozialforschung 6 (3) (http://www.qualitative-research.net/index.php/fqs/article/view/20)

Knoblauch, H. (2006): Videography. Focused Ethnography and Video Analysis. In: Knoblauch, H. u.a. (2006): Video Analysis – Methodology and Methods. Qualitative Audiovisual Data Analysis in Sociology. Frankfurt/M u.a.: Peter Lang, S. 69–83

Knoblauch, H./Schnettler, B./Raab, J. (2006): Video-Analysis. Methodological Aspects of Interpretive Audiovisual Analysis in Social Research. In: Knoblauch, H. u.a.: Video Analysis. Methodology and Methods. Qualitative Audiovisual Data Analysis in Sociology. Frankfurt/M. u.a: Peter Lang, S. 9–28.

Knoblauch, H. u.a. (Hrsg.) (2006): Video-Analysis: Methodology and Methods. Qualitative Audiovisual Data Analysis in Sociology. Frankfurt/M.: Lang.

Knoll, J. (1993): Kurs- und Seminarmethoden. Ein Trainingsbuch zur Gestaltung von Kursen und Seminaren, Arbeits- und Gesprächskreisen. 5. Auflage. Weinheim.

Koch, G. (2005): Ariadne in der Ellipse. Filmerzählung und das kurze Format. In: Hollein, M. (Hrsg.): 3'. Frankfurt/M: DuMont-Literatur-und-Kunst-Verlag, S. 166–167.

Kommission der Europäischen Gemeinschaften (2000): Memorandum über Lebenslanges Lernen. Brüssel. URL: www.bologna-berlin2003.de/pdf/MemorandumDe.pdf (Zugriff: 02.11.12).

Koring, B. (1987): Erwachsenenbildung und Professionstheorie. Überlegungen im Anschluss an Oevermann. In: Harney, K./Jütting, D./Koring, B. (Hrsg.): Professionalisierung der Erwachsenenbildung. Frankfurt/M.: Lang, S. 358–400.

Koselleck, R. (2006): Zur anthropologischen und semantischen Struktur der Bildung. In: ders.: Begriffsgeschichten. Studien zur Semantik und Pragmatik der politischen und sozialen Sprache. Frankfurt/Main: Suhrkamp, S. 105–158.

Kounin, (1976): Techniken der Klassenführung. Bern: Verlag Hans Huber.

Koutiva I./Storch,G. (1989): Korrigieren im Fremdsprachenunterricht. Überlegungen zu einem Stiefkind der Fremdsprachendidaktik. In: Informationen Deutsch als Fremdsprache 16, S. 410–430.

Kozloff, S. (2000): Overhearing Film Dialogue. Berkeley u.a.: University of California Press.

Kracauer, S. (1973): Schriften. Bd.3, Theorie des Films. Die Errettung der äußeren Wirklichkeit. Frankfurt/M.: Suhrkamp.

Kraft, V. (2007): Operative Triangulierung und didaktische Emergenz: Zur Zeigestruktur der Erziehung. In: Aderhold, J./Kranz, O. (Hrsg.): Intention und Funktion. Probleme der Vermittlung psychischer und sozialer Systeme. Wiesbaden: VS-Verlag.

Krambrock, U. (1996): Filmanalyse: »M – eine Stadt sucht einen Mörder«. In: Heinze-Prause, R./Heinze, T.: Kulturwissenschaftliche Hermeneutik. Fallrekonstruktionen der Kunst-, Medien- und Massenkultur. Opladen: Westdeutscher Verlag, S. 121–153.

Krämer, S. (Hrsg.) (1998): Medien – Computer – Realität. Wirklichkeitsvorstellungen und Neue Medien. Frankfurt/M: Suhrkamp.

Krämer, S./Kogge, W./Grube, G. (Hrsg.) (2007): Spur. Spurenlesen als Orientierungstechnik und Wissenskunst. Frankfurt/M: Suhrkamp.

Krashen, St. (1981): Second Language Acquisition and Second Language Learning. New York: Pergamon Press.

Kraus, K. (2010): Aneignung von Lernorten in der Erwachsenenbildung. Zur Empirie pädagogischer Räume. In: Report. Zeitschrift für Weiterbildungsforschung, H.2, S. 46–55.

Kress, G. R./van Leeuwen, Th. (2001): Multimodal Discourse. The Modes and Media of Contemporary Communication. London, New York: Arnold.

Kristeva, J. (1972): Bachtin, das Wort, der Dialog und der Roman. In: Ihwe, J. (Hrsg.) Literaturwissenschaft und Linguistik. Ergebnisse und Perspektiven. Bd. 3: Zur linguistischen Basis der Literaturwissenschaft II. Frankfurt am Main: Athenäum Fischer, S. 345–375.

Krumm, H.-J. u. a. (Hrsg.) (2010): Deutsch als Fremd- und Zweitsprache. Ein internationales Handbuch. Berlin u. a.: de Gruyter Mouton.

Kuper, H. (2006): Eröffnen sich aus dem Erziehungssystem Alternativen zur funktionalen Differenzierung pädagogischer Kommunikation. In: Ehrenspeck, Y./Lenzen, D. (Hrsg.): Beobachtungen des Erziehungssystems. Systemtheoretische Perspektiven. Wiesbaden: VS Verlag, S. 178–191.

Kuper, H. (2010): Stichwort: Erziehungswissenschaftliche Perspektiven auf das Lernen Erwachsener. In: Zeitschrift für Erziehungswissenschaft. 13, H.3, S. 345–362.

Kuypers, H.W./Leydendecker, B. (1982): Erwachsenenbildung in der Praxis. Bad Heilbrunn: Klinkhardt.

Labov, W. (1972): Sociolinguistic Patterns. Philadelphia University of Pennsylvania Press.

Lange, A./Richter, S./Friebertshäuser, B. (Hrsg.) (2010): (An)Passungen. Körperlichkeit und Beziehungen in der Schule – ethnographische Studien. Baltmannsweiler: Schneider-Verlag Hohengehren.

Lave, J./Wenger, E. (1991): Situated Learning. Legitimate Peripheral Participation. New York: Cambridge University Press.

Lehmann, M. (2011): Mit Individualität rechnen. Karriere als Organisationsproblem. Weilerswist: Velbrück Wissenschaft.

Lenssen, M./Aufenanger, S. (1986): Zur Rekonstruktion von Interaktionsstrukturen. Neue Wege zur Fernsehanalyse. In: Aufenanger, S./Lenssen, M. (Hrsg.): Handlung und Sinnstruktur. Bedeutung und Anwendung der objektiven Hermeneutik. München: Kindt, S. 123–204.

Liebau, E. (2007): Leibliches Lernen. In: Göhlich, M./Wulf, C./Zirfas, J. (Hrsg.): Pädagogische Theorien des Lernens. Weinheim: Beltz, S. 102–113.

Lobsien, E. (1995): Wörtlichkeit und Wiederholung. Phänomenologie poetischer Sprache. München: Fink.

Lochtmann, K. (2007): Die mündliche Fehlerkorrektur in CLIL und im traditionellen Fremdsprachenunterricht. Ein Vergleich. In: Dalton-Puffer, Ch./Smit, U. (Hrsg.): Empirical Perspectives on CLIL Classroom Discourse. Frankfurt/M u. a.: Lang.

Loer, Th. (2010): Videoaufzeichnungen in der interpretativen Sozialforschung. in: sozialersinn, H.2, S. 319–352.

Löw, M./Ecarius, J. (Hrsg.) (1997): Raumbildung Bildungsräume. Über die Verräumlichung sozialer Prozesse. Opladen: Leske und Budrich.

Lomax, H./Casey, N. (1998). Recording Social Life: Reflexivity and Video Methodology. In: Sociological Research Online, vol. 3, no. 2, [http://www.socresonline.org.uk/3/2/1.¬ html].

Lotman, Ju. (1970): Struktura chudožestvennogo teksta. Moskva [http://www.gumer.info/¬ bibliotek_Buks/Literat/Lotman/_Index.php].

Lotman, Ju. (1973): Die Struktur des künstlerischen Textes, hrsg. mit einem Nachwort u. einem Register v. R. Grübel, Frankfurt/M.: Suhrkamp.

Ludwig, J. (2004): Vermitteln – verstehen – beraten. In: Faulstich, P./Ludwig, J. (Hrsg.): Expansives Lernen. Baltmannsweiler: Schneider, S. 112–126.

Lüdeking, Kh. (2006): Grenzen der Sichtbarkeit. München: Fink.

Ludwig, J. (2004): Vermitteln – verstehen – beraten. In: Faulstich, P./Ludwig, J. (Hrsg.): Expansives Lernen. Hohengehren: Schneider-Verlag, S. 112–126.

Luff, P./Hindmarsh, J./Heath, Ch.: Workplace Studies: Recovering Work. Cambridge: Cambridge University Press 2000.

Luhmann, N. (1987). Soziale Systeme. Grundriß einer allgemeinen Theorie. Frankfurt/M.

Luhmann, N. (1993): Individuum, Individualität, Individualismus. In: Ders.: Gesellschaftsstruktur und Semantik. Studien zur Wissenssoziologie der modernen Gesellschaft. Bd. 3, Frankfurt/Main: Suhrkamp, S. 149–258.

Luhmann, N. (1995): Soziologische Aufklärung 6. Die Soziologie und der Mensch. Opladen: Westdeutscher Verlag.

Luhmann, N. (1996): Die Realität der Massenmedien. Wiesbaden: Vieweg+Teubner Verlag.

Luhmann, N. (2002): Interaktionssystem Unterricht. In: ders.: Das Erziehungssystem der Gesellschaft. Frankfurt/M., S. 102–110.

Macbeth, D.: The revelance of repair for classroom correction. In: Language in Society, 33, S. 703–736.

Maier Reinhard, C./Wrana, D. (Hrsg.) (2008): Autonomie und Struktur in Selbstlernarchitekturen. Empirische Untersuchungen zur Dynamik von Selbstlernprozessen. Opladen: Barbara Budrich.

Mann, A. (1930): ABC um Dreißigacker. In: Theiß, I./Lotze, H. (Hrsg.): Dreißigacker. Volkshochschule/Erwachsenenbildung. Jena, S. 58–67.

Markowitz, J. (1986): Verhalten im Systemkontext. Zum Begriff des sozialen Epigramms. Diskutiert am Beispiel des Schulunterrichts. Frankfurt/M: Suhrkamp.

Marotzki, W. (2006): Bildinterpretation und Bildverstehen. Methodische Ansätze aus sozialwissenschaftlicher, kunst- und medienpädagogischer Perspektive. Wiesbaden: VS-Verlag.

Martinez, M./Scheffel, M. (2007): Einführung in die Erzähltheorie. München: Beck.

McDermott, R. P./Gospodinoff, K./Aron, J. (1978): Criteria for an Ethnographically Adequate Description of Concerted Activities and their Contexts. In: Semiotica 24 (3/4), S. 245–275.

McLuhan, M. (1964): Understanding Media. The Extensions of Man. New York: Taylor & Francis, S. 411a beiliegend.

McNeill (1992): Hand and mind. What gestures reveal about thought. Chicago: University of Chicago Press.

Mehan, H. (1979): Learning lessons. Social organization in the classroom. Cambridge: Harvard University Press.

Mehan, H. (1982): The structure of classroom events and their consequences for student performance. In: Gilmore, P./Glatthorn, A. A. (Eds.): Children in and out of school. Ethnography and education. Washington D. C., pp. 59–87.

Meike, J./Schluß, H. (2007): Die Ambivalenz des DDR-Schulsystems. Video-Dokumentationen von DDR-Unterricht werden rekonstruiert. In: Geschichte in Wissenschaft und Unterricht, Heft 10, S. 630–632.

Meißner, O. (1976): Sitzordnung. In: ders./Zöpfl, H. (Hrsg.): Handbuch der Unterrichtspraxis. Bd. 1: Grundbegriffe des Unterrichts und der Organisation der Schule. 3. Auflage. München, S. 187–194.

Merrit, M. (1982): Distributing and Directing Attention in Primary Classrooms. In: Wilkinson, L. C. (Hrsg.): Communicating in the Classroom. New York, S. 223–244.

Meseth, W. (2008): Schulisches und außerschulisches Lernen im Vergleich. Eine empirische Untersuchung über die Vermittlung der Geschichte des Nationalsozialismus im Unterricht, in außerschulischen Bildungseinrichtungen und in Gedenkstätten. In: kursiv. Journal für politische Bildung, 12 (1), S. 74–83.

Meseth, W./Proske, M./Radtke, F.-O. (2012): Kontrolliertes Laissez-faire. Auf dem Weg zu einer kontingenzgewärtigen Unterrichtstheorie. In: Zeitschrift für Pädagogik, 58, H. 3, S. 221–241.

Michel, B. (2006): Das Gruppendiskussionsverfahren in der (Bild-) Rezeptionsforschung. In: Bohnsack, R./Przyborski, A./Schäffer, B. (Hrsg.): Das Gruppendiskussionsverfahren in der Forschungspraxis. Opladen: Budrich, S. 233–248.

Mikos, L. (2010): Ein Prototyp wird zehn Jahre alt. Big Brother hat die Fernsehlandschaft verändert. In: TV-Diskurs, H. 14, S. 72–77.

411

Mikos, L. u. a. (2000): Im Auge der Kamera. Das Fernsehereignis Big Brother. Berlin: Vistas.

Mohn, B.E./Amann, K.(2006): Lernkörper – Kamera-ethnographische Studien zum Schülerjob. Begleitpublikation zur dvd Göttingen 2006, Begleitpublikation [http://www.iwf.¬ de/iwf/res/mkat/others/bp/0200013032011000000000.pdf]

Mohn, B.E. (2007): Kamera-Ethnografie: Vom Blickentwurf zur Denkbewegung. In: Brandstetter, G./Klein, G. (Hrsg.): Methoden der Tanzwissenschaft . Modellanalysen zu Pina Bauschs »Sacre du Printemps«. Bielefeld: transcript Verlag, S. 173–194.

Mohn, B.E. (2008): Die Kunst des dichten Zeigens: Aus der Praxis kamera-ethnographischer Blickentwürfe. In: Binder, B./Neuland-Kitzerow, D./Noack, K. (Hrsg.): Kunst und Ethnographie. Zum Verhältnis von visueller Kultur und ethnographischem Arbeiten. In: Berliner Blätter 46, S. 61–72.

Mondada. L. (2007): Interaktionsraum und Koordinierung. In: Schmitt, R. (Hrsg.): Koordination. Analysen zu multimodalen Interaktion. Tübingen, S. 55–94.

Morley, D. (1992/1991): When the Gobal meets the Local. Notes from the Sitting Room. In: Morley, D. Television, audiences and cultural studies. London: Routledge, S. 256–286 (zuerst in Screen 1991, H.1, S. 1–15.

Mruck, K. u. Mb. v. G. MEY (2000): Qualitative Sozialforschung in Deutschland. In: Forum Qualitative Sozialforschung / Forum: Qualitative Social Research [On-line Journal], 1(1) 2000. Internetressource: http://www.qualitative-research.net/fqs-texte/1-00/1-¬ 00mruckmey-d.htm. 54 Absätze. (Zugriff: 15.11.06).

Müller, C./Bohle, U. (2007): Das Fundament fokussierter Interaktion. Zur Vorbereitung und Herstellung von Interaktionsräumen durch körperliche Koordination. In: Schmitt, R. (Hrsg.): Koordination. Analysen zur multimodalen Interaktion. Tübingen, S. 129–165.

Müller, K. R. (1991): Bildungsraum. In: Grundlagen der Weiterbildung – Praxishilfen 5, S. 1–16.

Müller, K.R. (Hrsg.) (2010): Kurs-und Seminargestaltung. Handbuch für Dozenten und Kursleiter. Weinheim: Beltz.

Museum für Moderne Kunst (2012): Warhol Headlines. Frankfurt am Main.

Nassehi, A. (2011): Gesellschaft der Gegenwart. Studien zur Theorie der modernen Gesellschaft II. Frankfurt/M.: Suhrkamp.

Nettke, T. (2010): Handlungsmuster museumspädagogischer Führungen: Eine interaktionsanalytisch-erziehungswissenschaftliche Untersuchung in Naturkundemuseen (Univ. Diss.). Frankfurt/M.

Neuweg, G. H. (2006): Das Schweigen der Könner. Strukturen und Grenzen des Erfahrungswissens. Linz: Trauner Verlag.

Nittel, D. (2006): Von der Mission zur Profession. Stand und Perspektiven der Verberuflichung in der Erwachsenenbildung. Bielefeld: Bertelsmann Verlag.

Nichols, B. (1991): Representing Reality. Issues and Concepts in Documentary. Bloomington: Indiana University Press.

Nohl, A. M. (2011): Pädagogik der Dinge. Bad Heilbrunn: Klinkhardt.

Nolda, S. (1995): Volkshochschule als Metapher. In: Hessische Blätter für Volksbildung, H.2, S. 107–11

Nolda, S. (1996): Interaktion und Wissen. Eine qualitative Studie zum Lehr-/Lernverhalten in Veranstaltungen der allgemeinen Erwachsenenbildung. Frankfurt/M.: Deutsches Institut für Erwachsenenbildung.

Nolda, S. (1998): Distanzierte Familiaritäten. Zur möglichen Pädagogik von Fernseh-Familienserien. In: Zeitschrift für Erziehungswissenschaft, H.1, S. 89–102

Nolda, S. (2000): Interaktion in pädagogischen Institutionen. Opladen: Leske und Budrich.

Nolda, S. (2002): Pädagogik und Medien. Eine Einführung. Stuttgart: Kohlhammer.

Nolda, S. (2004): Zerstreute Bildung. Vermittlungen von Bildungswissen in modernen Medien. Bielefeld: Bertelsmann

Nolda, S. (2005): Unter Verdacht. Zur Darstellung von organisierter Erwachsenenbildung im Fernsehkrimi. In: DIE Zeitschrift, H. 2, S. 52–53

Nolda, S. (2006): Pädagogische Raumaneignung. Zur Pädagogik von Räumen und ihrer Aneignung – Beispiele aus der Erwachsenenbildung. In: Zeitschrift für qualitative Bildung- und Beratungs- und Sozialforschung 7, H.2, S. 313–334.

Nolda, S. (2007): Videobasierte Kursforschung. Mögliche Erträge von interpretativen Videoanalysen für die Erforschung des organisierten Lernens Erwachsener. In: Zeitschrift für Erziehungswissenschaft 10, H.4, S. 478–492.

Nolda, S. (2010): Interaktionsanalysen in der Erwachsenenbildung. In: Friebertshäuser, B./ Langer, A./Prengel, A. (Hrsg.): Handbuch Qualitative Forschungsmethoden in der Erziehungswissenschaft. München: Juventa, 3.vollständig überarbeitete Aufl., S. 745–755.

Nolda, S. (2011): Ansätze bildwissenschaftlicher Erwachsenenbildungsforschung: Anwendungsgebiete und Methoden: In: REPORT, H.1, S. 13–22.

Nuissl, E. (2003): Leistungsnachweise in der Weiterbildung. In: Report. Literatur- und Forschungsreport Weiterbildung 26, H. 4, S. 9–24.

Ochs, E. (1979): Transcription as Theory. In: Ochs, E./Schieflin, B. (ed.): Developmental pragmatics. New York: Academic Press, S. 43–72.

Odenbach, K. (1981): Die Übung im Unterricht. Braunschweig: Westermann.

Oevermann, U. (2000): Die Methode der Fallrekonstruktion in der Grundlagenforschung sowie der klinischen und pädagogischen Praxis. In: Kraimer, K. (Hrsg.): Die Fallrekonstruktion. Bezüge, Konzepte, Perspektiven. Frankfurt/M: Suhrkamp, S. 58–156.

Olleck, R./Digel, S./Hartz, S./Schrader, J. (2008): Kompetenzentwicklung von Lehrenden. Ein Projektbericht. In: Erwachsenenbildung 54, H.4, S. 209–212.

Ouellette, L./Murray, S. (Hrsg.) (2004): Reality TV. Remaking television culture. New York: New York University Press.

Panofsky, E. (1975): Ikonographie und Ikonologie. Eine Einführung in die Kunst der Renaissance. In: Ders.: Sinn und Deutung in der bildenden Kunst. Köln: DuMont Schauberg, S. 36–67.

Pauli, Ch./Reusser, K. (2006): Von international vergleichenden Video Surveys zur videobasierten Unterrichtsforschung und -entwicklung. In: Zeitschrift für Pädagogik 52,H.6, S. 774–798.

Pilarczyk, U./Mietzner, U. (2005): Das reflektierte Bild. Die seriell-ikonografische Fotoanalyse in den Erziehungs- und Sozialwissenschaften. Bad Heilbrunn: Klinkhardt.

Prange, K (1983): Bauformen des Unterrichts: eine Didaktik für Lehrer. Bad Heilbrunn: Klinkhardt.

Prange, K. (1995): Über das Zeigen als operative Basis der pädagogischen Kompetenz. In: Bildung und Erziehung 48 (2), S. 145–158.

Prange, K. (2005): Die Zeigestruktur der Erziehung. Grundriss der operativen Pädagogik. Paderborn: Schöningh.

Prange, K./Strobel-Eisele, G. (2006): Die Formen des pädagogischen Handelns. Eine Einführung. Stuttgart: Kohlhammer.

Proske, M. (2004): Pädagogische Kommunikation in der Form Schulunterricht. In: Nittel, D./Seitter, W. (Hrsg.): Die Bildung des Erwachsenen. Erziehungs- und sozialwissenschaftliche Zugänge. Bielefeld: W. Bertelsmann, S. 143–164.

Quilling, E./Nicolini, H. J. (2007): Erfolgreiche Seminargestaltung. Strategien und Methoden in der Erwachsenenbildung. Wiesbaden: VS Verlag für Sozialwissenschaften.

Raab., J. (2002): Der schönste Tag des Lebens‹ und seine Überhöhung in einem eigenwilligen Medium. Videoanalyse und sozialwissenschaftliche Hermeneutik am Beispiel eines professionellen Hochzeitsvideofilms, in: Sozialer Sinn. Zeitschrift für hermeneutische Sozialforschung, 3, S. 469–494.

Rabenstein, K./Reh, S. (2008): Über die Emergenz von Sinn in pädagogischen Praktiken. Möglichkeiten der Videographie im ›Offenen Unterricht‹. In: Koller, C. (Hrsg.): Sinnkonstruktionen und Bildungsgang. Opladen: Barbara Budrich, S. 137–156.

Radtke, F.-O. (2011): Disziplinieren. In: Kade, J. u. a. (Hrsg.): Pädagogisches Wissen: Erziehungswissenschaft in Grundbegriffen. Stuttgart: Kohlhammer, S. 162–168.

Rahmencurriculum für Integrationskurse Deutsch als Zweitsprache.Goethe-Institut München 2007 [http://www.goethe.de/lhr/prj/daz/pro/Rahmencurriculum_online_final_Version5.pdf].

413

Rehbein, J. (1984): Reparative Handlungsmuster und ihre Verwendung im Fremdsprachenunterricht. Roskilde.

Reichert, E./Huntemann, H. (2007): Volkshochschul-Statistik 2006. 45. Folge, Arbeitsjahr 2006. URL: http://www.die-bonn.de/doks/reichart0702.pdf. Zugriff: 27.10.08.

Rothemund, K. (2012): Serielle Textproduktionen – Zeitgenössische Fernsehserienforschung. In: MEDIENwissenschaft 1/2012, S. 8–21.

Rustemeyer, D. (2003): Medialität des Sinns. In: Rustemeyer, D. (Hrsg.): Bildlichkeit. Aspekte einer Theorie der Darstellung. Würzburg: Königshausen und Neumann, S. 171–194.

Sader, M. (1996): Psychologie der Gruppe. 5. Aufl. Weinheim/München.

Sager, S. F. (2005): Ein System zur Beschreibung von Gestik. In Bührig, K./Sager, S.F. (Hrsg.): Nonverbale Kommunikation im Gespräch. Osnabrücker Beiträge zur Sprachtheorie 70, S. 19–47.

Schäfers, B. (2010): Die soziale Gruppe. In: Körte, H./Schäfers, B. (Hrsg.): Einführung in Hauptbegriff der Soziologie. Wiesbaden, S. 129–144. (8. Auflage)

Schäffer, B. (2005): Erziehungswissenschaft. In: Sachs-Hombach, K. (Hrsg.) Bildwissenschaft: Disziplinen, Themen, Methoden. Frankfurt/M: Suhrkamp, S. 213–225

Schäffer, B. (2009): Bilder lebenslangen Lernens. Anmerkungen zu einem eigentümlichen Diskurs. In: Hof, Ch./Ludwig, J./Zeuner, Ch. (Hrsg.): Strukturen Lebenslangen Lernens. Baltmannsweiler, S. 94–111.

Schäffer, B./Dörner, O. (Hrsg.) (2012): Handbuch Qualitative Erwachsenen- und Weiterbildungsforschung. Opladen: Barbara Budrich.

Schäffter, O. (1981): Zielgruppenorientierung in der Erwachsenenbildung. Aspekte einer erwachsenenpädagogischen Planungs- und Handlungskategorie. Braunschweig: Westermann.

Schaffert, S./Schmidt, Bernhard (2004): Inhalt und Konzeption der »bildungsforschung«. In: bildungsforschung, H.1, [http://www.bildungsforschung.org/Archiv/2004-01/einfuehrung/]

Scheflen, A. E. (1964): The Significance of Posture in Communication Systems. In: Psychiatry 27, S. 316–331.

Scheflen, A. (1973): Communicational Structure. Indiana University Press.

Schegloff, E.A. (1979): The relevance of repair to syntax for conversation. In: Givon, T. (Hrsg.): Syntax and semantics 12: Discourse and syntax. New York: Academic, S. 261–88.

Schegloff, E. A. (2007): Sequence organization in interaction. Vol. 1: A primer in conversation analysis. Cambridge: Univ. Press.

Schegloff, E. A./Sacks, H. (1973): Opening up Closings. Semiotica, 8 (4), 289–327.

Schegloff, E. A./Jefferson, G./Sacks, H. (1977): The preference for selfcorrection in the organization of repair in conversation. In: Language 53, S. 361–82.

Schindler, L. (2009): Das sukzessive Beschreiben einer Bewegungsordnung mittels Variation. In: Alkemeyer u. a., S. 51–63.

Schlutz, E. (1984): Sprache, Bildung und Verständigung. Bad Heilbrunn/Obb.

Schmidt, R. (1994): Fehler. In: Henrici, G./ Riemer, C. (Hrsg.): Einführung in die Didaktik des Unterrichts Deutsch als Fremdsprache. Baltmannsweiler: Schneider-Verlag Hohengehren, S. 331–352.

Schmidt-Hertha, B. (2011): Qualitätsentwicklung und Zertifizierung: Ein neues professionelles Feld? In: Helsper, W./Tippelt, R. (Hrsg.): Pädagogische Professionalität. Weinheim und Basel: Beltz, S. 153–166. (=57. Beiheft der Zeitschrift für Pädagogik)

Schmitt, R. (2007): Von der Konversationsanalyse zur Analyse multimodaler Interaktion. In: Kämper, H./Eichinger, L. (Hrsg.): Sprachperspektiven. Tübingen: Narrr, S. 395–417.

Schmitt, R. (2009): Schülerseitiges Interaktionsmanagement: Initiativen zwischen supportiver Strukturreproduktion und Subversion. In: Gesprächsforschung – Onlinezeitschrift zur verbalen Interaktion, 10, S. 20–69 (http://www.gespraechsforschung-ozs.de/heft2009/ga-schmitt.pdf).

Schmitz, E. (1984): Erwachsenenbildung als lebensweltbezogener Erkenntnisprozess. In: Schmitz, E./Tietgens, H. (Hrsg.): Erwachsenenbildung. (=Enzyklopädie Erziehungswissenschaft, Bd. 11). Stuttgart, S. 95–123.

Schmitz-Emans, M. (2003): Die Aufhebung der Bilder im Text. In: Rustemeyer, D. (Hrsg.): Bildlichkeit. Aspekte einer Theorie der Darstellung. Würzburg: Königshausen und Neumann, S. 195–224.

Schneider, I. (2009): Über das multidisziplinäre Interesse am Erzählen und die Vielfalt der Erzähltheorien. In: Brednich, R.W. (Hrsg.): Erzählkultur: Beiträge zur kulturwissenschaftlichen Erzählforschung. Berlin, New York: de Gruyter, S. 3–14.

Schnettler, B./Knoblauch, H. (2007): Powerpoint-Präsentationen: Neue Formen der gesellschaftlichen Kommunikation von Wissen. Konstanz.

Schnettler, B./Knoblauch; H. (2009): Videoanalyse. In: Kühl, S./Strodtholz, P./Taffertshofer, A. (Hrsg.): Handbuch Methoden der Organisationsforschung. Quantitative und Qualitative Methoden. Weinheim: VS Verlag, S. 272–297

Schoormann, M./Schlak, T. (2010): Hilfreich oder ohne praktischen Nutzen? Die Forschung zur mündlichen Fehlerkorrektur im Zweit- und Fremdsprachenunterricht. In: Zeitschrift für Fremdsprachenforschung, H.1, S. 43–84.

Schrader, J. (2007): Lehr- und Lernforschung in der Erwachsenenbildung. In: Report. Zeitschrift für Weiterbildungsforschung. 2/2007 Blick zurück nach vorn – 30 Jahre Report, S. 52–62.

Schrader, J. (2011). Struktur und Wandel der Weiterbildung. Bielefeld: Bertelsmann.

Schrader, J./Hartz, S. (2007): Lehr-Lern-Forschung in der Erwachsenenbildung als nutzeninspirierte Grundlagenforschung. In: Wiesner, G./Zeuner, C./Forneck, H. (Hrsg.): Empirische Forschung und Theoriebildung in der Erwachsenenbildung. Baltmannsweiler: Schneider Verlag Hohengehren, S. 65–75.

Schrader, J./Hohmann, R./Hartz, St. (Hrsg.) (2010): Mediengestützte Fallarbeit. Konzepte, Erfahrungen und Befunde zur Kompetenzentwicklung von Erwachsenenbildnern. Bielefeld: Bertelsmann.

Schulenberg, W. (1978): Bildungsappell und Rollenkonflikt. In: ders. (Hrsg.): Erwachsenenbildung. Darmstadt, S. 175–200 (zuerst 1968).

Seidel, T. (2003): Lehr-Lernskripts im Unterricht : Freiräume und Einschränkungen für kognitive und motivationale Lernprozesse – eine Videostudie im Physikunterricht. Münster u. a.: Waxmann

Seidel, T./Dalehefte, I.M./Meyer, L. (2001): Videoanalysen – Beobachtungsschemata zur Erfassung von »Sichtstrukturen« im Physikunterricht. In: Prenzel, M. u. a. (Hrsg.): Erhebungs – und Auswertungsverfahren des DFG-Projekts »Lehr-Lern-Prozesse im Physikunterricht- eine Videostudie«. Kiel: IPN, S. 41–58.

Seitter, W. (1997): »Willemsens Woche«. Die Talkshow als Ort pädagogisch strukturierter Wissensvermittlung und biographischer (Selbst-) Präsentation. In: Behnken, I./Schulze, Th. (Hrsg.): Tatort: Biographie. Spuren, Zugänge, Orte, Ereignisse. Opladen: Leske + Budrich, S. 117–135.

Seitter, W. (2007): Geschichte der Erwachsenenbildung. 3. Auflage. Bielefeld.

Seitter, W. (2010): Die Arbeitsgemeinschaft als partizipative Regulationsform. In: Zeitschrift für Erziehungswissenschaft. 3/2010, S. 393–404.

Semotan, E. (2006): »Die Überlegung ist genauso wichtig wie das Bild«. In: Reder, Ch. (Hrsg.): Lesebuch Projekte. Vorgriffe, Ausbrüche in die Ferne. Wien/New York: Springer, S. 185–197.

Sennett, R./Cobb, J. (1972): The Hidden Injuries of Class. Cambridge, S. 79–89. (zit.n. Honneth 2010b, S. 269)

Siebert, H./Gerl, H. (1975): Lehr- und Lernverhalten bei Erwachsenen. Braunschweig.

Simmel, G. (1989) [1901]: Philosophie des Geldes. In: ders.: Gesamtausgabe, Bd. 6, hrsg. v. David P. Frisby und Klaus Ch. Köhnke. Frankfurt am Main: Suhrkamp.

Steinke, I. (1999): Kriterien qualitativer Forschung. Ansätze zur Bewertung qualitativempirischer Sozialforschung. Weinheim, München: Juventa Verlag.

Steinke, I.(2003): Gütekriterien qualitativer Forschung. In: Flick, U./ Kardorff, E. v. /Steinke, I. (Hrsg.): Qualitative Forschung. Ein Handbuch. 2. Auflage. Reinbek: Rowohlt, S. 319–331.

Stichweh, R. (2005a): Individuum und Weltgesellschaft. Handlungsmöglichkeiten für Individuen in einem globalen Gesellschaftssystem. Luzern. (Manuskr.)

415

Stichweh, R. (2005b): Die vielfältigen Publika der Wissenschaft: Inklusion und Popularisierung. In: ders.: Inklusion und Exklusion. Studien zur Gesellschaftstheorie. Bielefeld: Transcript, S. 95–112.

Storch, G. (2008): Deutsch als Fremdsprache – eine Didaktik. München: Fink.

Stojanov, Krassimir (2006): Bildung und Anerkennung. Soziale Voraussetzungen von Selbst-Entwicklung und Welt-Erschließung. Wiesbaden: VS Verlag für Sozialwissenschaften.

Strauss, A. L./Corbin, J. (1996). Grounded Theory. Grundlagen Qualitativer Sozialforschung. Weinheim: Psychologie Verlags Union.

Streeck, J. (1983): Konversationsanalyse. Ein Reparaturversuch. In: Zeitschrift für Sprachwissenschaft 2,1; S. 72–104.

Streeck, J. (2009): Gesturecraft.The manu-facture of meaning. Amsterdam: John Benjamins Publishing Company.

Südmersen, I. (1983). Hilfe ich ersticke in Texten! Eine Anleitung zur Aufarbeitung narrativer Interviews. In: Neue Praxis, H. 13, 294–306.

Tarde, G. de (2003): Die Gesetze der Nachahmung. Frankfurt a. M.: Suhrkamp.

Takada, A. (2011): Preverbal Infant-Caregiver Interaction. In: Duranti, A./Ochs. E./Schieffelin, B.B. (ed.): The Handbook of Language Socialization. Blackwell, S. 56–80.

Terhart, E. (1989): Lehr-Lern-Methoden. Eine Einführung in Probleme der methodischen Organisation von Lehren und Lernen. Weinheim: Beltz.

Tietgens, H. (1967): Lernen mit Erwachsenen. Braunschweig: Westermann. (unter Mitarbeit von H. Matzat, H. Müller und J. Weinberg)

Tietgens, H. (1992): Reflexionen zur Erwachsenendidaktik. Bad Heilbrunn.

Tiegens, H./Weinberg, J. (1971): Erwachsene im Feld des Lehrens und Lernens. Braunschweig: Westermann.

Tippelt, R./Hippel, A. v. (Hrsg.) (2010): Handbuch Erwachsenenbildung/Weiterbildung. 4., durchgesehene Auflage. Wiesbaden: VS-Verlag.

Urbach, Th. (2000): Produktion und Rezeption von Gesten und Zeichnungen bei Aphasie und ihr Einsatz in der Aphasietherapie. Freiburg (Breisgau), Univ., Diss.[http://www.¬ freidok.uni-freiburg.de/volltexte/140/pdf/diss.pdf]

Völzke, R. (2002): Professionelle Selbstbeschreibung erwachsenenpädagogischen Handelns. Unterweisen, trainieren, beraten und moderieren. in: Dewe, B. (Hrsg.): Professionswissen und erwachsenenpädagogisches Handeln. Dokumentation der Jahrestagung 2001 der Sektion Erwachsenenbildung der Deutschen Gesellschaft für Erziehungswissenschaft. Bielefeld: Bertelsmann, S. 65–77.

Voigt, U. (2004): Spielbein-Standbein. Bewegungsbildung an Volkshochschulen. In: DIE-Zeitschrift IV/2004, S. 24–32.

Wagner-Willi, M. (2005): Kinder-Rituale zwischen Vorder- und Hinterbühne. Der Übergang von der Pause zum Unterricht. Wiesbaden: VS Verlag für Sozialwissenschaften.

Wagner-Willi, M. (2007): Videoanalysen des Schulalltags. Die dokumentarische Intepretation schulischer Übergangsrituale. In: Bohnsack, R. u. a. (Hrsg.): Die dokumentarische Methode und ihre Forschungspraxis. Grundlagen qualitativer Sozialforschung. 2. Aufl., Wiesbaden: VS Verlag für Sozialwissenschaften, S. 121–140.

Wahl, D. (1991): Handeln unter Druck. Der weite Weg vom Wissen zum Handeln bei Lehrern, Hochschullehrern und Erwachsenenbildnern. Weinheim: Deutscher Studien Verlag.

Waidacher, F. (2005): Museologie – knapp gefasst. Wien, Köln u. a.: Böhlau.

Weber, S.M. (2005): Rituale der Transformation. Großgruppenverfahren als pädagogisches Wissen am Markt. Wiesbaden.

Weber, U. (1996): Theoretische und empirische Grundlagen der Spracherwerbsforschung. Braunschweig: Technische Universität Braunschweig, Seminar für Deutsche Sprache, Literatur und deren Didaktik.

Weick, K. E. (1976): Educational Organizations as Loosely Coupled Systems. In: Administrative Science Quarterly 21, S. 1–19.

Weidenmann, B. (1994): Lernen mit Bildmedien. Mit den Augen lernen. Weinheim: Beltz.

Weidenmann, B. (2006): Erfolgreiche Kurse und Seminare. Professionelles Lernen mit Erwachsenen. 7. Auflage. Weinheim.

Weidmann, A. (1974): Die Feldbeobachtung. In: Koolwijk, J. v./ Wieken- Mayser, M. (Hrsg.): Techniken der empirischen Sozialforschung. 3. Band: Erhebungsmethoden: Beobachtung. München u. a.: Oldenbourg, S. 9–26.

Weinstein, C. S. (1979): The Physical Environment of the School: A Review of the Research. In: Review of Educational Research 49 (4), S. 577–610.

Weisser, J. (2002): Einführung in die Weiterbildung. Weinheim, Basel: Beltz.

Wellman, B. (1988): Structural Analysis: From Method and Metaphor to Theory and Substance. In: Wellman, B./Berkowitz, B. (eds.): Social Structures: A Network Approach. Cambridge, S. 19–61.

Wernet, A. (2000): Einführung in die Interpretationstechnik der Objektiven Hermeneutik. Opladen: Leske + Budrich.

Westphal, K. (2007): Orte des Lernens. Beiträge zu einer Pädagogik des Raumes. Weinheim.

Wiesemann, J. (2004): Die Auseinandersetzung mit Sachen als schulische Lernaufgabe. In: www.widerstreit-sachunterricht.de/ Ausgabe Nr. 2/ März 2004.

Wiesemann, J./Lange, J. (2012): Schülerhandeln und die Dinge des Lernens. Zum Verhältnis von Sinn und Objektgebrauch. In: Alkemeyer, T. /Kalthoff, H. /Rieger-Ladich, M. (Hrsg.) (2014): Bildungspraktiken. Körper – Räume – Artefakte. Weilerswist: Velbrück. (im Druck)

Wiesing, L. (2005): Artifizielle Präsenz. Studien zur Philosophie des Bildes. Frankfurt am Main: Suhrkamp.

Winkler, H. (1997): Docuverse. München: Boer.

Witte, E. (1997): Die Bedeutung der sozialen Gruppe für das Lernen im Erwachsenenalter. In: Weinert, F.E./Mandl, H. (Hrsg.): Psychologie der Erwachsenenbildung. Göttingen u. a., S. 337–354.

Wittpoth, J. (2009): Einführung in die Erwachsenenbildung. 3. Auflage. Opladen : Leske +Budrich.

Wittpoth, J. (2010): Spielräume des Selbst in Lehr-Lern-Settings Erwachsener? In: Zeitschrift für Erziehungswissenschaft 13, H.4, S. 363–376.

Wulf, Ch. (2001): Mimesis und Performatives Handeln. Gunter Gebauer und Christoph Wulfs Konzeption mimetischen Handelns in der sozialen Welt. In: ders./Göhlich, M./ Zirfas, J. (Hrsg.): Grundlagen des Performativen. Eine Einführung in die Zusammenhänge von Sprache, Macht und Handeln. Juventa, Weinheim, S. 253–272.

Wulf, Ch./Zirfas, J. (Hrsg.) (2009): Pädagogik des Performativen. Theorien, Methoden Perspektiven. Weinheim: Beltz.

Wulf, Ch. u. a. (2011): Die Geste in Erziehung, Bildung und Sozialisation: Ethnographische Feldstudien. Wiesbaden: VS Verlag für Sozialwissenschaften.

Yacowar, M. (1980): Actors as Conventions in the Films of Robert Altman. In: Cinema Journal, H.1, S. 14–28.

Yakura, E.K. (2004): »Informed Consent« and Other Ethical Conundrums in Videotaping Interactions. In: LeVine, Ph./Scollon, R. (Hrsg.): Discourse and Technology: Multimodal Discourse Analysis, Washington, DC, S. 146–150.

Zahra, A. (2011): Nonverbale Komponenten der Bedeutungserklärung in Fremdsprachen-Tandems. München: iudicium.

Zinnecker, J. (1978): Die Schule als Hinterbühne oder Nachrichten aus dem Unterleben der Schüler. In: Zinnecker, J./Reinert, G.-B. (Hrsg.): Schüler im Schulbetrieb. Reinbek bei Hamburg: Rowohlt, S. 29–46 und 94–116.

Zinnecker, J. (2000): Kindheit und Jugend als pädagogische Moratorien. Zur Zivilisationsgeschichte der jüngeren Generation im 20. Jahrhundert. In: Zeitschrift für Pädagogik, 42. Beiheft, S. 36–68.

417

Autorinnen und Autoren

Jörg Dinkelaker, Dr. phil.
Vertretung des Lehrstuhls für Allgemeine Erziehungswissenschaft I an der Friedrich-Alexander-Universität Erlangen-Nürnberg.
Forschungsschwerpunkte: Empirie und Theorie pädagogischer Interaktion, Teilnahme- und Aneignungsverläufe, Lebenslanges Lernen in der Wissensgesellschaft, Umgang mit (Nicht-)Wissen, Aufmerksamkeit als pädagogisches Phänomen, Methodologien und Methoden qualitativer erziehungswissenschaftlicher Forschung

Christian Dreischenkämper, Dipl. Päd.
stellvertretender Qualitätsmanagementbeauftragter, Dorstener Arbeit gGmbH.
Forschungs-/Arbeitsschwerpunkt: Projektevaluationen

Matthias Herrle, Dr. phil.
Wissenschaftlicher Mitarbeiter, Goethe-Universität Frankfurt a. M.
Forschungsschwerpunkte: Theorie und Empirie des Interaktionsgeschehens in pädagogischen Settings, Classroom Management, Professionalität und Professionalisierung von Lehrpersonen, Methodologien und Methoden qualitativer Sozialforschung

Jochen Kade, Dr. phil.
Professor em. für Erziehungswissenschaft, Goethe-Universität Frankfurt a. M.
Forschungsschwerpunkte: Bildungsbiographien, Kursforschung, Pädagogische Kommunikation, Umgang mit (Nicht-)Wissen, erziehungswissenschaftliche Zeitdiagnose

Kay Kämmerer, Stud. Päd.
Student der Erziehungswissenschaft an der Goethe-Universität Frankfurt a. M.

Sigrid Nolda, Dr. phil.
Professorin für Erwachsenenbildung, Technische Universität Dortmund.
Forschungsschwerpunkte: Interaktions- und Programmforschung, Videoanalysen, Biographieforschung

Regina Rösel, Stud. Päd.
Studentin der Erziehungswissenschaft an der Goethe-Universität Frankfurt a. M.

Anna Schlappa, Stud. Päd.
Studentin der Erziehungswissenschaft an der Technischen Universität Dortmund

Eva Karoline Simon, M. A.
wiss. Hilfskraft im Projekt BIWO, Personalberatung im Bereich Financial Services

Tim Stanik, Dipl. Päd.
Wissenschaftlicher Mitarbeiter, Technische Universität Dortmund.
Forschungsschwerpunkte: Weiterbildungsberatung, Alphabetisierung/Grundbildung, Berufskulturen von Lehrenden.

Kohlhammer